城市土地使用规划

（原著第五版）

译制组名单

顾　　问： 吴良镛　周干峙　邹德慈

指　　导： 李德华

主　　译： 吴志强

学术支持： 张庭伟

助　　理： 干　靓　刘朝晖

翻　　译： 吴志强　干　靓　刘朝晖　于　泓　姬凌云　王建军
杨迎旭　王　伟　宋雯珺　李世庆　杨　婷　曾　悦
申硕璞　叶钟楠　仇勇懿　陈　浩　邓雪湲　张林军

图纸译制： 李彦方

校　　对： 吴志强　干　靓　刘朝晖　申硕璞　史　舸　姬凌云
田　莉　于　泓　王建军　杨迎旭　李世庆　叶钟楠
仇勇懿　陈　浩　邓雪湲　张林军

文稿管理： 田　丹

城市土地使用规划

（原著第五版）

［美］菲利普·伯克　戴　维·戈德沙克
爱德华·凯泽　丹尼尔·罗德里格斯　编著

吴志强译制组　译

中国建筑工业出版社

著作权合同登记图字：01-2007-1385号

图书在版编目（CIP）数据

城市土地使用规划（原著第五版）/（美）伯克等编著；吴志强译制组译.
北京：中国建筑工业出版社，2009
ISBN 978-7-112-11100-8

Ⅰ.城… Ⅱ.①伯…②吴… Ⅲ.①城市－土地利用－研究②城市－土地规划－研究 Ⅳ.F293.2

中国版本图书馆CIP数据核字（2009）第112342号

责任编辑：徐 纺 率 琦
责任设计：郑秋菊
责任校对：梁珊珊 关 健

城市土地使用规划
（原著第五版）

［美］菲利普·伯克 戴维·戈德沙克 爱德华·凯泽 丹尼尔·罗德里格斯 编著
吴志强译制组 译

*

中国建筑工业出版社出版、发行（北京西郊百万庄）
各地新华书店、建筑书店经销
北京嘉泰利德公司制版
北京方嘉彩色印刷有限责任公司印刷

*

开本：850×1168毫米 1/16 印张：$27^3/_4$ 字数：800千字
2009年8月第一版 2016年12月第三次印刷
定价：**98.00**元
ISBN 978-7-112-11100-8
(18355)

目　录

译者序

各发达国家都有自己的城市规划理论和操作规范的核心著作，这其中，《城市土地使用规划》（Urban Land Use Planning）出版时间较早，时间跨度大，再版连续性强，具有广泛的国际影响，在西方国家被誉为“规划界的‘圣经’”。如同我国城市规划学科的核心教材《城市规划原理》一样，《城市土地使用规划》也是美国城市规划教育使用的基本教材，对早年中国《城市规划原理》的诞生也产生了直接的影响。

我有幸读到这本书是在1982年，那年李德华先生将他收藏的该书第一版交我阅读，读得非常亲切。因为能够读到这本书，我才理解了中国的《城乡规划原理》，以及《城市规划原理》内在的结构逻辑。20年后的2002年，有位博士生兴奋地从同济大学图书馆跑来跟我说，在图书馆里读到了一本重要的好书，发现很像我们的《城市规划原理》。虽然他没有发准作者姓名的音，但我已经可以告诉他作者和书名了。这本《城市土地使用规划》的确一直在默默地影响着年轻的学者，更为这些经年泡在图书馆里的年轻的博士生们感到欣慰和骄傲。

从1957年至今，《城市土地使用规划》共出了五版。这本美国主流的城市规划核心教学参考书50年的发展历程，反映了西方主流城市规划走过的思想道路。

1. 架构的第一版（1957年）[i]

《城市土地使用规划》的第一版架构了城市规划概念的知识总框架，是当时理解城市规划的全面的、完整的和主流的权威版本。它包含了三大部分知识。

第一部分：城市发展本身是由什么要素决定的。之下分别从经济、社会、公众利益三个方面来论述决定城市的力量，即规划城市的第一前提是懂得城市发展中的各种决定性力量，加上一章专门讨论各种力量之间是如何相互作用和协调的。

第二部分：编制城市规划的前期研究如何展开。分为五大方面加以论述：城市经济、城市就业、城市人口、城市土地使用和城市交通，此为在当时理解的城市规划编制前必须完成的专题研究内容。在此基础上，方可进入规划编制阶段。

第三部分：城市（土地使用）规划如何编制。包括了以下的编制步骤：分析、选址、空间需求和空间满足，最后落到城市（土地使用）规划的编制操作过程描述。

三大部分的关系是：决定因素 > 研究工具 > 规划编制，从研究城市土地的力量开始，探讨不同的城市空间模式，构成对城市的理解，再进入学习如何研究城市，最后落实到城市规划编制操作实践的指导，架构了一个“三步走”的逻辑推进结构。

2. 不变的第二版（1965年）[ii]

第一版出版后的第八年，《城市土地使用规划》的第二版于1965年出版，完成的改动主要有两个方面：将第一版的第一部分，对于城市发展的决定力量的章节进行了归并，将部分内容压缩；第二部分关于“研究”的部分增大，主要是由于 20 世纪 60 年代以后计算机技术的崛起，给数据的分析增加了很多新的工具，以至于人的活动规律也可以用数学的公式来模拟了；第三部分“如何编制”基本上没变，所以说第二版是：十年基本不变。[iii]

这个版本的演进折射出理性主义和机械主义对城市规划的影响，技术工具的进化使人们曾经一度具有无穷的信心和力量来面对复杂的城市问题。然而，一个事物的极盛也往往是衰落的前兆，人们很快就可以感受到 1961 年简 · 雅柯布斯给规划界带来的地震似的冲击波。

3. 革命的第三版（1979 年）[iv]

在简 · 雅柯布斯吹响了反对极端理性主义规划的号角后，美国的草根阶层几乎是揭竿而起、一呼百应，甚至规划从业者内部也产生了重大的分歧和争论。在这样的社会背景下，《城市土地使用规划》第三版作了重大的调整，完全称得上是对以往的“革命”。[v]

第三版的第一部分增加了对城市规划本体论和效用论的理解，归纳起来可以用“政策”一个关键词概括，作者将 20 世纪 70 年代关于决策、政策的内容作为强调的新的中心工作。所以说城市规划是一门公共政策课，这也就是第三版的核心思想，也是综合了西方城市规划学科 20 年的争论，关于城市规划过分理性化，太少社会学的批判，关于什么是重要的什么是不重要的，这些都是第三版所带来的革命性的变化。

4. 徘徊的第四版（1995 年）[vi]

《城市土地使用规划》第四版在第三版的基础上进行了一部分修正与补充，主要是第五部分关于实施的内容、规划评价方面的内容，但更加重要的是反映了在后现代主义思潮下对规划作用的迷惘[vii]。

从 1979 ~ 1995 年共花了 16 年的时间，《城市土地使用规划》第四版出版了，这不仅仅反映了如何编这本书的困难，也反映了西方城市规划界的迷惘。后现代主义思潮的出现不仅仅否定了理性主义、否定了现代主义，更否定了社会研究本身。什么都变成了不确定性。非常不确定不仅造成规划编制的困难，也造成了对该书的修编无法把握方向。

《城市土地使用规划》第四版的变化内容是：第一，增加了政治学当中的“博弈”学内容；第二，强调不确定性；第三，关于城市规划决策体系。

关键的变化点是关于城市规划作用的边缘化。“规划”是在最外圈的，这就是后现代主义带来困惑的关键问题，处于城市土地使用决策中心的是各式各样的社会力量和代表人物，而决非是规划师。规划不在核心圈中间，这是第四版放出的非常重要的信息，这些图像在国内几乎没有人放出来。美国一些规划院系开课教学生如何“讨价还价”的技巧。为什么西方规划界困惑了？为什么西方规划变得这样无力了？一个规划专业的徘徊和自我边缘化，不是技巧问题，而是价值观的问题。《城市土地使用规划》第四版是一个丢了灵魂的一版。所以说，城市规划要站稳脚跟和坚守本业，这不仅仅是对中国城市规划学科，也是我对世界规划学科 20 年变迁观察的深刻体会。

5. 可喜的第五版（2006 年）[viii]

我 2006 年看到《城市土地使用规划》第五版时非常欣慰，其调整的内容与笔者一年前在《城市规划学刊》主办的《第三届中国城市规划学科发展论坛》结论的观点非常一致。其增加的内容为：一、什么叫好的规划？什么叫永续发展的规划；二、城镇区域群发展的研究重要性；三、增加了对地段等小空间的城市设计内容，回归城市中人的空间尺度。其中的关键词包括：

• **城市永续**。把永续性变成城市规划核心的核心要素，也是经过第四版的徘徊后，把所有的规划原理最后归为核心词：城市的永续发展目标。增加了核心的、统领性的永续发展概念，以及城市永续发展棱镜模型。这是非常重要的，因为规划是一个为理想的理念而工作的价值观的意志体现，只说技巧技能，没有规划核心价值观，规划必然会徘徊迷惘。

• **城镇区域**。第五版还增加了“区域发展研究和规划”的独立章节。这是 2000 年以来越来越多的规划师认识到的问题，在 2005 年第三届城市规划学科论坛的报告中，笔者也特别列为三点结论之一。今天谈城市规划不讲区域就说不清城市发展，也做不好城市规划。

• **城市设计**。重新理清了空间使用的实际操作层次，这在第一版到第四版中是模糊和摇摆的。本书第一次明确了“区域土地政策规划”、“城乡土地使用设计”、“地段规划”三个层次的土地使用规划，第一次出现了小尺度的地段规划。又回到规划师对人的核心的职业贡献，触及规划的职业核心力量。这就是规划学科的核心力量，必须考虑这个问题。这也是第五版的贡献。

对照《城市土地使用规划》五版走过的 50 年，可以这样说，第一、三、五版是“重大事件”，第二版是“小补充”，而第四版则是空心化边缘化的徘徊。从中，国内读者可以清楚地看到一版版内容的流向，反照出西方城市规划思想的变迁。

在《城市土地使用规划》历经 50 年四次改版之后，我们终于将它的中文译本首次在中国大陆地区出版发行。第五版全书分为三个部分共 15 个章节，第一部分“土地使用规划的概念性框架”首先分析了土地使用规划所处的社会背景，并提出一个地方土地使用规划的概念性框架；第二部分“规划支持系统概述”集中描述了规划支持系统的总体特征，详细讨论了对土地使用规划编制至关重要的单一支持系统各组成部分的各个方面；而第三部分“土地使用规划编制的概述”介绍规划编制的原则、过程和技术，并详细论述如何在四种不同类型规划的编制中加以应用，包括区域土地政策规划、城乡土地使用设计、地段规划、开发管理规划。

关于《城市土地使用规划》中的“land use”的译法，李德华先生1982年告诉我要用“土地使用”，而不是“土地利用”。25年后我着手开始本书的译制工作时，再一次请教李德华先生，他还是说，用“土地使用”。记得25年前李先生说：“城市土地不应是被利用的，而是要正确地恰当地使用，这才是规划的目的。”所以译文中用“城市土地使用规划”，其中，可见李先生译文之严谨。由于中美行政管理体制和城市规划制度的差异，译文中很多专用词汇不可按常用词典直译过来，只有相应于前四版的空间定位，和中国现实状况中找出确切的对应含义，译制小组经过反复讨论，决定采用更接近中文语境的译法，并通过注释进行具体说明，以便于读者阅读和理解（详见文后注释），特此说明。

我特别感谢我国城市规划前辈们在过去的工作中，对此本译著给我直接和间接的指导，吴良镛先生、周干峙先生和邹德慈先生都在工作中给我鼓励和鞭策，让我站在中国规划界的立场上博采众长而又坚守本土。

吴志强

2009年4月

于同济大学

注释

i 《城市土地使用规划》第一版，作者为F. Stuart CHAPIN，Jr。他当时为北卡罗来纳大学的教授，由纽约的Harper & Brother出版社于1957年出版，共397页，当时尚无国际标准书号。

ii 《城市土地使用规划》第二版，作者未变，1965年改由伊利诺伊大学出版社出版，共498页，ISBN 0-252-72694-4。

iii 该版分为三个部分，12章。目录为：第一部分：土地使用的决定力量，包括第1章透视土地使用，第2章走向城市增长和开发的理论；第二部分：用工具武装土地使用规划，包括第3章城市经济，第4章就业研究，第5章人口研究，第6章城市活动的研究，第7章城市土地研究，第8章交通与土地使用；第三部分：土地使用规划，包括第9章规划及其分析的框架，第10章选址要求，第11章空间需求和第12章土地使用规划。

iv 《城市土地使用规划》第三版，作者有了增加，F. Stuart CHAPIN教授和他原来的学生Edward John KAISER教授并列出现，出版社未变，仍为伊利诺伊大学出版社，于1979年出版，离第一版出版时间已经22年。第三版的页数增加到了565页，ISBN 0-252-00580-5。

v 该版分为三个部分，16章。目录为：第一部分：概念背景，包括第1章土地使用的政策，第2章土地使用背后的理论基础，第3章土地使用规划的程序；第二部分：工具的应用，包括第4章土地使用规划信息系统，第5章城市经济，第6章人口研究，第7章土地的使用者：他们的行为规律和对空间质量的选择，第8章土地的使用：已开发和未开发的区域，第9章自然环境的存量（Inventory）与分析，第10章土地开发的问题分析、目标和场景；第三部分：规划的制订和评价，包括第11章选址需求：决定了土地用途的空间分配，第12章空间需求：勾勒土地使用设计，第13章设计导引系统，第14章市场导向的土地用途配置：建模的原则和程序，第15章市场导向的土地用途配置：解释性的方法和第16章规划的评价、调整和综合。

vi 《城市土地使用规划》第四版，作者出现了三代传承，除了CHAPIN教授和他的学生KAISER教授外，出现了KAISER教授的学生David R. GODSCHALK教授。出版社未变，仍为伊利诺伊大学出版社，于1995出版。第四版的页数为493页，ISBN 0-252-02101-0。

vii 该版分为四个部分，18章。目录为：第一部分：概念框架，包括第1章土地规划的竞技场，第2章土地使用的变化管理的概念，第3章地方土地利用规划程序；第二部分：规划的技术支撑，包括第4章规划信息系统，第5章人口，第6章经济，第7章环境，第8章土地使用，第9章市政设施和社区设施，第10章方向的设定，第11章土地使用设计过程概览，第12章土地分类规划，第13章商业和就业中心，第14章居住区，第15章通过土地利用整合社区设施，第16章开发管理规划；第四部分：开发管理和解决方案，包括第17章评价和（负面）影响的消解，第18章实施。

viii 《城市土地使用规划》第五版，作者做了进一步的增加，除了Edward John KAISER教授外，还有他原来的学生Philip R.BERKE，David R.GODSCHALK，以及Daniel A.Rodriguez，出版社仍然为伊利诺伊大学出版社，于2006年出版，离第三版出版时间为26年，第五版的页数为492页，ISBN 0-252-03079-6。

前 言

城乡求助于规划师编制规划方案，确立并实现其未来愿景的需求，从未像今天这样强烈。今天的城乡正面临复杂多元的问题，其中很多现象是以双刃剑的形式出现的。全球化和新的通信技术意味着，城市重新获得活力所带来的新的财富、就业机会和机遇能够很快流入，但同时也可以快速流出。人口变化不仅激励了多样化和积极变化的前景，也对环境、交通、基础设施系统以及住房供应造成了沉重的压力，这可能进一步拉大贫富之间、城乡之间业已存在的差距。

对于规划师而言，这些问题意味着极大的挑战。规划师帮助城乡认识未来的发展趋势和日益显现的问题，形成未来愿景，并为实现这些愿景制定规划方案。规划师在工作中必须尽最大努力，展现其创造力、专业知识和实施的决心。他们需要有能力收集和分析出准确的信息，创造出深思熟虑的解决方案，在不同的土地使用利益取向之间建构共识。面对规划与开发中的各种日常问题，规划师必须不断地运用新思想和新技术，提出解决问题的实施方案。

规划领域中的一个永恒主题是：我们怎样才能创造出永续和宜居的未来空间？这又带来了下面的一系列问题：土地使用规划方案如何去影响人居环境中的城市开发过程？规划师能够采用哪些方法和技术编制和实施高质量的规划，从而有效地引导土地使用变得更加永续？这些问题构成了《城市土地使用规划》第五版的基本思路。我们写作这本书的主要目标，是为编制土地使用规划提供技术和方法，并阐述规划方案如何在大都市区、城市、城镇和乡村创造出促进人居环境永续发展的模式。

第五版延续了从1957年F. Stuart Chapin主编第一版以来的土地使用规划方法。五个版本分别体现了美国土地使用规划方法论发展史的主要内容。第一版组织综合了20世纪50年代的规划实践技术，探索了土地使用规划这一成长中的新兴职业不断出现的理论。1965年出版了第二版，也是由Chapin教授主编，由应用型规划方法转变为基于自动化数据处理和数学模型的更具科学性的方法，第二版更加关注规划理论和城市理论，尤其是将人类活动模式作为土地使用规划的理论基础进行解释。第三版于1979年出版，主编是Chapin教授和他的学生Kaiser教授，这一版强调了美国联邦政府规划和州政府规划对地方城乡规划的影响，强调了规划信息与技术的整合，强调了指导规划的开发导则体系。第四版于1995年出版，主编是Kaiser教授和Godschalk教授，Chapin教授也在主编名单上，第四版关注了微电子计算机技术的出现、公众参与和协商的崛起，也更加关注开发管理，以及州政府规划对地方城乡规划越来越大的影响。

《城市土地使用规划》第五版贯穿了若干主题。顶层主题（overarching theme）

是土地使用规划在实现永续发展中的角色作用。与之相关的重要主题，包括了规划支持分析系统如何发展、共识建构方法如何运用，以及在规划编制过程中如何整合设计与城市形态目标。

规划支持系统是认识规划范围现状条件和发展趋势的工具，它提供地方增长与发展的问题与趋势的信息，通过对规划区人口、经济、环境、土地利用和基础设施的认知，为集体决策提供便利。共识建构是让主要的利益相关者坐在一起，共同探讨各种争议性话题，并就规划愿景和目标寻求共识，在这个过程中大家分享信息，产生新的想法，最终创造出新的解决方案。城市设计则是解决用地的组织与复合，远景土地利用布局中交通和基础设施系统的整合，以及建筑和空间的统一组织。所有的目标都集中于城乡未来的积极意象——创造一个富于灵感的规划愿景，具有坚实的技术支撑又能得到广泛的支持。

这本书综合理性主义、共识建构以及城市形态设计等各种规划模式的长处。我们探索建立一套方法，在编制、实施和采纳规划等方面促进城乡能力的建设，以多目标平衡的方式倡导积极的变化，从而实现永续的人居模式。我们强调当代规划模式是理性分析、共识建构和参与性设计的结合。在这种模式中，规划师是一个推进者（facilitator），帮助城乡找到各自的目标，探索目标的实现途径；规划师也是一个技术分析师，能够提供客观的信息；规划师还是一个创新者，能够把握时机，提出不同的创造性方案；规划师还要是一个共识的建构者，保证规划过程的开放和包容。

为了创造和实施好的规划，我们努力拓展理论和技术范围。然而，不能期望一本书就能评判当代规划实践中的所有理论和技术。我们的目的并非在于建立一套全覆盖的理论，而是为提升规划师和规划的成效，明确一些核心的思想、概念和技术。第五版由三个部分构成，第一部分审视了城乡土地使用规划所处的社会环境，提出了一个规划的概念性框架，并以此组织本书的结构和内容。这个部分提出了一个永续棱锥模型，以帮助理解和协调土地使用中多元主体的利益排序问题，这个部分还重审了高质量规划方案的制定标准。第二部分涵盖了规划支持系统中的人口、经济、环境、土地利用、交通和基础设施等各组成部分的主要数据输入和分析技术。第三部分详细说明了规划编制和实施相关任务的概念和程序。

我们真诚地感谢在完成本书新版过程中，所有给予我们帮助并作出贡献的人。在建立系统化的土地使用规划方法的过程中，我们的师长 F.Stuart Chapin 教授在理论和实践的双重基础上给予我们源源不断的灵感。我们在北卡罗来纳大学教堂山分校（University of North Carolina-Chapel Hill）城市与区域规划系的研究生为提高文稿质量，用各种方法对本书提出批评意见，提出新思想并提供帮助，其中特别感谢 Aurelie Brunie，Joel Mann，Bhavna Mistry，Helen O’Shea 和 Julie Stein。我们非常感谢阅读本书文稿并提出改进意见的同事们，包括佛罗里达大西洋大学（Florida Atlantic University）的 Ann-Margaret Esnard，佐治亚理工大学（Georgia Tech University）的 Steve French，伊利诺伊大学厄本那－香槟分校（University of Illinois at Urbana-Champaign）的 Lew Hopkins，南加州大学（University of Southern California）的 Dowell Meyers，卡迪夫大学（University of Cardiff）的 Chris Webster。我们感谢在成稿不同阶段对图像处理提供管理和技术支持的 Udo Reisinger 的辛勤工作。北卡罗来纳大学教堂山分校的"员工计划"为本书提供了至关重要的经费资助。无数实践规划师为本书提供了规划方案、图片和研究实例，帮助说明我们的理论如何应用于实践，也给我们的工作提供了可信度。最后，我们深深感谢 Jane、Lallie、Pat 和 Pia 在本书编写过程中的支持和陪伴，以及我们的家人所付出的耐心和支持。

第一部分

土地使用规划的概念性框架

我们写这本书的主要目的在于解释城市土地使用规划如何应用于人居环境模式的建构，这些模式促进了大都市区、城市、城镇和村庄等各个层面的永续发展。首先，我们将分析土地使用规划所处的社会背景，并提出一个地方土地使用规划的概念性框架，这一概念性框架也是本书结构与内容组织的框架。随后，我们将提出一个用以理解和协调土地使用规划领域中相互竞争的利益相关者之间不同诉求的理论模型。规划对引导未来的土地使用变化意义重大，因此我们还将检视规划编制质量的评判标准。

第1章“土地使用规划程序框架”阐述了土地使用规划所处的动态的社会环境。我们设想土地使用规划运转于这样一种环境：参与者众多、利益高度攸关且又充满竞争性，但同时这种竞争性又因为各方之间合作的需要得以缓和。我们讨论了规划师作为公共利益的守护者所应扮演的角色。规划师们必须调和冲突，建立联盟，保障社会弱势群体的利益。规划师必须具有远见，超越眼前的利益，充分考虑子孙后代的需求，他们还应传播这些愿景，激发人们实现永续土地使用模式的信心。

第1章还提出了一个用以描绘地方土地使用规划博弈的概念性框架，以组织贯穿全书的土地使用规划相关概念、方法和技术。这一框架包含三个概念性的范畴：一是利益相关者集团（或参与者），这些团体试图对地方土地使用规划施加影响，以反映他们自身的利益；二是地方土地使用规划师（或博弈管理者）和规划程序，他们的工作是为了帮助城镇建立以共识为基础的未来愿景，并制定用以实现这些愿景的规划；三是最终土地使用模式（或博弈结果）的永续性。

在第 2 章“用永续棱锥模型编制规划”中，我们引入了永续棱锥模型。为了通盘考虑公共领域的复杂性和紊乱性，规划师可以通过这个模型来理解土地使用博弈中各参与方之间不同的优先权，并调解他们之间的冲突。棱锥模型非常有用，因为它强调了这样一个观点——如果规划师仅仅关注于单一的冲突，那么他们难免会忽略其他阻碍规划编制的一系列冲突，而规划编制则是综合性的，需要考虑到供协商的各种政策方案间的相互依赖性，并应当促进公共利益。

第 2 章还讨论了规划师如何提升其所必须具备的综合工作能力，以便在土地规划领域有效地运用永续棱锥模型。在选择性地回顾了一些规划程序理论和城市形态理论的基础上，该章指出一些理念对调解冲突和推进永续发展有着十分重要的意义。这些理论的覆盖范围包括：1）理性规划；2）共识建构；3）城市设计。我们的目标不是去建构一个伟大的顶层理论，而是为改善规划师的工作和规划的效能提出一些有用的思想。

在第 3 章“如何创造一个优秀的规划方案”中，我们集中讨论了本书的核心话题，即规划的成果。虽然第 2 章所提出的永续棱锥模型在土地规划博弈中对于确定规划成果的方向性愿景起到了关键性的指导作用，为了确保规划成果的影响力并能够将规划愿景和其他导向性特征（目标和政策）付诸实践，规划成果本身必须具有相当高的质量。这一章首先检视了不同层面的若干规划类型，这些不同类型的规划可以以单独或者组合的形式在土地使用与开发的事务中发挥作用，随后，还剖析了用以引导编制高质量规划和进行规划质量评价的关键标准。我们从两个概念性范畴对规划的质量标准进行了探讨：一是内部规划质量，考量的是规划核心组成部分的内容和形式；二是外部规划质量，考量的是规划的范围和覆盖面是否与当地环境相适应。

第 1 章

土地使用规划程序框架

当你被请来帮助你所在的城镇编制新的土地使用规划时，你的第一项任务就是要建立一个概念性的框架，作为规划编制和实施的基础。这个框架的设计应该基于一个前提，即规划过程是在一个复杂而紊乱的决策舞台之上运作的，这个舞台反映了一种高度竞争的局面，所有利益相关者都试图通过对土地规划决策施加影响来实现自身利益的最大化。这个框架应该能够指导你的城镇完成以下几项任务：第一，明确土地开发过程所涉及的利益群体的目标与价值观是什么；第二，建立一套土地使用规划的程序，通过协作规划的过程来整合相关信息，最终为城镇的永续发展构建一个基于共识的规划；第三，监测和评价土地开发在推进城镇永续发展方面的成效。在这个概念性的框架中，最关键的部分是什么？对于一个地区的规划编制程序来说，最重要的工作是什么？而你需要哪些特殊的能力来完成这些工作呢？

地方土地使用规划可以被看做一场博弈，各种利益围绕一个城镇或是一个区域的未来土地使用布局展开激烈的角逐。从狭隘的和利益群体的角度来说，在博弈中取胜就是使最能体现该群体利益的土地使用规划、开发条例和开发决策被采纳或通过。土地使用规划师作为公共利益的守护人，在博弈中既是核心的参与者，又是博弈的管理者。积极的规划师可以扮演冲突化解过程中的协调者、促进多元群体共同利益的联盟建构者，以及改善社会弱势群体利益的倡导者等多种角色。他们必须是具有前瞻性的思考者，要能够超越短期利益的考虑，而照顾到未来若干代人的需求。他们还必须是这些未来愿景的有效沟通者，激发人们对实现永续性土地使用模式的自信。规划师应当仔细地观察其他参赛者的利益、行动和联盟，并做出应对。如果不能对博弈的每个阶段都保持深刻的理解，规划师就会面临丧失信任度和权威性的危机，城乡未来的整体公众利益也会失去保障。

本章的目标是阐述地方土地使用规划所处的动态环境、规划的程序性内容，以及为指导规划走向永续性和宜居性可以做出哪些选择。我们首先将讨论土地使用规划领域的一些基本前提，然后将提出一个关于地方土地使用规划所涉及要素的概念性框架。这一框架包含三个概念性维度：一是不同利益相关者对待土地使用的价值观；二是地方土地使用规划的程序，即如何帮助城镇构建基于共识的愿景，并编制规划实现这些愿景；三是永续的土地使用模式。最后，本章总结了规划师所需要的核心能力，以有效地改善规划成效，并平衡各种利益相关群体的价值取向。

土地使用规划领域

即使对资深规划师来说，土地使用规划领域都可能是令人迷惑和沮丧的。如果说规划是一个有序的和理性的过程，是通过针对整体公共利益的系统研究来编制和采纳土地使用规划的话，实际上还不如说规划是一个基于现实情况和狭隘利益群体政治的一个误导性过程。在规划院校教授的理想城市形态的理论、政策干预的策略以及统计模型方法，对民选官员的影响力往往还不如公众听证会上一群愤怒的发言人的自我利益宣泄。长期预测在复杂且又不断变化的决策过程中间常常很难起到指导性的作用。规划干预行动有可能会通过系统得以实施，但那也只能是一部分而已。面对不可预知的社会、经济和环境条件的变化，规划干预可能无法做出适当的应对。

土地规划领域的复杂性和波动性使决策环境充满了挑战，但这也为建立创新性和适应性的规划程序提供了机遇。土地规划领域并不是一个连续和稳定的过程，它实际上几乎总是处在变化的状态之中（Innes and Booher 1999）。静态的系统几乎没有能力做出应对和变化以适应新的情况，而动态的系统则摆出一种时刻准备适应变化的姿态，当情况发生变化时，规划程序可以在协调复杂的利益群体活动以及寻求新的愿景时，扮演一个核心的角色。

土地使用规划和决策可以说是一个高度竞争性的领域，各种利益围绕一个地区的土地使用布局激烈竞逐。然而这个过程又因为各方合作的需要而有所缓和。参赛者被相互依赖的框架锁定，要实现自己的目标也必须同时获得其他方的认可。这就要求所有各方都能参与到构建多方共识的过程中间，从过去的成功和失败中汲取经验，实践新的规划策略和行动。把规划看做一场既有竞争又有合作的严肃博弈，可以帮助我们理解这一过程的动态性，并将各种机遇转化为愿景，从而最终改善整个博弈成果的质量。

因此，土地使用规划是协调城镇土地使用和开发活动的一个关键工具。规划活动（Planning）作为一项行动，不是一个简单的过程，而是一个有规划成果（Plan）指导的过程。规划成果可以满足很多不同的需求。它可以引导城市基础设施的建设，还可以为确定区划和其他土地使用法规提供依据。这些都属于规划的传统职能，但它还同时具有一些新的职能，通过规划编制过程中的广泛参与，原先的竞争者可以转化为协作者。规划记录了各方在协调各自不同目标的进程中所达成的一系列协议，从而可以作为建构城镇共识的手段。围绕一项好的规划，多样化的利益能够通过共同协商在政策上达成一致。规划还描绘了以事实为基础的关于未来的生动图景，从而将所有的利益相关者团结起来，共同行动。市民和各利益群体更加愿意支持一个能够让他们"看到"问题解决方案的规划（Neuman1998）。

在土地使用博弈中，规划师不仅仅是一个参与者，而且还是整个博弈的管理者。他们提供信息以保证知情决策（informed decision making）的过程，倡导不同利益方的协调，将规划过程中呈现出来的各种词汇和事实转化成为集体的共同愿景，并起草规划方案和各种条例以引领博弈结果走向这一愿景的实现。由于肩负着这些责任，规划师在土地使用博弈中处于一个独特的中心位置。他们有掌握内部信息和接触其他参与者的特权。规划师应当仔细跟踪所有利益相关者的利益、行动和联盟。他们还必须对来自人口与经济、土地使用、环境以及交通与基础设施等信息系统的各种战略性信息进行不间断的收集、分析和监测，并通过公众参与和审议过程使这些信息在规划编制中发挥效用。如果丢失了博弈状况记录，对规划师来说那不啻是一场灾难，他们将失去作为专家的可信性，失去作为前瞻性思考者的角色，失去作为土地变化管理者的权威性，失去一个通过促进彼此竞争的不同利益之间的合作来建造一个更好和更永续的城镇的机会。

在实践中，土地规划领域的各种固有的冲突和矛盾是通过法律和治理系统，也就是所谓的"博弈规则"来制约的。规则把冲突转化为规制下的竞争与合作。宪法条款、法律、法规和规划权共同保护公共整体利益，以避免走向两个极端——市场价值不受约束的最大化，或是社会环境价值不受约束的最大化。规划师只有依赖法律和治理系统才能平衡不同价值之间的冲突，对城镇的各种优先抉择进行取舍，保证土地决策的公正性。通过制订规划的目标与政策、土地开发的相关法规，规划师是博弈规则的制定者和执行者，但不是最终的裁决者；决策权归属于城乡的民选官员，如果民选官员的决策受到挑战的话，那么法庭才是最后的裁判者。但是规划师必须理解法律和宪法审查的影响，具备平衡土地使用规划以实现城乡目标的能力。

价值观、规划和永续城镇

土地使用规划的博弈是由利益相关者不同土地使用价值取向、规划程序以及

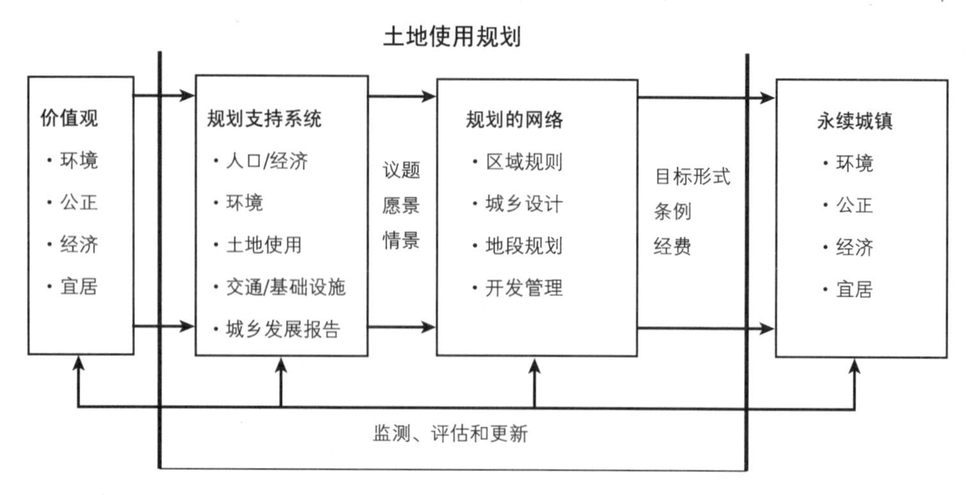

图 1–1 土地使用规划的概念性框架

结果等之间的关系组成的，这些是土地使用规划博弈得以继续的基础。图 1–1 描绘了土地使用规划博弈的概念性框架，本书各章节的内容与格式的组织和表述都是基于这一框架。该框架由三个概念性的维度彼此关联构成。

从成果输出部分来看，土地使用规划的目标是要寻求一个永续的城乡土地使用模式，这需要在环境、经济、社会和宜居性等价值取向之间做出恰当的平衡。正如我们将要讨论的，存在着多种不同的趋势和愿景，它们都被认为是最可取的，并且是实现这一平衡的最好方式（例如：传统的低密度开发、精明增长和新城市主义）。规划过程的输入部分是由利益群体之间的互动构成的，而这些利益群体都透过他们自身的土地使用价值观的有色眼镜来看待土地开发，并试图对地方规划决策施加影响，使未来城市形态与土地使用变化有利于他们自身利益的实现。处于这一框架中心的是土地使用规划程序，它帮助城乡明确各种既有的和不断出现的议题；建立愿景（Vision）、目标（Goal）和情景（Scenario）；编制规划；制定开发管理规划、条例和基础设施投资计划，并对实施结果是否符合规划目标进行监测。

在本章的随后部分，我们将详细阐述土地使用规划领域中每一维度更完整的定义。在每一维度下，我们都将对理论和实践中开出的各种不同处方进行探讨，这些处方主要解决规划应当如何运作以及规划师应当做什么等问题。本章的最后总结部分将再次审视规划师所面临的压力，并指出其想要在土地使用博弈中运筹帷幄所应具备的特殊能力。

永续的城镇：不同趋势和愿景

由于受到各种情况的影响，地方土地使用的博弈处在不断变化之中，这些情况包括：土地使用趋势的变化、技术进步使得规划师能够对当前现实和干预的可能性进行可视化模拟，以及城市设计领域中一些具有想像力的新想法的出现等。在21世纪初，不久前的一些趋势依然在继续和延伸，并影响着今天的博弈进程。传统的低密度开发模式（或称城市蔓延）在历史上曾主导了美国的地域景观，但永续发展、精明增长和新城市主义等概念已经出现，并致力于阻止城市蔓延的影响。

传统的低密度开发

美国的城镇和大都市区面临着多重挑战，这些挑战大多都与城市边缘的郊区开发不断延伸扩张所导致的城市蔓延和低密度开发模式有关，或是与沿城市与郊区之间联系公路的商业带开发有关。围绕着传统低密度开发的社会成本与收益产生了激烈的争论。支持这种开发模式的一方坚持认为，这种主导性的模式深深扎根于美国文化之中，反映了人们的强烈渴望：1）拥有独栋住宅；2）拥有宽敞的、具有乡村田园风貌的私有宅地；3）拥有私人小汽车及其所带来的个人自由和机动性；4）生活在一个没有穷人的社区（Gordon and Richardson 1997）。这些特征是低密度开发能够给个人和家庭带来的正面效果。

而批评的一方则指出了传统低密度开发不利的一面。在总结了对这种土地使用模式所造成影响的500多项研究之后，Burchell 等人（1998）认为，传统的低密度开发模式的负面影响远远超过其收益，而这些负面影响趋向于遍布整个区域。城市蔓延负面影响的一个最明显的证据是，为了吸纳人口增长而导致的土地需求的不断增长。图1-2表明，1982～1997年的15年间，在美国的所有四个地区，城市土地增长的百分比都戏剧性地明显超过了人口增长的百分比。这种土地消耗对环境敏感地区造成了强大的压力，并且增加了公共基础设施的成本，其原因是，为了给每个地块提供基础设施，低密度开发需要更多的道路和上下水管道（Burchell et al. 1998；Speir and Stephenson 2002）。不同用地之间距离的

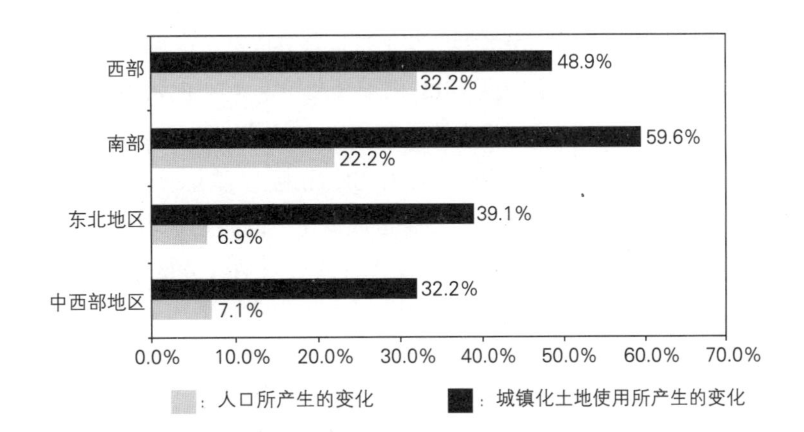

图1-2 1982~1997年间，在美国的所有四个地区，城市土地增长的百分比都戏剧性地明显超过了人口增长的百分比

资料来源：Fulton et al. 2001。Brookings 研究所授权使用

增加又导致了对汽车的强烈依赖。1982 ~ 2000 年间，大都市地区的汽车客运里程增长了 85%（Texas Transportation Institute，2002），平均每名道路通行者的年高峰期延误时间从 16 小时增长到 62 小时。传统的低密度开发模式还与社会不平等状况的恶化有牵连，一些分析人员相信，这种开发模式将税收和人才从老的城市中心地区抽出，并转移到不断扩张的郊区（Downs 1994，1999；Lucy and Phillips 2000）。

城市蔓延还涉及健康问题，公共健康专家也重新认识到了建成环境对身体活动的影响。身体缺乏运动会造成慢性疾病、骨质疏松症、精神健康欠佳、肥胖等（Frank，Engelke，and Schmid 2003，1）。传统的低密度开发模式将居住和商业用地相分离，这增加了人们对小汽车的依赖程度，此外，缺乏足够的自行车道和步行道等基础设施，对人们的身体活动也造成了阻碍和抑制作用[1]。因此，交通、土地使用和城市设计等都可以作用于我们的邻里要素，使我们的身体得到更充分的活动。比方说在亚特兰大地区，研究人员发现，那些居住在城市形态较为紧凑、密度较高、对步行者友好和鼓励公共交通的地方的居民，肥胖发生率明显比其他地区低（Frank，Engelke，and Schmid 2003，185）。在一项针对城市蔓延如何影响健康的全国性研究中，研究者调查了覆盖美国 75% 人口的 480 个县，结果发现，居住在被归为蔓延式发展的县里的居民，走的路更少，体重会更高，患高血压的情况也更为突出（McCann and Ewing 2003）。该研究建立的县域蔓延指数包含六个变量，反映了居住密度和在街道网络的联结度（connectivity）。[2] 另一项全国性研究也发现，当居住人口为常量时，土地开发总量的增长幅度与肥胖症的大规模增加有密切的关系（Vandegrift and Yoked 2004）。

在美国，土地使用规划在传统上被认为是支持这种低密度开发进程的。正如那些大片占地面积和尺度都相同的郊区住宅一样，沿着公路延伸的商业性开发地带都是遵从标准区划的。开放空间大规模转化为郊区开发的现象，往往都可以归咎于标准化的土地细分条例，芝加哥地区外向蔓延的城市形态正是反映了这样一种土地变化的模式（见专栏 1–1，图 1–3 和图 1–4）。正如图 1–3 中美国地球资源探测卫星拍摄的两幅图像所显示的，1972 ~ 1997 年这 25 年间，城市用地从历史的老城市中心不断向外扩张，吞噬了原有的农用地。规划注意到，这种地域扩张的速度远远超过了人口增长的速度，结果造成低密度的蔓延式增长和社会阶层在空间上的分离。

为了将这种发展进程造成的后果纳入考量，《芝加哥大都市区规划 2020》告别了传统的土地使用规划实践，提出了一系列永续发展的建议。规划的总目标是，不能简单地按照市场的需求去迎合开发商和房主，而应通过对市场环境中个体决策的引导走向一个更加永续的城市形态。规划的出发点是在实现更具体意图的同时，确保公共利益的整体目标得以实现。这些建议所涉及的范围从改进教育、促进就业、改善治理、改变与种族和贫困相关联的居住条件不平等，到在城市和旧郊区的再开发和内填式开发中维护高质量的建成环境，以及保护有价值的自然地

专栏 1-1

芝加哥大都市区规划 2020

城市形态的快速扩张

《芝加哥大都市区规划 2020》(Johnson 2001)从社会、经济、环境和宜居性等各方面对芝加哥大都市区的区域发展进行了分析。芝加哥地区的城市形态可以通过其土地使用布局得到反映。从图 1-3 可以看出，在 1972 ~ 1997 年间，城市用地不断地从历史的老城市中心向外扩张，吞噬了周边的乡村。城市在空间上的扩张速度远远超过了人口增长的速度，其结果是导致低密度的蔓延和社会阶层的分离。虽然空间形态变化为住宅和商业开发带来了很多收益，但城市也为此付出了高昂的代价。这些代价包括公共交通生存发展可能性的降低和空气质量的下降、基础设施建设成本的提升、社区感的丧失，以及失去大量的农业土地和对环境来说非常重要的开放空间。而最糟糕的是，空间的转型造成穷人在城市中心地区的集聚和社会隔离达到了历史上前所未有的程度(Johnson，2001，48)。

1909 年的伯纳姆规划(Burnham Plan)与 2020 年区域发展战略

把《芝加哥大都市区规划 2020》与著名的 1909 年伯纳姆编制的《芝加哥规划》进行比较是一件有趣的事情。两个规划都是由芝加哥商务俱乐部(The Commercial Club of Chicago[①])资助的，而且都试图协调两个看起来相互冲突的动力机制——私有化与公共控制，并将其转化为城市发展的动力(Miller 2001，ix)。两个规划都强调从区域角度来看待土地使用和交通。伯纳姆规划因 20 英里长的滨湖公园系统和放射形中心林荫大道而闻名于世，今天这些都已经成为芝加哥的标志性空间。归根到底，作为一个商人版本的城市改革计划，伯纳姆规划的重点是城市美化，而不是提供住房和公共服务。

正如 Donald Miller(2001)所指出的那样，《芝加哥大都市区规划 2020》的其中一项优点，是它试图在就业技能培训、交通和住房政策之间建立起联系。《芝加哥大都市区规划 2020》"把整个芝加哥地区看作一个相互关联的生态系统，它回归了电车时代城市与乡村共生共存的理念"(强调了供给的重要性)。它承诺"在保持芝加哥作为资本主义经济发展引擎的同时，致力于降低经济上的不平等并促进社会平衡"(Miller 2001，xvi)。《芝加哥大都市区规划 2020》提出的大都市地区发展战略是：建立以交通枢纽为中心、由连续的公共绿色廊道连接的交通联运聚落(Intermodal Villages)构成的网络，如图 1-4 所示。为了与芝加哥地区的道德规范相一致，规划指出，不应当强迫实施这一战略，而应当在区域协调委员会的促进和激励下，通过地方政府对各种机遇的认识和组织自然而然地实现。因此，《芝加哥大都市区规划 2020》只是提供了一个区域的整体愿景，而其愿景的实施则依赖于未来的地方规划网络在多大程度上认可并愿意推行这一目标。

---

① The Commercial Club of Chicago，芝加哥商务俱乐部，始建于 1877 年 12 月，其目标是"通过合作努力、社会交流，以及自由地交换观点推动芝加哥大都市区的社会与经济活力"。可以参考 http://www.commer cialclubchicago.org. ——译者注。

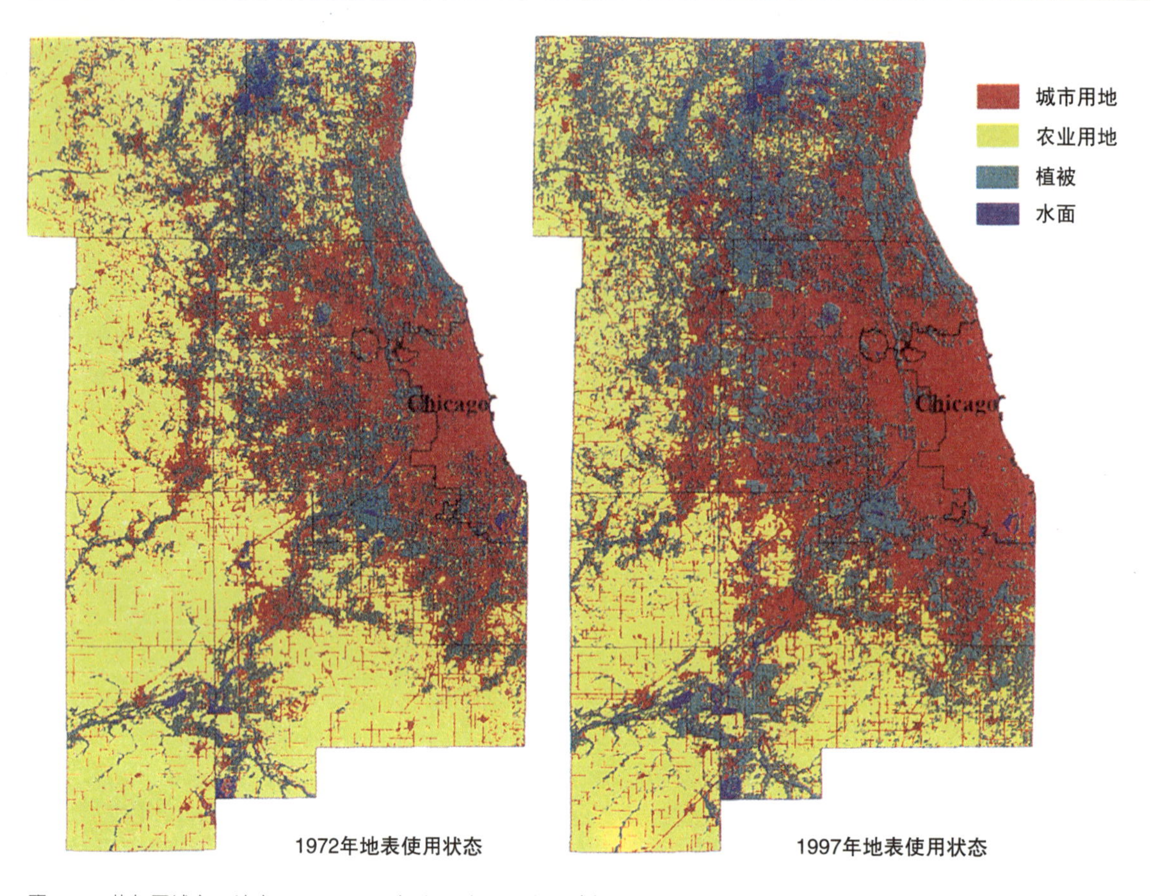

图 1–3 芝加哥城市用地在 1972 ~ 1997 年这 25 年间不断向外扩张，吞噬了原有的农业用地

域与工作地景。在这一案例中，区划仅仅被看做一种机制，它可以被用于保护环境，鼓励邻里内不同建筑类型的混合使用，鼓励为不同收入人群提供可负担住宅，把内城和旧郊区变得更为紧凑和适于步行。这些已经得到了芝加哥大都市区利益相关者的普遍认同。

永续发展

“永续发展”这一术语已经成为了普遍的愿望诉求，这是因为这种发展意味着物质与服务的生产和消费、建成环境的开发等并不以牺牲自然环境为代价。1987年，联合国世界环境与发展委员会（WCED）的报告《我们共同的未来》为永续发展提出了一个最广为引用的定义，即：“永续发展”是既能满足当代人的需求，又不损害后代人满足其需求的一种发展（43）。在 WECD 报告提出后的 10 年里，永续发展的愿景已经对国际、国家、州、区域，以及地方等各个层面的规划和计划的制订产生了影响（Krizek and Power 1996；Lindsey 2003；Porter 2002）。表 1–1 列出了在美国的规划编制和政策实践中，“永续发展”的各种定义。基于对永续

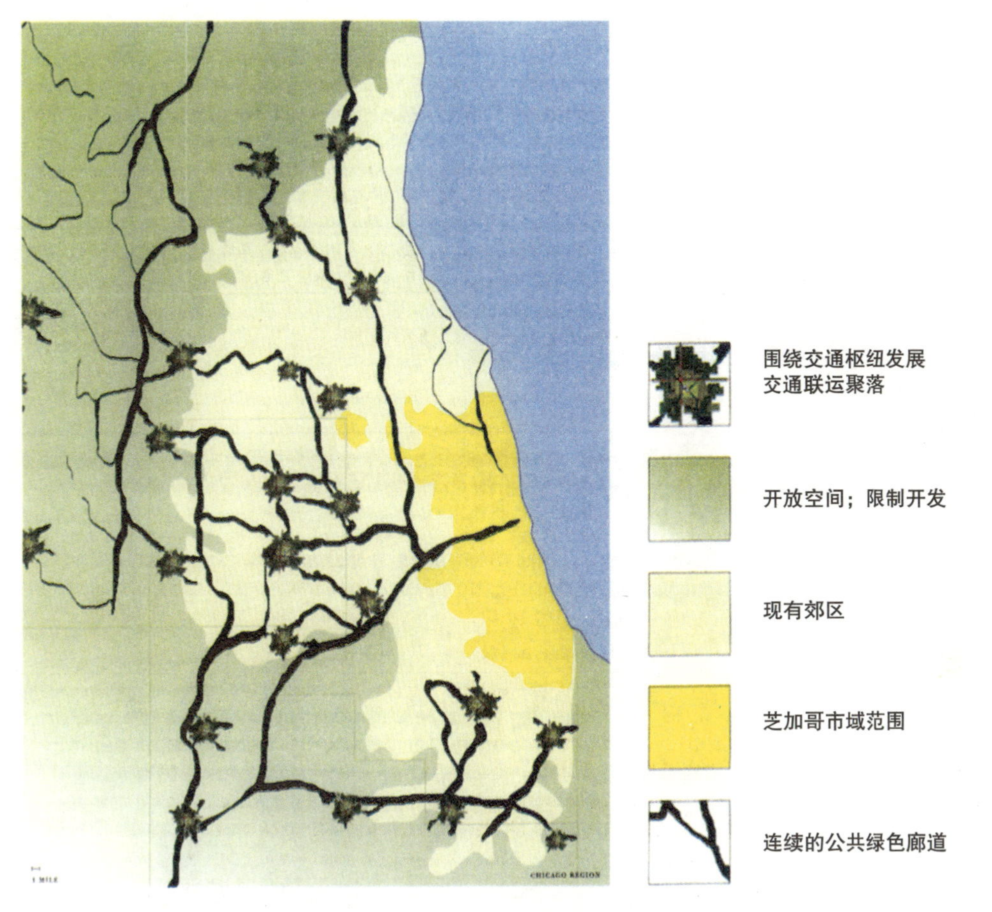

图 1–4 不应当强迫实施交通联运聚落网络战略，而是应当在区域协调委员会的促进和激励下，通过地方政府对各种机遇的认识和组织自然而然地实现

发展途径各种各样的认识，这些定义提出了达到永续发展目标的多元方法，试图将各种社会价值取向融合在一起，并分别对三种不同的社会价值取向、也就是WECD（Berke 2002）所提出的3E（环境、经济和公平）原则尝试了不同的组合。在推崇人与物质环境之间的互动，希望通过场所的塑造来满足居民需要和渴望的规划实践中，第四种价值取向——宜居性的重要性尤为突出。这些定义反映了在揭示和协调不同价值取向之间各种固有矛盾的过程中，国家、州、区域和地方各级规划师和决策者为平衡各种核心价值观，引领人居环境模式发展所做的工作。

永续发展的中心目标是代际公平，即追求当代和未来后代之间的公平。这也就是说，当代和子孙后代的所有人都可以在自然系统的约束范围内，通过努力过上体面的生活。永续发展的理念促使我们重新思考我们现有生活方式的方方面面，其中之一就是第二次世界大战后一直主导了大都市区及其边缘乡村地区增长

表 1-1

“永续发展”定义的实践范例

国家政策

“我们的愿景是创造一个永续生活的地球。我们谋求实现一种有尊严的、和平与平等的生存状态。一个永续发展的美国，经济应当能够持续增长，使我们这一代和下一代都有平等的机会，以谋求令人满意的生计，维持安全、健康和高质量的生活。国家将致力于保护环境和自然资源基础，维护一切生命共同依赖的自然系统所应具备的功能与活力”（President’s Council on Sustainable Development，1996，i）。

州的规划政策

“永续发展将环境、经济和社会公平联系到一起并付诸实践，使当代人和后代人共同受益”（North Carolina Environmental Resource Program，1997，1）。

“永续发展就是在经济与城乡福利得到维持或强化的同时，对人类生存和经济发展所依托的自然环境进行保护和恢复”（Minnesota Planning and Environmental Quality Board，1998）。

区域规划

永续发展包括“……实现积极正面的变化，强化南佛罗里达地区及其城镇发展所依赖的生态、环境和社会系统。一旦这一战略得以实施，将促进地区经济的发展，推进城乡生活质量的提高，保持南佛罗里达的生态系统健康，并将同时确保我们今天所取得的成就不以牺牲明天为代价”（Governor’s Commission for a Sustainable South Florida，1996，2）。

地方规划和计划

“永续性包括：生态完整性，以满足人类的基本需要；经济安全，包括地方的再投资、就业机会、地方的企业所有权；赋权（empowerment）与责任，包括尊重并容忍不同的价值观、平等的参与机会；社会安康，包括可靠的食物供应、住房和教育，以及通过艺术及场所感形成的创造性表达方式”（City of Burlington [Vermont]，1996，2-3）。

永续性就是“文化、经济和环境能够长期保持健康与活力”（City of Seattle [Washington]，1994，4）。

永续发展是“……城市有能力利用自然资源、人力资源和技术资源，确保当代和子孙后代的所有人都能够拥有高度的健康与福利、经济安全，并在维护一切生命和生产所共同依赖的生态系统保持其完整性的基础上塑造未来”（City of Cambridge [Massachusetts]，1993，30）。

“永续性意味着对资源的适度使用，开发和保护应维持在一个恰当的水平上，在满足当前居民需要的同时，还要满足子孙后代发展的需要”（Multinomah County [Oregon]，2003，1）。

“作为一个城市，我们需要建立一个基础，保护和强化我们的资源，防止对自然环境和人类健康造成的各种危害，以确保实现对地方和全球来说都更为永续的生活方式”（City of Santa Monica [California]，1995.1）。

的传统低密度郊区开发模式。城镇和区域的永续土地使用模式，其关键要素的确定取决于很多行动者，而每一个行动者对什么是重要的都有自己的见解。[3] 例如，Berke 和 Manta-Conroy（2000）认为，土地使用规划应该基于六条长期永续发展原则：

- **与自然相和谐的原则：**土地使用和开发应与生态系统进程相协调。
- **建成环境的宜居原则：**开发活动应当增进人和城市形态之间的协调关系。
- **经济扎根地方的原则：**地方经济活动在自然系统的约束范围内运行，并满足地方需求。
- **公正的原则：**土地使用模式提供使用社会和经济资源的公平机会。
- **排污者付费原则：**造成污染，就必须承担代价。
- **负责任的地区主义原则：**城乡在追求其自身的地方目标时，要尽量减少对其他地区的伤害。

在分析了 1985 ~ 1995 年间被采纳的 30 个高质量的地方规划之后，Berke 和 Manta-Conroy（2000）发现，这些规划并没有采取一种平衡的和整体性的方式去指导开发以走向永续发展，而是把精力集中在创造更为宜居的建成环境上，他们尚未将工作范围拓展到其他的非传统主题，也还没有将其他的永续发展目标（比如：与自然的和谐、经济扎根地方、公正、排污者付费，以及负责任的地区主义）纳入规划。这些研究结果展现了永续发展概念的巨大作用，并揭示出，必须从更新、更广的方向对规划编制的实践进行根本性的改革。

我们写作本书的主要目的就是解释清楚如何运用土地使用规划来构建人居环境模式，以促进大都市区、城市、城镇和村庄的永续发展。在当代美国规划领域，有两个非常流行的概念——精明增长和新城市主义，两者都与永续发展相关，也分别从不同侧面促进了永续发展，但它们与永续发展并不是一回事，也不能替代永续性的概念。[4]

精明增长

从 20 世纪 90 年代初期以来，精明增长的概念就被作为传统发展模式的一种替代形式提出来（Porter 2002）。精明增长计划寻求对共同基础的识别，通过包容性的和参与式的进程达成开发决策上的共识，在此基础上探索城镇容纳增长的新途径。精明增长提倡紧凑的、土地混合使用的开发，这种开发通过协调土地使用与交通的关系来鼓励提供各种不同的交通方式（步行、自行车、公共交通和小汽车）以供选择，少占用开放空间，优先考虑维持和恢复既有邻里和商业中心的活力。州和地方政府的精明增长措施包括提出各种激励和需求机制，以引导公共投资和私人投资不再投向那些由现有建成区向外蔓延的新基础设施和开发项目。（Porter 1998）。

精明增长运动起源于美国的州级增长管理纲领，名称则是来自马里兰州所通过的法律和计划（见专栏 1-2 和图 1-5）。该计划将新的开发项目活动集中到由各县政府划定的现有建成区或规划发展区，运用州政府资金对有价值的开放空间（如基本农用地、森林等自然地区，以及地下水涵养区等）进行收

专栏 1-2
马里兰州的精明增长计划

愿景

1997 年，马里兰州通过了《精明增长地区法》（Smart Growth Areas Act）以阻止郊区的蔓延。这一愿景的核心要素是：将开发活动集中在合适的地区，保护敏感地区，将郊区的增长引导到现有的城镇，以构建或维持紧凑的城市形态。

优先拨款地区（Priority Funding Areas，PFAs）

州政府只对州和县政府划定的优先拨款地区（PFAs）内的基础设施提供资助，以支持其增长。各县对其确定的优先拨款地区划界时，应当遵从以下原则：这些地区适合于有计划的增长，已经有基础设施，有足够的适宜建设空间来满足未来发展的需要。

各县应当编制规划以划定优先拨款地区的边界。符合划定原则的地区类型包括：具备上下水设施的现有城镇；在区划条例中确定为产业和就业发展用地的地区；地方总体规划确定的乡村居民点；在各县为推进有序发展而制定的长期政策中需要进行开发，并且已经规划了提供上下水基础设施的地区。要符合州政府拨款的要求，各县还需要制定激励和管控政策组合，以促进优先拨款地区的开发。图 1-5 标明了马里兰州蒙哥马利县的优先拨款地区范围。主核心的优先拨款地区是该县现状已有的和规划的增长廊道，一些与主核心相分离的较小的优先拨款地区主要是乡村居民点。

乡村遗产计划（Rural Legacy Program）

“乡村遗产计划”的目标是明确并保护位于优先拨款地区以外的、最有价值的农用地和自然资源，它提供资金，向土地所有者购买土地的使用权和开发权。其目标是到 2001 年，受保护区的面积能够达到 20 万英亩。在蒙哥马利县，这些受保护地区是那些与优先拨款地区中的增长廊道相邻的楔形开放空间（见图 1-5）。

相关计划

“居住与工作相依计划”（Live Near Work Program）帮助员工通过一次性付款来购买邻近工作场所的住宅；“创造就业岗位税收信用计划”（Job Creation Tax Credit Program）对位于优先拨款地区的公司提供税收减免；“志愿清理计划”（Voluntary Cleanup Program）和“棕地计划”（Brownfields Program）则致力于促进对废弃的或是未充分利用的基地进行再开发。

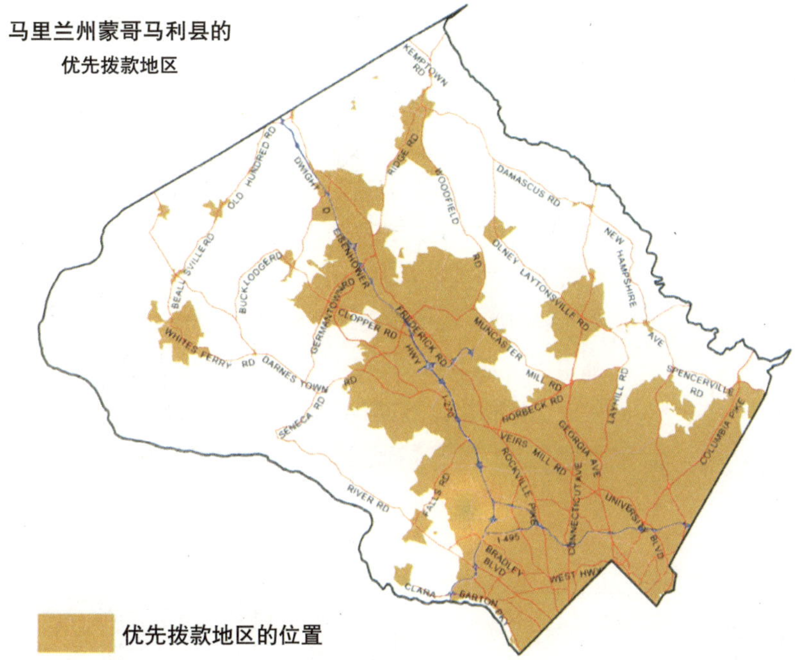

马里兰州蒙哥马利县的
优先拨款地区

优先拨款地区的位置

图 1-5 马里兰州蒙哥马利县的优先拨款地区
资料来源：Maryland Department of Housing and Urban Development，2003

购。其他一些州也积极要求或鼓励各城镇采纳精明增长的方法，在特拉华、马里兰、俄勒冈、宾夕法尼亚、田纳西和华盛顿等州也制定了新的精明增长计划（Godschalk 2000）。

虽然精明增长最初所关注的核心是改革州的增长管理法规（Meek，2002），但这一概念也对地方规划形成了影响，并在一些专业性团体和商业利益团体的政策陈述中获得了认可与支持，如美国规划协会（American Planning Association）、国际市县管理协会（International City County Management Association）、全美房屋建造商联盟（National Association of Homebuilders）、城市土地研究所（Urban Land Institute）等。精明增长网络（www.smartgrowth.org）和永续城镇网络（www.sustainable.org）一直在推动其相关理念的传播。

新城市主义

与精明增长相比，新城市主义更侧重于建筑学的视角，在确定城镇的物质形态布局方面十分细致，诸如设计、尺度、土地混合使用、街道网络等元素占据了主导性的地位（Calthorpe1993；Calthorpe and Fulton 2001；Duany and Plater-Zyberk1991；Duany，Plater-Zyberk，and Speck 2000）。其非营利性组织——新城市主义大会（CNU）强调城市设计决策对社会凝聚力和场所感的促进作用。新城市主义大会的成员在1996年通过了一个宪章，它指出：

"我们主张恢复现有的城市中心和位于连绵大都市区内的城镇，将蔓延的郊区重构为具有真正邻里关系的多样化的社区，保护自然环境和建筑遗产。我们认识到，仅仅依靠物质性的解决方案不能解决社会和经济问题，但是如果没有一个连贯的和支持性的物质性框架，也同样不能维持经济的活力、社会的稳定性以及环境的健康发展。"（v）

新城市主义宪章基本上是一个设计宣言，它为三个层面的开发活动共列出了27条原则（Calthorpe and Fulton 2001，279–285），这三个层面是：1）区域、大都市区、城市和城镇；2）邻里、专区和交通廊道；3）街区、街道和建筑物。例如，宪章指出：城镇设计应当致力于构建紧凑和土地混合使用的城市形态，通过强调公共空间和私有空间的交互作用来强化社区内部的社会联系，促进社区可识别性和场所感的形成（见图1–6）。街道应当是行人友好型的（而不是汽车友好

图1–6 南村（Southern Village）新城市主义社区的街景（左图）和北卡罗来纳州教堂山（Chapel Hill）镇Parkside地区的传统开发社区（右图）。新城市主义社区呈现出较窄的街道（26英尺，Parkside的常规社区则为32英尺）以及其他一些特征，诸如削弱减少非渗透性——更小的地块、界面的特征，如较小的地块、较少的建筑退界、拥有建筑前廊而不是入户车道和车库。此外，新城市主义社区的街道两侧都设置有人行道

图片来源：Philip R. Berke 2002

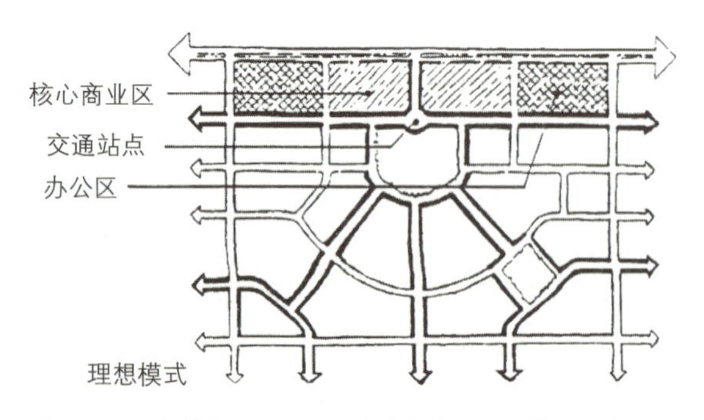

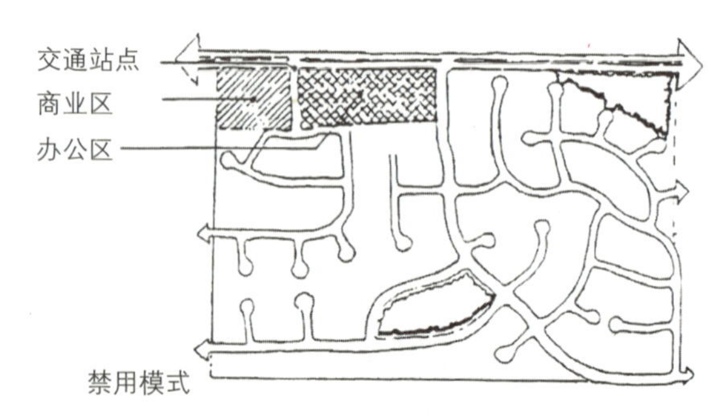

图1–7 理想模式图显示了一个步行者友好型的平面布局，它通过格网式布局减少了交通距离，与传统的郊区开发中用环形道路串起一个个死胡同的布局模式形成了鲜明的对比

资源来源：Sacramento County Planning and Community Development Department，1990。

型的），应当采纳网格化的布局以缩短交通距离，而不是像传统的郊区开发模式那样用环形道路串起一个个的死胡同（见图 1-7）。在商业、办公、居住和公共交通设施之间建立起联系；社区共有的公共场所应当成为空间的焦点；每个社区的设计规模都应当遵循在方圆半英里的“村庄尺度”。这些特征都强烈地促使人们想起由美国区域规划协会（Regional Planning Association of America）提出的、并最初流行于 20 世纪 20 年代的“邻里单位”（neighborhood unit）规划方法（Perry 1939）。

在区域尺度上实现新城市主义是以单个的新城市主义街区开发为基础的（Calthorpe and Fulton 2001；Duany and Talen 2002）。这些混合使用和高密度开发的节点，通过公共交通廊道的联系形成相互关联的网络（图 1-8）。在这一种网络中，作为公园、限制城市向外扩张的边界，以及农田与环境敏感地区保护等用途的区域开放空间创造了共有的景观尺度和生态特征。这种新城市主义版本的区域

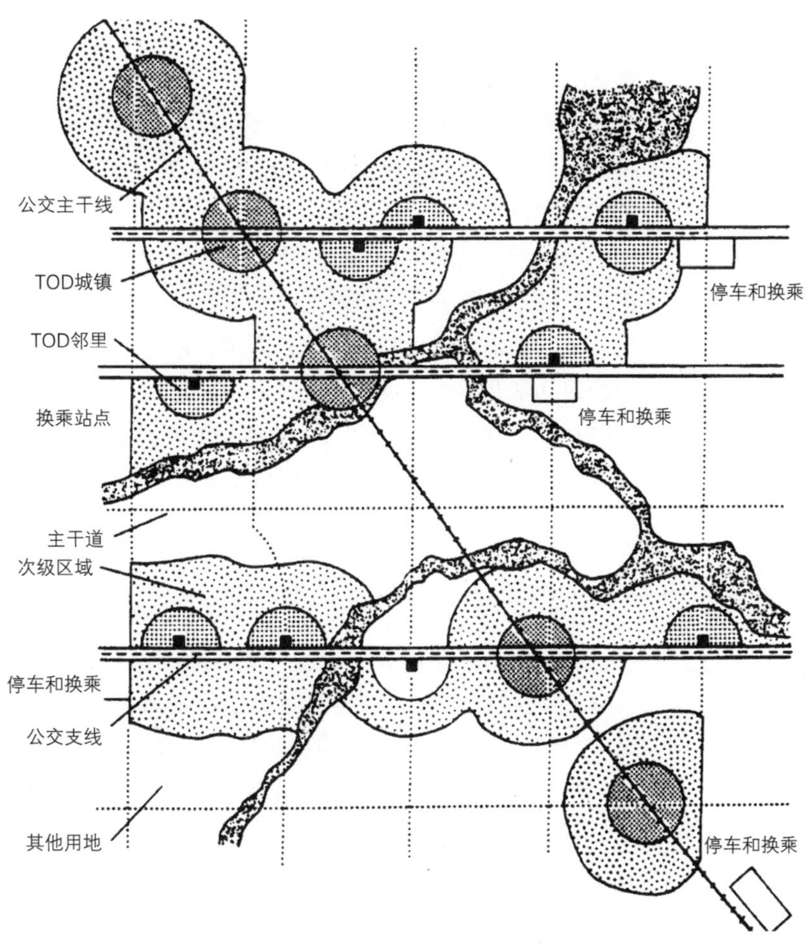

图 1-8 公交主导开发（TOD）的概念。每个占地 50~100 英亩的公交主导开发的社区，都是一个以公交站场为中心，由住宅、零售店、办公和市民中心民用设施组成的组团。公交主导开发就如同珍珠项链一样由交通线路串联起一个个 TOD 社区

资料来源：Sacramento County Planning and Development，1990

主义，其实是建立在一些老的规划传统之上的，这些传统可以追溯到19世纪末的英国规划师帕特里克·格迪斯（Patrick Geddes）和埃比尼泽·霍华德（Ebenezer Howard），以及20世纪20年代的美国区域规划协会。

精明增长和新城市主义与永续发展的关系

与占主导地位的传统低密度开发模式相比，精明增长和新城市主义虽然提供了具有远见的替代性选择，但它们能否满足永续发展所要求的更广泛目标仍然是值得怀疑的。与新城市主义相比，精明增长致力于进行宏观尺度的城镇土地使用和基础设施政策框架制定。尽管城市设计的原则是精明增长的重要部分，精明增长还是更多地具有城市规划和公共政策原理方面的渊源。精明增长并不提供对指导土地使用和城市开发决策来说特别重要的具体设计图景和城镇形态布局。新城市主义以其具体的和针对性的基地设计原则，从实质上贯彻了精明增长的许多政策内涵，[5]但它对于保护环境敏感地区、复兴内城和城镇化地区，以及提供可负担住宅等方面的指导和后续影响都是有限的。

由于这些局限性，我们就需要一个更具整体性和整合性的城乡建设愿景。永续发展的愿景应当对精明增长和新城市主义的概念加以延伸，纳入自然系统、地方经济和社会公平等方面的内容，增加对更广阔区域和全球问题的关注。在永续性的愿景下，精明增长和新城市主义作为指引城镇发展走向长期永续发展的中期愿景设计，将起到不可或缺的作用。此外，永续发展的愿景需要具有灵活性和适应性，以满足多样化利益群体的需求，适应不同的背景，引导规划过程中基于共识的对话和开放的沟通（在第2章中，我们对土地使用变迁的管理进行了更为深入的讨论，并提供了一个永续棱锥模型以指引规划编制过程）。在土地使用规划领域引入这一愿景需要多方面的协作技巧。

土地使用的价值观

要在土地使用博弈中成为一个有效的参与者和管理者，规划师必须理解与博弈结果有利益关系的其他主要参与者所持有的目标和价值观。利益相关者通常会透过他们自身土地使用价值观的有色眼镜来看待开发活动（见图1-1），他们构成了规划进程中的输入部分。规划师必须寻求机会在相互竞争的利益群体之间促进共识，以服务于公共利益和公众的期望，这些对建设更为永续的城镇来说至关重要。规划师应当能够跟踪、辨别和明晰各种群体之间相互分歧和相互补充的价值观。在对如何解决土地使用中的相关问题达成共识的过程中，以及在新议题产生的过程中，利益群体的组成和联盟关系可能会随着时间而改变（Jenkins-Smith and Sabatier，1994）。正如我们所提到的，有一些主导性的利益群体试图影响未来城市增长和变化的方向，每一个群体都会认为以下四种不同的土地使用价值观中的某一个是重要的：经济发展、环境保护、社会公平和宜居性。这些价值观可以是分离的和相互竞争的，也可以是混合的和相互支持的。

经济发展价值观

经济发展价值观把土地看做是一种用于生产和消费，或是用于提供产品和服务以谋利的商品。这些价值观代表了城乡建设的动力机制，即通过对工业、商业体系和住宅建筑的投资产生土地的附加价值。从这些价值观的角度来看，衡量土地使用的博弈输赢最清楚的方式就是比较出售土地和建筑所获得的收益多少。

罗根和莫托洛克（Logan & Motoloch）（1987）通过对三种逐利型企业的区分解释了土地开发市场是如何运作的，这三种企业分别是：偶然获得土地财富的机缘型企业；依赖良好的预测技术和明智投资的活跃型企业；通过影响与土地使用和基础设施投资相关的政治决策以寻求结构性市场的结构性投机商。结构性投机商对土地开发市场的影响最为重要，他们总是试图在有组织的联盟或是所谓的“增长机器”（Growth Machine）中进行运作。“增长机器”的组成包括银行家、律师、地产中介、开发商以及民选官员，这些人协同配合以推动他们想要的开发进程。他们仔细审查土地政策、法规以及规划，以明晰这些因素对土地货币价值的影响。有些只是倡导减少政府对市场干预，并以之作为意识形态立场的人，有时候也会加入这一群体。

这些经济发展投资的利益受到土地规划和市场需求的限制。一个成功的项目必须经受政府和市场的双重考验。他们必须满足政府的规划意图，以及地方民选代表通过的法规，以获得开发许可。他们还必须满足消费者的口味，以实现销售和盈利。他们在一个受公共规划和公共服务计划影响之下的买方和卖方市场中运作，而不是这个市场的推动者。对于这一类利益群体，驱动力包括人口增长、经济和利率，这些因素影响了需求和融资的便利程度。

土地使用规划对开发市场施加影响的途径包括：确定可用于开发或规划用于开发的土地；限制开发的类型、选址、时限和密度等；制定用于支撑开发活动的基础设施建设计划，并在公共部门和私营部门之间进行成本分配；制定开发项目的审批标准。这些行动界定了适宜开发土地的供给规模，可以表述为“对市场进行规制”的行为。虽然这种表述对很多案例来说过于极端，但是有一点很明确，那就是积极的土地规划师总是试图引导土地使用变迁的进程，以使之与城镇的目标相符。在这种意义上，土地规划师可以同时被看做开发的管理者和变化的管理者。

环境保护价值观

环境保护价值观把城市看做资源和土地的消费者和废弃物的生产者。从出于功利主义目的要求保护环境的人，到对自然怀有深刻而本能爱心的人都可以归为持有这类价值观的环境群体。这些群体常常是各种国家倡议团体的地方分支机构，如：塞亚俱乐部（the Sierra Club）、野鸭基金会（Ducks Unlimited）以及艾萨克·沃尔顿联盟（the Isaac Walton League）。他们透过生态的镜片来看待土地政策和规划，寻求保护现有的自然环境特征，诸如湿地、河流和森林等。这些群体有时会与反对增长的邻里社团形成联盟。

在实践中，规划师常常被要求从三个视角来认识环境价值，这三个视角是：直接效用价值（direct utility values）、间接效用价值（indirect utility values）和固有价值（Intrinsic Values）。*直接效用价值*所提出的问题是“它有什么好处”。许多人只认同自然对自身的直接效用所带来的价值。他们通过强大的“产品”导向的论据呼吁保护自然（例如：来自森林的板材量，作为食物来源的鱼类）。在某些情况下，秉持此类价值观的群体可能赢得公众的支持，从而实现对生态系统某一部分的保护。然而对那些看起来没有经济价值的生命形式而言，就不能用直接效用价值来证明对它们进行保护的合理性了。

*间接效用价值*聚焦于生态系统为人类社会提供的服务。他们认为生态系统中的相互依赖关系具有特殊的价值，而这种价值无法在直接效用价值中得到体现，这样的例子包括：例如：土壤对作物生长来说十分重要的更新和分解功能、能减轻洪水或过滤水污染的湿地和海狸水坝。间接效用的视角可以证明一些开发控制法规的必要性，例如：沿河流设置保护水质的缓冲带、保护林木以维护野生动物的生存环境或自然之美。

*固有价值*批评了直接和间接效用价值立场的缺陷，它强调对所有生命形式深刻而内在的欣赏。奥尔多·利奥波德（Aldo Leopold）在他1948年出版的经典著作《沙乡岁月》（A Sand Country Almanac）中，把人类看做更大的生态群落或者生态系统的一部分，而那种仅仅基于经济自利性质的保护将会导致令人绝望的失衡。它倾向于忽略并因此而逐渐最终消除缺乏商业价值的土地群落上的许多要素，然而这些要素对于土地功能的健康运转来说却是至关重要的。这种保护错误地假设“生物时钟的经济部分能够脱离非经济的部分运转”（Leopold 1948，251）。利奥波德对土地管理的观点有助于证明1973年通过的《联邦濒危物种法》，以及拯救鲸类与禁止象牙贸易等国际公约的合理性。

随着环境系统方面科学知识的积累及其在土地使用规划领域的引介，城乡土地使用和环境质量之间的联系变得越来越密切。因此，环境社团将能够要求进行更为精密的环境质量检测，设置更为精确的效能标准，并在土地使用规划过程中应用新的土地适宜性评价和环境影响评价方法。

公平价值观

社会公平的价值观把城镇看做资源、服务和机会分配过程中的一个冲突场所。持有此类价值观的人，主张土地使用模式应当认识并改善低收入人群和少数族群的生活条件，使他们享有基本的环境健康和人的尊严。社会和经济资源的公平使用对消除贫困和解决弱势群体的需求至关重要。环境公平的倡议者们反对危险性垃圾处理设施的不公平设置，反对切入内城邻里以联系中心城区和富裕郊区的公路建设计划，反对在少数族群社区设置垃圾场，反对歧视性的城市住房市场。他们相信，在商业社会中收益与负担并不平等。富人的财富增长往往建立在对其他人权利的限制基础之上，使他们无法生活在清洁、安全并在经济上能够承受的社区。

女权主义的城市学者（Spain 1992，2001）持有一套不同的社会公平的价值标准，这套标准认为性别与阶级和种族一样是一种社会组织力量。性别并不导致空间隔离，但在阶级和种族相同的地区却导致不同的城市形态。按照这种观点，由男性行为模式主导的传统开发模式无法满足妇女的日常活动需要，包括带薪的家务劳动和照顾孩童。在传统开发模式下，工作场所和居住地区的分离孤立了妇女的生活空间，并延长了工作和家务活动的出行时间。

研究男女同性恋者以及其他各种非主流群体的学者还通过另一套价值标准来评判社会的公平性，他们认为性取向可以是一种用来解释社区构成和土地使用变迁的因素。针对非主流群体迁入城市邻里并引发中产阶级化的相关研究表明，与经济因素相比，社会和文化因素有同等或更大的影响。卡斯特尔（Castells）（1997）、福赛斯（Forsyth）（2001）、劳利亚（Lauria）和诺普（Knopp）（1985）与其他一些人都主张，驱使男女同性恋社区形成的力量，是与群体的支持、安全考虑和身份的形成相联系的。并不是所有的甚至并不是大多数的非主流群体成员都是高收入中产阶级的专业人士。很多人能居住在他们的社区，是因为他们愿意做出经济上的重大牺牲。

针对那些传统上属于边缘群体而如今却越来越有影响的非主流价值观，规划师能从他们对土地使用变化的影响中得到许多重要的教益。规划师在满足主流群体的需要方面做得很多（如：为异性家庭或双户主家庭提供住房），但是在应对非主流群体的需求时少有经验。在人口组成日益多元化的背景之下，规划师面临的挑战是重新思考关于家庭、文化和社区的核心价值观，并对城市形态应该如何适应不断出现的需要做出预见。

宜居价值观

宜居价值观常常表现在那些出于自身社会和社区利益而反对土地使用变化的群体中。持有此类价值观的人经常要求保护和提高城镇社会环境和物质环境的舒适性，以支持他们所期望的行为模式、安全、生活方式和美学价值。他们仔细审查土地政策和规划对他们自身生活质量的影响，同时密切注视这些政策和规划对他们财产的市场价值的影响。如果对城镇未来增长的共识缺乏了解，那些重视环境宜居性的人可能就会动员起来阻止或改变开发活动。

在邻里群体中有时候会包括这样一些人：他们寻求阻止新的开发项目，或至少是阻止在密度上比他们的要高的相邻的开发项目。这些群体的阻力常常会导致一个地方的开发停滞。诸如“别在我后院”（NIMBY）、“本地区不欢迎的用地”（LULU）、“任何人旁边任何地方什么都别建”（BANANA）这样一些说法已经成为邻里宜居价值观的象征。公众参与规划师兰迪 · 赫斯特（Randy Hester）总结了20世纪80年代以来的邻里保护运动的状况，他认为，当代公众参与的特征包括：自我利益驱动、短视、阶级和种族割裂、精通法律和充满恐惧（1999，19）。

赫斯特的描述对大多数城镇来说太过极端，地方规划可以通过合理的程序设计消除那些导致自私行为的障碍。通过运用参与式的城市设计方法，规划师可以教给居民什么样的城市形态可以体现广大公众的利益，从而改变对宜居概念的狭隘认识，建立一种更广泛和更具包容性的宜居观。规划师还可以在邻里群体之间推动基于“交往性”和“共识建构”的战略，建立起合作机制，并达成促进共同利益的规划方案。

土地使用价值观的联合

在土地使用规划领域，当不同群体间的价值取向发生重叠时，就可能出现不同的联盟（或者联合）。这些联盟常常彼此冲突。两个传统的对手是“反增长”联盟和“促增长”联盟。“反增长”联盟的成员包括一些邻里协会，他们在限制城市增长以保护城市化转型地区的乡村特色等方面有共同利益。他们在限制开发方面的目标又被寻求保护景观生态完整性的环境保护群体所分享。“促增长”联盟则包括开发商、土地所有者以及能够从土地开发中获取利益的建筑业者。他们在促进开发方面的利益也被市中心商业、郊区商业、商会等群体分享，他们相信开发能够带来新的人口，并继而成为他们的顾客，促使他们的生意兴隆，也间接促进城市的繁荣。

第三种联盟——“社会倡议联盟”，常常同时是“反增长”和“促增长”联盟的对手。其成员包括低收入群体和少数族裔群体，这些群体的共同利益在于推动对健康环境和经济发展带来的收益进行更加公平的分配。如果想要化解与这一联盟相关的冲突，就必须解决一些困难的议题。这一联盟的一个核心议题是：如果保护环境要求减缓经济增长，那些处于社会底层的人们如何才能找到更好的经济机遇。以贫困社区为例，当较富裕社区所排斥的垃圾填埋场和焚化场、污染的工厂是仅有的经济机遇时，他们在经济生存与环境质量之间常常面对必输的选择

（Bryant 1995）。在许多情况下，贫困社区的大部分人口是少数族裔，这样就唤醒了一个新的幽灵——环境种族主义，而这正是那些与“社会倡议联盟”相关的冲突的内在特征。

规划师必须认识到，对抗性行为的假设并不总是站得住脚的。多元利益群体之间常常具有相互依赖关系。比如，内城居民与雇用低工资工人的郊区雇主在某些方面具有共同利益，比如他们都希望能够有较为频繁的公交服务和便利的换乘站点选址。他们在促进大容量公共交通方面的利益，也同样为那些试图通过减少对小汽车的依赖而显著减少空气污染的环境倡议群体所分享。这样，土地规划领域内互相竞争的倾向，就因为合作的需要而得到缓和。

规划师在土地使用博弈中的任务，是通过促进彼此信任与合作来帮助城镇构建联系，从而改善这一博弈的整体效果。要想被各方所接受并且有效地开展工作，土地使用规划必须认识到不同利益相关群体间的利益多元化与市场环境中的利益多元化之间的关系，并对此做出协调。他们必须鼓舞和激励各种群体相互理解他们彼此之间的相依性，并且获得对实现公共利益或者市民期望的信心。在《场所精神》（The Spirit of Community）一书中，阿米泰·伊兹欧尼（Amitai Etzioni）指出，“要把原本以自我为中心的个人绑定为能够相互关心并共同维系文明、社会和道德秩序的一群人，从而形成一个社会性网络”（Etzioni 1993，248）。场所的“联结性”（connectedness）正是将社会性社区和物质性社区相紧密联系起来的黏合剂。规划师应当为城镇提供指导，帮助他们寻求创造和恢复这些场所元素，从而促进社区中社会性肌理的形成，包括：确定具有重要文化价值的建筑和自然地标，以唤起与城镇历史的联系；创造一种鼓励自发性面对面交流的建成环境（如：袖珍公园、步行导向的街道）；通过鼓励小型商业空间（如：街头咖啡厅、酒馆、书店等）来鼓励私营场所中的公共生活，而不只是建设像购物中心和迪斯尼乐园之类的公司化主题空间；改善所有群体在规划中进行公众参与的机会，以共同构建一个永续的未来。

土地使用规划程序

本节的重点是土地使用规划程序，它在土地使用博弈中处于中心维度（参见图1-1）。

一个地方规划程序应具有三项核心功能：1）规划支持系统；2）规划网络的组织；3）监测与评估。由于本书内容的重点是在规划编制和规划成果两方面，这里特别强调规划支持系统构建和规划成果输出的概念和程序。第二部分（第4~9章）覆盖了人口统计、经济、环境、土地使用、交通，以及规划支撑系统的基础设施部分等方面核心数据的输入和分析方法。第3章对规划网络组织和指导编制高质量规划的评估标准做了概述。第三部分（第

10~14 章）详细解释了规划编制准备阶段中相关任务的概念和次序。第三部分的第 15 章对其余两项功能做了一般性概述，即规划师在规划实施中的日常工作。这些工作包括拟定新条例或修订现有条例，制定资本改善项目的预算，审查开发项目的详细规划方案，以及建立监测、评估和更新现有规划的主要工作框架。

规划支持系统

第一项功能是建立规划支持系统以收集、整理并分析与空间有关的数据。通过该系统可以追踪规划地区的现状和趋势，并确保联邦和州政策得到遵守，以避免惩罚和评估地方获取联邦和州政府资助的资格。该系统还可以提供信息，帮助建构针对相关议题与趋势的地方性知识，从而在规划地区促进有关人口、经济、环境、土地使用和基础设施等方面的对话和决策。这意味着在土地使用博弈中应当将信息向参与各方开放，让他们在推进规划、解决问题和审批程序等需要的时候，可以方便地获取所需信息。城乡发展状况报告是规划支持系统的成果之一，该报告是对将在规划编制过程中使用的各种议题、情景和愿景的总结性陈述。

通过对土地使用模式的各种情景进行模型分析，规划支持系统可以帮助改善知识和“建构共识”，这种分析可以评估各种备选情景与利益群体价值观的兼容性，以及就城镇愿景达成一致意见的可能性（Klosterman 2000，Wachs 2001）。1996 年，圣何塞（San Jose）总体规划的编制是一个在规划中根据不同价值组合进行情景构建的典型范例。该规划考虑了一系列土地使用的备选情景，从延续过去的开发实践（从环境和城市基础设施的角度来看是难以接受的）到禁止城市化地区以外的一切开发（从政治和经济的角度来看是难以接受的）。最终的妥协方案是允许城市建成区以外的开发，但仅限于与既有城市开发相邻的地区，从而确保市政服务的成本最低，环境影响也可以减小到可以接受的程度（City of San Jose 1994）。

规划网络：区域土地政策、城乡土地使用设计、地段规划和开发管理

地方土地使用规划程序的第二项功能是编制和采纳一项长期规划，可能被称作总体规划（master plan 或 general plan）或综合规划（comprehensive plan）。它是一份长期的政策性文件，用于指导一个城镇在未来 20~30 年内开发项目的选址、设计、开发密度、比例和类型等。规划的核心目标是提供一个基于共识的城乡未来发展愿景，并通过事实分析、目标与政策制定将这一愿景转换为土地使用布局。规划应当将长远思考注入近期行动，促进未来土地使用布局有利于社会公正、经济繁荣和环境协调，为城镇构建一个与更大区域乃至全球趋势相适应的宏大前景（big picture）。为保证规划的合理性，在地方发展趋势、自然系统条件或政策目标

发生变化时，应当不断地对规划进行更新。

规划师及其城镇可以在三种空间尺度的规划类型中做出选择，也可以对这些规划进行组合以形成一个整合的规划网络（network of plans），从而对开发活动进行指导。区域土地政策规划规定总体空间布局，划定哪些地方将从乡村向城市转型以接纳未来的增长，哪些地方将进行再开发（redevelopment）或者重要的内填式开发（infill），它还要指出哪些地方属于环境敏感地区不能进行开发。城乡土地使用设计规划（communitywide land use design plan）则从人们的土地使用价值（如：商业和就业用途区、混合使用区、主要公共中心、城市开放空间系统）出发，对区域土地政策规划所划定的各类城市建设区进行更为具体的土地使用布局安排。城镇土地利用设计还包括划定计划作为农业区、森林和环境用途区等用地的界线。有时，在城镇土地利用设计中还会标明开发密度。地段规划（small area plan）或特定意图区规划（specific area plan）则在区域土地政策规划和城乡土地使用设计规划的框架下提出最详尽的城市土地用途和自然系统保护要求。这些规划侧重于中央商务区、居住区、交通廊道以及为环境保护和休闲目的而建立的开放空间网络。

第四种类型的规划——*开发管理规划*（development-management plan）可以在各种地理尺度上制定，它经常被纳入其他规划，而不作为一个独立的规划出现。开发管理规划包括各种指导土地使用变化的工具组合，如：开发条例、资本改善以及激励措施。开发管理规划还可以对城市化进程进行引导，从而保证公共基础设施的延伸能够与私营开发的步伐一致。与此相关的开发管理工作是制定开发管理计划（development management program），开发管理计划将开发管理规划转化成为实施行动。虽然规划文件对城镇未来土地使用格局做出了展望，但规划本身并不实际管理土地使用和开发。而开发管理计划作为为实现形态目标而采取的一套实施行动可以引领城镇走向永续发展，它构成了规划网络的输出部分（参见图1-1）。地方开发管理计划依赖于各种传统的和创新的工具，包括“警察权”性质的条例、基础设施的公共支出、税收和土地征购等方法。这些工具可以强制或鼓励公共部门和私营部门遵守土地使用和开发标准。

很多时候，市民、民选官员，甚至包括一些规划师都把编制和采纳土地使用规划或者综合规划看做管理土地变化的途径。他们没有理解，制定相应的条例、基础设施改善计划以及其他的政府行动是一个城镇的规划进程能够积极有效的前提。除了制定条例，开发管理程序还需要不断地对预备开发项目的选址、类型、规模、密度、时间安排、混合程度和详细规划设计等进行审批。此外，开发管理程序应当包括对条例的强制施行和在土地使用博弈中所扮演的其他各种积极性角色。开发管理程序还需要对给水和排水线延伸、交通廊道和设施、公园与休闲设施，以及其他公共设施进行决策。最后，开发管理应当向规划支持系统、规划本身和问题解决功能提供反馈，以及根据永续发展的实践经验及时对土地使用控制做出调整。简单地说，我们把直接参与开发管理看做是规划活动的延伸。规划成为行动，而行动则是政策设计的最后一步。

规划网络的概念是现实中美国规划机构多样性的一个反映。我们不认为一个垂直的权力结构可以适应每个城镇，也不认为可以通过规划网络确定一套单一的规划组合做到这一点。我们不主张“一刀切”的方法。城镇可以选择不同的规划类型，也可以把提取的规划网络中不同类型规划的要素综合为一个复合型规划。在任何情况下，城镇的规划网络都应当根据具体的问题进行调整，充分考虑多元价值观的需求并提出平衡的解决方案。如在第 2 章讨论的丹佛案例中，不同的机构往往会分别制定不同的专项规划或是地区规划。然而，如果规划师和决策者认识到保持规划网络连贯的必要性，这些规划将可以得到更有效的执行。正如将要在第 3 章和第 10 ~ 15 章中讨论的，在实践中成功的规划类型多种多样。从总体规划到详细规划，从区域尺度到邻里尺度，从图形化的设计到日常实践中的开发管理。这些选项构成了一系列丰富多样的可选组合，规划师及其城镇可以根据自身的需要和能力构建最合适的组合。[6]

这本书讨论的物质性土地使用规划有时候被批评过分强调了城镇的物质特征，而对规划过程和自由市场的关注不够。按照这种看法，物质性规划强加了太多的秩序并侵害了个人的自由，在推动公开参与方面乏善可陈，并且阻碍了消费者进行选择。后现代主义者（Harvey 1990）和自由主义右派都对物质性规划进行过全方位的批判，他们把规划职能的延伸看做是对社会的危害（Gordon and Richardson 1997）。

正如上面所讨论的，我们认为强调程序的观点有其可取之处，然而物质性规划的价值也不能抹杀。我们并不主张赋予规划师自上而下的指挥权，也不主张单一的土地使用和城市形态的概念。这种规划方法属于已经成为过去的现代主义，规划师已经真切地认识到规划必须产生于一个参与式的开放过程。然而，规划也应当表达一个基于共识的城市形态图景，以增进彼此共同的福利。研究表明，目标和政策清晰的高质量规划和坚实的事实基础对土地使用布局有相当大的影响，对实现广泛的公共目标，包括减轻自然灾害、促进经济发展和环境保护有着显著的促进作用。[7] 此外，规划实践中的大量事例表明，有远见的物质性规划和它们描绘的未来图像在改变土地使用结果的方面大有作为。华盛顿特区大都市区的“绿楔和廊道”愿景为 1969 年的马里兰州蒙哥马利县规划所采纳，并得到成功的实施（见图 1-9、图 1-10、图 1-11）。这一愿景的原则和图示被纳入规划，并帮助该县建立了一种将市民责任置于个体利益之上的地方特质。[8] 规划为城市、郊区和乡镇提供了一个沟通的媒介，一种达成共识、确定共同利

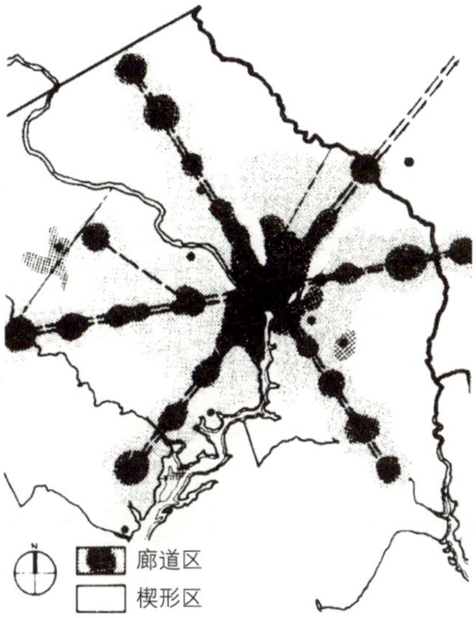

廊道区
楔形区

图 1–9　华盛顿大都市区的“绿楔和廊道”愿景

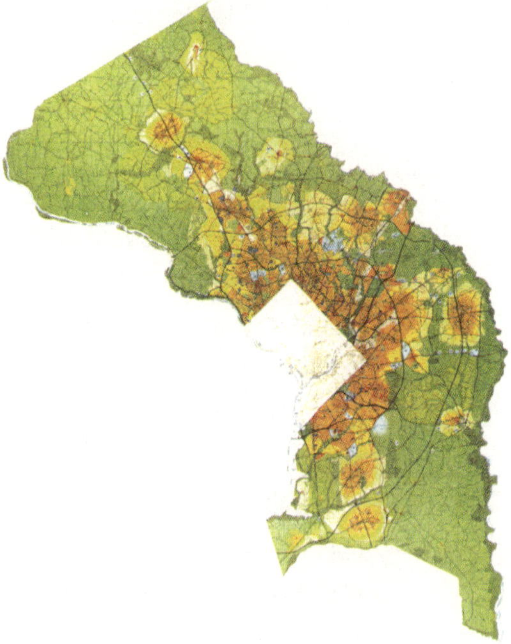

图 1–10　华盛顿大都市区愿景提出的马里兰州各县土地使用图

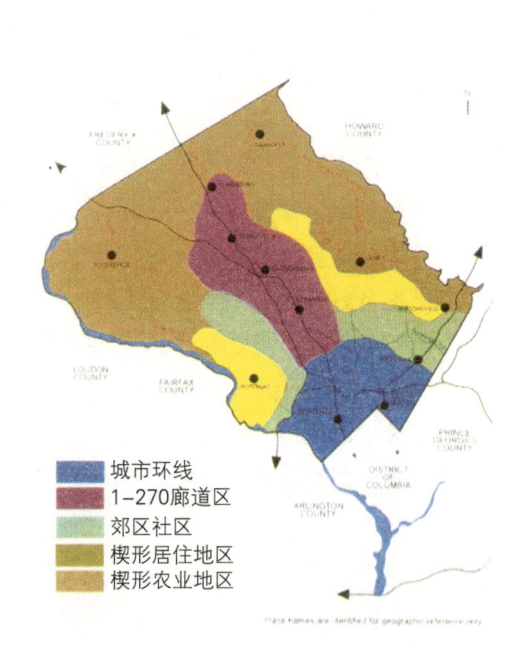

图 1–11　1993 年的马里兰州蒙哥马利县总体规划

图 1–9、图 1–10 和图 1–11 均来源于马里兰州国家首都公园和规划委员会，1993

益和共同目标的方法。这一愿景的更新版本在该县 1993 年规划中依然是核心的组织框架。

在保持优良设计传统的欧洲，规划的新模式和参与式民主还导致了以设计为基础的规划。草根规划项目产出了许多有远见的物质性规划，指导了西班牙巴塞罗那和马德里的历史中心重建、意大利博洛尼亚的更新、英国泰晤士河口战略的制定（Thames River Gateway Strategy）。实际上，从 20 世纪 70 年代到 90 年代，整个西欧都经历了长期愿景设计和物质性规划的复兴（Neuman 1996，1998）。

监测与评估

第三种功能是监测土地使用变化在环境、经济和社会等方面造成的后果，如图 1-1 所示。监测数据返回到规划支持系统，从而可以持续追踪规划实施的进程。通过比较实施结果与规划目标，评估规划在多大程度上获取了成功。监测为规划支持系统提供了进行规划调整的事实基础。此外，监测系统兼具向市民和利益群体提供信息的作用，帮助他们参与到五年或十年期规划调整的评估程序中。

为监测发展进程与规划目标的一致性，越来越多的城市已经在制定相应的永续性指标，以确保城市经济、社会和环境健康发展的长期目标的实现。有三种方法可以帮助我们把城市永续性指标从衡量规划进程的一般性目标中分离出来（Maclaren 1996）。首先，永续性指标应当整合城镇中社会、环境和经济维度间的联系（如：土地使用变化对出行距离、空气质量下降的影响，尤其是在内城的低收入群体分布区）。第二，在迈向目标的过程中，应保证永续性指标与界定中间步骤的参照点（或基准点）之间的联系具有前瞻性。第三，永续性指标是分配性的，指标不仅需要考虑代际公平，而且应当考虑因年龄、性别、种族、收入以及区位等因素对人们生活水平差距的影响。

总的来说，规划支持系统、规划网络和监测是地方政府战略的核心组成。通过它们，地方政府才能管理复杂而紊乱的土地规划领域，探索社会、环境、经济和宜居四个方面价值平衡的永续发展模式。实现永续发展需要地方民选官员和市民做出坚定的承诺以确保战略实施。规划师必须准备好随着时间的变化不断对规划进行调整，以吸取从规划实施和变化中得出的经验和教训（Hopkins，2001）。地方土地使用规划编制程序必须具有弹性和适应性，以应对系统条件的不断变化。规划师还应当意识到，建立规划支持系统时所用方法的刚度和深度、土地使用安排的详细程度、用于实施规划的开发管理工具组合，都会因负责制定规划的地方政府所处环境的不同而不同。

核心规划能力

土地规划常常面对压力，要求对其进行调整以适应公、私利益变化和趋势。地方规划师必须对自身的职业角色有强烈的价值感，以维护规划过程的完整性。当其他各方公然主张自身利益并动用一切手段以期达到目的时，我们期冀规划师倡导公共整体利益，并在专业方法、道德和原则的约束下帮助实现他人的目标。虽然规划师能提出实质性建议，但这些建议还将经受其他各方的严格审查和攻讦。因为规划师负责编写和执行博弈的规则，还要经常受到压力要求其关照一方或另一方，或是为他们破例。

为应对这些压力并在土地规划领域有效工作，规划师必须具备几方面的特殊能力。专栏1–3说明了规划师应具有的能力，我们认为规划师应当具有前瞻性、综合能力、技术能力、公正性、共识建构能力以及创新能力。这些能力共同构成了公众和规划职业对规划师的专业要求。后面几章，我们将介绍如何在规划编制中应用这些能力，以建设更加永续的城镇。

专栏1–3
规划师的核心能力

规划师应当具有：

前瞻性——规划师的视野必须超越短期利益，看到未来子孙后代的需求。规划师必须能够预见并塑造未来开发的范围和特征，明确现有的和不断出现的需要，建立规划以保证这些需求能够得到满足。前瞻性思考同样需要有描绘强有力画面的技巧，以利于推动未来城市形态的愿景。

综合能力——规划师必须能够发现目标相近的地方群体之间的联系，尽管他们有时齐头并进却没有合作。综合思维可以帮助打破受地域性、阶层、意识形态和文化等制约因素导致的狭隘思想樊篱，形成强调大众愿景的广泛联盟。实质上，规划师必须把城市各系统都看作一个整体中相互依存的组成部分，看到它们之间的联系，绝不能屈从压力而只关注单一维度的规划，孤立于其他系统去干预一个系统。

技术能力——由于特别强调政治有效性，规划师有时没有充分考虑技术分析。在派系分析的基础上，规划师可以通过某些特定的利益群体去推动规划的变化。但是，规划师在技术工作中应当严谨、客观，对假设保持高度敏感。技术能力包括应用预测方法对未来的需求和影响进行推演，发现趋势，以及在研究的基础上提出政策建议。

公正性——在一个公正的规划过程中，所有受到规划影响的利益群体都应当有机会对规划内容产生影响。规划公正性的体现包括：在分析备选方案时考虑到不同群体所受的影响，并寻求成本和收益的公平分配。法庭虽然可以推翻忽略公平原则的规划，但是有许多不公正的规划通过

（续）

一些微妙的途径逃脱了法律的审查。过程公平和成果公平是一个土地使用规划具有社会责任感的重要特征。

共识建构能力——规划师需要保证规划编制过程是基于共识建构的，这一过程必须是公正和包容的，并能够考虑和平衡所有利益相关者的需要。规划编制过程应当超越单纯的公众参予，谋求一种探索共识的建设性方法，以解决争议，争取共同受益。这个过程必须对市民贡献的各种信息和专业分析人员提出的技术信息持开放的态度。

创新能力——公众和地方政府官员期望规划师有新的办法以应付各种人居难题。虽然经常有压力迫使我们重复那些过去经验证明是可靠的办法，我们还是不能忽视政策创新。创新思维对规划师来说是一种挑战，他们需要将此前从未考虑过的行动纳入考量，拓宽自身的视野，重新审视城镇价值观，他们应当扮演下一代的代言人，并把子孙后代的需要作为集体希望的一部分。创新的举动几乎总是需要付出更多的努力才能推动，与以往的工作方式相比也存在更多风险。建设更为永续的地区必然要面临不断的变化，这要求新的和创造性的解决方案，规划师应当无惧于在规划编制过程和规划成果中倡导变化。

小结

我们观察到，当代的土地使用规划是一种运转于一个复杂和动荡的决策舞台之上的高风险博弈。参与者都试图实现最有利于自身利益的土地使用决策。作为调解人、联盟建构者、沟通者和构想者，规划师扮演了核心的角色，并被看做是有效的管理者和公共利益的守护人。

本章阐述了土地使用规划的概念性框架，这将有助于规划师更好地引导他们的城镇发展，实现更为永续的土地使用布局。该框架提出了三项主要任务：1）识别并说明城市发展过程中不同利益相关群体在土地使用方面的价值观；2）建立土地使用规划编制程序，制定以共识为基础的未来愿景和实现这些愿景的规划；3）监测土地开发结果与规划目标的一致性。最后，本章总结了规划师所需要的核心能力——如何才能既保障公共利益，又兼顾多种利益相关群体的价值诉求。

下一章我们将介绍永续棱锥模型，规划师可以应用它来理解和协调不同利益相关者之间多样化的优先诉求和冲突。为了有效地运用这一模型，我们将详细介绍在工作中如何对分析、共识和设计实践进行综合。

注释

1. 现有证据的相关综述，详见：Ewing and Cervera，2001；Frank and Engelke，2001；Humpel et al.，2002；Saelens et al.，2003；and Trost et al.，2002。

2. 一个县的蔓延指标变量包括：人口毛密度、居住在人口密度低于 1500 人 / 平方英里（低密度的郊区）的人口比例、居住在人口密度高于 12500 人 / 平方英里（支撑公交系统所需的密度）的人口比例、城区人口净密度、街区平均规模、小街区（小于 0.01 平方英里）的比例

3. 各种永续发展的定义，参见：Beatley and Manning 1998，Berke and Manta–Conroy 2000，Laurence 2000，Wheeler 2002。

4. 在很多方面，永续发展议程是规划历史演进中自然而然的新进展。自从 1970 年以后，规划领域经历了一个循序渐进的规划概念扩展过程，从狭隘的区划和土地细分扩展到着重于增长管理的公共利益目标。

5. 一些文献为新城市开发项目提出了详细而具体的指引和标准（Calthorpe 1993，Duany and Plater–Zyberk 1991），Duany，Plater–Zyberk，and Speck 2000）。

6. Donaghy 和 Hopkins（2004）批评了规划网络的概念，他们指出该概念为规划网络和决策过程假定了一个命令与控制的结构，忽略了市场和多样化规划的努力。他们把网络架构看做一个僵化的机制，无法回应不同类型规划可能的需要。他们认为网络这一概念错误地假设存在一套可以跨越空间尺度协调工作的权力层级系统，从而可以创建准确的和内部连贯的规划网络。但我们的观点相反，我们相信网络理论很好地反映了经常是杂乱、重叠和关联松散的规划机构、计划和过程，这些构成了民主社会中土地使用规划的背景。

7. 研究表明，规划对减轻自然灾害（Nelson and French 2002）、促进经济发展（Knapp，Deng，and Hopkins 2001）和进行流域保护（Berke et al. 2003）等方面的土地使用布局有积极的影响。

8. 这一观察是基于 2000 年 10 月 6 日对蒙哥马利县规划部门官员的访谈。

参考文献

Beatley, Timothy, and Kristy Manning. 1998. *The ecology of place: Planning for environment, economy, and community.* Washington, D.C.: Island Press.

Berke, Philip, and Maria Manta-Conroy. 2000. Are we planning for sustainable development? An evaluation of 30 comprehensive plans. *Journal of the American Planning Association* 66 (1): 21-33.

Berke, Philip. 2002. Does sustainable development offer a new direction for planning? Challenges for the twenty-first century. *Journal of Planning Literature* 17 (1): 22-36.

Berke, Philip, Joseph McDonald, Nancy White, Michael Holmes, Kat Oury, and Rhonda Ryznar. 2003. Greening development for watershed protection: Does new urbanism make a difference? *Journal of the American Planning Association* 69 (4): 397-413.

Bryant, Bunyan, ed. 1995. *Environmental justice: Issues, policies and solutions.* Washington, D.C.: Island Press.

Burchell, Robert, George Lowenstein, William Dolphin, Catherine Galley, Anthony Downs, Samuel Seskin, Katherine Gray Still, and Terry Moore. 1998. *Costs of sprawl—2000.* Washington, D.C.: National Academy Press.

Calthorpe, Peter. 1993. *The next American metropolis: Ecology, community, and the American dream.* Princeton, N.J.: Princeton Architectural Press.

Calthorpe, Peter, and William Fulton. 2001. *The regional city.* Washington, D.C.: Island Press.

Castells, Manuel. 1997. *The power of identity.* Malden, Mass.: Blackwell.

City of Burlington. 1996. *Burlington municipal development plan.* Burlington, Vt.: Planning and Zoning.

City of Cambridge. 1993. *Toward a sustainable future: Cambridge growth policy document.* Cambridge, Mass.: Planning Board.

City of San Jose. 1994. *Focus on the future: San Jose 2020 General Plan.* San Jose, Calif.: Department of Planning, Building and Code Enforcement.

City of Santa Monica. 1995. *Santa Monica sustainable indicators program.* Santa Monica, Calif.: Planning Department.

City of Seattle. 1994. *The City of Seattle comprehensive plan: Toward a sustainable Seattle: A plan for managing growth 1994-2014.* Seattle, Wash.: Planning Department.

Donaghy, Kieran, and Lewis Hopkins. 2004. Particularist, non-positivist, and coherent theories of planning are possible . . . and even desirable. Paper presented at the Association of Collegiate Schools of Planning conference, Portland, Oreg., October 22, 2004.

Downs, Anthony. 1994. *New visions of metropolitan America.* Washington, D.C.: Brookings Institution and Lincoln Institute of Land Policy.

Downs, Anthony. 1999. Some realities about sprawl and urban decline. *Housing Policy Debate* 14 (4): 955-74.

Duany, Andres, and Elizabeth Plater-Zyberk. 1991. *Towns and townmaking principles.* New York: Rizzoli Press.

Duany, Andres, Elizabeth Plater-Zyberk, and J. Speck. 2000. *Suburban nation: The rise of sprawl and the decline of the American dream.* New York: North Point Press.

Duany, Andres, and Emily Talen. 2002. Transect planning. *Journal of the American Planning Association* 68 (3): 245-66.

Etzioni, Amitai. 1993. *The spirit of community: Reinvention of American society.* New York: Touchstone.

Ewing, Reid, and Robert Cervero. 2001. Travel and the built environment. *Transportation and Research Record* 1780: 87-114.

Frank, Lawrence D., and Peter O. Engelke. 2001. The built environment and human activity patterns: Exploring the impacts of urban form on public health. *Journal of Planning Literature* 16 (2): 202-18.

Frank, Lawrence D., Peter O. Engelke, and Thomas L. Schmid. 2003. *Health and community design: The impact of the built environment on physical activity.* Washington, D.C.: Island Press.

Forsyth, Ann. 2001. Sexuality and space: Nonconformist populations and planning practice. *Journal of Planning Literature* 15 (3): 339-58.

Fulton, William, Rolf Pendall, Mai Nguyen, and Alice Harrison. 2001. *Who sprawls most? How growth patterns differ across the U.S.* Washington, D.C.: Survey Series, Brookings Institution.

Godschalk, David. 2000. Smart Growth around the nation. *Popular Government* 66 (1): 12-20.

Gordon, Peter, and Harry Richardson. 1997. Are compact cities a desirable planning goal? *Journal of the American Planning Association* 63 (1): 95-106.

Governor's Commission for a Sustainable South Florida. 1996. *Eastward ho! Revitalizing southeast Florida's urban core.* Hollywood, Fla.: Author.

Harvey, David. 1990. "Postmoderism in the city: Architecture and urban design. In *The condition of postmodernity,* 66-80. Oxford, England: Blackwell.

Hester, Randolph T. 1999. A refrain with a view. *Places: A Forum of Environmental Design* 12 (2): 12-25.

Hopkins, Lewis. 2001. *Urban development: The logic of making plans.* Washington, D.C.: Island Press.

Humpel, Nancy, Neville Owen, and Eva Leslie. 2002. Environmental factors associated with adults' participation in physical activity. *American Journal of Preventive Medicine* 22 (3): 188-99.

Innes, Judith, and David Booher. 1999. Consensus building and complex adaptive systems: A framework of revaluating collaborative planning. *Journal of the American Planning Association* 65 (4): 460-72.

Jenkins-Smith, Hank, and Paul Sabatier. 1994. Evaluating the advocacy coalition framework. *Journal of Public Policy* 14 (2): 175-203.

Johnson, Elmer W. 2001. *Chicago Metropolis 2020: The Chicago plan for the twenty-first century.* Chicago: University of Chicago Press.

Klosterman, Richard. 2000. The what if planning support systems. In *Planning support systems: Integrating geographic information systems, models, and visualization tools,* Richard Brail and Richard Klosterman, eds. Redlands, Calif.: ESRI Press.

Knapp, Gerrit, Chengri Deng, and Lewis Hopkins. 2001. Do plans matter? The effects of light rail plans on land values in station areas. *Journal of Planning Education and Research* 21 (1): 32-39.

Krizek, Kevin, and Joe Power. 1996. *A planners' guide to sustainable development.* Planning Advisory Service 467. Chicago: American Planning Association.

Laurence, Roderick, ed. 2000. *Sustaining human settlement: A challenge for the new millennium.* North Shields, UK: Urban International Press.

Lauria, Mickey, and Lawrence Knopp. 1985. Toward an analysis of the role of gay communities in the urban renaissance. *Urban Geography* 6: 152-69.

Lindsey, Greg. 2003. Sustainability and urban greenways: Indicators in Indianapolis. *Journal of the American Planning Association* 69 (2): 165-80.

Leopold, Aldo. 1948. *A Sand County almanac.* New York: Oxford University Press.

Logan, John, and Harvey Motoloch. 1987. *Urban fortunes: The political economy of place.* Berkeley: University of California Press.

Leccese, M., and K. McCormick. 2000. *Charter of the new urbanism.* New York: McGraw-Hill.

Lucy, William, and David Phillips. 2000. *Confronting suburban decline: Strategies and planning for metropolitan renewal.* Washington, D.C.: Island Press.

Maclaren, Virginia. 1996. Urban sustainability reporting. *Journal of the American Planning Association* 62 (2): 184-202.

Maryland Department of Housing and Urban Development. 2003. Smart Growth Program. Retrieved from www.dhcd.state.md.us/images, accessed June 21, 2004.

Maryland–National Capital Park and Planning Commission. 1993. General plan refinement of the goals and objectives for Montgomery County. Silver Springs, Md.: Author.

McCann, Barbara A., and Reid Ewing. 2003. *Measuring the health effects of sprawl: A national analysis of physical activity, obesity and chronic disease.* Washington, D.C.: Smart Growth America.

Meck, S. 2002. *Growing Smart legislative guidebook: Model statutes for planning and the management of change.* Chicago: American Planning Association.

Miller, Donald L. 2001. "Foreword." In *Chicago metropolis 2020: The Chicago plan for the twenty-first century,* Elmer W. Johnson. Chicago: University of Chicago Press.

Minnesota Planning and Environmental Quality Board. 1998. Mission statement. Retrieved from www.eqb.state.mn.us/SDI/index.html, accessed October 15, 2004.

Multinomah County. 2003. Sustainable community development program. Retrieved from www.co.multinomah.or.us, accessed October 15, 2004.

Nelson, Arthur, and Steven French. 2002. Plan quality and mitigating damage from natural disasters: A case study of the Northridge earthquake with planning policy considerations. *Journal of the American Planning Association* 68 (2): 194-207.

North Carolina Environmental Resource Program. 1997. *Guidelines for state level sustainable development.* Chapel Hill: Center for Policy Alternatives, University of North Carolina.

Neuman, Michael. 1996. Images as institution builders: Metropolitan planning in Madrid. *European Planning Studies* 4 (3): 293-310.

Neuman, Michael. 1998. Does planning need the plan? *Journal of the American Planning Association* 64 (2): 208-20.
Perry, Clarence. 1939. *Housing for the machine age.* New York: Russell Sage Foundation.
Porter, Douglas. 1998. *ULI on the future—Smart Growth: Economy, community, and environment.* Washington, D.C.: Urban Land Institute.
Porter, Douglas. 2002. *The practice of sustainable development.* Washington, D.C.: Urban Land Institute.
President's Council on Sustainable Development. 1996. *Sustainable America: A new consensus for prosperity, opportunity, and a healthy environment for the future.* Washington, D.C.: U.S. Government Printing Office.
Sacramento County Planning and Community Development Department. 1990. *Transit oriented development design guidelines.* Sacramento: Author (prepared by Calthorpe and Associates).
Saelens, Brian E., Jim F. Sallis, and Lawrence D. Frank. 2003. Environmental correlates of walking and cycling: Findings from the transportation, urban design, and planning literatures. *Annals of Behavioral Medicine* 25 (2): 80-91.
Smart Growth Communities Network. 2004. *Smart Growth online.* Retrieved from www.smartgrowth.org, accessed December 14, 2004.
Sustainable Communities Network. 2004. *Smart Growth.* Retrieved from www.sustainable.org, accessed December 14, 2004.
Spain, Daphne. 1992. *Gendered spaces.* Chapel Hill: University of North Carolina Press.
Spain, Daphne. 2001. *How women saved the city.* Minneapolis: University of Minnesota Press.
Speir, Cameron, and Kurt Stephenson. 2002. Does sprawl cost us all? Isolating the effect of housing patterns on public water and sewer costs. *Journal of the American Planning Association* 68 (1): 56-70.
Texas Transportation Institute. 2002. *2002 urban mobility study.* College Station, Tx.: Author.
Trost, Steward G., Neville Owen, Adrian E. Bauman, Jim F. Sallis, and W. Brown. 2002. Correlates of adults' participation in physical activity: Review and update. *Medicine Science and Sports Exercise* 34 (12): 1996-2001.
Vandegrift, Donald, and Tommer Yoked. 2004. Obesity rates, income, and suburban sprawl: An analysis of U.S. states. *Health and Place* 10 (3), 221-29.
Wachs, Martin. 2001. Forecasting versus envisioning: A new window on the future. *Journal of the American Planning Association* 67 (1): 367-72.
Wheeler, Stephen. 2002. The new regionalism: Characteristics of an emerging movement. *Journal of the American Planning Association* 68 (3): 267-78.
World Commission on Environment and Development (WCED). 1987. *Our common future.* Oxford, England: Oxford University Press.

第 2 章

用永续棱锥模型编制规划

为了实现永续的土地使用模式，在制订规划之前，你首先必须理解各种利益群体是如何看待各种城市开发愿景将对他们自身和他们的城镇产生的影响的，也就是一些根深蒂固的价值观。我们提出了一个概念性的永续棱锥模型，以帮助理解土地使用博弈中不同参与者之间的利益排序分歧和调停点。你还必须在理性规划、共识建构和城乡设计的基础上建立一套实践方法，以便有效制定既能够获得各方共同认可，又符合永续发展方向的土地使用规划。这个概念性模型主要包含了哪些方面？它们如何诠释不同利益群体价值间的矛盾？你如何协调理性、公众参与和设计的不同需求？

在规划方案的制定、管理和实施等核心任务中，21 世纪的土地使用规划面临着深刻的挑战。各种利益群体不断地试图通过对地方土地使用决策施加影响来支持自身的利益，规划师必须对此做出有效的应对。城镇在保护环境、促进平等、宜居城市建设，以及支持经济发展等方面如何进行平衡，规划师常常面对艰难的抉择。这些价值观之间的平衡是当代土地及其使用之战的前沿阵地。

在本章中，我们将首先讨论土地使用变迁管理所面对的挑战。随后，我们将介绍永续棱锥模型，这个模型可以帮助规划师理解土地使用博弈中各方之间的利益排序分歧与冲突。然后，我们将通过永续棱锥模型在丹佛大都市区规划体系中的应用来诠释这一模型是如何调解冲突，并指导土地使用变迁的。接下来，通过土地使用规划中的几个主要传统概念——理性、公众参与和设计，我们将诠释在土地使用规划领域有效工作所必需的核心实践。这些实践包括：预测并适应形势变化的技术能力，指导规划要旨的城市设计方法，以及用来解决冲突和建立联盟的共识建构技巧。最后，我们将说明这些实践是如何在西雅图的长期规划程序中成功使用的。

土地使用变迁的管理

管理土地使用变迁并不是简单地编制和采纳一个“终极状态”的总体规划，然后期待这一规划能够在20年后成为现实。虽然一个完善的土地使用规划是必需的，土地使用变迁的管理还需要一系列的行动，如借助公共条例和在规划实施中动用权力，监测规划实施的效果，以及在市民和利益群体间建立持续的对话。

对土地使用变迁的管理由于这一过程的复杂性和动态性而使情况变得更加复杂。美国的规划历史展现了这种长期变动的状态，规划从业者一直是在一个复杂和动态的决策环境中解决开发和土地使用问题的。这种决策环境不仅与社会和技术的加速变化有关，也与对变化的预测能力减弱有关（Wachs 2001）。规划师面对着不断的压力，忙于应对各种事件。土地使用规划领域的复杂性和动态性特点包括：土地使用控制权力的分配越来越破碎，基于特定意图而建立的控制单元越来越多，而这些控制单元往往由不同的管理机构来管理；由于人口构成的差异性日趋扩大，有组织的利益集团的影响力越来越强；尽管使用了精密的数据库、数学模型和算法，我们却愈加无力预测未来（Meyers 2001）。Innes 和 Booher 这样描述动荡性的特征：“政策的实施常常难以如决策者所愿——不仅仅是因为突然出现的技术、预料之外的重要事件，或者经济结构的变化超越了他们的预测和控制能力，也因为其中的参与者实在太多了”（1999a，150）。

与城镇增长和衰退相关的循环过程进一步使对变迁的管理复杂化。规划师必须定期监测和解释这些过程，以理解城市化流量（stocks）和流动（flows），并预测公共政策的干预效果。在土地使用博弈中，他们必须致力于与其他参与者展开对话，根据他们不断变化的需求和需要调整规则和策略。

规划师和城镇在制定土地使用规划时很少涉及建立全新的城镇。有时候，规划师必须根据州或地方政策、地方条件的新解释，或是新的政治议题来应对土地开发计划中的主要变化。他们的工作主要是处理城市边缘的城市用地和基础设施扩展，以及城市中心的旧街区和公共设施的再开发。土地使用博弈的挑战在于，如何保证这些变化的累积影响不至于破坏城乡发展的连续性，而相反却能够促进积极的变化。

为了充分考虑公共领域的复杂性和动态性，规划师可以采用永续发展的概念，它可以帮助规划师理解土地使用规划博弈中各方的利益排序分歧与冲突。

永续性是当代规划的一个重要理念，在规划师为了建立宜居和永续的人居环境格局而努力调停冲突和引导变化的过程中，永续发展完全可以成为规划师的核心组织原则。

规划与永续发展的目的

在第1章中我们已经提到，1987年世界环境与发展委员会为永续发展做出了定义，并引起了全世界的关注（WCED 1987）。从字面上看，世界环境与发展委员会的定义相当简单，强调了代际平等的目标——当代和子孙后代的所有人都能够通过努力实现高标准的生活质量，而无需超出自然系统的承载能力。在世界环境与发展委员会的愿景感召下，一大批规划和项目计划被制定出来，以建立一种能够平衡土地使用博弈中参与各方核心价值观的人居环境模式（Krizek and Power 1996；Lindsey 2003；Porter 2000）。

虽然永续发展的理念承诺了很多，众多地方规划项目也根据各自的理解努力将其付诸实践，但是环境、公平和经济等取向之间的冲突协调起来常常困难万分。过去的经验已经表明，我们决不能把永续发展与“乌托邦社会”的抽象概念混为一谈，把协调这些目标之间的冲突看作在社会公正、生态和谐和经济可行之间做平衡。实际上，这些冲突从根本上是基于一些根深蒂固的不同价值观，正是这些价值观决定了人们如何相信不同的发展愿景和土地使用变迁将会影响他们自身和他们的城镇。

为了便于理解规划师所要应对的彼此之间的利益排序分歧，在实践中产生了各种以永续发展为目标的规划概念。[1] 在一份对永续发展规划的评论文章中，坎贝尔（Campbell 1996）用三角形描绘了永续发展中蕴含的冲突，三角形的每个顶点对应着永续发展的一个子目标，顶点之间的连线则反映了这两个目标之间的冲突（见图2-1）[2]：

- 经济增长与机会均等之间的“财产性冲突”归因于对资产使用的竞争性主张，为了保证社会公益能够使用同样的财产（例如为了向贫困者提供可负担住房），作为用于获取利润的私有物品（例如土地）同时也受到政府的干预；
- 经济发展与生态永续性之间的“资源性冲突”产生于对自然资源使用方式的不同主张，是无节制的开采，还是保护其再生产的能力，这决定了在实现资源永续利用的前提下，我们能够消费多少资源；
- 社会公平和环境保护之间的“开发性冲突”反映了保护环境与通过经济增长改善贫穷者的居住条件之间的两难选择，由于贫穷弱势群体社区常常面临经济生存压力与环境质量之间的艰难取舍，环境不公平问题是这类冲突的核心内容。

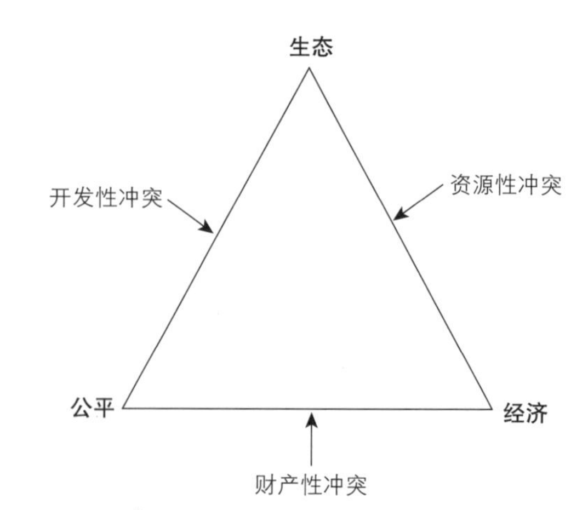

图 2-1 永续发展目标之间的三个主要冲突
资料来源：Godschalk 2004，《美国规划协会期刊》授权使用

这个三角形的模型说明了如果规划师仅仅关注其中一个简单的冲突，他们将会忽视其他一系列阻碍规划编制的冲突，因为规划是综合性的，它需要考虑协商性政策方案之间的相互关联性，并且促进公众利益。尽管如此，这一模型还存在一定缺陷，没有纳入与建设宜居城镇目标有关的冲突，而这一目标恰恰与当前规划实践中影响越来越大的精明增长和新城市主义运动密切相关。

永续发展与宜居城镇

宜居城镇的愿景为永续发展规划提供了重要的舞台。宜居性强调日常场所的创造，包括设计公共场所（街道、人行道、公园）以促进市民交往；对各种类型的建筑进行混合布置以保障可达性和容纳各种不同的活动；保护城市的历史结构以促进场所感（Barnett 2003；Bohl 2002）。宜居性既体现在建成环境的二维特征方面，强调永续发展的 3E 原则（经济、生态、公平），也体现在三维特征方面，强调公共空间、交通系统和建筑设计。因此，宜居性可以拓展土地使用永续性的三角形模型，将从微观尺度的街区、街道和建筑到宏观尺度的城市、都市区和区域等各个层面的城市设计纳入考量。

正如第 1 章所述，在宜居性的概念下出现了两个主要方法——新城市主义和精明增长。新城市主义是一项城市设计运动，强调通过建成环境的设计来阻止低密度的蔓延。它主张城市中心和居住邻里的土地应当混合使用而不是割裂开来，从行人的角度而不是机动车的角度出发来设计道路，主张恢复从人的尺度进行设计，反对建造诸如大型购物中心和高层住宅塔楼之类的现代主义建筑。新城市主义者认为，“问题并不在密度，而是设计，场所的质量，它的尺度、混合性和联系性”

(Cathorpe and Fulton 2001，274)。

评论家批评新城市主义隐藏了重要的价值观冲突。Pollard (2001) 认为未开发土地(greenfield)上的新城市主义并不比新郊区主义(New Suburbanism)好多少，因为大部分的开发位于未开发土地中。根据这一观点，这类新城市开发几乎与传统的郊区蔓延一样，因为两种开发模式都对侵占绿地破坏景观负有责任。Beatley 和 Manning (1998) 进一步批评新城市主义并不是环境导向的，因为大部分项目并没有进行减少生态足迹和环境影响的实践，也没有考虑到景观生态学中的空间保护概念。

精明增长作为一项结盟性运动，与规划和开发管理的关系更加紧密，但同时也涉及城市设计原则。精明增长的不同定义方法反映了它自身就包含着价值冲突(Avin and Holden 2000)。以开发为导向的利益集团给出的定义强调有利于开发的程序和机制设置，例如高效的项目审查程序、灵活的设计标准，以及密度奖励措施。主张社会公平的集团又将精明增长定义为少数民族和种族群体的一种机遇，通过对环境污染的治理，增加住宅的选择范围，提高机动性和公共卫生状况。环境倡议组织则主要从环境保护和开放空间保护的角度来定义精明增长。规划师和公共官员的定义更侧重于通过紧凑的城市形态来降低基础设施建设成本，以及精明增长可能给老城区复兴带来的机遇。由于精明增长是一个含义广泛的术语，利益相关者对其各取所需。因此，精明增长内部所包含的冲突可能与涉及的利益相关者数目一样多，除非利益集团之间能够就精明增长的定义、优先性和实施策略达成一致。

尽管宜居概念下的新城市主义和精明增长愿景内部包含大量冲突，但与规划的永续发展三角模型的 3E 之间的矛盾相比，这些冲突还是要平和得多。这两种方法都具有一元特征，强调阻止城市蔓延，而不是整合不同价值取向之间的矛盾。将宜居性价值取向纳入评估可以发现，新城市主义和精明增长与 3E 价值观之间存在严重的冲突。为了清楚地认识这些矛盾，我们提出了一个新的概念性模型，以识别和评估永续性价值取向与宜居性价值取向之间的关系。

永续棱锥模型

永续棱锥模型清楚地展现了各种核心价值观之间的交互作用(见图 2-2)。棱锥的各顶点分别代表了公平、经济、生态和宜居等主要价值观，棱锥的每条边则代表了这些价值观之间的相互作用。棱锥的中心位置是难以触及的，或者说是乌托邦理想化的永续并且宜居的城镇。棱锥不仅提醒我们土地使用规划需要处理三维的空间世界，还提供了一个方法框架，帮助我们识别和应对不同愿景中所包含的价值观冲突。

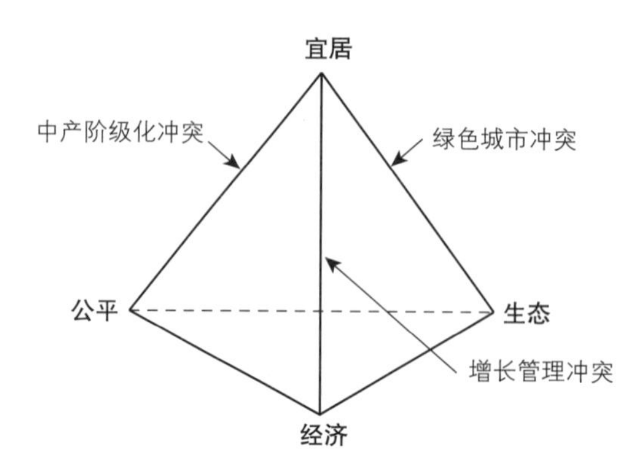

图 2-2 永续棱锥勾勒了公平、经济、生态和宜居等主要价值观
资料来源：Godschalk 2004，《美国规划协会期刊》授权使用

宜居性与经济、环境和公平之间的价值冲突出现在棱锥的每条边线上：

- 宜居性与经济增长之间的冲突导致了"增长管理冲突"，这种冲突源于人们对不受干预、完全遵循市场原则的开发在多大程度上能够提供高质量的居住环境所持有的不同信仰。这一争辩的焦点是实现"美国梦"的不同道路选择（参见 Ewing 1997 关于支持增长管理实现宜居的论点，以及与之相对的 Gordon and Richardon 1997 关于依赖自由市场实现宜居的论点）。
- 宜居性与生态之间的矛盾导致了"绿色城市冲突"，这源于自然与建成环境哪个更为重要的争论。这一争论的核心是生态系统应当在多大程度上决定城市形态（参见 Duany，Plater-Zyberk and Speck 2000 赞同建成环境占据首要地位的论点，与之相对的是 Beatley and Manning 1998 赞同自然环境占据首要地位的论点）。
- 宜居性与公平之间的矛盾导致了"中产阶级化冲突"，是保存贫穷的城市街区以维护现有居民的利益，还是对其进行再开发并提升其质量以吸引中产阶级和上层阶级群体回归中心城市，不同的信仰导致了众多争论（参见 Smith 1996 赞同保留较贫穷城市街区的论点，以及与之针锋相对的 Bragado，Corbett and Sprowls 2001 赞同为了经济繁荣而进行内填式开发和再开发的论点）。

透过棱锥来看永续规划的 3E 概念、新城市主义和精明增长（宜居性的方法），可以发现，它们中没有一个能够反映全部四个目标，或是同等地解决了所有六个方面的价值冲突。尽管在这三种途径指引下编制的规划有相当大的不同，我们还是可以从已经出版的文献和评论中发现一些重要的趋势（Campbell 1996；Duany and Talen 2002；Owens and Cowell 2002）。

永续发展的三角形模型方法最强调生态，强调解决经济和生态之间的资源冲突。尽管永续发展的定义提及了代际公平，这种公平需要通过为后代保留环境资源和经济活力来实现。新城市主义的最高价值观是宜居性，强调解决增长管理冲突并通过城市设计对宜居价值观和经济价值观进行整合。精明增长的最高价值观也是宜居性，但它强调的是通过土地使用规划和设计来解决增长管理冲突和绿色城市冲突。

价值观冲突影响了规划、设计方案以及随之而来的政治议题。例如，所有的规划方法都反对同一个敌人——蔓延，但是它们采取的规划应对措施却大相径庭。因此，永续发展的三角形模型概念趋于把环境视作最受经济增长导致的蔓延威胁的领域，通过政府干预来保护生态系统也被看做是最为必须的。新城市主义认为最具吸引力的日常生活空间是对蔓延的最佳防御，一旦通过城市设计创造出紧凑的城市形态和具有吸引力的公共空间，其他各方面的价值需求也将随之实现。[3]最后，精明增长倡导通过重构增长管理法规来阻止蔓延，革新州政府和地方政府的决策过程，以指导规划编制、公共设施和基础设施的选择；减少阻碍了市场创新的僵化的土地使用法规控制，以创造出多样化、紧凑和步行导向的城市形态。

棱锥模型也使规划师能够清楚地认识到各种愿景的局限性，它们在多大程度上照顾到了不同利益相关者的利益。以社会公平为例，这些土地使用和城市形态设计方法并没有强调这一目标，并对相关的冲突提出解决方案。这个模型说明，为了提升永续性，规划师必须拓展当前的规划方法去应对蔓延所导致的不公平，对边缘群体的需求做出先期反应。规划师们必须主张投资公共交通以增强内城居民与郊区工作岗位之间的可达性，在整个大都市区提供可负担住房的公平共享机会，以及改善内城的环境质量。

空间层级是评估价值观冲突的重要因素。世界环境与发展委员会提出的永续发展强调将全球问题和地方议题相结合，正如那句广为流传的口号——“全球思考，本土行动”。[4]尽管如此，推动美国土地使用规划实践的议题主要是在州层面和地方层面。从棱锥模型中可以看到，区域层面的议题与街区层面的类似议题之间存在较大差异。例如，区域层面的中产阶级化冲突主要是富裕的郊区住户拒绝还是接纳贫穷住户的问题，而街区层面的中产阶级化议题则是在城市中保留低收入住户还是进行再开发和提升以吸引高收入住户之间的矛盾。

当空间层级变化时，规划工具也随之变化。例如，区域层面的公众参与过程比城市和街区层面更加冗长。区域土地使用、环境和基础设施规划必须付诸协商，以应对多辖区决策过程的难题。为了解决价值观冲突的层级方面问题，我们可以采取的一种有效方法是为每个层级分别编制规划，使它们既能相互协调又能独立运作。

越来越多的城乡规划把新城市主义和精明增长的理念与永续发展的概念整合在一起。这些规划服务于不同的对象，适用于不同的建成环境和自然环境背景。可以用永续棱锥模型来检测的一个创造性范例是1995~2002年间实施的丹佛区域规划纲要。它的一项重要目标是应对丹佛地区的快速增长与蔓延带来的弊病，因为相关预测表明2000 ~ 2020年间丹佛地区将新增90万人口。这一增长带来的挑战催生了一系列愿景和跨地理层级的整合性规划，专栏2–1介绍了丹佛区域的规划体系，图2–3则描绘了这一规划体系的结构。这些平行的规划纲要旨在构建一套整合性的规划体系，以确保能够形成完整的城市、街区和区域，而不是让不成形、孤立和分散的土地使用模式占据丹佛地区。专栏2–2通过评估丹佛区域规划是否很好地解决了三个与宜居性相关的冲突，检验了永续棱锥模型的适用性。

专栏2–1
丹佛区域规划体系

区域、城市和地段的整合愿景

丹佛区域规划纲要创造了一个整合的规划体系，将此前彼此割裂的区域、城市与地段等层面的土地使用、经济发展、住房、交通与环境规划整合为一体（参见图2–3）。《丹佛大都市区愿景2020》（1995年通过）包含了由一系列要素构成的永续发展愿景："一个平衡的交通网络连接了混合开发的城市中心；城市建设区的界线由主要的开放空间所界定；具有文化多样性并且尊重自然"（Denver Regional Council of Governments 2000a，1）

区域规划

两项计划构成了区域层面的规划。《丹佛大都市区愿景2020》是一项引导增长的长期性区域战略规划，为指导地方增长决策提供区域性政策背景。它包含六项整合性的要素：

- 城市增长边界（UGB）：覆盖6个县和43个城市的747平方英里土地，以控制蔓延；
- 城市中心：在城市增长边界范围内确定若干混合利用和高密度的中心，以支持公共交通、住房和就业岗位的发展；
- 独立城镇：明确应当与城区保持分离的现有城镇，努力改善其内部交通系统、工作/居住平衡，以及城镇设施；
- 平衡与多样化的交通：提供机动性和可达性；
- 开放空间：明确城市增长边界以外的土地作为城镇隔离带、风景地、公园和野生动物栖息地；
- 环境质量：在城市增长边界范围内促进水环境质量和河漫滩的保护；创造开放空间网络。

2000年制定的《一英里高度紧凑计划》（Denver Regional Council of Governments 2000b）

（续）

是一项自愿性质的区域增长管理协议，参与的地方政府必须制定与《丹佛大都市区愿景 2020》核心要素相符合的总体规划。签订该协议但没有遵守核心要素的地方政府可以被相邻的司法部门起诉。参与该协议的县和市涵盖了区域人口的 80%。然而，增长最快的 3 个县由于担心失去私有财产权而拒绝签署。

城市规划

两个文件构成了丹佛规划的核心。《丹佛总体规划》（2000 年通过）认同“为了维持丹佛高质量的生活，必须通过有效的土地使用政策来管理增长和变化”（City and County of Denver 2000，1）。这一规划包含了四个核心的永续发展目标：经济机遇、对有价值的自然资源进行环境管理、享受高质量生活的机会均等，以及建立合作伙伴关系。规划指出，无序蔓延引起的交通堵塞和空气污染是丹佛高品质生活的最大威胁。规划提议制定整合的土地使用与交通规划，并重新修订已有 50 年历史的传统区划条例。

规划的成果是《丹佛蓝图：土地使用与交通规划》（2002 年通过），其中详细确定了对过时的区划法规进行修正的步骤和过程（City and County of Denver 2002）。规划将城市分成“稳定区”（已建成的居住街区）和“变化区”（未利用的和退化的内填式开发基地）。规划的内容旨在保护“稳定区”，同时积极引导“变化区”的增长，使其在 2025 年可以容纳 13.2 万居民。规划还提议通过新的开发项目将丹佛的未来城市发展与建设中的轻轨交通体系相联结。

地段规划

为了实现区域和城市规划，丹佛创造了三种类型的地段规划：分区规划、廊道规划和街区规划。例如，为废弃的丹佛斯塔普勒顿（Stapleton）国际机场一带制定的《斯塔普勒顿开发规划》（1995 年通过），是一项在未来 30 年内支撑 3 万个就业岗位和 2.5 万居民的片区规划（City and County of Denver 2000）。该规划紧密顺应以“整合就业岗位、环境与城镇”（1）为目标的新城市设计原则。《斯塔普勒顿设计手册 2000》要求建筑商在各种历史风格的环境中工作时必须遵守新开发的一套详细标准（Stapleton Development Corporation 2000）。

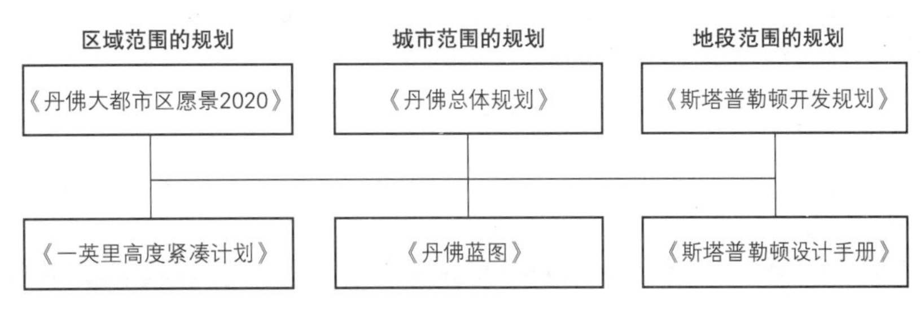

图 2–3 丹佛的规划体系

资料来源：Godschalk 2004，《美国规划协会期刊》授权使用

专栏 2-2

永续棱锥模型在丹佛区域规划中的应用：冲突与互补

增长管理冲突

与区域层面相比，丹佛在城市层面和地段层面更好地解决了增长管理冲突。通过划定城市范围的稳定区和变化区，《丹佛蓝图》为开发市场提供了哪些增长是受鼓励或者受限制的相关信息。通过在斯塔普勒顿项目中引入公私合作伙伴关系，丹佛的“城中新城”战略直指内城现代化和活力再生两大目标。但是在区域层面，由于三个地方政府不愿意他们的一些土地管理权力受制于《一英里高度紧凑计划》，增长管理的成效有限。区域紧凑增长的努力同时还受到一项新的高速环线（C-470 以及其延伸段）的阻挠，这条环线将带来大规模的远郊土地开发。

绿色城市冲突

在绿色城市冲突方面，丹佛的自然系统保护也是在城市和地段层面最为有效。在城市层面，丹佛保留了一个大规模的公园系统，并将落基山兵工厂转变为国家野生动物区，同时寻求在落基平原的钚工厂原址建立野生动物庇护所。在斯塔普勒顿，2/3 的场地被作为开放空间，原来的荒野景观将被再次引入。作为区域性的就业中心，斯塔普勒顿将鼓励“绿色”企业，以努力减少自然资源消耗。但是蔓延依然是一个区域层面的问题，5076 平方英里的区域内只有 6% 的土地是地方保护的开放空间（尽管另外 20% 的土地属于州和联邦政府），三个主要的大县并没有签署《一英里高度紧凑计划》。

中产阶级化冲突

在试图通过内填式开发在 2025 年容纳 13.2 万居民时，丹佛城市和地段规划采纳了多项用以协调中产阶级化冲突的策略。很多大型的中心区内填式开发项目以前都并非居住用地，而是位于被划定的看起来不会置换大量贫困居民的变化区。占地 4700 英亩的斯塔普勒顿是其中最大的一项内填式开发项目，位于从前的机场地带。为了满足可负担住房的需求，斯塔普勒顿将其 4000 套出租公寓中的 20% 提供给收入在该地区平均水平 60% 及以下的居民，将其中 10% 的出售单元提供给收入在该地区平均水平 80% 及以下的居民。

其他挑战

丹佛还未能解决区域协调问题。科罗拉多州也没有进行支持增长管理的立法。社会公平方面的实践受到市民参与和可负担住房相关规定的极大限制。供水依然还是牵制永续发展的一项重要问题。但是在很多重要的前沿领域已经有了振奋人心的进步，增长管理冲突、绿色城市冲突和中产阶级化冲突在区域规划体系中得到了充分的关注。

永续棱锥模型的核心取向

如果棱锥的四个顶点代表了规划的主要目标，而四条边线代表了由此引起的冲突，那么我们可以将棱锥的核心定义为永续发展的代表，即四个目标的平衡。但是达到这一核心目标并非易事。将永续发展置于抽象概念中是一回事，而改变利益群体政治、计划、规则、传统开发决策实践，乃至最终实现核心目标、改变土地使用模式又是另外一回事。要保证变化的累积影响不至于破坏城乡的连贯性，又能推动渐进的变化，这是土地使用博弈的挑战。

从土地使用规划传统概念中，找不到一项单一实践能够帮助规划师在动态的土地规划领域稳步地推进变化。无论是强调内涵的程序性概念，使用逻辑推理和最易于获取的证据作为政策制定的根据，还是城市形态的本体理论，都无法涵盖全方位的现实世界。大多数规划师从一系列观念传统中形成了自己的实践导则。为了有效制定协商性的规划方案，这些综合方法必须依赖于以理性规划、共识建构和城市设计为基础的实践。我们不需要创造一种自大的全覆盖的战略，而仅仅是在调停冲突、促进永续棱锥四个目标平衡的愿景的过程中，指出一些有用的想法以改善规划实践。

我们借鉴规划的主要观念传统——理性规划、共识建构和城市设计，阐述有效运作于土地使用规划领域所必需的核心实践。我们审视了每一项传统规划的局限性，随后讨论了如何利用每项传统规划的长处，采用一种集体的、草根的和参与性的方法来引导土地使用变迁。最后我们将介绍这些实践是如何在西雅图市域以及街区规划程序中应用的。

理性规划

对应用社会科学家和工程师来说，理性规划概念的前提是分析性思维。理性主义的规划实践包括数据分析、建模、预测和监测，这些都将在本书第二部分的规划支持系统中系统讨论（第 4 ~ 9 章），并在第 3 章的规划编制的概念化以及第三部分的规划体系（第 10 ~ 15 章）进行介绍。

理性规划提供了一套系统的逐级递进的方法，从目标设定到预测不同方案的影响，再到选择最能实现公共目标的方案，最后到实施并通过反馈回路实现整个过程的再循环。为了达到永续发展目标，理性规划的概念以大部分规划所遵循的步骤为基础，提出了一整套正式的行动进程。[5] 如果规划编制的参与者遵循理性规划有序逐级递进的方法，他们将：

1. 对议题和机遇进行识别，并提出假设；
2. 设定目标，这些目标将帮助地方领导人和市民拟定发展的愿景；
3. 针对所有可能的备选方案进行数据收集和分析；
4. 修正总体目标并确定子目标；

5. 根据规划师和咨询小组拟定的愿景，编制比选方案并评估其可能带来的后果；
6. 选择并采纳一个最佳方案，公众参与者和规划师共同决定一个具有共识的规划；
7. 实施规划，土地使用规划常常被作为综合规划的一部分被采纳和实施；
8. 监测并进行结果反馈，将进展情况与规划目标进行比较，并据此修正规划。

很多规划师相信提高决策的理性是他们的主要贡献之一。理性规划模型建立了目标与政策之间的内在联系，从目标设定到实施的逐级递进方法，并通过逻辑推理和易于获取的数据来分析相关议题和政策提案。理性规划的大行其道还在于其针对既定目标合理选择手段的方法，以此来指导行动计划的设计可以保持相当的明确性和一致性，对公众来说这也是一种预测未来的常规方法。

对理性规划模型的推崇致使其在20世纪50年代以后被广泛应用。正如图2-4所示，20世纪50年代的加利福尼亚总体规划过程可以被看做是城乡遵循理性规划模型进行规划编制与实施所需步骤的一个典型范例。在这种规划模式中，规划成果所应对的常常是预测的潜在问题。例如，如果不采取相应的行动，可负担住房将面临短缺；如果不对暴雨径流采取干预措施，水污染问题将会变得突出；如果不制定交通规划，将会出现极端的交通拥堵状况。当今大部分规划成果都强调理性主义，因为这些规划主要包含了对一系列行动进程的描述、列出未来需要的设施和用地，以容纳预测的人口、经济、交通模式、住房需求和自然资源情况变化。

理性规划的批评者们认为，理性主义模型没有考虑到规划所必需的适应性，土地使用规划必须获得城镇的接受。他们主张，即使不考虑技术的成熟水平，在预测模型的建构和政策方案的选择中，假设也占据了重要的地位。Wachs指出，尽管方程式、计算机和数据库为规划师提供了一个可以信赖的氛围，“与模型的复杂程度和成熟度相比，作为预测基础的核心假设往往对预测结果的影响更大”（2001，369）。如果不把假设向公众解释清楚，专家推动的规划在实施过程中往往导致相反的结果，因为规划政策并不符合公众的价值观和关注点。

对理性规划的另一种批判声音认为它没有充分强调对未来城市形态的前瞻性思考。预测能够对趋势和新情况将带来的结果做出数字解释，但它并不能提出对未来城市意象的创造性构想。在一定程度上，规划能够在理性分析的基础上对未来状况进行说明，并提出以事实为依据的行动计划，但这些只能是一些干涩的技术权威意象，并不能建立人与场所之间的联系。此外，这种规划模式限制了人们了解未来并给予响应的权力。它无法生动地描绘城市形态方面的意象，而这些意象往往能够促进人们对不同方案物质形态结果的理解，并帮助形成平衡的公众预期。从这些批评意见可以认为，前瞻性的规划应当努力引领变化以创造未来，然而技术性的规划只能简单地包容变化。

如果理性规划模型能够把共识建构和参与性设计的规划模型在各方面进行融合的话，那么这些指责就不能成立。在实践中，很多规划师和他们的城镇处在对这些规划模型进行整合的前沿，这些模型利用了理性主义、共识建构和规划设计模型的力量。本章随后将讨论的西雅图案例是一个对理性规划模型进行适应性调整以整合这些规划模型的成功范例。

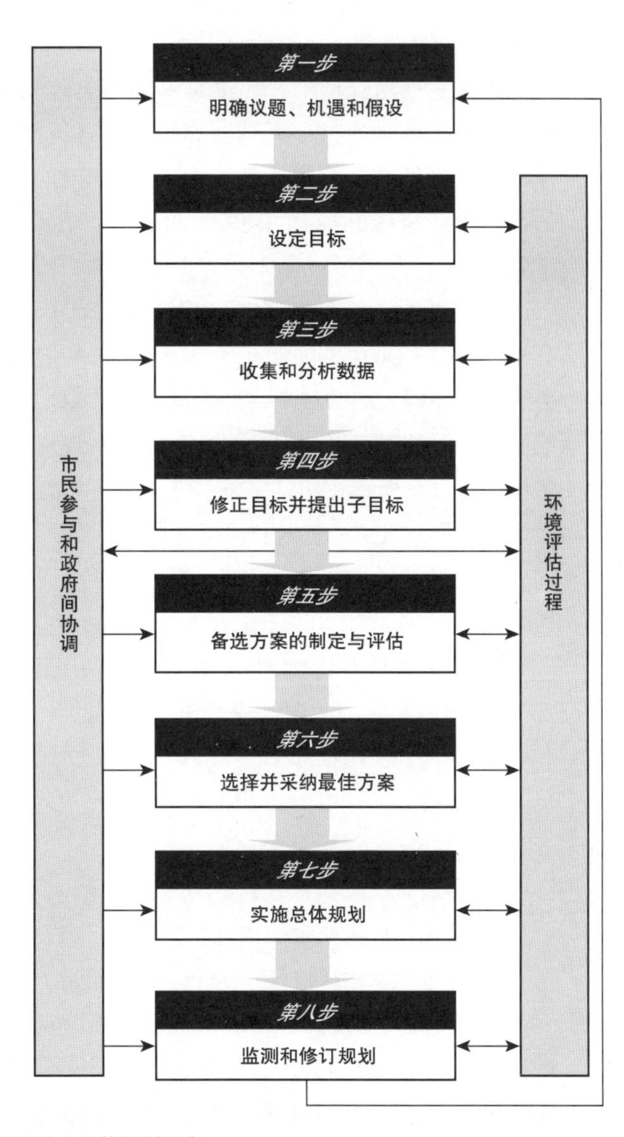

图 2–4 加利福尼亚地方总体规划程序

资料来源：Governor's Office of Planning and Research，Sacramento，California

共识建构

共识建构从20世纪90年代起成为在规划理论中占据主导地位的范式。基于共识建构的实践包括公众参与、信息共享、讨论和协商。这些话题将在本章以及第2、3、4、9章中讨论。

共识建构旨在将主要利益相关者聚集一堂，讨论有争议的议题，寻求一致而非少数服从多数。由于很多议题意见不一、复杂又相互联系，基于共识的方法要求利益群体的广泛参与。通过明确相互都能接受的目标，参与者共同努力以达到彼此期望的结果。利益相关者共享信息和互动的过程可以促进创新，并且能够提出新的和创造性的解决方案。

在这一规划模型中，无论是早期形态规划师那种自上而下的规范推理，还是理性模型那种通过一系列演算得出最佳方案的方法，都不是最优先的。共识建构更为强调的是在集体智慧中各种经验性、主观性和彼此分享的知识所蕴含的合理性。根据Innes（1996）的研究，在共识建构中，话语权是进行测算的工具。

作为利益相关者之间的沟通者、协调者以及中间人，规划师在共识建构中具有核心作用（Godschalk et al. 1994；Healy 1997；Innes and Booher 1999b）。规划师必须了解不同人们的观点，并帮助建立共识。与其说规划师是技术权威，不如说他们是经验的学习者，通过倾听各方的主观意见表达和提供信息，保证参与共识建构的各方都能够在信息完备的情况下进行判断，推动各方意见趋于一致，并确保这一过程不被某一方的利益所主导。

根据相关文献提出的标准，规划师可以通过以下方法控制和评判共识建构过程的质量：

- 将所有相关利益群体的代表纳入共识建构的过程；
- 明确共同的问题，或是建立共同的任务，这些问题和任务必须是真实存在和现实可操作的；
- 过程的自我组织化，让参与者自己决定基本规则、议程、目标和任务，以及建立工作小组等；
- 通过对议题和各方利益的深入讨论，促进创造性思考；
- 吸收各种高质量的信息，并确保各方对其含义的认可；
- 通过共识达成协议（Innes and Booher 1999b；Margerum 2002）

尽管开放性和多元性不应当被看做共识建构的缺陷，但一直有人批评这种模式缺少对最终状态的关注。过度强调过程反而导致了对通过编制并实施规划以改善城市形态这一中心目标的偏离。共识建构没有把行动的焦点放在城市场所这一本质问题上，而是放在其他参与者和参与机构上。此外，本来我们期望可以通过愿景式思考激发不同利益群体坐到一起、相互协商并就政策达成共识，然而对过程、包容和妥协的强调似乎与愿景式思考背道而驰（McClendon 2003）。虽然共识建构也是一种类型的愿景，但是这一开放化、参与式又常常充满争论的过程缺乏一种通过规划对未来城市面貌提出愿景式设计的驱动力。

城市设计

城市设计关注的是建成环境的宜居性、保护工作地景（working landscape）和自然资源。基于设计的实践包括编制城乡土地使用规划和地段规划。这些话题将在第12、13、14章中讨论。

规划的城市设计传统将土地使用规划与建筑、景观领域结合起来。城市设计涉及土地使用的布局配置、土地使用布局设计与交通系统的整合、建筑及其外部空间的组合关系，但不涉及建筑单体设计。城市设计的主要目标是创造一幅城乡未来面貌的积极意象。强调终极状态，将吸引力导向富于灵感的愿景，从而推动公众支持土地使用朝积极方面改变，并激发规划师为此而努力工作。

在现代城市规划的早期，城市和区域的设计被视为规划职业的核心任务。在19世纪中叶，奥姆斯特德（Frederick Law Olmstead）设计了大量的规划方案，如纽约的中央公园、芝加哥附近自给自足的滨河社区，以及波士顿的一系列被称为"祖母绿项链"的公园和基于自然排水系统的绿带。霍华德（Ebenezer Howard）的《明日的田园城市》（1902）一书是最早为创造更好的城市形态而提出的大胆纲要之一。面对19世纪英国工业城市的糟糕状况，霍华德提出建立一系列布局紧凑并能够自给自足的城镇，外围以绿带环绕，这一二维土地使用设计愿景对世界产生了极大的影响。1909年伯纳姆（Daniel Burnham）和贝纳特（Edward Bennet）编制的芝加哥规划推动了城市美化运动（city beautiful movement），该规划是美国著名城市的第一个规划，其内容涉及当时规划师关注的土地使用、住房、环境、交通、健康以及安全状况等。这些践行了城市设计模型规划的先锋规划师们接纳了伯纳姆的立场，伯纳姆1907年的大胆宣言声称，"不要做小规划，它们没有让人热血沸腾的魔力……要做大规划，对期望和工作的定位要有高起点，记住，一个宏伟的、合乎逻辑的图形一旦成为现实将永不消失……"（引自：Hall 1988，174）。城市设计模型的规划影响了一代代人。例如，当代新城市主义的工作就主张综合田园城市和城市美化运动的最佳原则，提倡城市中心拥有纪念性市政建筑物和公园，并由布局紧凑的小城镇、村庄和绿地空间所环绕。

过去的乌托邦规划愿景概念可以被批判为只有小部分是真的，而大部分是神话。历史已经证明了城市和区域不能由单一的设计师或单一的设计哲学来重构。和当代的规划师一样，早期的规划师也必须应对多元利益群体的需求，以及土地使用规划领域乃至政治上的复杂性和动态性所带来的不确定性。虽然他们也试图有效制定管用的规划，但他们的规划从未完全实现，尽管规划本身很动人又富于灵感。

今天，规划中的城市设计模型强调彼此认同和集体性过程。凯文·林奇（Kevin Lynch）的城市形态理论从更广阔的视野审视了设计和物质规划。林奇提出，良好的城市形态应当具有以不同量度表达的多种特征，包括：活力、场所感、适用性、可达性、控制、有效性和公平。他的观点是，一个良好的城市形态应当能够以持续开发的形式推动变化，这种开发应当以个人或小群体以及他们文化的需求与目标来界定和引领。

> "……一个好的人居环境是开放的：可达、分散、相异、适宜，能够容忍实验。这种对动态开放型的强调与大部分乌托邦主义者（诸如霍华德和伯纳姆这样的早期的梦想家）不同。只要不突破时间和空间连续性，人居环境可以不断改善。由于不稳定的城市生态在冒险致富的同时潜藏有灾难性危险，灵活性非常重要，学习和快速适应也同样重要。"（Lynch 1981，116-17）

针对民众对蔓延式开发模式带来的弊病的不满，巴尼特（Barnett，2003）不久前提出了参与式城市设计理论。他的理论将物质环境的变化与多样化的市民观点和越来越多从政治上支持城市设计和区域设计的力量联系起来。他提出了五条基本设计原则，这些原则并不是为了支持任何一个单一的设计理论，而是旨在指导规划师及其城镇塑造更为永续和宜居的空间场所。这五条原则（摘自：Barnett 2003）是：

1. **社区原则，**是通过公共空间的创造鼓励人们相互交往和培养社区感；
2. **宜居性原则，**是自然环境和建成环境的保护和恢复、现有街区的复兴、与居住区密切联系的紧凑商业街区的设计以及以街道为公共环境中心的空间布局；
3. **机动性原则，**是创造公交主导的城市形态，并在设计上满足步行出行的要求；
4. **公平性原则，**是减少贫困、提供可负担住房，在设计土地使用布局时更多地关注弱势群体并改善其生活条件，保障他们享有环境健康和人类尊严的基本权利；
5. **永续性原则，**不鼓励大都市区边缘的农用地转变性质，鼓励建成区的内填式开发和复兴，整合大都市区域的交通系统以减少对汽车的依赖。

巴尼特认为，永续和宜居城市的设计不应当由某一个愿景规划师的物质决定论方式来主导。"场所设计更像是一种拼贴，虽然有一些创造性内容，但主要还是对现有要素的组织和排序"（2003，45）。相应地，当代规划中的城市设计模型要求规划师扮演多重角色，将理性活动和共识建构活动结合起来。规划师是一个推进者（facilitator），帮助城镇找到各自的目标，探索目标的实现途径；规划师也是一个技术分析师，能够提供客观信息；规划师还是一个创新者，能提出创造性的替代方案，把握变化的时机；规划师还是一个共识的建构者，保证规划过程的开放和包容。

整合理性主义、共识建构和愿景设计

通过借鉴理性主义、共识建构和愿景设计的规划模型的长处，规划师及其城镇可以通过协作规划的过程来引导城市的变化。目的在于探索建立一套方法，以便在编制、实施和采纳规划等方面促进城镇能力建设，倡导积极的变化来实现永续棱锥的多目标平衡。此外，这种方法还应当反映从城乡历史、经济、文化和景观特征等方面派生的独特的地方环境。

下面我们以西雅图为例来说明规划师如何制订规划战略，以有效地协调冲突，并建构永续棱锥的四大目标平衡的愿景（参见专栏 2-3 和图 2-5 的西雅图城市规划和街区规划）。西雅图案例描述了 1994 ~ 1999 年间的街区规划过程。这一程序系统性地接纳了市民团体、技术分析结果和城市设计方案之间的互动。市民对最初的背景报告提出了大量意见，并为达到规划目标提出了各种情景和设计方案。因而这一过程成功地整合了多重价值观，并将其转化为与街区的目标和期望相一致的城市形态，同时保持了与市域规划之间的一致性。尽管这一程序的制定从一开始就是审慎的，但并不是线性和有序的，它是所有参与群体共同创造和争论的结果。这一过程反映了在街区规划进程中，以及在城市和街区明确并克服困难的过程中，需要不断进行适应性调整和相互学习。

专栏 2-3
西雅图城市规划和街区规划程序

城市规划：永续发展和都市聚落战略

1994 年，西雅图通过了《迈向永续发展的西雅图》，一项为期 20 年的总体规划（City of Seattle 1994）。通过阐明永续棱锥所反映的核心价值观，这个规划的总体愿景目标明确地考虑了永续发展（图 2-2）。这个规划以“都市聚落战略”（Urban Village Strategy）为前提来容纳未来增长。它明确了 37 个街区作为城市中的都市聚落，以基础设施投资、公共交通、开发密度增加以及土地的混合使用为导向。“都市聚落战略”通过各种政策指向对城市增长和变化过程中包含的冲突（见棱锥模型）进行应对：

- **增长管理冲突：**规划将独户式住宅和都市聚落街区确定为稳定街区。这一政策的目标是为土地开发市场提供增长机会，维护已经建成的街区和以改变为目标的街区复兴。
- **绿色城市冲突：**都市聚落将减少对私人小汽车的依赖，而更多是通过公共交通进行联系，通过减少汽车的污染排放改善空气质量；汽车使用的铺砌路面减少也将减轻对水质的不利影响。
- **中产阶级化冲突：**投资于都市聚落将会复兴衰败的街区，但是在建设过程中会突出住宅类型的多样化，包括建设低收入住户能够负担的住宅。

（续）

街区规划程序

很多居民对都市聚落战略表达了关注和反对的意见，认为这一政策将带来没有约束的增长并侵蚀现有街区的特色。城市规划工作者很快就对这些意见做出反应，与这些市民一起将规划中的都市聚落战略深化为街区规划项目（NPP），"其潜在哲学是，街区一旦得到城市的支持和资源，在市域规划的愿景、目标和政策框架下，它们将最有能力确定和提出它们的自身需求"（City of Seattle 2001，10）。1995 年，城市划拨 475 万美元用于实施街区规划项目。

图 2-5 说明了 1995 ~ 1999 的年间西雅图街区规划执行过程的四个主要阶段，以及在每个阶段主要采用的技术，这些技术利用了理性主义、共识和城市设计的规划模型。跨越整个过程所有阶段的主要特征包括：

- **街区组织委员会：**在规划范围内建立组织委员会以管理和监督整个过程。每个委员都必须在地区的多元化和独特特征方面具有代表性。
- **拓展计划：**每个街区规划程序都建立并执行一个"拓展计划"来动员街区。街区组织委员会使用政府提供的人口统计信息来识别街区中的主要人群及其分布。很多街区大事都作为庆祝活动来举办，以吸引注意力和出席率。鼓励出席者提出应当关注的问题、需要辩论的议题，并对愿景草案和比选政策进行投票。将选票的复印件寄给不出席的人，请他们投票。通过索取记载了拓展方法和参与水平评估的报告，政府工作人员可以对街区规划的拓展成效实现持续监测。
- **议会管事（Council steward）** 城市议会为每个街区指定一个议员作为"议会管事"参与规划过程，并作为整个议会的联络人。
- **街区支持计划** 城市规划工作人员创建了一套支持计划。其中的主要活动有分析街区状况和未来需求，培训参与街区规划的当地居民，建立一套"拓展工具包"，为各种不同拥护者之间的沟通提供方法，并推出了一套关于土地使用、区划、住房和城市设计的"怎样……"系列指南。市政府工作人员还会对规划草案进行评估以保证其符合市域规划。
- **验证程序：**每个街区都必须在规划完成前从社区收集各种反馈意见，从而建立一套程序来验证街区对规划支持的情况。建立验证程序的目的是为了防止一小部分群体主导规划，以保证规划能代表最广泛的利益。验证的方法包括邮递验证、验证活动，以及对规划草案进行校订。
- **设计评审委员会：**1994 年在整个城市成立了由志愿者组成的 7 个永久性设计评审委员会和一个全体委员会（City of Seattle 2002）。每个委员会评估居住和商业项目是否符合街区规划和市域设计的导则。设计评审委员会体现了公众参与，推动了公众教育和参与人群的拓展。城市规划工作人员可以向志愿者委员提供建议、技术支援和培训等支持。

街区规划阶段	理性方法	共识建构和参与方法	城市设计方法
1. 确定议题和机遇，提出愿景目标声明	• 通过人口统计资料确定人群特征及其分布 • 测量市民参与水平 • 评估现状情况和发展趋势	• 建立组织委员会 • 建立并执行“拓展计划” • 指定议会成员作为街区管事，在规划过程中充当议会和街区之间的联络人	• 将愿景目标转化为场所的手画草图 • 使用照片直观展现场所现状 • 举办街区研讨会 • 进行视觉形象调查
2. 规划编制	• 分析问题并对问题进行排序 • 提出并评估各种比选政策方案 • 测量市民的参与水平	• 收集社区反馈来验证规划 • 部门间协调 • 使用冲突化解技术	• 通过小组头脑风暴制定未来土地使用分析图 • 使用三维图形说明规划中的表述性设计政策
3. 规划实施	• 创建行动一览表以明确先后顺序，确定实施时间表和经费，按行动分别指定负责实施的组织	• 使用行动一览表作为协商工具，以修订城市规划，调整区划，以及索取资本改善金	• 成立设计评审委员会
4. 监测和反馈	• 创建指标 • 追踪结果中的变化并与规划目标相比较	• 分发报告	• 指标趋势的图形演示

图 2–5 西雅图的整合性街区规划过程

小结

当前的规划实践受到永续发展带来的强力挑战。这个概念还在发展和延伸，并将涵盖精明增长和新城市主义运动所倡导的宜居城镇愿景。正如我们的永续棱锥模型所诠释的那样，这些愿景目标已经成为当代规划实践中的主导性话题。

为了应对永续发展的挑战，规划师应当站在定义、整合、实验和测试这些愿景目标的最前沿。然而，到达棱锥难以触及的核心绝不是一个简单的任务。在将永续发展的概念转为实践行动的可行策略探索过程中，城市土地使用规划领域不时充满了争议性、不确定性和复杂性。

为了实现永续发展，规划师可以运用永续棱锥模型来揭示和协调规划内部的矛盾。然而，我们无法直接抵达棱锥的核心，只能通过不断地正视和解决棱锥冲突来实现间接的或是近似的到达。我们提出了一个程序性的规划框架，帮助规划师在技术分析和城市设计中结合他们自身的技能和共识建构的方法，正视和协调土地使用规划中的主要冲突。这一方法的主要特征包括：收集并分析信息以预测城市系统的变化，推动公众参与以促进相互学习和协商，还有进行城市设计实验，帮助利益相关者结合自身要求来评估规划是否很好地满足了他们的期望。我们的目标是建立一个协作规划的过程，将技术性的规划信息、价值观和场所的创造结合起来。未来不是一个简单的宏伟愿景目标，也不是一系列的趋势预测，而是一套能够被设想、商讨和审议，并可能因此而被共同接受的愿景目标。

注释

1. 为帮助理解永续发展规划中所隐含的目标和矛盾，人们提出了一系列的概念框架，Owen 和 Cowell(2002) 对此做了完整的评估。这些概念化框架的理论基础包括环境资本、永续发展的种族视角、永续发展的政治维度以及沟通行动等。

2.《摇篮到摇篮》一书（McDonough and Braungart 2002，150）中提出了类似的三角形。在该书中作为一种直观工具提出，用于分析拟采纳的方案设计，其适用范围包括了从产品和建筑物设计到乡镇和城市的设计。在规划阶段，这个工具可以帮助提出设计是否满足经济、生态和公平等单一标准的问题，以及是否满足经济 / 生态、经济 / 公平等混合标准的问题。McDonough 和 Braungart（2002，157–65）在书中声称采用这些标准将允许设计师在所有这三个象限上创造价值，如同他们在福特汽车公司位于密歇根州迪尔伯恩（Dearborn）胭脂河（River Rouge）的大型工厂翻新项目中展示的那样。

3. 亚历山大 · 加文（Alexander Garvin）(2002，24）记录了肯特兰（Kentlands）项目的失败。作为主要的新城市项目之一，肯特兰项目没能减少对于私人汽车的依赖，也没能实现土地的混合使用。由于无法从拍卖中收回 7000 万美元的原始投资以清偿债务，贷款银行不得不取消该项目的抵押赎取权。

4. 新西兰和荷兰等一些国家要求地方规划将地方议题与全球议题联系起来考虑，这些议题包括：地方土地使用变化对臭氧层的破坏、全球变暖和跨国界污染等问题的影响。

5. 爱德华 · 班菲尔德（Edward Banfield）(1955）可能是第一个定义理性规划模型的人。

参考文献

Avin, Uri, and David Holden. 2000. Does your growth smart? *Planning 66* (1): 26-28.

Banfield, Edward. 1955. Note on conceptual scheme. In *Politics, planning and the public interest,* Martin Meyersen and Edward Banfield, eds., 303-36. Glencoe, Ill.: Free Press.

Barnett, Jonathon. 2003. *Redesigning cities: Principles, practice and implementation.* Chicago: American Planning Association.

Beatley, Timothy, and Kristi Manning. 1998. *The ecology of place: Planning for environment, economy and community.* Washington, D.C.: Island Press.

Beatley, Timothy. 2000. *Green urbanism: Learning from European cities.* Washington, D.C.: Island Press.

Bohl, Charles. 2002. Place making: Developing town centers, main streets, and urban villages. Washington, D.C.: Urban Land Institute.

Bragado, N., J. Corbett, and S. Sprowls. 2001. *Building livable communities: A policymaker's guide to infill development.* Sacramento, Calif.: Center for Livable Communities, Local Government Commission.

Bullard, Robert, Glenn S. Johnson, and Angel O. Torres. 2000. *Sprawl city: Race, politics, and planning in Atlanta.* Washington, D.C.: Island Press.

Burnham, Daniel, and Edward Bennet. 1909. *Plan of Chicago,* Charles Moore, ed. New York: Princeton Architectural Press.

Calthorpe, Peter, and William Fulton. 2001. *The regional city.* Washington, D.C.: Island Press.

Campbell, Scott. 1996. Green cities, growing cities, just cities? Urban planning contradictions of sustainable development. *Journal of the American Planning Association* 62: 296-312.

City of Seattle. 1994. *Toward a sustainable Seattle: The City of Seattle comprehensive plan.* Retrieved from http://www.cityofseattle.net/dclu/planning/comprehensive/homecp.htm, accessed May 2, 2004.

City of Seattle. 2001. *Seattle's neighborhood planning program, 1995-1999: Documenting the process.* Retrieved from http://www.cityofseattle.net/planningcommission/docs/finalreport.pdf, accessed April 29, 2004.

City of Seattle. 2002. *Design review program evaluation.* Retrieved from http://www.cityofseattle.net/dclu/CityDesign/ProjectReview/DRP/pdf, accessed April 29, 2004.

City and County of Denver. 2000. *Denver comprehensive plan.* Retrieved from http://admin.denvergov.org/CompPlan2000/start.pdf, accessed June 9, 2004.

City and County of Denver. 2002. *Blueprint Denver.* Retrieved from http://www.denvergov.org/Land_Use_and_Transporation_Plan/Blueprint/Blueprint%20denver/start_TOC.pdf, accessed Jun 9, 2004.

Denver Regional Council of Governments. 2000a. *Metro Vision 2020 Plan.* Retrieved from http://www.drcog./downloads/2020_Metro_Vision_Plan-1.pdf, accessed June 9, 2004.

Denver Regional Council of Governments. 2000b. *Mile high compact.* Retrieved from http:www.drcog.org/pub_news/releases/MHC%20signature%20page%20811pdf, accessed June 8, 2004.

Duany, Andres, E. Plater-Zyberk, and J. Speck. 2000. *Suburban nation: The rise of sprawl and the decline of the American dream.* New York: North Point Press.

Duany, Andres, and Emily Talen. 2002. Transect planning. *Journal of the American Planning Association* 68 (3): 245-66.

Ericksen, Neil, Philip Berke, Jan Crawford, and Jenny Dixon. 2003. *Planning for sustainability: The New Zealand experience.* London: Ashgate Publishers.

Ewing, Reid. 1997. Is Los Angeles–style sprawl desirable? *Journal of the American Planning Association* 63: 107-26.

Garvin, A. 2002. The art of creating communities. In *Great planned communities,* J. A. Guase, ed., 14-29. Washington, D.C.: Urban Land Institute.

Godschalk, David, David Parham, Douglas Porter, William Potapchuk, and Steven Schukraft. 1994. *Pulling together: A planning and development consensus-building manual.* Washington, D.C.: Urban Land Institute.

Godschalk, David. 2004. Land use planning challenges: Coping with conflicts in sustainable development and livability community visions. *Journal of the American Planning Association* 70 (1): 5-13.

Gordon, Peter, and Harry Richardson. 1997. Are compact cities a desirable planning goal? *Journal of the American Planning Association* 63: 95-106.

Hall, Peter. 1988. *Cities of tomorrow.* Oxford, England: Blackwell.

Healy, Patsy. 1997. *Collaborative planning.* Hampshire, UK: Macmillan.

Hoch, Charles. 2000. Making plans. In *The practice of local government planning,* 3rd ed., Charles Hoch, Linda Dalton, and Frank So, eds., 19-40. Washington, D.C.: International City/County Managers Association.

Howard, Ebenezer. 1902. *Garden cities of to-morrow.* London: Schwan Sonnenschein. Originally published as *ToMorrow: A peaceful path to real reform* (1898).

Innes, Judith. 1996. Planning though consensus building: A new view of the comprehensive planning model. *Journal of the American Planning Association* 62 (4): 460-72.

Innes, Judith, and David Booher. 1999a. Metropolitan development as a complex system: A new approach to sustainability. *Economic Development Quarterly* 13 (2): 141-56.

Innes, Judith, and David Booher. 1999b. Consensus building and complex adaptive systems: A framework of revaluating collaborative planning. *Journal of the American Planning Association* 65 (4): 460-72.
Krizek, Kevin, and Joe Power. 1996. *A planners' guide to sustainable development.* Planning Advisory Service 467. Chicago: American Planning Association.
Lindsey, Greg. 2003. Sustainability and urban greenways: Indicators in Indianapolis. *Journal of the American Planning Association* 69 (2): 165-80.
Lynch, Kevin. 1981. *A theory of good city form.* Cambridge: MIT Press.
Margerum, Richard. 2002. Evaluating collaborative planning: Implications from an empirical analysis of growth management. *Journal of the American Planning Association* 68 (2): 179-93.
McClendon, Bruce. 2003. A bold vision and brand identity for the planning profession. *Journal of the American Planning Association* 69 (3): 221-32.
McDonough, M., and M. Braungart. 2002. *Cradle to cradle: Remaking the way we make things.* New York: North Point Press.
Meyers, Dowell. 2001. Demographic futures as a guide to planning: California's Latinos and the compact city. *Journal of the American Planning Association* 67 (4): 383-97.
Owens, Susan, and Richard Cowell. 2002. Land and limits: Interpreting sustainability in the planning process. London: Routledge.
Pollard, Trip. 2001. Greening the American dream: If sprawl is the problem, is new urbanism the answer? *Planning* 67 (9): 10-15.
Porter, Douglas, ed. 2000. *The practice of sustainable development.* Washington, D.C.: Urban Land Institute.
Smith, N. 1996. The new urban frontier: Gentrification and the revisionist city. New York: Routledge.
Stapleton Development Corporation. 2000. *Stapleton design book.* Denver: Author.
Wachs, Martin. 2001. Forecasting versus envisioning: A new window on the future. *Journal of the American Planning Association* 67 (4): 367-72.
World Commission on Environment and Development. 1987. *Our common future.* Oxford, England: Oxford University Press.

第 3 章

如何创造一个优秀的规划方案[①]

要具有影响力，一个优秀的规划方案必须与当地城镇的各种特定需求和关注相符合，并在内容和形式上都是高质量的。人们会要求你提供编制一个优秀的规划方案的指导，这要求两项相互呼应、相互关联的任务：1）选择一个最能反映当地土地使用和发展意愿的规划类型（或者几种类型的结合）；2）为规划编制确立和采用一套规划质量目标。其工作成果应该是一个最有效反映当地问题和需求的规划类型，以及一套规划质量的评价标准。为你的城镇准备的规划方案有哪些主要类型？在确定和应用规划质量的核心原则时，你应当提供哪些建议呢？

规划和制订规划的方法是本书的核心问题。一个优秀的规划应当体现土地使用规划在三个层面上的最基本功能（如我们在第 1 章中阐述的）：规划信息系统、规划方案编制以及规划监测评价。在第 2 章提及的永续发展棱锥模型则用于在复杂混乱的土地使用竞争范围中设定方向和目标。为了清晰地指导未来土地使用的变化，规划方案必须高质量地有效地表达愿景和其他设定的方向性目标（目标和政策）。在本章中，我们将审视几种类型的规划，它们可以单独或者共同使用，用于表达土地使用和发展的目的，我们还将讨论创造一个高质量的规划方案的核心评价标准。

本章首先考察一个规划方案的核心目标，我们将区分一个多阶段的决策过程

① 由于 Planning 和 Plan 经常交替出现，为表示区别，有时会将 Plan 译为（规划）方案，避免句子中的重复——译者注。

中四种不同类型的规划产品，在每一个层次上都有一种特定的规划类型与之联系。我们将戴维斯（Davis）市 2001 年总体规划作为研究案例，这是一个复合型规划，在不同的规划阶段使用了不同类型的规划成果形式。然后，我们将审视评价规划方案质量的两种概念性维度；评价方案的主要构成内容和内部质量标准，以及评价规划在多大范围和多大程度上满足地方需求的外部标准。我们以 2002 年丹佛规划总图为案例来分析这些评价标准的具体操作。最后，我们讨论了创造高质量规划方案的潜在障碍。

规划方案的核心目标

那些通常被称为总体规划或者综合规划的，实际上是一个长期性的政策性文件，它们提供了隐藏在城镇发展管理程序背后的法律、政治和逻辑的基本原理，也提供了在 20 ~ 30 年的时间跨度内在地方管理权限内的终极居住模式。如同在第 1 章中讨论的，地方规划的核心目标包括：

- 在共识基础上，提供一个可以激发行动的城镇未来发展愿景；
- 提供事实、目标和政策，用于将这个愿景转化成为物质层面的开发模式；
- 将长期考量与短期行动结合起来，以创造一个宜居的、社会公正的、经济上可行和环境上和谐共存的未来发展模式；
- 展示一幅城镇的“宏伟的画卷”，它与发展大趋势和当地政府所在区域（而且可能是全球的）的利益紧密联系在一起。

规划方案是规划师作为土地使用竞争管理者和城镇发展协调人的主要工具。一个高质量的规划方案有助于在利益相关者有竞争性的利益之间形成对话和合作，它在竞争的参与者之间拟定解决价值冲突的协议，共同迈向永续的定居模式。规划方案还可以为官员提供一个总体参考，确保在实现那些狭隘目标的同时，公共利益的目标没有被忽视，防止出现“公用地的悲剧（tragedy of the commons[①]）”，在这种悲剧中，有价值的城镇资源被不受限制的个体利益所摧毁。

多阶段过程形成的规划类型

规划制定过程包括了对不同规划类型的合理选择（Kaiser，Godschalk，and Chapin 1995）。在一个多阶段的过程中可以预见，不同的规划成果必然产生不同

① 此处的“commons”最早出自亚里士多德“凡是属于最多数人的公共事物常常是最少受人照顾的事物，人们关怀着自己的所有，而忽视公共的事物。”。1968 年美国生态学家加勒特 · 哈丁（Garrett Hardin）在 Science 杂志上发表题为“The Tragedy of the Commons”的论文，用“公用地的悲剧”比喻无效使用公共财产——译者注。

表 3-1

土地使用规划的类型

1. 区域土地政策规划（Areawide Land Policy Plan）
   - 划定主要政策区（Mapped general policy districts）
     —保护地区、乡村地区、城市地区
2. 城乡土地使用设计规划（Communitywide Land Use Design Plan）
   - 土地用途的特定空间组织
     —选址、类型、混合和密度
3. 地段规划（Small-Area Plan）
   - 一个市镇的城市地段
     —交通走廊、中心商务区（CBDs）、邻里
   - 一个市镇的开放空间
     —水资源流域、生境、耕作区、洪水区
4. 开发管理规划（Development-Management Plan）
   - 规划实施行动的计划

资料来源：Kaiser and Davies，1999

类型的规划方案，每一个阶段都与一种特定的规划类型相关联。不同的阶段，可以分为从总体层面（区域土地政策规划）到中间层面（城乡土地使用设计）直到专门层面（地段规划和开发管理规划）。这个过程从区域范围的土地政策和城镇范围的土地使用设计规划开始，一直到地段规划和开发管理规划，但是这个序列不应该看成是呆板或一成不变的（见表 3-1），其每一个阶段（和相关的任务）也并非分别离散的。相反，各阶段之间相互依赖，有相当多的反馈出现在整个序列中。

区域土地政策规划

区域的土地政策规划为我们提供了对未来土地使用和开发决策的总体指引。规划基于土地适宜性分析以及城镇化和开放空间对土地的需求分析。这个规划的核心要素是区分三种主要土地使用政策区的区划图，分为保护地区、乡村地区和城市地区。

保护地区是环境敏感的土地，它由价值巨大（但是对土地使用性质的变化非常敏感）和不能进行开发的土地（例如湿地、海岸线、濒危动物栖息地）组成；乡村地区则是指那些适宜于进行低密度开发的限制性区域，包括资源产品的产地（例如农业区和林业区）、小型城镇中心、次级的环境敏感地（例如陡峭的坡地、景观地和供水流域这些能够承受低密度开发的地区）；城市地区是大多数城市发展所指向的地区，它由鼓励进行开发的城乡结合部、城镇希望保持稳定的居住邻里、适宜使用的空地以及指定进行再开发的未充分使用地区构成。

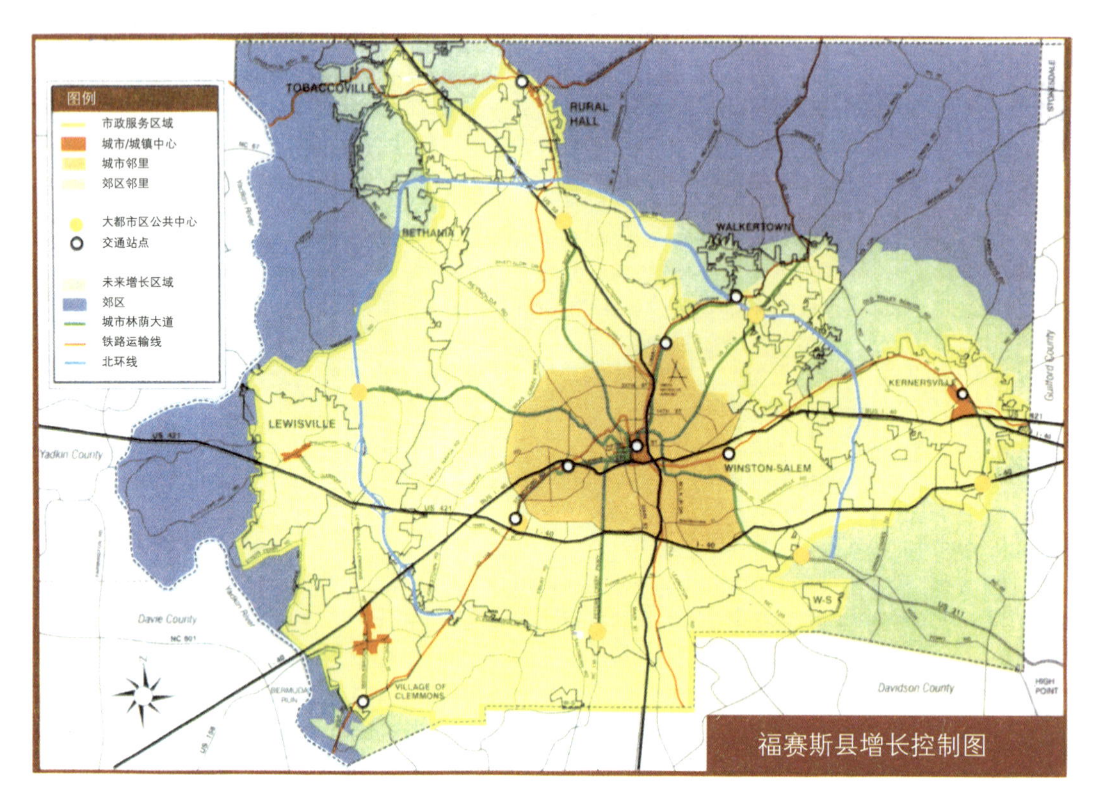

图 3-1 北卡罗来纳州温斯顿－塞勒姆市和福赛斯县土地政策规划图
资料来源：Forsyth County，2000

区域土地政策还包含着在每一个政策区划内的实施策略。图 3-1 是北卡罗来纳州温斯顿 - 塞勒姆市和福赛斯县（City of Winston-Salem and Forsyth County）的地区土地政策规划的政策区划图。总体上看，每一个地区的多项政策用来实现规划的长远设想，它应当支持永续发展的核心原则。规划表明这些原则将使城市中心充满活力，使居住邻里有更丰富的住宅选择，使城市形态紧凑，使耕地和开放空间得到保护，使行人和公交导向的交通体系得到贯彻。

这张图表明有三种类型的“城市已开发”地区将得到再开发和 / 或内填式开发（城市 / 城镇中心，城市邻里和郊区邻里），一种“开发中”地区将实现从乡村到城市的转化（未来发展区），以及一种“乡村地区”将用于农业保护。“乡村地区”同时还包括了没有在图上进行标注的水资源保护流域和容纳珍稀动植物的自然遗产地区。

城乡土地使用设计规划（Communitywide Land Use Design Plan）

城乡土地使用设计规划是建立在地区土地政策规划基础上的。尽管城乡规划中已经将城市发展地区与保护地区或者农业地区区分开来，但土地使用设计更具体地解决使用的类型、混合和密度问题。土地使用设计更关注城镇层面上的居住、商店、办公、工业、开放空间、学校、公园和交通的空间组织。这些要素可以包括所有镇、市和县。此类规划的核心要件是一张详细的城市功能空间组织图，它覆盖了区域土地政策中确定的广阔城镇化地区。这张图还显示了与土地使用和城市各个中心相关联的交通和基础设施的政策。土地使用设计方案的重点是对城市所有日常功能的空间组织，包括土地使用的效率、宜居性、环境质量、经济发展，以及土地功能与设施的公平分配。

另外一个特点是，土地使用设计是人们需求的土地使用的最终空间形式，而区域土地政策则强调对城市变化的管理和对环境资源的保护。区域规划划定了未来5年、10年以至20年可用于城镇化的用地、不允许变化的乡村和保护地区、应该重新开发的城市土地，以及或许应该恢复为乡村或者保护地区的城市土地。

图 3–2 是《马里兰州霍华德（Howard）县 2010 年总体规划》中的土地使用设计图，该总体规划编制于 1990 年，是美国规划师协会（APA）的获奖规划。这张图说明了规划旨在完成的六项首要主题，即：负责任的区域主义、保护乡村地区、

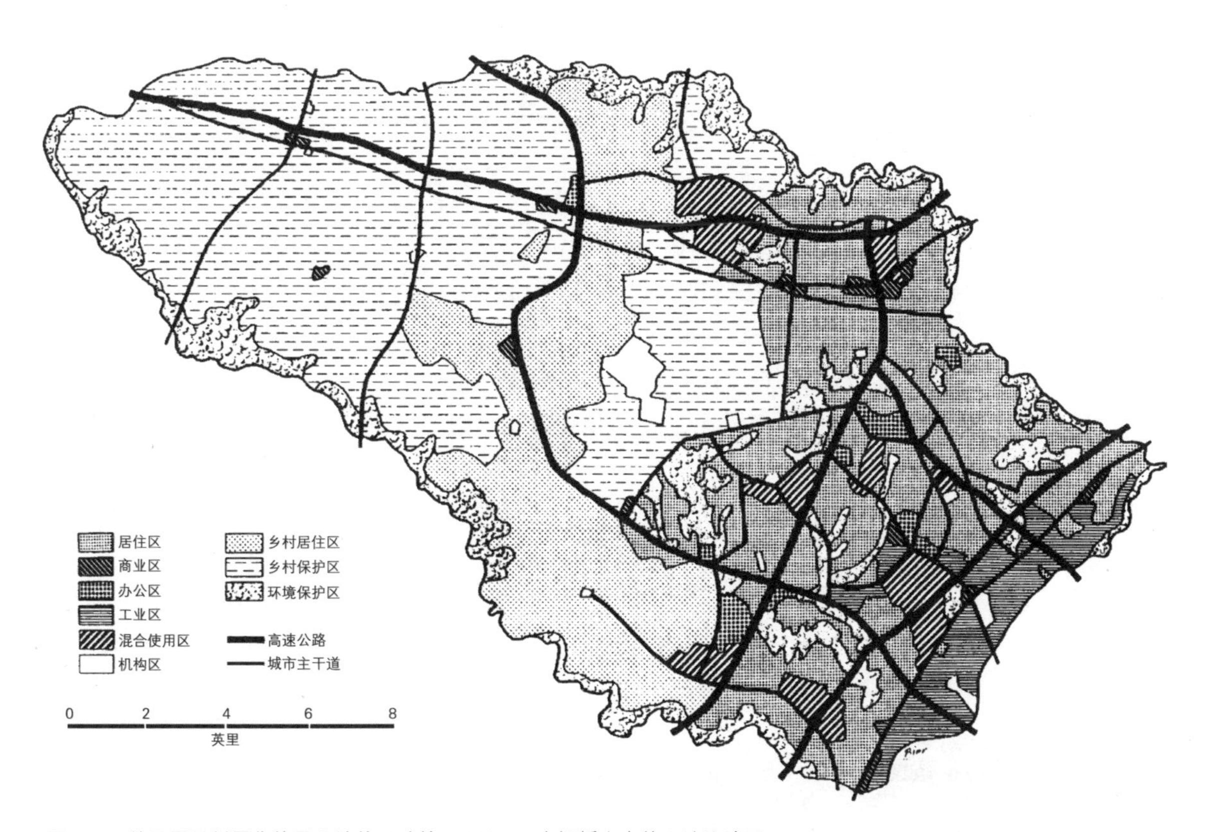

图 3–2 从马里兰州霍华德县土地使用政策 2000/2010 中概括出来的土地战略图
资料来源：Howard County Maryland，1990

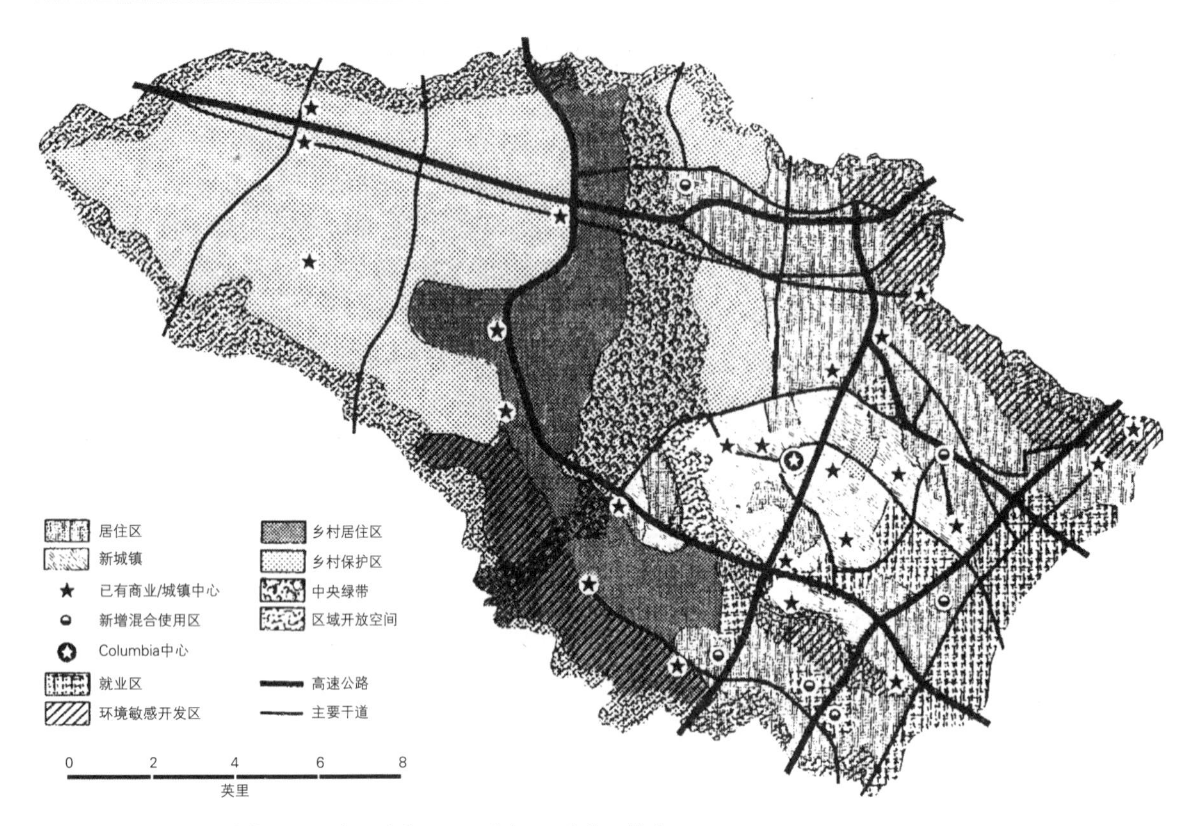

图 3-3 马里兰州霍华德县 2010 年土地使用图，反映了土地使用模式
资料来源：Howard County Maryland，1990

平衡式增长、与自然相协调、提升城镇，以及阶段式增长。图 3-3 是配套的政策图，它通过建设基础设施和保护开放空间在现状的城市中心与规划提出的新城市中心之间建立了联系。

区域和城乡尺度的规划在一个两阶段过程的基础上相互联系。区域土地政策规划是起点。而城乡土地使用设计规划则着重于区域规划所指定的土地使用、交通系统和城镇基础设施。这个过程将产生两个规划方案，在特定情况下，许多城镇也会采用一种混合了区域土地政策和土地使用设计要素的复合性规划形式。

区域和县的政府经常使用土地政策规划及其实施政策，而区域和县下属的城市政府则用的是城乡土地使用设计，然而，一个都市型的城乡可以仅仅编制城乡土地使用设计规划，而不需要制订土地使用政策规划。

地段或特定意图区规划（Small or Specific Area Plan）

地段（或特定意图区）规划关注的是城乡中的具体地段。在这种类型的规划中包括的城市地段包括：交通走廊、中央商务区和居住邻里。需要保护的开放空间包括饮用水水源的流域、野生动植物栖息地、耕地和湿地。地段规划通过细化区域土地使用政策规划和城乡土地使用设计方案中那些具有战略意义的关键地点对其进行补充，它在土地用途的空间组织、建成环境的设计、自然环境的保护、政策和标准的制定、策略和行动的实施等方面都更加清晰、更加细致。

图 3–4 是俄勒冈州波特兰（Portland）市 Goose Hollow 车站社区的特定意图区规划中的详细城市设计要素图。该规划地段是一个辐射半径达到 1300 英尺（约 400 米）的公交导向开发地区，包括五个城市街区。城乡土地使用设计方案（在这里没有给出）表明了土地使用空间组织的设想：在现有的土地使用模式下整合住宅、就业、零售和服务。Goose Hollow 规划的主要目标是提供有效和有吸引力的公交导向开发，通过提高所有交通手段的可达性使轻轨使用率最大化。

开发管理规划（Development–Management Plan）

开发管理规划着重于实施问题，通过一个特定的行动序列来指导开发。开发管理规划的重点是短期的行动议程（例如 5 年或者 10 年）。它通过一系列不同的工具来引导开发的地点、类型、速度和设计的质量，例如，协调各种法规的开发法典，购买土地、延伸基础设施和服务的公共投资计划。它可以被立法机构设定为一种法规。它是对区域土地政策规划、城乡土地使用设计规划和地段规划的补充，有时也作为这些规划的一个独立要素与它们共同发挥作用。

2001 年戴维森规划法规（Davidson Planning Ordinance）可以被视为一个独立的开发管理规划（Town of Davidson 2001），与席卷美国的城镇增长热潮类似，它也试图通过开发管理方法来实现新城市主义目标。这个规划正如其名称所示，被立法机构采纳，成为开发的法规。它包含了一个对于未来愿景的陈述，折射出新城市主义者的理想原则（例如适宜步行、混合使用的城镇；通过设计形成城镇的归属感；依靠街道和绿带相互连接的居住邻里），以及一个综合性的法规标准和执行程序（见表 3–2）。这个规划并没有划定土地使用性质的明确边界，却包括了一张规划（类型）分区图。这张分区图并没有按照传统的区划法规所规定的土地使用性质来分类，取而代之的是，按照城镇增长的历史模式进行分类，有些类似于“新城市横断面（New Urban Transect）”的组织体系，这是一个将人类的居住地划分为从城市中心到乡村的连续统一体的体系（Duany and Talen 2002）。规划分区的法定效力与区划是一样的，并且包括一个许可用途列表和为地区的城市设计历史和景观要素量身定做的详细开发标准。

尽管我们需要在开发管理规划层面上才能制定导引开发的专门和详细的行动计划，但是区域土地政策、城乡土地使用设计和地段规划中还是会考虑一些

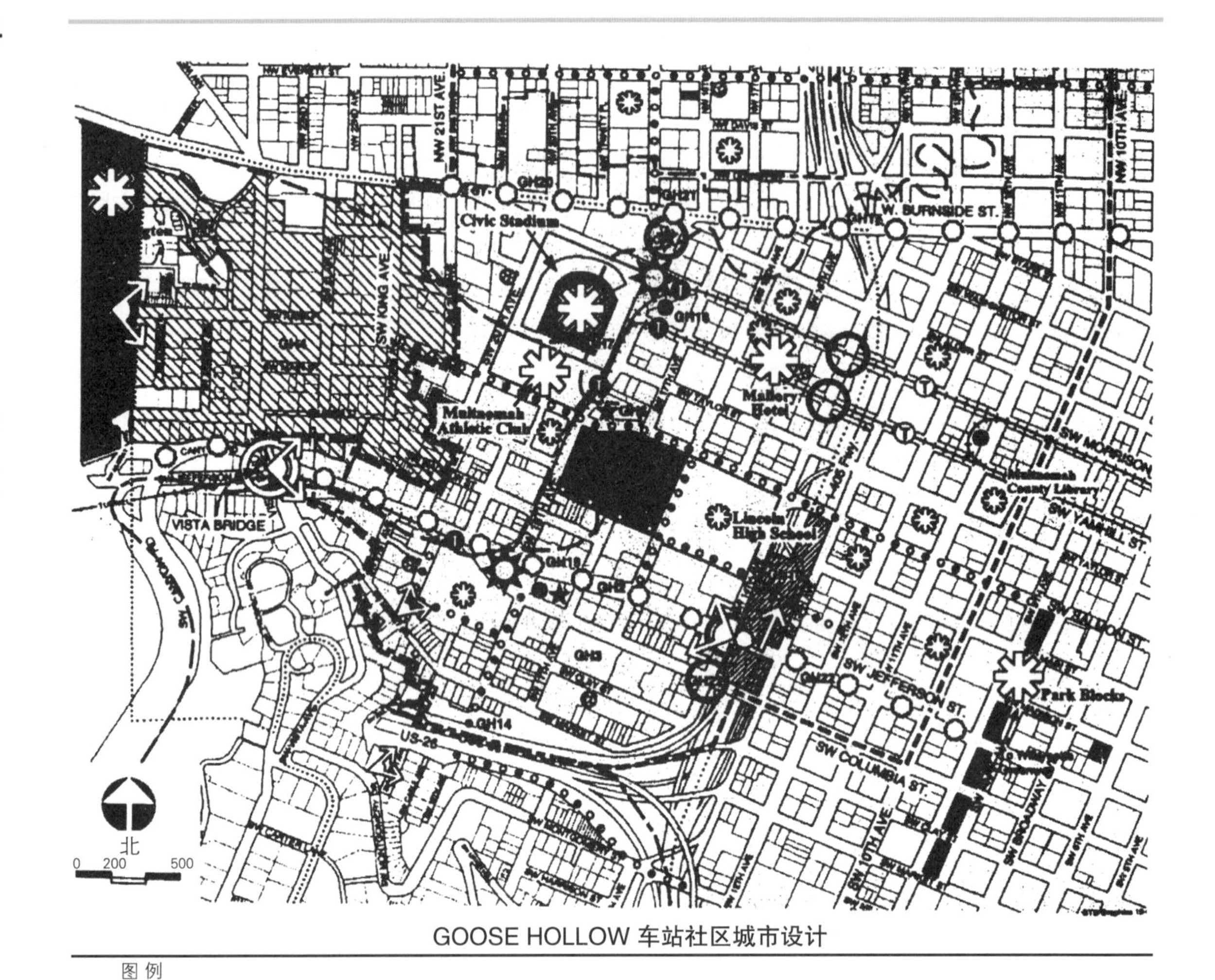

图例

- 中心城区规划范围
- Goose Hollow火车站社区规划边界
- Goose Hollow火车站邻里边界
- 地区主出入口
- 地区次出入口
- 停车道/林荫大道
- 现存金斯山历史风貌区
- 主要景观节点
- 次要景观节点
- Tanner河的历史河道
- Tanner河水景
- 公共广场
- 邻里节点
- 轻轨交通站（Ⓣ表示未来拟建）
- 轻轨线
- 袖珍公园
- 开放空间
- 高速公路上架平台
- GH3 行动示意图索引号
- 步行道和自行车道
- 观景点

图 3-4 波特兰市 Goose Hollow 车站社区详细规划
资料来源：City of Portland，1996

表 3-2
开发管理规划的实例：北卡罗来纳州戴维森（Davidson）镇管理法规的内容

1. 序言
    规划的总体原则
    规划目标和适用性
2. 规划分区
    聚落内填区
    聚落中心
    湖滨区
    大学校园
    乡村
    特殊用途
3. 设计条例
    工作场所
    店面
    公寓
    独立住宅
    市民建筑
    街道和绿廊
4. 开发审查的程序
    开发审查的过程
    开发许可申请的要求
5. 公共设施
    提供充足公共设施的规定
6. 行政管理

资料来源：Town of Davidson，2001

开发管理的内容。在实践中，由于实施手段必须与规划途径和规划概念保持一致，上层的三种规划类型都需要用一部分篇幅来清晰地表达它们准备如何得以实施。

一个复合型规划的案例：戴维斯（Davis）市 2001 年总体规划

在实践中，规划师和他们的城镇可能选择一种或者几种类型的混合体进行规划。《戴维斯市 2001 年总体规划》就是在不同的层次上结合了区域土地政策、城乡土地使用设计和地段规划三种类型的规划形式（见图 3-5、图 3-6 和图 3-7），在总体层次上，它包括了市域土地政策和城乡土地使用设计两种形式的规划，划分了三种类型的"一般性规划区(general planning areas)"(已开发地区、规划开发地区和开发影响范围)。在这些规划区内分别制定了特定的详细土地

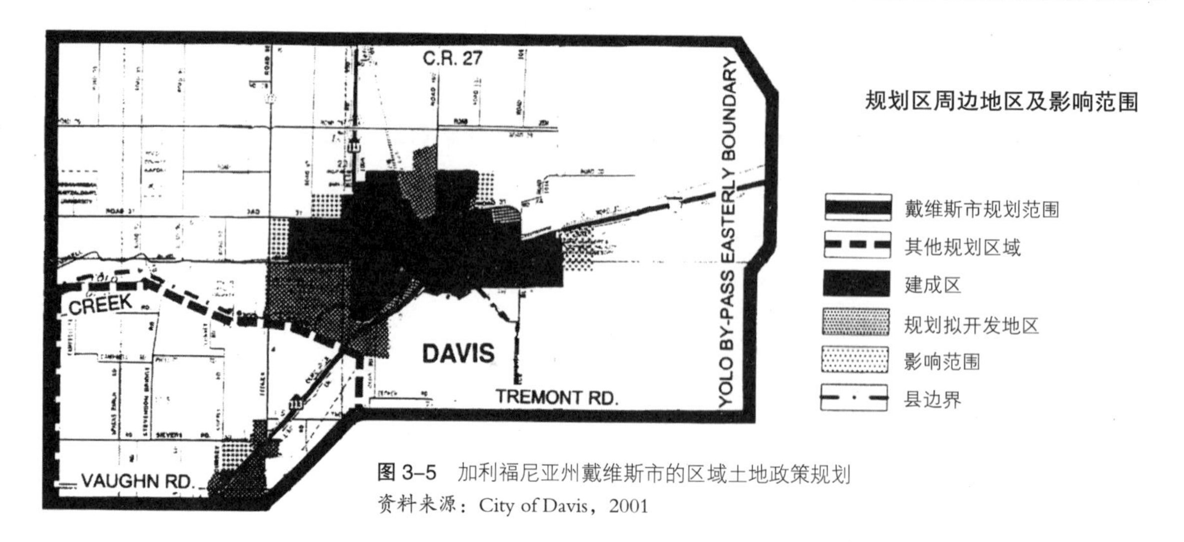

图 3-5 加利福尼亚州戴维斯市的区域土地政策规划
资料来源：City of Davis，2001

使用政策。

戴维斯市总体规划包括了一张划定“特定规划区（specific-plan areas）”的图纸。例如，其中的“核心区详细规划”标明了在城市中心区每一个街区的详细土地使用安排。尽管戴维斯市总体规划中并没有一个独立的开发管理规划部分，

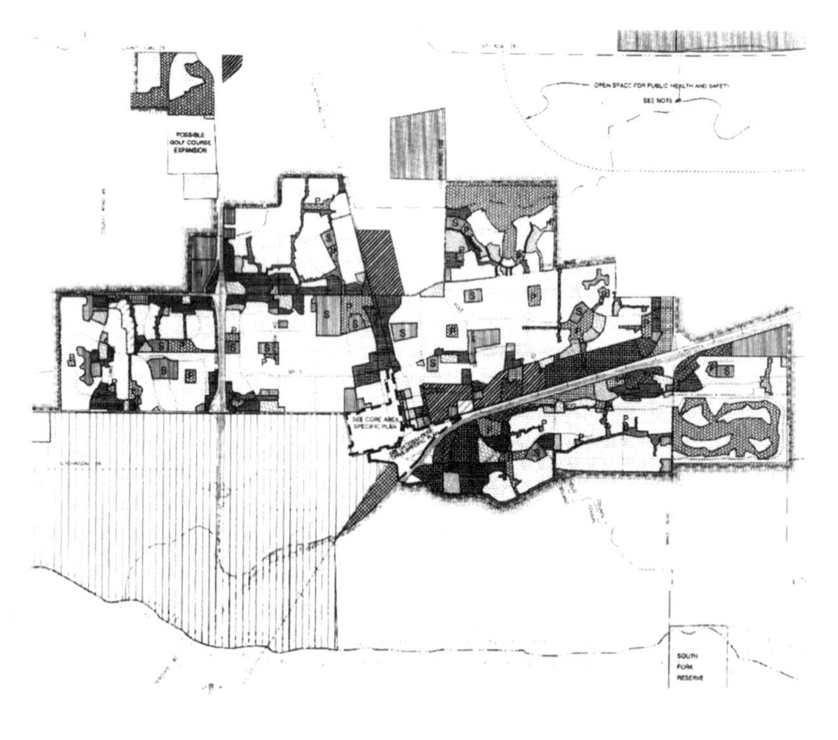

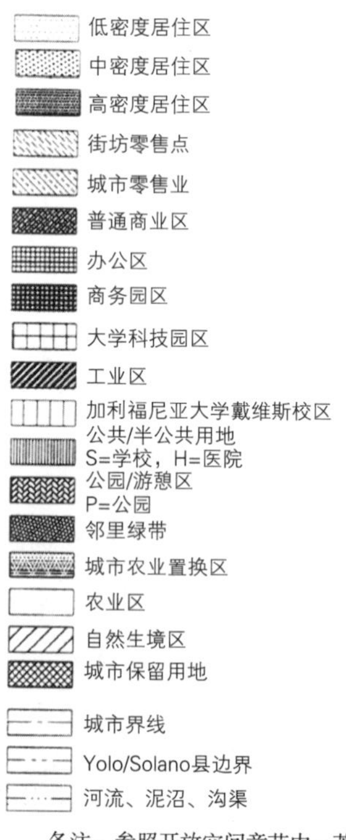

图 3-6 加利福尼亚州戴维斯市的城市土地使用设计规划图
资料来源：City of Davis，2001

备注：参照开放空间章节中一英里范围的“公共安全的开放空间”区域的描述考虑垃圾填埋和排水设施。

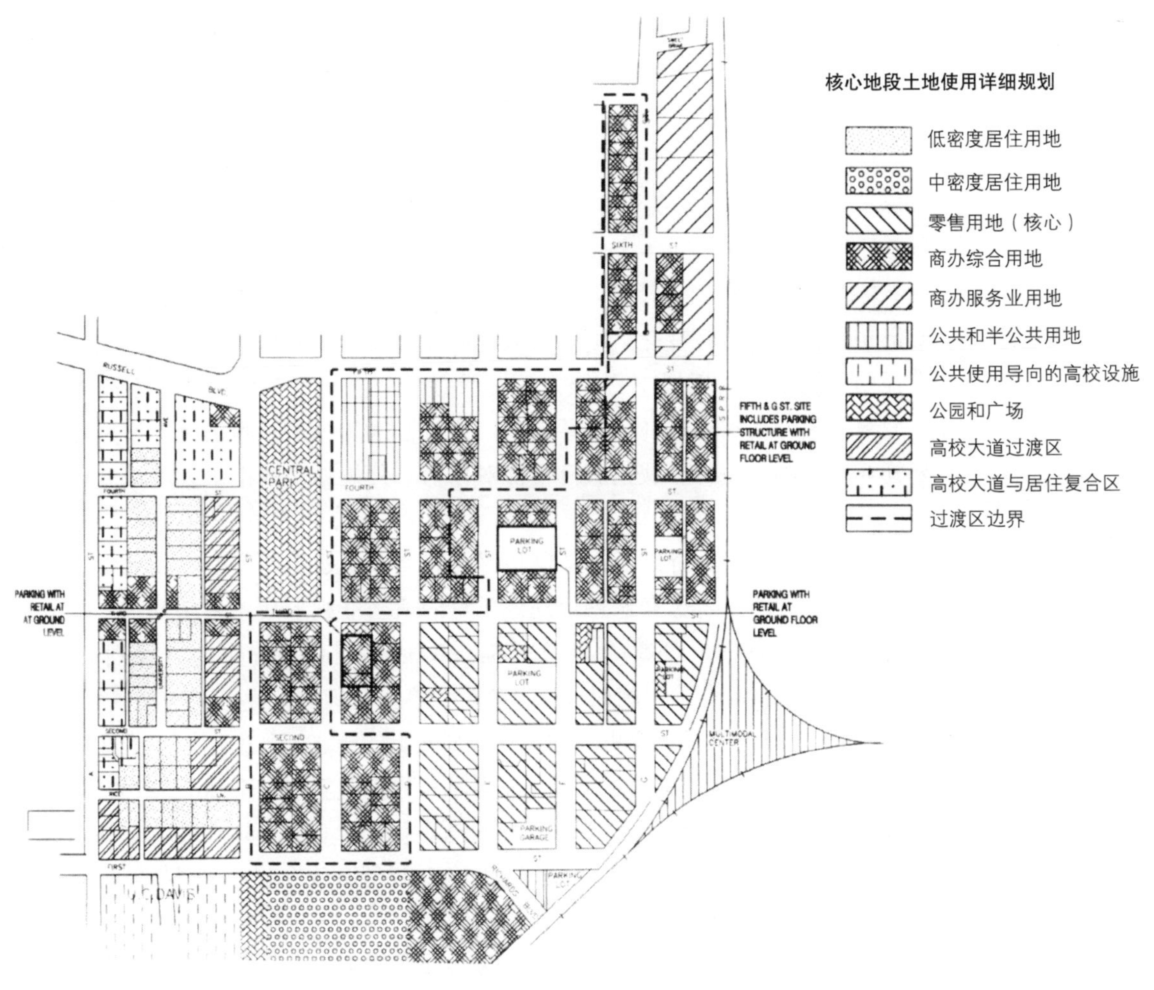

图 3–7 加利福尼亚州戴维斯市地段规划
资料来源：City of Davis，2001

但是它提供了一个清晰的政策框架，为我们实施规划时如何使用开发管理工具包提供了清晰的指导，这些工具被用于在城市尺度上构建紧凑的城市形态，保护耕地和绿带，鼓励城市设计适应城市的小城镇特色，复兴中心城区，强化公共交通和步行出行模式。

规划质量的评价准则

按照 Bruce McClendon 的说法，“一个良好的综合规划所带来的主要好处，在于传递给大家未来美好的愿景，并能够联合和激励各个方面来实现它。避免让一个规划被束之高阁、遍布灰尘的方法，就是能为人们提供一个清晰的景象（McClendon 2003，228）”。编制一个有作用的规划，其关键要点就在于能让我们了解规划的质量。一个良好的规划方案将提供给人们一个令人信服和清晰的未来，这会增加在土地使用竞争中规划方案的影响力。

规划师如何鉴别一个规划是好是坏呢？规划行业总体上是避免这样一个规范性问题的。尽管规划师可以将高质量的规划从低劣之作中区分出来，他们仍然难以提出判别规划质量的关键原则。取而代之的是，规划师倾向于关注方法和规划制定的程序。

尽管出现了知识无用论（intellectual neglect），但是规划的基本职责还是要影响未来的发展和变化。职业规划师必须用能够更好地承担起其肩负的公共责任的方案来证明规划（的价值）。尽管任何一个规划都伴随着一系列顺应特定城镇的独特需求的选择，但还是有一些被普遍认可的原则供我们作为评价规划好坏的准则。这样，我们就有可能对任何一种规划实践中出现的规划方案作出评价。

本章的这个部分讨论了在制定和评价综合性规划的过程中可以采用的规范性准则。不同的作者已经对评价规划质量的适当准则形成了一些共识。Kaiser、Godschalk 和 Chapin（1995），以及 Kaiser 和 Davies（1999）通过对规划方案各个组成部分的质量评价，例如目标、政策和事实基础等，界定了一些概念范畴。Baer（1997）则提供了一个更加细致的规划质量的概念，其中包括一些其他的概念范畴，例如，沟通的质量、实施的引导和程序的有效性。Hopkins（2001）进一步拓展了规划质量的概念，他建议规划的外部有效性（external validity of the plan）应当成为规划质量概念的一个重要组成部分。外部有效性要求规划相关的工作范围和覆盖面满足当地的实际情况。[1]

将这些观点综合起来，确定和评价规划的质量时，首要工作是考虑两个关键的概念范畴：1）内部质量，涉及规划方案关键组成部分的内容和形式；2）外部质量，规划相关的工作范围和覆盖面满足当地的实际情况。在对每个概念范畴进行简短的定义后，接下来我们将讨论在评价规划质量准则的概念范畴中有哪些关键的指标。

内部质量

内部质量相关联的评价准则，体现在一个规划方案的以下四个方面：①问题和愿景的陈述；②事实基础；③目标和政策框架；④包括空间设计、实施和绩效控制在内的规划提案。

问题和愿景的陈述　这一部分要理清公众所普遍持有的公共价值理念、共同关注的问题、城镇的主要资源和潜在影响着城镇未来的潮流走向。它包含一个对于未来城镇将会是什么样子的愿景描述。当然，这个愿景包括物质面貌和城镇形态。在美国规划协会的《精明增长的法律指南：对变化进行规划和管理的理想状态（2002）(Growing Smart Legislative Guidebook：Model Statutes for Planning and the Management of Change（2002））》一书中，所建议的规划愿景描述部分应有的关键点包括：

1. 预测规划期内将会产生的变化，对这些变化将产生的主要趋势和影响作基本的评估。这些评估包括：
   - 人口和经济的现状与预测；
   - 对土地使用类型和公共基础设施需求的现状与预测；
   - 对于自然环境的影响的现状与预测。
2. 对于城镇主要优势和面临威胁的描述。
3. 对地方政府正在或者潜在面临的重要问题的审视。
4. 愿景描述，用几个关键词来描绘城镇期望的整体形象。

事实基础 规划中的事实基础将重新校验和进一步拓展在前一部分中所指出的事实。在这个过程中，一些议题和问题将去伪存真，而其他一些议题和问题将会显现出来。事实基础应当包含两个基本属性。首先，它需要详细描述和分析以下几个规划问题：

1. 人口和经济的现状和未来的预测；
2. 土地使用、未来土地使用的需求现状和对于未来发展的现有土地储备；
3. 现状（或者未来）城乡人口和经济所需要的服务设施和基础设施，以及可能对房地产市场的开发决策产生影响的设施状况；
4. 自然环境状态，分析有价值的和易于受到破坏的资源，土地使用和发展的物质约束条件。

其次，事实基础应当通过以下方式清晰地界定和说明，并支撑规划所提出的议题和政策：

1. 描绘所发现问题的图纸；
2. 表格和汇总的数据；
3. 所采用的数据、方法和模型的出处。

目标和政策框架 该部分界定和详细说明了基于城镇的价值观、问题和预期基础上的各种目标。与此同时，提供了能够指引行动以达到目标的种种政策。目标是对于一个城镇的未来期望达到状态的广义表达。它可以从一个愿景的总体描述开始，继而细化分析各种需求和预期。制定政策作为必须遵守的准则，用以指导公共和私人决策在城镇预想的土地使用和发展模式轨道上行进。例如，政策将指明未来开发（或者再开发）的类型、选址、时机、密度、混合形式以及其他特征来帮助我们实现目标。

规划提案 规划提案部分将在区域、城镇或者城镇内的特定意图区上展示或者解释永续未来的形式；提出一整套开发管理手段和行动来实现这个形式；并且确定一个程序来监测和评价实施效果，衡量城镇的相关环境变化，以便于更新、调整方案和实施手段。这意味着，规划提案由空间设计、开发管理程序和监控程序组成：

- **空间设计** 空间设计确定的是二维和三维方面的问题，包括了未来城乡土地使用、基础设施、交通和开放空间的网络。规划空间设计的核心文件包括：未来土地使用总图，与交通、给水排水等问题整合在一起的土地使用提案，能够满足未来发展需求的土地使用规模以及与适宜景观要素紧密相关的用地选址。
- **开发管理程序** 这个程序说明了城乡应当如何实施规划，以达成它们的目标。优先的行动应当是制定新的法规，修订旧的法规，筹集设施所需的投资以及准备后续的特定地区规划。行动也同时包括一个时间表，分配各个组织（公共和私人）在每项行动中的责任。
- **监测和评估** 该过程追踪规划的实施和绩效，看规划是否满足了需求、缓解了问题、达到了目标。也就是说，看城乡实施规划的执行水平，土地使用的变化和发展在多大程度上符合规划，各种（量化的）目标完成的情况如何。基于监测的结果，规划的效率将得到持续的评估和阶段性的更新。

总而言之，这些部分构成了综合性地方规划的必要成分，将指导未来的土地使用和开发。评价这四个部分是否满足规划质量的内部准则时存在很大的灵活性。规划制定过程中所使用方法论的严谨性和深度以及规划的详细程度将决定规划是否适宜当地的特殊条件。

外部质量

一个规划是否适应地方情况的评价准则，取决于一些关键特征，这些特征必须表明该规划的作用和影响力是否达到了最大化（Hopkins 2001）。这些准则包括：鼓励运用规划、明确愿景和清晰理解规划方案、说清规划范畴内各种互为支撑的行动，以及为各种参与者的参与提供可能性。

认同和鼓励运用规划 在设计规划方案时，我们应鼓励认同规划方案作为运用机会出现时的重要开发引导文件。规划所包含的信息和蕴藏的逻辑应当在我们日常各种活动中做出的决策、提案和反馈中得到重视。规划中有一些方面可以增强规划的运用可能性和影响力，它们包括，例如：

- **鼓舞人心** 如果规划鼓舞人心，那它必然得到更广泛的使用。如果规划富有想像力并且提供了一个令人侧目的行动过程，那它将激励人们为了共同利益而行动，继而，很有可能改变人们的态度和信念，鼓励人们更努力地工作，更有效地集中资源。

- **行动导向** 规划应当清晰地描绘一整套行动导向的议程（例如清晰地定义议题及其解决方法），这帮助人们认识到应当做些什么，有益于将这些行动合理地分配给公众共同承担（there is a shared public commitment to take these actions）。
- **灵活性** 规划应能够清晰地对它提出的政策做出解释，并允许人们通过其他的行动过程达到目标，这将大大增强沟通的灵活性，以适应复杂的状况。
- **法律上站得住脚** 规划应包括在法律和行政方面权威性的说明，以将规划用于指导开发和土地使用决策。

建立对规划方案的明确观点和清晰理解 规划的产生过程应当与其他政府单位（如县和特定专区）和相邻城镇的设想相协调，并得到他们的理解。规划应当清晰地阐明它是如何提供有用信息的，并在逻辑上论证它们提出的议题和潜在的解决方案符合当地情况。这些解释可以与多方政府部门的工作和职权范围相适应。那些能够被官员和市民所清晰理解的规划能够在最大程度上吸引城镇公共资源对于规划的认同和支持。这也将强化城镇对土地使用和发展政策进行民主决策和实施的可能。

阐述规划范围内互为支撑的行动 规划成功地实施并能产生最终的影响，需要有在各个方面采取相互支持的行为群体。例如，地方污水处理服务机构决定为满足未来发展需求延伸排水管，就必须与地方政府的区划决策协调。排水设施充足的地段应当被规划成为高密度住区，而排水设施服务不足的地段应当是低密度住区。其他道路交通投资或者公园设施的管理机构也有可能在排水管延伸建设的过程中采取一些行动，例如，作为公园的大型开放空间不应当选择污水管线的服务区域。因此，如果规划能够清楚地确定土地开发和使用变化的政策方面存在哪些相互依赖的行动，那将极大地提高规划政策实施和达成目标的胜算。

为正式和非正式参与者（或者机构）的参与提供条件 规划应当说明在规划准备阶段有哪些重要参与者进入了公共参与程序。这将解释谁被请进来，他们在规划制定阶段是如何参与的，他们在规划演进过程中有什么作用，以及他们的反馈对规划方案产生了什么影响。规划如能有效地解释清楚在决定议题和制定政策方案的过程中如何考虑多元利益相关者的不同利益，就更能够被采用，也能产生更大的影响。

规划需要考虑对规划成果具有影响的参与者。参与者来自三个方面。他们包括对规划议题的最终决策具有责任和管理权的重要政府机构。他们也包括强大的、组织严密的、拥有大量资源的私人机构（例如开发商、建设方和银行）。他们往往对公共土地使用和开发政策产生非常巨大的影响（Rudel 1989）。能说清政府机构和私人参与者作用的规划，更易于产生规划效果。第三方面的参与者群体是独立的个人，他们往往没有良好的组织，也不拥有显著的资源来伸张他们的利益。城镇中的弱势成员（低收入群体、少数民族群体）显然对土地使用和开发政策的影响最小。先前对30个地方综合性规划的研究揭示出，大多数规划在维护这部分人的利益方面有很多不足（Berke and Manta-Conroy 2000）。那些忽视市民参与，特别是弱势群体参与的规划，是无法体现这些人的需求和状况的，也无法寻找到解决他们所面临问题的最佳手段。

在规划质量评价草案中，收录了上述8个规划质量的评价准则，以及每个准则衍生出来的细节条款（见本章最后的附录）。但是，这些准则并非是最后定案。它们可以被视为州的（或者联邦的）规划条例的基本要求。而使用者可以根据特定的地方环境，在这个标准的指导下，自行制定出自己的衡量准则。这些条款反映了规划的一些基本要求，希望将它们作为一个基础，帮助规划师系统地考虑一个良好的规划应当包括些什么。由于地方目标和环境的多样性，这些准则在实际应用中可能存在差异。当地的规划师和他们的城镇可以修正这些准则来适应自身的需求。

案例研究：规划质量准则的使用——丹佛市规划

为了说明准则是如何决定着规划质量，我们以丹佛市两个核心规划文件，《丹佛市总体规划2000》和《丹佛蓝图：土地使用和交通规划2002》作为案例进行说明。这两个规划包括了三种规划类型——区域土地政策规划、城镇土地使用设计和开发管理规划。《丹佛市总体规划》在2000年通过，它提出了一个满足城市土地使用和交通发展需求的政策框架，并建议对这个城市早已过时的区划条例进行更新。《丹佛蓝图：土地使用和交通规划》于2002年通过，设定了未来发展中的区域政策，划定了城市的稳定区和变化区（见图15-5）。在区域土地政策的指导下，未来的城市土地使用规划划分了19种土地使用的类别，对它们进行了未来空间组织的设计。规划还包括了一个如何更新区划和城市设计标准的程序。如我们在第2章所述，丹佛规划为土地使用规划竞争中如何处理错综复杂的冲突，提供了一个具有创新性和想像力的解决方案，使土地使用和开发具有了更大的永续性（见图2-3和专栏2-1，专栏2-2，丹佛城镇区域规划体系和解决冲突的永续方法）。

规划质量评价草案（见本章附录）用来指导我们进行评价，划分了规划质量准则的8个大类，共60项内容（或者问题）。针对《丹佛市总体规划》和《丹佛蓝图：土地使用和交通规划》这两个规划核心文本进行评价，揭示了它们内部和外部质量方面的优势和缺陷。表 3-3 是评价的分项要点。

总而言之,丹佛的核心规划文本体现出大部分内部和外部质量准则的“最佳实践”，显示了规划实践的艺术。以内部准则为基础，它提供了对于公众期望的未来土地使用和开发模式的清晰愿景；关于现状和未来的雄厚事实基础；明确、全面、相互一致的目标和政策框架以及与未来交通规划充分协调的强有力的土地使用设计。内部质量上的主要问题是它缺乏一个规划监测程序。在外部准则方面，丹佛规划也做得不错，易于理解，界定了不同组织间相互关联的行动，并且显示出其发展如何依赖于强大的市民参与过程。外部质量方面的主要问题是，规划没有说明支持此规划的法律环境和规划的管理机构。

潜在的限制因素

创造高质量的规划并不容易。一般性的障碍有：缺乏事实基础、在监测和实施方面缺乏资源储备以及阅读和理解困难。

薄弱的事实基础往往是编制高质量规划的主要障碍。没有雄厚的事实基础，规划就丧失了鉴别和提出议题的理论立足点，也无法在行动过程和土地使用模式的政策选择上站得住脚。例如，一些规划的土地适宜性分析往往只分析了洪水淹没区和重要的自然区域，但是对最适宜的土地使用类型或者对能够提供特殊生态服务（地下水补给区、水系污染自净范围等）、设施（景观边界 view-sheds）或者自然资源（食物、木材）的自然区域没有给予足够的注意。

一些规划还经常缺少对规划目标实现程度的监测。常见的问题是对于规划提出的既定目的缺乏一个可衡量的目标。规划往往并不包括追踪目标实现进程的指标，也无法测定我们设计的政策和工作发挥了多大的作用。即使在规划中包括了目标和指标，这些指标应当配合的时间进度表和追踪每一套指标的机构的责任也往往没有说明。

对于非专业人士和专业人士来说都存在一个问题，一些规划经常难以阅读、难以理解、难以使用。某些规划的行文和组织很差，它们罗列了一长串难以领会的目的、目标和政策，使用过于技术、冗长、充斥着术语的语言，有时只有章节目录，却没有一个详尽的内容列表。它们往往还缺乏清楚的图示说明（例如表格和图片），从空间上表达政策意图。假如规划中没有关于愿景和政策的清晰视觉图像，规划对于启发（公众）理解并委托规划支持公共利益的影响力将大大下降。

小结

本章是将规划作为一个产品，而不是由规划过程形成的偶然性结果来讨论的。我们着重讨论了规划的类型和规划内容的质量而不是规划所设定的政策方向。正

表 3–3

案例研究：规划质量评介准则的使用——丹佛市规划

规划质量的内部准则	评语
1）议题和愿景的陈述	对问题的描述清晰详尽；愿景陈述清晰，清晰地审视了趋势、机遇和威胁
2）事实基础	
A. 对事实的描述和分析	清晰和广泛地分析了人口/经济和未来土地使用的需求；在城镇对自然环境基础设施上的需求和状态评估含混不清
B. 对事实的表达	通过图纸的形式清晰表达了事实，但数据没有以图表的形式进行整合；清楚地说明和解释了分析方法；缺乏对既有规划和设想的详细审查，但规划是明确地与政策捆绑在一起的
3）目标和政策的框架	目标和政策清晰，内部一致，行动导向，并具有强制性
4）规划提案	
A. 土地使用设计	未来土地使用图纸清晰，与交通需求结合紧密，但与给水排水需求脱节；规模恰好满足了未来土地需求，但在土地使用需求与土地适宜性的联系上模糊不清
B. 实施	行动是明确的，但没有对优先度，时间表和各个机构的责任加以安排；明确了更新规划的时间表
C. 监测	无

规划质量的外部准则	评语
5）鼓励使用规划	直观、鼓舞人心；有行动议程；明确了可以采取的其他行动序列；未明确规划和管理权力的法律背景
6）规划易于理解	行文流畅，文字组织良好；有清楚的图纸和图表；清晰的执行要点；没有引用文献；例如术语表、支撑文件等（网站、CD和视频）
7）说明相互依赖的行动	清楚界定了各机构之间横向和纵向的关联行动；清晰地界定了区域、县、城市和邻里等不同层次政府间合作的途径
8）参与	清晰诠释了一个强有力的市民参与程序；清晰界定了使用的技术和参与规划过程的广泛利益相关者和公共机构

资料资源：City and County of Denver，2000、2002

如我们在第 2 章的讨论以及丹佛大都市区案例研究的证据所明确显示的那样，政策方向处理的问题是针对土地使用的永续棱锥模型中的各种价值冲突，在共识的基础上形成解决方案。

规划制定的程序，包括选择合适的规划类型。我们探讨的规划的四阶段流程，并非是要求每个规划严格遵守的死板教条。城乡土地使用设计规划经常与区域土地政策整合在一起。在一些条件下，一个县的规划师经常要从区域规划直接落实到开发管理规划，而跳过土地使用设计的部分。而城市规划师则可能跳跃了区域和土地使用设计的阶段。尽管我们并不推荐这种做法，因为这可能缺乏对城市更广泛的空间环境的关注，但上述做法仍然是可能的。

此外，将规划制定过程划分为各个阶段后，这些不同阶段的工作可能看起来分散、零碎。但事实并非如此。这些阶段是相互依赖的，而各个阶段都会对其他阶段产生必然的反馈。例如，地段设计或者开发管理过程所反馈出来的成果，可能要求对土地使用设计规划进行修正或者细化，从而在各个阶段之间保持一致性。

规划质量评估准则对于规划形式和内容也具有重要的影响。我们对规划质量的评估及其准则也给予特别的重视。准则对于政府官员和参与土地使用竞争的利益相关者应当是清晰、易于使用和便于理解的。如果需要调整规划编制过程或者更新规划，应该相对直截了当，尽管如此，我们仍然建议评估准则不应被作为一个勘误表或死板的使用说明来使用。如果规划师不被花哨的方法和技术所迷惑，那么这些标准将更具有使用价值。规划师可以将这些准则作为一个起点，在规划制定的过程中，规划师可以对之进行调整，以创造适合他们环境的评估准则。

最后，我们在本章中描述了结合设计和分析的规划制定过程。尽管分析是一个重要的过程，也包括了后续章节的绝大部分内容，但是规划师仍然不能从分析中直接得到解决方法。这就要求参与性的设计，这是一种从分析到在共识的基础上创造和综合解决方法的跨越，这种解决方法将在城镇的环境、经济、社会公正和宜居性之间达到恰到好处的平衡。

附录

规划质量评估草案

内部质量准则（1–4）

1. 问题和愿景的陈述

分值：
2 = 有，详尽
1 = 有，含糊
0 = 没有

1.1 是否对规划期内将发生的变化、趋势及其所产生的影响有基本

的评估？ ______

1.2 是否对城镇预期的发展所面临的机遇与挑战有所描述？ ______

1.3 是否审视了地方政府当前或潜在面临的问题与困难？ ______

1.4 是否能用语言描绘出一个总体图景，确定城镇希望成为什么，希望看起来是什么样子？ ______

最高分：8

小计

2. 事实基础

分值：

2 = 有，清楚，恰当

1 = 有，含糊

0 = 没有

A. 描述和分析地方规划权限的要点

2A.1 现状和未来的人口和经济 ______

2A.2 现状土地使用，未来土地使用需求和当前为未来储备的土地数量 ______

2A.3 现状（和未来需要的）服务于城镇人口和经济的服务设施和基础设施 ______

2A.4 自然环境状况，代表宝贵但脆弱的资源以及土地使用的物质约束 ______

最高分：8

小计

B. 鉴别和解释事实所使用的方法

2B.1 为表达信息而使用的图纸是否清晰、恰当和全面？

2B.2 集成了数据的图表是否适合所分析的规划区域并且有意义？

2B.3 是否使用了事实来支持议题的推导与解释？

2B.4 是否使用了事实来支持政策方向的推导与解释？

2B.5 导出事实的方法是否有出处？

2B.6 数据是否有出处？

2B.7 基础的空间数据是否充足？

2B.8 官方的项目是否得到了严格核实与验证？

2B.9 项目是否明确地与规划政策结合？

最高分：18

小计

3. 目标和政策框架

分值:
2 =很多
1 = 一些
0 = 没有

3.1 是否清晰地表明了目标?

3.2 当政策明确地与一个(或者几个)目标有关时,它们是否保持内在一致性? ____

3.3 政策是否紧密联系一个特定行动或者开发管理工具(例如含糊的政策—减少洪水威胁与详细的政策—降低洪泛区的开发密度)? ____

3.4 政策是强制性(例如应当、应该、需要、必须……)而不是建议性的(例如考虑、可能、也许……)吗? ____

最高分: 8

小计

4. 规划提案

分值:
2 = 有,清楚,相关
1 = 有,含糊
0 = 没有

A. 空间设计

4A.1 规划是否有未来土地使用总图? ____

4A.2 土地使用规划是否考虑了交通设施发展? ____

4A.3 土地使用规划是否考虑了给水排水设施发展? ____

4A.4 用地范围是否满足未来发展需求? ____

4A.5 设想的用地范围是否考虑了景观的适宜性要素? ____

最高分: 10

小计

B. 实施

4B.1 是否确定了实施规划的行动?

4B.2 是否将这些行动划分了优先度?

4B.3 是否对实施设定了进度表?

4B.4 是否明确了应当对政策的实施承担责任的组织?

4B.5 是否明确了实施所需要的资金来源?

4B.6 是否对规划更新有一个时间表?

最高分: 12

小计

C. 监测

4C.1 目标是否得到量化（例如 60% 的居民）？ ______

4C.2 在每一个目标中是否都包含指标（例如在 1/4 英里半径的换乘服务区内居民的年增长百分比）？ ______

4C.3 是否明确了监测和 / 或提供数据的机构？ ______

4C.4 当监测的环境发生变化时，是否有一个更新规划的时间表？ ______

最高分：8

小计

外部质量准则（5–8）

5. 鼓励对于规划的使用

分值：

2 = 有，详尽

1 = 有，含糊

0 = 没有

5.1 规划是否生动形象，并有强制性的行动程序来推动人们实现它？ ______

5.2 规划是否呈现了一个简明扼要、行动导向的议程（例如提供多有优先度区别、不同的行动序列，来兑现已经明确的解决方案）？ ______

5.3 规划是否对多个备选的行动过程做出说明，以加强城镇应对复杂环境时的灵活性和适应性？ ______

5.4 是否解释了法律环境对规划的要求（例如满足联邦 / 州的规定，明确在法律上最应该优先得到满足的议题）？ ______

5.5 是否有规划需要的行政管理权限（议会或规划委员会授权、州法律，联邦要求）？ ______

最高分：10

小计

6. 创造清晰的图景，加强对规划的理解

分值：

2 = 有，清楚，相关

1 = 有，含糊

0 = 没有

6.1 是否有包含内容的详细表格（不仅仅是章节列表）？ ______

6.2 是否包含术语表和名词解释？ ______

6.3 是否有一个执行摘要？ ______

6.4 在议题、目标和政策之间是否相互参照？ ______

6.5 语言使用是否通俗易懂（避免蹩脚、不合语法、冗长、充斥行话、含混的语言）？ ______

6.6 是否使用了清晰的图示（例如图表、图片）？ ______
6.7 空间信息是否在图纸上标注清楚？ ______
6.8 是否包括了规划的支撑材料（视频、CD、GIS、网站）？ ______
最高分：16
小计

7. 说明规划中相互支撑的行动

分值：
2 = 有，清楚
1 = 有，含糊
0 = 没有

7.1 是否解释了与横向的地方规划和项目之间的关联？ ______
7.2 是否解释了与纵向的区域和州的政策和项目之间的关系？ ______
7.3 是否解释了政府间协作的程序，以确保服务和基础设施的提供、生态系统的保护和减灾（洪水）？ ______
最高分： 6
小计

8. 参与的角色

分值：
2 = 有，清楚，相关
1 = 有，含糊
0 = 没有

8.1 是否说明了规划准备过程中牵涉的组织和个人？ ______
8.2 是否解释了为什么牵涉这些组织和个人？ ______
8.3 这些牵涉到的利益相关者是否代表了政策和行动将影响到的所有群体？ ______
8.4 是否解释了所使用的参与方法？ ______
8.5 是否解释了这些相关者的参与对于我们优先的规划行为会产生什么影响？ ______
8.6 是否描述了规划的演进，包括它对市民和私人领域的利益相关群体的影响？ ______
8.7 是否解释了规划能够得到的公共机构的介入和支持（公共工程、经济发展、公园）？ ______
8.8 是否与最广泛的利益相关者构成合作？ ______
最高分：16
小计
总计最高分：120
总计

注释

1. 在这个范畴中已经有了多角度的研究，以审验地方规划的质量，解释影响规划质量的偶然性因子。但此类研究为数不多。例如，州和联邦的规划法令的制定和使用、地方社会经济环境、地方委托责任以及规划的能力。在美国可以参考：Berke and French 1994；Godschalk et al. 1999，ch. 9，以及 Nelson and French 2002；在新西兰，参考：Berke，Ericksen，and Dixon 1997。

参考文献

American Planning Association (APA). 2002. Growing smart legislative guidebook: Model statutes for planning and the management of change. Chicago: APA Planner's Press.

Baer, William. 1997. General plan evaluation criteria: An approach to making better plans. *Journal of the American Planning Association* 63 (3): 329-44.

Berke, Philip, and Steven French. 1994. The influence of state planning mandates on local plan quality. *Journal of Planning Education and Research* 13 (4): 237-50.

Berke, Philip, Neil Ericksen, and Jennifer Dixon. 1997. Coercive and cooperative intergovernmental mandates: Examining Florida and New Zealand environmental plans. *Environment and Planning B* 24 (3): 451-68.

Berke, Philip, and Maria Manta-Conroy. 2000. Are we planning for sustainable development? An evaluation of 30 comprehensive plans. *Journal of the American Planning Association* 66 (1): 21-33.

City of Davis. 2001. *City of Davis general plan.* Davis, Calif.: Planning and Development Department.

City and County of Denver. 2000. Denver comprehensive plan. Retrieved from, http://admin.denvergov.org/CompPlan2000/start.pdf accessed June 9, 2004.

City and County of Denver. 2002. Blueprint Denver: Land Use and Transportation Plan. Retrieved from http://www.denvergov.org/Land_Use_and_Transportation_Plan/Blueprint/Blueprint%20denver/start_TOC.pdf, accessed June 11, 2004.

City of Portland. 1996. *Goose Hollow Station community plan.* Portland, Oreg.: Portland Bureau of Planning.

Duany, Andres, and Emily Talen. 2002. Transect planning. *Journal of the American Planning Association* 68 (3): 245-66.

Forsyth County. 2000. The legacy comprehensive plan: A guide for shaping the future of Winston-Salem and Forsyth County. Winston Salem, N.C.: City-County Planning Board.

Godschalk, David, Timothy Beatley, Philip Berke, David J. Brower, and Edward S. Kaiser. 1999. Natural hazard mitigation: Recasting disaster policy and planning. Washington, D.C.: Island Press.

Hopkins, Lewis, D. 2001. *Urban development: The logic of making plans.* Washington, D.C.: Island Press.

Howard County. 1990. *Howard County, Maryland, General Plan, Land Use 2010.* Ellicot City, MD: Department of Planning and Zoning.

Kaiser, Edward, David Godschalk, and Stuart Chapin. 1995. *Urban land use planning,* 4th ed. Champaign: University of Illinois Press.

Kaiser, Edward, and John Davies. 1999. What a good plan should contain: A proposed model. *Carolina Planning* 24 (2): 29-41.

McClendon, Bruce. 2003. A bold vision and brand identity for the planning profession. *Journal of the American Planning Association* 69 (3): 221-32.

Nelson, Arthur, and Steven French. 2002. Plan quality and mitigating damage from natural disasters: A case study of the Northridge earthquake with planning policy considerations. *Journal of the American Planning Association* 68 (2): 194-207.

Rudel, Thomas. 1989. *Situations and strategies in American land use planning.* New York: Cambridge University Press.

Town of Davidson. 2001. *The Town of Davidson planning ordinance.* Davidson, N.C.: Author.

第二部分

规划支持系统概述

在土地使用规划师能够有效管理城市变化，从而寻求更永续的土地使用模式之前，他们首先必须理解导致这种变化的物质、社会和经济系统及这些系统之间的相互影响。由于城市地区的人口、经济、环境、土地使用、交通和基础设施等系统高度复杂又相互关联，获得这样的理解绝非易事。

为了便于理解城市系统及其相互作用，规划师建立了规划支持系统，以储存、分析、观察那些用于评估政策选择与未来状况、辨析问题、建立愿景、设计目标以及情景比较的各种数据。正如图 II-1 所示，规划支持系统为土地使用规划决策过程导入了人口和经济、环境、土地使用、交通和基础设施的关键数据和议题，并整合为城乡发展报告。

规划支持系统的首要功能在于提供规划智能信息，即战略性决策支持信息，使城镇能够确定、理解、应对开发变化和替代性政策（Klosterman 2001; Malczewski 2004）。一套好的规划支持系统应当能够及时准确地对城镇中土地使用变迁的位置、性质、速率和数量等重要问题做出回应。它还应当能够提供有关人口和经济等方面的信息，尤其是构成与规模的可能变化及其对土地使用的潜在影响。好的规划支持系统还应当能够解释环境系统的运行，预测各种土地使用方案

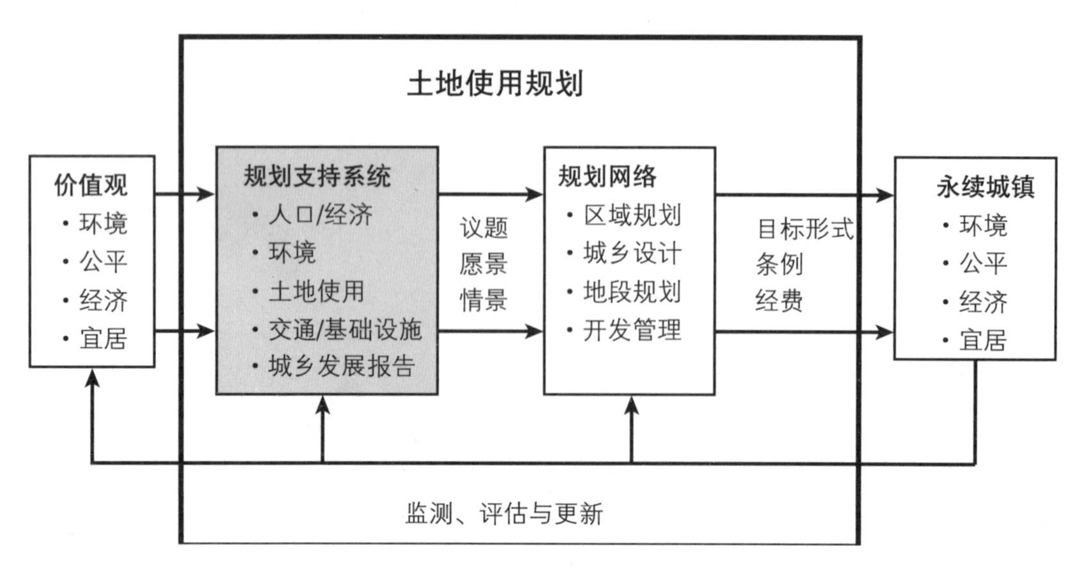

图Ⅱ–1 规划支持系统在土地使用规划中的角色和位置

对环境以及其他方面的影响。它应当能够告知交通和基础设施系统的现状容量和预测容量，并评估其对未来土地使用的影响。

一套好的规划支持系统还应当使规划师能够为公众和决策者提供有效的决策信息，如：未来发展的潜在趋势，规划、政策和增长管理工具等干预活动可能产生的影响等。该系统应当帮助规划师理解在不同的开发方案中谁赢谁失，以设计出更加均衡和公平的办法。一套好的规划支持系统应当向城镇提供并告知关于土地使用变迁的论述，它还应当通过对不同开发计划做可视化与分析性的比较，帮助解决规划争议。

最后，一套好的规划支持系统应当能够对一段时间内的城乡发展状态与长期的永续发展目标进行比较，也能够指出采用精明增长原则对发展进程的影响。这样一套系统应当包含用以评价增长政策和规划的积极与消极两方面影响的可供操作的永续性指标和程序。

第二部分简介

本书的这一部分集中讨论了规划智能信息的类型，这些信息对充分理解城市地区，制定明智可信的土地使用规划来说是必不可缺的。本部分描述了规划支持系统的总体特征，详细讨论了对土地使用规划编制至关重要的单一支持系统各组成部分的各个方面。由于城市和环境系统的复杂性，每一主要支持系统的内容将在独立的章节进行专门讨论（图 II–2）

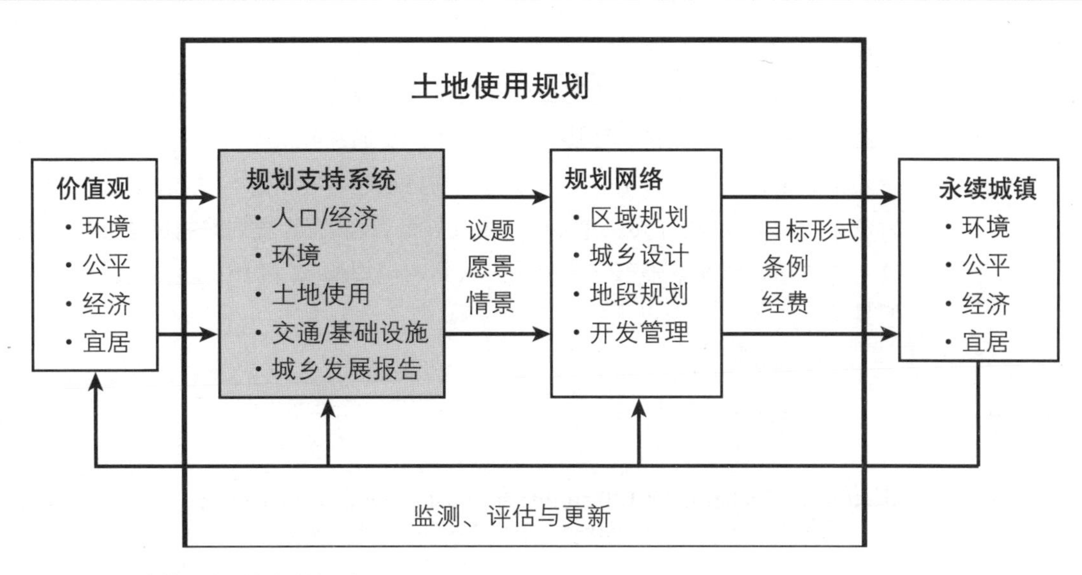

图 Ⅱ–2 综合性规划支持系统的要素

第 4 章“规划支持系统”描述了规划支持系统中所采用的技术，包括地理信息系统、分析模型、互联网，以及可视化与交流程序。这一章列出了综合性规划支持系统的基本功能，并说明了这些基本功能在规划决策过程中对智能信息供给所作的贡献。

第 5 章“人口与经济”考察用于人口与经济数据收集和分析的方法和技术。这一章揭示了这些信息如何转译成用于编制未来土地使用规划所必需的各种规划智能信息。

第 6 章“环境系统”讨论了编制自然环境系统要素清单与分类的方法，包括地形、土壤、湿地、自然景观、栖息地、流域、灾害地。该章阐述了用以分析环境信息的各种手段，诸如土地适宜性分析、环境影响评价和承载力分析等，并介绍了对各种分析结果进行整合的方法。

第 7 章“土地使用系统”介绍了对土地供求和城市功能系统进行清单编制、分类和监测的方法。这一章提出了用于对各种土地使用信息，包括发展性、意象性和兼容性进行分析的方法，并描述了如何对土地使用信息进行可视化和交流。

第 8 章“交通与基础设施系统”解释了在土地使用规划中如何将交通和其他公共基础设施系统的重要信息整合到规划支持系统中。该章首先从服务、机动性和可达性角度讨论了各种交通水平指标，并告诉土地使用规划师需要了解哪些交通规划的方法和要领，以将交通因素纳入规划基础信息。随后，该章探讨了给水排水设施和教育设施的需求来源和指标，并介绍了相关系统规划的基本方法。

第9章"城乡发展报告"提出了两条并行展开又相互联系的研究路径。第一条路径对从人口和经济、环境、土地使用、交通和经济系统中得出的各种战略性智能信息进行汇总和分析。另一条途径则将这些智能信息与城镇的地方信息以及公众参与相整合,建立共识并形成城乡发展报告,从而为规划编制建立愿景。随后,这一章总结了将在本书第三部分重点谈到的规划编制过程中应用的议题、情景和愿景。

参考文献

Klosterman, Richard. 2001. Planning support systems: A new perspective on computer-aided planning. In *Planning Support Systems: Integrating Geographic Information Systems, Models, and Visualization Tools,* Richard Brail and Richard Klosterman, eds., 1-23. Redlands, Calif.: ESRI Press.

Malczewski, Jacek. 2004. GIS-based land suitability analysis: A critical overview. *Progress in Planning* 62 (1): 3-65.

第 4 章

规划支持系统

规划任务是在职责范围内设计一个规划支持系统，为土地使用规划过程提供信息。这需要整合规划文件中的数据、计算机的硬件与软件以及规划人员。为了更有效地实现目的，应该考虑：在规划过程中使用规划信息的方法、查询和分析这些信息的技术，以及这些信息如何与那些需要它的人们互动沟通。作为土地使用博弈的管理者，规划师的一个关键作用，就是对有关制订规划的智能信息的创建进行管理。那将从何处入手并如何操作呢？

规划支持系统包括计算机硬件与软件、数据库，以及为构建城乡综合规划设计而工作的熟练专业技术人员[1]（见图 4-1）。它们通过有组织地收集与研究分析空间数据，模型和视觉表达，产生出创造公共话语（public discourse）和变化管理必需的规划信息。规划支持系统的目的是产生知识和支持对于某些公共利益问题所进行的对话与决策。而这些问题源自于地区的人口、经济、环境、土地使用、交通和基础设施之间的联系。规划支持系统为城镇提供了支撑战略决策的信息。如同 Kolsterman（2001a，14）所讲，规划支持系统的“目的应该是推进集体设计（collective design）、社会互动、人际沟通和公众讨论，用以尝试实现集体目标和解决共同关心的问题”（在一开始就予以强调）。对这些活动的支持对于实现以共识为基础的规划，并以之缓解土地使用冲突、引导城市开发中的变化，使城市走向永续发展的未来是至关重要的。

规划支持系统通过特别关注长期问题和战略性议题，为我们提供交互的、一体化的和可分享的各种程序，以应对非常规的、结构混乱的决策（Klosterman,

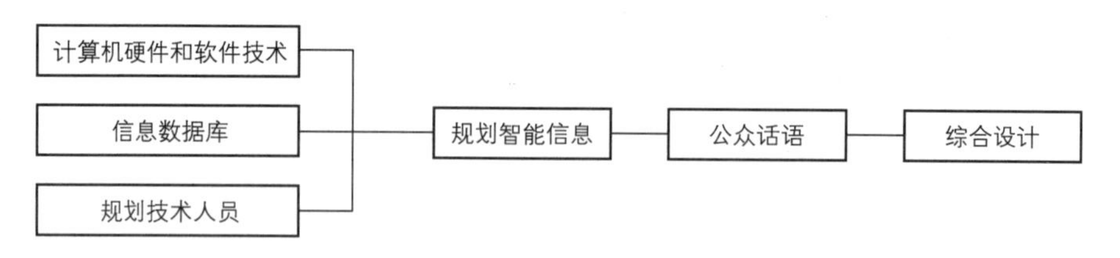

图 4-1 规划支持系统输入与输出

2001a；Malczewski，2004）。[2] 规划支持系统包括有关城市系统的结构化信息，也包括进行分析、预测和决策的各种工具。规划支持系统支持连续的设计和评价过程，在此过程中，新的信息被不断地整合到城乡的规划知识基础中。规划支持系统帮助公众去理解决策的影响，审视进步的方向，长期的永续性。良好的土地使用规划有赖于受到良好维护的规划支持系统。

正如上文在图 II–1 中所示，来自公众的反映与人口和经济、环境、土地使用、交通和基础设施系统方面的知识对准备《城乡发展报告》具有同样的重要作用。《城乡发展报告》将我们发现的规划问题、愿景和情景传递给那些与土地使用规划制定相关的各方。有时这被称为"问题和机遇要素"（Meck 2002，7–73~7–77），《城乡发展报告》确认了城乡所面对的主要趋势和问题，概括了一个或多个不同价值观基础的愿景，即城镇希望变成什么样，并总结了可能的发展方案的内涵。

规划支持系统技术

土地使用规划已经从计算机技术的发展中受益良多。今天的规划师已经有办法获得在任何尺度上（从街区到区域）关于现状和趋势的大量信息和数据——它们被称为快速变化和高度精确的"信息景观（landscape of information）"（Harris and Batty 2001，30）。而且相比于从前，今天的规划师能够更快速和有效地进行创造性分析，与城镇一起共享信息景观中得出的认识。信息技术已经成数倍地增加了规划的力量，改变了规划的本质，将规划从一个封闭的、专家导向的过程转变为一个开放的、公众导向的过程（Malczewski 2004）。

与此同时，技术也给规划师带来了压力。规划师需要学习新的技巧，来充分利用这些新的可能性。假若规划师不擅长计算机操作的话，那些新的技术是几乎无用的。人力资源是有效使用规划支持系统的首要条件。对计算机辅助规划来说，最重要的限制并不是硬件技术，而是"软的"人员能力：技术、组织和知识（Klosterman 2001a，4）。尽管在本书中我们讨论的焦点是关于如何构建和使用规划支持系统，但是我们认识到培养和维持有经验的规划人员来创造和操作支持系统，具有同样关键的重要性。

规划支持系统技术的基本类型是：地理信息系统（GIS）、分析模型、互联网，以及可视化与沟通程序（Batty et al.2001；Cohen 2000；Klosterman 2000）。这里，我们仅仅对每种技术做一般性的介绍，而更为专业的说明描述，将在随后的人口、经济、环境、土地使用、交通和基础设施系统相关各章中展开。

地理信息系统

规划支持系统的核心部分是计算机化的地理信息系统（GIS）（O'Looney 2000）。GIS 系统是一套有组织的集合系统，包括计算机硬件、软件、地理数据以及能够有效地采集、存储、更新、处理、分析和显示地理参照信息的人员（Chou 1997，2）。GIS 维护城镇变化的记录；分析空间关系、生成地图，并推进建模、可视化和互动化（见图 4–2）。

GIS 的计算机硬件包括核心设备和被用作存储、处理和展示地理信息的外围设备。大多数当代 GIS 在客户 / 服务器网络中运行。主要的运算依靠工作站服务器，而个人计算机客户端则为系统提供图形界面。拥有互联网连接的计算机能够作为客户端连接任何在网络中的服务器。

计算机软件控制着地理数据的处理。目前的软件包是对象导向的，允许图形和属性数据同时储存在一个单独的数据库中。根据 Lo 和 Yeung（2002，11）的研究，面向对象的技术已经将 GIS 从自动化的文件柜转变为智能的地理知识的机器。当前 GIS 软件发展的趋势是从个人的（商业的）软件转变为开放式的产业标准，也就是允许将应用软件模块的开发整合进商业软件包中。

地理信息数据记录了自然地表的位置和特征、人类的活动和地表上的建筑物（Lo and Yeung 2002）。为了交叉引用，将地理信息数据与地理测量控制网络关联。数据通过三种基本的格式呈现：矢量化的点、线和多边形；赋予了属性值的栅格格网图，以及等值的表面点或线。典型的做法是，地理信息数据采用分离的图层进行组织，图层可以通过叠加实现结合。

土地使用规划师需要从很多来源获取数据，包括公共的和私人的。大量有用的数据能够通过互联网从由政府部门或私人组织维护的站点下载得到（见表 4–1，表

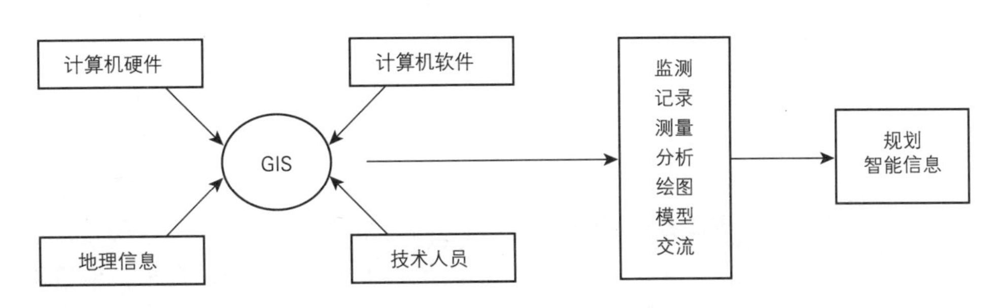

图 4–2 GIS 构成与功能

4–2 和表 4–3）。Decker（2001）提供了一个综合的 GIS 数据来源的列表，并有一套获取和使用 GIS 数据的规则和导引。Decker 自己也创建和运行了一个在线 GIS 数据源网站（www.gisdatasources.com）。对规划师而言，面临的挑战是如何在这么多可用的数据库资源中选择最适合每个人工作的数据。

除了在表 4–1，表 4–2 和表 4–3 中所列的大量 GIS 数据来源外，大多数美国的市县政府部门都已经开发了他们各自的 GIS 数据库，还有很多私人组织也是如此。规划师能够通过访问公共和私人数据库去获得当地数据，其他的则可从联邦或州政府获得。除了这些数据，诸如土地使用和开发计划的状况掌握在规划机构手中，其他有用的当地数据类型和来源包括：

- 宗地估价（Land Parcel Valuation）、用途和建筑物（估税员）
- 结构状况（建筑检查）
- 基础设施状况和容量（工程）
- 住房状况（城镇发展）
- 交通系统（交通）
- 灾害位置（应急管理）
- 事故与犯罪（公共安全）
- 能源使用与承载力（公用事业公司）
- 商业指标（商会）
- 土地保护（土地信托）

最后，规划机构和政府部门可以收集（或签约收集）不同类型的数据。实地调查可以利用全球定位系统（GPS）接收器在田野数据采集中精确定位。GPS 是一种世界范围的电子定位的空间系统，它接收由美国国防部运营的卫星和地面观测站发出的信息（Falconer and Foresman 2002）。该系统测量不同卫星所发出的无线电信号到达地球上某一点所消耗的时间，然后把时间转化为距离，并且通过几何学计算位置，为世界任何地方的用户提供精确定位信息。个人 GPS 接收机将从可接收到的卫星所发出的时间信息进行解码，得到他所在地的经度、纬度、海拔和时间。这些数据显示和存储在接收器的记录单元或连接到便携式计算机上。GPS 有助于建立精确和即时的 GIS 数据库。

规划数据也可以通过装备有传感器的遥感卫星获得。遥感允许规划师在本地、区域和全球尺度上去研究、描绘和监测地表（Falconer and Foresman 2002）。遥感器的工作原理是检测物体反射或释放的电磁辐射，每个物体都有自己标志性的和独一无二的特征。遥感数据能够与其他 GIS 数据进行整合，用于特定的分析目的。技术人员操作并维护 GIS，其是有 GIS 管理者、数据库管理员、应用专家、系统分析员和程序员。他们为包括规划师在内的一般 GIS 用户提供技术支持，也为包括广大公众在内的 GIS 查阅者提供信息产品。此外，他们还为进一步的空间分析和建模开发应用软件（Lo and Yeung，2002）。

表 4–1

联邦政府 GIS 数据源

交通统计局(BTS): www.bts.gov。BTS 收集、分析和发布美国交通部的信息，包括国家交通地图数据(NTAD)。同时它还连接到各州 GIS 数据发布网站和一些即时交通图。

地球资源观测卫星系统数据中心(USGS–EDC): www.edc.usgs.gov。EROS 是由美国地质勘探局(USGS)和其他联邦机构一同维护的遥感数据网络服务中心，包括了卫星数据和影像资料。EROS 提供数字化数据(DOOs，DEMs，DLGs)，能定位美国国土图像和世界卫星数据。它支持全球土地信息系统(GLIS)和 EROS 的 EOS 数据网关。

联邦应急管理局(FEMA): www.fema.gov。FEMA 所维护的地理信息与灾难处置和传播相关。它的洪灾安全等级地图(FIRMs)绘制了 100 年一遇和 500 年一遇的洪泛平原的区域，显示了潜在的洪区范围。

美国国家航空航天局(NASA): www.nasa.gov。NASA 管理民用太空探索、太空相关研究和地球观测数据的采集。如果搜寻 NASA 数据，可以查阅地球科学事业部(ESE)的门户网站，可以链接至它们分布式的区域中心。

美国国家大地测量局(NGS): www.ngs.noaa.gov。NGS 提供有关大地测量的信息、坐标体系、全球定位系统(GPS)和航空影像。

美国国家公园管理局(NPS): www.nps.gov。NPS 提供关于国家公共公园的地图服务。

美国人口统计局: www.census.gov。人口统计局提供了社会经济数据存储库，其中多数与地理学密切相关。它的拓扑集成地理信息编码和参照系统(TIGER)将人口和社会数据链接至美国道路和地址查询系统上。它的人口门户提供了与许多 GIS 资源的链接。

美国国家鱼类和野生动物管理局: www.fws.gov。鱼类和野生动物管理局是国家湿地目录(NWI)地图的保有部门。它维护了一个包含 GIS 和其他地理信息空间数据的网站。

美国林业局(USFS): www.fs.fed.us。林业局提供了国家森林的地图和其他属于美国农业部资产的地图。

美国地质勘探局(USGS): www.usgs.gov。美国最主要的民用地图机构，USGS 发布数字正片(DOQs)、数字高程模型(DEMs)、数字线图(DLGs)、数字栅格图(DRGs)、土地覆被数据和卫星数据(AHVRR，Landsat)

以上选用经 Decker 2001 同意，John Wiley & Sons，Inc 允许。

为了完成规划支持系统的基本任务，每个规划组织都需要及时更新 GIS 数据文件和规划图纸，通过航片和建模进行尽可能的补充。拥有更多资源或更大权限的规划机构需要更成熟的支持系统，包括集成的 GIS、土地使用和交通的模型以及可视化性能。

GIS 数据文件包括两种基本类型的数据信息：地理位置数据(在哪儿？)和属性或特性数据(是什么？)，它们通过地理编码(ID 名或序号)链接在一起。表达空间位置的地理数据包括点、线、面和块。属性数据包括各种特征，比如密度、土地使用类型或地址，以字符串形式储存，通常采用表单格式。地理标识(Geographic identifiers)记录了图形和属性信息在标准参照体系下(例如国家平面坐标系、经

表 4–2

州及地方 GIS 数据源

联邦地理数据委员会（FGDC）：www.fgdc.gov。联邦政府机构联席委员会掌握着国家空间数据基础设施（NSDI）的数据交换站点。它链接了所有州的数据库。它的作用是满足公共和私人部门在交通、城乡发展、农业、紧急事件响应、环境管理和信息技术等方面的地理空间数据应用需求。

地理之家（GeoCommunity）：search.geocomm.com。这是一个地理专业搜索引擎，擅长于搜寻很难找到的 GIS 站点，包括地方和区域的数据资源。

全美诸县联合会（NACO）：www.naco.org。NACO 代表了各县政府，能够帮助找到和索取各县的 GIS 数据。

全美区域议会联合会（NARC）：www.narc.org。NARC 服务于区域性的政府组织，是一个很好的 GIS 信息源。有关交通信息，也可以查询大都市区规划组织联合会（AMPO）的有关站点：www.narc.org/ampo/indec.htmal。

全美城市联盟（NLC）：www.nlc.org。NCL 提供与相关地方、区域和技术团体的链接。

美国国家地理信息委员会（NSGIC）：www.nsgic.org。NSGIS 作为一个州级 GIS 的支持团体和信息源。它的网站列出了与各州的链接。

以上选用经 Decker 2001 同意，John Wiley & Sons，Inc 允许。

度和纬度，或全球横断墨卡托体系）在地球表面上的定位，从而准确地将属性标注在规划图上。

我们出于各种各样的目的设计规划图。在稳定的划定区域，例如人口调查区或规划分区的基础上绘制的专题图有助于基本的比较或信息显示。计算机辅助

表 4–3

一些私人 GIS 数据源

环境系统研究院（ESRI）：www.esri.com。ESRI 的站点包含了 GIS 在州及地方政府应用的实例。它的数据追踪服务窗口和搜索网站提供免费下载的数据。

GIS 数据仓库：www.gisdatadepot.com。数据仓库包括了美国地质勘探局（USGS）覆盖了全美的数字化产品。下载数据是免费的。

TopoZone：www.topozone.com。TopoZone 专注于提供扫描的美国地质勘探局（USGS）方形分幅地图（数字栅格图，DRGs）。它们所提供的标准方形地图数据对公众是不收费的。

以上选用经 Decker 2001 同意，John Wiley & Sons，Inc 允许。

设计（CAD）图对精确的建筑或工程设计和展示有帮助。在统一的网格中，栅格GIS图对采集、显示和模型化遥感数据是十分有用的。矢量化的GIS地图利用多边形描绘了地块或自然地物的实际形状，这对于重视财产边界的土地使用规划是有用的。

将空间信息与图形区域关联到一个记录系统之中的好处是，不同的信息图层能够准确地叠加，以便对图层之间的关系进行分析。例如，一项土地使用分析可以在国家平面参照网格和测绘控制点的指导下叠加区划、公用设施、地形、宗地和一幅基本地图。从这一系列叠加中，分析者能够通过道路和公用设施可达性整理出一个符合特定规模和区划类型的用地列表，见图4–3。

航测照片是被用于记录规划区的基底状态的。用航片制作的基础地图要么是线条绘制的地图，要么是照片翻拍的正色摄影图（以下简称正片）。制图地图显示了平面要素，比如城市名称或边界、市镇和县。它们定位了河流、溪流、铁路和高速公路，以及土地使用特征、水文地理特征和构筑物。它们的优势是形式清晰而简洁，因此能够明白地显示人们感兴趣的内容。

正片地图由经过校正的航片制作，人们仅仅使用这些航片的中央部分，以消除(边缘地区)的变形。在正片地图中的距离可能是依据传统绘制地图做过缩放的，它们的优势是能显示实际地面的特征，例如植被、道路和构筑物。

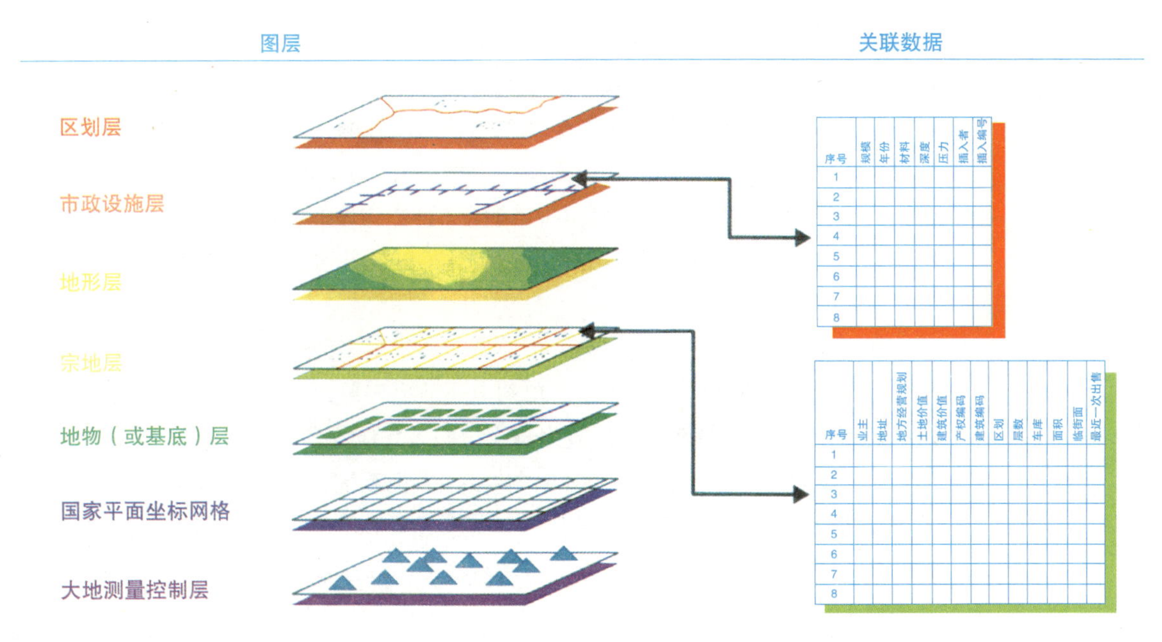

图4–3　分层土地信息系统

资料来源：O'Looney，2000。佐治亚大学Carl Vinson政府研究所授权使用

地形图是在正片地图或绘制地图上加注了等高线和高程点，来显示地表在垂直高度上的变化。地形图可以从美国地质勘探局获得。它由航空照片或者 LIDAR（机载激光雷达）生成。LIDAR 是一项新的勘探技术（Lo and Yeung 2002）。它的仪器安装在飞行器上，通过激光来测定地形高度。它将高度信息与从全球定位系统（GPS）和惯性制导中获得的位置信息结合起来，生成一个地表的数字三维模型（DEM）。

地籍图描述了每个土地所有权的地块边界，每个地块被指定一个宗地识别编号（parcel identification number，PIN）。地籍图由财产评估事务所保存，信息包括每个土地细分区或地块的名称、边界和识别特征（identification）；政府单位的名字和边界；街道、铁路、河流、湖泊、沟渠、海港和机场，以及水平控制界标。这些信息与列明了地块、所有者、面积、土地使用和评估价值的属性文件相关联。

土壤图（soil map）描述了从城市土地调查中得知的详细土壤类型。该图由美国农业部自然资源保护局，也就是原先的土壤保护局出版。知道土壤类型对我们确定基本农业或者森林用地是很重要的，这决定了我们是否应该在旁边配置垃圾处理系统，帮助我们鉴别出湿地和洪泛区，以及评估潜在的城市用地功能（Mash 1998）。

分析模型

规划模型的基本作用是描述一座城市或环境系统的运行规律，从而可以允许我们评价经规划带来的变化所产生的效应。因此，一个土地使用 / 交通模型可以阐明有关未来新增的交通设施对土地使用模式的影响，或阐明土地使用变迁对于交通网络中“流”的影响。环境模型可以评价某一流域中土地从乡村变为城市时溪流的水质和流量的变化。分析模型常配合 GIS 数据库的使用，并引用其中的数据，但是它们之间的合作所衍生的分析功能要比 GIS 软件包所具有的功能更加深入和专业。

在规划支持系统中所采用的分析模型能够采用多种形式，有些时候它们的名称和范围会令人混淆。它们小到简单的电子数据表单，大到很复杂的大都市增长模拟模型。[3] 规划支持系统已经越来越多地融入其他技术，包括 GIS、可视化和沟通程序。Brail 和 Klosterman（2001）讨论了两大类系统，一类关注模拟和情景构建；一类关注计算机辅助可视化。很明显，在这两类中存在叠合的部分，这种划分反映的是不同体系的强调重点。模拟与情景构建类的技术更主要地应用于商业和公共领域（见专栏 4-1）。

专栏 4-1

规划支持系统模拟和情景构建模型

METROPILUS（大都市集成土地使用模型）：是运行在台式计算机上包括各种城市土地使用模型、EMPAL和DRAM模型[①]，以及Arcview GIS程序包的一套松散集合体（Putnam与Chan 2001）。METROPILUS在美国6个主要的大都市区得到应用，对未来就业与住房的区位以及土地使用类型做出预测。它分析所提出的政策的影响，例如比较原始状态和修建高速公路环线以后住宅分布的差异。

TRANUS：是一套集成的土地使用和交通运输模型，它包括三个模块——土地使用、交通和评价（De la Barra，2001）。TRANUS能够在城市、区域和全国尺度上模拟土地使用、交通政策和项目的效应，并评价社会、经济、财政和环境方面的影响。例如，在英国斯温登（Swindon）的应用中，它分析了四种情景效应：高强度的集中化、在卫星城中高密度的分散、有限的边缘扩张和自然发展。TRANUS一个最近的应用是在北卡罗来纳州的夏洛特（Charlotte）大都市区，它检测了城市发展特征与空气质量之间的关系。

加利福尼亚城市未来模拟模型：是一整套城市模拟模型，包括加利福尼亚城市未来（CUF）、加利福尼亚城市未来II（CUFII）以及加利福尼亚城市和生物多样性分析（CURBA）（Landis 2001）。加利福尼亚城市未来模型的功能不仅仅是设计一个理想的未来土地使用模式，也不仅仅是向后倒推准备实施政策，它更可以假定各种可能的发展政策并向前推演出可能的后果。它的诸多创新包括，将各种土地开发者作为主角的合作；在土地使用，包括再开发中进行的竞争性争夺，以及对自然生境的消耗和对自然生境质量的影响。

UrbanSim（城市仿真模型）：是一种行为学的、公共领域土地使用模型，设计它的目的是帮助大都市规划机构制定连贯一致的交通、土地使用和空气质量的规划来满足清洁空气法案要求的标准（Waddell，2001）。UrbanSim构造了住宅业主、商人、开发商和政府所采取的行动，并模拟在宗地尺度上的土地开发过程（见图4-6，摘自Waddell 2001，206）。它已经被“展望犹他（Envision Utah）”[②]在预测过程中采用过，以测试政策工具包能否实现预想的未来远景。

INDEX（城乡指标系统）：是一个基于GIS的规划支持系统，这套系统运用指标测度城乡规划和城市设计的品质和绩效（Allen 2001）。INDEX不仅仅是一个整合的预测发展模式的城市模型，它更是想把静态的时间标尺应用于建成环境的测度，覆盖了从区域到邻里的规模。它被视为一种非常有效的工具去自动计算各种可能方案或当前各种发展设想的长期规划产出。经过70多个地方政府和组织的使用，INDEX为利益相关者参与目标设定和多样性分析提供了帮助，推动了我们向既定目标的累积性进步。威斯康星州的丹县（Dane）使用INDEX所做的开发影响

① EMPAL，就业分配模型；DRAM，非集计居住分配模型。这两个模型都是土地使用模型中Lowry模型的修正形式——译者注。

② Envision Utah，可以译为“展望犹他”，是一个公私合作的组织。目的是指导犹他州实现“高质量的增长”的目标，为下一代人保护犹他州的环境、经济实力和生活质量，可以参考 http://www.envisionutah.org——译者注。

（续）

分析是一个实践的案例。

What If：是一套以情景为基础的政策导向的规划支持系统，它使用 GIS 数据来支持以城镇为基础的合作规划和集体决策（Klosterman 2001b）。不像其他仿真模型，What If 允许用户创造可替换的发展情景并评估它们对土地使用、人口和经济产出的可能影响，它的三个模块是（土地供给的）永续性、（土地需求的）增长和（平衡供给与需求的土地使用模式的）配置。

CommunityViz：是一套基于 GIS 决策支持系统，包括供市民和专家在合作规划中使用的三维可视化和模拟模型（Kwartler and Bernard2001）。Community Viz 运行在 Arcview GIS 和 Arcview 空间分析组件中，包括三个模块：情景构建器、3D 城镇建设者和政策模拟器。它能在真实的场所上模拟仿真影像。其独特的特征是使用随机主体模型（stochastic agent-based modeling），在使用过程中，决策是由一个随机数量产生器决定的，这导致一次模型中运算的结果可能与另外一次的结果不同。

资料来源：Brail and Klosterman，2001

电子表单为分析那些能在二维表格中表示的定量问题提供了一个逻辑结构。这对检验那些对规划分析十分重要的“假如如何”的问题是十分理想的。例如，在土地使用规划中，表格能够用来显示在一系列的规划区中各种类型的现有土地用途各有多少面积。于是，我们可以通过以下问题来测试规划的各种选择：假如未来对某一块特定的土地使用或某个片区做出一定的改变会怎么样？这些改变会对作为一个整体的城乡土地供给产生什么影响？这些未来土地使用变迁带来的交通或服务需求是否能够与交通和基础设施容量达到平衡？

仿真模型将城市或环境的多维度的子系统相互联系起来，并使之与规划后的变化建立关系。Harris 和 Batty（2001，40-45）描述了基于宏观或微观经济理论的区位模型，在该模型中，城市是市场体系，土地是商品，地租遵循价格机制。由此，消费者和生产者对土地和住房的需求与开发商的供给在价格机制中运作，这其中收入和交通成本也计入效用和利润。交通模型也同样是依靠消费者效用最大化观念的。大多数仿真模型是动态的，通过在它们的子系统中反复运算，寻找需求 / 供给之间的平衡点。

互联网

互联网为规划师和公众利益相关人提供信息和通信服务（Cohen 2000）。通过

e-mail、用户网络新闻组、listservs[①]和聊天室，公共信息能够在任何时间从任何地点被快速传递和广泛传播。万维网允许用户浏览或下载完整的规划和项目方案。网络文件除了文字信息，还能够包含动画、视频和音频片段——它的巨大优越性在于可以显示彩色地图和三维图像，这对土地使用规划是十分关键的。网络文件还能包含超链接，将文本链接至其他网络文件或网址。现在，能够得知规划设想的公众再也不是那些能取得一份规划文件复印件或者参加规划研讨会的极少数人了。

例如，北卡罗来纳州的威克县将综合规划（Comprehensive planning）的详细资料作为一个信息子集放在其政府网站（http：//www.co.wake.nc.us）上。威克县规划部门负责为那些处于都市规划管辖区以外的地区提供公共规划服务。登陆者可以在网站上查找有关所有权、许可证、规划、环境服务和城乡问题的信息，诸如增长、开放空间和流域管理等。县土地使用规划文本、图纸和修改建议都可以从网站获取。它的土地分类图描绘了市镇、市镇的外延管辖范围[②]、市镇近期和长期的城市服务区域，以及供水流域。为便于搜索有关增长管理的信息，网站提供了土地使用、区划、一体化的规划条例、土地细分、历史保护、交通及其他信息（见图4–4）。

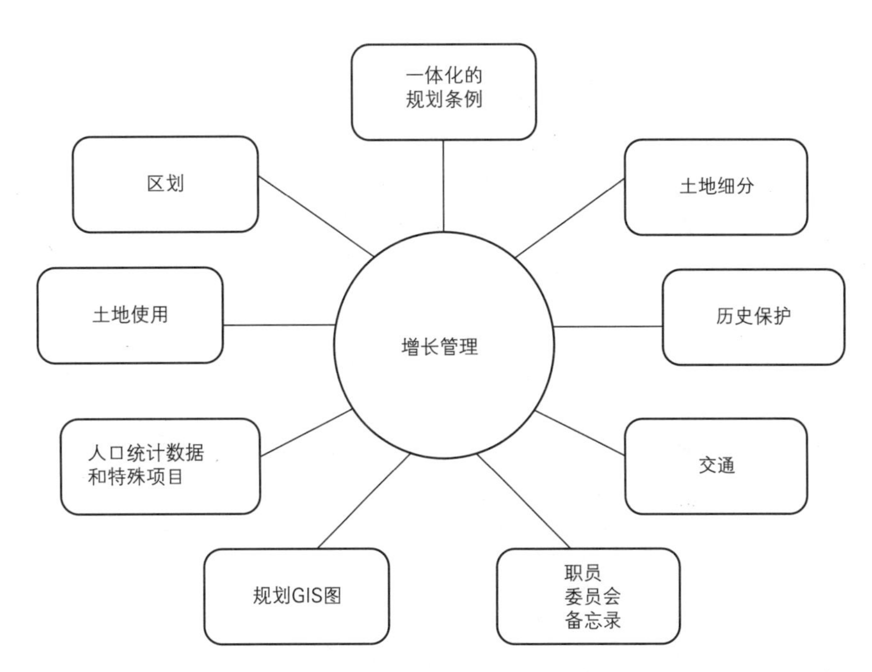

图4–4 北卡罗来纳州威克县在互联网上提供的规划材料

① Listservs，网络邮件讨论组，个人可以通过电子邮件就某一具体话题为中心展开讨论——译者注。

② extraterritorial jurisdiction：直译为“域外管辖权”，即经由公民投票或上级政府授权，该地方政府可对辖区外地区行使土地使用管制的权力，如取得水源，处理污水和垃圾的权力等——译者注。

使用网络进行规划交流也有一些缺点。一些市民可能还不能接触计算机，这导致能够和不能够使用计算机者之间的所谓“数字鸿沟”。这种分裂常常出现在高收入和低收入群体之间。过度依赖数字化的交流也减少了规划师和民众面对面的接触。这使规划过程显得更加遥远和冷漠，从而减少了规划师对公众承担的责任和义务。因此，基于网络的交流应该通过更多直接的公众接触来进行补充。

可视化和交流程序

可视化系统与万维网是同步发展的。Langendorf（2001，319）探索了在规划中计算机可视化的可能性。他提出四个假设：

1. 在我们复杂的世界中，几乎每一个重要的对象都有必要从多种角度，采用不同的信息来观察。
2. 我们正在快速地从一个信息贫困的社会进入一个信息富裕的社会。
3. 如果能够可视化，就可以极大地拓展对复杂信息的理解。
4. 在复杂的世界中，解决问题和一致行动需要众多的参与者的交流和合作，而可视化有助于这种互动。

Langendorf 指出可视化关注的是搜寻数据，转换数据，再现历史和场所景象，支持协作和生成体验，以此改变人们对世界的观点，并驱动他们改变世界。因此，视觉思维（visual thinking）成为一种非常重要的思维方式。

随着可视化潜力的增长，规划师的角色可能转变为信息环境的创造者，使他们自身及其他参与者更好地发挥作用：“这可能意味着更多的时间和精力将被投入到构建信息建筑物和互动设计之中，这样，所有的参与者就可以在他们的探索、知识建构、决策和行动中得到支持”（Langendouf 2001，347）。在这些新的信息环境中，传统的规划用户变成联合生产者，作为公众参与者与规划师进行协作。可视化软件与规划的信息工作站和更广阔的信息景观相连接，这些信息景观是指包括了城乡规划数据、信息、知识和行动的数字图书馆和网络空间（见专栏 4-2）。

Batty 等（2001）回顾了世界范围的可视化应用，发现它们不仅仅应用于城市规划和建筑，也应用于能源服务、长途通信塔站设置、基础设施和服务设施管理、环境规划和其他一些活动。将全球定位系统（GPS）与机载 LIDAR 技术（机载激光雷达）结合到一起后，在三维场景中建立起来精准城市模型是高解析度的数字化高程模型（DEMs）。我们还可以通过 GIS 的延伸软件例如 Arc View 中的三维分析组件来构造三维实体模型。空间数据库技术和遥感几何数据的扩展加速了三维城市造型的发展（见图 4-5：用 LIDAR 技术描绘的柏林）。

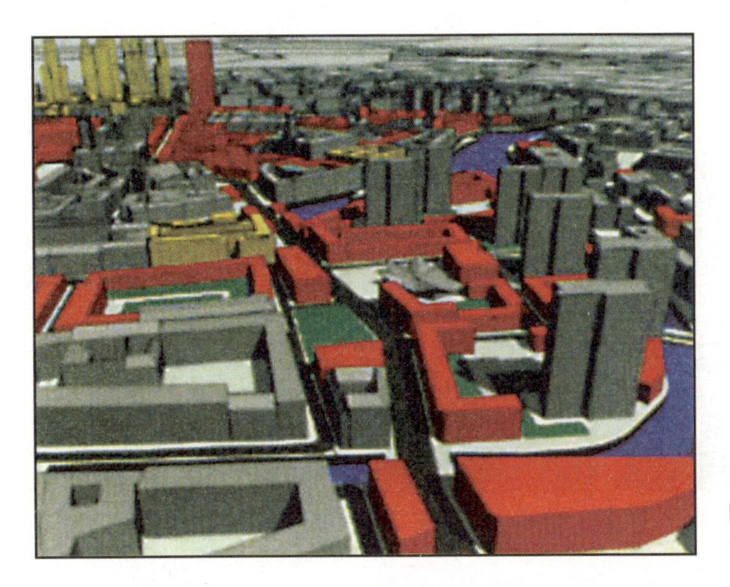

图 4-5 用 LIDAR 技术描绘的柏林模型
资料来源：Batty et al，2001。ESRI 授权使用

专栏 4-2
使用可视化告知公众选择

现代软件工具使得规划部门可以生成备选开发方案的图像仿真，市民可以依靠这些易于理解的图像来考虑各种方案。图像仿真选用一幅实景图片，然后将其数字化转换成一个虚拟现实图像来描述假设的变化。例如，在北卡罗来纳州的凯里（Cary），规划部门已经将影像仿真技术应用于：1）增加公众对建议规划方案或条例的理解；2）鼓励对规划草案的理念或建议提出建设性反馈；3）对希望的未来达成城镇的共识；4）说明或评估规划建议的可行性；5）评估竞争的多个备选方案（Ramage and Holmes 2004，30）。

在《加利开放空间和历史资源规划》的规划过程中，规划者认识到集聚式的土地细分设计是开放空间保护的一种有效手段。为了帮助乡村的土地所有者和其他人能理解这个工具，他们选择众人皆知的地点作为样本，在航空照片上分别模拟了传统土地细分下和集聚式土地细分下的未来开发情况进行比较。位于加利域外管辖范围内的卡彭特历史街区（Carpenter historic district）就是其中之一。图 a 部分反映了该区域的现状，在中心是环绕着农田和森林的卡彭特交叉口。图 b 运用传统的细分方式的详细规划草图，其中都是独立住宅，共有 12000 平方英尺的住宅用地覆盖在照片上；图 c 中表示了如果独立住宅填满地块后将是什么景象；图 d 表示了在同样的区域内采用集聚式细分设计所呈现的景象，它们占用更小的地块，独立式住宅仅仅占用 8000 平方英尺土地，还包括一些多家庭单元住宅（连排住宅、双拼住宅、三拼住宅），当容纳相同数量的住户单元时还能保留 40% 的空间作为开放空间。

（续）

a. 卡彭特交叉航空照片：现状，2002。

b. 传统细分，方案草图。

c. 传统细分的模拟照片。

d. 保护性细分的模拟照片。

专栏图 4-2 北卡罗来纳州凯里，可视化案例
资料来源：Ramage and Holmes，2004，凯里城镇规划部门和北卡罗来纳州立大学设计学院

当模拟方案的模型在公众大会上展示的时候，公众对于传统的发展模式会危及区域历史农业文脉的认识得到了增强。然而，尽管大部分的市民支持保留开放空间，但是他们仍然更倾向于传统细分设计中的大地块的住宅。因此，他们可能整体买进集聚式细分的地块使用权以保护开放空间（从公众对集聚式发展的反映来看，如果能够提供第三种模式，即提供更多一些稍小地块的独立住宅，减少混合的多家庭单元住宅，而少许减少一些保留的开放空间的话，可能会更受欢迎）。

规划支持系统功能

对于任何一种类型的城市系统——人口、经济、环境、土地使用、交通和基础设施——规划支持系统都应该能做到：

- 描述城市的历史、现状、政策和决策的规则；
- 监测、记录和解释城市的变化；
- 预测城市的未来；
- 诊断城市规划和开发中的问题；
- 评估供需平衡；
- 模拟其变化、关系、影响和可能的费用；
- 传达清晰和可靠的信息给决策者与利益相关者。

描述历史、现状、政策和决策规则

了解城市系统各种组成元素的历史能够提供一些关于城市当前问题和未来机遇的线索。过去的趋势往往可以决定对未来的推断，过去的事件可能会限制未来的发展机遇。例如，一个空置的工业建筑可能曾经是一个化学物质处理工厂，那么它可能还含有极端危险的废物，在工业区域重新开发之前必须处理干净。

系统元素的现状对于理解我们对规划干预的需要以及建立一个标准来度量规划实现的进步都是至关重要的。例如，一条被污染了的小溪显然需要更为有效的沉淀和侵蚀控制，空气质量标准的超标显然需要采用新的交通战略。通过陈述溪流的现状条件，能够使我们更规范地测量所采取的控制手段和策略的效力。

分析现行规划政策和开发决策的规则有助于理解一个地区的发展路径。例如，一个商业、工业和居住在结构上毫无关系的地区可能是由于过时区划的长期累积效应造成的，在该地区中，任何一种“更高级”的土地使用方式都可能像在工业区划区内那样随意建设。或者，在一个能够建设集中化粪池的渗透性土壤地区，农业区区划政策划分了一英亩大小的、包括了独立化粪池的住宅地块，我们就能理解为什么出现了城市蔓延或“蛙跳”的土地开发模式。理解现行规划政策和规则所产生的复合效用的途径之一就是实施一种“精明增长”的核查措施，就像梅克伦堡县夏洛特（Charlotte Mecklenburg）规划区所做的那样（Avin adn Holden 2000 年）。

监测、记录和解释变化

Moudon 和 Hubner（2000）指出，土地供给和总量监控“关注的是可建设土地的供给和可用于未来开发土地的总量……它也可用于评估土地未来的潜在用途，尤其涉及区划法和其他法规如何支持或者限制城市扩张和集中”（17）。土地规划师享有关于城乡发展与变迁的综合性信息的独有渠道。他们处在这样一种位置，即监测大量连续性私有土地的使用和分散的开发行为对于整体城乡的影响。这种独特的视角提供了规划和增长管理的关键信息。

然而，捕获、记录和解释变化的数据极具挑战性。虽然城市被喻为一个“增长的机器”，但是增长的过程更多是有机的，而不是机械的。增长是个人决策、政府决策和商业决策多方合力的结果，这些决策仅仅得到松散的协调，而且几乎没有被系统地记录。任何时候可用于开发的土地供给的实际份额通常受制于以下因素：法规限制、基础设施的供应、产权拥有者的销售意愿、环境和物理条件的限制以及市场需求的不足。

变化并不局限在私有土地开发市场。重要的变化通常发生在社会和环境系统中，有时是市场行为的结果，有时是孤立自为的。城镇的变化是动态的和多维的，监控系统必须涉及所有的重要方面。这些方面将在本书后续有关综合规划支持系统的人口、经济、环境、土地和土地使用、交通和基础设施等要素的各章中讨论。

预测城市的未来

城市系统构成要素的增长和变化给规划提供了一种推动力。在理论上，如果所有城市聚居地都处于一种稳定状态，那么仅仅需要管理者去运营它们就可以了。然而，正是因为人口和经济的增长、变化，或者有时候存在的倒退，才需要我们规划城市用地和公共设施，以应对这种变化。

对于土地使用规划师来说，重中之重的才能是预测规划区的增长或者变化。例如，由于人口增长产生了对土地使用变迁的需求，规划支持系统应该能够应对以下问题：

- 在今后20年内人口变化的预期增长率是多少？总量是多少？
- 在今后20年内就业的预期总量是多少？就业的类型预期有什么样的转变？
- 哪个年龄段的群体增长速度最快？这在住房、学校、服务设施和就业方面意味着什么？
- 预期在人口统计特征上（如种族和信仰群体、收入分配和教育水平）有何种变化？
- 未来人口和经济增长或者倒退将对土地和公共设施的需求（例如学校和公园）产生什么影响？

对于土地规划师来说，平衡未来的需要和当前的要求是一个至关重要的问题。市场、社会和环境价值观之间的平衡永远处于断裂状态，特别是在急速变化的城市地区。预测未来的知识是保持平衡的关键。在快速增长的地区，规划的一个主要任务就是确保新的基础设施的建设与新的居住和商业开发保持同步。其他重要的任务包括确保环境系统得到保护，保持区域协调，提供可负担住房和远离灾害区域。

诊断规划和开发的问题

大部分规划和开发的问题由缓慢累积的变化导致，例如一个中心区或者街坊的逐步衰退，或者大块的细分地块缓慢蔓延到农业地区或者自然资源保护区中。大多数的观察者是看不到这种趋势的，因为这种趋势表现出来的是正常发展过程的延续。偶尔有一种明显的危机，如一个大型工厂或者军事基地的关闭，将促使城镇把这种变化作为一种规划问题来处理。更困难的是诊断不显山露水且日积月累的问题，并说服决策者采取行动。

规划和开发中的问题可以有许多形式：例如将土地细分为农业还是居住等土地使用之间的冲突、环境污染和栖息地的流失、建成环境质量的不断下降、经济发展的滞后、社会平等的分化。土地不能被简单地视为一种在市场上交易的商品，它同时也是重要的自然环境系统、社会关系和城乡经济永续的载体。

永续发展指标能够作为规划和开发问题的预警标志，作为评价公共政策效力的成绩单，作为度量实现城乡愿景、目标进度的标尺。Maclaren（1996）认为永续发展指标应该具有：

- 综合性，目的在于成为在永续发展的社会、经济和环境三个方面之间的纽带；例如，“永续的西雅图”的指标之一是回归产卵的鲑鱼的数量，这就是一个连接了水环境质量和工业留存量的指标。
- 前瞻性，目的在于能够对于规划的目标和代际平等进行进度度量；例如，“俄勒冈州进步委员会”认定了涉及环境、社会和经济健康的272个指标，并在2010年之前划分了若干个时间段，它详细说明了针对每一个指标在各个时间段的目标和基准。
- 可分配性，目的在于估量代际和代内的平等。
- 考虑多利益相关者的介入，目的在于考虑不同的参与群体的利益和背景。

永续发展指标也可以采取一种组合的形式，这种组合的形式对于土地使用规划师来说应该是有用的。例如，大不列颠哥伦比亚永续发展报告采用了一种“如果—那么”的形式，其中“如果”指标是未来的居住密度，“那么”指标是在每一种密度水平下为满足预期的城市人口所需要的土地总量（Maclaren 1996）。

评估供需平衡

城市规划支持系统中的核心任务便是促使城乡能够在土地（同时包括用于开发的和用于保护的）的供给与需求之间实现眼前的平衡与未来的平衡。虽然说起来简单，这却是一项复杂和困难的任务。这项工作不仅包括了真实信息的收集与分析，还关系到不同主体价值观之间的解释与协商。虽然后续的章节会提及在每一个规划支持系统中的元素内的平衡，但是像下面这样类型的问题还是经常被提出。

土地未来的真实的需求是什么？是不是可以简单理解为确定每一户平均几英亩土地的标准？这个标准的计算是否需要更为详细地对每一种类型未来最有可能的分配比例进行预测？诸如从传统的单一家族式家庭住宅到单亲家庭住宅、无关系的个体组成的集体住宅和空巢住宅等不同的业主类型。接下来，是不是该分析在规划期限内人口金字塔的结构会发生什么样的变化？ 2000年人口普查的分析显示，中型城市的增长很大程度上是由于新的亚裔和西班牙移民的流入，而同时白种非拉丁美洲居民在流失（Vey and Forman 2002）；我们对于土地的需求与人口种族和信仰结构之间的关系怎么看？公共政策能将需求控制在住房类型、开发许可配给和其他增长管理行动所划定的框架内吗？

土地未来的真实的供给是什么？仅仅是未被利用的一种土地功能和允许开发的地带，还是必须计算包括超出城市边缘之外潜在的可合并的土地以及城市现有范围之内潜在的可重新开发的土地呢？土地供给是依据简单的土地分类考虑其适建性就可以了，还是需要同时考虑对基本农田和敏感的自然资源地区进行保护的城乡价值观？土地供给怎样考虑市场要素，例如个人销售财产的意愿或者当决定购买财产时，开发的资本的收支问题？公共政策能将供给控制在（影响开发和保护的）法规规定或激励机制所划定的框架内吗？

模型的变化、关系、影响和意外

计算机技术的发展逐渐使规划师可以模拟土地使用的变化，计算这些变化对城镇造成的影响。例如，UrbanSim（城市仿真模型），一种先进的新土地使用模型，其功能在于辅助大都市区域规划管理部门编制综合交通、土地使用和空气质量的规划方案（Waddell 2001 年）。这种公共领域的模型关注住宅业主、企业、开发商和政府的关键行为，在宗地的层次上模拟开发过程。它的界面中包括一种交通模型，处理土地使用与交通之间的交互作用。UrbanSim 的对象结构见图 4-6。开发商建造的建筑，家庭和企业使用这些建筑，当然也包括土地。政府制定政策去管理土地并为公用土地建设基础设施。

甚至规模小一些的城镇也能够利用相对廉价和实用的城市增长和土地政策模拟软件来开发一些简单的模型。典型的是所谓的土地适用性模型，这些模型能够用于分析各种土地使用替代性方案，从鉴别区域对不同土地使用类型的适用性到给开发项目寻找适合的选址。第6章描述了环境系统分析适合性模型的构造。例如，威斯康星大学麦迪逊分校以威斯康星州丹县为研究对象，使用ESRI的“建模者”（ModelBuilder）软件（该软件是与ArcView空间分析软件配套使用的），定义了几条环境走廊（ESRI Map Book，2002）。如图4-7所示，有五种环境特征被标识了出来：陡坡、湿地、河流和漫滩、洪泛区和路权。它们被转化成栅格并叠加。模型构造

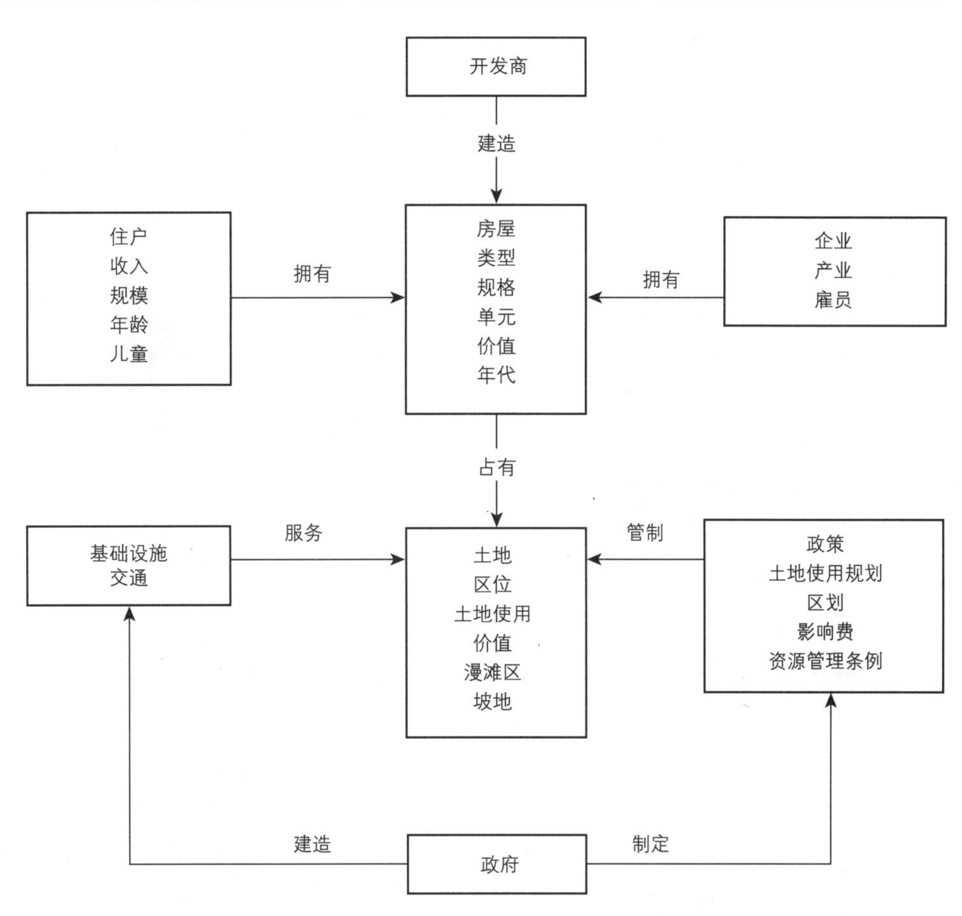

图 4–6 城市仿真模型的对象结构
资料来源：Waddell，2001。ESRI 授权使用

并划定了两种类型的环境走廊。一种是算术意义上的走廊，只要出现任何这些特征即可，这一结果仅仅标识了特征的定位，然后将它们叠加到一起；另一种是加权走廊，它在这些特征上进行了加权，从而可以把优先权指定给更高等级的走廊。该模型的作用体现在，无论是否进行加权，它都描绘了相关特征的叠加地图，这给走廊规划的编制提供了视觉图像。

沟通决策者和利益相关者

因为规划是一种合作的艺术，所以交流是规划支持系统的一项核心要求。规划者从宽泛的各种资源中集中信息，帮助市民、企业人士和当选官员了解他们面前的威胁和机遇。只有在对其基本事实和价值有基本了解，并对其提出的目的和行动达成广泛共识的情况下，一个规划才可能成功实施。

计算机技术以及多媒体沟通的持续进步已经带来了一场革命，这为规划者与他们的城镇互动提供了途径（Cohen 2000）。诸如电子邮件和万维网等因特网服务

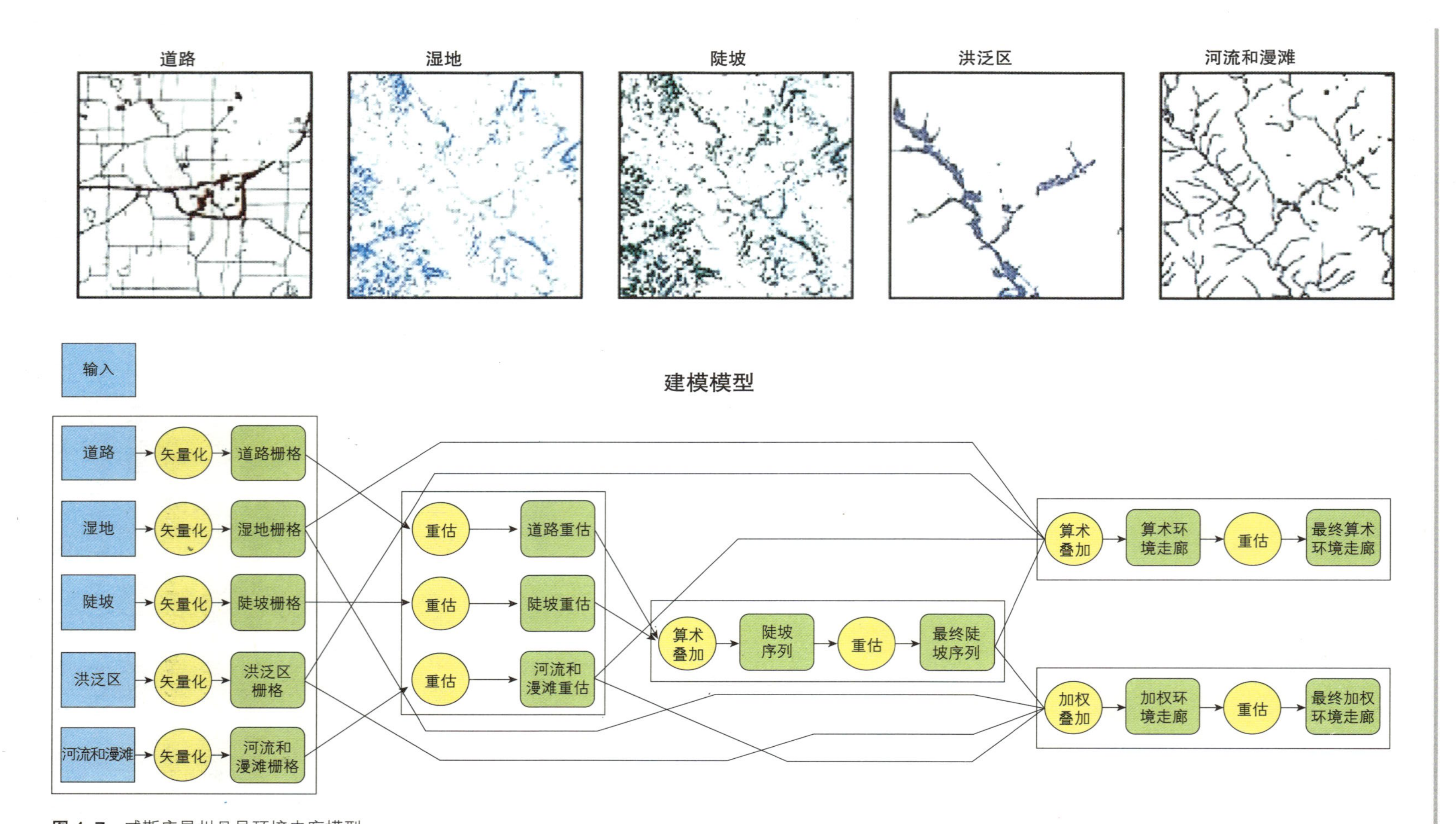

图 4–7 威斯康星州丹县环境走廊模型

资料来源：ESRI Map Book，2002，ESRI 授权使用

可以使规划办公室和他们多样的城镇客户之间有快速、通畅而廉价的联系。基于计算机的规划工具，比如地理信息系统（GIS）、可视化以及仿真科技，连同因特网一起，成为进行分析、认识和交流的强有力武器。

与公众一同规划是教育、共同学习和灵感创造的结合。规划部门用他们的信息网站作为接触公众的工具，并以此发布（Cohen 2000，207–10）：

- 公共听证通知和议程
- 规划实施的状态
- 经常问及的有关流程和程序的问题（FAQs）
- 区划和细分法规，带有解释性图表和超链接
- 土地使用、区划和特别地区的地图
- 可下载的规划出版物，比如总体规划图、开发回顾以及环境影响报告
- 街道、邻里、危险区、区界和人口普查信息的GIS地图
- 规划职员和官员的e-mail超链接
- 向市民提供发表对于规划、发展方案和规划问题观点的论坛或聊天室

在北卡罗来纳州的威克县，规划人员反映人们使用该县网站获知并参与到当地政府政策决定中。他们想快速直接地获取信息，并倾向于亲自搜索。通过使用这些网站，规划部门能够提供及时、准确、丰富的信息，并获得公众回馈，这大大提升了公众对规划的满意度（Cohen 2000，210–12）。

规划制定过程中的智能信息

规划支持系统是规划智能信息的主要来源。该系统收集数据，将数据构成信息，并从浏览和分析多种来源的信息中获得有用情报。它帮助土地使用博弈的参与者学习和理解城市变化所带来的后果，生成关于理想行动的共识，并做出富有建设性的决策。其更大的目标是用智能信息来管理城乡变化，使其在环境、社会和市场价值中保持永续平衡。战略性规划智能信息是永续发展所必需的东西。

从城乡发展报告中对问题最初的识别确认，到正在进行的、对走向长期永续城乡愿景的过程的监测，在规划过程的每个阶段，智能信息都发挥着作用。在城乡发展报告的准备和讨论中，智能信息使得影响城乡未来的威胁和机遇都呈现出来。它首要的关注点在于规划人口和就业的变更对土地供应和城镇设施的影响。然而，它还必须考虑对环境资源和社会公平的影响。在制订规划的早期阶段，智能信息有助于为城镇意识的萌生制定日程，并通过确定关键的议题形成对话。

在建立愿景和情景的过程中，智能信息能帮助我们塑造可能的未来，为评估长期战略创建参数。土地容量和基础设施供给等与开发潜力相关的智能信息可以

第一部分：生活质量指标

排名	指标	情景			
		目前的趋势和规划	注重道路的容量	注重大运量交通	注重再开发
	2000~2020年间需要消耗的新用地	138316英亩	124070英亩	58506英亩	41243英亩
	新居住邻里增加的比例，它们将提供更多的住宅类型和价格选择空间	10%	25%	75%	80%
	机动车造成的空气污染	10%较高		10%较低	
	现状和未来的开发、再开发活动对Chesapeake湾水质的影响	最坏	较坏	较好	最好

第二部分：交通运输指标

排名	指标	情景			
		目前的趋势和规划	注重道路的容量	注重大运量交通	注重再开发
	到2030年每人每年多消耗在汽车上的时间	5.8小时	8.8小时	2.4小时	0.6小时
	到2030年每个新家庭每年消耗的汽油量和成本	1427美元 1373加仑	1623美元 1248加仑	511美元 393加仑	407美元 313加仑
	能步行到达轨道和公交车站点的新家庭比例	30.5%	41.1%	76.8%	75.1%
	能通过公共交通到达的新工作岗位的比例	65.9%	70.1%	88.7%	83.0%
	从2000年到2030年增长的步行交通	128109	140047	245328	311228
	从2000年到2030年增长的公交和轨道交通出行量	208865	1448	310331	277298

第三部分：情景排序

检查您对生活环境和交通运输指数的打分，根据您喜欢的程度对以上情景进行排序，并在下面每一个情景选项左侧的方格中写下您的排序选择。4=最愿意，1=最不愿意。排序不能并列。							
	目前的趋势和规划		注重道路的容量		注重大运量交通		注重再开发

图4-8 选择未来（巴尔的摩大都市区）区域公众会议情景排序表
经ACP-Vision & Planning公司授权使用

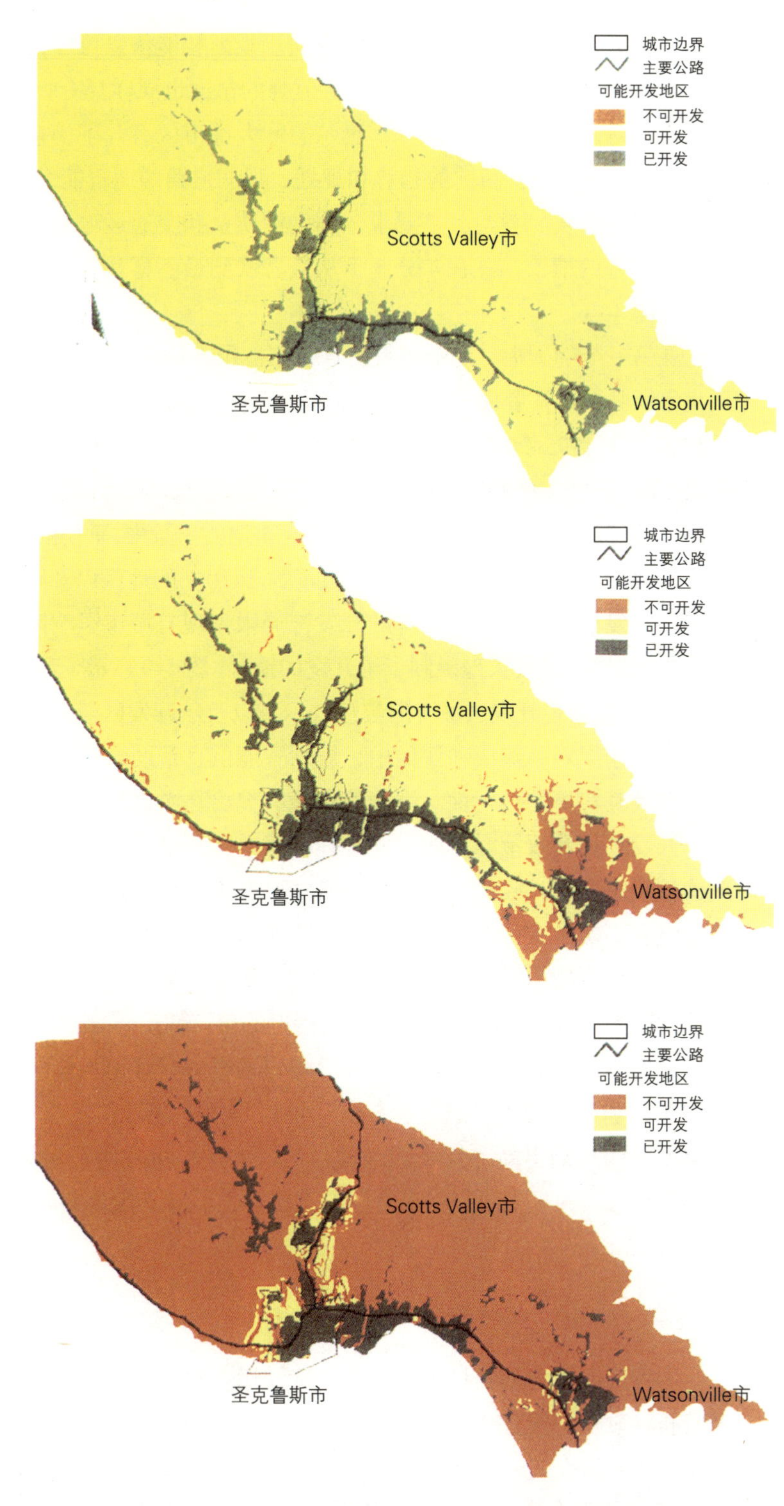

图 4–9 在无限制条件保护农耕地和保护环境三种不同情景中的圣克鲁斯
资料来源：Landis，2001。ESRI 授权使用

帮助我们为将来的发展提出预期的方向。规划智能信息可以指出战略性问题，以确保愿景和情景有事实依据，并从价值观的角度也同样具有吸引力。

作为对未来选择的一部分，巴尔的摩大都市区召开了一系列公众会议，进而勾勒出了四种情景：目前的趋势和规划、强调道路的通行能力、强调大运量交通，以及强调再开发。参与者被要求依据生活质量和交通运输两个系列的指标，选择他们所偏好的情景，并在 4 分制下从最喜欢到最不喜欢对各个情景进行排序。排序表见图 4–8。

在另一个例子中，一个政策仿真模型被用来检测三种增长政策情景对 2010 年圣克鲁斯县城市发展模式和生境破碎化的影响（Landis 2001）。相关人口预测认为，县域人口在 1995~2010 年间将增长 50000 人。按照目前每公顷 20 人的平均密度，需要 2500 公顷（约 6250 英亩）来容纳这一人口增长。在无限制的情景中，除湿地外，城市开发可以发生在任何地方。在保护农耕地的情景中，重要的农耕地也得到保护。在环境保护的情景中，洪水地区、坡度大于 10% 的地区以及距河流溪水 100 米之内地区的发展也被禁止，所有的开发都局限于现有城市影响区边界以外的 500 米范围内。这一情景极大地限制了可开发的地区。图 4–9 显示了最终的可开发地区（用黄色表示），禁止开发区域（用红色表示）以及已开发区域（用黑色表示）。

在备选规划的形成和评估中，规划智能信息帮助人们了解每种替代方案的可能影响及其实施的可行性。智能信息能够突出在考虑到区域土地政策规划的情况下，开发选址和政策时序的不同选择在财政和环境方面的影响。智能信息可以帮助我们明晰成本和收益，并揭示各备选城乡土地使用规划方案在经济、社会方面的优点和不足。在采纳地段规划时，智能信息可以突出各种备选策略的优势和不足，正如城乡的不同利益群体所观察到的那样。最后，智能信息还可以用于评估备选发展管理规划和政策在法律及政治上的可行性。

在检测、评估以及更新规划等后规划过程中，规划智能信息有助于将实际事件与预测和规划的事件进行比较。它能指出哪些规划提案成功了，哪些失败了，并以此作为规划更新和修正的基础。通过告知决策者所采用的规划的真正效应，智能信息可以为规划过程提供持续的支持，并引导其向永续城乡发展。

小结

本章回顾了规划支持系统的特点和使用。它讨论了通过将计算机、数据库以及分析性软件、视觉化软件结合到一起以生成智能信息，并以之来理解关键规划议题、探索潜在的未来增长情景和构筑城镇对未来愿景的共识。

这一部分的剩余章节对规划支持系统的功能性元素做了详细阐述。下一章包括了两个重要的元素——人口和经济。有关一个地区人口和经济变化的战略性智能信息是编制土地使用规划的主要驱动力。

注释

1. 这一针对规划支持系统的讨论假定了在规划过程中能够使用计算机。所描述的大多数的分析只有使用计算机软件和依赖于计算机的计算能力才可能实现。无法使用计算机的规划人员应该参考第四版的城市土地使用规划（Kaiser，Godschalk，and Chapin 1995），它探讨了不依赖于计算机的信息收集和分析手段。

"数字鸿沟"彼岸的公众参与者（无法在家或工作地使用个人计算机），应该能够越来越多地在公共图书馆和城镇科技中心使用计算机（Servon 2002）。同时，伴随相关培训与服务内容的发展，以及软件的用户友好性和可视化能力的增加，会有助于填补这道鸿沟。

2. 这一看待规划支持系统的视角，比看待规划信息系统或是土地供给监测系统的视角都来得更为宽泛。规划信息系统侧重于支持日常运行，比如追踪开发许可和数据库管理，包括更新建造许可文件。土地供给监测系统侧重于保持一个足够的，但不过剩的可开发土地供应，来满足土地发展市场的需要（Moudon and Hubner 2000）。从我们的观点来看，规划支持系统包括规划信息系统和土地供给监测系统两者的功能，但对关注点有扩展，包括了在制定永续的环境、经济和平等的发展目标时公众参与的部分。

3. 关于对多种分析模型的详尽描述，参见：Brail and Klosterman（2001）。

参考文献

Allen, Eliot. 2001. INDEX: Software for community indicators. In *Planning support systems: Integrating geographic information systems, models, and visualization tools,* Richard Brail and Richard Klosterman, eds., 229-61. Redlands, Calif.: ESRI Press.

Avin, Uri, and David Holden. 2000. Does your growth smart? *Planning* 66 (1): 26-29.

Batty, Michael, et al. 2001. Visualizing the city: Communicating urban design to planners and decision makers. In *Planning support systems: Integrating geographic information systems, models, and visualization tools,* Richard Brail and Richard Klosterman, eds., 405-43. Redlands, Calif.: ESRI Press.

Brail, Richard, and Richard Klosterman, eds. 2001. *Planning support systems: Integrating geographic information systems, models, and visualization tools.* Redlands, Calif.: ESRI Press.

Chou, Yue-Hong. 1997. *Exploring spatial analysis in geographic information systems.* Albany, N.Y.: OnWord Press.

Cohen, Jonathan. 2000. *Communication and design with the Internet: A guide for architects, planners, and building professionals,* chapters 9 and 10. New York: W. W. Norton.

Decker, Drew. 2001. *GIS data sources.* New York: John Wiley and Sons.

De la Barra, Tomas. 2001. Integrated land use and transport modeling: The Tranus experience. In *Planning support systems: Integrating geographic information systems, models, and visualization tools,* Richard Brail and Richard Klosterman, eds., 129-56. Redlands, Calif.: ESRI Press.

ESRI Map Book. 2002. Vol. 17. Redlands, Calif.: ESRI Press.

Falconer, Allan, and Joyce Foresman, eds. 2002. *A system for survival: GIS and sustainable development.* Redlands, Calif.: ESRI Press.

Harris, Britton, and Michael Batty. 2001. Locational models, geographic information, and planning support systems. In *Planning support systems: Integrating geographic information systems, models, and visualization tools,* Richard Brail and Richard Klosterman, eds., 25-57. Redlands, Calif.: ESRI Press.

Kaiser, Edward, David Godschalk, and F. Stuart Chapin, Jr. 1995. *Urban land use planning,* 4th ed. Champaign: University of Illinois Press.

Klosterman, Richard. 2000. Planning in the information age. In *The practice of local government planning,* 3rd ed., Charles Hoch, Linda Dalton, and Frank So, eds., 41-57. Washington, D.C: International City/County Planning Association.

Klosterman, Richard. 2001a. Planning support systems: A new perspective. In *Planning support systems: integrating geographic information systems, models, and visualization tools,* Richard Brail and Richard Klosterman, eds., 1-23. Redlands, Calif.: ESRI Press.

Klosterman, Richard. 2001b. The what if planning support system. In *Planning support systems: Integrating geographic information systems, models, and visualization tools,* Richard Brail and Richard Klosterman, eds., 263-84. Redlands, Calif.: ESRI Press.

Kwartler, Michael, and Robert Bernard. 2001. CommunityViz: An integrated planning support system. In *Planning support systems: Integrating geographic information systems, models, and visualization tools,* Richard Brail and Richard Klosterman, eds., 285-308. Redlands, Calif.: ESRI Press.

Landis, John. 2001. CUF, CUF II, and CURBA: A family of spatially explicit urban growth and land-use policy simulation models. In *Planning support systems: Integrating geographic information systems, models, and visualization tools,* Richard Brail and Richard Klosterman, eds., 157-200. Redlands, Calif.: ESRI Press.

Langendorf, Richard. 2001. Computer-aided visualization: Possibilities for urban design, planning, and management. In *Planning support systems: Integrating geographic information systems, models, and visualization tools,* Richard Brail and Richard Klosterman, eds., 309-59. Redlands, Calif.: ESRI Press.

Lo, C. O., and Albert Yeung. 2002. *Concepts and techniques of geographic information systems.* Upper Saddle River, N.J.: Prentice Hall.

Maclaren, Virginia. 1996. Urban sustainability reporting. *Journal of the American Planning Association* 62 (2): 184-202.

Malczewski, Jacek. 2004. GIS-based land suitability analysis: A critical overview. *Progress in Planning* 62 (1): 3-65.

Marsh, William. 1998. *Landscape planning: Environmental applications.* New York: John Wiley and Sons.

Meck, Stuart, ed. 2002. *Growing Smart legislative guidebook: Model statutes for planning and the management of change.* Chicago, Ill.: American Planning Association.

Moudon, Anne Vernez, and Michael Hubner, eds. 2000. *Monitoring land supply with geographic information systems: Theory, practice, and parcel-based approaches.* New York: John Wiley and Sons.

O'Looney, John. 2000. *Beyond maps: GIS and decision making in local government.* Redlands, Calif.: ESRI Press.

Putnam, Stephen, and Shi-Liang Chan. 2001. The METROPILUS planning and support system: Urban models and GIS. In *Planning support systems: Integrating geographic information systems, models, and visualization tools,* Richard Brail and Richard Klosterman, eds., 99-128. Redlands, Calif.: ESRI Press.

Ramage, Scott F., and Michael V. Holmes. 2004. A case study in the use of photo simulation in local planning. *Carolina Planning* 29 (2): 30-47.

Servon, Lisa J. 2002. *Bridging the digital divide: Technology, community and public policy.* Malden, Mass.: Blackwell Publishing.

Vey, Jennifer, and Benjamin Forman. 2002. *Demographic change in medium-sized cities: Evidence from the 2000 Census.* Washington, D.C.: Brookings Institution Center on Urban and Metropolitan Policy.

Waddell, Paul. 2001. Between politics and planning: UrbanSim as a decision-support system for metropolitan planning. In *Planning support systems: Integrating geographic information systems, models, and visualization tools,* Richard Brail and Richard Klosterman, eds., 201-28. Redlands, Calif.: ESRI Press.

第 5 章

人口与经济

你的任务是设计一个为编制规划提供人口和经济信息的支撑系统。这些人口与经济的规模和结构经过测度后，将转化为城乡对土地、基础设施、公共设施和自然资源等方面的相应“需求”。该系统要利用一切可利用的数据资源和软件，选择的方法要适合规划地区的具体情况，还应有充分的能力汇总和呈现各种信息。这些信息应当易于理解，具有吸引力、说服力，符合信息使用者在规划过程中的需求，从而为土地使用规划过程建构一个高质量的“事实基础”。

建立规划支持系统的第一步，是构建城乡人口和经济动态的模型，并提出其对城市未来发展的影响。人口和经济指标对作为土地使用规划输入部分的各种需求测定非常重要。人口预测可以用来测算居住用地、公共事业用地以及零售业用地的需求；就业岗位预测可以用来测算包括商业在内的各种经济部门的用地需求。居住、商业、行政办公以及工业用地的需求又是计算交通和其他基础设施用地需求的基础，因此，人口和经济预测在很大程度上决定了城市发展对土地、基础设施、城镇设施和城镇服务设施的需求。此外，它们也构成城市发展对自然资源需求的基础，是造成环境压力的根源。正如杜维尔·迈耶（Dowell Myer）所说，人口和经济预测相当于“对规划师服务对象的身份特征的变迁进行识别，对政策关注对象的紧迫性和优先性进行评估”，它引导我们关注“作为规划工作对象”的未来的利益相关者，“它与土地使用图一样为规划提供了重要的背景”。（Myers 2001，383-84）

将对人口和经济研究的讨论共同放在这一章，是因为二者在概念和方法上相互关联。简而言之，获得或者失去经济上的机遇是一个大都市地区或者其他通勤覆盖区（commuting shed）的人口增长、停滞或者衰退的基本决定因素。如果将这种因果关系倒过来，人口也在很大程度上决定了劳动力市场和消费者购买力的规模和类型。从方法上看，人口预测和经济预测所运用的技术具有相似性，两者作为描述城镇化动态的兼容指标，应当在预测方法上保持一致。

随着计算机软件越来越易于使用，规划师在进行人口和经济分析时可以用各种软件来运行人口与经济模型，处理各种适用于土地使用规划的人口和经济数据。直到20世纪80年代中期，对一个地区的人口与经济进行完全合格的分析，还是依赖于经济学家和人口统计学家的经验和判断。在可能的情况下，这样做仍然是明智的，因为这些专家最了解人口与经济动态，了解区域、全国和全球的背景情况，具有驾驭理论、方法和数据资源的能力，最重要的是，他们对如何解释分析结论有特殊的技巧。然而，就土地使用规划的目的而言，规划师不需要了解如何构建和运行模型，也不必进行晦涩难懂的数据输入。但是，规划师必须理解这些软件使用的分析模型所隐含的假设和理论的基本原理与内涵，还应该知道不同方法的优劣，以便对结果进行解释。换句话说，如果规划师们能充分了解所涉及的方法和假设，许多地方规划机构就有能力开展适当深度的人口与经济分析，而这对土地使用规划不可或缺。

这一章首先将解释如何在土地使用规划中运用人口和经济数据，并简要介绍一些建立这些数据的方法。第二节介绍了人口和经济数据的一般来源，以及处理这些数据的软件模型。第三节回顾了用于分析过去和当前状况、预测未来人口和经济指标的各种方法。第四节强调了在输入的数据和使用的分析模型背后，各种明确或暗含的假设所具有的关键性作用。第五节指出了在土地使用规划中，一份高质量的人口和经济预测报告应具有的特征。

人口与经济分析的运用

人口和经济指标为测算城镇的规模、结构和相关设施配置提供了基础。土地使用博弈中的很多公共或者私营部门的参与者在进行决策时都要参考人口和经济数据，比如，公共设施和市政基础设施（如自来水厂、污水处理厂、学校、高速公路、公共交通系统等）的公共投资所涉及的经济发展部门、商业与住宅房地产商，以及城乡地方官员都要使用人口和经济数据。因此，作为规划支持系统的产品，人口和经济信息以及对它们的智能分析，对城乡诸多利益相关者都有直接的作用。

其次，对土地使用规划师来说，未来的人口和经济代表了土地使用规划必须容纳的城镇规模。分析城乡现状和正在发生的状况是探索城乡未来发展趋势的基础，这些成果将被纳入城乡发展报告并成为土地使用规划工作的起点。城乡发展报告（参阅第9章，以及 Meck 2002，7–84~7–85）中探讨的议题、愿景、情景和机遇也将呼应所预测的人口与经济变迁的潜在影响。最终，人口和经济预测是计算未来土地需求的基础。

接下来讨论的是对土地使用规划来说十分重要的人口与经济特征，我们使用了四种研究方法：估算（estimation）、推测（projection）、影响评价（impact assessment）和规范确定（normative determination）。最后将讨论在地方层面的土地使用长期规划中，进行预测可能会遇到什么样的特殊困难。

人口和经济的重要特征

人口和经济有三个维度的要素与土地使用规划关系特别密切：规模、结构和空间分布。

- 人口和经济规模是决定未来城市化发展的最基本标杆，是估算未来居住、零售、办公空间需求，工业生产空间需求以及城镇设施空间需求，甚至一些类型的开放空间（如公园）需求的基础。
- 人口和经济结构同样具有高度的相关性。这里的结构指的是整体规模中特定组群的比重。就业应该根据经济部门（如出口部门、人口服务部门）以及不同的就业场所（例如办公、工厂、仓储、零售，或实际上没有一个独立工作场所的就业，如农业）来划分；人口结构可以按照年龄、性别、家庭类型（如单身、有子女）、种族/文化、社会经济水平以及健康状况等进行分组。年龄对规划师而言可能是最重要的一个因素，因为它们隐含了对服务的需求：例如儿童对学校的需求、老人对健康设施和特殊住宅的需求。由于多民族社区越来越多，规划师必须理解民族构成及其与年龄、性别、教育水平、住房需求和偏好等之间的关系。

  与土地使用规划中的一般研究相比，人口和经济结构的预测与评估需要更详细的分析。人口结构的变化源自人口老龄化，以及人口迁移、成活率和出生率在不同人群中的差异。因此，需要对这些变化的成分进行模拟，使土地使用规划可以反映城乡人口中诸多不同群体的需求。
- 人口和就业的空间分布是第三个重要维度。人口分布是评价城镇设施的配置、工作地点、商业以及其他设施可达性的必要依据。此外，它还可用来揭示城乡面临的各种问题（如防洪等）并区分对不同人群的影响。可以说，空间分析是运用土地使用模型对人口统计和经济模型所预测的人口和就业增长在空间上的分布进行研究。然而在制定未来土地使用规划时，我们是把未来人口和经济的水平与结构作为输入项，通过土地使用设计在空间上进行分配，而不是进行空间分布的推测。

人口统计和经济分析可以运用在各个层面的规划上，但对上述三方面特征的涉及程度则各有不同。最基本的方法是只关心人口与就业总量，也就是说只涉及规模，对人口结构的描述仅有寥寥数笔，可能仅限于年龄结构。这一方法对于区域土地政策规划和第一层面的城乡土地使用设计已经足够。规划师也可以对人口现状进行更加详细的分析，包括预测家庭分类、劳动力、民族构成和年龄组群（age cohorts）等，帮助地方政府认识到他们当前所服务的人口和经济体情况。第三层面是关注各种结构变化对土地使用的影响：如人口迁移、家庭规模、住房和其他用地与设施的人均需求等。第四层面即最高层面的分析是参与式分析，在增长分析中导入公众参与，并将其与愿景和情景建构联系起来（Myers and Menifee 2000, 84–85）。

与第 4 章所概括的规划支持系统的功能一样，人口和经济这部分内容（常常与其他部分的内容结合在一起）应当能够：

- 描述城镇或者区域的人口和经济历史；
- 模拟、记录、解释在规模、结构和区位上发生的变化；
- 预测未来的状况；
- 诊断由于人口和经济变化所带来的规划和发展问题；
- 评估达到供需平衡状态时，人口和经济的规模、结构和区位对土地、设施和资源需求的影响；
- 为人口和经济的变化、影响和偶然事件建立模型；
- 为决策者和利益相关者传递清晰、可靠的信息。

规划支持系统中涉及的研究类型

虽然我们非常关注未来的人口与就业，但是未来在时间上并没有一个明确的分界点，实际上，未来是基于过去和现在的延续。历史数据对了解城镇的历史渊源、演变以及当前状况非常必要，当前数据对评估当前的状况、城镇发展的可能方向以及人口与经济的合理目标不可或缺，这两者对确定发展趋势和模拟变化动态都是必需的数据基础。历史和现状分析不仅可以勾勒出人口和经济的现有规模和结构，还可以揭示出变化背后的深层次因素，如人口迁移、生育率、年龄与种族构成等，据此得出的未来预测与分析是确定未来需求的重要基础。因此，规划支持系统需要描述人口与经济的历史、现状和未来。

规划师使用以下四种研究来分析和描述过去、现在和未来的状况：

- 估算过去和现在的人口和经济状况；
- 预测未来的人口和就业；
- 评估人口和就业变化对于社会经济的影响；
- 决定最优的人口与经济的水平、构成和变化速率。

估算当前的人口和经济

城乡需要估算当前人口与经济的水平和结构，这是由于以下几方面原因：首先，这些信息是了解城乡变迁和发展趋势的基础，尤其在与过去或是其他地区进行比较时，在进行预测和影响评价时这些信息也是非常重要的输入部分；其次，这些信息是评价人均城乡服务需求的基础，可以将它与服务标准（例如娱乐设施的千人指标）进行比较；第三，联邦和州的税收与支出预算往往以城乡人口和经济状况为基础。

由于美国每10年才进行一次人口普查，这就有必要对市、县、州辖次级区域甚至州和国家在最近一次普查之后几年中的人口进行估算。最新的人口和经济估算对广大的利益相关者和地方政府部门非常有用，所以有许多地方、地区和州的规划机构都将年度估算作为对私人和公共部门提供的一项服务。因此，规划师必须了解人口和就业估算的方法。

预测未来的人口和经济

预测研究区域的产业与人口的增长、衰落以及结构变化，是估算未来土地使用、市政基础设施和城乡公用设施需求的基础。首先，这些预测是估算容纳未来变化和发展所必要的用地需求量的基础。比如在估算住宅空间需求时，需要将人口预测转化为家庭的数量与类型；然后评估不同类型家庭倾向选择的、可承受的和合适的住房类型，再将住房类型转化为居住密度；最后将人口/住宅需求预测乘以这些密度标准，得到对土地的需求量。与之类似，诸如零售和办公等各类经济活动的空间需求是根据就业预测和人口（消费者）需求来估算的。

人口和经济预测也可应用于计算未来交通、给水排水、学校、公园以及其他一系列市政基础设施和社会公共设施及服务的需求。这些设施的布局也依据人口与就业空间布局预测或设计，但这些设施的数量、规模和类型首先依据的是人口和经济的规模与结构。

社会经济影响评估

在第三类研究中，规划师关注的是诸如一个办公园区的关闭或开放、一个主要雇主的入住或撤离之类的经济活动所带来的外在影响，或是人口的种族和年龄分布变化的潜在影响。这类事件可能是实际发生的也可能是提议中的，甚至是情景设定中的假想，但它们都会对就业、人口和未来的土地需求产生影响，而人口和经济模型为评估这些影响提供了部分基础。

未来人口与经济的规范确定

第四类研究是规范确定未来的人口与经济水平应该如何，什么样的人口、经济结构和增长速度对城乡未来发展最为合适。换句话说，这类研究将人口和经济水平作为公共政策的目标，而不是基于外部事件、人口动态和市场环境等进行预测。这些标准研究需要分析土地、环境和基础设施承载力的影响；进行设施扩容、财政投入或降低环境影响的多方案比较；探究多种土地使用规划的可能性，以便得到可接受的或理想的未来人口和经济活动水平及其增长速度。

估算（Estimate）、推测（Projection）、预测（Forecast）、影响评估（Impact Assessment）和设计（Design）之间的区别

规划师所做的各种类型研究之间有着细微的但很重要的区别。估算计算的是过去或当前的人口和经济的水平、构成或状况。虽然过程中可能会涉及推测的方法，它仍然只是对当前或过去状况的"估算"。例如，我们可以通过推测2000年人口普查以后的变化来估算当前的人口。

在探讨未来的人口与就业水平时，推测和预测两个术语常常被错误地互相替代使用。它们之间有重要的差别：推测是对未来状况的精确度量，如果推测方法中隐含的假设被证实，那么这种状况就会发生。这些假设可能假定了目前趋势的延伸或者提出了偏离这种趋势的可能性，但无论如何假设，只要推测方法逻辑正确并且没有计算错误，推测就一定是正确的。大多数经济学家和人口统计学家做的都是推测。因此从技术上说，即使推测没有成为现实，也不能够说推测错了，只能说是假设错误。而预测则包括了对隐藏在推测之后的各种假设的可能性进行判断，最明确的预测可以称为预言。有时预测是对一个范围而不是对某一点的推测，其中包含了对相关假设的可能性的判断。因此，所有的预测都属于推测，但并不是所有的推测都能够称为预测，二者的区别在于分析人员是否对推测结论实现的可能性进行了判断。

Isserman（1984，2000），Klosterman（2002），Meck（2000，2002），Myers 和 Kitsuse（2000），以及 Wachs（2001）对规划中的人口与经济预测提出了各自的见解，区分了对未来的推测、预测、愿景（visioning）和规划的差别，提出需要强调预测和规划而不是推测。规划师不应该在预测时仅仅使用推测，或者仅仅进行机械的推测和预测就制定出规划，而需要通过公众参与来对预测中的所有可能性进行考察，从而对可能的和理想的未来进行创造性研究。

影响评价是对特定事件的后果进行的推测或预测。它可以使用经济学和人口统计学的推测方法，对真实的、提议的或者假想的或许发生的事件可能造成的后果进行推测或预测，例如，针对一个设定的情景进行影响评价。

对未来人口与经济活动水平的规范确定或设计（*Normative determination or design*）建立在环境、财政、基础设施工程、生活质量、人口与经济活动的其他潜在影响，以及对理想未来的规范判断基础之上。规划师不仅预测未来，而且在构想和塑造未来方面扮演着积极的角色。因此，未来的经济与人口状况不仅仅是规划的输入项，也是规划的输出项；规划成果可以选择接纳人口与经济推测结论，也可以选择反过来影响这种推测。

作为探索未来人口与就业的水平和结构的方法，推测、预测和规范确定之间的区别在某种程度上与它们各自对未来的观点不同有关。尽管在实践中三者的界限非常模糊，但至少可以划分出4个“阵营（camp）”：

1. 第一阵营认为，*增长取决于土地使用规划领域之外的力量*，因此，土地使用规划应该预测未来的人口和经济，并确保规划与之相适应。这是20世纪七八十年代之前土地使用规划师的传统工作方法。但是，这种方法忽视了一点，即土地使用规划能够也应该通过开发管理法规、基础设施投资以及其他一些手段影响人口和经济的水平与结构。
2. 第二阵营认为，*增长总是好的*，增长代表着机遇、收入增加、城乡福利，因此应当在土地使用规划中予以鼓励。这种观点的另一版本则指出，一些增长是好的，如商业、办公以及无烟工业，而另外一些增长（如重工业）是不好的或者是预先确定的。
3. 第三阵营认为，*增长是不好的*，增长带来问题，威胁社会福利，不应在土地使用规划中加以鼓励。这种观点的另一版本则强调某些增长是不好的，例如低端（low-end）住宅开发。
4. 第四阵营的观点是：*一切都要视情况而定*，未来的人口和经济规模与结构应当根据城乡的土地和基础设施供应量、扩充公共服务的财政能力、愿景陈述和自然环境的脆弱性等来确定。这种方法与永续发展的原则相一致，认为应该重视城镇的生态足迹，并且增长的变化不能破坏“负责任的地区主义”（responsible regionalism）。这种观点的另一版本认为，根据环境压力、土地供应和基础设施情况，一些增长是好的，而另一些增长则不好。

一项人口与经济研究或预测必须清楚自己是从何种角度来看待增长和变化的。

土地使用规划中预测所面临的困难

与其他公共政策研究相比，在土地使用规划中进行预测面临的困难更多，其原因有二：

首先，土地使用规划要求长期预测。很多联邦、州和私营机构所做的经济预测其时间周期常常只有一至两个季度，最多可能不过两年，而土地使用规划师至少需要向前预测10年甚至20年。除了土地使用规划，很多人口预测的时间跨度也很长，但它们关注的重点的是人口对市场、财政计划和城镇服务的短期影响。

其次，除了长期预测的要求，地方土地使用规划要求对“地段”进行分析和推测。经济学家和人口学家侧重于国家和大区域的人口与经济研究，他们把一个县、一个大都市区甚至一个州作为一个“地段”，而不涉及城市、城镇和邻里，但后者才是土地使用规划师所关注的“地段”。在土地使用规划师的“地段”中，不仅数据难以搜集，而且人口与经济发展动态也更不稳定并难以预测。地段层面的家庭和企业流动远远超过大的区域。此外，一家大型企业的进出或是商业开发都会使就业岗位发生巨大的变化，也会对人口变迁产生重要的影响。在土地使用规划中，对未来人口与经济的预测既具有长期性，又是针对地段的，因而往往比短期和大区域预测更容易犯错误。幸运的是，大部分长期的土地使用规划在应用中都对误差有一个允许的范围，在估算未来人口和经济水平对空间需求的影响时，规划师可使用诸如土地储备等安全措施来化解预测偏差所带来的影响。这样，未来某个特定年份的人口和经济水平可以提前5年或延后5年，但并不影响规划的完整性。此外，每10年左右就应当对20年的长期规划进行一次回顾和修订。对地段预测方法的比较和评价可以参考Murdock等人（1991）的文献。

人口与经济数据的来源

要完成人口和经济分析，规划师需要一系列数据。其中一些是直接可用的数据，如：过去、当前和预测的人口与经济活动的水平、结构和空间分布。此外还需要一些在人口和经济的变化预测中作为输入变量的信息，如出生率、死亡率、迁移率和经济乘数等。这些数据不仅要覆盖规划范围和研究地段，还要覆盖所在的区域、州甚至国家，它们构成了地方人口和经济变化的背景，在某些情况下还是地方变化分析模型中的直接变量。

很多人口和经济数据来源于规划之外的部门，比如联邦机构中的人口普查局和劳工部。除了联邦机构，所有的州都有一个或多个中心来储存和发布人口普查数据，并为地方政府使用这些数据提供技术帮助。实际上，每个州都有一个人口和经济研究机构，对州、大都市区以及州内县、市等其他经济区进行深度分析、估算和预测，为州的立法机构和行政机关以及地方政府提供数据和分析报告。另外，区域规划机构、大学的商业研究机构、私人基金会（如：F. G. Dodge，Woods and Poole）、地方经济发展机构以及地方政府其他部门也都是人口和经济信息的来源。规划部门也可以搜集或是生成自己的人口和经济相关信息，如住房开工量和开发许可量等。

以上机构开展的人口普查、抽样调查、现状估算以及人口与经济预测等，为规划提供了大量数据，这些数据既覆盖大的地域也覆盖小的地域，从国家到大都市地区、县、镇甚至人口普查小区和其他一些邻里规模的地理单元，它们不仅包括人口和经济的水平、构成，也包括出生率、死亡率和迁移率以及其他一些进行地段分析和预测所需的数据。通常情况下，这些机构不仅提供简单的预测，还进行不同生育率、死亡率和迁移率以及不同经济状况等假设条件下的一系列预测，地方规划师可以根据规划区域采用最合理的假设。

规划支持系统中人口和经济部分的数据可以用各种形式获得，如打印出来的报告、磁盘和互联网。电子数据使得获取出版物未提供的详细表格和利用软件重新组合并分析数据成为可能。可用的软件通常包括能提高人口和经济模型的设计速度的内建函数，并能通过改变假设进行不同的预测计算；图表可以形象化地表现过去的趋势、改变假设条件后带来的影响，以及年龄和其他要素构成变化所带来的影响。电子数据资源和软件更新非常快，因此建议读者从美国规划协会、州立机构的人口学家和经济学家以及其他技术资源和专家那里获得最新的评估结果。

人口与就业的分析方法

本章接下来将重点介绍估算、预测人口和就业的方法，以及这些方法的基本假设、优点与不足。我们的目的是帮助土地使用规划师理解各种方法，以及如何对不同方法进行比较以选择最适合的方法，这些方法的实际应用要求对特定的技术有更深入的理解，要求规划师具有更深入的专业知识。[1]

开发规划范围内的人口与经济信息总体上涉及五种方法：

1. 地方、州、区域、联邦以及其他机构对过去和当前状况的统计调查（例如人口普查）。
2. 抽样调查方法可以获得过去或者当前状况的数据资源（如2000年人口普查同时采用了计数调查和抽样方法，提供了该年度的信息数据）。
3. 估算方法基于间接指标（如通过住房和学校注册等相关信息估算人口），在过去和当前状况分析中都可以运用。
4. 推测方法可以通过人口和经济动态模型构建人口与地方经济的情景。这种方法常用于对未来的探索，也可以应用于对现状的估算（如规划师根据过去的人口普查资料中的出生率、死亡率指标推测人口现状）。
5. 通过设计决定未来（例如，对未来的人口和经济状况进行规划），而不是对未来进行推测，这种方法强调了地方政策对未来的引导作用而不是被动地顺应市场。

在估算、推测和设计方法中（不包括计数统计和抽样调查），规划师使用的技术可以分成六类：

1. 判断法；
2. 趋势外推法；
3. 比例份额法；
4. 表征关联法 / 统计关联法；
5. 人口或经济成份变化拟合法；
6. 供给导向法，包括容量法、土地使用模型，以及对未来人口和经济的规范确定法（通过设计）。

图5–1描绘了这些方法之间的关系。这张图总结了规划支持系统处理过去、

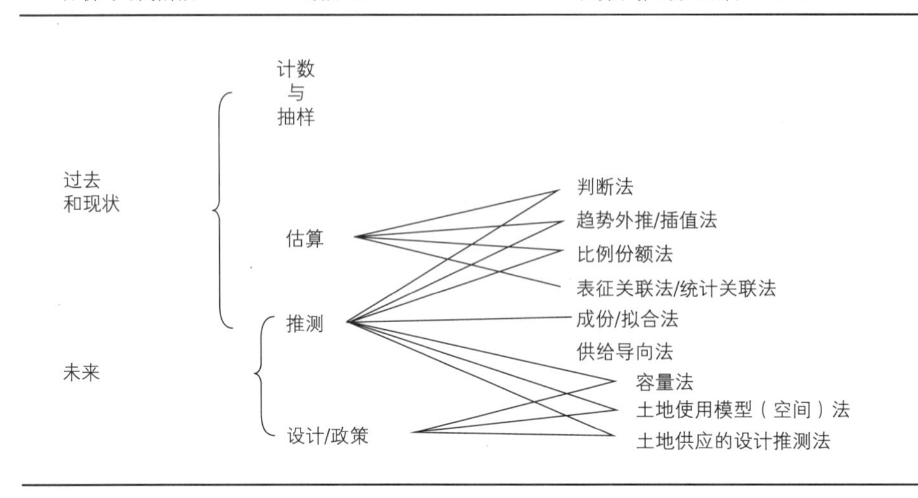

图 5–1 人口和经济分析的方法

现在及未来的人口和经济的方法，也显示出人口和经济计数调查、抽样、估算、推测和设计这五种获取信息的一般方法，其中一些与过去和现在相关，另一些与未来相关，还有一些既与现在又与未来相关，此外，图表还罗列了应用于估算、推测和设计的六组人口和经济分析技术。规划支持系统中人口和经济模块需要使用所有这些方法。

这一节接下来的内容将讨论 6 种分析技术——判断法、趋势外推法、比例份额法、表征关联法 / 统计关联法、成份拟合法以及供给导向法、推测法和设计推测法。

判断法

这种方法通过一组专家对未来的共识判断来获得预测信息，其技术多种多样，从单轮调查到让参与者每轮进行反馈讨论的多轮德尔菲法调查。所选择的专家通常包括学者、地方政府和州政府的分析师、私人机构如银行或者商贸协会理事会的分析师、私人咨询师以及当地企业精英等，他们具有人口统计学或者经济学的专业知识、对特定的人口与经济动态的深入理解（例如某一特定产业），或是在人口与经济的某些特定领域学有专长。

判断法常常与下面讨论的其他方法共同使用，主要是对这些方法所用模型的关键假设和数据输入进行评价和判断。因而，判断法可以为技术变化、产业扩张、出生率等社会文化传统变化等提供最佳估算，这些成果可以作为假设前提用于模型和情景构建。此外，判断法还可以用于对各种方法的技术分析结果进行评价和调整。

趋势外推法

这种方法是确定发展趋势并将其外推至未来。趋势外推法可直接应用于总人口或就业水平分析、总量中各部分总数的分析（如老年人口或者基本就业），还可以用于确定某些更为复杂模型的输入项（如对生育率和迁移率进行外推并输入群体生存模型，或者对特定产业就业乘数进行外推并输入投入—产出模型）。外推法隐含的假设前提是：时间有效地代表了基本影响变量的累积效果，这些影响要素包括出生、死亡、企业开业以及经济结构转变等。

外推法常常是通过数学公式来表达的，该公式描述了增长或衰退曲线，与纸上的图形等价。的确，将历史数据标注在图形中来“观察”曲线的轨迹及其随时间的连续变化，是一个非常好的方法。通常可用四种数学模式来描述历史上的人口和经济增长并将这种发展趋势外推至未来。

1. 线性模型
2. 几何模型，有时又称为指数模型
3. 修正指数模型
4. 多项式模型

图 5-2 显示了这些数学模型所对应的未来增长曲线，专栏 5-1 对相关公式进行了讨论。

趋势外推法用简单易行的方法，依据过去数据预测未来的人口数量和就业岗位以及其他人口和经济指标。影响人口和经济变化的众多要素都可以以时间的流逝为代表，因此，趋势模型仅需要吻合历史上的时间、人口和经济指标。分析师

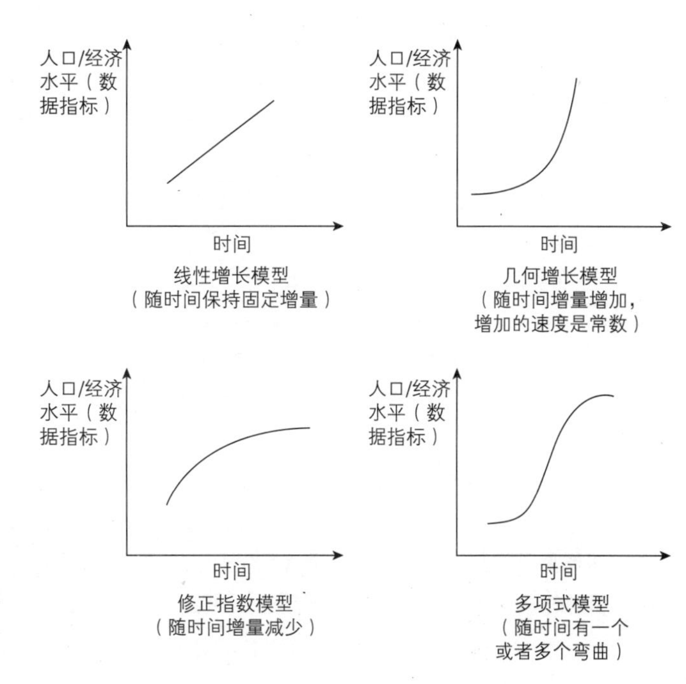

图 5-2 常用趋势外推法模型的曲线形态和隐含假设

有如下两点假定：（1）曲线越吻合历史数据，模型越反映了内在要素的影响。（2）同样的作用力将持续到未来。当然，趋势模型需要进行判断和修正，也允许时间、人口和就业数据与曲线有一些偏离。

趋势外推模型存在的根本问题在于，它们没有明确或度量内在的影响要素，模型仅仅归纳了众多要素对过去的人口和经济的总体影响效果，并假设这种总体影响效果还会持续到未来。不幸的是，这就使长期预测（如10年以上）失去了可靠性。

当缺少数据和时间以构建更为完善的人口与经济推测模型，规划师也只需要得到基本结果而无需了解变化动态背后的原因时，趋势外推法是一项有效的分析工具也是合理的选择。这种方法尤其适用于变化稳定、速度中慢以及只求总量不需构成的研究领域。正如前文所述，外推法还可以为更加精密复杂分析方法的结果提供对照和基准预测，而对那些可靠数据仅有历史人口普查资料的地区来说，也许只能够使用趋势外推法。

专栏 5-1
趋势外推模型

在线性模型中，人们假设人口、就业、出生率以及其他因变量在单位时间内以固定的数值变化（如每年3000人）。这种线性变化模型的数学公式通常表述为：

$$y=a+bx$$

因变量 y 代表分析师构建的随时间线性变化的人口数量、出生率、占总经济量的比重以及其他人口或者经济指标；常数 a 代表预测基年的该变量的数值；常数 b 代表一个时间单位内（通常是1年、5年或者10年）人口和经济指标发生改变的数值和方向；x 是从基年到预测年份的时间单位跨度（如数年或数十年）。

当使用线性模型预测人口规模时，公式可表述为：

$$P_{t+n}=P_t+bn$$

其中，P_t ＝基年 t 的人口数；

P_{t+n} ＝预测的从基年 t 开始 n 个时间单位以后的未来人口规模；

b ＝单位时间内人口规模的变化；

n ＝从基年 t 开始的时间单位数量。

简单的线性衰退也可以使用该模型。

几何或指数变化模型假设人口和就业增长的速度（而非增加的数量）在一定时期内是固定的。这个固定的增长速度带来人口和就业的持续增长数，成为未来一段时间内人口和就业的基数，增速作用于基数，产生一个时期内的增长。在图形上，人口和就业水平呈现出向上的弧线而不是一条直线（见图5-2），就像一种复利年年产生收益增长。几何模型的公式可表述为：

（续）

$$P_{t+n}=P_t(1+r)^n$$

其中，P_{t+n}、P_t 和 n 含义同线性模型，r 则是单位时间的增长速度。

修正指数模型假设随着时间变化，增加量逐渐减小而非增大，就好像有一个发展上限，增长幅度越来越小，逐渐接近这个上限。图形是一条增加量持续减小、越来越平缓的曲线。修正指数模型的公式可表述为：

$$P_{t+n}=K-[(K-P_t)b^n]$$

其中，P_{t+n}、P_t 和 n 含义同上；K 是研究区域的人口规模上限，它可以接近但永远不会达到；b 是变化的固定速度（小于1），由此，（$K-P_t$）持续从上一个单位时间的变量数值中减小，当 n 增加时，P_{t+n} 逐渐接近 K。因此，预测的未来人口数量与上限K的差距以一个固定速度变得越来越小。

多项式模型的变化允许模型的增长形式具有前几个模型没有的弯曲（见图5-2）。模型的公式表述为：

$$P_{t+n}=P_t+b_1n+b_2n^2+b_3n^3+\cdots+b_pn^p$$

最大指数代表了多项式的阶，线性模型是一阶多项式;二阶多项式描述的曲线只有一个弯曲，上凸（当 b_2 是负数）或者下凹（当 b_2 是正数），近似于指数或几何曲线；三阶多项式描述的曲线有两个弯曲。

多项式曲线在形式上没有上述几个模型严格，因而可以更好地描述不规则增长模式，当然也包括衰退或增长模式。但是，当推测超出一个非常短的时间范围，这种模型经常得到不合理的数据。

比例份额法

比例份额法要确定研究区域一个特征的比例（如生育率）占更大区域（通常称为母区域）的比值，或者确定研究区域占母区域人口和就业的份额。这样，对研究区域的预测就变为母区域预测与该比例或份额的乘法计算，例如，如果研究区域现状人口是母区域的10%，这种方法预测研究区域未来人口总是母区域未来人口的10%。

比例份额法不仅能够预测人口和就业总量及变化，也可以应用于人口分组，例如，如果母区域有年龄、性别、种族分组数据，比例份额法就可以应用于这些特殊分组从而得到研究区域近似的构成状况。除此之外，比例法还可以应用于人口或经济的其他特征属性研究，如汽车拥有量、平均家庭规模等；也可以应用于研究变化的成分，如出生率、经济乘数等，这些指标往往是一些更加复杂模型的输入项。规划师不仅仅使用当前比例，当这些比值随时间变化时，他们还可以绘出这些比值在过去的状态，并使用上面介绍的某个趋势外推模型外推至未来。

为保证得到有效结论，运用比例份额法有三点要求：

- 母区域的推测或估算结果应可信；
- 过去的比例或其变化的趋势是固定的；
- 确信研究区域目前是而且未来仍然是母区域整体的一部分。

因此，比例份额法不适合那些与母区域的经济和人口特征不一致的研究区域。在这种“不一致”的状况下，决定研究区域变化的因素与决定母区域人口和经济变化的因素不同，例如，比例份额法不适合一个城市州或城市化区域中的乡村地区、一个农业州或农业区域中的城市地区，也不适合工业地区中的大学城。

如果三个要求都满足，比例份额法具有简单、不要求具体数据的优点，而且，州和地区这些母区域的推测和估算结果比较小区域的研究结果更加可信，因为区域和州的分析师更专业，拥有更好的技术和更完善的数据，处理的人口和经济规模更大也更容易推测。将比例份额法应用于预测就业岗位增长情况，其依据是地方经济增长与地区和国家经济增长同步。这种方法得益于作为母区域的国家、州和大地区的预测越来越可信。

在经济分析中，*区位商*（*location quotients*，LQs）是比例份额法的一种应用，通过比较地方某产业占全国或地区同产业的比重来评价当地产业结构，进而可以明确产业的集中度或分散度。

一种更加有利于理解地方经济变化的相关方法是*偏离份额法*（*shift-share analysis*），它将研究区域中某产业的就业岗位变化分为三个组成部分：

- 国家增长部分，即该产业就业增长归因于全国就业增长部分。
- 国家产业转变，或称产业组合部分，它调整产业预期增长来反映国家产业变化即该产业与其他产业相比占经济总量比例的变化，如果研究地区的就业向比全国所有产业增长更快的产业集中，它的发展就会快于全国所有产业的增长速度；反之亦然。
- 竞争变化部分，或称为地方优势，研究区域在某产业的就业增长快于该产业的全国就业增长速度，则研究区域具有该产业的竞争优势。因此，偏离份额分析揭示了地方经济中自己拥有的竞争优势。

在推测时，国家增长部分和产业组合部分来源于国家推测。专栏 5–2 介绍了偏离份额分析使用的一些公式。

土地使用规划师曾经更倾向于使用固定份额经济模型而不是偏离份额模型，因为前者的概念更简单且对数据的要求较低，能够得出与偏离份额方法相似的结论。然而，对情景设定和影响评价来说，偏离份额方法具有明显优势，因为它帮助城乡明确哪部分经济的变化是由全国经济整体引起的，哪部分是由其产业结构决定的，哪部分得益于城乡相比其他地区的竞争优势。偏离份额方法要求对研究区域的经济进行详细研究，以产业综合优势或劣势以及区域竞争优势为主要依据因素对未来预期进行调整，而不是仅仅依靠就业的历史数据。图 5–3 显示了对加利福尼亚州圣何塞市进行偏离份额分析的结果。

专栏 5–2
偏离份额分析模型

偏离份额推测一开始认为未来就业等于现状就业加上就业增长，即

$$E_{i,\ r,\ t+1}=E_{i,\ r,\ t}+DeltaE_{i,\ r,\ t-t+1}$$

其中，$E_{i,\ r,\ t}$ 是研究区域 r 在时间 t 时产业 i 的就业岗位，$E_{i,\ r,\ t+1}$ 是时间 t+1 时的相应数据，$DeltaE_{i,\ r,\ t-t+1}$ 是区域 r 从时间 t 到时间 t+1 时（如从 2010 年到 2020 年）产业 i 的就业变化。

偏离份额分析把研究区域 r 产业 i 的就业变化 $DeltaE_{i,\ r,\ t-t+1}$ 分为三个部分：

第一部分是全国增长部分，归因于全国就业整体变化的研究区域 r 产业 i 的就业增长，产业 i 的这部分变化等于全国就业总量的增长速度。

第二部分称为国家产业转变部分，或称为产业组合部分，它调整研究区域 r 产业 i 的预期增长，以反映国家产业变化即产业 i 与其他产业相比占经济总量比例的变化。如果产业 i 比经济总量增长速度快，该因素为正值；如果产业 i 比经济总量增长速度慢，该因素为负值。

第三部分称为竞争变化部分，代表区域在产业 i 方面的竞争优势，表示区域在特定产业方面与其他地区相比的竞争地位。

三个部分可表示如下：

$$DeltaE_{i,\ r,\ t-t+1}=E_{i,\ r,\ t}[E_{n,\ t+1}/\ E_{n,\ t})-1]\text{（全国增长部分）}$$
$$+E_{i,\ r,\ t}[(E_{i,\ n,\ t+1}/E_{i,\ n,\ t})-(E_{n,\ t+1}/E_{n,\ t})]\text{（产业综合部分）}$$
$$+aE_{i,\ r,\ t}[(E_{i,\ r,\ t}/E_{i,\ r,\ t-1})-(E_{i,\ n,\ t}/E_{i,\ n,\ t-1})]\text{（竞争变化部分）}$$

下标 n 代表全国，其他下标同上。第三部分的系数 a 用来调整预测的时间历时长度，如 t 到 t+1 与过去时间历时长度 t–（t–1），以此来比较竞争优势，如果两个时间阶段长度相等，则 a=1。

比例份额法的另一种变体是从区域经济预测开始进行就业预测。基础产业的就业预测可以用来估计整个通勤人口对建筑面积和土地的需求，因此，使用比例份额法确定研究区域的基础产业和办公空间需求时，不必明确所有的就业状况，规划师可以通过确定当地的运输能力，以及现有的和规划的就业中心的吸引力来调整结果，使之与母区域相一致（参见下文对供给导向法的介绍），非基本（如人口服务）的商业和公共就业常常以占当地人口增长的一定比例进行预测。

表征关联法

表征关联法是地方规划机构估算现状人口最常用的方法，但较少应用于推测。它使用与人口变化（特别是与表征）密切相关且容易从地方得到的数据，常用的表征数据包括出生和死亡记录、入学注册记录、用电量、用水量、电话装机门数、

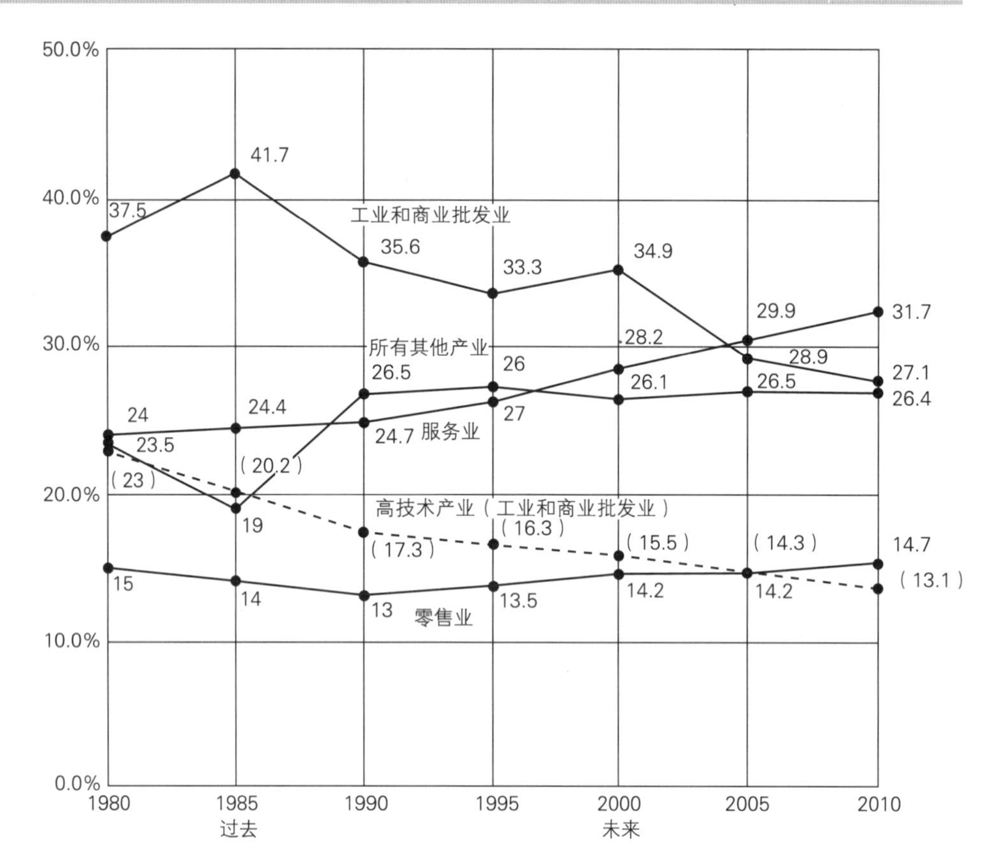

图 5-3 加利福尼亚州圣何塞市分产业就业比例变化预测
资料来源：the City of San Jose，1994

住房数和新住户（housing starts）、选举票数等；估算可以依据一些指标得出的平均结果，也可以根据一些指标对过去的人口和就业进行多元回归。所有的表征数据应至少在最近的人口普查中有所反映，以便根据过去的数据校准它们与人口的关系，当然，将要进行估算的过去或当前表征数据是必不可少的。

这种方法有一些变体形式，包括生存统计法（vital statistics rate technique）、人口构成法（composite method technique）、相关系数法（ratio-correlation technique）和住房单位法（dwelling unit technique）。生存统计法关注一个地区的人口规模与人口出生率、死亡率之间的关系，越多的出生和死亡记录预示着更大的人口规模；人口构成法关注人口不同年龄组的不同表征指标，例如，死亡统计可能用于估算 45 岁及以上的人口数量，出生统计则用于 18 ~ 44 岁和 0 ~ 5 岁年龄组，入学注册数据用于 5 ~ 17 岁年龄组；相关系数法将比例法的原则应用于多元回归方程，方程中研究区域占母区域的份额是以表征数据为依据的，如入学注册数据和新住户的比例等；住房单位法对人口的估计，以新建和改建建筑许可数量为依据，并根据住房面积大小进行修正，规划机构经常在他们的规划支持系统中，运用该方法调整住房和开发统计数据。

在就业预测中出现了表征关联法的一种回归分析变体形式。该方法将独立的一元回归模型修正后应用于研究区域的每个产业，因变量是产业就业数量，自变量则选择相关的特定产业数据，例如，对基本产业而言，自变量包括该产业产品在国家或地区的预期需求量，区域占全国经济增长的份额，研究区域特定产业相关的竞争优势，以及其他一些要素；对地方服务产业而言，自变量可能包括预测的人口规模、国家人均就业率和基本产业就业（Goldstein and Bergman1983）。

分解和拟合人口和经济成份的方法

这种方法将人口和经济的变化分解到它们的各种组成部分中。对于人口，变化的组成包括出生、死亡和迁移（有时将迁出和迁入作为独立部分）；对于就业，分析师将基本产业部分与人口服务部分分离，或者将地方经济分为一系列支柱产业，然后分离出每个部分的影响要素和变化趋势。

最常用的人口预测构成拟合方法是人口分组构成法。人口被分为5岁或10岁一组，每组再分为男性和女性两部分，有时还按民族进行分组，之后，明确每组人口（年龄、性别和民族）在特定生命阶段的生育率、死亡率和迁移率。因此，分组构成法在追踪人口年龄的同时，可以应用年龄、性别和特定民族的生育率、死亡率和迁移率等进行分析。参阅 Irwin（1977）、Isserman（1993）、Klosterman（1990）、Pittenger（1976）和 Shyrock 等人（1976）对分组构成分析和预测及其隐含的假设的讨论。

年龄和年龄组的出生率、存活率和迁移率之间存在细微又很重要的相互作用，在明确该作用的同时还要关注人口民族结构变化的影响。推测结果是按照年龄、性别和民族等不同分组，而不是按总人口来表达的。这也就是说，推测结果既包括全体人口水平，又包括人口分组构成。图 5-4 给出了一个分组生存预测常用形式的例子。人口金字塔的凸出部分显示出第二次世界大战后婴儿潮中出生的人口，在 2010 年出现在 40 ~ 64 年龄组。这一构成信息与特定年龄组的某项指标相结合可以用来做出更加精确的劳动力或学龄人口预测。这些信息还可以用来研究假设的不同出生率、存活率和迁移率等可能造成的影响，或是用来对未来人口情景进行更公开的研究、讨论和敏感性检测。但是如果研究区域较小，该方法的可行性则较差，因为在较小区域里不太可能得到生存统计和迁移数据，人口迁移包含了较短距离流动这一现实让预测变得更加困难。

分组构成推测，虽然在概念上很有说服力，却是人口预测中最复杂的方法，因为未来的人口出生和迁移数量预测具有特殊的精确性和复杂性，而且运行模型需要大规模运算。尽管如此，由于数据和软件越来越容易获得，该方法也越来越适用于大都市地区或更小的区域。然而，需要指出的是，该方法需要对未来的出生、

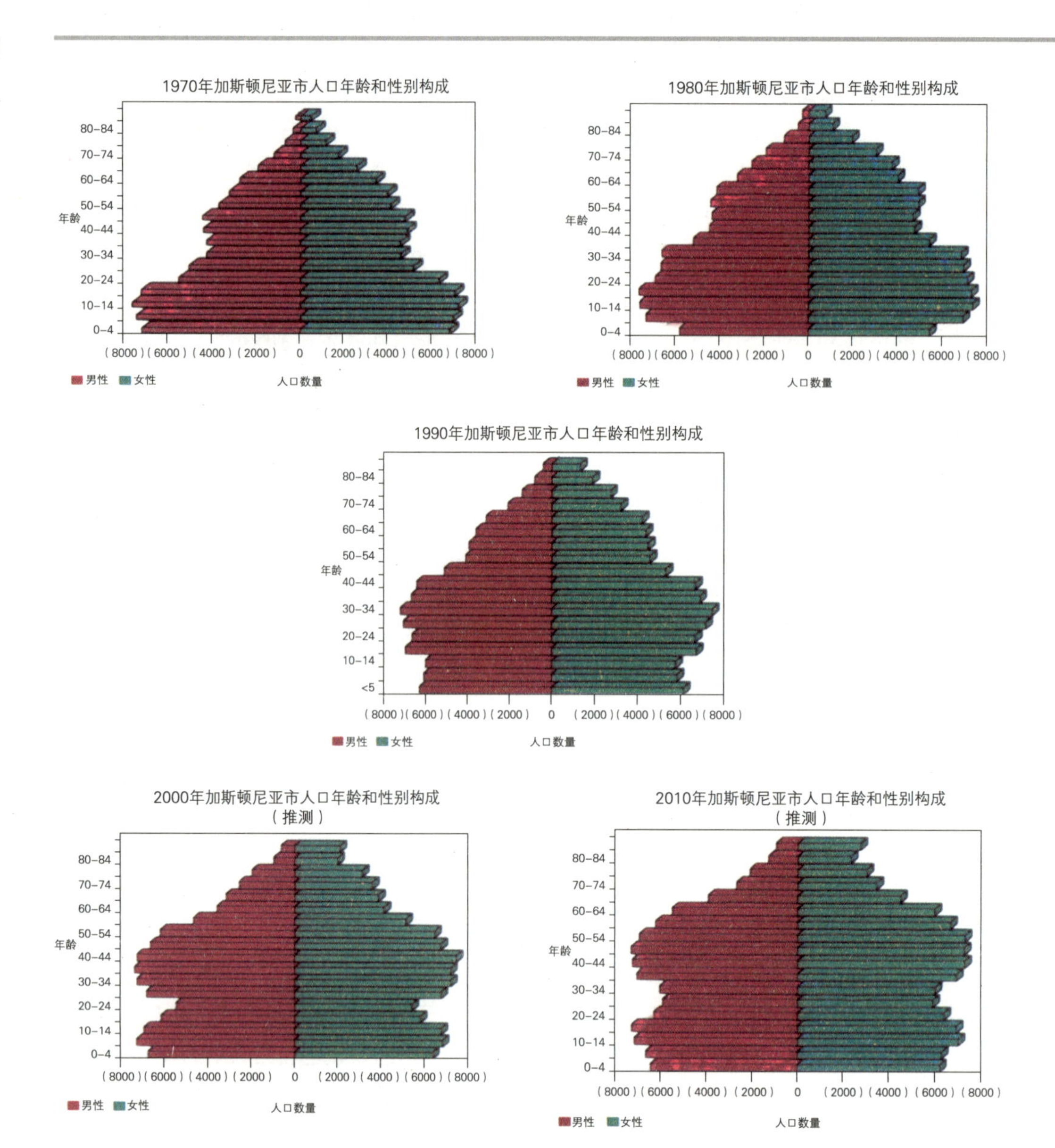

图 5-4 人口金字塔
资料来源：the City of Gastonia，1995

死亡和迁移率进行推测，这些来自模型以外，往往需要结合外推法、比例法和判断推测等方法。因此，分组构成推测的结果的可靠性与简单的外推法和比例法提供的输入项有着密切关系。在确定一个研究区域的生育率和死亡率参数时，常常按照其母区域或州推测结果的比值来估算。由于迁移非常复杂，研究区域越小，困难越大。从全国来看，有 15% 的人口在 5 年内（分组构成法通常使用的时间单位）就会改变他们居住的县，在快速发展地区迁移率会更高。迁移不仅造成了人口构成自身的变化，而且使生育率和死亡率这两个要素随时间产生更大的波动变化，因而不可能直接度量（参见：Isserman1993 and Pittenger 1976）。

对于经济分析来说，前文介绍的偏离份额法也可以认为是一种构成方法。经济基础分析（*Economic-base analysis*）是另一种构成分析方法，其理论依据是将城市经济分为两部分：基本经济活动把一个地区生产的产品输出到区域以外，或是向参观者、旅游者和学生提供产品和服务；非基本经济活动（或者称为人口服务）为当地消费提供产品和服务。该理论认为，基本经济部分依靠输出产品和服务换取资金创造就业岗位，是一个地区经济实力和未来发展的关键要素。基本经济活动的扩张可以带来非基本经济活动的增长，尤其表现在零售业、建筑业和服务业上；基本经济活动的萎缩带来相反的效果，就像多米诺效应，会引起整个地方经济的衰退。

经济基础理论通过一个乘数来表现经济中基本和非基本活动的关系。基本就业与非基本就业的比率称为经济基础比率，假设每个基本部门职工对应两个非基本部门职工，基数比率即为 1∶2，也就是说，基本经济部门每新增一个工作岗位，非基本经济部门就会随之产生两个工作岗位。然而，总的经济基础的乘数却为 3，意指基本部门增长（或者衰退）1 个就业岗位，总就业就会产生（或者失去）3 个就业岗位——一个基本岗位加上两个非基本岗位。城市地区的经济基础乘数通常为 2 ~ 9。区域越大，经济结构越复杂，则乘数越大；产业划分越细，则乘数越小。基本部门就业变化对整体就业的影响，就是通过基本部门的变化产生的这个基本乘数来实现的。模型假设研究区域是整体区域的一部分，并把就业人员折算为工作岗位，即一个劳动力市场区域，但这种方法通常不适合一个大都市地区中单独的县、镇、市。

投入产出分析是另一种基于构成的经济分析方法，多应用于评价经济的影响，而不是预测。该方法将区域经济看做一个不同经济成分相互联系组成的网络，从区域内部和外部研究购买或销售产品与服务。经济成分可以划分为 10~500 个甚至更多的部门，具体的划分数量和标准根据当地经济的表现特征、经济研究的目的、数据的有效性、时间以及计算能力等因素确定。

投入产出分析与经济基数理论乘数方法相比具有一个显著的优点，即经济基础只计算一个乘数，而投入产出分析则对每个经济部门对其他经济部门的影响均要计算出乘数，以便追踪一个经济部门的增长或衰退对其他部门的不同影响。如果规划师要了解一个特定经济部门预期增长的影响，他可以运用投入产出分析，找出哪些部门会增长、如何增长，以满足特定部门初始增长的预计需求。投入产出分析方法详细展示了一个研究区域的各经济部门之间是如何联系的，并揭示了地方经济中一些特定经济部门的相对重要性。

虽然投入产出分析比偏离份额法和经济基础分析法更加复杂，但随着数据的丰富和计算软件的发展，地方机构也越来越多地使用该方法。比如，在 5 年左右更新一次的全国投入产出表的基础上，建立地方研究范围投入产出表的成本可以接受，而且可以在个人电脑上运算分析，使用方便。

投入产出分析的缺点是：它要求经济以资金流动为表现形式，而土地使用规划师关注的是就业状况——因为就业能够直接产生土地需求。因此，规划师需要根据就业与资金价值之间的比率关系将投入产出分析的结果转化为就业数据。就业状况常常归纳为几个部类，以区位需求、提供的就业中心类型或平均就业密度进行区分。

当规划师使用经济基础法、偏离份额法和投入产出分析时，他们需要将实际的各种比值、判断与潜在的经济理论相结合，这些方法都需要规划师在输入数据和比例外推时能够认真负责并进行准确的判断与选择（Isserman 2000）。

供给导向预测方法

以上介绍的方法都将注意力放在土地开发活动的需求方面，还有一些方法，则是根据未来土地开发供应情况推测未来的人口和就业水平能够怎样、应该怎样，包括如下三种：

- 容量法（承载力法）
- 土地使用 / 住房模型法
- 土地供给设计法

这三种方法都需要先确定未来的土地供应情况，通过未来开发强度将土地供应转化为未来的人口和就业。第 10~14 章更详细地介绍了如何使用开发强度将土地供应转化为人口、住房和就业水平。

容量法

该方法有多种名称：土地使用容量法、饱和开发量法、承载力法和容量法。研究区域的容量依赖于土地开发的可能性、环境约束、土地使用法规的强度许可、基础设施水平以及住宅规模和就业密度对它们的消耗，未来人口只能小于这些容量，永远不能大于它们。对容量法更加详细的讨论可参阅 Irwin（1977）和 Pittenger（1976）。

这种方法适合于地段规划（如邻里）、中心城区再开发规划、独立岛状地区规划、飞地或其他物质环境围合中的城镇，以及其他一些可以明确边界的研究区域。表 5-1 介绍了如何运用容量法为北卡罗来纳州凯里镇 6 个次区域预测土地需求和饱和开发情况下的人口规模。

由于涉及对标准的预测，未来人口规模是一种政策选择而不是推测，它基于人口规模和密度影响下的生活水平及永续性，并且与环境承载力、基础设施水平、政府财政水平、城镇管制特点以及土地供应等诸多因素有关。

表 5-1

可服务地区的未来土地需求

	紧凑开发的情景（根据土地分类，单位：英亩）					
	城镇边界与外围规划管辖区（Town Limits and ETJ）	戴维斯大道西环规划区（PPA west of Davis）	美国一号公路南环规划区（PPA South of US）	中溪地区，已有服务（Middle Creek，served）	查塔姆县，已有服务（Chatham Co.，served）	合计
可开发土地供应（英亩）	16891	2342	1039	2841	5369	28482
可容纳的人口增长（人）	82373	11422	5068	13856	26181	138900
未来土地需求						
商业	690	96	42	116	219	1163
工业	725	100	45	122	230	1222
机构	946	131	58	159	301	1596
水域	663	92	41	111	211	1118
办公	936	130	58	157	297	1578
公园、开放空间、高尔夫	2599	360	160	437	826	4382
高密度住宅	827	115	51	139	263	1394
中密度住宅	2205	306	136	371	701	3718
低密度住宅	5471	759	337	920	1739	9226
极低密度住宅	136	19	8	23	43	230
公共道路	1689	234	104	284	537	2848
保留土地，未使用土地	4	1	0	1	1	7

资料来源：Town of Cary 1996，40，table 48

译者注：更多信息可参见：The Town of Cary Land Use Plan http://www.townofcary.org/depts/dsdept/gmp4.htm

土地使用 / 住房模型

土地使用 / 住房模型法将母区域推测的人口规模或等价的住房单位，分配到县和自治市等次级地理单位，甚至更小的人口普查小区、规划街区和交通分析小区等，或是分配到县和镇的次级辖区。该方法也可以理解成一个逐步递进的方法，首先预测大都市地区或者劳动力市场区域的人口规模，然后通过土地使用或住房模型将其分配到各个辖区中。同理，可以根据区域就业预测及其区内配置，估计地方工业用地和办公空间的需求并将其分配到各个辖区，分配的依据是那个辖区在住房市场、办公地产市场或工业开发市场中的相对吸引力——相对吸引力取决于岗位的可达性、购物的可达性、学校品质、有无市政给水排水、整个交通系统的可达性、社会经济阶层、辖区容量以及其他一些吸引或者阻碍开发的因素。

该方法假设母区域人口和就业预测已经完成，主要任务是模拟未来的土地开放市场，因此，在该方法中，研究区域的未来或过去的人口规模取决于住房市场和商业地产市场，而不是人口和经济的内部过程。它适用于规划范围内，如郊区卧城，这些地区既是一个较大劳动力市场区域的一部分，也有自己的就业基础。

借助设计进行预测

另外还有一种与容量法和土地使用模型法相关的方法，即规划师制定一个土地供应设计情景。在这种方法中，规划师不仅关注人口和经济预测以估算土地需求乃至建构土地使用市场模型，而且从公共利益出发提出理想的开发速度和选址的相关政策。未来土地供应构成了一个地区未来人口与就业的容量，这取决于城镇提供基础设施、交通设施、学校等的财政能力和制度能力，以及开发法规的执行能力和环境约束。第 9 章介绍的丹佛总体规划使用的情景法就是这种方法的一个实例。

土地供应设计情景实际上是规划一个土地使用的流程，它通过开发条例（包括共时性条例、服务设施条例、开发影响费、区划等）、给水排水和交通设施等基础设施投入对土地供应进行实现控制。相较于大范围规划或那些经济和土地市场较弱的地区，强市场环境下的较小规划区域更适合使用该方法。

对规划师而言，采用这种方法可能要面临职业道德的考验——在设定地方发展速度时是否考虑到了更大区域范围内的永续发展，例如，为了地方政府的经济利益和税收来源，追求社会精英式的开发（如中产阶级的、高档的、独户的住宅）和商业开发，而忽视多户式住宅和低端住宅的开发。

混合方法

实际工作中，大部分推测都会综合使用上述多种方法来探求未来社会的发展和变化，如使用分组构成法拟合人口动态系统中的出生、死亡和迁移。不过，在拟合中使用的生育率、存活率和迁移率，可以根据过去的发展速率使用外推法或根据占母区域发展速率的比值和份额进行趋势外推，之后，规划师可使用一些推测模型得到因变量预测数据，进而计算预测值的“范围”或一些均值。规划师可以使用研究区域外推或比例份额外推的方法作为基本的预测手段，同时进行投入产出分析或分组生存预测，可能还会对未来的出生率、死亡率和迁移率进行多情景分析。还可以使用设计方法对未来的预测进行检验和调整，在城镇愿景和政策选择的基础上计算出期望的未来增长速度和空间布局模式。通过多种方法的综合使用，规划师可以为规划目标甚或期望的情景构建一系列的可能预测。

假设的关键性作用

在模型和数据输入中，明确或隐含的假设会主导预测的输出结果。第一类假设尤其重要，即假设过去的增长模式、研究地区和区域的关系模式、生育率 / 死亡率 / 迁移率以及各种产业之间的关系是将延续当前的发展趋势，还是将在未来发生改变。在决定预测的输出结果时，这一根本性的选择比那些预测中所使用的貌似精确的技术、数据和软件能起更重要的作用。第二类基本假设反映了未来的政策可能发生多大变化，公共政策如何影响其他假设和输出，换句话说，决定预测结果的因素是在地方政策领域以外还是以内？第三类假设涉及对输入的历史和预测数据的选择，例如，通过选择不同的历史阶段可以对输入数据的口径和模型结构关系进行校准。是选择一个很长的时期还是选择最近一个较短的时期对预测未来更为有效？是选择近期还是选择较早但"更加典型"的时期？第四类假设是理论和模型结构中已经内建的，包括数据的内涵和其中所隐含的增长假设，例如，在经济基础分析中，经济基础理论所隐含的原理是否适用于特定的研究区域？投入产出表中各产业间的关系是否体现了未来的经济特征？规划师应该认真了解隐含在预测背后的各种假设的适用范围，在对预测结果进行探索、评估和解释时应当明确这些假设条件。

为了全面揭示假设及其在预测和研究一个地区未来人口和经济状况时的作用，Isserman（2000）建议规划师采取三个步骤对分析方法进行综合。第一步，明确哪些人口成分和产业构成了当地和相邻地区的人口和经济，它们与其他地区有什么不同，这些人口和经济是如何变化的。由于许多城镇对自身有错误的认识，因此规划师不仅需要罗列数据，更要形象地描述现在和过去的真实特征，使公众了解自身的城镇，并展现出城镇的未来。第二步，要不仅要提出推测或是预测的结果，这些是不够的，甚至提出高、中、低三个水平的预测结果也是不够的，必须对预测过程进行深入的剖析，对所有假设的适用范围和其他相关预测进行解释，为决策者、利益相关者和公众对未来发展的不确定性和各种选择进行评估提供方便，也就是说要认识到未来"发展道路" 具有多种可能。第三步，与政策制定者和其他人一起努力，以就人口和经济发展路径达成共识，从而建立起土地使用规划的基础。

预测的最佳特征

为了丰富"城乡发展报告"并揭示城乡的未来，人口和经济预测应具有一定的特征。首先，规划师的报告应该全面解释推测的基础，包括：构成输入项和模型参数的数据，模型自身结构、输入项和解释所蕴含的前提假设，以及所有使用到的推测方法。其次，对未来变化的决定性因素选取的讨论应合理、全面，应明确假设和数据的来源，应区分客观性的输入和假设与主观性假设。最后，提交给决策者和公众的报告应当解释清楚，这些结果在多大程度上属于推测、预测或是设计，这些结果对土地使用和基础设施规划有些什么样的影响（见专栏 5-3）。

预测中使用的方法应当从两个层面进行解释。第一个层面是情景层面，主要讨论的是速率将被假定为增长、衰退还是维持现状，例如，可以将它们与人口普查局预测或相似区域预测中所做的假设进行比较。第二个层面更加专业，需要在附件或专题报告中对数据进行详尽地阐述和解释，以便让其他专业人员进行复核。

人口和经济推测不是单一的推测，它通常包括了许多推测，并对未来的人口和经济进行差别化或同质化预测，需要让决策者和公众共同参与到对基础假设和未来影响的讨论中来。有些推测是对目前趋势进行简单外推构成一个基准推测，

专栏 5-3

城乡发展报告中人口和经济部分的内容列表

（根据规划摘录）

一、城乡现状

A. 人口：我们是谁

1. 人口特征——规模水平，年龄、性别以及民族结构，家庭类型结构，收入结构，按镇/市划分的空间格局，密度分析图，生育率、死亡率和迁移率图（众多图表）

2. 出现中的要素——老龄化人口、家庭结构变化、增长的速度；住户对密度、住宅和社区的偏好

3. 对未来的影响

B. 经济：我们如何创造财富和就业岗位

1. 就业——劳动力总量、劳动力的年龄与职业分组、失业人口、就业趋势

2. 经济结构的经济基础分析和投入产出分析，基本经济部类，人口服务部类，区域影响

3. 出现中的要素——收入差异（sharing prosperity），经济结构转型

4. 对未来的影响

二、未来人口和经济选择

1. 对各种变化动态的假设，包括：生育率、死亡率、迁移率、住户结构、经济结构转变、职业转变

2. 趋势发展情景

3. 高增长情景

4. 低增长情景

5. 最可能的动态增长情景（不考虑政策影响）

6. “最佳的/可能的”增长和分布情景

三、对土地使用规划的影响

1. 对开发类型需求的影响——住宅、邻里、公共中心、就业中心

2. 对新增城市土地需求的影响

3. 对再开发需求的影响

4. 对公共设施、基础设施和服务需求的影响

同时综合考虑各种假设，推测可能高于外推趋势或低于外推趋势，那么就会分别得到一个“高线”推测和一个“低线”推测，例如，一个高线推测可能假设了与目前趋势相比更低的死亡率、更高的出生率以及更高的净迁移率。在基准推测、高线推测和低线推测之外还可以有第四种推测，它反映了在综合各种假设情况下的“非常可能”的状况。还可以有一些推测揭示了某些很独特但合情合理的状况，这些状况会影响未来的人口和经济构成，进而对城乡的幸福指数产生影响。这些广泛的预测假设及结果为社区对话提供了基础，通过揭示可能的未来状况，逐渐达成共识，并成为土地使用规划的基础。

预测还可以变得更加具有实用性，这取决于预测结果在多大程度上符合用户需求。对人们关注的精确地理区域进行预测，而不是针对一个更大的范围或是对分析人员比较方便的近似区域进行预测，将提高预测的有效性。给出人口和经济构成，如家庭类型构成、民族或其他文化群体构成、年龄构成甚至空间分布，也会使预测更加实用。如果能预测出家庭和住房数量、对土地的需求量、对基础设施容量和服务水平的需求、对环境的影响等，那么该预测对土地使用规划的实用性更强。

总之，预测应该容易理解——通俗、明确、简单、有趣，最重要的是具有说服力。规划师需要结合数量分析技能和沟通表达技巧——不仅要用人口统计学家和经济学家的技术绘制图表，而且要学会历史学家、法庭律师和小说家的解释技能。检验预测是否有用、有效，主要看它的“叙述”对决策者、利益相关者和普通公众来说是否有吸引力、富有意义、有说服力并且便于使用，一个良好的预测报告一定既有一定技术含量，又引人入胜、清晰明了，而且有很强的说服力（Isserman 1993，62；Isserman 2000，2002）。

小结

在这一章，我们解释了人口与经济估算及推测如何构成规划师认识其规划对象（现在和未来的城镇）的基础，人口和经济动态系统支撑着城乡变化中土地使用、环境和基础设施的维度。我们介绍了土地使用规划中人口和经济信息的作用，回顾了一系列进行人口与就业的估算和推测方法，讨论了每种方法所隐含的前提假设，提出了根据具体规划环境选择合适方法的原则。恰当选择一种方法或综合使用不同的方法取决于如下因素：规划人员的能力、可用于分析的时间、数据和软件的可获得性、基本人口和经济动态系统对规划范围的影响。

在推测方法中，外推法和比例份额法是最简单的，二者均可以应用于推测未来人口和经济的规模，还可以为其他一些更加精密的推测模型提供输入的推测数据。分组构成和投入产出模型在更加明确的假设基础上进行推测，可以得到推测的人口构成和经济结构等更加详细的信息。容量法可以应用于环境条件或实际边界非常清晰的规划地区。土地使用模型更适用于住房市场而不是人口和经济特征决定总量和分布变化的地区。在另一些情况下，运用供给导向的土地使用设计方法更为适用，根据城镇的财政能力、环境和经济限制因素和未来愿景设计出城镇开发的速度和规模。一旦选定一个方法，规划师就应该将注意力转向对这些方法的解释，这比我们能够提供什么结果更为重要。

决定预测结果及其影响的具体参数的不同会导致各种不同的发展趋势，在土地使用博弈中，规划师在向决策者和利益相关者提供分析和预测时，应当以情景的形式对各种假设进行陈述。在某种层面上，这些情景应该容易为非专业人员所理解，例如说明清楚所采用的未来生育率情景是由国家人口与经济分析机构推测的；而在更加技术的层面上，对假设的说明应该更加详细，以便于其他专业人员能够重复该研究。同时，规划师也需要确定“高线”和“低线”推测以及“极其可能”和/或“首选”的情景。

由于人口和经济动态系统是城市增长和变化的动因，它们构成了规划信息系统的基础部分，也是对城乡的过去、现在和可能的未来进行分析的很好的起点。然而，为了向土地使用规划提供全面的信息基础，数据和对自然环境、基础设施、交通设施和土地使用政策进行分析的能力也非常重要，规划信息系统的这些组成部分构成了下面的三个章节。此外，对城市地区所有这些方面的数据表达和分析进行整理，对于找出城乡现有的和正在出现的问题、揭示未来的状况、寻求未来愿景的共识，都是非常重要的，这些任务将在第9章进行详细介绍。

注释

1. 这里讨论的各种方法的分类，可以参阅 Bendavid-Val（1991），Goldstein 和 Bergman（1983），Hamberg，Lathrop 和 Kaiser（1983），以及 Pittenger（1976）。本书的前两个版本对这些模型有更加全面和详细的介绍。

参考文献

Bendavid-Val, Avrom. 1991. *Regional and local economic analysis for practitioners,* 4th ed. New York: Praeger.

City of Gastonia. 1995. *City vision 2010: Gastonia's comprehensive plan.* Gastonia, N.C.: Department of Planning.

City of San Jose. 1994. *Focus on the future: San Jose 2020 general plan.* San Jose, Calif.: Department of Planning, Building and Code Enforcement.

Goldstein, Harvey, and Edward M. Bergman. 1983. *Methods and models for projecting state and area industry employment.* Chapel Hill, N.C.: National Occupational Information Coordinating Committee, University of North Carolina at Chapel Hill.

Hamberg, John R., George T. Lathrop, and Edward J. Kaiser. 1983. *Forecasting inputs to transportation planning.* National Cooperative Highway Research Program Report 266. Washington, D.C.: Transportation Research Board, National Research Council.

Irwin, Richard. 1977. *Guide for local area population projections: Technical paper 3.* Washington, D.C.: U.S. Department of Commerce, Bureau of the Census, and U.S. Government Printing Office.

Isserman, Andrew M. 1984. Projection, forecast, and plan: On the future of population forecasting. *Journal of the American Planning Association* 50 (2): 208-21.

Isserman, Andrew M. 1993. The right people, the right rates: Making population estimates and forecasts with an interregional cohort-component model. *Journal of the American Planning Association* 59 (1): 45-64.

Isserman, Andrew M. 2000. Economic base studies for urban and regional planning. In *The profession of city planning: Changes, images and challenges: 1950-2000,* Lloyd Rodwin and Bishwapriya Sanyal, eds., 174-93. New Brunswick, N.J.: Center for Urban Policy Research, Rutgers University.

Isserman, Andrew M. 2002. Methods of regional analysis, 1913-2013: Mindsets, possibilities, and challenges. Paper delivered at the annual conference of the Association of Collegiate Schools of Planning, Baltimore, Md., November.

Klosterman, Richard E. 1990. *Community analysis and planning.* Savage, Md.: Rowman & Littlefield.

Klosterman, Richard E. 2002. The evolution of planning methods: Design, applied science, and reasoning together. Paper delivered at the annual conference of the Association of Collegiate Schools of Planning, Baltimore, Md., November.

Meck, Stuart, with Joseph Bornstein and Jerome Cleland. 2000. *A primer on population projections,* PAS Memo, February. Chicago, Ill.: American Planning Association.

Meck, Stuart. 2002. *Growing Smart legislative guidebook: Model statutes for planning and the management of change.* Chicago, Ill.: American Planning Association.

Murdock, Steve H., Rita R. Hamm, Paul R. Voss, Darrell Fannin, and Beverly Pecotte. 1991. Evaluating small-area population projections. *Journal of the American Planning Association* 57 (4): 432-43.

Myers, Dowell. 2001. Demographic futures as a guide to planning. *Journal of the American Planning Association* 67 (4): 383-97.

Myers, Dowell, and Alicia Kitsuse. 2000. Constructing the future in planning: A survey of theories and tools. *Journal of Planning Education and Research* 19 (5): 221-32.

Myers, Dowell, and Lee Menifee. 2000. Population analysis. In *The practice of local government planning,* 3rd ed., Charles Hoch, Linda Dalton, and Frank S. So, eds., 61-86. Washington, D.C.: International City/County Management Association.

Pittenger, Donald B. 1976. *Projecting state and local populations.* Cambridge, Mass.: Ballinger.

Shyrock, Henry S., Jacob S. Siegel, et al. 1976. *The methods and materials of demography,* cond. ed., Edward G. Stockwell, ed. New York: Academic Press.

Town of Cary. 1996. *Town of Cary growth management plan.* Cary, N.C.: Planning and Zoning Division.

Wachs, Martin. 2001. Forecasting versus envisioning. *Journal of the American Planning Association* 67 (4): 367-72.

第 6 章

环境系统

在为编制一个城乡规划做准备时，规划人员需要收集和分析环境信息，提出土地使用规划的环境保护纲要。作为规划过程的一部分，规划人员必须根据环境要素的保护价值、生态贡献（ecological services）和灾害威胁的水平，汇总城乡生态特征变量并进行类型的划分。同时，还需要对未来土地使用的不同情景可能导致的环境质量变化进行评估。这些工作将确定城乡不同地域各自适合的土地使用类型，提供不同土地使用模式所带来的环境影响信息，并就如何最大限度地减轻未来土地使用变迁导致的环境影响提出建议。那么，如何来完成这个任务呢？

优秀的、有效的规划需要关注地方环境。丹尼尔斯（Daniels）认为，理解环境能够帮助规划者明确地方发展策略，包括“通过保护和提高大气和水体质量来塑造一个城镇；保护农田、森林和野生动物资源；减少自然灾害的侵袭；保持自然环境和建成环境特征，建设宜居和舒适的场所”（Daniels and Daniels 2003，Pxix）。

本章列出了环境信息基本要素的详细目录的关键特征，以及用于优化土地使用规划的分析程序。本章的第一部分着重讨论规划区范围内的环境详细目录。这个目录包括构成环境景观的主要地形、地理、水文和植被等特征的一系列完整的基础信息。每个特征都可能包含某些环境属性，其中包括有价值的资源、重要的生态功能以及危害人类居住的环境状况。这些属性能够根据资源的保护价值水平、土地单元的生态功能的重要性、自然和技术灾害对于公共健康的威胁程度以及土地的伦理和精神价值的外延程度进行分类。用于土地使用规划的环境详细目录的一个关键属性是通过地图展示环境景观特征和相关分类的空间分布。一旦这些特征在空间上得以确认并进行了分类，规划师就可以开始设计不同的土地使用方案，引导规划向建设更永续场所的方向发展。

本章的第二部分着重介绍对环境详细目录中的数据进行分析的各种技术。文中讨论了三种分析技术：综合土地适宜性分析从整体上分析多重环境景观特征，确定不同土地使用类型最适合的位置；环境影响分析估计不同开发情景的环境影响；承载力分析确定在达到环境目标的前提下的增长极限。最后，我们提供了北卡罗来纳州 Deep River 流域的分析案例。该案例结合环境影响分析和承载力分析方法，创造性地使用土地适宜性分析方法，展示了多种技术方法综合利用的可能性。

环境详细目录和分类

正如所提到的，环境详细目录包括了对一系列有关环境景观生态特征的基础信息收集。每个特征都可能包括某些环境品质，这些品质可以通过以下几种方法来分类：

- 资源的保护价值水平（如用于农业和林业生产的土地的生产率、供水流域的健康）；
- 能够为城乡做出环境贡献的土地单元所具备的生态功能的重要性（如将人类与携带疾病的野生生物隔开的林地，某类型土壤过滤污染物的适宜性、一片湿地控制洪水的能力）；
- 灾害对公众健康的威胁程度（如靠近地震断裂带的程度、可能被人类吸入或摄入的污染物的集中程度、斜坡的不稳定性）；
- 土地的伦理和精神价值水平（景观的美学价值、对受威胁的物种和生物多样性的保护）。

其目的是将土地的资源、生态功能、公众健康威胁和美学价值的知识提供给规划师和他们的城镇。

通过对这些特征的讨论，我们强调将流域或生态系统当做环境详细目录的适度单元，而不是单独发展的地点。通过调整暴雨排放的时间来控制洪水，确保最小流量来维持水生生物的需求，并保护河岸免受侵蚀，暴雨的地面径流可以在流域的基础上进行有效控制。野生生物必须作为相互关联的群体来进行管理，因为影响到一个物种的土地使用行为也会影响到其他物种。湿地、溪流以及其他相关水体必须统筹管理，更好地满足控制洪水、娱乐、维持水生物生命循环的需要。通过生态功能的维持，生态系统还在调节威胁人类健康的资源方面具有广阔的前景（Aron and Patz 2001）（例如，树木通过蒸发和遮阳作用降低了空气温度，从而减少了臭氧的生产)。本章涉及的特征类型及其归类包括了地形和坡度、土壤、湿地、野生动植物栖息地、流域健康和自然灾害。

地形和坡度

土地的地形特征包括了海平面以上的土地表面的形状和高程。地形图在二维的平面上描绘了地形的三维起伏状况。美国地质勘探局制作了覆盖大陆48个州和夏威夷的地形图。

地形图通常描绘了自然和人居环境的特征。它们表达和命名的自然特征包括山脉、山谷、平原、湖泊、河流和植被等。它们也确定了人居环境的主要特征，例如道路、边界、通信线路和建筑足迹。图上描绘了等高线，即高程相同点的连接线。每一条线代表了一个特定的高程。相邻等高线的高程差就是垂直的“等高距”(见图6–1)。

这些图按照1：24000的比例绘制而成，被称为7.5分方格地图，因为每张地图覆盖了一个7.5分纬度和7.5分经度的四边形区域。美国被系统地划分为一系列

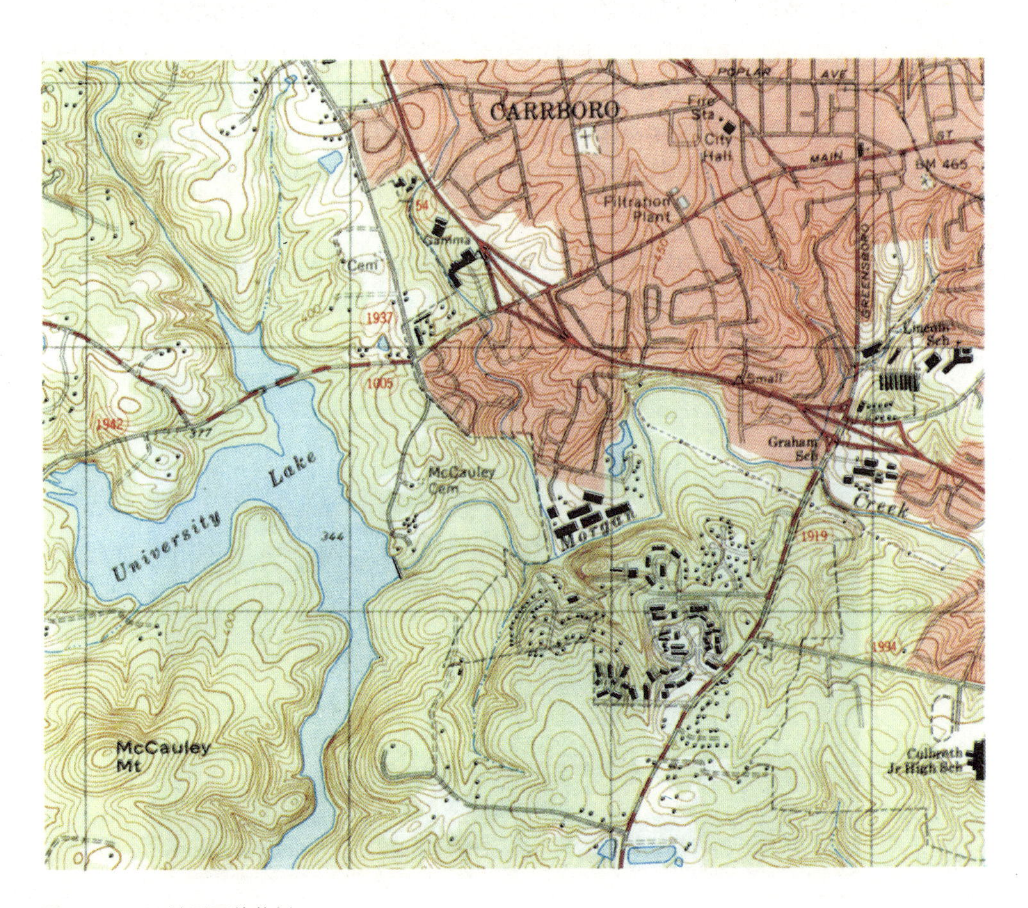

图6–1 USGS地形图的范例
资料来源：U.S.Geological Society，2003b

精确度量的四边形，相邻的地图可以拼接成一张更大的地图。7.5 分方格地图系列作为一种基本形式广泛地运用于各种类型和比例的地图。除了 1:24000 比例的地图之外，覆盖整个美国的地形图还包括 1:100000 和 1:250000 的。地图当然还可以有其他比例的。地图上表达的细节与地图的比例是相对应的——比例越大，细节就越多。在 1:24000 的地图上，一英寸代表了地面上的 2000 英尺，是相当详细的。这些地图描绘出了学校、教堂、墓地、滑雪吊篮，甚至篱笆。这些细节在更小比例的地形图上许多都被抽象化或省略了。

由于斜坡能够引起灾害，地形在土地使用规划中是一个非常重要的必须予以关注的方面。在美国，不稳定的坡地导致的滑坡每年要造成大约 20 亿美元的经济损失和 50 人左右的死亡（APA，2000）。规划师必须意识到，土地使用受到坡度的限制，不合理使用坡地会增加滑坡灾害。两种类型的开发活动可能会导致土地使用不合理：1）在不稳定或潜在不稳定的坡地上设置构筑物；2）对稳定坡地的扰动导致坍塌、侵蚀加剧和坡地植被的衰退。

第一种情况的发生可能会是因为对不稳定坡地的确认和图示不够充分，或是对土地使用的控制不够充分，没有限制或防止在陡峭的坡地上进行建设（见图 6-2）。第二种情况的发生是因为不合理的建设行为使坡地变得更加不稳定。Marsh（1998）指出了三种常见的扰动：

- **挖方和填方**以适合高速公路建设和居住区开发。这些活动在坡地的较低部位制造了不稳定的垂直斜面，减弱了约束力，增加了塌方的潜在可能性，使坡地更加脆弱。
- **森林采伐**以满足城镇化、林业或者农业发展的需要。这些活动削弱了植被的稳定效应，土壤渗透率降低，增加了暴雨径流。

图 6-2 不稳定土壤的滑动破坏了加利福尼亚州 Pacific Palisades 的地表
资料来源：Hays，1991

- 不合理的建设选址导致**自然排水通道的改变**，坡地的不稳定性加剧，更大的暴雨径流加剧了侵蚀作用。

坡地可以通过地形图进行划定和归类。坡地的分类是通过在一定长度“距离”内高度上的“升起”变化进行判断的。等高线图通常被用来划分坡地类型（例如，少于 5%，5% ~ 10%，10% ~ 20%，大于 20%），并绘出不同类型的坡地。

为了避免或最大限度地降低城乡潜在遭受的危胁，规划师必须在土地使用和坡地之间达到合理的平衡。在大多数情况下，这包含了对土地使用的安排：1）不需要改变坡地就能达到满意的要求；2）不会因为坡地和地下土壤条件而变得脆弱。坡地的分类必须与土地使用的分类相对应。表 6–1 列出了不同土地使用类型适合的和最优的坡度范围。

数字高程模型（DEM）自动绘制坡度，可以帮助规划师摆脱耗时耗力的手工坡度绘图。一个 DEM 就是一个以一定水平间距规则分布的不同地表位置的地形高程数字文件。DEM 通常是用为绘制地形图而收集来的数据或其他资料创建起来

表 6–1

不同用地类型对坡度的要求

土地使用			最大	最小	最佳
住宅用地			20% ~ 25%	0	2%
运动场			2% ~ 3%	0.05%	1%
公共梯道			50%	—	25%
草地（修剪过的）			25%	—	2% ~ 3%
垃圾填埋场 *			15%	0%	0.05%
硬质地面					
其中	停车场		3%	0.05%	1%
	人行道		10%	0	1%
	街道和公路		15% ~ 17%	—	1%
	其中	20 英里 / 小时	12%		
		30 英里 / 小时	10%		
		40 英里 / 小时	8%		
		50 英里 / 小时	7%		
		60 英里 / 小时	5%		
		70 英里 / 小时	4%		
工业用地					
其中	工厂用地		3% ~ 4%	0	2%
	堆放场		3%	0.05%	1%
停车			3%	0.05%	1%

* 特殊的垃圾填埋场设计需要坡度达到 10% ~ 12%

资料来源：Landscape Planning：Environmental Applications，2nd edition，William Marsh.John Wiley & Sons 公司 1998 年版权所有。该资料的引用得到了 John Wiley & Sons 公司授权

的。DEM 图是美国地形测绘署创建的标准产品，具有广泛的用途。GIS 软件可以在坡度分类标准的基础上对坡地进行分类。图 6-3 显示了以一个 DEM 为基础的一个流域内的坡度情况。

坡度并不是决定地面稳定性的惟一因素。图 6-4 显示了 1995 年 3 月加利福尼亚圣巴巴拉（Santa Barbera）附近的 La Conchita 塌方，反映出陡峭的坡度（超过 60%）和其他一些因素共同构成发生灾害的条件，包括：植被过少，缺乏密集的根系网络，削弱了稳定性；在坡地的中部进行填方和挖方用以修路，以及在坡地的基础部分填挖方用以修建住房；大量的降雨造成土壤和基岩倾向于不稳定。

然而，虽然其他自然灾害，如地震或洪水等的土地使用专业图已经得到联邦政府、州政府和地方政府的高度关注，但是，坡地稳定性却未获得同样的重视。部分原因可能在于这类灾害的特性。不同于洪水灾害区或地震频发区，不稳定的坡地不容易判定，必须考虑大量的因素，例如，坡度、排水容量、地震的可能性、植被覆盖率、土地扰动等。

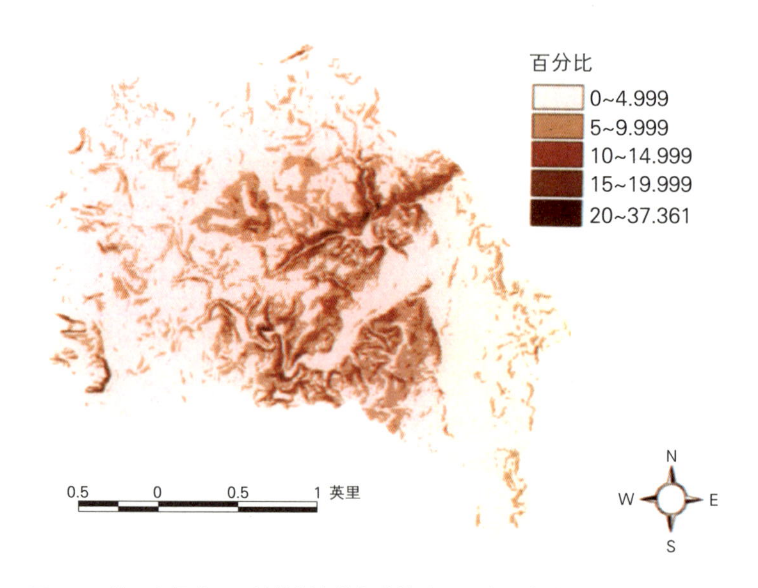

图 6-3 从一个标准 DEM 计算得出的部分坡度，北卡罗来纳州教堂山的 Booker Cheek 流域

为土地使用规划而做的坡地稳定性评价通常需要考虑到这些因素，并依据这些数据的有效性和准确性来绘图。图 6-5 是一张加利福尼亚 Portola Valley 镇的未扰动土地运动可能性的说明图。这张图非常详细，比例是 1:5000，来源于航拍照片以及对地表和基岩下的地质条件的土地详勘。图 6-6 是未扰动土地运动可能性说明图的图例，表达了土地稳定性由最稳定到最不稳定的四类基本类型，以及根据稳定性标准确定的允许建设的土地用途：

1. 相对稳定的地表（符号是 Sbr，Sun，Sex）；

2. 地表很可能会发生下滑运动的区域（符号是 Sls，Ps）；

3. 由于活动断层，地表可能会出现断裂和发生相对位移的区域（符号是 Pmw，Ms，Pd，Psc，Md）；

图 6-4 由于不稳定坡度引起的 La Conchita 塌方
资料来源：U.S. Geological Survey，2003a

4. 季节性发生下滑运动的不稳定地面（符号是 Pf）。

该镇运用这种说明图制定了美国的第一批坡地密度条例之一。该镇的规划确定了四类居住区用地，其中每个居住单元的占地面积根据坡度的不同而变化：

1. 坡度为 1% ~ 15% 的坡地上，每户 1 英亩；
2. 坡度为 15% ~ 30% 的坡地上，每户 2 英亩；
3. 坡度为 30% ~ 50% 的坡地上，每户 4 英亩；
4. 坡度为 50% 及更大的坡地上，每户 9 英亩。

该规划还建议，在易于建设的土地上开发集合住宅，将难于建设的土地保留为开放空间，归开发区域所有住户共同所有。

与 Portola Valley 镇相比，其他城镇在不稳定坡地的判定和分类方面运用的方法的技术性没有如此复杂，信息密集程度也没有这么高。正如西雅图的规划师所证明的，只是将具有不稳定历史的坡地区域进行描绘，就能为土地使用规划提供有价值的信息。自 1997 年 Puget 湾（Puget Sound）沿线大规模滑坡之后，城市发起了一项滑坡灾害缓解计划，城市规划师和地质勘察人员启动了一个大型清单项目，用来确定滑坡活动和潜在的滑坡区域。图 6–7 显示的是 GIS 测绘系统绘制的第一代这类地图。这张地图采用了几种不同的方法制定不稳定坡地条例，包括以坡度为基准的密度限制、土壤不稳定性和森林覆盖状况，还包括对特殊研究区域

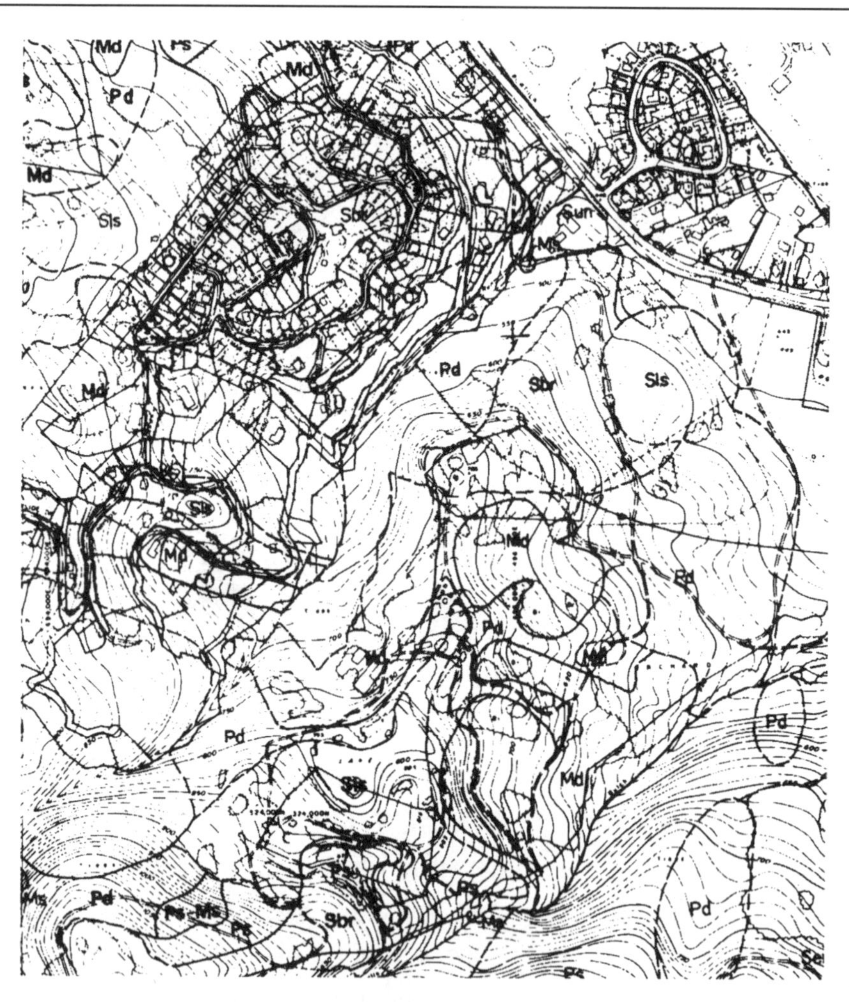

未扰动地表运动的潜在可能性

Portola Valley镇（西北部分）

图 6–5 未扰动地表运动的潜在可能性，加利福尼亚州 Portola Valley 镇

中不稳定坡地地区的指定情况的管理审查。目前正在编制技术上更精确的地图，它们以地面详勘为基础，用来补充滑坡历史地图。[1]

土壤

在不同用地如居住、工业和堆放场等的选址和场地设计中，土壤是引导决策的一项重要因素。土壤调查最早用来服务于农业，但从1960年开始，它们的用途得以扩展，服务于城市土地使用和景观的环境价值。美国农业部的国家资源保护署负责提交土壤调查报告，由全国各县出版。土壤调查覆盖的区域由很多因素决定，包括土壤的复杂性、地形和使用者的需求。报告中的土壤调查地图在城乡范围和区域层面上尤其有用，地图的比例和精确性极限是场所的尺度，尤其是小于100英亩的范围。相应地，用于个体开发项目的场地规划需要更加专业的分析，

图6–5 图例

相对稳定地表

Sbr 水平地表至中等坡度地表，以表层大约3英尺的岩床为基础；相对较薄的土壤覆盖层可能易于出现浅层骨坡、沉降和土潜动。

Sun 水平地表和缓坡上的松散颗料状材料（冲积层、斜坡冲刷物和厚土层）；易于沉降和土潜动；震时山谷底部可能会发生液化。

Sls 缓坡至中等坡度上天然稳定的古滑坡碎片；易于沉降和土潜动。

Sex 通常高度扩散的、富黏土土壤和岩床。易于出现季节性收缩–膨胀、快速土壤潜动和沉降。可能包括非扩散的材料。扩散土壤也可能出现在其他他图单元。

地表下骨运动可能性较大的区域

Pmw 陡峭至非常陡峭的坡地，通常以风化和断裂的岩床为基础；受到岩崩、滑动和分解等活动影响的大面积风化。

Ps 不稳定的松散材料，一般厚度小于10英尺，位于缓坡至中等坡地，易于浅层滑却步、坍塌/沉降和土潜动

Pd 不稳定的松散材料，一般厚度小于10英尺，位于中等坡地至陡坡，易于深层滑坡

具有地表侵蚀潜在性和活跃断层导致的相对地表位移的区域

Pf 可能沿活跃断层轨迹进行100英尺以内永久性地表位移的区域

由季节性频繁下滑运动导致的不稳定地表特性

Ms 运动性浅层滑坡，一般厚度小于10英尺

Md 运动性深层滑坡，一般厚度小于10英尺

地图单元之间的连接线：实线代表已知的，长虚线代表接近的，短虚线表示代表引用的，问号表示可能的。

资料来源：Spangle Associates 1988。经 Spangle Associates inc.，Urban Planning and Research 授权使用

Portola Valley 镇允许建设用地标准

	土地稳定性符号	道路 公共	道路 私人	住房（地块面积）1/4英亩	住房（地块面积）1英亩	住房（地块面积）3英亩	市政设施	水箱
最稳定	Sbr	Y	Y	Y	Y	Y	Y	Y
	Sun	Y	Y	Y	Y	Y	Y	Y
	Sex	[Y]	Y	[Y]	Y	Y	Y	[Y]
	Sls	[Y]	[Y]	[N]	[Y]	[Y]	[Y]	[N]
	Ps	[Y]	[Y]	[N]	[Y]	[Y]	[Y]	[N]
	Pmw	[N]	[N]	[N]	[N]	[N]	[N]	[N]
	Ms	[N]	[N]	[N]	N	N	N	N
	Pd	N	N	N	N	N	N	N
	Psc	N	N	N	N	N	N	N
最不稳定	Md	N	N	N	N	N	N	N
	Pf	[Y]	[Y]	（区划条例覆盖）			[N]	[N]

图例：

Y 是（允许建设）
[Y] 通常允许，在理想的地理数据和/或解决方案条件下

N 不（禁止建设）
[N] 通常禁止，除非地理数据和/或解决方案理想

土地稳定性符号：（类似于地质灾害地图中的符号）

S 稳定
P 可能移动
M 运动
br 岩床位于表面3英尺以内
d 深层滑坡
ex 镶嵌在砂岩中的扩散性页岩
f 由活跃断层造成的100英尺以内的永久性地表位移
ls 古滑坡碎片
mw 陡坡、岩崩和滑动等引起的大面积风化
s 浅层滑坡或滑动
sc 沿岩床滑坡的悬崖进行移动
un 缓坡上的松散物质

图 6-6 根据坡地稳定性设置的允许土地用途，加利福尼亚州 Portola Valley 镇
资料来源：经 Spangle Associates inc.，Urban Planning and Research 授权使用

要求详尽的场地测绘，并通过实验确定土壤是否存在承载力、排水、不稳定性和侵蚀等方面的问题。

土壤的分类是绘制土壤调查图的基础。NRCS 土壤分类系统使用不同的特征（或特性）来划分和描述土壤对不同类型用地的适宜性，例如化粪池系统、卫生填埋场、道路、住宅（有和没有地下室的）、娱乐和农业生产等。下列特征在推断土壤适宜性方面最为适用：

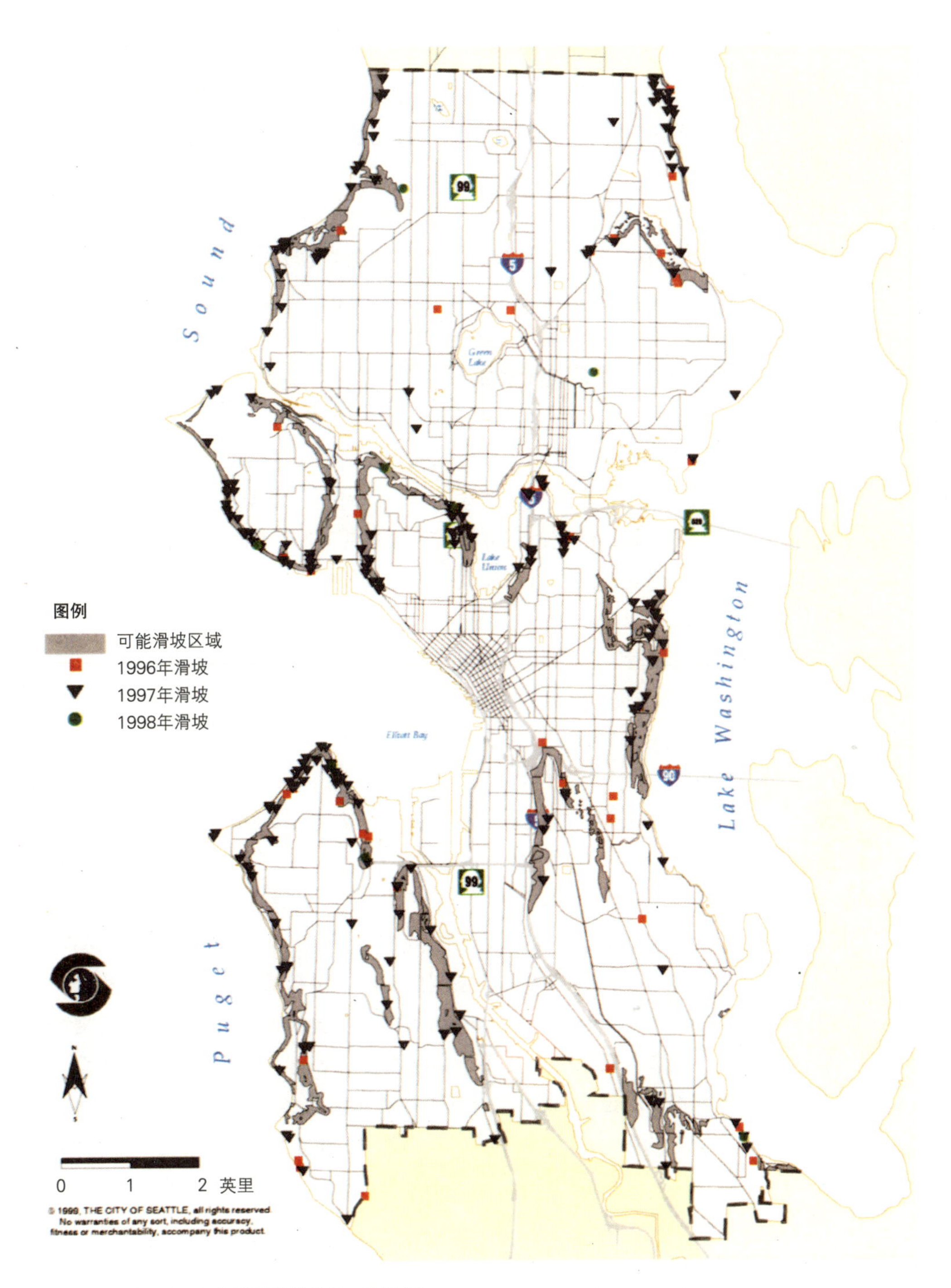

图 6–7 1996~1998 年主要滑坡的位置，西雅图
资料来源：Seattle Public Utilities Geographic Systems Group,2004

- **承载力** 是土壤对地面承重产生的压力的一种反作用力。粗糙的颗粒如砂土和砾石具有最大的稳定性，通常可以为建设项目提供较大的承载力。细密的黏土通常抗压性较弱，湿的时候容易产生侧向塌陷。
- **膨胀收缩性** 是土壤在不同湿度条件下的收缩和延展的程度。黏土随土壤湿度的变化会产生明显的膨胀收缩变化。膨胀收缩性较高的土壤容易对基础和设备管线产生较强的压力。
- **渗透能力** 是水从土壤表面渗透的比率（以每小时多少英寸计量）。排水性差的土壤，尤其是颗粒间距（提供排泄通道）小的黏土，通常渗透能力较低，易于频繁或持续形成饱和，阻止土壤表面水分下渗。排水性好的土壤，如颗粒间距大的砂土和砾石，排水非常迅速，不易于形成长时间的饱和或者蓄积表面水分。
- **侵蚀度** 是暴雨时土壤流失的倾向性。侵蚀度系数（NRCS 称之为 K 系数）代表了不同土壤类型之间相对侵蚀度的数值。K 系数的值由四个条件决定:
  1. **植被**——植被覆盖率越大，根系网络的密度越大，越能够将土壤颗粒捆绑在一起，使它们越能够抗击雨水的冲刷，同时土壤的抗侵蚀能力也越强，因为当雨水击打地表时，受到了树冠和地面树叶的拦截；
  2. **土壤类型**——中等大小颗粒（砂土）最易受到侵蚀；小颗粒（黏土）则不易受到侵蚀，因为这些颗粒相互挤压，表现出强大的凝聚力抗击侵蚀；大颗粒（卵石、砾石）也有较强的抗侵蚀性，因为相比砂土，它们的重量较大。
  3. **坡度**——陡而长的坡地最易受到侵蚀，因为会形成高速且大流量的地表径流；
  4. **降雨**——降雨的频率越高、强度越大（暴雨相对于小雨），并且降水量越大，就越容易造成土壤侵蚀。
- **坡度** 是地面的倾斜度（参见前面的论述）。对于单个地貌单元，土壤类型和地形坡度是相关的。有些土壤类型是坡度陡峭的地区特有的，并且非常不稳定，而其他一些类型则出现在平缓起伏的地区且比较稳定。例如，在植被覆盖的山坡，坡地中部的雨水径流最大，土壤颗粒容易变得粗大，到了坡脚，雨水径流变缓，小颗粒沉积下来，土壤颗粒逐渐细腻。
- **季节性高水位的深度** 是土壤表面和水位上线之间的距离。高水位离地表比较近的区域，即使土壤有较高的渗透能力，其土壤也不容易形成有效的排水。高水位地区的土壤容易造成水害（如住宅地下室遇到的问题），土壤的排水能力也受到限制。
- **肥沃程度** 涉及有机物含量高、营养丰富、具有较高农业生产力的土壤。肥沃土壤中的有机物质容易吸收大量的降雨，可以减少地表径流，成为湿地植被的湿度蓄积库。肥沃土壤在大型重载农耕设备和建筑构筑物的重量下易于压缩，排水时也易分解。当肥沃土壤经过排水、耕作和最终用于建筑后，土壤的减压和分解作用是比较常见的。

NRCS 已经根据这些以及其他一些特性划分了 14000 种土壤（土壤系列）类型（Muckel，2004）。规划师必须认识到不同地表的土壤特性的巨大差异。在单一的地形如大平原上，土壤的变化比较小，因为相似的土壤沉积层覆盖了除溪谷之外的所有地表。在包含山脉和河谷的多样化地表，小如 10 英亩范围内的区域就包含了不同的土壤类型。

例如，北卡罗来纳州杰珠尔希尔的 Booker Cheek 流域的一个特定土地使用项目的选址案例说明了如何在土壤适宜性分析中运用土壤调查。图 6-8 是从 NRCS 土壤调查数据库中获得的电子地图，显示了 Booker Cheek 流域土壤系列的分布状况。该地图为一项颇有创造性且行之有效的、被称为生物净滤法的暴雨径流缓解技术提供了基础数据。生物净滤法采用一个面积介于 50~200 平方英尺的凹陷区或"碗"，临时保持和过滤来自不渗透地表的暴雨径流，如停车场、街道和屋檐。树和灌木种植在生物净滤。地通过吸收、微生物作用、沉积、植物摄取和过滤等物理和生物过程，污染物被去除了。另外，生物净滤法允许渗透，因而可以补给地下水。

为采用生物净滤法绘制土壤适宜性分析图的过程中需要为所有相关土壤类型确定一系列评级。这个过程包括五个步骤：

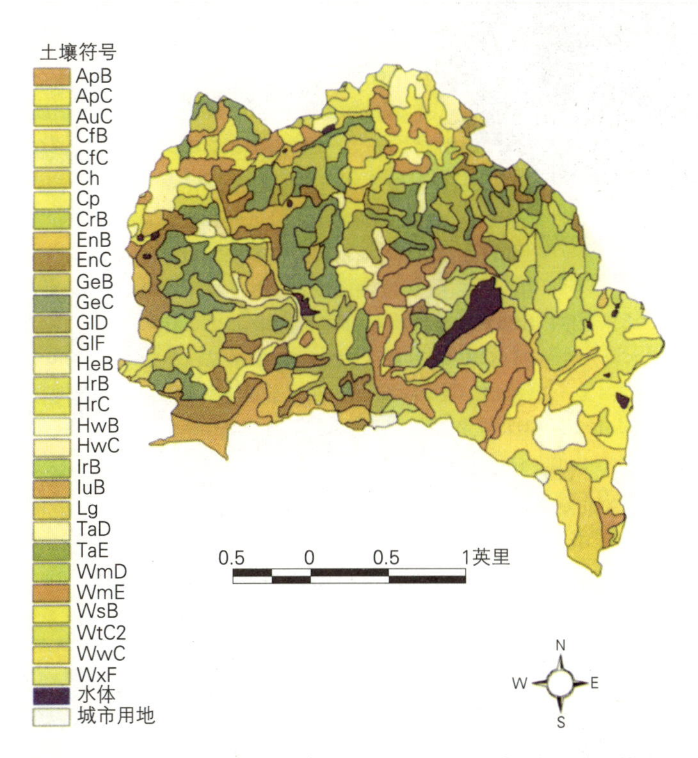

图 6-8 北卡罗来纳州教堂山镇 Booker Cheek 河流域局部，选自美国自然资源保护署 2003 年的一张标准数字地图

1. **设定土壤适宜性评价的标准（或特性）。**Hunt 和 White（2002）为生物净滤法的适宜性确定了三个最重要的标准：土壤渗透率、坡度、季节性高水位的深度。

2. **根据土壤标准设定适宜的数值范围。**为适用于生物净滤设施的每一个标准指定一个数值范围（见表 6–2）。

3. **确定每个标准的确切值。**根据土壤调查报告，依据土壤的类型确定各项标准的数值。以生物净滤法为例，表 6–3 罗列了三类土壤在三项标准下各自的实际值。

4. **确定各土壤类型的整体适宜性等级。**表 6–3 显示如果所有的标准都满足的话，那么整体的等级就是适宜。相反，如果一个或多个标准未达标，那么整体的等级就是不适宜。

5. **赋予土壤调查图一个明暗度（或颜色）。**图 6–10 显示了与每一种土壤类型作为生物净滤地的整体适宜性等级相对应的明暗度（或颜色）。

图 6–9 建设完成的生态保持区，北卡罗来纳州卡彭特镇
资料来源：Berke et al. 2003，经《美国规划协会期刊》授权使用

表 6–2

生物净滤地的土壤和可持续价值

土壤标准	价值数据
渗透率	大于每小时 1 英寸
水位	季节性高水位不应当超出地表以下 2 英尺
坡度	坡度不应超过 6%

资料来源：Hunt and White，2002

表 6–3

Booker Cheek 流域根据选择的土壤类型对可持续价值进行生态保持的案例

土壤类型	渗透率	水位	坡度	整体适宜性
ApB Appling	2~6 英寸 / 小时	>6 英尺	2%~6%	适宜
EnB Enon	小于 1 英寸 / 小时	<2 英尺	2%~6%	不适宜
WmE Wedowee	2~6 英寸 / 小时	>6 英尺	15%~25%	不适宜

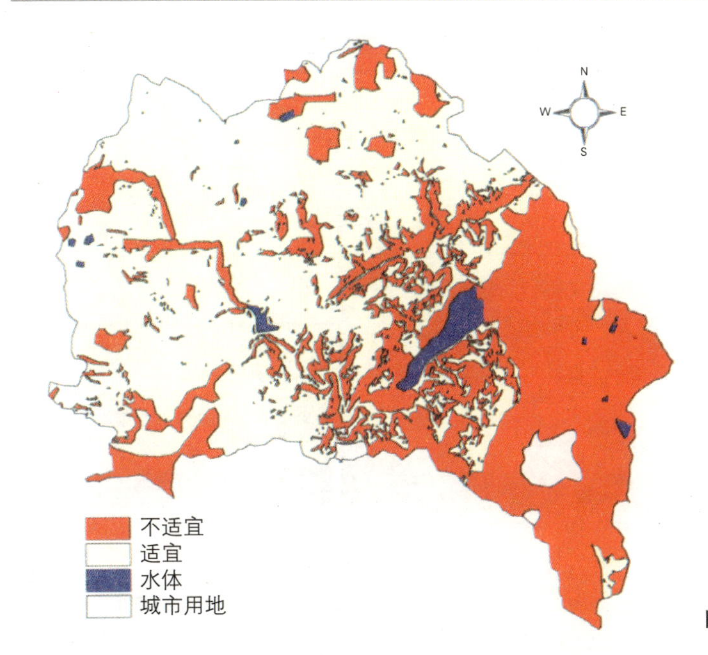

图 6–10 生物净滤设施的土壤适宜性分析

湿地

湿地长期以来被认为价值有限，因而被农业生产和城市发展所破坏。在 17 世纪，曾有超过 2.2 亿英亩的湿地分布于全美 48 个州，而到 1997 年时，只剩有 1.05 亿英亩的湿地。[2] 自 1972 年《清洁水法》获得通过，湿地就被认为是一种有价值的社会资源。美国鱼类和野生动物管理局、美国环境保护局和美国工程部队负责对湿地的解释权和对湿地地区项目进行审查。

湿地为人类社会提供了以下的价值，包括：

- 野生动物栖息地和生物多样性；
- 与其他开放空间和水域相连；
- 存蓄洪水；
- 吸收沉积物；
- 吸收营养；
- 美学和自然美景；
- 岸线侵蚀的控制；
- 地下水保护。

湿地的判定需要对环境景观的一系列物理和生物特征进行考查。这些特征的主导性有所不同，使精确定义湿地存在难度。但是，生态学家们通常认为湿地必须包括以下三个关键特征：1）表面水在每年应有一段时间持续存在；2）具有饱和条件下形成的饱和土壤；3）具有适合生存在经常被淹没并包含有潮湿土壤地区的植被（Tiner 1999）。《清洁水法》第 404 条以这些特征为基础给出了湿地的定

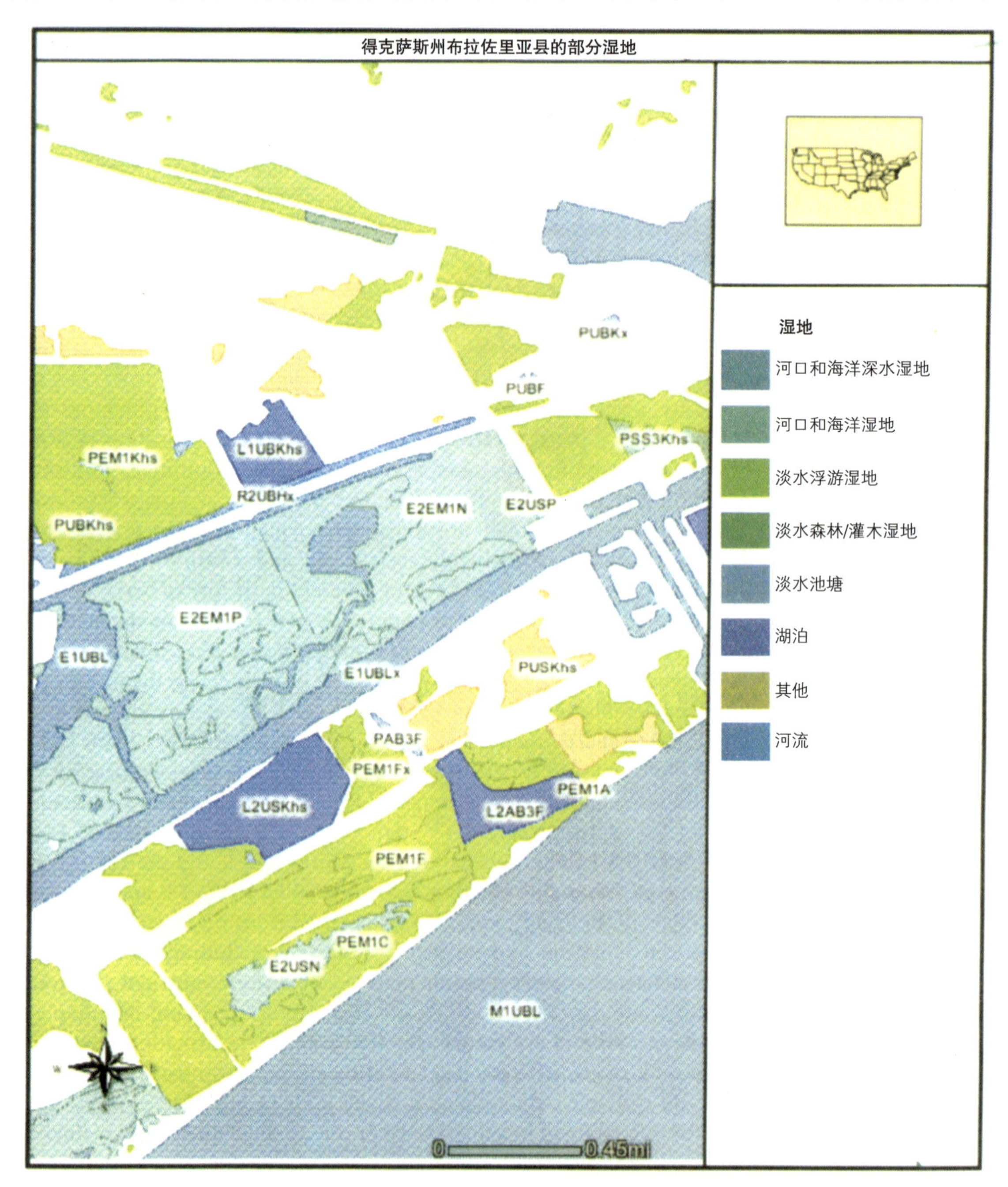

图 6-11 得克萨斯州布拉佐里亚县国家湿地测绘部分摘选
资料来源：National Wetland Inventory,2004

义："湿地是表面水或地下水经常浸泡或泛滥达到一定的频率和周期，足以支撑并且在通常环境下确实支撑了以典型水生植物为主导的被水浸泡的泥土环境。"

为了方便对湿地的管理，法规部门采用了一个综合湿地分类系统，它将湿地绘制在美国地质局标准地形图上（Cowardin et al. 1979），作为美国国家湿地调查的一部分。分类图表确定了五大类湿地系统：海洋湿地（深水）、河口湿地（浅咸水区域，像海湾和沼泽）、河流湿地（淡水河流通道）、湖泊湿地（保持水体，像湖泊和池塘）、沼泽湿地（内陆沼泽、湿地和泥沼）。图 6–11 显示的是得克萨斯州布拉佐里亚县按分类标注的湿地的位置。国家湿地详细目录在这个大分类的基础上，根据更确切的湿地水位线、土壤类型、植被类型和主导物种提供了更为详细的分类。

在更小的场地尺度上使用这些湿地分布图时需要小心谨慎。地图使用的电子数据来自于高空航拍照片，反映了拍摄时特定年份和季节的气候条件。另外，使用航拍照片会存在一个固有的边缘错误。因此，详细的场址分析需要通过照片解析在修正过的湿地边界范围内进行。而且，小型湿地和被茂密树林破坏的湿地可能不会包括在详细目录内。

湿地对人类社会的环境价值的生物功能、物理功能和社会功能的支撑能力存在相当大的差异。为评估湿地是如何支持这些功能的，人们发展起来了很多技术。[3] 最著名的是环境保护署的环境监控评估计划——湿地（EMAP 湿地）、美国鱼类和野生动植物栖息地评价程序（HEP），以及美国工程部队的“湿地评价技术”（WET）。[4] WET 可以用于美国大陆所有湿地类型。各种生物的、水资源的，以及社会功能和价值都被提出来了，例如：地下水循环能力；沉积的稳定性；富营养物质的消除；野生动植物多样性 / 丰富程度；水生生物的多样性 / 丰富程度；娱乐；独特性和遗产。湿地评价者整合各种有效的信息（例如土壤调查、地形图、航空照片）并描绘评价区域。评价者还要审查可用的数据，组织现场参观，对 WET 中包含的问题进行是和否的回答。这些问题的答案构成了一系列解释的关键部分，决定了所选湿地是如何发挥各项功能的。

很多州和地方政府发展了各自的湿地评价方法。威斯康星州国家资源局湿地评价草案为 9 大湿地功能制定了等级，例如，野生动植物栖息地、洪水控制、娱乐、与其他开放空间的通道 / 连接地带。在湿地等级的基础上，州政府和地方政府将提供或多或少的保护。图 6–12 显示了威斯康星州丹县 Yahara–Monona 流域 81 个湿地的两种功能（洪水控制和通道 / 开放空间连接地带）等级的图示结果。这个系统的一个主要发现是，湿地程序能够证明湿地走廊与野生动植物栖息地以及娱乐价值之间具有更为突出的正相关关系，超过了与单纯孤立的保护湿地之间的关联。这种类型的评价体系为湿地的比较提供了基础，以此来决定区域土地使用和湿地管理政策，使湿地的价值最大化，并且帮助确定湿地资源条件的长期趋势。

环境景观破碎化和野生动物栖息地

生物多样性包括植物和动物种类及所在生态系统的复杂性和多样性。这个概念包括三个部分：1）组成：一个自然群落中物种的单一性和丰富性，以及地表所分布的栖息地和群落的种类；2）结构：植被在各个空间尺度内的水平补缀、扩

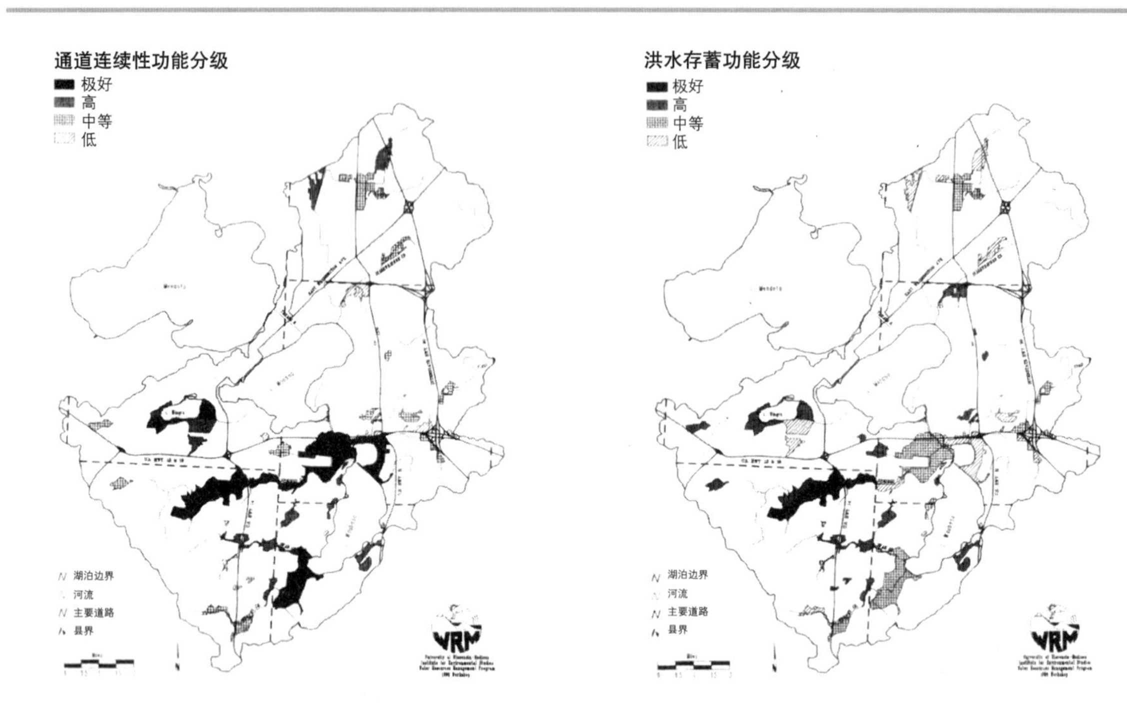

图 6-12 湿地的通道价值和洪水存蓄价值分级，威斯康星州丹县 Yahara-Monona 流域
资料来源：Water Resource Management Program，1992

散和垂直分层；3）功能：产生和保持生物多样性的气候、地质和水文过程。

为什么我们需要考虑到生物多样性？因为生物的灭绝是不可逆转的，保持生物多样性可以维持对未来的开放性的选择，即人类从自然获取的三种价值。第一，直接使用价值，包括特定的植物和无脊椎动物的药用价值（处方药和抗生素），食用价值如渔业，以及经济生产价值如林业。第二，间接使用价值，包括促进作物生长的土壤翻新、对废弃物的吸收和对污染物的过滤、通过授粉动物对农作物授粉，以及湿地对洪水的调控。第三，美学价值，包括人们对自然美景的欣赏，以及对生物多样性自身的一种精神或伦理的欣赏。

环境景观破碎化是对生物多样性的一个主要威胁。破碎化减少了一个景观环境中自然栖息地的数量，将留存下来的栖息地分解为更小、更孤立的小片。自然环境中人类住区的形成及其对资源的攫取导致一个不可避免的后果，就是改变环境景观，形成小而孤立的自然区域。相比原来未受干扰的完整栖息地，这些残留的岛状自然栖息地维持生态运行的能力较弱。而且，由于更多片状（或岛状）森林生物栖息地受到了破坏，残存的片区更加分散。环境景观破碎化过程中减少了种群相互隔离的岛状分布物种之间的混合。

以北卡罗来纳州奥兰治县为例，森林地区在低密度居住和商业开发中遭受了严重的破碎化。图 6-13 显示了残存的林地碎片，有三个标准可以确定它们是否为高质量的野生动植物栖息地。第一，林地中阔叶树至少占 90%，并且规模不低

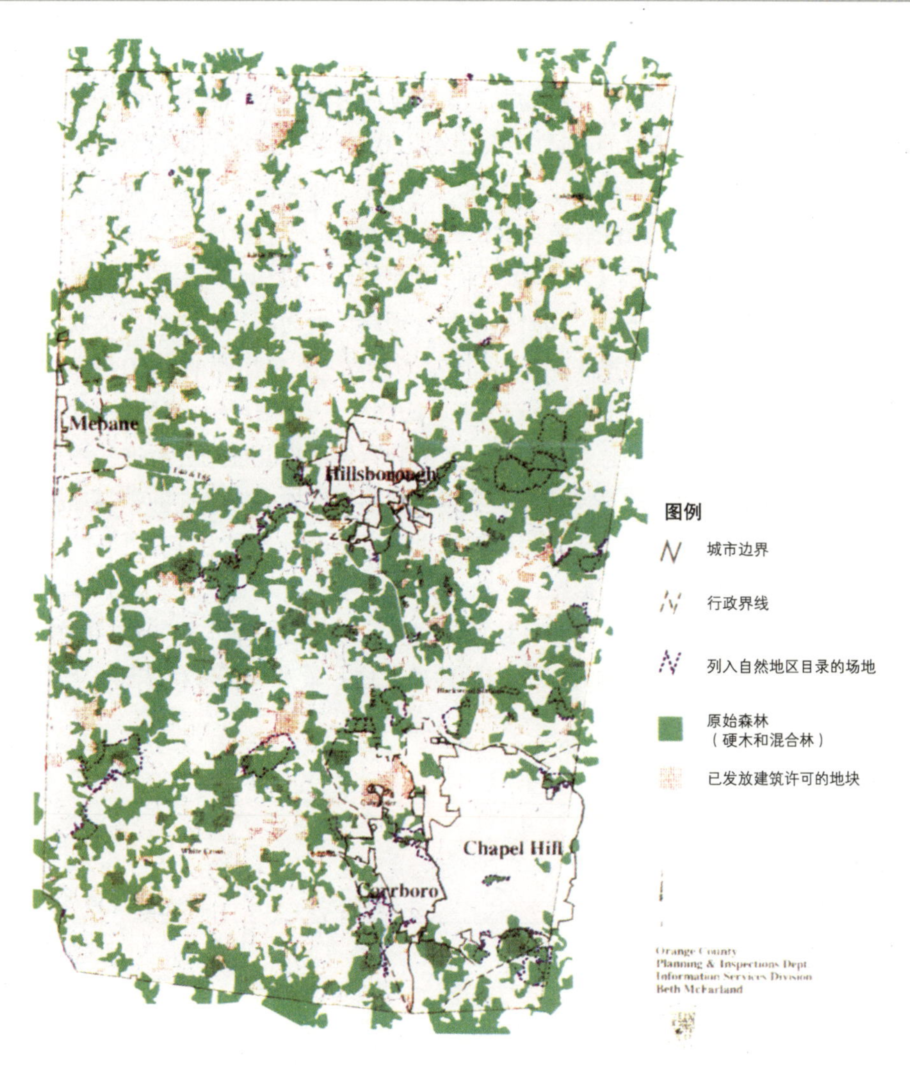

图 6–13 正逐渐破碎化的森林，北卡罗来纳州奥兰治县
资料来源：Ludington，Hall and Wiley，1997

于 10 英亩。阔叶树比例越高，林地支持的生物多样性越复杂。第二，另外一些林地中阔叶树介于 50%~90%，但规模不低于 40 英亩。针叶树和阔叶树混杂林地也非常有价值，因为它们可以演进为阔叶林，但是，林地面积越大，其中栖息的物种越脆弱。第三，林地很完整，仅受到轻微扰动或从来没有受到扰动（少于两所房屋或两小处采伐）。只有受到轻微扰动或从来没有受到扰动的片区可以维持森林内部的物种。

野生生物生态学家建议制定规范，以一定的后退距离形成缓冲带，将重要的栖息地与人类及其他一些干扰活动隔离开来。缓冲距离的大小取决于一个区域内可以找到的空间，或是需要保护的目标物种。表 6–4 显示了为几个物种提供“迁徙”距离的大致规定（比如，动物由一个受干扰地逃往新处所的距离），其中也包括防止猎食和疾病的距离。缓冲距离是变化的，依赖于几个因素，包括干扰活动的类型、个体物种、动物群对于干扰的习惯程度、栖息地的类型和季节。避免大多数长耳鹿逃离的合适距离大约是 600 英尺。麋鹿的推荐距离依赖于迁徙干扰的类型和预先的适应程度，由 30 英尺到 1300 英尺不等。避免大角羊受人类驯养的牧羊携带的致命疾病感染的距离是 52000 英尺。

1973 年版《濒危物种法》规定，联邦机构应当保护所有可能面临绝灭的动物和植物。美国鱼类和野生动物管理局负责为濒危的物种以及数量锐减有可能濒危的物种制定物种恢复计划。在 2002 年，有 48 个州的 1260 种植物和动物依照《濒危物种法》被列为濒危或受威胁的物种。[5] 该法规定，违反《濒危物种法》即为犯罪，支持对重要栖息地的保护。鱼类和野生动物管理局分析这些濒危物种的分布和栖息地，其目的是设计能够支持动植物多样性和混合性的景观环境。而最根本目标是减少景观破碎化，将破碎的景观重新连接，成为具有更高的生态弹性和永续性的更具功能性的形态。

在一个区域景观环境中，划分区域价值的基本特征包括规模、形态、走廊的连接性、栖息地片区之间的距离。这些景观特征支持了野生生物的迁移、繁殖、

表 6-4

不同物种对干扰的缓冲距离估算

物种	干扰因素	缓冲距离（英尺）	资料来源
迁徙干扰			
大蓝鹭	人行	105	Rogers and Smith(1995)
夜鹭	人行	98	Rogers and Smith (1995)
美洲茶隼	人行	144	Holmes et al.(1993)
草原猎鹰	人行	300	Holmes et al.(1993)
毛脚鹰	人行	580	Holmes et al.(1993)
秃头鹰	繁殖期间人行	1562	Fraser et al.(1995)
秃头鹰	巢穴附近的地面活动	820	Stalmaster and Newman (1978)
北美黑尾鹿	冬季人行	656	Freddy et al.(1986)
		282	Ward et al.(1980)
麋鹿	冬季人行	656	Schultz and Bailey (1978)
麋鹿	过境滑雪者使用频率低的地区	1321	Cassirer et al.(1992)
麋鹿	过境滑雪者使用频率高的地区	29	Cassirer et al.(1992)
其他干扰			
黑枕威森莺	牛鹂的捕食	600	Wilcox et al.(1986)
落基山大角羊	携带疾病的牧羊	52000	Noos and Cooperrider (1994)

资源来源：Duerksen et al. 1997

筑巢和捕食活动，反过来也支持了生物多样性。图 6–14 显示了栖息地规划指南中的景观特征。[6] 这些特征表明：

1. 大的片区好于小的片区；
2. 完整的单个片区好于同等面积下的一组小片区；
3. 相互靠近的片区好于相互分离的片区；
4. 圆形的片区好于瘦长的片区；
5. 成组聚集的片区好于排成一线的片区；
6. 通过走廊相连的片区好于互不相连的片区。

圣地亚哥栖息地保护规划绘制的野生生物片区和走廊是这些指南的一个很好的应用（见图 6–15）。这个规划明确了关键的保护片区和走廊之间的裂隙。它没有专注于一个物种，而是用一个保护重要片区和走廊的计划代替分散的按单个项目进行的迁移保护区。这个计划的核心目标是使生物多样性最大化，提高圣地亚哥居民的生活质量，加强对商业项目选址的吸引力。此外，该计划为发展商提供

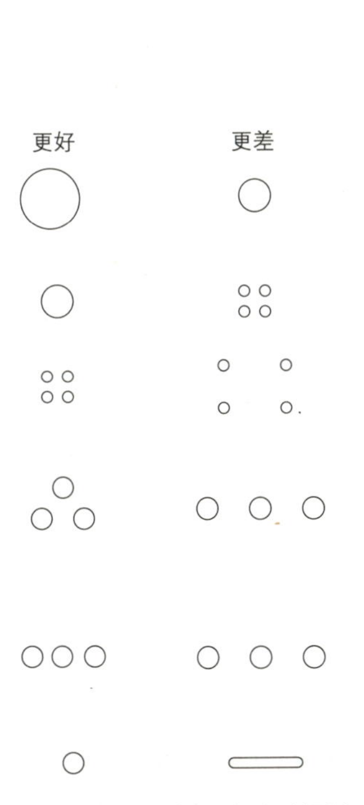

图 6–14　野生动植物栖息地规划引导

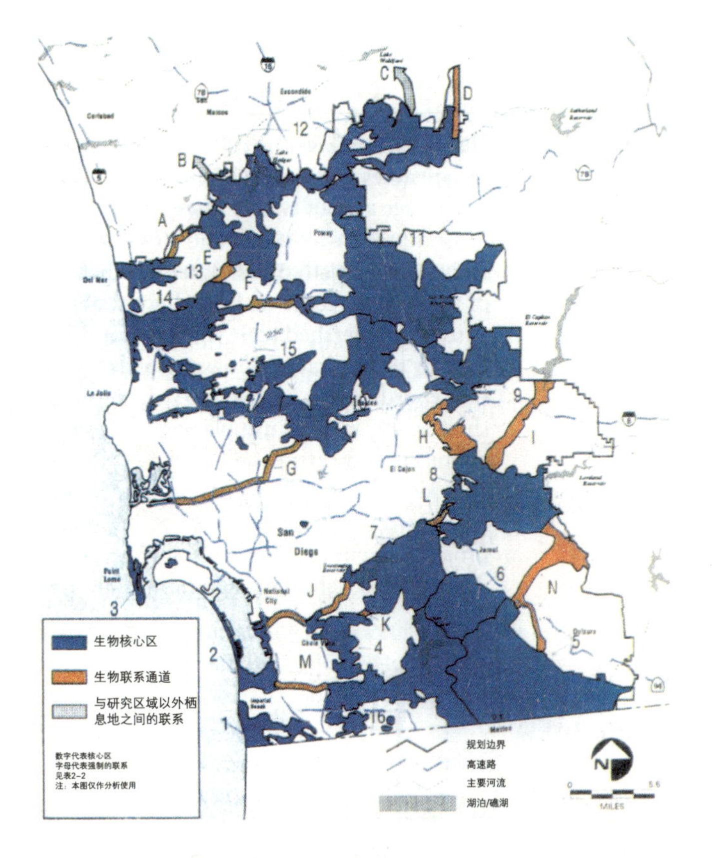

图 6–15　野生生物资源核心区及联系通道，摘自圣地亚哥多物种保护规划
资料来源：California Department of Fish and Game，1996

了更多的确定性，让他们知道哪些地方允许进行开发。清晰的法律框架和程序框架为开发商提供指导，需保护的栖息地必须首先而不是最后标注在他们的房地产投资计划中。该栖息地规划通过一系列措施得以贯彻实施：将保护政策补充为地方规划修正案；允许简化环境评价程序；依靠联邦、州和地方政府财政获取土地，以及开发商对“栖息地缓解”土地银行的土地捐助。

流域

全国的城镇都发现由于增长和土地使用变迁导致了水资源的恶化。通常，流域详细目录涉及的尺度太庞大——需要考虑太多的次流域，而且受影响的资源经常无法确定。结果是，收集到的空间信息太过概括，无法和地方区划和地块代码影响下的详细划分的土地使用决策联系在一起。

目前已有相当多的实践经验证明地方水资源的保护可以在次流域的层面得以实现。一个流域可以定义为地面径流到达小河、溪流、湖泊或河流沿线特定点所经过的地面区域。一个典型的流域可以覆盖几十到几百平方英里的范围，涉及好几个地方政府和州的行政辖区。而次流域一般包括 2 ~ 15 平方英里的汇水面积。

综合规划和法规涉及日常的土地使用决策，更加直接地影响到次流域尺度的水资源。单个开发项目的影响很容易在次流域的尺度上体现出来，不渗透地面对水资源、水质和生物多样性的影响就很容易得到证明。次流域的尺度足够小，可以允许跨地域协调，在土地使用规划中对未来的流域健康进行详查、控制和汇总。同时，也更容易建立清晰的管理机构进行协调合作。

水资源详查的一个关键信息来源是不渗透表面。最近的研究表明，一个次流域中不渗透表面的数量可以用来推测河流当前和未来的水质（Arnold and Gibbons 1996）。城市开发造成了大量的铺装表面（街道、人行道、停车场、屋顶），阻止了地表水渗入土壤中。图 6–16 描绘了城市开发和渗透率之间的关系。不渗透表面会导致严重的后果，包括洪水的增加、水生物栖息地的减少，以及恶化河流和湖泊的水质的污染物和增加。渗透的减少还会影响地下水的补给，导致水位降低。

在计算和估算不渗透表面时，必须非常小心。不渗透表面的计算可以采用四项技术（水域保护中心，1998）：

1. 直接度量。度量“地面上”的不渗透表面，包括屋顶、道路和其他铺装表面。这些数据的来源通常是航空照片或卫星图像（数字正色摄影）。这是最准确也最昂贵的技术。

2. 用地分类。通过用地分类（如单户住宅、商业等）估算不渗透表面。确定一个次流域内的不渗透表面时，一个规划师需要度量每一块用地的面积，再乘以相关的不渗透表面比例系数。表 6–5 显示了不同用地的不渗透区域标准系数。不同用地之间可能会表现出极大的不同，但这项技术通常被认为费用适中，能较为精确地估算出不渗透表面的面积。

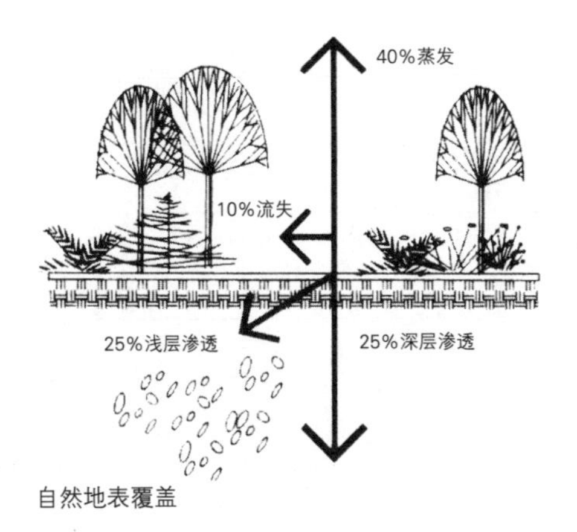

自然地表覆盖

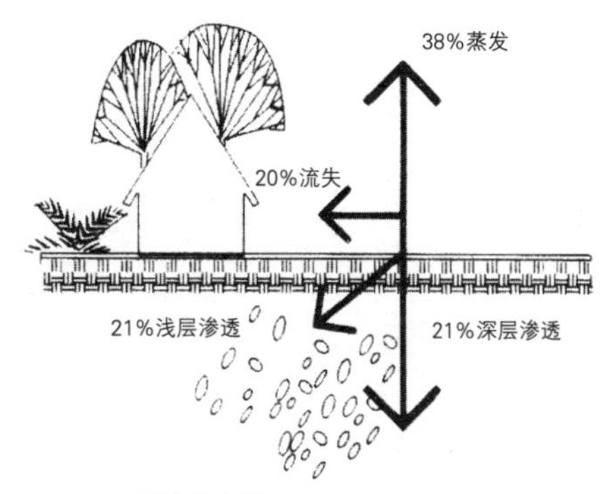

10%~20%不渗透表面

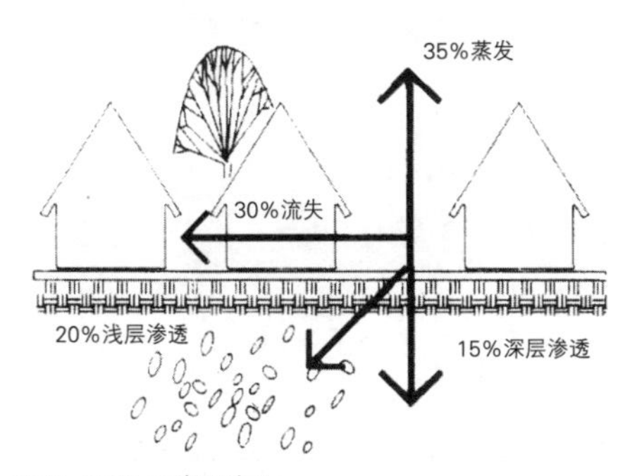

35%~50%不渗透表面

30%蒸发
55%流失
10%浅层渗透
5%深层渗透

75%~100%不渗透表面

图 6-16 城镇化带来的流失变化
资料来源：Environmental Protection Agency，1993

3. 路网密度。从路网密度（单位面积中的道路长度）估算不渗透表面的面积。这个方法比较容易使用，只需要一张道路图，但是有时不够精确，因为路网密度与不渗透率的相关性研究还比较有限。这项技术最适合于直接度量法全面估算或土地使用进行之前的过渡性计算。

4. 人口。通过人口数据估算不渗透表面。尽管这项技术可以用于估算不渗透表面，但它更适用于从现有条件推测未来不渗透表面的面积。通常，这项技术最好与直接测量和用地分类的方法相结合。在城市地区，人口密度与不可渗透表面是相关联的，但最近的研究表明不同的区域存在很大的差别（Center for Watershed Protection 1998）。通常认为该技术是估算不渗透表面的一种快捷廉价的方法。

图 6-17 显示了根据不渗透表面的比例划分流域中河流健康性的一个有效方法。该图指出了不渗透表面的门槛阈值，以及达到每个门槛阈值时河流的预期健康水平。这些阈值是建议值，通常不同行政区域会有不同的数值。比如，在北卡罗来纳州，一旦饮用水水源地不渗透表面达到或超过 24%，州政府将要求发展商采取一些措施（如沿道路建滞留池和滩槽）来减轻开发项目中暴雨径流的影响。

表 6-5

不同用地类型的不渗透表面比例

用地类型	数据来源 密度（住宅单位/英亩）	北弗吉尼亚（NVPDC 1980）	奥林匹亚（COPWD 1995）	Puget 海湾（Aqua Terra 1994）	NRCS（USDA 1986）	胭脂河（Klutinberg 1994）
森林	—	1	—	—	—	2
农业	—	1	—	—	—	2
城市露天地	—	—	—	—	—	11
水域/湿地	—	—	—	—	—	100
低密度居住	<0.5	6	—	10	—	19
	0.5	—	—	10	12	—
	1	12	—	10	20	—
中等密度居住	2	18	—	—	25	—
	3	20	40	40	30	—
	4	25	40	40	38	—
高密度居住	5-7	35	40	40	—	38
多户家庭居住	排屋（>7）	35~50	48	60	65	—
	排屋（>20）	60~75	48	60	—	51
工业	—	60~80	86	90	72	76
商业	—	90~95	86	90	85	56

资料来源：Rapid Watershed Planning Handbook，Table 6.2，Center for Watershed Protection，October 1998，经水域保护中心授权使用

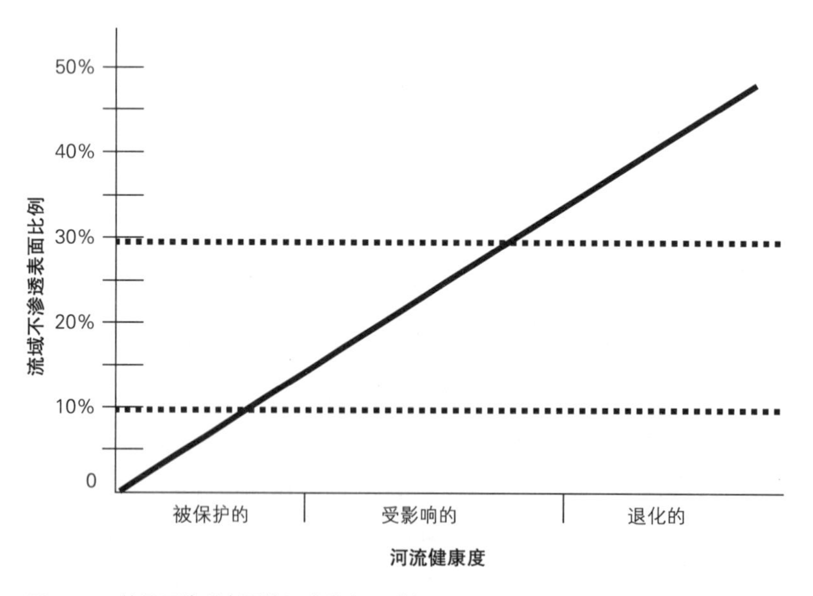

图 6-17 基于不渗透表面的河流分类，引自 :Schueler，1992

其他地区也制定了不同的门槛阈值。

河流健康度的划分可以作为草拟流域保护规划的一个前期方法。图 6–18 显示了北卡罗来纳州教堂山镇 16 个次流域的现状及推测的不渗透表面大小和相关的径流分类。现状不渗透表面数据来源于以航片为基础的直接测量技术。然后使用土地分类方法按照现有区划延伸到扩建区。直接测量方法和土地分类方法显示出有些次流域的河流健康水平将要下降。这说明需要调整现有的区划和（或者）实行更为严格的最佳流域管理措施（例如，滞留池、生物净滤设施、草沟代替混凝土的排水涵洞，等等）来实现地方的流域保护目标。

灾害

在 20 世纪，自然灾害（如洪水、地震、飓风和塌方）带来的财产损失显著增长。要扭转这个趋势并确保自然灾害不成为自然灾难，需要规划师和整个城镇提高对自然灾害的认识。有几个灾害的特征必须在所有环境清单调查工作中加以考虑，它们包括灾害地区的位置、灾害规模的空间判定，以及一种特定规模灾害发生的概率。

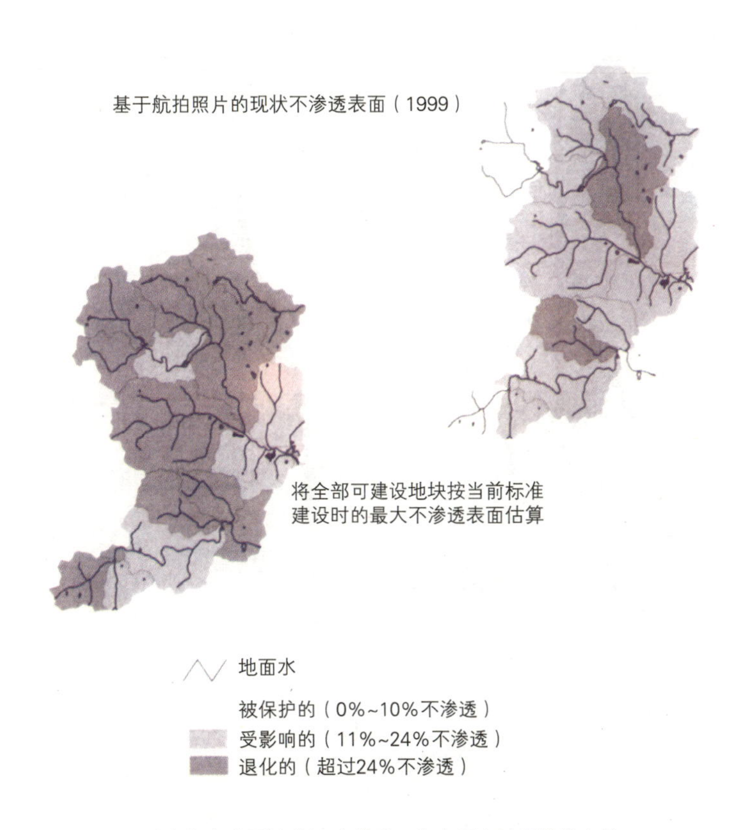

图 6–18 现在和未来预计的河流分类，北卡罗来纳州教堂山镇

资料来源：Ryznar and Berke，2001

联邦应急管理局（FEMA）根据国家洪水安全计划（NFIP）出版了洪水安全概率地图，用以确定洪水事件的范围和频率。NFIP 针对划定的洪水灾害区内的构筑物和财产，提出了一个全国洪水安全系统。在国家洪水安全计划中，洪水易发区是指遭遇百年一遇洪水并至少达到每年 1% 洪水频率的洪水淹没区。

洪水灾害地图上描绘了百年一遇洪水淹没区范围内不同区域的洪水强度。这些区域包括河道、、溢洪道和溢洪道的边缘（见图 6-19）。国家洪水安全计划制定了与这些区域相对应的土地使用和建筑规范条例。每个城镇必须遵守适合这些区域的条例才能合法参与。这些条例要求：1）新建筑的结构必须能够抵御洪水破坏；2）引导未来的开发避开洪水灾害区；3）通过洪水安全保险金将洪水损失的费用由纳税者转移给洪水淹没区的财产所有者。参与的城镇其财产所有者可以通过国家洪水安全计划选择洪水安全保险。到 2000 年为止，大约有 19000 个城镇加入了国家洪水安全计划。各地的洪水淹没区数字地图可以通过 FEMA 的网站获得（见 http://store.msc.fema.gov）。

美国地质调查局也在着手开展一项重要的计划：绘制地震易发区地震灾害图。这些地图确定与地震相关的不同类型灾害的地点和强度（例如，断裂带以及在地面晃动中易于液化的土壤），但没有指出发生的概率，因为地震很少发生，比洪

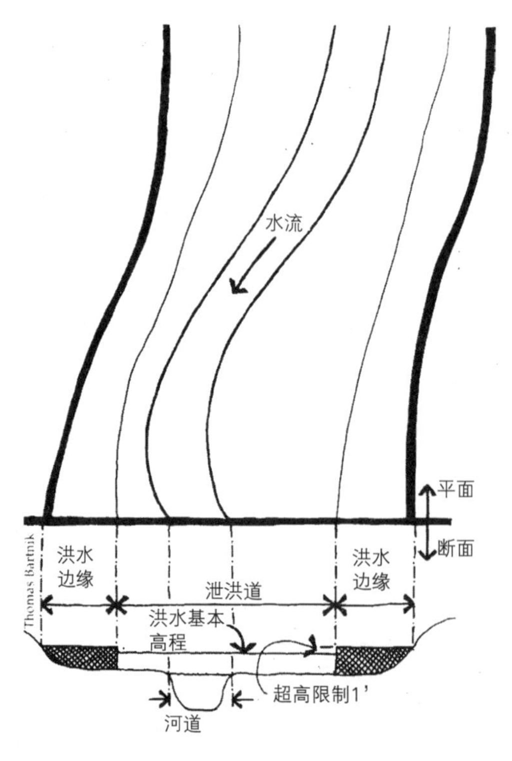

图 6-19　百年一遇洪水淹没区

资料来源：Federal Emergency Management Agency，2003

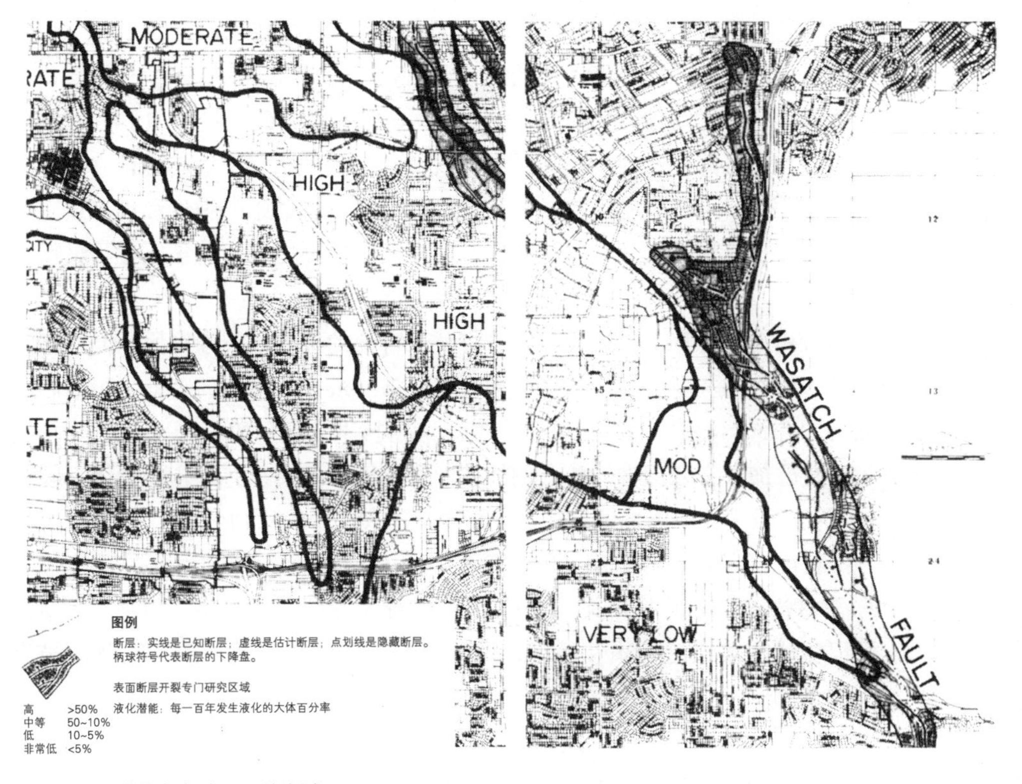

图 6–20 地震灾害地图，盐湖城
资料来源：Salt Lake County，1989

水更难以预测。图 6–20 显示的地图标明了盐湖城的断裂带和土壤液化易发区的位置，并划分了土壤液化灾害的严重等级。断裂带和土壤液化地区的分类可以作为不同用地类型建设许可的基础，对在高风险地区进行开发建设制定了更加严格的建筑抗震规范和基地设计标准。

环境信息分析

土地使用规划的有效性在很大程度上依赖于环境分析技术是否能够系统地运用信息反映环境质量的特征。正如前文提到的，分析技术的三大类型包括了模拟土地使用规划方案的基本技术：土地适宜性分析、环境影响分析和承载力分析。

用地适宜性综合分析

用地适宜性综合分析技术运用多种信息资源共同解释一个场地的水文、地质和生物特征，并且描绘了规划区域内用地适宜性的变化。其他与生态条件不相关的特征，比如设施的可达性（道路、排水管道等）和城市土地使用（如靠近居住用地的零售业），同样可以包含在分析中。这个分析技术是针对不同类型的用地分别进行的。不同环境特征图的叠合可以得出适宜性。形成的适宜性结论是单一尺度的度量，可以是简单的高、中、低，或是更精确的度量，如1~10。例如，住宅的适宜性可能基于坡度、与洪水淹没区的位置关系、土壤渗透性、地价和离开道路的距离。一个规划区域中的某些地块如果具有适中的坡度和可渗透土壤、靠近道路、价格最为低廉，并且在洪水淹没区的范围之外，将被定位为最适合开发的地块。

最初用地适宜性分析的步骤是将某个特征的重要性或强度用不同明暗的灰度表达，最深的灰度表示该特征的重要性或强度最大，不同的特征手工绘制成透明的地图并进行叠合（McHarg，1969）。这项技术受到了置疑，认为不同单位的数量进行叠加存在合理性问题，例如坡度和土壤渗透率，并且指出辨认不同程度的灰度存在难度，因为地图叠加的数量非常庞大（Ortolano 1984）。

目前，人们能够运用GIS软件的计算机绘图功能进行用地适宜性分析，计算叠加各种特征并且将结果数字化。最新改进的GIS软件还有图形显示功能，可以生成图表或流程图，显示地理数据及其反映的空间功能，以及这些功能产生的结果。

计算土地适宜性的数字技术有很多。最常见的四种包括：

1. **通过／排除筛选法** 确定一个最低可接受水平作为分界点。一个规划区域中所有低于最小值的部分都可以认为不适用于一项特定的用地，被排除在外，而剩余的部分则是合适的。例如，用地的坡度低于30%或用地处于为溪流设定的缓冲距离（例如50英尺）范围内。这项技术易于理解，很容易迅速完成，并可以方便地排除不需要进一步考虑的用地。但它的缺点在于无法区分通过筛选的土地的适宜性程度，并且所有特征的重要性都被当做一样的了（如坡度和隔离距离的权重是相同的）。而且，用地特性的特殊组合不能直接确定（如，陡峭的坡地靠近现有道路时可以使用，或中等坡度的用地远离街道时不能使用）。
2. **等价评级法** 为特定用地的每种环境特征指定一个适宜性值。所有环境特征使用相同的等级范围，具有相同的最大值和最小值（如，5代表0 ~ 5%的坡度；3代表5% ~ 15%的坡度；1代表15% ~ 30%的坡度；0代表大于30%的坡度）。某个特征使用一种等级范围例如0 ~ 5，而另一个特征使用另一种等级范围例如0 ~ 10，这种方法是不可取的，因为当两者合并进行适宜性分析时，第二种特征的权重是第一个的2倍，会使结论值非常难以解释。研究区域内的每个用地单元所赋予的总分值等于各个特征等级的总和，如：

   总分值＝Ra+Rb+Rc...Rn

   其中：R＝等级，a，b，c＝要考虑的环境特征这项技术比较容易理解，比简单地通过/排除筛选法更容易得出一个更加精确的分值。不足之处是所有环境特征的权重是一样的，无法确定特定的组合。

3. **加权评级法** 是为每一个需要考虑的环境特征指定一个权重。某些特征可能在某个特定用地的适宜性决策中显得更为重要。一个特定用地类型的每个特征都会赋予一个等级，然后再与该特征相应的权重相乘。每个用地单元的分值就是所有特征的等级与权重的乘积相加之和。分值最高的区域适宜性最高，分值最低的区域适宜性最低。总分值的计算方法如下：

   总分值=（Wa×Ra）+（Wb×Rb）+（Wc×Rc）...（Wn×Rn）

   其中：W =权重；R =等级值；a，b，c =要考虑的环境特征

   这项技术的主要优势在于指定了权重，反映了环境特征的相对重要性。它也较易理解，清楚地确定了权重的判定来自何处及如何判定。然而，这项技术仍然无法解释环境特征的独特结合。

4. **直接评级法** 综合检验所有环境特征的重要性，在此基础上确定用地的适宜性等级。对每一个独特的特征组合单独考虑并指定一个等级。例如，坡度小于5%、靠近道路（小于300英尺）的区域具有高适宜性；坡度5%～15%、靠近道路（小于300英尺）的区域具有中度适宜性；坡度大于15%的区域不适于建设，但是，如果非常靠近道路（小于100英尺），则具有中度适宜性。

这项技术的主要优势在于考虑到了各种特征之间的关系，而且等级范围和权重也可以用来推导等级的不同组合。主要的不足之处是这项技术的潜在复杂性，因为即使涉及少量特征也可能出现很多种组合方式。这项技术还需要大量的相关专业技术知识来确定所有环境特征之间的关系。

表6-6根据四项标准总结了四项技术的优势和缺点：理解的难易程度、适宜性程度、相对重要性（或者权重）、特征独特组合的认定。通过/排除筛选法、等价评级法、加权评级法比较容易理解，因为政府官员和市民更容易了解判断的根据以及如何进行判断。如果规划师仅仅希望排除不适于建设的用地，那么通过/

表6-6

土地适宜性技术评价

技术	易于理解	适宜性分级	适宜性区分权重	独特组合
通过/排除筛选法	是	否	否	否
等价评级法	是	是	否	否
加权评级法	是	是	是	否
直接评级法	否	是	是	是

排除筛选法是最合适的。但是，如果规划师希望评价不同用地的相对重要性，那么加权评级法在度量适宜性方面比等价评级法更为精密。在某些情况下，直接评级法比较适用于环境特征的特定组合。例如，如果在为一个公共娱乐用地选址时，现有道路的可达性、用地坡度、土地价格是需要考虑的重要因素，那么规划师通常要确定这些特征之间的联系。如果位置和坡度可以接受，地方政府就会提高土地出售的价格。如果道路太远，坡度太陡，那么价格就会降低。正如前面所述，这项技术最为复杂，理解难度较大。

北卡罗来纳大学的学生进行的一项 160 英亩的规划项目显示了用地综合适宜性分析的每个步骤，还包括了通过 / 排除筛选法和加权评级法的运用。这个地块假设用于住宅开发。在基地选址的决策中考虑了四个地表特征，包括土壤的渗透性、坡度、河流缓冲区和洪水淹没区。综合土地适宜性分析技术被用来确定基地中不适于建设的环境敏感区，以及更适于建筑的部分。Arcview GIS 系统中的 Model Builder 软件（一个 GIS 共用软件包）被用来进行适宜性分析（Ormsby and Alvi1999）。表 6-7 显示了 Arcview 系统中的一部分命令。这些命令可以用来转换数据、确定缓冲区、将单个地表特征的适宜性等级进行合并。图 6-21 显示了数据、空间模块以及这些模块的次序，它们可以用来完成该基地作为住宅的综合适宜性分析。表 6-8 显示了决定用地适宜性的各项技术特征、分类和运算结果。

整个过程包括了五个阶段：

- **阶段Ⅰ：环境特征。**确定特定用地类型的用地适宜性的决定性环境特征。例如，对于居住用地的建设，这些特征包括洪水淹没区、河流缓冲区、坡度和土壤渗透率。
- **阶段Ⅱ：数据转换。**运用 GIS 空间数据模块为每个特征建立数据文件，用于综合适宜性分析。对于该居住用地使用的案例，这个阶段针对四个特征使用空间模块：

  1. 坡度：使用坡度模块可以将数字高程模型（DEM）的栅格文件由等高

表 6-7

ArcView Modelbuilder 软件命令范例

命令	模块
矢量转换	将矢量（多变形、点、线）转换为光栅（栅格），栅格统一的形状便于适宜性模型建立
坡度	等高线栅格文件转换为坡度适宜性值
重分类	以景观特征条件为基础指定适宜性值
缓冲	在一个特定地表特征的给定距离内划定区域
算术叠加	每个栅格的多重地表特征的数字等级之和

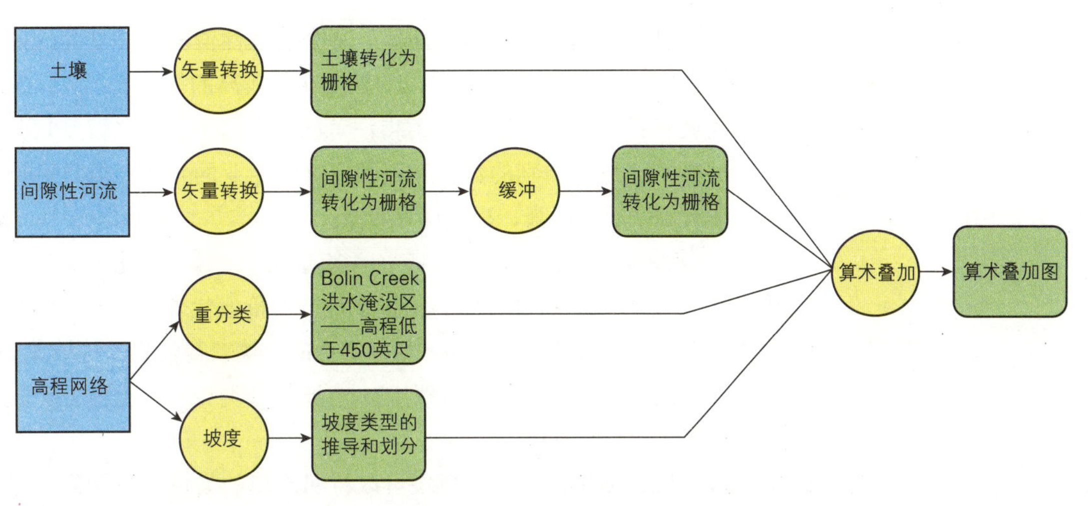

图 6–21 数据流程、运行数据的空间模块，以及确定住宅开发适宜性的模块顺序

表 6–8

地表特征和适宜性数值

特征	适宜性数值	权重
间隙性河流缓冲	1（通过） 0（失败，禁止）	NA
洪水淹没区	1（通过，超过 450 英尺） 0（失败，禁止）	NA
土壤渗透性		
CfB，Geb HeB， Wm GiF,EnB	5（可渗透） 3（适度渗透） 0（不渗透）	1
坡度		
0%~7% 7%~14% 7%~14%	5（平坦到中等坡度） 3（中等坡度） 0（陡峭）	2

用地综合适宜性模型

河流缓冲区和洪水淹没区属于禁建区予以排除。然后，合并各项权重特征的适宜性值，确定住宅开发选址的适宜性程度。
适宜性程度 =（土壤渗透性 ×1）+（坡度 ×2）

适宜性模型计算的重分类

在基地模型运行结果的基础上设定适宜性程度的价值范围

综合适宜性值	适宜性分类	面积（英亩）	百分比
<3	低适宜性	13.3	20.8
3~6	中等适宜性	1.2	1.9
>6	高适宜性	49.4	77.3
总计		63.9	100.0

线转化为坡度格网的不同适宜性值。每个适宜性值根据开发的价值代表一个坡度类型（例如，0 ~ 7% 的坡度获得较高的等级 5，而 14% 以上的陡坡获得较低的等级 1）。值得注意的是，这个过程将坡度划分为不同的类别。选择类别的数量和范围要基于专业的判断，但是保持分类简单有利于思路明晰，提高计算效率。

2. 土壤：使用矢量转换模块可以将土壤多边形（矢量）转化为栅格（光栅），之后，使用再分类模块，根据土地开发价值代表确定的土壤类型分类指定一个适宜性值（例如，高渗透性的土壤获得较高的等级 5，而渗透性低的土壤获得较低的等级 1）。与坡度分类相似，土壤分类数量必须通过专业判断来决定；
3. 河流缓冲区：使用矢量转换模块可以将河流线的矢量文件转化为光栅文件，之后缓冲模块将该河流 50 英尺距离内的所有栅格再次分类，转化为缓冲区；
4. 洪水淹没区：使用再分类模块可以将高程低于 450 英尺的 DEM 网格再分类，这些区域是基地容易遭受洪水的地区。

- **阶段Ⅲ：制定适宜性分析原则。**为数字模型指定规则，用来确定所考虑环境特征的适宜性。这些规则引导适宜性分析技术的选择和使用。在住宅开发的案例中，通过 / 排除筛选技术用来排除河流缓冲区和洪水淹没区。由于坡度的重要性比土壤渗透性高出两倍，加权等级技术为坡度指定的权重为 2,渗透性的权重为 1。每项特征的等级都要与相应的权重相乘（例如，将 1、3、5 三个坡度等级都与坡度的权重 2 相乘）。
- **阶段Ⅳ：综合适宜性等级。**在这个住宅开发案例中，加权特征通过算术叠加模块为每个用地单元合计出一个综合等级。使用再分类模块将阶段Ⅳ计算出来的数字等级范围归类为简化的综合适宜性值。（例如，等级少于 3 属于低适宜性，3~6 属于中度适宜性，超过 6 属于高适宜性）。在重新分类中，规划师应当审查每个综合适宜性类别所代表的特征值的组合。类别不应当只是一个抽象的数值范围，类别的分界也不应该是随意的。这些类别代表的应当是经过挑选的特征组合，与所考虑的用途的适宜性相关。因此，综合等级的度量和权重规则以及综合再分类最好保持简单，使规划师能够解释模型的数字结果。
- **阶段Ⅴ：结果。**通过选择一系列图形来代表不同等级的适宜性，将输出结果转化为适宜性图（例如，最亮的图形区代表适宜度最高的区域，色彩越暗代表适宜度越低）。图 6–22 是将适宜度结果进行空间描绘形成的适宜性图。这个阶段还需要完成一个统计报告,内容包括适宜性类别的辨识、英亩数以及其他相关数据。

大多数行政区需要通过土地适宜性分析来筹备未来的土地使用规划，为开发项目的选址和地块影响研究提供建议。计算机土地适宜性分析模型有助于开展公共讨论，协商土地使用矛盾的解决办法，使规划师可以评价不同的土地适用方案。运用数字化的地界数据和GIS系统，整个过程相对比较简单。然而，尽管如此，规划师仍然需要培养判断力，为处理大量的地块特征设计出分析规则。在选择最终模型之前，很有可能需要几个回合的地表特征、等级和权重的不同组合，来检验灵敏性，并评价结果的合理性。

环境影响评价

环境影响评价（EIA）方法旨在对一项土地使用计划或开发可能导致的环境质量方面的变化进行判断。EIA方法使用一系列度量方法来描绘环境质量的变化，例如，水质（如大肠杆菌集中程度的变化），面临自然灾害的程度（如面临洪水威胁的住宅单元在数量上的变化）和生物多样性（如物种多样性的变化）。这些方法估计实现构想和目标后获得的成效水平，以及成本和收益的分配情况。

本节将介绍两种EIA方法。第一种方法有助于界定一个特定的土地使用规划或开发行为可能导致的影响。它可以详细说明需要进一步研究的潜在影响，以及不需要重点考虑的影响。界定影响力的三种常用技术包括：

- **检查清单**旨在帮助公共部门的职员审查环境影响，评价规划的土地使用可能带来的环境质量的变化。这需要为诸如高速路、洪水控制、机场、住宅开发、牧场管理和林业等各类项目建立相应的环境影响检查清单。清单中涉及的各种不同类型的影响大多包括水量减小和水质恶化、洪水增长、交通拥挤和固体废弃物。
- **影响矩阵**是确定影响的另一种技术。这个矩阵包含了一个规划开发项目的特征清单（如不渗透表面、每日车流量、年均固废总量，等等）和规划

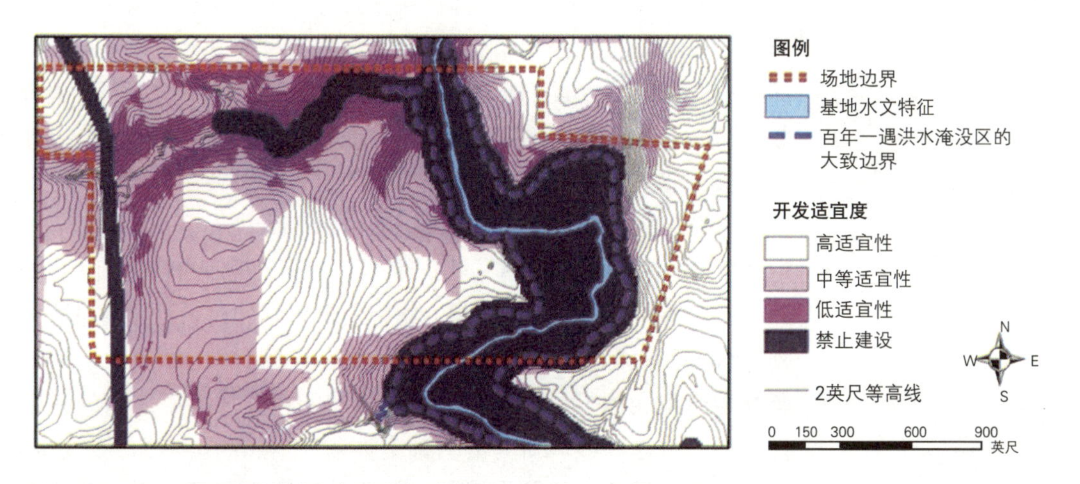

图 6-22 用于居住开发的用地综合适宜性分析图

基地及周边环境的特征清单（如土壤的渗透能力、道路通行能力、填埋场接受多余固废的能力）。这个矩阵还将确定开发活动的特征与基地及周边环境的特征之间的关系。完成矩阵之前首先需要做出检查清单。

- **流程图表**也可以用来辨别一项拟土地开发活动中与最终影响相关联的直接和非直接的影响。例如，一项位于市郊边缘的、空间独立的新开发项目导致了交通量的增长，继而加重了空气污染。

检查清单、影响矩阵、流程图表三项技术提供了一种简易的方法来确定一个结定规划可能带来的影响。Ortolano（1997，第 16 章）详细讨论了影响界定技术。这类信息通过不同形式的预测为进一步研究提供了课题。

第二类 EIA 方法旨在估测设想的计划和开发项目是如何影响环境的。自 20 世纪 70 年代起，环境分析师一直试图对其他领域的预测方法进行综合和归类，比如社会学、生物学、地质学、工程学，并运用到土地使用规划中去。即使单个的项目或者土地使用规划方案也经常会用到多种预测方法。这反映了 EIA 操作过程中需要处理多样化的课题，而且任何一个课题所涉及的评价过程也会用到大量的方法。

尽管规划师们用到的方法从简单的视觉比较到精确的模型分析各不相同，但是他们一直在探求不同规划造成的差异。在选择一个有效的评价方法时，规划师必须考虑到以下准则：1）是否适合不同的规划目标；2）能否确保持续而精确的结果；3）实施所需的技术和资源是否可行；4）易于判断该方法在多大程度上能够被决策者和公众所理解。表 6–9 显示了这四个标准在四大影响预测方法中的运用：

- **视觉评价**需要判断备选方案的视觉影响。这类方法适合运用在土地使用规划的概念设计阶段。如果各个备选规划方案具有相同的比例尺，那么视觉比较可以有效地反映出特定规划原则的运用带来的主要差异，例如，一个开发项目在步行和机动车两种设计导向下的视觉影响比较，或者组团发展和连续发展之间的政策选择。规划和开发方案的视觉形象可以是简单的透视草图，也可能是可以调整不同设计原则下的不同形象特征的数字图形（树木种植规划，道路定位和设计，建筑物的高度、退界和体量要求）。甚至还可以获得更先进的交互式的土地使用计划，既考虑了人行或车流，还可以通过三维环境模拟运行。
- **定量指标**是表达结果的表格，用于计算目标达到的程度。它们可以用来比较备选规划和开发方案的结果。指标由清单延伸而来，包括对清单中所列影响的度量。
- **单功能模型**表达了与一个特定活动或功能相关的要素之间的联系。它们在科学公理和经验研究的基础上推测环境影响。例如，死亡和迁移模型推测了进入空气和水域的污染物的转移和分配。这些模型也估测植物和动物体中积累的污染物的影响，同时还考虑受污染物影响的性质、摄取污染物的剂量，以及对人类健康的影响。水文模拟模型用来分析预计土地使用的变化对洪水的影响。一个典型的分析可以确定一个特定的降雨事件在不同的土地开发情景下如何转化为地表径流。噪声影响评价是在声学原理的基础上建立数学模型用以评价未来的潜在分贝水平。噪声的预测通常用来评价建筑行为、高速路和机场的噪声水平。

- **关联模型**将单功能模型整合成一个相互协调的系统，这时，一个模型的输出结果可能是另一个模型的输入信息。这种类型的模型由流程图表技术延伸而来，通过对影响的经验测量来确定直接和非直接影响。例如，一个关联模型也许包括了交通、土地使用和大气质量模型。交通和土地使用模型的输出将成为大气质量模型的输入，可以再反馈给土地使用模型。如果关联因子及其关系能够详细确定——尽管相比单功能模型，这项任务较为困难，关联模型对土地使用规划和开发项目的综合评价相当有效。[7]

表 6–9

影响力估算模型的选择标准

方法	适合规划的程度	精确度的可信性	技术可操作性	易于理解
视觉评价	概念设计阶段	考虑多种选择的设计	基本设计技术	图像可比较
定量指标	设想和目标的设定	可度量	通用的规划技术	数据可比较
单功能模型	单一媒介	专门化的模型	基本模型技术	结果可用
关联模型	综合	认识到关联	选进的模型技术	依赖开对关联度的信任

承载力分析

承载力分析与土地适宜性分析和环境影响分析不同，是一项将环境因素与土地使用规划相整合的方法。每项分析都与不同的土地使用意向相对应。适宜性分析根据不同地表条件的内在适宜性确定土地用途。环境影响分析确定一项土地使用决策带来的可测度的环境质量的积极变化和消极变化。但是，这两个分析都没有阐述这样一个问题：土地使用变迁是否会导致环境质量下降到可承受的水平。

承载力是指一个特定区域内自然环境系统可以支持的增长量的限度。这种方法决定了在满足城乡层面的环境质量要求的同时，可以容纳的最大发展水平。它决定了与保持社会可接受的环境质量水平相一致的最大增长水平。

进行承载力分析时有两个要素非常重要。一个变化要素是建议的土地使用变迁或开发的度量。一个限制要素是有限供应的自然资源或基础设施。承载力分析中通常会用到三类限制因素：

- 环境的（水质、濒危物种栖息地的稳定性、土壤侵蚀）；
- 物质的（供水、道路、废水处理设施）；
- 心理的（人们如何感受环境质量和基础设施的服务水平）。

承载力分析需要确定一个限制因素的最大值或最小值（例如，水质标准、可靠的供水量、专家或市民在界定可承受标准或日产量方面的判断）。进行承载力分析的一项重要步骤是，在变化结果和最大或最小值可达到的程度之间建立可度量的联系。

环境限制因素的上限（和下限）往往通过公共决策过程或专家判断确定。例如，公共健康专家往往确定空气和水质标准的可接受范围。物质基础设施限制因素的上限通常以现有和规划的基础设施的容量为基础。例如，在佛罗里达州，一些飓风易发区（如Sanibel岛和Amelia岛）的居民在地方道路承载力的基础上确立一个增长限制因素，为安全撤离提供条件。心理限制因素是通过专家的判断或对特定研究领域的人群进行调查而得到的。例如，一项针对弗吉尼亚州Powhatan Creek流域的次流域街坊居民的研究，就是将市民和专家评定方法结合起来，以确定溪流的限制因素（水域保护中心，2001）。通过居民调查，确定了地方溪流的某些特定河段的期望用途。了解到这些需要容纳的用途，专家们就可以确立周边的水质标准，指导土地使用强度在次流域允许的范围内变化。

Deep River流域评价和暴雨规划：承载力、环境影响和土地适宜性分析的整合

可以同时使用土地适宜性分析、环境影响评价和承载力分析这三项技术，创造性地进行土地使用规划环境分析（见Randolph，2004，第18章，对这些方法如何整合的完整论述）。有关Deep River流域的Randleman湖的一项研究实例显示了这些分析过程的整合运用。Piedmond Triad区域水资源管理局计划建设Randleman湖来供应北卡罗来纳州Triad区域的规划用水。由于规划湖的选址位于该区域城市化发展最快地区的下游，流域174平方英里范围内的现有和未来污染源将会威胁到该湖的水质。

在1999年，这个水资源管理局联合了海波因特市（High Point）、吉尔福德(Guilford)县以及北卡罗来纳州水质司，开展了一项流域评价研究。这项研究的一部分包括该区域的自然和建成环境的土地适宜性研究。该研究列出了一系列环境和土地使用因子，包括湖和河流缓冲带、坡度、土壤排水以及城市和乡村地区的现有土地使用。这个清单的目标是确定研究区域内所有可

开发的用地，包括不含陡坡和河流缓冲带的区域，以及地块在大小和形状上能够满足地方土地使用法规的要求。另一个目的是在开发敏感性的基础上划分次流域的类型。通常情况下，距离规划湖泊最近的次流域必然是湖泊的关键区域。

在考虑这些因素之后，该区域的土地被划分为四大类：关键区域范围之外的可开发和已开发用地，以及关键区域范围内的可开发和已开发用地。适用性分析结果提供了研究区域内可渗透表面最大允许百分比的决策基础。图 6–23 表明，在符合该州的法规规定的前提下，关键区域的可允许最大不渗透表面是 30%，关键区域以外是 50%。[8] 因此，只要不超过这些不渗透表面比例，可开发用地就可以建设。

该研究的第二个阶段是承载力和环境影响研究。水资源管理局、地方管理机构的官员和市民顾问委员会希望对土地适宜性进行补充研究。其理由是，不渗透表面的限制很大程度上基于次流域中承担未来发展的土地的承载力。这些开发限制没有考虑水质目标。第二阶段是将水质目标和次流域物质条件的限制整合在规划和决策制定中。

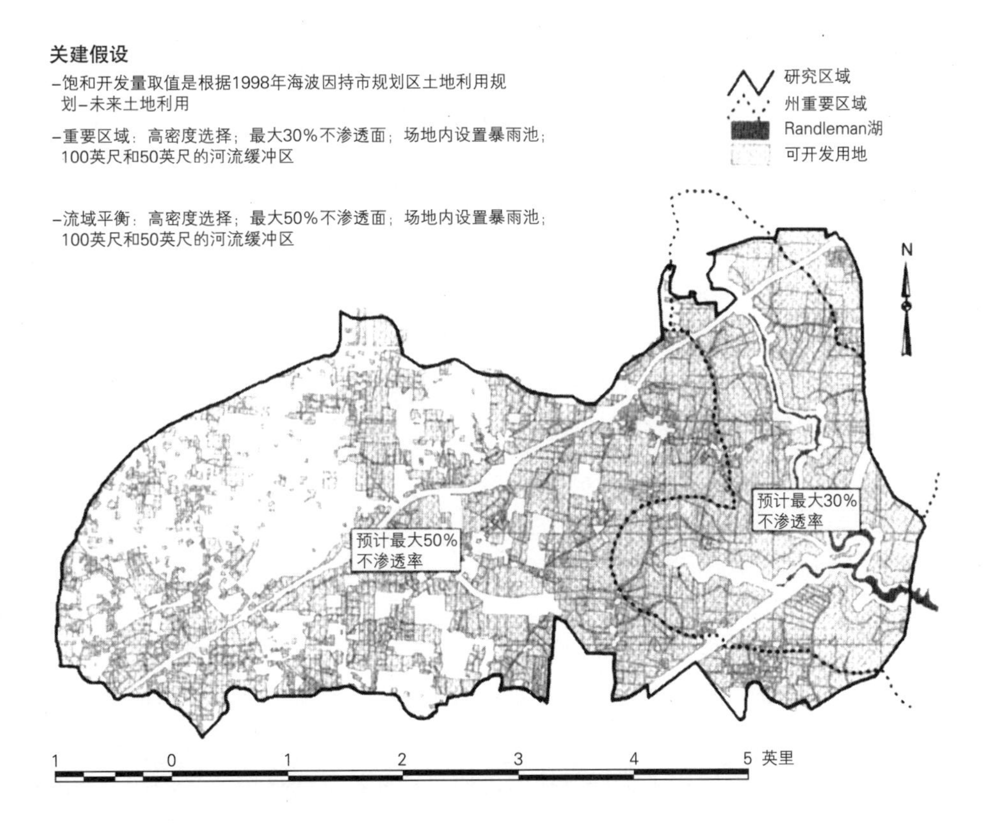

图 6–23 Randleman 湖流域的用地适宜性

资料来源：North Carolina Division of Water Quality，1999

水质影响评价研究用来确定流域扩建量在达到不渗透表面的上限时是否还在规划湖泊的承载力范围内。这就决定了该湖在满足州水质要求的前提下每年可以接受的磷最多可达 4313 磅。该影响评价发现，Randleman 湖无法容纳预期的可开发总量，因为每年磷的排放将超过极限值 440 磅。

这个发现要求对地方土地使用和开发条例进行修正，以降低磷排放量。为了完成这方面的修正，地方政府机构希望能制订一个平衡的规划，既能保护水质，又可以提供满足增长所需的灵活性。最终的规划采用了一个以磷银行为核心的水域保护规划——此项技术在承载力范围内提供水质保护的同时，也为规划开发项目提供了所需的灵活性，达到了该目标。

该规划包括四部分内容：

1. 减少关键区域内磷的产生，要求关键区域内不可渗透表面的最大比例介于 2.5% ~ 4%（不含城市中心地区），通过该方法减少或转移磷的负荷，使之比每年最大磷负荷量 4313 磅还低 800 磅；
2. 用每年 440 磅或 55% 的磷的转移量，允许特定地区的不可渗透表面有所增加，包括海波因特市中心城区的规划非居住建设用地，以及湖泊流域内的其他规划中的“城市核心区”；
3. 在磷银行留出剩余的转移量（每年 360 磅），用于规划的非居住建设，使关键区域内的“城市核心区”可建到 40%，而关键区域外的开发区域可建到 70%。将磷从银行中按照“先到先得，额满即止”的原则进行分配；
4. 修正规范和工程技术规定，以鼓励低影响设计和创造性方案代替传统的营养削减措施，尤其是暴雨滞留池，进一步减少进入规划湖泊的养分。[9]

总的来说，通过综合使用土地适宜性分析、环境影响评价和承载力分析技术而形成的生态特征分析可以帮助决策者了解不断出现的环境条件、问题和原因。这个事实为引导未来的决策、支持土地使用和环境政策选择提供了一个清晰的、重要的基础。

小结

环境详细目录和分析帮助规划师认识到，自然环境不仅提供了未来城市化所需的土地资源，也是一系列需要保护的资源，如何维持的自然系统功能，如何避免自然灾害。本章明确了规划师在罗列城乡地表生态特征时需要考虑的数据类型，讨论了根据保护的价值对这些特征的环境质量进行分类的程序、生态功能重要性和灾害威胁程度。详细目录和分类程序的一个重要贡献是将生态特征和相关分类通过地图的形式展示出来。这些地图可以帮助规划师开始为城乡勾勒土地使用规划。

土地使用规划的成功依赖于大量的环境分析技术，这些技术可以系统地使用详细目录和分类的环境信息。本章讨论了三项技术，包括土地综合适宜性分析、环境影响评价和承载力分析。本章评论了使用各项技术的目的，解释了如何使用这些技术。对这些技术的选择或组合需要依据多种因素综合决定，例如规划工作者的能力和资源、可获得的数据以及需要强调的问题。本章还包括了 Deep River 流域的规划案例，显示了在一项土地使用和开发规划中将可以三项技术结合在一起，以适应未来的开发并且保护环境敏感的饮用水流域。

注释

1. 美国规划协会（2002）和 Olshansky（1996）以 28 个综合规划采用的坡地条例为基础对全国地方管辖区域所使用的各类不稳定斜坡条例进行了论述。这些论述发现不稳定坡地条例可以进行以下的分类：根据坡地的倾斜度、土壤的不稳定性以及森林覆盖面的条件和稳定性可以对开发密度提出要求——包括 1）陡峭坡地的最小规模；2）保持自然状态的不稳定区域的比例，以及 3）减少陡坡上允许建设的住宅单元的数量，都使得越不稳定的坡地，其许可的密度越低；在不稳定坡地地区的各个外缘建立保护缓冲区；指定不稳定坡地地区的允许用途主要为户外娱乐用地；通过城市或个人土地捐献以保护和保持不稳定坡地地区；形成管理监督程序，要求进行坡地不稳定性研究以及开发意向和场地规划评价。

2. 湿地的面积估算来自于环境保护局（Environmental Protection Agency）网站（www.epa.gov/OWOW/wetlands/vital/status.html），访问时间是 2004 年 10 月 22 日。

3. 查阅湿地评价技术，见：Adamus et al. 1991，Novitzki、Smith and Fretwell 1996。

4. 见 Adamus et al. 1987。

5. 2002 年 10 月《濒危物种法》所列的濒危和受威胁动物的数量来自于美国鱼类和野生动物管理局网站（Http://ecos.fws.goc/tess/html/boxscore/html），访问时间是 2002 年 10 月 10 日。

6. 图 6-14 描述的导则由 Diamond（1975）、Noos 和 Copperrider（1994）以及"世界保护战略"（IUCN 1980）提出。

7. Ortolano（1997）对环境影响评价技术进行了详细论述，包括大气质量、水质、噪声、视觉品质和生物多样性等不同主题。

8. 地方政府依据北卡罗来纳州的相关规定采纳不渗透表面限制。

9. 规划师首先考虑到了运用针对场地的低影响设计。其原理是，低影响设计相比规划中的暴雨管理规定要求能够去除掉更多的磷，可以用来允许营养转移或不渗透区域借贷。借贷可以运用在本场地，也可以转移到场地以外的其他地块，只要低影响设计技术允许的整体磷负荷不超过要求。然而，海波因特市可以通过采用磷银行交换磷许可来转移需求，因此低影响设计未运用于营养转移。使用低影响设计的惟一目的是改进场地设计和增加弹性。

参考文献

Adamus, P. R., E. J. Clairain, R. D. Smith, and R. E. Young. 1987. *Wetland evaluation technique (WET): Volume II—Methodology.* Vicksburg, Miss.: U.S. Department of the Army, Waterways Experiment Station. No. ADA 189968.

Adamus, P. R., L. T. Stockwell, E. J. Clairain, M. E. Morrow, L. D. Rozas, and R. D. Smith. 1991. *Wetland evaluation technique (WET): Volume 1—Literature review and evaluation rationale.* Technical Report WRP-DE-2. Vicksburg, Miss.: U.S. Department of the Army, Waterways Experiment Station.

American Planning Association. 2002. Landslides. Retrieved from www.planning.org/landslides/, accessed October 15, 2002.

Anderson, Larz. 1987. *Seven methods for calculating land capability/suitability.* Chicago: American Planning Association.

Aqua Terra. 1994. *Chambers watershed HSPF calibration.* Everett, Wash.: Thurston County Storm and Surface Water Program.

Arnold, Chester, and C. James Gibbons. 1996. Impervious surface coverage: The emergence of a key indicator. *Journal of the American Planning Association* 62 (2): 243-58.

Aron, J. and J. Patz, eds. 2001. *Ecosystem change and public health.* Baltimore, Md.: The Johns Hopkins University Press.

Berke, Philip, Joe MacDonald, Nancy White, Michael Holmes, Dan Line, Kat Oury, and Rhonda Ryznar. 2003. Greening development to protect watersheds: Does new urbanism make a difference? *Journal of the American Planning Association* 69 (4): 397-413.

California Department of Fish and Game. 1996. *Multi-species conservation plan,* vol. 1. Sacramento, Calif.: Multi-species Conservation Program.

Cassirer, E. F., D. J. Freddy, and E. D. Ables. 1992. Elk responses to disturbance by cross-country skiers in Yellowstone National Park. *Wildlife Society Bulletin* 20 (4): 375-81.

Center for Watershed Protection. 1998. *Rapid watershed planning handbook: A comprehensive guide to managing urbanizing watersheds.* Ellicott City, Md.: Author.

Center for Watershed Protection. 2001. *Powhatan Creek watershed management plan.* Ellicott City, Md.: Author.

City of Olympia Public Works Department (COPWD). 1995. *Impervious surface reduction study.* Olympia, Wash.: Author.

Cowardin, L. M., V. Carter, F. Golet, and E. LaRoe. 1979. *Classification of wetlands and deepwater habitats of the United States.* Washington, D.C.: U.S. Fish and Wildlife Service.

Daniels, Tom, and Katherine Daniels. 2003. *The environmental planning handbook for sustainable communities and regions.* Washington, D.C.: Island Press.

Diamond, J. M. 1975. The island dilemma: Lessons of modern biogeographic studies for the design of natural processes. *Biological Conservation* 7: 129-46.

Duerksen, Christopher J., Donald L. Elliott, N. Thompson Hobbs, Erin Johnson, and James R. Miller. 1997. *Habitat protection planning: Where the wild things are,* report no. 470/471. Chicago: American Planning Association.

Environmental Protection Agency. 1993. *Guidance specifying management measures for sources of nonpoint source pollution in coastal waters.* Washington, D.C.: U.S. Environmental Protection Agency, #EPA-840-B-92-002.

Environmental Protection Agency. 2002. Retrieved from www.epa.gov/OWOW/wetlands/vital/status.html, accessed October 22, 2002.

Federal Emergency Management Agency. 2003. *National flood insurance manual.* Washington, D.C.: National Flood Insurance Program.

Fraser, J. D., L. D. Frenzel, and J. E. Mathison. 1985. The impact of human activities on breeding bald eagles in Northcentral Minnesota. *Journal of Wildlife Management* 49 (2): 585-92.

Freddy, D. J., W. M. Bronaugh, and M. C. Fowler. 1986. Responses of mule deer to disturbance by persons afoot or snowmobiles. *Journal of Wildlife Management* 14 (1): 63-68.

Gustafson, Eric, J. 1998. Quantifying landscape spatial pattern: What is the state of the art? *Ecosystems* 1: 143-56.

Hays, Walter, ed. 1991. *Facing geologic and hydrologic hazards: Earth science considerations.* Washington, D.C.: Geological Survey Professional Paper 1240-B, U.S. Government Printing Office.

Hobbs, Richard. 1997. Future landscapes and the future of landscape ecology. *Landscape and Urban Planning* 37: 1-9.

Holmes, T. L., R. L. Knight, L. Stegall, and G. R. Craig. 1993. Responses of wintering grassland raptors to human disturbance. *Wildlife Society Bulletin* 21 (2): 461-68.

Hunt, William, and Nancy White. 2002. Urban waterways: Designing rain gardens (bioretention areas). Paper No. AG-588-3. Raleigh: North Carolina State University Cooperative Extension Service.

International Union for the Conservation of Nature and Natural Resources (IUCN). 1980. *World conservation strategy.* Gland, Switzerland: Author.

Klosterman, Richard, Loren Siebert, Mohammed Ahmadul Hoque, Jung-Wook Kim, and Aziza Parveen. 2002. *Using operational planning support systems to evaluate farmland preservation policies.* Akron, Ohio: Department of Geography and Planning, University of Akron. Retrieved from www3.uakron.edu/geography/resources/OhioView/pdfs/operationalpss.pdf, accessed July 9, 2003.

Klutinberg, E. 1994. Determination of impervious area and directly connected impervious area. Memo for the Wayne County Rouge Program Office. Detroit, Mich.: Wayne County Rouge Program Office.

Ludington, Livy, Steve Hall, and Haven Wiley. 1997. *A landscape with wildlife for Orange County.* Research Triangle Park, N.C.: Triangle Land Conservancy.

Malczewski, Jacek. 2004. GIS-based land suitability analysis: A critical overview. *Progress in Planning* 62 (1): 3-63.

Marsh, William. 1998. *Landscape planning: Environmental applications,* 3rd ed. New York: John Wiley and Sons.

McHarg, Ian. 1969. *Design with nature.* New York: Natural History Press.

Muckel, Gary, ed. 2004. *Understanding soil risks and hazards: Using soil surveys to identify areas with risks and hazards to human life and property.* Lincoln, Neb.: National Soil Survey Center.

National Wetland Inventory. Retrieved from http://wetlands.fws.er.usgs.gov/wtlnds/viwer.htm, accessed June 10, 2004.

Noos, Reed, and Allen Cooperrider. 1994. *Saving nature's legacy: Protecting and restoring biodiversity. Washington, D.C.: Island Press.*

North Carolina Division of Water Quality. 1999. *Randleman Lake watershed management study.* Raleigh, N.C.: Author.

Northern Virginia Planning District Commission (NVPDC). 1980. *Guidebook for screening urban nonpoint pollution management strategies.* Falls Church, Va.: Metropolitan Washington Council of Governments.

Novitzki, Richard, R. Daniel Smith, and Judy D. Fretwell, 1996. *Restoration, creation, and recovery of wetlands: Wetland functions, values and assessment.* Washington, D.C.: U.S. Geological Survey Water Supply Paper 2425, 15.

Noos, Reed, and Allen Cooperrider. 1994. *Saving nature's legacy: Protecting and restoring biodiversity.* Washington, D.C.: Island Press.

Olshansky, Robert. 1996. *Planning for hillside development.* PAS Report 466. Chicago: APA Planners Press.

Ormsby, Tim, and Jonell Alvi. 1999. How Model Builder works. In *Extending ArcView GIS,* 235-60. Redlands, Calif.: ESRI Press.

Ortolano, Leonard. 1984. *Environmental planning and decision making.* New York: John Wiley and Sons.

Ortolano, Leonard. 1997. *Environmental regulation and impact assessment.* New York: John Wiley and Sons.

Randolph, John. 2004. *Environmental land use planning and management.* Washington, D.C.: Island Press.

Rogers, J. A., and H. T. Smith. 1995. Set-back distances to protect nesting bird colonies from human disturbance. *Conservation Biology* 9 (1): 89-99.

Ryznar, Rhonda, and Philip R. Berke. 2001. Testing the applicability of impervious surface estimates based on zoning categories in watersheds. Chapel Hill: University of North Carolina, Department of City and Regional Planning.

Salt Lake County. 1989. Natural hazards ordinance. Salt Lake City: County Planning Division.

Schueler, Thomas. 1992. Mitigating the adverse impacts of urbanization on streams: A comprehensive strategy for local government. In *Watershed restoration sourcebook,* P. Kumble and Thomas Schueler, eds., 12-22. Washington, D.C.: Metropolitan Washington Council of Governments, publication no. 92701.

Schultz, T. D., and J. A. Bailey. 1978. Responses of national park elk to human activity. *Journal of Wildlife Management* 42 (3): 91-100.

Seattle Public Utilities Geographic Systems Group. 2004. Landslides. Retrieved from http://www.cityofseattle.net/emergency_mgt/pdf/Ch08-Landslides.pdf, accessed January 15, 2004.

Stalmaster, M. V., and J. R. Newman. 1978. Behavioral responses of wintering bald eagles to human activity. *Journal of Wildlife Management* 42 (4): 506-13.

Tiner, Ralph. 1999. *Wetland indicators: A guide to wetland identification, delineation, classification, and mapping.* New York: Lewis.

U.S. Department of Agriculture (USDA). 1986. *Urban hydrology for small watersheds.* Technical Release 55. Washington, D.C.: Natural Resources Conservation Service.

U.S. Fish and Wildlife Service. 2002. Retrieved from http://ecos.fws.gov/tess/html/boxscore.html, accessed October 22, 2002.

U.S. Geological Survey. 2003a. USGS landslide. Retrieved from http://landslides.usgs.gov/html_files/landslides/slides/slide21.htm, accessed December 10, 2003.

U.S. Geological Survey. 2003b. USGS topomaps. Retrieved from http://mcmcweb.er.usgs.gov/topomaps/, accessed November 9, 2003.

U.S. Natural Resources Conservation Service. 2003. Standard Digital Map. Retrieved from http://www.flw.nrcs.usda.gov/ssurgo_ftp3.html, accessed August 10, 2003.

Ward, A. L., N. E. Fornwalt, S. E. Henry, and R. A. Hondroff. 1980. *Effects of highway operation practices and facilities on elk, mule deer, and pronghorn antelope.* U.S. Federal Highway Office Research and Development report. Washington, D.C.: FHWA-RD-79-143.

Water Resources Management Program. 1992. Urban wetlands in the Yahara-Mona watershed: Functional classification and management alternatives. Madison, Wis.: University of Wisconsin-Madison.

Wilcox, D. S., C. H. McLellan, and A. P. Dobson. 1986. Habitat fragmentation in the temperate zone. In *Conservation biology: The science and scarcity of diversity,* M. Soule, ed. Sunderland, Mass.: Sunaur.

William Spangle and Associates, Inc. 1988. *Geology and planning: The Portola Valley experience.* Portola Valley, Calif.: Author.

第 7 章

土地使用系统

在准备一项新的城乡规划时，规划师会收集和分析现有的和未来的土地使用信息。这其中应当包括为了未来 20 年容纳人口增长而需要进行的土地选址、数量及其可能性的预测。规划师需要理解土地使用变化的压力，更新现有土地使用方式和地图，更新可开发土地供应的清单，以及分析可开发土地供应与预计发展需求之间的平衡。为了帮助城乡建构未来土地使用的规划和愿景，需要归纳描述现有和拟定的土地使用模式、需求、议题和规划问题。如何完成这项任务呢？

理解现有和未来土地使用的难度随着城乡增长和开发的动态而变化。在一个土地使用形态相对稳定、预测人口的增长缓慢的小城镇，这项任务的难度相对较低，因为现有土地使用系统只是以增量的形式发生变化——没有导致新的城市形态形成的重大决定性因素，例如高速公路的延伸或自然公园的建设。然而，在一个大都市地区，有较快的人口增长速度和不确定的城市发展动力，这项任务具有更大的挑战性，因为土地使用变化的驱动力更具复杂性、关联性和不可预测性。

得益于地理信息系统和规划支持系统领域的重大进展，当代的规划师们拥有了前人难以企及的土地使用信息和分析工具。[1] 然而，新的数据库和软件包的泛滥具有一定的迷惑性。同时，地方政府开发和管理信息系统的能力存在很大差别。每个地方都必须决定土地使用支持系统的基本组成部分，它们在土地使用规划编制和土地开发管理项目中是必要的。

土地使用是一个内涵丰富的概念。土地使用系统远远超出了基本土地使用分类的范畴，包括了许多其他相关特征和成分。这些属性和它们的一些一般指标包括：1）土地作为功能性空间用于不同的用途（例如城市、乡村、居住、商业、工业和公共用地）；2）土地作为活动的环境（例如工作、学习、娱乐和交通）；3）土地作为环境系统的一部分（例如洪泛平原、湿地、森林、野生动物栖息地）；4）土地作为房地产交易的商品被购买、开发和出售（例如所有权、评估价值、价格、开发可行性）；5）土地作为公共规划、服务和管制的空间（例如未来土地使用性质、强度、区划、基础设施）；6）土地作为视觉特征用于定向和社会象征（例如通道、节点、邻里）。

本章展示了调查和分析城乡土地和土地使用系统的一个基本程序。它简要回顾了土地使用变化的相关理论，描述了调查、记录和划分现有土地使用的方法，提出分析未来土地使用的技术，并为公众利益相关者和决策者的使用推荐了取得土地使用智能信息的方法。它强调，土地使用信息的收集和分析不仅是一个简单的技术过程，而且要回应和反映城乡的价值观。

土地使用变化的动力

土地使用系统是动态的。用途会扩张也会紧缩，会持续也会变化，与人口和经济的增长、公众和私人的决策以及市场和政府的行动相对应。为了土地使用的变化而做规划，以实现城乡的目标，首先有必要懂得在土地使用变化决策中发挥作用的各种力量。正如第1章讨论的，可以认为这个系统是一场严肃的博弈，不同城乡利益群体为最适合其意图的土地使用变化、规划、政策和结果而竞争——提出和反对、支持和争论、协商和交易。这些力量和关系及其互动类似于生态系统——人与组织互动形成的系统。

土地使用的影响

从规划师的观点来看，影响土地使用变化的三种主要利益是：1）开发者对房地产市场需求的回应；2）政府规划、政策、决策、资金支出和城乡发展管理规范；3）旨在保持和提高生活品质的城乡价值和利益。Logan 和 Molotch（1987）将城市描述为“增长机器”，其主要参与者包括争取资金回报的企业家，对土地使用、税收和城市服务拥有权利并承担责任的地方政府官员，依赖城镇场所、满足其基本生活需求并实现其社会和情感愿望的居民。这并不是说不存在其他方面的影响。气候和天气的变化，例如干旱和洪水，会引发巨大的土地使用变化。地质变化，例如地震或地面沉降，会扰乱土地使用的形态。经济崛起和萧条会提升或紧缩城乡增长速度。州或联邦政策和计划既可能对地方土地使用变化产生激励，也可能施加控制。但是，主要的日常影响来自于房地产开发者、公共官员和利益群体的行为，他们试图通过维系、改变、开发和再开发土地确定未来土地使用性质和形态以满足城乡需求。每一类主要参与者都对持续进行的土地使用博弈产生了影响（图 7–1）。开发者们致力于改变土地使用的事务。地方政府负责土地使用管理。公众利益团体谋求稳固现有土地使用的形态。

房地产开发者提出开发计划，以应对人口和经济增长与变化带来的市场需求。典型的开发者是私有企业家，但也可能是金融机构、公司、大学、非赢利组织、城市和其他主体。开发者与其金融后盾共同构成了驱动城市发展的引擎。他们为具有开发潜力的空置或未充分使用的地块寻找房地产市场。Miles、Berens 和 Weiss（2000）提到，"房地产开发是对建成环境的持续重组，以满足社会的需求。道路、排水系统、住房、办公建筑和城市娱乐中心不是刚刚出现的。必须有人对我们赖以生活、工作和娱乐的空间的产生、维系直至再造负推动和管理的责任。"

工程项目是房地产开发的产物。对于每个计划项目，开发者都必须完成一个完整的程序：提出并提炼项目理念，论证其可行性，商谈合同，形成正式协议，建设项目，完成并开盘，最后出售或管理。在每个环节，开发者会准备一项退出策略以应对项目可能难以操作的情况。当开发者要求修改区划或为一个项目申请特殊用途许可时，规划师会在开发审查阶段对提出的房地产项目的细节进行审查。在土地使用规划编制过程中，规划师更多考虑集聚式开发的趋势，考虑到土地开发组织的能力和它们对城乡规划的认识，以及公共–私人合作的可能性。规划师可以为开发者提供有关城乡增长趋势的有价值的信息，帮助他们为其项目需求和时机制定更好的决策，帮助市场"避免增长与萧条循环更替的问题，这种情况（至少部分）归结于对市场吸收新增空间的能力缺乏必要的信息"（McClure 2001，285）。

地方政府的规划、政策、决策和规范构成了土地使用的主要影响因素。尽管目前美国没有直接的联邦土地使用法律，但是有大量的联邦计划会影响到土地使用的变化，尤其是美国住房与城市发展局、美国交通局、美国环境保护局的计划。有些州制订了直接针对土地使用的法律和计划，包括综合规划和精明增长法规和计划。然而，在美国，地方政府对土地使用规划和控制具有最终发言权，以不同

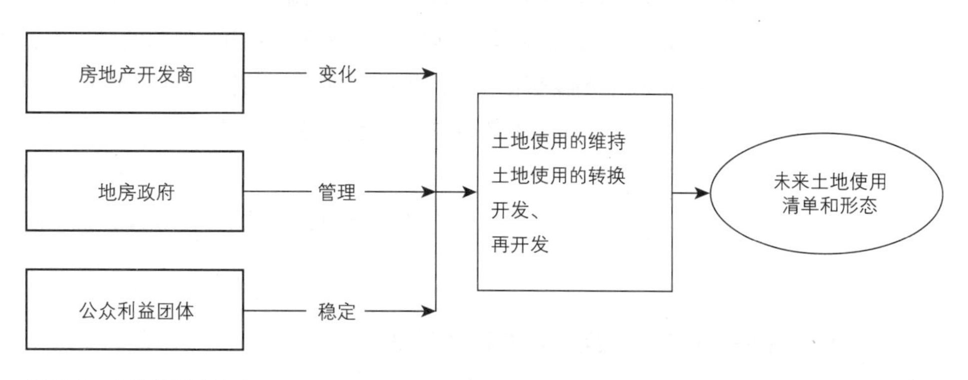

图 7–1　土地使用的影响

的方式影响土地使用。被采纳的土地使用规划和政策指出了未来理想的土地使用形态的区位和类型。基础设施和重要设施领域的公共投资可以支持未来的开发项目。并且，开发的规定和要求，例如区划和土地细分条例及影响费，提供了特定的土地使用标准和开发费用规则。归纳在一起，这些规划、政策和实践决定了城镇如何管理增长和开发，这部分我们将在第 15 章中详细讨论。

地方政府的基本政治立场（支持增长、受控的增长或非增长）是土地使用决策的潜台词。正如 Logan 和 Molotch（1987）指出的，政府行为是未来地产价格的关键决定因素："公共决策极大地影响到哪些地块将会获得最高的租金，还包括整个区域或社会的整体租金水平……同样的，建设和维护城市基础设施必须将政府包括进来，这种吸纳决定了市场的产出"（在最初已经强调过）。最极端的促进增长地区像商业企业一样竞争，以吸引商务并扩大税基。最极端的非增长地区使用法规和激励措施来阻止新的增长，特别是针对弱势居民的大规模项目和住房计划。大多数地区处于这两者之间。政府的政治立场反映了由市民和商业界通过其有组织的利益群体表达的价值。

公众利益群体是对土地使用变化决策产生影响的第三个主要因素。邻里协会、环境组织、城镇开发团体和其他类型的利益群体为服务于自身重要目标的土地使用设想和政策进行积极的游说。通常情况下，为了保护生活质量、环境质量或其他品质的目标，这些群体强烈地反对增长机器的提案。根据 Logan 和 Molotch（1987）观点，这些是面对城市变化而进行的为了保存在内心深处的对城镇的情感的心理战争。因而，提倡土地使用变化的规划师们经常会发现面对的是支持保留现状的公众群体。

这样的邻里情感引发了在就开发提案和规划修正案而召开的公众听证会上强烈的反对意见。"别在我后院"（NIMBY）的呼声来源于一个认识：居民在城镇的投入，包括资金上的和心理上的，受到了相邻开发的威胁，尤其是这些开发属于不同的类型或密度。因而，独立住宅所有者反对高密度的细分地块和公寓以及商业项目，理由是其财产将会贬值或交通量将会增加。公众利益群体尤其反对内填式的开发计划。正如 Landis（2001）指出，"内填式项目的开发商通常会通过提高密度或减少停车需求促使他们的项目显得突出。然而两种提案都难以被居民接受，理由通常是交通拥堵，或者是计划项目将与街区的其他部分不相称。虽然未开发土地的开发者并非不知道这些问题，这通常还是一个数字问题：只要有机会，更多的居民实际上还是会反对内填式项目，而不是相比之下的绿地项目。而且，倘若内填式项目的成本较高，开发者用于缓解居民顾虑的经济缓冲手段通常就会较为薄弱"（25）。

土地使用的维持、转换、开发和再开发

土地使用的形态是经过多个阶段发展而形成的。某些建成城镇经历了几十年

仍然保持稳定，而其他一些城镇则萎缩了，且人口下降。新的增长通常发生在城市边缘的所谓绿带中，由农业或者自然用途的乡村用地，或者说“生地”转化为城市用途。大量空地或未充分利用的土地通过开发形成新住房、商业和工业用地的主要区域。而一些老的建成区域通过新的结构进行再开发，内填式开发位于现有社区的小地块上。内填式开发不仅发生在被忽略的空置地块上，更多的是“再填充”——再使用或再开发过去已开发的土地或建筑（Landis 2001，24）。

土地使用规划师经常发现自己处于有关开发提案的城乡纷争中。一派利益相关者主张通过保持现有的居住区或自然系统来维持现状，而另一派则主张通过转化乡村土地、开发空地或未充分利用的土地，或者再开发和填充现有地块来改变现状。但是，在何处开展这些项目——在乡村或城市地区，在已开发还是在未开发地区，这些会造成他们认识问题和解决问题的方法出现很多差别。

保持现有的土地使用形态是城市居民、环保支持者、历史保护团体和“非增长”组织的普遍愿望。地方政府可以通过颁布历史保护地区条例，在未来的土地使用规划中指定稳定区域，采用城乡保护区划覆盖，改进城镇基础设施和公共设施，限制环境敏感地区附近的开发，建立许可限制、城市增长边界、增长上限或其他技术将这些利益集团的愿望正式固定下来。

乡村土地转化为已开发用途并不总会遭遇到类似建成区开发提案那么强硬的反对意见，除非乡村地区已经进行了郊区开发。地区类型与它的开发规则之间的相互作用会影响转化过程中的矛盾。Rudel（1989）提出过有三种类型的土地使用变化区域：1）缓慢增长的乡村区域，具有相对稳定的居民和较低比例的土地使用转变，其中邻居间一对一的土地使用协议占据主流；2）快速增长的城乡结合部，这里的增长提高了机动性，破坏了一对一协议必需的循环关系，鼓励采用法律规范，例如区划条例，用来控制土地使用的转化；3）缓慢增长的城市地区，稳定的居民就每一项开发提案展开争论，争辩的增加导致更多的法庭审理和协商调解，促使更加正规的一对一行为。在第一种情况中，土地所有者直接面对面。第二种情况中，地方立法官员决定土地使用的改变。第三种情况中，第三方集团参与决策，例如法官或协调者。Rudel（1989）认为，城乡增长会带来一个由乡村到城市的开发序列，在原有控制程序保留的同时覆盖了新的控制程序，这样，非正规的协议、区划条例和调解协议可能会同时存在于城市中。

空地的开发占据了城市开发的最主要部分。除非区域范围的增长管理政策的限制，大多数新开发项目都位于城市的边缘，那里的土地价格相对便宜，开发控制也不是那么严格。这是城市蔓延的根本原因，反映了一个城市地区的“足迹”。正如 Wackernagel 和 Rees 所定义的（1996），生态足迹是用以支持特定人口和物质生活标准的土地（和水域）。它衡量了一定人口施加给自然的负荷，这种负荷是就可以负担这些人口的资源消耗和废物排放水平所必需的土地区域来说的。在荷兰和新西兰，生态足迹的运用已经开始关注到全球或全国的评价。在美国，以区域尺度考虑生态足迹更为现实。一个简单的生态足迹指标是一个特定区域消耗的人均城市土地，本章的最后会讨论到该话题。

越来越多的声音认为，再开发和内填式开发是阻止蔓延的良药。其中的逻辑是，已建成区内开发强度的增长可以通过对现有基础设施的利用来节省公共投资，可以减少对外围农田和环境敏感区的影响，支持公共交通，并将中等收入和高收入家庭吸引回城市中心。批评家们批判再开发和内填式开发导致了中产阶级化，它通过新的开发项目把负面的社会和财政成本强加在最贫穷的居民身上。并且，住在新开发和内填式项目附近的中等收入和高收入居民也抱怨他们的生活质量由于交通量和密度的增长而降低。规划师们试图通过提供城乡土地使用系统的发展动态和条件，为这些辩论带来客观性。

土地供给详细目录和分类

一个土地信息系统要在土地使用规划中发挥作用，就必须包含一个现有土地使用的详细目录清单，以及适用于未来开发和再开发的土地详细目录清单，还必须包括一个控制清单变化的系统，以及一个与规划过程中的预计开发用地需求相关联的土地供给分析。根据 Meck（2002，7–84~7–90），地方土地使用规划的支持研究应当包括：

- 一个以文字说明和表格形式形成的详细目录，包括现有土地使用的数量、类型、强度和（或）净密度；
- 一张具有公共给水和排水管网服务的用地区域图；
- 分析现有土地使用形态和供需趋势及事件，例如基础设施建设、附属物、大规模私人开发，以及用于开放空间和娱乐的土地购置；
- 分析基础设施容纳 20 年计划开发量的承载能力，包括决定设施承载力的服务水平或标准；
- 评价再开发需求，包括衰落地区的更新；
- 安排 20 年规划期内的未来土地使用——包括居住、商业、工业和其他，如公园和娱乐用地——每 5 年一次。

以上列出的土地使用规划研究用来支持一项“传统”的地方土地使用规划，并基于一个 20 年时间的规划基准线（例如 Anderson 1995，2000）。然而，一些分析家赞成规划和发展管理建立在一个更加动态的土地供给或细目方法的基础上。Knaap 和 Severe（2001）提倡持续的土地监测方法用来管理增长，以便平衡列入过多居住用地细目（恶化城市蔓延）和列入过少细目（导致土地和价格膨胀）之间的成本。McClure（2001）针对新的公园和商业项目推荐了一种“排队”的方法，批准项目的建设许可的排序建立在识读信号上，它表明了市场吸收新空间的能力，可以避免过度建设。马里兰州蒙哥马利县的增长管理系统，在交通和基础设施容量的基础上，将长期土地使用规划与年度开发能力决策结合在一起，是传统方法和细目方法的混合体（Godschalk 2000；Levinson 2000）。

细目和监测

土地供给细目，有时候称为土地记录系统，是一个综合数据库，它将现有的和计划的可开发和可再开发土地的供应与基础设施可用性、环境质量和限制、市场趋势联系起来。它应当记录现有建成环境的状况和条件，包括现有土地使用和结构的支架。它应当考虑，当新的用途和活动取代旧的时，土地使用和建成环境所发生的变化。它应当确定每项土地使用类型开发可获得的土地：居住、商业、工业、娱乐和公共设施，还有可能会用到的农业和自然资源类型。这个细目应当由相关的规划尺度（如区域、县、城市、社区等）和规划单元（如区域、县域、人口普查小区、交通分析区、街区、所有权地块等）来组织。它应当是地理信息系统图像的一部分，使用者可以随时获得。

土地信息应当是公共信息。一个好的土地细目可以让公众通过互联网获得。例如，华盛顿州克拉克县维护了一个被称为“网上地图”的互联网地图系统（Pool 2003，16）。这个网址包含了 41 幅不同的地图，组织成以下几组：

土地 – 地块

边界

勘测 – 底图

环境

ESA（濒危动物法）目录

交通

用户进入某一组的地址，如土地——地块，可以找到地块的地图信息、区划、综合规划设计、航拍照片、场地规划总览、建筑许可、地产出售。这个网上地图也显示市政边界、城市增长边界、地块边界、公园和学校地产。如果用户关心某一特定地块或县域内某一特定部分的开发限制或开发适宜性，可以从环境限制细目地图查询到，其中有湿地、超过 25% 的坡地、潜在的不稳定坡地、有记载的或活跃的滑坡、百年一遇的洪泛平原、严重侵蚀的灾害区域、富水（沉降）土、历史遗址的位置。图 7–2 显示了克拉克县的土地——地块的电脑屏幕图像。

土地使用和土地供给　土地信息系统应当包含土地用途、建筑和基础设施的现有形态的描述和分析。在大多数城镇，现有土地使用、道路、排水管网、供水干线等将是未来发展的主要决定因素。土地供给细目同样必须包含时间上的变化。土地供给控制的目标是记录城市增长的动态层面（Moudon and Hubner 2000，45）。原始细目表达了基准条件，有规律的更新表达了观察到的变化。最低要求是维持一个准确的土地供给数据库，这意味着土地使用地图、特性表和表格记录必须系统化地更新。更新可以从制度上实现，通过输入新建筑许可、

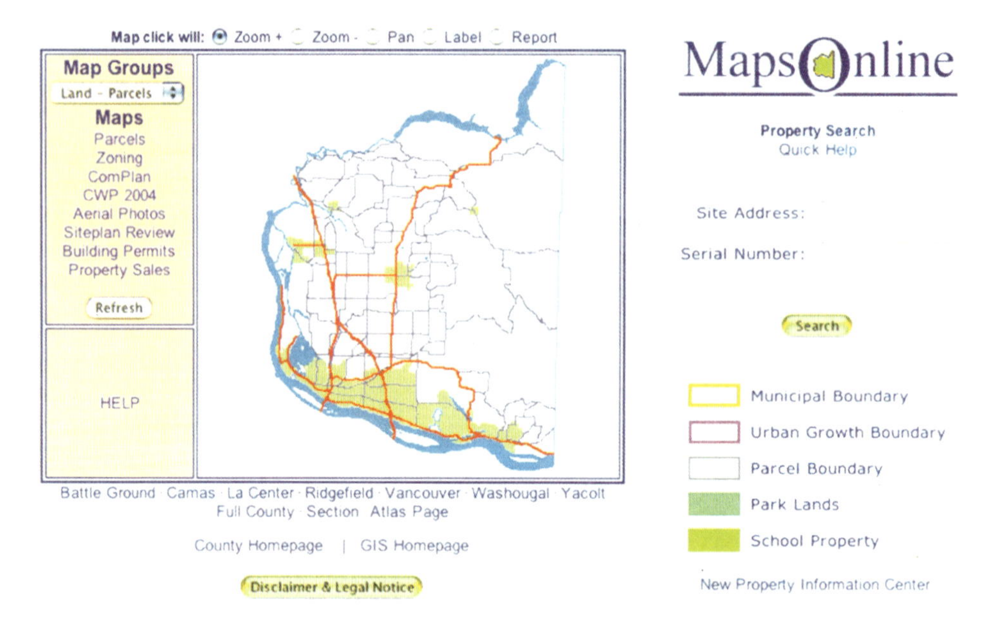

图 7–2 华盛顿州克拉克（Clark）县网上地图，土地 – 地块网页示范
资料来源：Clark County，2005

所有权证书、现场规划和次级许可来进行。它也从实体上完成，进行野外调查、航拍和遥感测绘。

数据库中需要监测的指标包括（Moudon and Hubner 2000，46）：

- 人口普查和其他方面的人口数据
- 现有和规划的土地使用
- 区划、土地细分条例和其他附加规定
- 遥感图像和数据
- 土地所有权、建筑和价值评估信息
- 现有的和规划的基础设施、服务水平和容量
- 管线建设（土地细分，许可）
- 市场数据，包括多重目录服务（MLS）、出售交易，以及可用性指标

土地政策和条例 土地政策是对可建用地的供给和开发容量的主要影响。一份土地政策的详细目录是地方辖区内影响土地使用的现有规范、程序、计划、规划和政策的汇编。把这些汇编汇总到一起，将帮助公共的和私人的决策者理解和遵循地方规划和开发管理的目标。土地政策汇编还是一个土地使用政策的综合资料手册,既是法律上的（正式使用）也是事实上的（实践中使用）。形成这个汇编，需要从政府机构、包括市政和服务的提供者，法律部门和政策及规划团体获得信息。有些信息可以在出版的报告和规划中得到，有些需要从非正规的备忘录和政策声明中寻找。

土地政策汇编可以依照标准化的原则建立，例如精明增长或宜居性标准（Avin and Holden 2000）。这样，它既是汇编也是土地政策的评估。这个汇编也可以成为一种提供建议的基础资源，为改善现有政策和实践服务。

行为系统 土地使用的第三方面是土地使用者的行为。行为，例如农耕或购物，也许在单个地块的层面上是具体的，并且还可能附带一些关于地块的其他信息。然而在另一方面，行为系统包括了更大的地理范围，例如整个地区或城镇。一份行为系统的详细目录是城市土地使用行为模式的数据库，反映了随着时间的变化人与场所之间的总体相互作用。行为系统信息，如通勤记录，描述了土地使用的日常动态。规划师运用行为系统信息来理解家庭和工厂选址的内涵，解决土地使用配置效率较低的问题。

规划师还运用行为系统信息来分析和研究人类行为的健康内涵。由于出现了对肥胖和其他健康问题的关注，研究者开始建立蔓延、体育活动和死亡率之间的联系，作为规划关注城乡健康的一种途径（Ewing et al. 2003；Frumkin，Frank，and Jackson 2004）。

交通研究提供了行为系统详细目录的最普遍的资源。它们描述了规律性通勤和出行的地点、数量和时间，以及步行者的移动和娱乐活动。它们是土地使用与交通相互影响分析模型的有价值的输入量，正如在第4章和第8章讨论的。因而，尽管行为系统详细目录是重要的土地使用指标，它们一般都要在交通和基础设施系统中被维护与更新，并被土地使用系统交叉引用。

分类

土地分类是在辖区内为每一处选址指定土地使用类型的过程。土地分类类别应当：1）准确并详尽地描述现有土地使用的性质；2）与未来土地使用规划的逻辑和类型保持一致；3）与开发管理规定中的用地类型相匹配，不论这些类型是否基于区划或形态准则（在第15章所讨论）。

土地使用类别需要可以包括土地使用的类型、区位、数量、服务、条件、设计、时序、限制和成本或价值等信息。

- 类型专指土地使用活动的性质（例如，住房、零售、制造、农田或行政，表达为居住、商业、工业、农业或公共土地使用），或者土地使用行为的混合（例如，住房与零售混合，表达为商住用地）。
- 区位专指产权地块或项目的地理位置（例如，街道地址、税号、细分地块号、地块认证号（PIN）、城镇／地区／区段号、人口普查街区与地块）。
- 数量是指每一个土地单元的使用强度或密度（例如，建筑高度、地块覆盖率、每一英亩用地的房屋数量）。
- 服务信息是描述地块或区域的基础设施或公共设施的可用水平（例如，给水和排水的可用性）。

- 条件是指场地上建筑的结构状况或维修状况（例如，它们是否符合建筑规范、房屋规范、设计标准，等等）。
- 设计包括现场规划和土地使用的建筑学要求（例如，建筑后退、停车、建筑体量、屋顶形式和建筑细部）。
- 时序应用于场地未来的使用和开发（例如，它的计划是否考虑到未来的开发或未来基础设施的改进）。
- 限制是指罗列限制土地使用的自然或建造特征（例如，陡坡、不稳定土壤、靠近自然灾害区、百年一遇洪泛平原或地震灾害区、濒危物种或历史地段）。
- 土地进行改善的成本或价值（例如，典型的是用于税收目标的评估价值、出售价格——如果可以得到的话）。

分类系统组类似于土地使用（行为、功能和数量）和土地覆盖（植被和表面特征）的类别，用来达到规划、分析、记录和开发管理的目标。信息所涉及的范围应当依信息的用途和政府获得并维护该信息的能力而定。由于土地使用是一个多层面的概念，根据建立汇编的不同目标，分类体系可以简单也可以复杂。一个基于产权地块建立的简单的土地使用类型体系就可以满足小型乡村地区的使用需求。大城市或城市化地区则需要更为复杂的体系。

土地使用分类系统是按层级组织的。开始是最一般的层面，土地可以简单地划分为城市和乡村。第二层面将土地使用分解为更为详细的使用类型，这样，城市用地类型就可以包括居住、商业、办公、工业、公共服务、娱乐、商住混合和其他用地类型。第三和第四层面允许将主要类型进一步细分，例如单户独立式住宅或单户联排式住宅。

土地使用包括土地本身的数量，可以用英亩、平方英尺、平方英里、公顷等等来度量；土地上的改善设施，例如建筑和构筑物，用数量、层数、平方英尺、地块覆盖率、后退距离等；土地上的行为，用人口、居民、就业者、家庭、就业岗位等来衡量。土地使用经常以土地、改善设施和行为相结合的形式来确定。因而，规划师将土地使用密度定义为单元土地上建筑或行为的数量，例如每英亩 5 个住宅单元或家庭。用地的强度也可以按建筑楼板面积与地块面积之比来定义，称之为容积率（FAR）。

美国早期的土地使用分类系统出现在 1965 年出版的《标准土地使用规范手册》。然而，这个手册源自标准工业规范手册，过于强调工业用途，不适合当前包含了环境数据和遥感数据的信息系统。这之后 Anderson et al. 系统（1976）为遥感数据使用而设计，用来对土地使用和土地覆盖进行分类。这个资源导向的系统过于强调环境用途，没有包括工业、商业和居住用途的细节。

以下介绍两类新型的现代土地使用分类系统：基于土地的分类标准（LBCS）和城市断面。LBCS 将传统的以地块为基础的土地分类方法延伸为一个更为精密的数字格式系统，城市断面以一系列规划地区为基础，通过这些地区在城市—乡村连续断面上的位置对用地进行分类。由于是新发展起来的，尽管两种方法具有明显的优点和局限性，它们都未经过完全的检验。

在实践中，大多数地方政府使用可以满足特定需求的土地使用分类系统，通常与地方区划条例和税收评估清单中的类型相结合。但是，按辖区形成的独特的土地分类系统使区域土地使用数据汇集成为统一的用地类别比较困难。为了形成有效的区域范围或州际范围的土地使用规划和开发管理，应当建立统一的分类系统并运用在辖区范围。

基于土地的分类标准 最新的土地使用分类系统是基于土地的分类标准（LBCS）系统。LBCS 由美国规划协会建立，提供了划分土地使用的一个统一模型。它的建构基于以下三个部分（Jeer 2001）：

- 维度：行为、功能、结构类型、场地开发特性和所有权。
- 层级：包括 1~4 个等级，每个等级不断增加土地使用的细节，例如，由居住建筑到单户居住建筑再到联立式单户居住建筑。
- 关键词：描述土地用途的性质，例如居住、购物、工业，等等。

LBCS 分类表（包括规范、描述、定义、色彩规定、商业类型和土地使用图片）并不以书的形式出版，但可以在互联网上以树状、表状和清单的形式浏览。（www.planning.org/LBCS）。要使用这个系统，使用者必须确定感兴趣的维度，选择想要查看的层级，并给定一个关键词（见专栏 7–1 及其图片）。

LBCS 维度的定义如下：

行为是指以观察到的特性为基础的土地实际用途，例如农耕、购物、制造、机动车运行，等等。

功能是指经济功能或使用土地的机构的类型，例如农业的、商业的或工业的，等等。

结构是指土地上结构或建筑的类型，例如单户住房、办公建筑、仓库、医院建筑、高速公路，等等。

场地开发特征是指土地的整体物理开发特征，包括开发状态，例如，自然状态、在建的、已建的状态，等等。

权属是指场地和土地权利之间的关系，如公共的、私人的和通行权等。

LBCS 编号系统包括 9 类基本维度类型，这些类型以关键词标定，并辅以相应的色彩标识：

1000 居住	黄色
2000 购物、商业或贸易	红色
3000 工业、制造业、和废物相关的	粉色
4000 社会、机构、或基础设施相关的	蓝色

专栏 7-1

LBCS 范例

假设你希望查找单户家庭居住单元的可能分类（行为、结构、功能、规模、所有权）。你将会在 LBCS 中找到以下可能的分类：

行为 1000 居住行为

行为 1100 家庭生活（household activities）

行为 1200 短暂生活（trancient living）

行为 1300 组织生活（institutional living）

结构 1000 居住建筑

结构 1110 独立单元（detached units）

结构 1120 联立式单元（attached units）

结构 1121 复式结构

无地块线，条式建筑等

结构 1130 附加单元（accessory units）

结构 1140 联排住宅（Townhouse）

结构 1150 预制住宅（Manufactured housing）

功能 1000 居住或接待功能

功能 1100 私人居住（private household）

场地 6000 已建设场地——有建筑

所有权 1000 无限制——私人所有（private ownership）

所有权 1100 私人所有——绝对支配权（fee simple）

因此如果你的用地情况是私人所有、单个家庭、住宅单元独立，宅址位于已建场地，具有明显的家庭生活行为，那么适用的代码将是：

行为 1100 家庭生活

结构 1110 独立单元

功能 1100 私人居住

场地 6000 已建设场地——有建筑

所有权 1100 私人所有——绝对支配权

如果下载一张居住细分用地类型的示意性照片，你可以看到右图范例。

专栏图 7-1 LBCS 中划分郊区的细目范例

资料来源：Jeer，2001。美国规划协会授权使用

5000 交通或通行	灰色
6000 群体集会	黑色
7000 娱乐	亮绿
8000 自然资源	深绿
9000 无或无法分类	白色

对于规划师来说，LBCS存在较大的脱节。主要脱节是它无法处理土地使用密度或强度。它似乎更适用于对更大的土地区域进行分类，而不是针对产权地块。然而，它提供的逻辑系统具备很多优点，包括土地用途类型的定义，多维度和层面，以及处理一个场地上或建筑内混合用途的能力。它还提供土地使用类型的图像表达方式，突破了传统区划条例语言描述的限制。

城市断面 一种不同类型的土地使用信息系统可以建立在城市断面概念之上。这个断面是致力于推动一种城市模式控制准则，这种模式应当永续，设计连贯，由大量宜居和人性化的环境组成，能够满足人类的一系列需求（Duany and Talen 2002，245–246）。一个断面是一个区域的地理横断面，包括了由乡村到城市的环境序列。这些环境是组织建成环境各组成部分的要素：建筑、地块、土地使用、街道，等等。我们相信城市断面既可以为收集土地使用信息提供分类标准，还可以为制订区域范围的土地政策规划提供空间上的政策设计构想（第13章）。

由乡村到城市的连绵区序列可以划分为不同的类别，以适用于开发规定的类别。如图7–3所示，连绵区断面序列被划分为6个不同的区域（Duany and Talen 2002，248–255）：

- 乡村保护区（Rural preserve）：法定保护避免永久性开发的开放空间，例如地表水体、湿地、保护栖息地、公共开放空间，或保护通行权。
- 乡村保留区（Rural reserve）：还未禁止开发但应当禁止开发的开放空间，例如确定为公共需要的地区和开发权转移（TDR）区域，洪泛平原、陡坡以及含水层补充区。
- 郊区（Suburban）：最自然、密度最低、最适宜居住的城镇聚集地，其中的建筑包括单户家庭、联排住房，有限制的办公和零售建筑，具有乡村特征的开放空间。
- 一般城市地区（General urban）：常规的但主要为居住的城镇聚集地，其中的建筑包括单户家庭、独立住房、位于小型和中型地块上的联排住宅，允许有限的办公建筑、出租房和零售，包括绿化和广场的开放空间。
- 城市中心区（Urban center）：更密的、功能高度混合的城镇聚集地，其中的建筑包括联排住宅、公寓、底商办公建筑，允许办公、零售和出租宅；开放空间包括广场和开阔地。

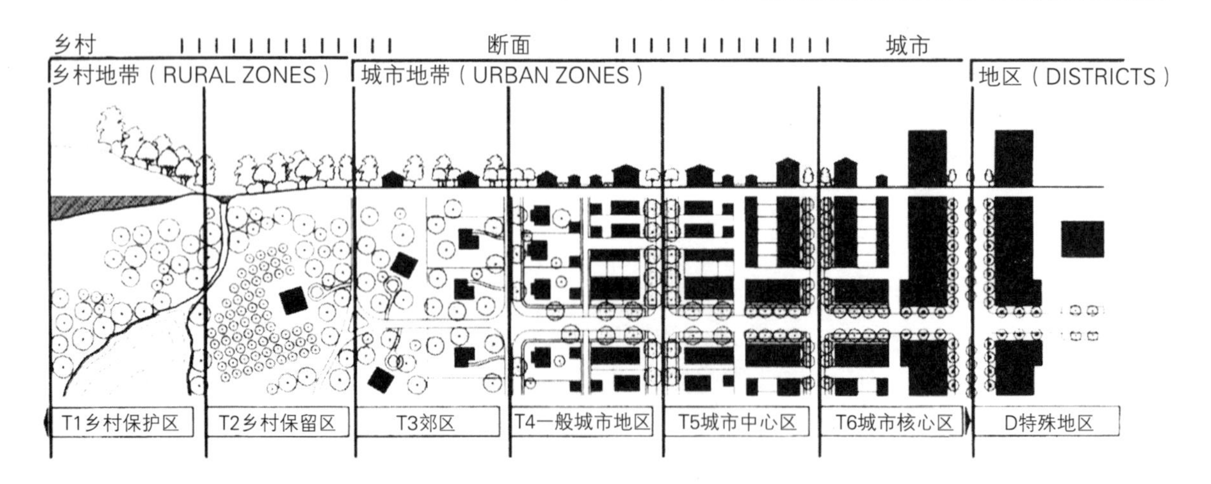

图 7–3 城市断面

资料来源：Duany & Talen，2002。佛罗里达州 Duany Plater–Zyberk 及其公司授权使用

- 城市核心区（Urban core）：一个区域中居住、商业、文化和娱乐最为密集的集中点，其中的建筑包括联排住宅、公寓、办公和百货公司，开敞空间包括广场和开阔地。

根据 Duany 和 Talen（2002，252–253），城市断面既是一种基于生态原则的城市规划方法，也是一种分析工具："断面方法是将一个地表平面进行线性的切割，随之对各种不同的系统和生境进行抽样、测量和分析。数据的收集是在区域内一个或多个断面上进行的（相当于地质学中的矿样），以更好地理解样本生境中发生的人口和社会联系。科学家们运用这些样本追寻时间轴上的变化，探索影响整个生态系统的途径。

Duany 和 Talen（2002）也认为城市断面是形成新型开发控制的基础，称之为精明准则（第 15 章将详细讨论）。他们认为这种新型准则应当代替区划条例，并增加城市设计标准，以确保合适的场所能够聚集合适的城市要素（建筑、后退距离和主干道）。例如，由院宅和村舍到行列式住宅和公寓等建筑类型，是由断面位置确定的。

尽管城市断面方法为分析、规划、设计和开发规定之间的关联建立了令人感兴趣的新型可能，但是在它作为土地使用信息系统的基础和其实用性之间仍然存在差距。主要的差距来源于城市断面被概念化为一个城市区域的样本断面，而不是整个区域的综合数据库，该区域的特征有可能不符合城市断面的逻辑。另一个差距在于它是区域导向，而不是地块导向。一个土地供应信息系统必须包括辖区内所有地块的客观数据，因而每个地块必须附加一个特征文件和一个特定的地理位置索引。而且，这种方法要求分类者依照断面规则为尚未开发的城市土地使用形态指定城市断面区域或"生态区"（如城市或郊区）的边界，这会给分类过程带来主观的一面。

然而，根据城市断面区域进行的土地分类附加了城市形态、建筑类型和开放空间方面的有用信息。它的一个优势是不仅反映了用地的使用密度和强度，还反映了开放空间、建筑类型和开发规定的特性，因而将土地使用规划、城市设计和建筑设计联系在一起。它的另一个优势是在断面区域与干道标准和街道景观设计之间建立起联系。城市断面通过一个理想化的城市形态序列假设为城市土地使用分类设置了一个标准化的尺度。

未来土地使用分析

规划师需要辖区内可开发或可建设用地供给的准确信息，用来制定土地使用规划和政策，使土地供给与未来城市空间开发需求之间建立有效的匹配。没有这些信息，规划就可能过度限制土地供给，使土地和房屋价格抬升，迫使期望的开发流失到其他限制较少的市场区域。或者走向另一个极端，即规划没有充分限制土地供给以避免蔓延并引导增长发展成为可取的形态。有效的未来土地使用规划应当同时确定规划期内城市开发和再开发可用的和不可用的土地。

土地供给和容量分析

土地供给分析过程将全部土地供给分为三个组成部分：（1）已经完全开发的地块；（2）已委托的正在开发中的土地；（3）三类可建设用地（空地、内填开发用地和再开发地），如图 7–4 所示（Moudon and Hubner 2000，57）。分析师将可建设用途转化为开发容量数值，最后合计为总净容量。同时，将限制因素从供给量和容量中扣除。具有禁止条件的地块，例如条例上不允许的环境或地理因素，应从可建设土地供给量中减去。具有限制条件的地块，例如区划条例或其他条例附加在场地层面的限制条件，并不禁止开发，但限制了开发的经济可行性，也应当从开发容量中酌情扣除。最后，由于投机、未来扩张、房产清算延迟或个人原因会使土地处于市场交易之外，这个市场要素也要从总净开发容量中减去。

Moudon 和 Hubner（2000，43–45）定义了关键名词及其之间的相互关系，如图 7–4 所示：

- 土地供给是辖区内的总体土地基数，包括空地和已开发地（因为已开发用地可以再开发）。
- 适宜建设土地供给是在条例、物质和市场限制条件下可以进行扩建或新开发的土地数量。
- 开发容量是指在可建设用地上附加的和新开发的数量，表达为建成空间的数量（例如，住宅单元数、平方英尺）或者使用者的数量（例如家庭数、就业人数）。
- 最大或总供给量和容量或“饱和开发量”（buildout），等于可开发土地的

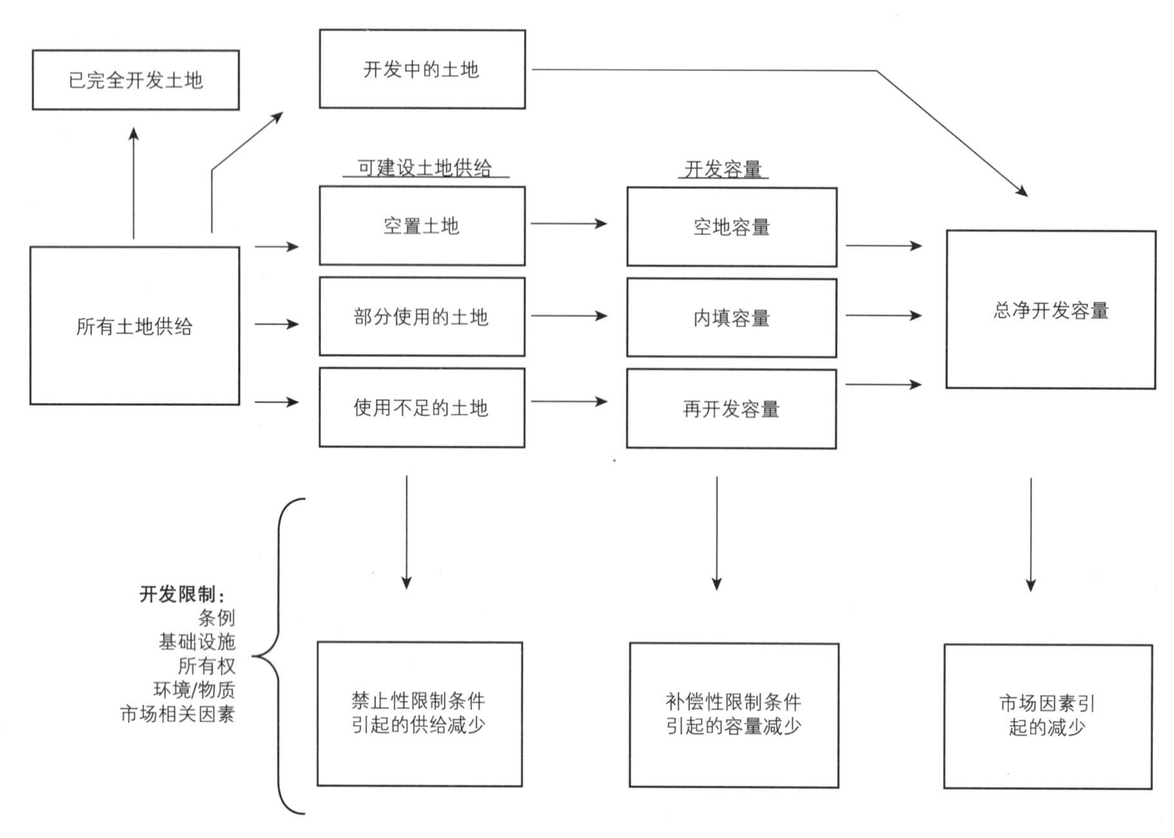

图 7-4 土地供给和容量分析程序
资料来源：Moudon and Hubner 2000。该资料的使用经 John Wiley & Sons 公司授权

最大值和在开发条例、基础设施要求和环境条例限制条件下的开发量的最大值。

- 修正的或可获得的或净供给量和容量，等于扣除了各种可能减少全部地块饱和开发量（buildout）的因素后保留的数量，包括土地市场条件、所有者持有财产的决策、消费者的选择、基础设施建设时序，或服务延伸等等。
- 潜在计划供给或容量包括检验未来增长和开发政策的多重选择、经济和人口的变化、规范修订，以及其他的战略考虑。
- 开发中的土地包括已经获得开发审批，但还未建设的项目，还包括那些根据区划、细分条例和其他发展规定正在接受公众审查的项目，以及正在建设但尚未入住的项目。
- 市场系数是从总净开发容量中扣除的比例，用来说明保持在市场之外的土地；例如，华盛顿州金县的报告使用 5% ~ 15% 的空地市场系数和 10% ~ 15% 的再开发市场系数，过去使用 25% 市场系数的俄勒冈州机构报告称州法院裁决其无效，用来促使以土地市场假设符合经验基础（Moudon and Hubner 2000，249–250）。

最大的土地供给和容量或饱和开发量，显示了现有条例下可以实现的状况。它们可以以技术任务的形式测算，只需将区划所规定的开发强度赋之于土地供给量即可得出结果。修正供给量和容量更为复杂，需要专业地判断哪些土地可能被开发，如何发展，是否建设，以及有关密度、时序和市民对未来发展决策的反对等方面的政策问题的影响。在实践中，土地供给监控和容量分析技术随辖区的规模和开发管理政策及规划的特性而不同（见专栏 7-2）。

专栏 7-2
土地供给和容量模型范例

Portland Metro 是由三个县组成的区域规划组织，它通过采用城市增长边界的方法管理区域增长，尽管该工具的使用受到怀疑。[2] 俄勒冈州法律要求波特兰市每 5 年估算一次城市增长范围内的土地容量，以确保土地容量能够满足未来 20 年的预计增长。波特兰市由于早先估算的准确性问题一直受到批评，一种担心认为它对土地市场的限制不适当，导致住房价格暴涨。它的区域土地信息系统包含了 100 个数据层，包括地块、区划、综合规划区域、公园和开放空间、土壤、湿地、地形、土地覆盖和洪水平原。波特兰市没有用到市场系数，但对内填式住房、就业吸收和建设不足（大约 21% 是居住区）进行了调整，将对市场的考虑植入需求预测。

马里兰州蒙哥马利县，是华盛顿特区大都市区的“领先（collar）”县，积极采用土地信息系统来实施总体规划中的“绿楔和廊道”战略，并且在充足公共设施条例规定下管理增长（Godschalk 2000，97-117）。它以交通、学校和基础设施为基础为指定的增长政策区域设置年度建设量上限。它还采用基于地块的地理信息系统（GIS），在马里兰精明增长计划（Maryland’s Smart Growth program）下支持开发权项目的置换，指定优先资助的区域。它进行了详细的工业、办公和商业用地容量的分析，以确定空地和可再开发的地块，借此回应有关增长管理项目对经济发展影响的疑虑。

华盛顿州西雅图市，采用土地供给控制来估算《华盛顿增长管理法》规定下的土地容量，该法要求城市规划能够在城市增长界限内容纳未来的人口和经济增长。在 1997 年全市范围的容量分析中，西雅图市将所有的地块归为空地、可再开发或内填开发地块（基于区划）、不可开发（公共用地和排除在扩建之外的用地）、历史区或机构规划区（医院、学校等）范围内的地块共四类。容量由控制状态（区划密度）和土地使用类型（主要为空地或利用不足）决定。单户和低层多户住宅采用 15% 的市场系数折减。对于其他土地用途，市场系数以价值率为基础确定。容量针对整个城市和分区进行估算。

阿拉斯加州的安克雷奇市，将土地供给和容量分析作为综合规划过程中的一部分，集中在 Anchorage Bowl 这个 100 平方英里的城市心脏区。它建立了一个 4 位编码系统。估价员的记录为土地所有权和土地及建筑估计价值提供数据。GIS 分析中用到的层包括：土地用途、区划、环境特征（湿地、雪崩灾害地区、坡地、洪水平原、地震灾害地区、高山地区）、水域和排水干线、街道、规划的分区。空地开发的适宜性标准是：总体适宜，勉强适宜（中等雪崩灾害区，坡度 16%~35%，B 类和 C 类湿地，100 年一遇洪水平原，地震灾害 4 区），总体不适宜（高雪崩灾害区，坡度超过 35%，A 类湿地，地震灾害 5 区，超过树木线的高山地区）。

资料来源：Moudon and Hubner 2000

土地适宜性分析是一项技术，超出了整体土地供给和容量的问题，用来确定规划区域内的选址，这些选址最适合于特定类型的土地用途。第6章讨论了按照环境系统建构的适宜性模型；这项技术还可以根据土地对特定行为的适宜性来对它们进行分类。GIS基础上的土地适宜性分析既可以帮助规划工作者确定未来土地使用（例如行为中心）的潜在场所，还可以应用于参与性规划，以检验由公众推出的提案，例如需要稳定的城镇。这个过程既用到了遥感、人口普查途径等获得的客观的或严密的信息（事实、数据、调查结果）；还用到了面对面收集和互联网搜索软件收集到的主观或非正式的信息（偏爱、优先权和判断）（Craig，Harris and Weiner 2002；Malczewski 2004）。每个规划过程都是严密和非正式信息的混合；运用GIS和互联网，规划师有能力将两种方法结合起来，基于可信的信息和公众利益群体建立未来土地使用的情景。

土地使用情景

通过系统化地改变关于未来发展的关键假设，规划师可以创建和评价备选的土地使用情景。Landis（2001，48）认为，对于未来的系统化思考的主要目标是改变它："如果不邀请客户和选民从不同的视角以及空间的角度进行思考，那么这种规划方法仅仅是现状的延伸"。例如，在他对加利福尼亚州各县的生地和填充潜力的研究中，Landis（2001）使用GIS和数字地图层来分析几种不同的情景，为了确定可开发生地的数量，他评价了逐项排除湿地、最好的和独特的农田、洪水区域、特殊自然区域以及濒危物种带来的影响。他还评价了在城市区域以外一英里进一步限制居住所产生的影响，用来模拟一英里城市增长界限的强烈影响。接着他观察用边缘密度（新开发的密度）代替平均密度的影响。不容置疑，结果随县的不同而变化，但是这些研究生动地证明了，在增长管理规划中结合这些因素的方法将限制未来的可开发用地。

为了评价通过内填式开发减少蔓延、鼓励精明增长方面的潜力，Landis（2001）也在旧金山湾地区的9个县研究了填充容量的情景。因为这样的内填式开发不仅发生于空地，还可能重填或再开发已建用地，他的分析同时考虑了空地和未充分利用地块，排除了那些存在环境或污染问题的地块。这样基于财政的可行性筛选出了可用于多家庭和单亲家庭的地块。[3]最后，以历史和当前层面上的变化为基础，采用了6种不同的密度设计情景，发现区域20年住房需求的70%和125%可以在现有城市足迹的范围内得到填充式开发，无需更多地占用绿地进行开发。[4]

情景也可以用于规划过程中分析未来城市土地需求的模型。Frenkel（2004）介绍了土地消耗模型中的情景运用，它在制定《以色列2020年》总体规划中作为一种工具分析了以色列未来发展的用地需求。这个模型包括了来自外部参数的输入部分，例如，预计的人口增长、区位和住房类型偏好、生活标准、家庭规模，还包括政策变量，例如增长管理、住房和城市地区的复兴。土地消耗需求的评价运用了两种情景。“一切照常”的情景假设未来的空间发展强度与现状相似；市场力量和偏好将继续推动空间的发展，而城市蔓延将继续。“集中的分散”的情景假设人口的空间分散将依照国家规划中推荐的政策来控制。这两种情景的实验运用土地消耗模型确定了在集中分散情景模式下节省的重要开放空间。

最后，土地使用情景已被用在公共参与研讨会中，在未来土地使用规划制定中作为一种获得不同利益相关者的认知和偏好的手段（www.fhwa.dot.gov/planning/landuse/tools/cfm）。情景方法正发展为使用“筹码”来代表位于城乡基本地图上不同区域的开发单元，这些地图可能是纸版的或GIS地图。例如，在“展望犹他”项目中，工作室参与者将2020年人口增长放在他们的城镇里，使用筹码表达一个连续的面积，其相应人口随发展类型不同而变化，由乡村到保护次区域再到主要街道。

土地使用智能信息

由数据处理移向决策是土地使用信息系统中的最后一步。这被称为从数据和信息中创造“智能信息”，因为这个经过提炼和整合的信息系统在战略规划和政策形成过程中发挥着重要的作用。不同的城镇需要符合其优势和劣势、威胁和机遇的不同类型的智能信息。智能信息报告使用指标来反映绩效的测度或基准，突出特定的关键因子或因子组合。

指标

土地使用指标是度量土地使用系统的重要方面，由政府形成并出版，为决策者和利益相关者提供关于系统绩效方面的信息。在可能的情况下，分解测度以说明地段的条件、社会经济状况和种族特征，这些反映永续性公平维度不同方面的指标非常有用。创造反映永续发展在经济和环境维度绩效的指标也非常有用。在一个快速增长的区域，指标也许集中关注土地供应满足需求的程度。例如，在佛罗里达州的珊瑚角市，交互式增长模型表明了该城市缺少220万平方英尺可供出租的零售业面积（Van Buskirk，Ryffel，and Clare 2003）。在一个衰落的区域，指标应该集中关注土地供给在多大程度上能够支持就业增长的经济发展需求。

应当就指标明朗地与公众进行沟通。通常，最有说服力的指标是将两个相关的度量进行比较。一个易于度量和理解的指标范例是城市足迹的简化版本，它将人口的增长与城镇化土地的历年增长相比较。城镇化土地增长快于人口的增长的程度，凸显了蔓延的问题。图7-5中的城市足迹图表说明了在

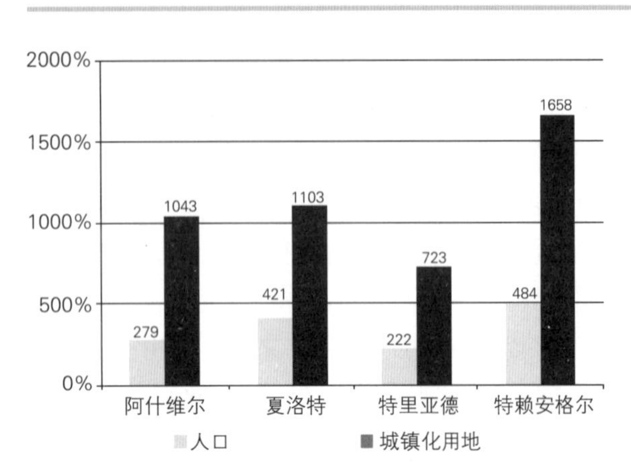

图 7–5 北卡罗来纳州都市地区城市足迹的变化，1950~2000。
资料来源：Triangle J Council of Governments，2004

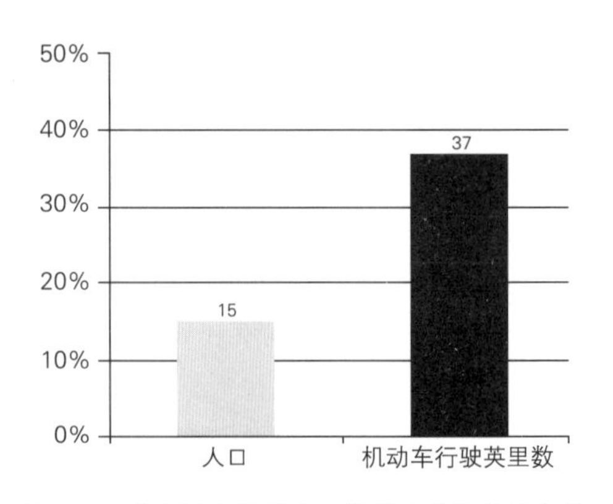

图 7–6 北卡罗来纳州人口增长变化和机动车行驶英里数变化之间的比较，1989~1998
资料来源：Triangle J Council of Governments，2004

1950 ~ 2000 年间北卡罗来纳州城市地区土地的消耗是如何快于人口增长的，比例由夏洛特的 2.6 ：1、特里亚德区域的 3.3 ：1，特赖安格尔区域的 3.4 ：1，到阿会维尔区域的 3.7 ：1（Triangle J Council of Governments 2004）。

另一个有用的蔓延影响指标将车辆行驶里程（VMT）与随着时间的人口增长进行比较。当人口在地表扩散的时候，人们必须通行更长的距离才能到达目的地。如图 7–6 所示，在 1989 ~ 1998 年期间，北卡罗来纳州的 VMT 增长超过人口增长两倍还多（Triangle J Council of Governments 2004）。

这些指标突出了过去土地使用系统的表现。在制定未来的土地使用规划并监控它们的产出时需要理想的未来绩效指标。永续性指标可以结合到增长管理和监控计划中，如第 15 章讨论的。在不同的未来土地使用情景中推算到的一个地区生态足迹的变化指标，是展现城市发展与自然过程交换相互作用的有力信息工具。（Haberl，Wackernagel，and Wrbka 2004）。

一个被称为 INDEX 的操作性城乡指标软件程序，是一个基于 GIS 的规划支持系统，它运用指标来测量城乡规划和项目的属性和绩效。为了应对市民和公务员进行集体决策的要求、新城市主义运动和永续发展议程，它运用指标为现有条件设立基准，评估不同的行动路线，监测随时间而发生的变化（Allen 2001）。它包括了 30 项与政策相关的城市形态的度量，以表格的形式赋予了分值并形成 GIS 地图，地块和区域都包括在内。为使公众参与更为方便，它允许利益相关者衡量指标的相对重要性，给指标分值区间制定一个可接受的等级。运用一种情景建立者工具，使用者可以创造不同的情景并给出分值，包括基本案例和各种不同的可选案例。INDEX 已经被大量地方政府用在了土地使用总体规划、邻里规划和城乡影响分析中（专栏 7–3）。

专栏 7-3
城乡指标 INDEX 系统

INDEX 支持规划过程每个环节所提出的关键问题，从规划支持系统信息数据库的创建，到现状条件和备选情景的分析，到理想方案的选择，再到增长变化的评价和累积过程的控制，直到设想和目标的实现，如以下城乡规划过程图所示（Allen 2001，230）。

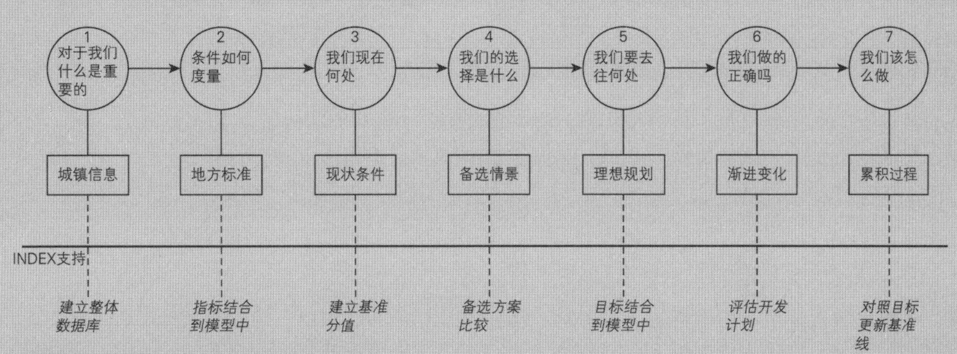

专栏图 7-3 城乡规划过程中的 INDEX
资料来源：Allen，2001。ESRI 授权使用

为了表示区域和地块层面可用的指标范围，以下介绍了一个代表性的目录。该指标目录来自威斯康星州丹县，该县规划局采用了 INDEX 进行开发影响分析（Allen 2001，230-232）。

丹县指标摘选
人口统计

- 人口（居民总数）
- 就业（就业人员总数）

土地使用和城镇形态

- 地块规模（平均英亩数）
- 用途组合（比例或每个网格的不同用途）
- 用途平衡（用地面积的比例平衡，范围是 0~1）
- 人均已开发面积（已开发面积除以居民数）

住房

- 人口密度（每英亩的居民数）
- 人均居住面积（总居住面积除以总人口）
- 单户家庭住房密度（指定给单户家庭的用地上每英亩的住房单元数）
- 多户家庭住房密度（指定给多户家庭的用地上每英亩的住房单元数）
- 单户 / 多户家庭住房密度（单户和多户家庭住房单元的比例）

（续）

- 生活服务设施就近程度（所有住房到最近的指定生活服务设施（学校、公园、购物等）的平均距离）
- 交通就近程度（所有住房到最近的交通站点的平均步行距离，按英尺计）
- 用水（人均每天消耗的全部生活用水，按加仑计）

就业

- 就业岗位/住房平衡（总就业岗位除以住房单元数）
- 就业密度（指定给就业使用的用地上每英亩就业人口数）
- 交通就近程度（就业点到最近的交通站点的平均步行距离）

娱乐

- 公园空间供给（每1000位居民拥有的公园和学校操场面积，按英亩计）
- 交通就近程度（住房到最近的公园和学校操场的平均步行距离，按英尺计）

环境

- 氮化物排放（轻型机动车人均每年氮化物排放量，按英磅计）
- 一氧化碳排放（轻型机动车人均每年一氧化碳排放量，按英磅计）
- 温室气体（CO_2）排放（轻型机动车人均每年CO_2排放量，按英磅计）
- 开放空间（开放空间占土地面积的比例）
- 不渗透率（人均每英亩不渗透表面的数量）

交通

- 道路的连通性（道路交叉口占交叉口和尽端路总和的比例，范围由0~1）
- 道路网密度（每平方英里内道路中心线的总长）
- 交通导向的居住密度（交通站点周围1/4英里步行距离内每英亩净居住面积的平均住房单元数）
- 交通导向的就业密度（交通站点周围1/4英里步行距离内每英亩净非居住面积的平均就业人数）
- 交通服务密度（每天交通车辆重复行驶交通线路的英里数除以总面积）
- 人行道网络覆盖率（具有两侧人行道的临街地带比例）
- 人行线路直达性（由起始点到中央节点目的地的最短可步行线路长度与同样两点之间的直线距离之比）
- 自行车网络覆盖率（指定自行车线路所穿行道路的中心线总长的比例）

规划活动的含义

当城乡准备编制或更新它们的综合规划时，规划师、市民和决策者需要理解土地使用需求和存在问题的本质和范围。规划智能信息可以告知市民委员会、公共官员和私人商业领导人这些相关问题。这样他们就可以在掌握相关信息的基础上提出问题并就未来的规划提出相关的建议。在土地使用的相关问题中，规划师也许最有可能被问到的是：

- 城乡的发展是以永续发展的方式进行的吗？
- 城乡面临精明增长的问题吗？
- 蔓延是当前的还是将来的问题？
- 在未来增长中有多少可获得的土地？
- 城乡的居住或商业用途是分区过度了还是分区不足？
- 城乡的土地数量和类型足够满足我们计划的需求吗？
- 我们将来可能会面临什么样的土地使用问题？
- 我们的增长能力存在重大的环境或土地使用限制吗？
- 在不同土地使用地区之间存在严重的相容性冲突吗，例如邻里与商业场地，或者地方不希望的用地与少数民族地区？
- 正在发生怎样的土地使用变化，它们会带来什么样的问题？

小结

通往规划智能信息的道路始于土地记录系统和土地使用信息系统，描述城乡现有的和正在出现的土地使用，还包括土地的供给和基础设施，以及它包容变化的能力。接下来对可建设用地的类型及其数量进行分析，然后预计可供未来增长的开发容量。这个预估要与规划期内的城乡计划需求相匹配，作为与城乡利益相关者一同分析不同发展情景的基础。如果土地使用信息系统是薄弱的或者过时的，那么由此得出的城乡愿景和规划就会存在问题。如果土地使用信息系统是坚实的和最新的，那么由此形成的规划就将具备坚实的基础。

下一章介绍交通和基础设施系统。与这些系统的容量和选址有关的知识对于土地使用规划非常重要。

注释

1. 美国土地管理局、森林管理局以及一个公共和私人组织协会正在共同建立国家整合土地系统（NILS）。旨在为土地记录管理提供一种综合方法，NILS 的目标是提供一个标准的数据模型和软件，运用 GIS 框架收集数据、管理、共享调查数据和地籍数据以及地块信息。不少州已经着手开发州域范围内的、地块层面的 GIS 信息系统。例如，马里兰州创建了 *MdPropertyView* 软件来帮助地方政府实施精明增长规划（Godschalk 2000）。华盛顿州颁布了一项可建设用地计划，要求人口最多的县及其城市必须监测用地供给和城市密度

（Moudon and Hubner，261–270。

2. 在 2004 年 11 月，俄勒冈州投票者通过了 37 号法案，该法案规定所有者获得财产之后颁布的土地使用规定在限制财产的使用并减少其合理的市场价值时，私有房地产所有者有权获得公平的补偿。事实上，该法案阻止了波特兰市城市增长边界（条例）对处于其边界之外，但先于边界（条例）通过而获得的私有土地的控制。

3. Landis（2001，27–33）采用两种简单的财政可行性模型来分析开发者从何处可以获得合理的收益。要使单户住房建设可行，出售价必须足以覆盖土地成本、土地细分改善成本、各种费用和建设成本。要使公寓建设可行，总租金必须足以覆盖运行费用和偿本付息，还必须产生最低资产净值的返还。

4. 海湾地区的分析结果基于这样的假设：每一处可获得的内填式开发场地都将以配置的密度开发为居住用地，并且其经济可行性是以现有市场条件为基础。Landis（2001，40）也没有忘记告诫，任何一种假设都不可能完全实现。

参考文献

Allen, Eliot. 2001. INDEX: Software for community indicators. In *Planning support systems: Integrating geographic information systems, models, and visualization tools*, Richard Brail and Richard Klosterman, eds., 229-61. Redlands, CA: ESRI Press.

Anderson, James R., et al. 1976. *A land use and land cover classification system for use with remote sensor data.* Washington, D.C.: Geological Survey Professional Paper 964, U.S. Government Printing Office.

Anderson, Larz J. 1995. *Guidelines for preparing urban plans.* Chicago, Ill.: APA Planners Press.

Anderson, Larz J. 2000. *Planning the built environment.* Chicago, Ill.: APA Planners Press.

Avin, Uri P., and David R. Holden. 2000. Does your growth smart? *Planning* 66 (January): 26-29.

Clark County, Washington. *Maps Online: Land—Parcels.* Retrieved from http://gis.clark.wa.gov/ccgis/mol/property.htm, accessed May 2, 2005.

Craig, W. J., T. M. Harris, and D. Weiner. 2002. *Community participation and geographic information systems.* London: Taylor and Francis.

Duany, Andres, and Emily Talen. 2002. Transect planning. *Journal of the American Planning Association* 68 (3): 245-66.

Ewing, Reid, T. Schmid, R. Killingsworth, A. Zlot, and S. Raudenhush. 2003. Relationship between urban sprawl and physical activity, obesity, and morbidity. *American Journal of Health Promotion* 18:1, 47-57.

Frenkel, Amnon. 2004. A land-consumption model: Its application to Israel's future spatial development. *Journal of the American Planning Association* 70 (4): 453-70.

Frumkin, Howard, Lawrence Frank, and Richard Jackson. 2004. *Urban sprawl and public health: Designing, planning, and building for healthy communities.* Washington, D.C.: Island Press.

Godschalk, David R. 2000. Montgomery County, Maryland—A pioneer in land supply monitoring. In *Monitoring land supply and capacity with parcel-based GIS*, Anne Moudon and Michael Hubner, eds., 97-117. New York: Wiley.

Haberl, Helmut, Mathis Wackernagel, and Thomas Wrbka. 2004. Land use and sustainability indicators: An introduction. *Land Use Policy* 21 (3): 193-98.

Jeer, Sanjay. 2001. *Land-based classification standards.* Retrieved from http://www.planning.org/LBCS, accessed May 2, 2005. Chicago, Ill.: American Planning Association.

Knaap, Gerrit J., and Traci Severe. 2001. Toward a residential land market monitoring system. In *Land market monitoring for smart urban growth*, Gerrit J. Knaap, ed., 241-64.

Cambridge, Mass.: Lincoln Institute of Land Policy.
Landis, John D. 2001. Characterizing urban land capacity: Alternative approaches and methodologies. In *Land market monitoring for smart urban growth,* Gerrit J. Knaap, ed., 3-52. Cambridge, Mass.: Lincoln Institute of Land Policy.
Levinson, David. 2001. Monitoring infrastructure capacity. In *Land market monitoring for smart urban growth,* Gerrit J. Knaap, ed., 165-81. Cambridge, Mass.: Lincoln Institute of Land Policy.
Logan, John R., and Harvey L. Molotch. 1987. *Urban fortunes: The political economy of place.* Berkeley: University of California Press.
Malczewski, Jacek. 2004. GIS-based land suitability analysis: A critical overview. *Progress in Planning* 62 (1): 3-65.
McClure, Kirk. 2001. Monitoring industrial and commercial land market activity. In *Land market monitoring for smart urban growth,* Gerrit J. Knaap, ed., 265-86. Cambridge, Mass.: Lincoln Institute of Land Policy.
Meck, Stuart, ed. 2002. *Growing Smart legislative guidebook: Model statutes for planning and the management of change.* Chicago, Ill.: American Planning Association.
Miles, Mike E., Gayle Berens, and Marc A. Weiss. 2000. *Real estate development: Principles and process.* Washington, D.C.: Urban Land Institute.
Moudon, Anne Vernez, and Michael Hubner, eds. 2000. *Monitoring land supply with geographic information systems: Theory, practice, and parcel-based approaches.* New York: John Wiley and Sons.
Pool, Bob. 2003. Clark County's one stop Internet mapping. *Planning* 69 (7): 16.
Rudel, Thomas K. 1989. *Situations and strategies in American land-use planning.* Cambridge: Cambridge University Press.
Triangle J Council of Governments. 2004. Growth management presentation. Research Triangle Park, N.C.: Ben Hitchings, Principal Planner.
Van Buskirk, Paul, Carleton Ryffel, and Darryl Clare. 2003. Smart tool. *Planning* 69 (7): 32-36.
Wackernagel, Mathis, and William Rees. 1996. *Our ecological footprint: Reducing human impact on the earth.* Philadelphia: New Society.

第 8 章

交通与基础设施系统

在进行总体规划的更新时，你会发现在有些地方发展很快，而有些地方则相对缓慢。公共中心也已经不在先前的地方。你的城镇现在提供公共交通服务，某些交通走廊上屡屡出现的堵塞常常令人忧心。你希望弄清这些额外的增长对教育、供水、排水系统会有怎样的影响。为了更新规划，你想要了解什么样的基础设施改善措施才能对城镇用地变化有所贡献。你还想要更新当前规划中的基础设施信息，并且吸收交通规划中的信息。你会用哪些城镇设施服务指标去描述城镇不同地区随时间而变化的状况？在规划文件的事实基础部分，你会对基础设施系统的哪些内容进行阐述？又有哪些内容对描述未来情景大有帮助？你想要从交通规划中获得哪些额外的交通信息？

这一章将介绍整理和分析城镇基础设施信息的方法，强调了如何运用这些信息来协调未来的基础设施投资与用地规划间的关系。尽管本章也涉及给水排水和学校等问题，但是它所强调的重点还是交通基础设施，部分原因是因为在 20 世纪 90 年代交通问题再次成为土地使用规划工作的重点（Gakenheimer 2000）。在第 1 章中，我们强调过交通在规划系统中扮演了越来越重要的角色，这将在第 11~15 章内容中详细阐述，从强调地段规划中的步行空间设计，到在大范围的土地政策规划中支持区域增长管理。相应地，本章的第一部分重点关注交通基础设施，并将重新审视交通规划在土地使用规划中的作用，明确土地使用规划师在交通规划中应获取哪些关键信息，同时对如何在土地使用规划中整合交通要素给出了一些方法。

本章的第二部分包括了给水排水系统和学校系统。这些内容同交通系统一起，构成了地方政府在基础设施方面直接支出的最重要部分（U.S.Census Bureau 2003）。尽管与基础设施系统相关的信息本质上多数与技术有关，但本章还是关注那些可推广的与可诠释的方法的运用。这些方法可以帮助规划师把土地开发和交通基础设施联系起来，更好地反映出城镇发展的关键要素。本章潜在的观点是：在开展土地使用规划任务时，同步运用准确及时的交通与基础设施系统信息，这对于建设永续的城镇来说必不可少。

城镇设施的作用

为了支撑永续的城镇，城市用地必须临近基础设施和服务网络。尽管规划师通常并不对这些设施进行设计，但是他们必须掌握有关需求、剩余能力与各类可提供的服务的最新信息。准确掌握基础设施的现状与规划信息有助于土地使用规划师更好地调整土地规划博弈的规则。有了这些信息，规划师就可以在规划中确定哪些用地是允许或鼓励开发的，哪些地方是不准开发的。规划师还应进一步把未来的基础设施投资作为一种能够与土地使用规划和谐发展、协调一体的重要因素加以考虑。与人口经济预测、环境优先、土地使用的限制和机遇一起，基础设施系统信息可以帮助规划师理解城镇当前和未来发展的动力，应对城镇发展中现有的和不断出现的需求。

城镇地区有很多公共的或者半公共的设施，它们为城镇提供了很多服务，比如交通设施、给水排水设施、娱乐设施、教育设施、安全和健康服务设施等。就交通设施而言，一个城镇可能有人行道、自行车道、停车场、公交车站、地方支路、次干道、主干道、干线、高速公路、车库、车辆和飞机场等。就给水排水设施而言，一个城镇可以有收集系统、净水厂以及水分配系统。就娱乐和教育设施而言，这些设施可以包括公园、学校、开放空间、体育场、公共活动中心以及图书馆等。对于安全和健康而言，城镇可以有消防站、警察局、社区诊所、医院以及避难所等。

这些设施在土地使用规划中发挥着重要的作用。首先，这些设施通过提供所需要的服务满足了现有的需求。当前和未来的土地使用决定了基础服务设施的需求，因为这类基础设施是服务于个人、公司、其他机构和整个城镇的。传统基础设施规划的核心就是需求分析。一个越来越引人关注的挑战是城镇设施对周围环境产生的影响。比如，设置垃圾填埋系统是因为固体垃圾需要进行处理。然而，垃圾填埋场的选址却会对生活在周边的居民产生负面影响。这样，在计算一个垃圾填埋系统对城镇的价值时，就要从中扣除这部分负面影响的成本。谁真正得到了利益？谁担负城镇设施和服务的影响成本？这些都是土地规划师需要考虑的问题。

在土地使用规划中，城镇设施的第二个意义是这些设施可以吸引或者引起更多的土地开发。一处公园或者学校都会刺激周围土地的开发，因为人们希望住得更靠近这些设施。因此,在土地市场上,城镇设施的选址和类型会影响到土地开发。同样道理，给水排水设施的设置、交通系统对可达性的改善都会提升一个地区的土地价值，使其更具备开发的潜力。这就把基于需求分析的传统基础设施规划方法——基础设施的供给归因于它的需求，颠倒了过来。

城镇设施在城乡规划中的第三个意义在于它能够成为促进基础设施规划与土地使用相互协调的催化剂。这是因为基础设施投资和容量提升是“波浪式”的。在土地规划中，可以根据需求一步步制定政策，而基础设施规划则相反，它的投资需要一次性的大规模投资，常常只有在建立起了一个设施的网络后才可以发挥作用。基础设施容量的提升也呈现出这样的不连续的特征。一个完整的污水处理厂需要处理污水；而在城镇建设前期，它一半的处理能力却几乎是没有作用的。从这个角度上说，设施能力的控制与管理对于城镇而言具有重要的经济意义。这种不连续的增长往往促进了基础设施规划与土地使用规划之间的协调，使其剩余的能力可以得到更有效的利用。比如，可以通过指定居住与混合开发用地中心的位置与密度来促进现有基础设施剩余能力的有效使用。[1]这就使城镇设施规划在土地规划的博弈中成为一个十分重要的筹码。

协调城镇设施规划与土地使用规划具有重要意义的最后一个原因是：为了充分满足其功能需求，一些城镇设施有特定的环境和用地需求。公交运输成本效率会因为线路起讫点地区开发密度的提升而增加。毋庸置疑，随着大都市地区持续的分散化和郊区化，用于公共交通的补贴也在随之增加。在这样的情况下，公共交通相比于私人小汽车而言并没有什么优势。同样道理，对于排水系统，除了少量泵站和压力管道外，更多依赖于重力自流。而给水系统则依赖人工提升。给水排水系统之间的协调一致并不简单地是一个工程问题。不论是重力自流还是人工提升，它们都必须与现有的给水排水设施紧密结合，并与土地使用规划相协调。这两个例子强调的是，为了更好地利用投入在公共服务和基础设施中的资源，就必须要把土地使用规划同城镇基础设施规划协调起来。

综上所述，城镇基础设施在提高生活质量和改善地区宜居性方面都具有重要作用。尽管在很多情况下，基础设施服务对支持土地开发必不可缺，但基础设施需要昂贵的建设和运营费用，而且对于特定人群而言，经常是不受欢迎的。通过将基础设施规划与土地开发协调起来，规划师可以把这种负面作用降低到最小，更大地发挥基础设施的效率。

交通基础设施

没有什么比交通基础设施更能体现城市基础设施与城市发展的联系。一方面，诸如高速公路和轨道交通等大型交通基础设施项目会影响到未来地区开发的数量和类型。这种影响的程度取决于交通设施改善的具体特征及其与其他可用交通方式的比较（Ryan1999）。对交通设施的投资会使一块原本可达性很差的土地变得更受欢迎，提高开发的可能性。换言之，在城市开发中，交通设施投资通过改善可达性可以促进土地供给能力的加大。开发量越大，给水排水和警察局等城市相关服务设施的需求就越大。另一方面，开发也支配着那些满足人们对机动性和可达性的要求的交通设施改善方式。

尽管一些学者对交通设施与土地使用之间的关系存在争论（Cervero and Landis 1995；Giuliano1995），但规划师必须懂得，增长管理手段和对交通系统的投资都引导了增长。比如，与城乡土地使用设计、地段规划和开发管理规划中提出了行动以支持开发或拉动投资的地区相比，在一个密度达到上限却有着最小停车需求的地区，新的轨道交通系统对土地开发的影响就相对较小。相反，如果交通系统规划和土地使用规划彼此割裂，规划师就会忽略或者弱化二者之间的关系。最终，二者之间联系的建立取决于人们的认识、数据的可获取性、常识性判断以及那些用来反映现有开发、机动性与可达性的情景与愿景。

但是，在实践中，土地使用与交通规划却是趋于分离的两项任务。交通规划通常基于当前的市场预估来假设未来的用地类型，而不是基于土地使用规划。最多是专家和技术人员根据他们自己对未来可能结果的判断提供多种预测。这样，交通规划或是加强了过去的发展趋势，或是刺激了没有在土地使用规划中认真考虑过的地区和道路上的开发。对土地使用规划来说，又常常忽略了大型交通基础设施投资对土地开发的影响。在很多情况下，土地规划仅仅将交通规划的很多内容作为外部输入接受，而不是将其作为一个需要与土地使用相互协调的规划因素。Wach（2000）提出，正是土地使用与交通之间相互协调的无力，才让人们有了“更多的高速公路引起更多的交通拥堵”的感觉。

由于交通和土地使用规划分别由不同层级和地区的政府和权力部门负责管理，两者之间的协调也更加困难。交通规划一般都是在区域层面上完成的，常由各个州的交通部门负责。大都市区规划组织（MPOs）是由联邦政府指定在较大的都市地区负责指导交通基础设施规划编制、计划拟定和协调工作的区域性机构。相对而言，土地使用规划则更多地在市或县的层面上制定。结果造成了区域交通问题所关注的对象往往与城市土地使用政策相矛盾。二者之间分离的状态还引起更多的冲突，从而更进一步削弱了二者的协调性。

除了交通设施与土地使用相协调带来的好处之外，过去10年中已经出现了诸如利用规划进行空气质量和《国家环境政策法》（NEPA）分析等一些有益的项目。依照《国家环境政策法》和相关法律要求，对城镇进行的环境影响评价分析必须能够正确描述并评价基础设施项目带来的累积影响（Council on Environmental Quality，1997）。如果考虑到交通项目带动发展的潜力的话，就更是如此。在一个确定的城镇，对拟建交通项目的次生影响和累积影响的评估，可以稳固地建立在城镇土地使用规划的基础上。应当有一个良好实施的规划已经确定了具有合理预见性的备选交通政策方案和改善措施，并按照它们潜在的好处和影响对这些备选政策措施进行评估。换言之，地方土地使用规划是对拟建交通相关项目的潜在次生影响和累积影响进行评估的基础。

交通系统规划做什么

许多规划师都会认同，交通来自于人们从一地到达另一地的需求。换言之，驱使人们出行的动机一般都是想要去一个地方，而并不是出行本身。对许多交通规划师而言这是一个真理：出行缘于人们想要达到某个地方。一个越来越壮大的实践规划师和学者群体（Handy and Niemeire 1997；Levine and Garb 2002；Miller 1999）认为，派生需求的公理表明交通规划的目标就是要使人们更加容易地到达另一处。这种观点与交通规划应该关注缓解交通堵塞的流行观点背道而驰。

缓解交通拥堵与使人们更方便到达目的地这两者之间的区别经常是用机动性和可达性这两个词来描述的。机动性一词意味着运动、畅通性以及人们穿过空间的能力，而可达性则被定义为容易到达目的地（Artshule and Rosenbloom 1977）。尽管可达性一词有很多不同的定义，[2] 但都特别强调把可达性概念化为当前土地使用系统的一种功能。这是可达性与机动性最大的区别：可达性将交通系统和人们真正想要去的地方连接起来，而在讨论机动性时，目的地却是缺失的。

土地使用规划师常常遇到的难题是，城镇可能想要的中心区有着行人友好型的狭窄街道，建筑密度也较一般水平为高。从传统意义上而言，交通规划师是不会赞成这种规划的，因为狭窄的街道、高密度的开发以及人行交通都将降低道路的服务水平。这种考虑是从汽车机动性的角度出发的。事实恰恰相反，即使汽车的机动性真的下降了，那些采纳了土地混合使用、交通稳静（traffic calming）政策的高密度开发地区仍然具有很高的目的地可达性，这一方面是因为在高密度开发的情况下目的地的数量增加了，另一方面也因为土地使用布局支持了机动车以外的交通模式。因而按照交通规划的可达性观点，可达性越强的土地就更加宜居，活动模式也更为永续。

影响个人或地区可达性的因素很多，比如：到达目的地的便利程度、目的地的数量，以及可用交通方式的数量与类型。通过将交通基础设施同土地使用系统相结合，对可达性的关注就把土地使用系统与多种交通模式结合起来了。丹佛的规划（见专栏 8-1）是将传统交通基础设施与土地使用相结合的一个好的范例。该规划强调要从服务功能角度对现有交通基础设施进行优化，从而建立起土地使用与交通设施的联系，并将可达性问题提升到规划中最重要的位置。

理解机动性与可达性的区别对土地使用规划师有着很强的实践意义。首先，目的地对区域的可达性是一项关键性影响因素，仅仅依靠交通系统的投资并不能改善

专栏 8-1
《丹佛蓝图》规划

在《丹佛蓝图》规划（City and County of Denver,2000）中，在传统功能分类（慢车道、主干道）之外，根据道路所服务的土地使用类型，对其进行了重新定义。丹佛规划中也尝试着将设计要素同新的道路分类结合起来，其目的是为了在机动性与可达性的需求与周边土地使用类型之间实现平衡。

- **居住区街道** 居住区街道在丹佛市的居住区中主要服务于两个目的。居住区干道（Residential arterial street）应当在不牺牲机动性的前提下对交通方式选择与土地可达性做出平衡。居住区支路（Residential collector）和地方街道被设计成为人行和自行车的空间，更加强调土地的可达性。在任何情况下，居住区街道都比商业街更强调步行导向，并且更加注重隔离带的景观化、树木与草地、人行道、道路停车带以及自行车道等。
- **主要街道** 主要街道在诸如中心区、区域和邻里中心区之类的地区服务于高度密集的商业零售业以及土地的混合用途。主要街道的设计应当通过提供具有吸引力的景观性廊道来促进步行、自行车和公共交通。
- **混合使用的街道** 混合使用的街道强调交通方式选择的多样性，比如步行、自行车和公交车等。混合使用的街道适用于高密度开发的商业区和居住区，在这些地区有大量的人行活动。
- **商业街** 最普遍的商业街类型是带状商业干道。这些干道特别服务于商业区，这些区域包含了许多小的零售中心，沿道路设有停车场，后面为建筑物。从历史上看，这种类型的街道常常是高度汽车导向的，并不鼓励步行和骑自行车。
- **工业区道路** 工业区道路服务于工业区。这些道路是用来容纳大量的大型车辆的，比如卡车、拖车以及各种其他车辆。行人和自行车在这类道路上很少见，但是仍然需要予以他们方便。

资料来源：City and County of Denver，2000

可达性。规划师可以考虑通过规划的措施来增强可达性。比如，通过使起点和终点更接近，规划师就可以增强这个地区的可达性。交通规划的可达性视角拓展了在交通规划中解决交通问题和制定土地开发策略的可能性。第二，只要可以让到达目的地更容易，对交通系统的投资，像是更好的人行道、公交车和自行车通行的改善也可以提高可达性。这样，可达性也就激发了对交通模式多样性的思考，强调了其与可持续发展的关联性。第三，道路和机动性的改善并不总会带来可达性的改善。如果对交通系统的投资导致土地开发远离目的地，那么可达性就会随着时间而降低，直到未来当目的地再次与人们接近时，可达性才会重新改善。1980~1990 年间，亚特兰大市的道路改善项目造成初始可达性的下降就是很好的例子（见专栏 8-2）。

最后一点，也即第四个意义是，可达性的改善与社区健康的改善有着直接

专栏 8-2
亚特兰大持续下降的可达性

如下所示，Helling 研究了亚特兰大大都市区在 1980~1990 年间基于小汽车前往工作地点的可达性的变化。她用图纸表达了 20 世纪 80 年代，在“高速公路畅通计划”中通过增加道路通行能力带来可达性的提升。但是，这种额外的通行能力却又伴随了一个糟糕的规划，人口和就业增长走向分散发展，结果导致了十字交叉形的通勤模式，行车里程和行程时间反而戏剧性地增加了。实际结果是，到 1990 年，前往工作场所的可达性大大低于 1980 年。

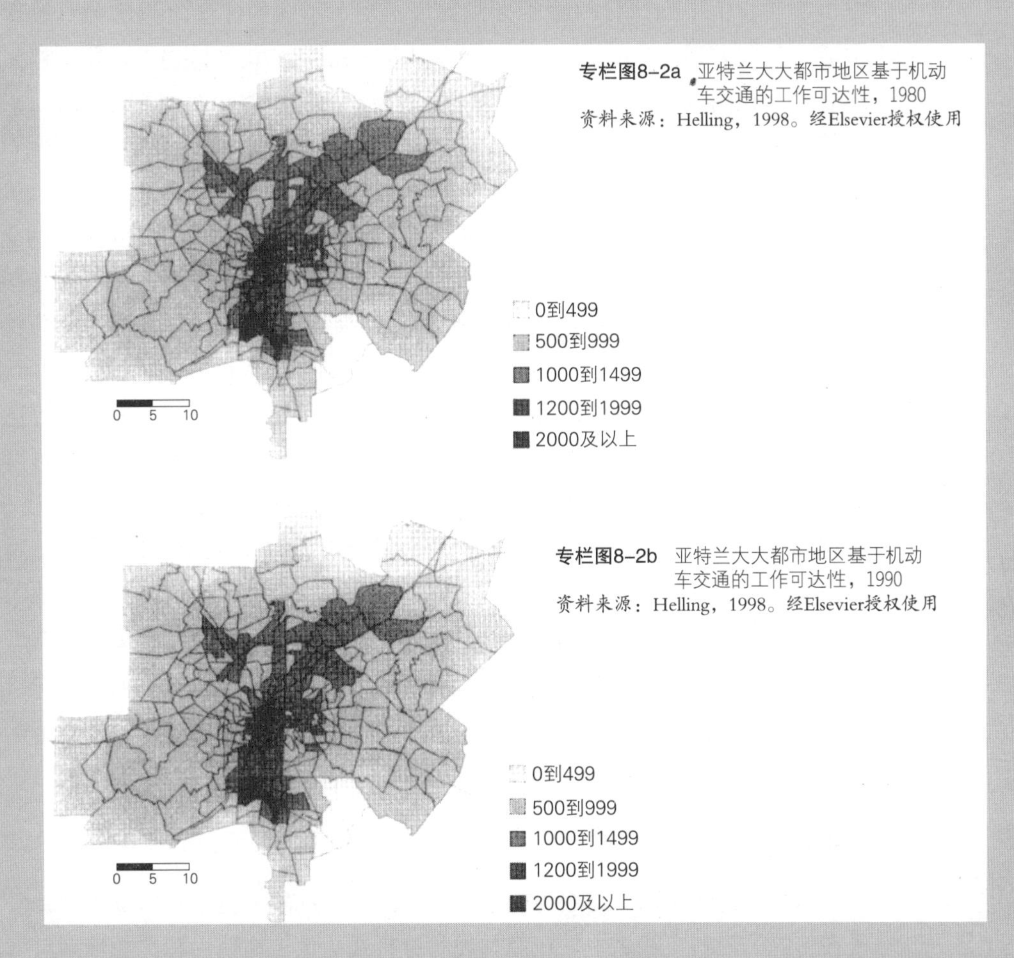

专栏图8-2a 亚特兰大大都市地区基于机动车交通的工作可达性，1980
资料来源：Helling，1998。经Elsevier授权使用

专栏图8-2b 亚特兰大大都市地区基于机动车交通的工作可达性，1990
资料来源：Helling，1998。经Elsevier授权使用

I-285 高速公路周围的大部分就业场所驾车的可达性越来越低，包括高速公路两侧的道路和市中心都是如此。而那些城市边缘以外的地区的可达性则下降得比较少。在靠近亚特兰大机场和临近购物中心或廊道的地方，就业的可达性却提高了。

的关系。一种旨在把邻里环境要素作为健康生活方式的障碍或支持因素的理论模型的出现，为解释个体行为带来了希望（Northridge， Sclar and Biswas 2003；

Stokols 1992）。这些环境要素中包含了土地使用规划师和交通规划师所塑造的环境，一般称作建成环境（built environment）。如果将居住区与商业区分开布置，又缺乏支持行人和自行车交通的基础设施，就注定了可达性会下降，对于人们的日常活动而言，这无疑是一种障碍（Sallis et al. 1997）。事实上，越来越多的迹象表明，人们决定步行或者使用自行车与建成环境的某些特征有关。很多代表性的研究都证明，人们日常出行活动与土地混合使用的状况有正相关性（Cervero 1996；Cervero and Kockelman 1997；Moudon et al. 1997；Saelens, Sallis and Frank 2003）。针对高可达性社区与低可达性社区的日常活动的比较研究也表明，由于到达目的地的方便程度不同，不同的邻里之间这种一般性的日常活动存在差别（Saelens et al. 2003；Rodríguez et al. 2006）。此外，相关研究还表明，在高度可达的社区中，人行和自行车使用量的增加降低了机动车交通的使用量（Khattak and Rodríguez 2005）。

综上所述，在交通规划中强调可达性意味着要在交通和土地使用的行动策略中提供多样化的交通模式以到达目的地。这些行动应当能够被转化成可测度的交通结果，比如机动车数量的减少以及人行和自行车使用率的提高，这也将进一步影响到土地开发模式的环境可持续性。由于可达性提高而带来的出行行为变化对可持续性有重要意义，例如，空气质量的改善，鼓励人们通过步行和自行车来进行日常活动。

如果一个地区可达性先降后升，那为什么还要担心呢？一些人认为可达性的降低会被未来可达性的提升所消解。有些学者认为，居住与就业的平衡可以自动形成，不需要规划师进行特殊的干预（Giuliano 1991; Giuliano and Small 1993）。但是，仅仅去等着居住与就业自动形成平衡将会付出很高的代价。这种延迟意味着在可达性提升前有一个下降的过程。可达性下降会付出极大的代价，对一个地区经济的活力、自然的及人工环境都将产生破坏性作用。低可达性阻碍了人们的工作和购物活动，同时也限制了产业集群与集聚效应的形成。商业区和那些曾经得益于高可达性的地区如今不得不面对低可达性带来的挑战。简而言之，低可达性会降低生活的质量和地区的宜居性。

交通基础设施指标

尽管可达性问题已经成为交通规划中公认的标准，但是它的重要性并没有渗透在传统的规划实践之中。在规划现状分析或衡量土地使用和交通规划目标实现程度等任务中，传统的交通指标或绩效测度标准往往是以机动性为导向的（Miller 1999）。例如，减少交通拥堵经常是交通规划的目标。与之类似，规划师经常会用“服务水平”的概念来衡量交通系统的运转情况。服务水平描述了基础设施所提供服务的质量。在交通方面，常常使用从A（最好服务）到F（最差服务）的不同等级来进行评价。针对不同交通模式有多种交通服务水平的度量方法，表8-1列出了一些常用的方法。

表 8–1

部分交通方式的服务水平评判指标

		道路服务水平 i	公交服务水平 ii	人行服务水平 iii	自行车服务水平
	服务水平	每条车道每公里机动车数量	得分	不满意度得分	不满意度得分
好	A	0 ~ 7	>39.6%	1.5	1.5
	B	7 ~ 11	25.3% ~ 39.6%	1.5 ~ 2.5	1.5 ~ 2.5
	C	11 ~ 16	14.6% ~ 25.3%	2.5 ~ 3.5	2.5 ~ 3.5
	D	16 ~ 22	8.4% ~ 14.6%	3.5 ~ 4.5	3.5 ~ 4.5
	E	22 ~ 28	1.4% ~ 8.4%	4.5 ~ 5.5	4.5 ~ 5.5
差	F	>28	<1.4%	>5.5	>5.5

i. 对于道路而言，服务水平取决于机动车流的速度、车流的流动率以及实际速度。把这些结合起来我们就可以得到单条车道单位距离内机动车的密度。表 8-1 中的数据基本适用于公路。其他有关计算车流密度和道路服务水平的细节问题可以参阅《公路通行能力手册》(Highway Capacity Manual)(Transportation Research Board 2000)。

ii. 公交服务水平是根据空间中特定位置的服务频率和服务范围计算出来的。服务频率决定了一个初始水平，然后根据服务范围调整。此外，公交站点可达性和公交站点的舒适性等也一并计入公交服务水平。更多的详细信息参阅《公交容量和服务质量手册》(Transit Capacity and Quality of Service Manual)(Transportation Research Board 2003)。

iii. 人行和自行车的服务水平是根据不舒适度得分来计算的。这种假设就是说，数值越高，则人行和骑自行车的人的不舒适度就越大。在计算自行车不舒适度分值时，同样要考虑高峰时期的双向交通容量、自行车和机动车之间横向的分离(通过最右边一条车道计算)、交通速度、交通类型、车道数量、路面停车以及人行道的使用情况。类似地，人行服务水平的不舒适度要考虑人行道的状况、宽度、与邻近机动车的横向距离、与道路之间的缓冲、交通容量和速度、车道数量以及停车状况。这些方式都是仅适用于道路路段的，它们并不能够解释使用者在交叉口处的舒适度，也并不能反映使用者在存在撞车危险时的安全系数。人行和自行车的不舒适度分值经常作为衡量地方交通状况的标准。更多信息请参阅佛罗里达州交通部的《服务质量 / 水平手册》(Quality / Level of Service Handbook)(Florida Department of Transportation 2002)。

机动车拥挤度、道路服务水平和延误时间等指标可以表示出居民采用不同交通出行方式所能享有的机动性程度。与此相对，与通过交通规划使人们更加容易到达目的地一样，规划师也应该考虑使用可达性的指标。根据 Geurs 和 Van Wee (2004) 的研究，理想的可达性指标应该有以下特征：首先，它们应该对交通系统的变化具有敏感性。其次，它们要从数量、质量以及从空间机会的分配上准确反映土地使用系统的变化。这样，交通基础设施投资或者人们活动分布的变化就可以用可达性指标来反映。表 8–2 是《亚特兰大区域交通规划 2025》中使用的一些指标以及假设的可达性参数。第三，可达性指标应当便于理解和交流。因为可达性的指标结合了交通和土地使用，它们可以被用来衡量交通及土地使用政策的效果。

表 8–2

《亚特兰大区域规划 2025》中选择的机动性和可达性指标

机动性指标	可达性指标
通过给定方法计算从家到就业场所出行所占的比例	离工作 / 购物场所 1/4 英里范围内的人口占总人口的比例
人均机动车出行时间或延误时间	离工作 / 购物场所 10 分钟步行 / 自行车 / 机动车的人数占总人数的百分比
人均机动车出行距离	等时曲线
在交通服务等级 E 或者 F 中出行的比例	不同规模下的就业与人口的比率

表 8–2 中所反映的可达性指标是很直接明了的。惟一可能需要额外解释的是等时线的应用。这种曲线是描述在一段特定出行时间或距离内能够被发现的时机点，或者反映到达一定数量的时机点所需时间的等高线。图 8–1 中的三条曲线描述了北卡罗来纳州教堂山附近购物区的步行或自行车的可达性。其中一条曲线反映了在不考虑交通网络情况下的离购物空间 1/3 英里的区域（用点表示的区域）。当我们考虑了交通网络对商业区可达性的影响时，可以方便到达的区域就减少到图中浅灰色的阴影区。当我们把距离定为 1/4 英里时，道路系统的影响就是图中深灰色的阴影区。不幸的是，等时线对一些靠近中心和在边缘的时机点却未做出区分，也未考虑个人的感觉：他们以为等时线上的每一个点都是同样可取的。

研究者还很好地确立了其他一些有用的可达性检测标准，尽管在传统上规划师对这些标准的使用并不那么普遍。其中两种，交通规划中的引力测度法和出行方式选择综合模型已经变得越来越流行了，因为它们很容易从交通规划师所使用的模型中得到。土地使用规划师应该意识到这些测度标准的存在，并且可以通过相对较少的额外努力把它们结合进土地使用规划中。在下一节，我们将讨论这两种测度标准。

对交通可达性指标的最新应用是考虑到不同人群的出行能力，比如无车家庭、低收入家庭或者少数民族甚至是一些特殊的个体等，以评价现有和未来相关政策的效用。比如，当给定一个未来交通和土地使用变迁的预测和情景时，可达性测度标准就可以帮助我们明确这些特定群体或个人的可达性在多大程度上得到了改变或将要得到改变（详见第 9 章）。那些领先的规划师和研究者已经认识到，在交通系统规划中公平仍然是需要首先考虑的问题，主要因为目前交通可达性的分配出现了按照阶层收入划分的严重倾斜，有利于中高收入阶层。作为交通研究理事会的主席，Martin Wachs 指出，在 21 世纪的头 10 年内，公平将会是交通领域重点关注的五个主题之一。因为规划师总是在寻求更好地测量经济效益和运行效

图 8–1 北卡罗来纳州教堂山步行可达性的等时曲线图

率的变化，而较少关注政策实施的公平性，Wachs（2001，39）认为，规划师应该更加强化分析工具，建立数据支持系统来对交通决策进行更深入的分析。可达性指标就是这种工具之一。Miller（1999，131）认为："空间可达性的分配，尤其是可达性的变化，可以使规划师知道谁赢谁失。"这样，在将可达性指标用于规划过程时，应该纳入对城乡公平状况的更全面、更准确的描述。

总而言之，我们认为可达性指标能够用来衡量交通规划对可持续土地使用的贡献，反之亦然。通过关注人们如何利用多种交通方式到达目的地，可达性指标将交通和土地使用与城镇发展的其他成果，如空气质量、体育活动的改善联系在一起。更进一步说，交通可达性指标能够更好地检验不同的交通和土地使用政策对于小群体甚至个人的不同影响。这样，可达性指标有助于我们理解和表达土地使用规划和交通规划中的公平维度，进而推动地区的永续发展。除了可达性指标以外，规划还应包含一些机动性指标。即使就步行和自行车而言可达性良好，我们也需要对小汽车的可达时间做出测度和报告。第 4 章中介绍的巴尔的摩市交通指标体系，是一个平衡可达性与机动性指标的很好的例子。

交通规划方法：土地使用规划师应该了解什么?

交通规划中所采用的方法体现了我们在第 2 章中所提到的理性规划模型。在实证科学的深刻影响下，20 世纪 50 年代中期的公路规划师尝试通过对多种不同的预测结果进行筛选从而得出最理想方案。“目标设定 – 预测 – 影响评估”的分析方法从那时起就已经植根于交通规划师的意识之中。尽管在过去的 20 年中这种分析工具几乎没有什么变化，但是人们对交通规划工具的透明度提出了更高的要求。在第 5 章中我们讨论了推测（projection）与预测（forecast）之间的区别，交通预测常常看起来是纯粹的推测（Isserman 1984），对其关键性假设的敏感性分析却很少。

在下一小节里，我们将讨论交通规划模型中的输入端和输出端以及各自与土地使用规划的相关性。因为我们假设过土地使用规划师将是交通规划模型生成的信息的用户，我们把重点放在对输入端和输出端的理解上，同时也强调了实践规划师所面对的挑战。我们还强调了各种明确的或隐含的假设对模型输出所造成的影响。

土地使用与交通规划的整合　图 8–2 概念性地描绘了一种将土地使用与交通规划进行整合并互相强化的方法。该方法由三部分构成：土地使用规划、交通系统规划，和采纳这两个规划所造成影响的检验。土地使用规划和交通是联系在一起的，因为土地使用规划确定的开发地点和类型将会对未来的交通服务需求产生

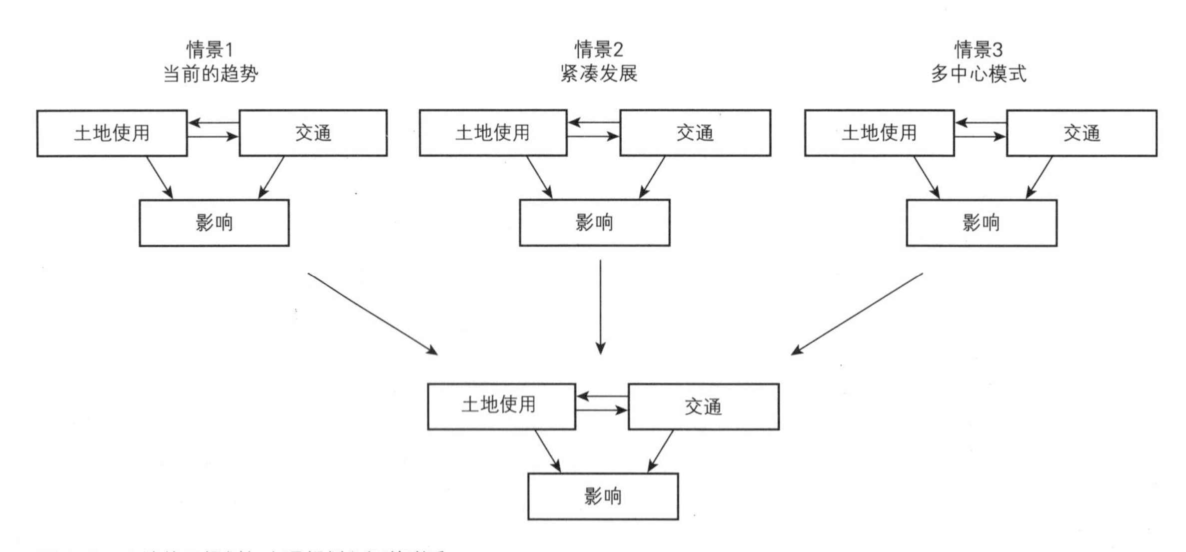

图 8–2　土地使用规划与交通规划之间的联系

影响。开发活动的特征及其对区域的影响将决定哪种交通模式是最适合的。这种联系表明，在土地使用规划修改时，交通规划也要做出必要的调整。

从交通到土地使用的反馈循环体现在未来交通基础设施对开发的影响上，这是通过建立在交通投资之上或与之互补的土地市场和土地使用政策来实现的。情况的发生可以是受益于规划提出的交通改善措施，从而吸引了交通走廊沿线的增长，也可以是对开发的特征产生影响。比如，一条新的公路可以使原来可达性较差的土地变得适宜开发，土地使用规划从而需要相应进行调整，使土地使用和开发密度与交通投资相结合。同样，一条大容量的公交线路可以刺激道路两侧的密集开发，从而将新线路所带来的可达性收益最大化。土地使用规划也需要相应地做出调整以促进这种开发。交通到土地使用之间的信息反馈循环表明，修改土地使用规划以适应新的交通系统的规划是很必要的。不幸的是，在当前的实践中这种联系几乎没有。尽管这种开发方式的效果已经很好地展现出来，但仍旧无法解释交通系统的多样性对于土地使用规划的多样化的影响。诱发式发展就是指交通容量增长对土地开发的影响。许多研究表明，交通容量本身的扩大并不影响大都市区内的增长速度，但是却可以影响增长在何处发生，以何种强度开发。同样，交通容量扩大可以起一种发展“磁极”的作用，但其代价是牺牲其他地方的发展，因此这需要在未来的城乡空间结构中进行统筹考虑。

最后一个要素包含了对交通规划和土地使用规划的综合评价。前文讨论的指标是检测不同影响的可接受性的一种方式。如果其影响的效果是不可接受的，则土地使用规划、交通规划二者之一或者二者都需要做出调整。

图 8–3 将交通与土地使用的概念性整合转化为了一种分析方法。整合的土地使用 – 交通规划程序中包含的分析方法可以用来检验不同土地使用和交通规划的影响。它由以下三个部分构成：1）对城市空间结构的详细说明，包括当前与未来土地开发与交通方面的投资；2）交通需求预测；3）对纳入考量的各种备选方案进行测试。接下来我们将介绍第一部分，第二部分将在随后一节讨论。

图 8–3 中的第一部分包含了当前和未来土地使用与交通规划的投资。它详细陈述了当前和预期的城市空间结构。我们除了要知道潜在的交通投资外，还有必要知道人们会在哪里居住、在哪里工作、去哪里购物以及去哪里上学，以便预测人们未来的出行行为和需求。最终城市空间结构是整合了规划未来城市的多种方法而确定的。一种方法是预测未来的人口、就业和经济社会活动中心的分布，假定一定的交通投资。比如，未来的土地使用会继续当前的趋势，减少低密度的郊区开发，或者是集中开发交通走廊沿线以及卫星城。

第二种决定城市空间结构的方法是通过指定城市未来的土地使用，以反映对一种期望的城市形态的有意识的政策选择，而不是推测当前的市场和土地规划的条件。在这种方式中，土地使用的分布反映了不同土地使用和交通的优先性，

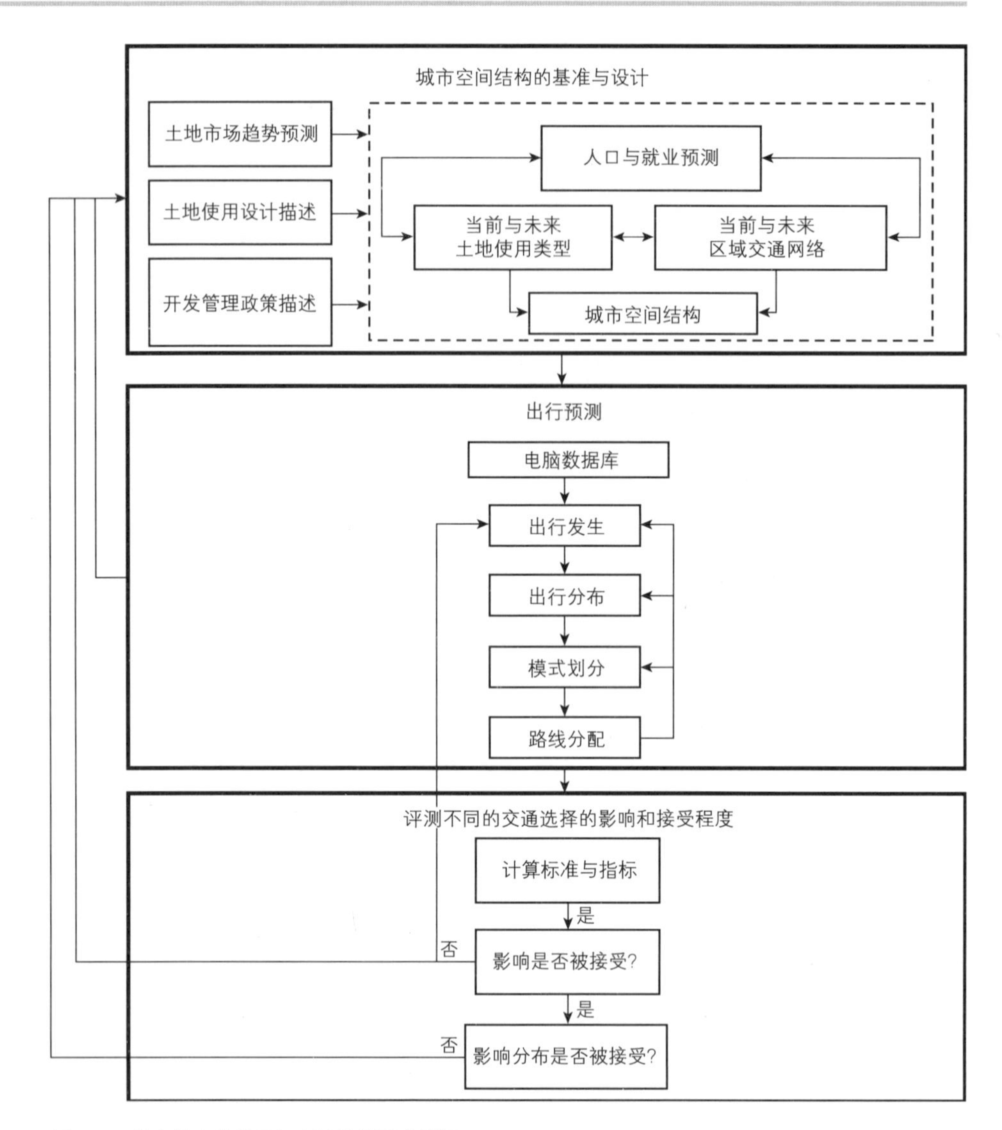

图 8–3 整合的土地使用与交通规划程序详解

交通服务于土地使用的目标。不同的土地使用分配构成了不同的未来情景（见第 9 章）。

这里推荐的第三种方法平衡了前面两种方式。它将未来的交通投资整合到对未来城市形态的设计之中。在这种方法中，土地使用设计可被用来解决交通问题，交通解决方案也会被用来支持具体的土地开发类型。比如，非机动化交通方式的吸引力在一定程度上取决于出行的距离。通过土地使用的混合设计，出行距离大大缩小，选择非机动化交通模式的可能性大大增加，尤其对于购物或娱乐的出行就更是如此（Khattak and Rodriguez 2005；Handy and Clifton 2001）。第 3 章提到的加利福尼亚州的戴维斯规划是应用这种方法的范例。该规划要求空间结构的发展与公交服务和步行出行的强化相协调。在这种情况下，用地布局设计就对期望的交通模式构成了支持。

同样，交通解决方案可以支持未来的土地使用。比如，城镇可以通过交通投资来支持某些行人友好型的和公交导向的土地使用设计。《展望犹他规划》就属于在区域层面上运用这种方法的范例，其实现期望增长形式的策略是加强居民的交通选择性。这个规划的目标是在促进区域性公共交通系统的建设，实现公交导向型的土地开发。第14章中详细介绍了在地段层面运用类似方法的案例。

这样，我们已经简要地讨论了根据不同活动类型和开发强度对未来土地的分配。这种活动一般通过专家咨询、计算机模型或者两者结合来实现。实践规划师广为使用的模型通常包括根据以往趋势、可用土地的信息、地方规划、区划条例以及当前经济活动分布（如：DRAM/EMPAL）等进行土地分配。最近，这些模型还添加了房地产市场信息、以及交通容量的供给与需求信息（如：TRADS、CATLAS、UrbanSim和加利福尼亚城市未来模型）。假定的未来土地使用类型和交通网络之间的反馈循环并不一定需要复杂的方法才能实现。在预算有限的情况下，通过专家咨询的方式预测交通对土地使用的影响可以整合这种反馈效果。在一些情况下，考量中的未来情景可能会与当前的发展类型完全不同，而且专家的意见可能比依赖电脑模型更有用。

出行预测过程的四步法 经过多年的实践和经验分析，我们已经得出了经典的出行预测过程。这个过程可以用来预测出行的数量（出行产生），将这些出行按照目的地进行划分（出行分配），确定在这些出行中会使用什么交通模式（模式划分或模式选择）以及为每种交通方式在道路系统中进行出行路线预估（指派）。很明显，出行者的行为并不会如此简单，这种模型也没有考虑所有影响出行行为的因素，它并不能够准确地预测出行类型。前提假设对模型的可适用性具有决定性作用。尽管如此，这四个步骤却可以帮助我们尝试着去预测出行行为。出行预测过程四步法的其他一般应用包括：

- 空气质量规划
- 中等范围规划、分区规划或者交通走廊规划
- 减灾规划
- 项目影响评估
- 出行需求调控和效用评估
- 实时的出行者信息提供

当前和未来空间模式的表达 出行预测要求将出行行为表现为在空间中的一系列决定。过去，做这种决定的是交通规划师，同时这种决定也是模型师所作的技术判断的一部分。但是，人们越来越认识到，如何表达城市空间会直接影响到交通预测的质量。预测效果最好的是在个人或者家庭层面进行的预测，这是因

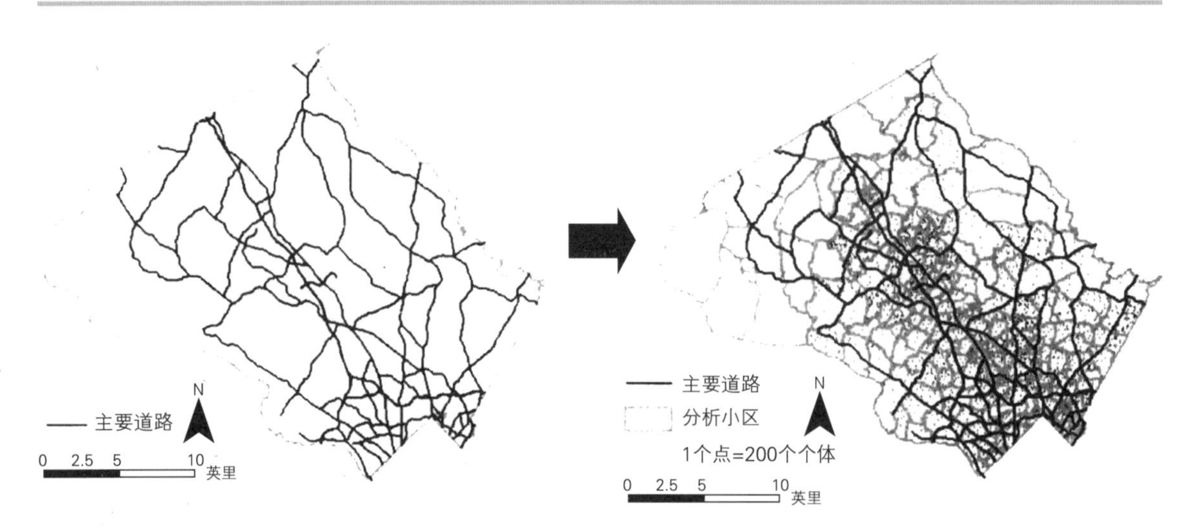

图 8–4 用交通分析小区表达的马里兰州蒙哥马利县空间结构

为出行的决定实际上是在这一层面上产生。但是，大都市规划组织在工作中经常使用的模型是在集合层面的地理分区，称作交通分析小区（traffic–analysis zones，TAZs），其特征可以通过人口、就业和其他因素来界定，是出行的起讫点。这些小区代表了该地区当前和未来城市空间结构形态（图 8–4）。它们大小不同，从单个街区到数平方英里。尽管许多四步法模型是在个人或者家庭的层面上进行交通预测，出于实践的考虑，预测经常会集中到小区的层面。这种对事实的简化也有缺点，比如会忽略了小区内部的出行行为，而这些出行也往往是通过步行和自行车交通方式进行的。

重要的是，许多外部的节点已经被普遍确认了。这些节点具有多重功能。首先，从概念上说它们吸引了所有的源于节点以外的出行，但是这些出行却是需要在节点范围内研究的。其次，节点可以用来保证数目前后一致。因为四步过程要处理成百上千的预测，这些预测合到一起经常不能准确地符合预期。这样，节点就用来保证数目前后一致。然而，在都市区范围内过近地安排节点也会改变结果。

最后，非常重要的一点是在交通分析中应当确保所使用的当前和未来发情景中包含每个小区足够的信息。许多情况下，每个小区的人口统计和物质条件的主要信息应该包括：居民的数量、人口年龄的分布、大约的收入、密度以及土地使用的混合度。然而，每个小区更为详细的信息对我们确定给定情景的可行性非常重要。比如，小区内已开发用地是否适合再开发？如果不适合，在该地区外围的小区的实际活动可能没有预计的那么多，这些地区的交通需求就可能被高估了。同样，对于出行行为较为重要的地段属性也应该被包括在内。一个步行友好的环境和一个机动车友好的环境对于出行的影响是不同的。比如，建筑形态、街道连接度、混合使用程度以及人行道的可用性都是可以提升步行环境质量的一些特征（马里兰州蒙哥马利县和俄勒冈州波特兰市已经总结出了一套衡量步行环境质量的标准）。[3] 公交导向型的土地使用中也经常会忽略这些要素。总之，对未来城市空间结构的陈述中必须包含足够的信息，以支持我们所考虑的规划和政策问题。专栏 8–3 提供了一份清单，以保证对土地使用输入的信息足以解决当前面对的问题。

第一步：出行的发生。这项工作包含对特定的一组土地用途所产生的出行数量进行预估。出行数量是根据出行的目的估计的（常用的分类方法是从家到工作地点、学校，购物或其他地方的出行，以及从其他地方出发的出行）。这种估算一般都在小区层面上完成，每个小区都被视为“产生”和“吸引”出行的地点。对每个小区而言，我们都需要同时对“产生”和“吸引”进行预测。

最好的出行预测方法是使用统计分析工具，比如线性回归分析和计数回归分析等，从而将有目的的出行与家庭特征（出行的产生）或者目的地特征（出行的吸引）结合在一起。家庭特征包括收入水平、是否拥有小汽车、家庭构成、位置、家庭规模、居住密度、土地价值和区域可达性等。我们还需要另外一个步骤：在小区层面上将这些预估集中在一起。目的地特征包括可用的有遮盖空间（可能是工业、商业或者服务业）、小区内的就业率（可能按就业类型划分）以及一些工作地可达性指标。一般情况下，大都市规划组织或者负责进行四步法出行模型分析的组织会定期开展这些预测。

交通工程师学会统计的出行发生率大多应用于项目影响分析（Institute of Transportation Engineers 2001）。在场地层面上，这种出行率表达为每个居住单位每天的出行率或者每单位面积（基地总面积或英亩）每天的出行率。这一出行率常常要调整，以反映一天内不同时间的影响、居民 / 工作者的数量以及本地公交

专栏 8–3
使用交通规划四步法所需土地规划数据的清单

- 土地使用的输入信息是否与分析层级相对应（小区或次区、交通走廊、地区、城市、区域）？核实交通分析小区的数量和大小与要解答的问题保持一致。
- 在土地使用的输入信息和交通结果之间有没有反馈循环？
- 外部节点的数量和位置是否有意义？
- 现有和规划中的道路系统是否得到了恰当的表达？
- 交通分析小区的边界定位是否适当？
- 在出行产生、出行分布和模式选择的模型路线中是否考虑到了非机动化的模式？
- 在四步法的规划过程中有无充分的反馈循环？如果没有的话，那么是否讨论了它们的缺失意味着什么呢？

使用模式。这种出行率还可能需要根据停车特征和出行需求管理系统做出进一步调整，尽管实践中这种情况很少发生。

在实践中，出行发生的方法面临着几个方面的不足。首先，步行和自行车出行常常被忽略，很多模型都有这方面缺陷。举例来说，传统的交通规划师普遍强调的重点是在机动车的出行，忽略了机动车以外的出行方式。交通分析小区的使用进一步忽视了对步行和自行车出行的考虑。它还忽略了特定土地使用特征的影响，例如，混合使用开发对步行和自行车出行的影响往往是最大的。

第二，出行的组合，也称做出行链（trip chain），也被忽略了。规划师和研究者越来越重视出行的组合（Krizek 2003）。人们经常会在日用品店、药店、食杂店以及其他设施处停留，而不是直接从家里到工作地点。对小汽车导向的社区的居民，情况尤其如此。尽管在出行预测四步法过程中很难化解这一局限，但是规划师应该对此有所意识。

第三，影响出行发生的因素不够全面。出行发生是与就业、家庭和机动车数量有关，但是其他因素也很重要。这些因素包括：土地使用的因素如密度和混合使用度、建筑利用因素、劳动参与率、机动车保有量和使用率、可达性、步行便利性和停车便利程度和花费等。这些因素还应该根据城市空间结构和人口状况进行调整。因为我们的城市的构成是会随时间变化的，如果认为城市空间类型（对于人口和经济活动而言）会恒久不变，那是不明智的。

第二步：在小区间进行出行分配。出行发生决定了一个特定地段内从一点出发到一点终结的出行的数量。出行分配过程将每个小区中的出行发生与其他地方的出行吸引结合在一起。这样我们可以得到一张反映每一对小区间的出行数量的表格（表 8–3）。

表 8–3

出行分配阶段的起讫点配对表

起始区域	到达区域				
	1	2	3	4	总量（来源）
1	5	50	100	200	355
2	50	5	100	300	455
3	50	100	5	100	255
4	100	200	250	20	570
总量（去向）	205	355	455	620	1635

资料来源：Modeling Transport，3rd ed.，Juan de Dios Ortúzar S. and Lius G. Willumsen，John Wiley & Sons 公司 2001 年版权所有。本表数据由 John Wiley & Sons 公司授权使用

诸如实施目的地选择模型等统计方法是当前最好的做法。目的地被看做反映土地使用与建成环境的类型与质量的一种功能，并对其进行建模，其要素包括密度、建筑使用、劳动参与率、机动车保有量和使用率、可达性、人行便利性、停车便利程度与花费等。然而，当前出行分配的实施却依赖于万有引力模型。万有引力模型在对其他小区的吸引力评估以及对每个出行发生地和出行目的地的可达性进行测度的基础上，将一个小区产生的出行分配到其他小区。一个拥有很多出行吸引力的小区将会分配到更多的出行数量。与之类似，那些可达性更好的小区也会分到更多的出行数量。

现在的一个问题是，小区之间的可达性一般都是按照机动车行驶时间来测度的。开车的实际支出成本和公交、步行或者自行车出行的时间成本却很少被考虑。在一些有利于非机动车交通方式的用地中，我们也往往低估了这些地点的可达性。结果导致高估了平均出行距离，很多出行被分配到了无关的区域。最佳实践建议把多种交通方式的出行时间和出行成本相结合。

另一个问题是小区之间的可达性（根据距离、时间或是混合的检测标准）一般与小区之间的出行分配数量是没有关系的。这也许会让我们忽略少量的出行（小的堵塞）会引起更多的出行这一事实。太多的出行及其导致的堵塞会对出行和出行距离产生抑制效果。

第三步：模式划分。这一步的目的是预测每一对小区（出行发生地和目的地）之间的各种可能出行模式（比如步行、小汽车、自行车、公共汽车）的百分比。

最佳实践要求我们在诸如到达目的地的出行时间、等待时间、成本、服务频率、可靠性等因素的基础上，通过使用出行方式选择模型来估测每一种可能的模式对每个人的相对吸引力。这一模型的输出成果是一组把这些因素与模式选择的可能性联系起来的系数（详见：Ben-Akiva and Lerman 1985）。

这一模型的一个极为重要的输出结果是模式选择功能的分母值（也叫做“对数和”），但这一点常常为规划师所忽略。这一分母值是衡量所有交通模式带来的可达性收益的标准。短期内一种模式的改善将提升可达性，这样，模式选择功能的分母值也会增加。尽管这种测量可达性的标准的单位是任意的，但它却可以帮助我们对不同情景下的可达性做出相关的比较。专栏 8-4 介绍了在波多黎各圣胡安市，用模式选择模型的分母值来预测城铁系统对可达性的影响。

模式选择模型不仅仅用于出行预测四步法过程。对模型的评估还可以用于政策评价。比如，我们可以用模式选择模型预测一条交通走廊沿线的出行需求管理对公交车乘客人数的影响。与之类似，我们也可以预测密度变化带来的步行出行的变化。由于所具有的行为学基础，其研究成果可以跨研究领域进行转换。最近研究已经发展到根据地方条件对预测结果进行扩大或缩减，从而实现了对模式选择模型的结果进行后期处理的可能性（Cenero 2002）。

专栏 8-4
出行模式选择模型中的可达性指标

下图展示的最佳实践来自波多黎各圣胡安市地区城铁系统对可达性影响的研究（Zhang, Shen and Sussman 1998）。下图展现了在整个大都市地区中不同的工作地可达性水平（遗憾的是，图上的测度单位并没有直接的意义）。根据这张图所反映的信息，交通规划师可以与土地使用规划师与住房规划师保持协调，从而保持或改善特定地区的可达性水平。

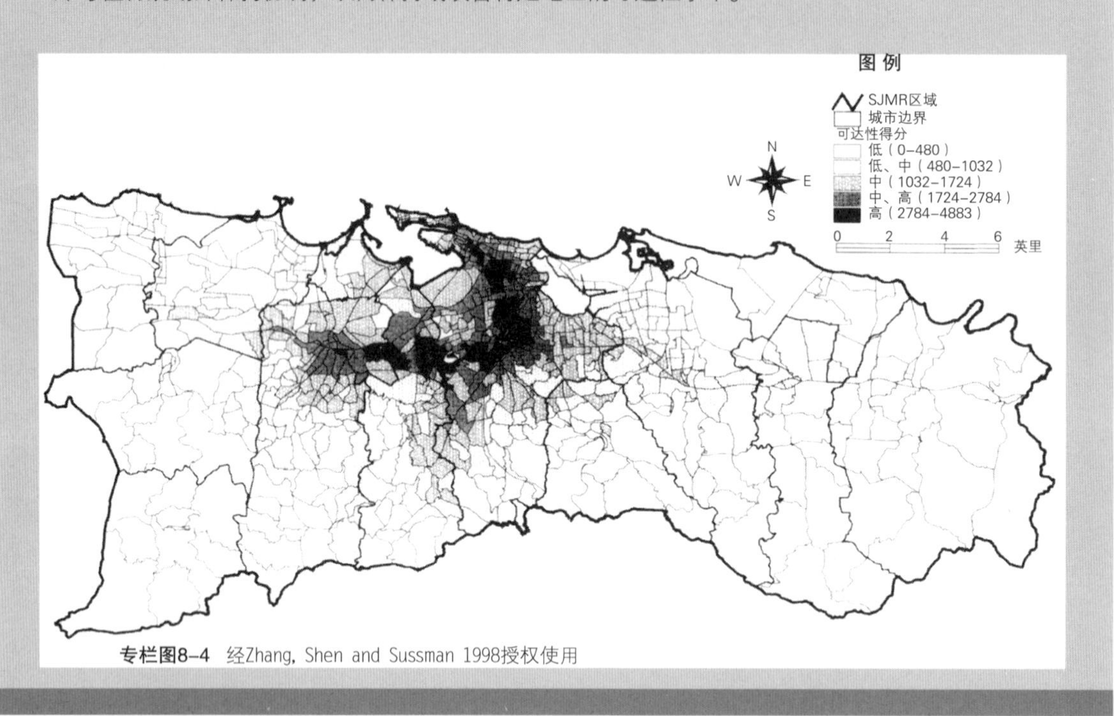

专栏图8–4 经Zhang, Shen and Sussman 1998授权使用

与出行产生的预测方法一样，大多数模式选择模型在应用中都忽略了步行和自行车交通。即使将它们考虑在内，大多模型也只考虑到了一组非常有限的变量。检测建成环境的变量被例行公事地排除在分析之外，而它可以有效替代其他各种未观察到的影响出行决定的因素（Rodrignes and Joo 2004）。这使得该模型对很多支持汽车交通选择的政策（诸如对土地使用的干预）不敏感。

第四步：将出行分配到交通网。一旦出行按照不同出行模式划分，它们就会被分配到道路网络中的一条路线上或者公交网络的一条线路上。这是出行预测过程中数据与运算最为集中的一步。

当前，大部分交通出行分配所使用的程序都承认交通网络中的出行数量决定了出行时间。当前的最佳实践推荐运用可能使用者均衡法。这种方法假定，在均衡状态下，出行者不能通过使用一条不同的交通路线来减少出行时间。这样，出行起讫点之间的所有路程对于每个个体而言就具有均等的吸引力。

就规划目的而言，这一步骤的结果是切题的。结果中包含了街道 / 公交网络中每种模式的交通量、出行时间和速度以及每一交通设施的服务水平。例如，通过比较现状与规划交通能力，如果我们希望能够满足这部分需求，我们就会意识到进行投资是必要的。与之类似，这些结果反过来又变成了空气质量模型的输入信息。

线路分配的操作方法面临着很多技术上的挑战，而最重要的是，如何与预测程序的其他各步骤之间进行互动。同时，这一预测程序依赖于行为假设，这种假设并不真实，但是简化了技术上的计算。在实践中，很少进行除了机动车以外的出行方式分配。对于公交来说，这是因为线路调整是由外界因素决定的，比如交通规划师要依赖交通规划软件的帮助。在一些步行和自行车出行频率高的高密度地区，这种分配程序就很少使用。最后，小区和道路网络的详细程度还需要改善，以包容在微观尺度上的变化。

土地使用规划中交通信息的使用

当前和预测的交通状况信息可以帮助我们确定存在需求、机遇和优势的地区。把交通要素纳入土地使用规划依赖于一些因素，诸如该地区的交通投资、城镇在多大程度上将协调交通和土地使用置于优先考虑，以及通过土地使用政策来支持交通发展的愿望。尽管从第 11 章到第 14 章都强调交通可以在土地使用规划中发挥关键作用，专栏 8–5 关注的是在土地使用规划中如何确定土地使用和交通之间的相互影响的标准。这些信息应包含在规划基本信息库里。

根据第 3 章提及的规划质量方面工作，专栏 8–5 指出了如何将交通要素有效纳入土地使用规划信息库中的一些指引。其所关注的是与规划的事实基础和内容相关的内在质量的概念维度（Baer 1997；Kaiser，Godschalk and Chapin 1995；Kaiser and Moreau 1999；Talen 1996）。并非每个总体规划都会遵循这些指引，但是在交通方面，高质量的规划一定会体现出其中的很多内容。

专栏 8–5
将交通信息纳入规划基本信息库的指引

事实基础

- 规划中应包含清晰易懂的交通 / 土地使用规划图，可以不读文字就知道有用的信息。这些信息包括重要目的地和相关的交通选择（道路、交通路线、主要自行车道、绿色通道等）。
- 规划年限超过 10 年的规划应当考虑到交通项目对开发的影响。

（续）

- 应当在交通服务质量和可用性的差异、交通基础设施以及土地使用与地理区域之间建立清晰的联系。政策与目标应有具体地理区域上的针对性。
- 规划应对出行需求与交通基础设施的供给进行研究。抓住现状条件特征对于确定需要的区域和能力过剩的区域十分有用。
- 规划应当对现有的和计划的地方、州和联邦的交通基础设施投资进行检验。对现有设施的状况和能力，以及计划将要做出的变更，规划应当绘出图纸并列出详细目录。针对未来的道路，应有引导沿道路发展的相关策略。

目标与政策框架

- 规划中应包括对交通政策的评价，比如最小的停车需求、停车场供给以及停车成本等。这些政策处于土地使用与交通规划的交叉领域，而且很少被明确地包括在这两种规划的任何一种之中。公开讨论停车需求（包括成本）和停车管理规则等问题可以帮助决策者进行相关决策。
- 对城镇未来的土地使用的陈述应当包含它们对出行需求和交通基础设施的影响。尽管城镇交通规划会全面考虑到具体的交通影响，我们仍然需要阐明其在交通方面的总体影响。为了更好地理解和说明这些影响，建议使用一些指标（见下一条）。同时还应当提供对现有的多种模式的交通规划的参考。
- 规划中应当使用机动性和可达性的指标。这些指标应包含服务水平、交通量与承载力的比值、延误、通勤时间以及日交通量。然而，更宽泛的可达性指标，如公共交通站点 1/4 英里内的人口、工作岗位及零售业的百分比，20 分钟步行或自行车或开车出行范围内的人口、工作职位以及零售业的百分比、等时曲线，或者不同规模下的人口与工作职位之比都是可取的，因为它们都结合了土地使用与交通。
- 规划应当考虑到交通服务（公共汽车）和交通基础设施（人行道和道路）扩展的可行性与成本。如果可能的话，这些成本应该纳入规划文件并作为其中的一部分，或是做出参考资本改善项目或交通规划的引用。
- 在整合未来土地使用与交通规划时，应该运用一套共同的、一致的、有说服力的假设。最重要的是，对土地使用需求的估算与交通规划中所做的估算应该建立在同样的人口与经济预测基础之上。这样，土地使用规划师和交通规划师就会对未来城镇的形态与规模有相似的设想。

给水、排水和学校设施

给水排水系统是城镇设施，它和交通设施一起促进了城市发展。从规划与开发两方面的观点来看，给水排水服务对于提升一个地区开发的适宜性都是必要的。其他设施如：学校、公园、娱乐设施等，在决定一个地区发展的可能性方面就相对没那么重要。尽管如此，它们所提供的服务对社区的经济价值有重要影响，因此它们可以增强一个地区开发或再开发的吸引力。特别是，学校、给水排水系统与交通设施一起，在推动发展和改变城市景观方面起到越来越重要的作用。因此，在本节中我们强调的是教育设施和给水排水系统。第6章提到的暴雨管理对于保持城镇的环境质量和安全也很重要。它与给水排水系统的不同之处在于它是在整个规划范围内提供的，并不是在每个地点都需要配备。

与交通基础设施部分的格式一致，以下几节关注的重点是信息的使用和展示，以理解目前的给水排水系统、学校服务，包括供给、需求和管理策略。然后，本章的重点转向每种基础设施的规划以及基础设施规划与土地使用规划的协调。

给水基础设施

给水系统为城市、农业以及工业提供用水。它包括饮用水的供给，也包括非饮用水的供给，如：农业灌溉、工业生产、高尔夫球场灌溉、居民区草坪用水等。城市给水系统大部分只提供可饮用水，但是，很多缺水地区正在发展双给水系统。这种双系统有两套管道，一套是饮用水管道，另一套供给非饮用水，即所谓的“中水”（gray water）。

饮用水供给系统包含了供水水源、自来水厂和储存分配系统。供水水源可能是地表水，如河水或者湖水，也可能是地下水。自来水厂会去除水中的杂质，提升水的品质。用户可以通过存储设施、管道和增压泵组成的网络获得净化水。供水干管把水输送到需要的区域，并且与较细的管线相连接，这些管线铺设成回路，使水可以在最需要水的区域进行循环。

配水系统中的水应有足够的水压以保证水的充分流动。这种压力来源于位于高处的储水箱，水被泵入储水箱。一天中不同时段的水需求是不一样的，早晚时段或救火时，以及草坪灌溉时，用水量会达到峰值。

供水基础设施与供水服务指标 城镇的供水基础设施清单必须说明水的供需。供水水源的清单应该记录供水蓄水池的贮量及其安全产出量（每日几百万加仑）以及贮水设施的容量。应当在供水总管处收集数据，并对服务系统和范围进行图化表达。在取水井所在的地区，为保护井水不受污染，应在图上标出井水的水位下降漏斗范围。从生水到用户端的净水会有15% ~ 20%的损耗，所以在计算最大供水量时，尤其在干旱地区，应该考虑到这种差额。供水服务水平的标准建立在历史平均日需求量的基础上，用平均每人日加仑数（GPCD）表示，如135GPCD。这个均值通常包含了住宅和非住宅耗水量。

规划还应当对供水的质量做出报告。联邦和州政府会对供水质量进行管理，包括微生物、放射性物质、无机物、消毒副产品及其成分的残留。超过规定标准的供水系统很可能需要补救性的投入，以使之符合要求。在可能的情况下，详细记录清单中应该包括在供水系统中监测到的各种物质、监测到的最高水平、范围，以及允许的最高水平的报告。

详细清单中还应该包括当前对净化水的需求。在可能的情况下，应该报告不同季节的耗水量以及主要消费群体当前的用水量。水资源保护是饮用水需求管理的一项重要战略。这需要通过限制需求或者限制每日用水时长来实现；或者通过改变用水行为，如限制洗澡用水量，以及通过系统的改进，比如维修以防渗漏来实现。另一项主要策略是如何提升水的质量。这包括避免暴雨径流、垃圾填埋、石油储油罐、海水入侵和其他来源的污染。供水服务规划中应经常对这些因素进行总结，如果可能的话，应当在土地使用规划中包含或提及这方面的内容。

排水基础设施

城市排水设施的目的是收集来自于居住、商业、工业设施的污水，将其输送至污水处理厂去除有害物质后排入水体。和网络状的供水系统不同的是，排水管线是等级式的或枝状的。污水或污水从与家庭相连接的较细的管道里流出，再进入较粗的总管。污水管道系统应尽可能利用重力自流。当在一些地段污水必须反重力方向流动时，系统需要使用压力泵进行加压。

污水处理厂会去掉污水中的固体颗粒和有机物。这一过程包含了三级净化：主净化和次净化去除固体颗粒和有机物，第三级净化去除额外的污染物如氮磷化合物。工业区往往比居住区和商业区产生更多的和污染更严重的污水。有时工业污水中会含有有毒物质，并非一般的污水处理系统可以净化，比如重金属、酚化合物等。在污水源头进行预处理有助于减少污水中不受欢迎的物质。

污水处理过程产生两种废物。第一种是处理过的污水，它可以排放到水体中，注入地下蓄水层，或重新用于灌溉和其他非饮用目的。污泥是处理过程中的固体残渣，它会被埋在垃圾填埋场中或用做农业中的土壤调节剂。

集中污水处理厂的替代选择是小型成套处理厂和独立化粪池系统。这些系统经常用于孤立的和独立的私人开发项目。成套处理厂的运行和集中处理厂的运行很相似，但其处理能力较弱，通常只能进行二级净化。化粪池系统使用了一套不同的净化方式：将污水收集到化粪池，固体杂质在池中沉淀出来，并被细菌分解，剩余的水通过地下管道排放，在土壤中渗透并进一步净化。尽管化粪池系统多服务于独栋房屋，但也可以成组设置。化粪池每使用 3~5 年就要清除一次积存的固体废物。化粪池系统必须埋在排水条件良好的土壤中以确保过滤环节有效。成套处理厂和化粪池处理系统都有潜在的运行和维护问题，在计划作为城市发展的地方，它们并非理想的长期解决方式。

对规划师而言，在市政排水服务系统、小型成套处理厂、化粪池系统之间进行权衡不仅是城镇管道延伸费用的问题。因为独立化粪池系统需要适合的土壤环境条件，而且只适用于低密度地区，所以通常用在乡村或低密度的郊区。这样，小型成套处理厂和独立化粪池系统使管理邻近地区的增长变得非常困难而不可预期。相形之下，集中排水设施却容许高密度的发展，并且没有土壤条件的限制。此外，化粪池的故障和渗漏所造成的社会成本也往往要高于公共排水系统的成本。在环境敏感地区，化粪池渗漏对环境的影响越来越引人关注。这也是为什么许多州和地方卫生部门开始为化粪池系统建立技术标准的原因。不难想像，出于对环境的关注，在不远的将来对污水和排水点设置将会有更加严格的限制。

除了管理排水系统的延伸外，与排水相关的其他问题包括：连接排水管是不是强制的？污水处理成本在公私之间如何分配？污泥处理（土壤利用、垃圾填埋或海洋处理）是否容许，以及综合性的政策。最后一个问题也是规划师常常面对的。例如，当一个不在服务范围之内的社区想要得到市政给水排水系统的服务，基础服务设施的延伸应当被看做实现符合现有规划的发展的一种机遇。这样，排水系统的提供就可以成为引导发展的积极手段。

排水基础设施与服务指标 除了那些私人性质的场地系统以及小型的社区成套处理厂外，一个地区的排水设施的现状信息还应该包含中心（有时称为地区）污水处理厂的位置和处理能力，以及污水收集系统的组成。污水收集系统的组成包括泵站、加压主管，这些设施可以施加压力，使污水可以逆重力方向而流过山脊和斜坡。因为一个城市中会包含很多个排水系统服务区（这取决于污水处理系统的设计），排水系统清单应当包括这些服务区范围的图纸。图中应显示成套处理厂的服务区域以及化粪池的服务区域。这可能需要对不同的排水服务提供者（政府的与非政府的）以及地方卫生专家和污水处理公司做调查。

排水系统清单还应该记录当前对污水处理厂的需求，以计算污水处理的剩余能力。相比于饮用水供给系统而言，居住区排水系统并没有明显的季节性峰值特征，因为夏季需求的增长多因为草坪的灌溉。除了流量（每日平均、最大值、最小值）指标之外，污水处理厂的设备操作人员应该还可以提供生化需氧量和其他运行指标。最后，还应当收集接受污水排放的水体和用于处理固体废物的土地的相关信息，包括：废物承载条件、最终水质状况，以及现有和潜在的接受排放的水体的自净能力。把这些信息汇总到一起，可以对污水系统的运营状况、额外能力、当前设施的状况以及环境状况进行评估，从而为规划建立基准。

和饮用水一样，排水系统服务标准的水平通常用每人每日产生的污水量（加仑）来表达。这可以从现状比率中得出，比如：排水服务水平可以是115GPCD[①]。如果可能的话，排水系统规划应作为附录部分包含在土地使用规划之内，或者最起码要在规划中提到。

教育设施

尽管地方教育系统往往是由一个独立的选举出来的管理委员会掌管的，而

① GPCD（Gauons Per Capita Per Day），人均每日加仑数——译者注。

且在一个规划管理单元范围之内可能有好几个教育系统存在，但是学校的位置和教学质量却对开发格局有着重要的影响，同时，学校的可达性、选址是否合适，以及是否可以用作娱乐和社区大会的场所等都是土地使用规划需要重点考虑的问题。学校常被视为社区的焦点，还兼具社区运动场与集会场所的双重功能。

小学和中学为社区提供公共教育服务。学校分为小学、初中和高中三种类型。地方学院是可能的第四种类型。尽管它们的建设是地方教育系统的责任，我们还是建议在教育服务设施的分布与土地使用规划之间做出适当的协调。

学校信息常包含在学校布点规划中，它应该作为土地使用规划的附件或在文件中提到。学校的关键信息包括一张标明目前学校位置、类型以及名称的图纸。与图纸对照应该有一张表格，列出每个学校的位置，并且标明其规模和容量，还有一份登记表格记载了每所学校、每个邻里或者其他居住社区单位、每个行政辖区（公共的、私人的或是教区的）的学生入学情况。关于学校的信息还可以包括学校设施的使用年限和状况、其大小和特征、学校设施在非教学时间内供居民使用的可能性，以及通过步行和自行车等交通方式到校的可达性。如果可能的话，还应该标明为学校服务的公交线路。

给水排水系统和学校的规划方法

给水与污水处理都与土地使用规划有着密切的联系。给水排水系统的容量与空间分布是建立在城市开发的规模、类型和位置的基础上的；同时，城市开发的规模和位置也取决于给水排水系统的服务能力。此外，给水排水服务区范围也需要协调，因为污水管的重力条件和给水管的加压条件都必须与现状系统相衔接。开辟新的排水服务区的决定需要考虑到提升压力的可能性，反之亦然。因此，如果没有给水排水服务系统，就不可能有城市密度的重大开发。同样，土地使用规划中规定的任何土地使用布局都应该反映在财政与技术上为一个特定位置提供给水排水服务的可行性。

在过去的10年中，教育系统与土地使用规划之间的联系已经大大加强了。当代学校设计占地很大，这就把它们的位置限制在了土地价值不高的区域。这意味着，与选址在更靠近城镇中心的区域相比，这些选址往往限制了多种交通模式的可达性。

预测未来公共服务设施的需求有三种一般性方法。下文将详细阐述的，也最为普遍使用的方法是人均系数法。这种方法假定未来的需求与地区人数和经济活动直接相关。第二种方法是把同等的或具备可比性的城镇的经验作为一种补充与人均系数法结合起来。把其他地区的经验（人口增加或者减少）以一种或多种方式结合到分析中。比如说，系数本身可以调整。同样，结果也可以根据类似城镇的经验上下调整。类似社区的经验为预期未来财政的变化和增长的影响提供了重要的借鉴。第三种方法是利用回归分析将公共服务需求同人口和地区特征（如天气、人均收入和常规降雨量)联系在一起。诸如地方消费等历史数据用来建构方程。在不同的备选发展情景下，根据历史数据计算出来的参数可以被用来预测未来的需求变化。

使用人均系数法预测未来给水排水系统、学校设施的需求可以概括为几个步骤。第一步，确定与未来发展情景相一致的土地范围和位置的人口和经济活动变化。结果可以得出在特定空间上的服务需求变化。这样，人口特征和开发特征（紧凑的还是蔓延的、高密度还是低密度、远离现有设施还是靠近现有设施）都将对城镇设施产生影响。

下一步是测定现有设施的服务能力短缺和过剩，这往往是在空间上不均衡的。这意味着城镇中一些地区的基础设施服务能力可能过剩，而另一些地区则可能不足。基础设施能力严重过剩的地区与没什么过剩的地区相比，额外的增长对财政的影响就没有那么大。在基础设施不足的地区，额外增长需要大量投资于建设新的设施，因为它们很难以小规模、廉价的增长方式进行扩张。[4] 城镇设施服务能力分析与额外需求预测结合在一起，我们就能够判断一个地区额外基础设施的需求。

供水规划 供水规划开始于对未来需求的中长期的（多至 50 年）预测，这建立在人口和就业预测的基础之上，在某些情况下还要考虑到特殊的产业用途。研究表明，人口是一个可靠和全面的用水指标（详见：Dzurik 2003）。这样，最普遍使用的供水需求预测方法就是用人均用水系数（其中已经考虑了非居住用途的用水需求）乘以预测的人口数。有时，我们也对居住人口、商业、工业以及公共就业人口采用不同的人均系数，然后加上特殊用途的需水量，比如热电站或诸如纺织或食品加工业等大量用水的工业等，来改进这种方法。

美国全国的人均用水需求是 150 加仑 / 人 · 日，其中 55 加仑是家庭（居住）用水，20 加仑是商业用水，50 加仑是工业，20 加仑用于公共事业和不确定用途。然而，各地的人均用水量各有不同，从 50 ~ 250 加仑 / 人 · 日不等，这取决于诸如气候、收入以及工业类型等因素。例如，如果一个城镇没有多少或者根本没有工业，人均总用水需求量可能大大少于 150GPCD。因此，需要对地方用水量和预测的工业就业组合进行分析（Goodman and Major 1984，88–90）。

公共供水系统通常在密度大于 1000 人 / 平方英里时才较为经济，也就是说需要平均地块的大小为 1.5 英亩或更小，或是平均人口毛密度高于 0.6 人 / 英亩。如

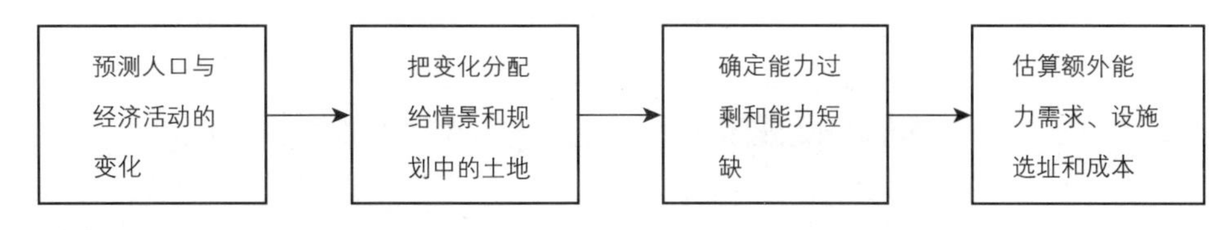

图 8–5 对城镇设施未来需求的预测与规划

果人口密度低于500人/平方英里，那么建设公共供水系统就几乎没有合理性了。

供水规划包括对现状和未来潜在的地下水和地表水供给能力进行评估，设计取水、水净化和配水的方法。在使用地下水水源时，还要考虑到过量抽取地下水可能造成的地下水位下降。地下水位过低会破坏临近的湿地并引发土地下陷。在某些情况下，需要用水库来调节和存储地表径流。水库不仅可以用来主动蓄水，还可以用于收集沉积物、发电、休闲娱乐和控制洪水（详见：Dzurik 2003中计算储水量需求的方法）。在其他情况下，流域保护本身也可以是区域土地政策规划的目标。

污水处理系统规划 就像在给水系统中一样，设计的着眼点是长期的，通常污水主管要按照50年的标准，净化设施按照20年的标准进行考虑，在计算污水处理厂的规模时还要考虑到其未来的扩张要求。未来的污水收集和处理需求预测包括一般人口和就业的预测，以及需要大量污水处理的工业中的就业预测。第11～15章中讨论的备选开发情景和规划中反映的需求在地理上的分布是污水处理系统规划的重要内容。于是，人口、就业与土地使用都将转化为污水负载。

适用于一般的土地使用规划的最简单方法是根据水的使用来计算污水产量。一般来说，规划师可以用一个0.60~0.80的系数乘以供水需求量，从而得到污水量，如果根据本地数据进行研究则更为可靠（Tabors，Shapiro and Rogers 1976，28）。如果把供水需求量根据用地类型区分，那么，不同用地上的系数也将有所不同。比如在休斯敦，居民生活污水可使用系数0.8，办公1.0，而零售商业为0.5（City of Houston 1987）。

污水处理厂的选址对污水系统规划和土地使用规划都很重要。重力自流的理想原则限制着污水处理厂的选址。由于气味和普遍的负面形象，污水处理厂不能靠近现有的或规划中的居住区和商业区。这样，协调土地使用和污水系统规划便十分重要。实际上，在土地使用规划中，初步的污水系统规划应当先于居住、办公、商业、工业等用地，把最容易通过重力把污水排到现状和潜在的新污水处理厂的地区都标在适宜性分析图上。

为了满足公共投资的合理性要求，建设公共排污系统通常比公共给水系统所要求的最小生活密度还要高。一般需要人口密度为每平方英里2500～5000人，也就是说，平均每个地块不超过1.5英亩，人口毛密度每英亩至少要有2户居民。那些密度在1000人/平方英里以下的地区，建设公共排污系统就很难说是合理的了（Carver and Fitzgerald 1986）。尽管如此，如果要在较低密度地区通过公共排污系统来防止健康危害和促进增长管理，那么也可以说是一种合理的选择。

规划师经常遇到的一个问题是超大型给水/污水处理厂所节省下来费用的是否可以补偿连接这些（更远的）地区服务中心的更长的支管的成本。证据显示，在供水和污水处理中有规模经济效益。处理量越大，单位成本就越低，短期和长期都是这样。然而，在输送方面也有因规模扩大导致的成本提高，因为需要升压泵和其他设备将水输送和分配到很远的地方。这样，在一个特定的给水或排水系统中，空间与服务特征之间的组合将决定对其规模的回报。因为人口和服务范围会影响管道的长度与能源成本，随着服务范围的扩大和居住密度的降低，输水成本趋向于减少对规模的回报。对每个具体的服务范围而言，净效果取决于其自身的特定条件。

最后，在中心供水和排水处理情况下，成本的变化使人想到发展模式和它们对城乡财政的影响之间的联系。证据表明，分散增长模式的资金成本要高于集约增长模式，这是因为分散模式需要更长的给水和排水管线（Burchell et al.1998；Frank 1989；Speir and Stephson 2002）。

学校规划 过去50年内学校设计发生了巨大的变化，传统的社区学校的观念为服务于整个城镇的若干学校所取代。出现这种变化的原因包括在实现种族的融合方面的尝试、居住的分散化，平均住宅规模的减小导致了更低的密度和更大的学校服务范围，同时人们还期望大规模的学校能够节省资金。结果从20世纪30年代起，尽管小学和初中的学生人数增加了一倍，但美国学校的数量却锐减了65%还多。

在这种变化趋势下，为促进学校规划，很多州和地方政府都制定了一些学校建设的指导原则。这些指导原则大都以国际教育设施规划师委员会（CEFPI）的数据为基础，对土地使用和各种不同等级的学校类型做出了一般性的规定。但是在许多情况下，这些指导原则强化了郊区的期望，支持了那些只有使用私人小汽车才能到达的很远的学校，所以要明智地使用这些指导原则。比如，北卡罗来纳州根据CEFPI的标准制定的指导原则（North Carolina Board of Education，2003）认为，郊区或乡村的学校为单层建筑，要有活动场地和全部停车的空间，并在合理的位置上安排公共汽车站和等候空间。指导原则中建议，K–6型学校占地为10英亩，高中占地为30英亩，在日常基础上使用各类设施的人每增加100人用地应增加1英亩。这些空间要求严格地限制了在已开发地区得到建设学校用地的可能性。结果，学校都建在了外围地区，步行、自行车、公共交通很难到达这些地区。当前也有些应对这些土地使用限制的策略，比如与其他机构共用土地和相关设施，可以合用操场和礼堂等，还可以通过改进日程表以更有效地利用现有设施（Salvesen and Hervey 2004）。

根据本节开始时总结的一般方法，学校规划的分析过程包括：预测学校入学情况、将预测值与现有学校设施进行比较、制定选址和空间需求标准、设计学校布点的空间布局。下面我们就详细阐述这几个步骤。

学校规划的第一步是根据预期的未来年级结构（比如：6–3–3），或者根据居住区、规划区或其他合适的地理单元来预测入学情况。这可以用住宅单位类型来计算出生率，然后用每个地区的人口预测乘以出生率得到。出生率把一个特定区域出生的学生数量与该地区的特征（如住宅单位类型）联系起来。以独门独户住宅为主时，出生率较高；以联体多户住宅为主时，出生率较低。出生率会根据学生层级（小学、初中和高中）不同而不同，还会因学校是公立的还是私立的（假设这两类学校都很充裕）而有不同。如果说入学学生数目很重要的话，那么这些比率可能不得不作出调整，以反映在每个层级上预期要进私立和教会学校的学生比例。

然后，根据居住区土地使用设计中所表达的人口分布，按照学校的年级，将总入学人数在地理区域中进行分配。这一方法适合在土地使用总体规划中进行学校布点和类型设计，但是需要在更详细的学校规划和资本改善项目计划制定中进行更为深入的研究并作出调整。这一步骤的成果是得到按年级划分的学校空间需求的空间分布。

下一步，根据学校容量、条件，以及预测的未来入学学生分布的可达性，对现有学校位置的清单进行核查。规划师必须评估学校扩大规模或是对现有校舍和场地进行改造的潜力，还要评估用于新选址的空地或可更新土地的可用性和适用性。这需要涉及选址和空间需求，包括合理的步行或公交出行半径，用地规模的最低标准或指导原则，以及所要求的选址数量。在这些考量和基本目标的基础上，规划师对学校布点进行规划设计，确定哪些校址需要保留、扩大，或是变更和废弃，以及建立哪些新的校址。废弃的学校用地就成为潜在的其他用地。

小结

本章介绍了规划师应该在城镇设施方面应该考虑的重要信息，这些信息可以总结如下：

- 现有基础设施的位置和服务能力；
- 对当前基础设施的需求；
- 有哪些地区的基础设施服务能力过剩；
- 有哪些地区的基础设施存在不足和开始出现不足；
- 有哪些地区高速增长，对基础设施能力有较高需求；
- 当前基础设施服务的价格；
- 规划的基础设施改善项目的时间安排和规模；
- 规划的基础设施吸引新的土地开发或满足土地使用规划所确定的需求的潜能；
- 应对基础设施服务能力过剩和能力不足的策略；
- 有哪些人口亚群体无法使用城镇基础设施和公共服务，或是达不到标准；
- 有哪些人群受到当前基础设施或其使用的负面影响；
- 在哪些地区，当前和规划的基础设施及其使用对自然环境存在影响，或将导致影响（如对空气或水的质量）。

尽管规划师并不参与建设或者直接管理公共基础设施，但其行为却影响着这些设施需求的时间选择和选址。因此，规划师要掌握基础设施需求、剩余能力和每项设施所提供服务的最新信息。因为公共基础设施不仅满足对公共服务的现有要求，而且也增强了地区发展的吸引力，并且需要一次性的大量投资，它往往成为土地规划博弈中的主要动力。我们认为，将城镇基础设施规划与土地规划联系起来是对城镇资源的一种合理利用，也有益于城镇的发展。在公共基础设施规划与土地规划二者之间，最需要协调的就是交通设施规划，这一点是再明显不过的了。

与“人们出行是为了到达目的地”的观点相一致，我们建议规划师用可达性指标补充目前常用的机动性指标，来核实一个城镇的交通现状。可达性指标建立了交通基础设施与土地使用系统的联系。此外，可达性指标对于澄清在不同的开发和政策情景下谁是获益者，谁是利益受损者也有较大的作用。可达性指标的信息可以从标准的地理信息系统中得出，也来从出行预测四步法的中间步骤得出。我们为出行预测总结了出行发生、出行分配、模式选择和分配的若干步骤。我们强调，规划师应当作为交通规划成果知情的使用者。最后，与什么是好规划的文献保持一致，我们提出了一些指导原则，以把交通基础设施规划的信息纳入土地使用规划的事实和基础信息库。

对给水、排水系统和学校基础设施，我们建议使用服务质量的指标，以及这些服务的供给与需求如何在空间中变化的信息。规划文件应当对基础设施发展规划、扩张政策以及融资计划进行概述。这些信息一般可以在资本改善计划中找到，但我们的目标是在规划中对其进行整合与协调。汇编这些信息需要从负责这些设施的相关单位搜集数据，包括管理机构、服务地区，以及诸如私人和非盈利的非政府组织等。

为了满足预测的增长和特定的发展情景基础上的未来需求，我们建议在规划时使用人均系数法作为未来土地设计所含信息的补充。此外，我们还强调了规划师经常要面对的取舍：采用集中污水处理系统还是化粪池或小型成套处理厂，采用一个集中水处理厂还是多个水处理厂，采用大型学校还是邻里学校。这些取舍与土地发展布局相互影响，因此在规划制定过程扮演着重要的角色。

本章中提到的基础设施信息使我们可以确定，在哪些地区规划将会允许发展或鼓励发展，在哪些地区规划要阻止发展。基础设施系统的相关信息加上人口与经济预测、环境优先、土地使用限制和机遇，有助于规划师理解当前和未来发展的动态，并联系到城镇的现有需求。

注释

1. 根据发展需求提供充足可用的基础设施服务的时间安排，这种协调的尝试也可以通过同步性要求（concurrency requirements）将其正式化；可以通过政府的资本改善项目实现；也可以通过开发许可协商或强制由私营部门来实现。这种同步和充足性设施的要求是为了保证地方在发展过程中不会为基础设施而大量负债。对每类设施可以根据不同的服务等级来定义其充足性，关于同步性，详见第 15 章。

2. 其他的定义包括交通和土地使用系统提供的好处（Ben–Akiva and Lerman 1985），每个可能的目的地之间的互动成本（Levine and Garb 2002）以及互动可能性的强度（Hansen 1959）。

3. 马里兰州蒙哥马利县的规划师根据建筑退线、区内公交站、人行道的可用性制定了一套步行友好的指标。在 20 世纪 90 年代早期，俄勒冈州波特兰的规划师根据人行道的连续性、过街的便利性、街道特征以及地形设计了一套步行环境的评分标准。最近，波特兰的规划师对这套标准进行了升级，包含了街道交叉口的密度、居住密度以及商业零售业密度。

4. 当我们关注投资成本问题时，不能忽略运营成本是政府支出的主要部分。供水与污水服务成本中包含了输送设施成本（管道和泵站）、运营成本（维护和能源消耗）、水储存，以及供水处理和污水净化处理。美国人口调查局的信息显示，污水处理成本中的 60% 是运营成本，供水成本中的 71% 是运营成本，而教育支出中的 90% 是运营管理费用。

参考文献

Altshuler, Alan, and Sandra Rosenbloom. 1977. Equity issues in urban transportation. *Policy Studies Journal* 6 (1): 29-40.

Baer, William C. 1997. General plan evaluation criteria: An approach to making better plans. *Journal of the American Planning Association* 63 (3): 329-44.

Ben-Akiva, Moshe, and Steve Lerman. 1985. *Discrete choice analysis.* Cambridge, Mass.: MIT Press.

Burchell, Robert W., Naveed A. Shad, David Listokin, Hilary Phillips, Anthony Downs, Samuel Seskin, Judy S. Davis, Terry Moore, David Helton, and Michelle Gall. 1998. *TCRP Report 39: The costs of sprawl-revisited.* Washington, D.C.: Transportation Research Board.

Carver, Paul T., and Ruth A. Fitzgerald. 1986. Planning for wastewater collection and treatment. In *Urban planning guide: ASCE manuals and reports on engineering practice, no. 49,* rev. ed., xiv, 577. New York: American Society of Civil Engineers, Urban Planning and Development Division, Land Use Committee.

Cervero, Robert. 2002. Built environments and mode choice: Towards a normative framework. *Transportation Research Part D* (7): 265-84.

Cervero, Robert and Kara Kockelman. 1997. Travel demand and the 3Ds: Density, diversity and design. *Transportation Research D,* 2(3): 199-219.

Cervero, Robert. 1996. Mixed land-uses and commuting: evidence from the American Housing Survey. *Transportation Research A,* 30(5): 361-377.

Cervero, Robert, and John R. Landis. 1995. The transportation-land use connection still matters. *Access* (7): 2-10.

City and County of Denver. 2000. *Blueprint Denver.* Denver: Author.

City of Houston. 1987. *Planning policy manual.* Houston: Department of Planning and Development.

Council on Environmental Quality. 1997. *Considering cumulative effects under the national Environmental Policy Act.* Washington, D.C.: Executive Office of the President.

Dzurik, Andrew Albert. 2003. *Water resources planning,* 3rd ed. Lanham, Md.: Rowman & Littlefield.

Florida Department of Transportation. 2002. *2002 Quality/level of service handbook.* Tallahassee: State of Florida Department of Transportation.

Frank, James E. 1989. *The costs of alternative development patterns: A review of the literature.* Washington, D.C.: Urban Land Institute.

Gakenheimer, Ralph. 2000. Urban transportation planning. In *The profession of city planning*, Lloyd Rodwin and Bishwapriya Sanyal, eds., 140-43. New Brunswick, N.J.: Center for Urban Policy Research.

Geurs, Karst T., and Bert van Wee. 2004. Accessibility evaluation of land-use and transportation strategies: Review and research directions. *Journal of Transport Geography* (12): 127-40.

Giuliano, Genevieve. 1991. Is jobs-housing balance a transportation issue? *Transportation Research Record* (1305): 305-12.

Giuliano, Genevieve. 1995. The weakening transportation-land use connection. *Access* (6): 3-11.

Giuliano, Genevieve, and Kenneth A. Small. 1993. Is the journey to work explained by urban structure? *Urban Studies* 30 (9): 1485-1500.

Goodman, Alvin S., and David C. Major.1984. *Principles of water resources planning.* Englewood Cliffs, N.J.: Prentice Hall.

Handy, Susan, and Kelly Clifton. 2001. Local shopping as a strategy for reducing automobile travel. *Transportation* 28 (4): 317-46.

Handy, Susan, and Debbie Niemeier. 1997. Measuring accessibility: An exploration of issues and alternatives. *Environment and Planning A* (29): 1175-94.

Hansen, Walter. G. 1959. How accessibility shapes land use. *Journal of the American Institute of Planners* (25): 73-76.

Helling, Amy. 1998. Changing intra-metropolitan accessibility in the U.S.: Evidence from Atlanta. *Progress in Planning* 49 (2): 55-107.

Institute of Transportation Engineers. 2001. *Trip generation handbook: An ITE recommended practice.* Washington, D.C.: Institute of Transportation Engineers.

Isserman, Andrew M. 1984. Projection, forecast, and plan: On the future of population forecasting. *Journal of the American Planning Association* 50 (2): 208-21.

Kaiser, Edward J., David R. Godschalk, and Stuart F. Chapin, Jr. 1995. *Urban land use planning,* 4th ed. Champaign: University of Illinois Press.

Kaiser, Edward J., and David Moreau. 1999. *Land development guidelines for North Carolina local governments.* Chapel Hill: Center for Urban Regional Studies, University of North Carolina.

Khattak, Asad J., and Daniel A. Rodriguez. 2005. Travel behavior in neo-traditional neighborhood developments: A case study in USA. *Transportation Research Part A* 39 (6): 481-500.

Krizek, Kevin J. 2003. Neighborhood services, trip purpose, and tour-based travel. *Transportation* 30 (4): 387-410.

Levine, Jonathan C., and Jakov Garb. 2002. Congestion pricing's conditional promise: Promotion of accessibility or mobility? *Transport Policy* 9 (3): 179-81.

Miller, Harvey. 1999. Measuring space-time accessibility benefits within transportation networks: Basic theory and computational procedures. *Geographical Analysis* (31): 187-212.

Moudon, Anne V., Paul M. Hess, Mary C. Snyder, and Kiril Stanilov. 1997. Effects of site design and pedestrian travel in mixed-use, medium-density environments. *Transportation Research Record* 1578: 48-55.

North Carolina Board of Education. 2003. *Facilities guidelines.* Raleigh, North Carolina: Department of Public Instruction.

Northridge, Mary E., Elliot Sclar, and Padmini Biswas. 2003. Sorting out the connections between the built environment and health: a conceptual framework for navigating pathways and planning healthy cities. *Journal of Urban Health* 80: 556-90.

Ortúzar, Juan de Dios, and Luis G. Willumsen. 2001. *Modelling transport,* 3rd ed. New

York: John Wiley and Sons.

Rodríguez, Daniel A., Asad J. Khattak, and Kelly R. Evenson. 2006. Can new urbanism encourage physical activity? Comparing a New Urbanist Neighborhood with Conventional Suburbs. *Journal of the American Planning Association* 72 (1), in press.

Rodríguez, Daniel A., and Joonwon Joo. 2004. The relationship between non-motorized travel behavior and the local physical environment. *Transportation Research Part D* 9 (2): 151-73.

Ryan, Sherry. 1999. Property values and transportation facilities: Finding the transportation-land use connection. *Journal of Planning Literature* 13 (4): 412-27.

Saelens, Brian E., James F. Sallis, Jennifer B. Black, and Diana Chen. 2003. Neighborhood-based differences in physical activity: an environment scale evaluation. *American Journal of Public Health* 93(9): 1552-58.

Saelens, Brian E., James F. Sallis, and Lawrence D. Frank. 2003. Environmental correlates of walking and cycling: finding from the transportation, urban design, and planning literatures. *Annals of Behavioral Medicine,* 25 (2): 80-91.

Sallis, James, James F. Johnson, Marilyn F. Calfas, Karen S. Caparosa, and Susan J. Nichols. 1997. Assessing perceived physical environmental variables that may influence physical activity. *Research Quarterly for Exercise and Sport.* 68: 345-51.

Salvesen, David A., and Philip Hervey. 2004. *Good schools—good neighborhoods* (CURS Report 2003-03). Chapel Hill: Center for Urban and Regional Studies, University of North Carolina.

Speir, Cameron, and Kurt Stephenson. 2002. Does sprawl cost us all? *Journal of the American Planning Association* 68 (1): 56-70.

Stokols, Daniel. 1992. Establishing and maintaining healthy environments: Toward a social ecology of health promotion. *American Psychologist* 47: 6-22.

Stover, Vergil G., and Frank J. Koepke. 1988. *Transportation and land development.* Washington, D.C.: Institute of Transportation Engineers.

Tabors, Richard D., Michael H. Shapiro, and Peter P. Rogers. 1976. *Land use and the pipe: Planning for sewerage.* Lexington, Mass.: Lexington Books.

Talen, Emily. 1996. Do plans get implemented? A review of evaluation in planning. *Journal of Planning Literature* 10 (3): 248-59.

Transportation Research Board. 2000. *Highway capacity manual.* Washington, D.C.: National Academy Press.

Transportation Research Board. 2003. *Transit capacity and quality of service manual.* Washington, D.C.: National Academy Press.

U.S. Census Bureau. 2003. *Finances of municipal and township governments: 1997 census of governments,* vol. 4. Washington, D.C.: U.S. Census Bureau, Government Division.

Wachs, Martin. 2000. Education for transportation in a new century. In *The profession of city planning,* Lloyd Rodwin and Bishwapriya Sanyal, eds., 128-39. New Brunswick, N.J.: Center for Urban Policy Research.

Wachs, Martin. 2001. New expectations for transportation data. In *Personal travel: The long and the short of it.* Transportation Research Circular E-C026 (March): 37-43.

Zhang, Ming, Qing Shen, and Joseph Sussman. 1998. Job accessibility in the San Juan metropolitan region: Implications for rail transit benefit analysis. *Transportation Research Record* (1618): 22-31.

第 9 章

城乡发展报告

在制定一项新的城乡规划时，必须对人口、经济、环境、土地使用、交通和基础设施等系统进行分析并提出关键性发现，随后通过一个协作式的公众参与过程对这些发现进行讨论和再提炼，最终将其融入规划编制过程中。这包含两项并行且相互关联的任务：1. 对规划支持系统得出的战略性信息进行汇总和分析；2. 将这些战略性信息与地方性信息和公众参与过程相结合，为规划的编制建立共识基础。这部分工作的成果是提出一份城乡发展报告，对发展中的各种核心问题进行总结，同时也伴随着一个可操作的市民参与过程。城乡发展报告中需要对规划议题、未来发展情景以及永续发展的愿景等展开研究。如果是你承担这项工作，你将怎么做呢？

本章介绍的是如何制定城乡发展报告，对人口和经济系统（第 5 章）、环境系统（第 6 章）、土地使用系统（第 7 章）、交通和基础设施系统（第 8 章）等分析的结论进行汇总。开展这项工作的目的是对这些独立的子系统中的战略性信息进行汇总、协调和分析，从而为公众参与提供基础，为规划编制提供依据，同时还可以作为一个地方走向永续发展过程中的标杆。

本章还讨论如何设计和实施公众参与过程，以及如何进行地方性信息的收集，如何在规划议题、情景和愿景等方面构建共识。我们认为，规划智能信息的产生过程既包含理性和技术性的分析，也包含较为主观的过程导向的市民参与。我们的目标是构建一个协作规划的过程，其目的在于展望并走向城乡永续发展。

这一分析和参与过程的成果将形成一份城乡发展报告，对城乡规划中的各项议题进行总结，包括地方政策与法规的完备性、基于价值取向的愿景、分析性的发展情景等。和 Meck（2002，7–73~7–77）讨论过的地方总体规划的“议题和机遇要素”类似，编制城乡发展报告的目的是为编制规划提供方向性依据。

城乡发展报告的准备

城乡发展报告的制定完成了两项重要的规划任务：1. 对每一规划支持系统中得出的战略性信息进行汇总和分析；2. 将这些战略性信息与地方性信息和公众参与相结合起来，从而为规划的编制建立共识基础。这些任务应当按照平行又相互关联的两条路径展开。一条路径偏于分析性，或者可称为“左脑”；另一条偏于过程导向，或者可以把它称为“右脑”（图 9–1）。这两条路径之间应实现互动，互相提供有价值的信息，以保证这一过程的有效性。

信息分析路径对规划支持系统的关键发现进行汇总，并响应其对城乡发展和规划的启示和意义。每个独立的规划支持系统都必须聚焦于某一特定功能，但通过汇总分析可以将这些各自独立的发现整合到一个更具综合性和全局性的框架中。这个框架确定了城乡区域范围内的重要议题和关注点，并开始建立城乡未来发展的多种可选择情景。

建立共识的路径是设计和实施一套包括行动、事件、制度安排的程序，使城乡利益相关者、决策者和一般公众都能参与其中并获得知情权。其使命的一部分是向参与各方提供从信息分析路径中得出的信息、议题和情景，以对其进行审查、评判和改进。它可以帮助参与各方对城乡未来发展情景进行测试，构建永续发展的愿景。它能够积聚公众参与的社会资本，并在后续的规划过程中发挥作用。

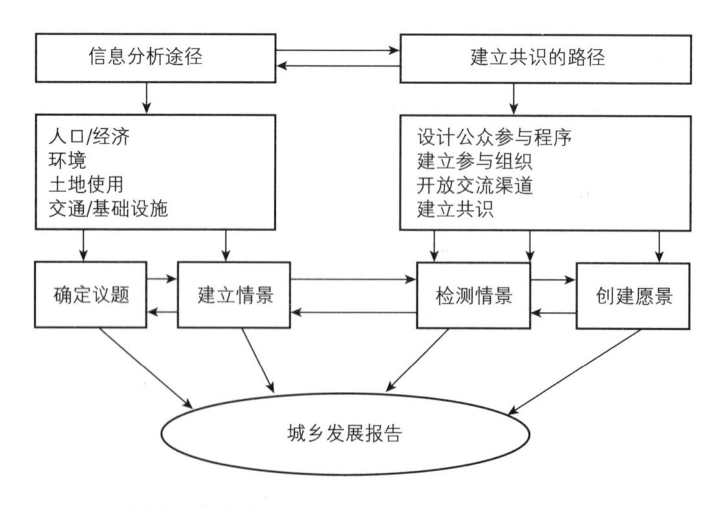

图 9–1 城乡发展报告的制定过程

城乡发展报告总结规划支持系统分析和公众参与活动中得出的重要发现。报告将事实和人们的价值取向相结合，并采用市民和决策者都易于理解的形式。它通过提出经受利益相关者和公众审查与测试的规划仪题、情景和愿景，对规划过程进行引导。在规划编制过程中，随着新的信息与理解的出现，我们需要及时修订报告以反映最新的情况。

尽管我们很容易将公众参与和信息看作规划编制过程中两个分离的要素，但实际上它们是紧密联系的。市民参与者不仅可以为规划过程注入很多常识和历史性认知，他们所关注的热点还可能对信息获取的议程产生重大影响。传统上专业分析、数据处理和公众参与之间的相互分离在协作规划中重新建立了联系。Hanna（2000）阐述了信息和公众参与之间微妙的互动关系：

> 信息和公众参与之间的关系集中体现在公众参与的本质上。关键的问题是：谁将参与整个过程？如何参与？公众参与有助于对信息的发掘。这种影响是相互的。公众参与不仅可以在规划过程中增加新的信息，对现有数据带来新的理解，而且可以将信息传播给那些没有参与这一过程中的局外人（机构性的和非机构性的群体）。因此，衡量公众参与是否成功是非常困难的。准备和分析数据、与非机构性的群体进行联系，以及给公众展示信息都是我们可以选择的行为——即使它们的影响也许不明确。信息是建构共识的关键部分……发掘和认同信息的过程也很关键，它可以将信息的影响植入个人和公共团体的理解之中……（401）。

关键调查结果的综合

每一个地方都有源于其自身历史、地理和政治的一系列独特的条件、问题和展望。因此，对各个独立信息系统调查结果的综合过程需要与地方这些独特的方面相对应。但是，规划师仍旧可以运用核心议题辨析、情景建构等一般方法，对这些地方性环境进行描绘和阐述。

核心议题辨析

核心议题辨析通过检查规划智能信息，发现那些具有争议性的事务、未解决的问题或者各方争执的焦点。如果该议题足够重要，在规划编制时就应当纳入城镇需求分析议程进行处理。例如，在2000年丹佛总体规划中，确定以下核心的土地使用相关议题（City and County of Denver 2000，2002）：

- 土地使用和交通之间的分离，交通拥堵和交通路线长度日益增加，相邻的商业和居住开发不相协调，沿街步行区域的乏味和不安全也削弱了公共交通站点的可达性。

- 1956年通过的区划法已经过时，它极度复杂并难以管理，有大量过时的土地使用限制、相互冲突的开发标准，以及缺少基本的设计标准。

在编制新一轮的规划——《丹佛蓝图》时，丹佛的规划师和市民把重心放在了这些议题的解决上。《丹佛蓝图》规划的副标题是“土地使用和交通规划”，并且它也为区划条例的修订与更新提供了基础。在新的战略下，未来发展将被引导到指定的“变化地区”，而远离指定的“稳定地区”。

另一个核心议题辨析的例子是加利福尼亚就其未来人口增长的意义所展开的辩论（Myers 2001）。加利福尼亚预测该州人口在1990~2020年间将会增长1550万人，涨幅50%。这1550万人中，拉美裔人口将占到65.7%。鉴于拉美生活方式传统上较为紧凑，这是否意味着紧凑型的城市将会更受欢迎？考虑到拉美裔人口在经济上走向两极分化或是走向同化等不同情况，并假设城市机动性会提高，Myers（2001）提出了加利福尼亚未来人口发展趋势对城市发展模式造成影响的四种不同愿景。他建议规划师不一定要去选择一个正确的规划，但是必须要对人口变化及其对规划的影响有充分的认识。

情景建构

一个情景应该是一系列看似合理的却在结构上不同的未来状况（Avin and Dembner 2001）。要弄清未来发生什么，城市需要去揭开各种变化背后的驱动力并做出应对。情景应该包含一个完整、连续的故事线，讲述变化是如何在可行的环境下发生的。建构情景时应当能够区分清楚，哪些是既有的事实，哪些是可能发生变化的不确定因素。情景的建构应当以社会、技术、环境、政策以及经济等方面的驱动力为基础。在潜藏有重大变化可能、效果不明显，以及中长期（10到20年以上）等形势下，建构的情景应具有适应性。

在当代规划过程中，预测未来不仅仅是简单的分析过程。城乡可以通过自己的行动改变未来的观点已经取代了传统的只有一个单一的未来的思想。就像Wachs（2001）主张的：

> “与其把作为规划基础的预测看作确定和不变的，不如把它看作一系列基于不同假设的结果罗列更为现实，这些假设则常常反映了党派间的利益竞争。未来不是单一的宏伟愿景或者各种趋势下的必然结果，而是操纵、讨论、辩论的对象，最终甚至可能是共识的对象（371-72）。”

在规划过程中，情景可以用来对可能的未来（可能发生什么？）和理想的未来（希望未来发生什么？）进行比较，这包括两个并行的过程（Avin and Dembner 2001）。一个是客观分析性的过程，对一系列的未来可能进行界定。另一个是主观参与性的过程，反映各种利益团体的诉求。我们并不提前确定目标以推动整个过程。相反，我们需要首先明确规划中的核心议题，以帮助我们确定评价各种情景的标准。如果财政状况测试纳入评估过程则更为理想。整个过程假设，当利益相关者看到对他们期望的未来的结果分析，他们可能会改变自己的信念和需求。即使无法达成共识，他们也将在这一过程中澄清自己的选择。

在马里兰州昆安妮（Queen Anne's County）县规划中，规划师设想了每年增长400个居住单位和每年加速增长600个居住单位这两种不同的趋势，将基于未来不同情景的基础设施投资与以往的投资进行比较，从而指出适度投资与强化投资之间的成本差异。这使县委员会得以评估该县积极实施精明增长策略对相应税赋水平提高的影响。

图9-3指出了在情景建构过程中将分析过程与公众参与相互联系的重要性。分析过程沿着上面的水平轴线展开，其目标是对未来的可能性进行辨析。公众参与的过程沿下面的水平轴线平行展开，其目标是帮助参与者认清他们期待的未来。在规划成果和政策优化过程中，要对可能的愿景和期待的愿景进行比较和评估，最终做出权衡。情景可以从数据开始一步步地构建，我们可以建立一个总体框架对各类事实进行分类，也可以从一个既有的官方愿景开始对未来的可能变化展开探讨。在尽可能的情况下，应当对不同情景下的发展结果进行量化分析，检测这些结果并弄清它们对地方财政的影响是非常重要的。

我们可以从《丹佛蓝图》中看到情景的另外一个作用（City and County of Denver 2002，27），该规划比较了在当前区划与《丹佛蓝图》两种不同思路下居住与就业增长的空间分布。这样，我们就可以用量化的方式对规划愿景和现有的

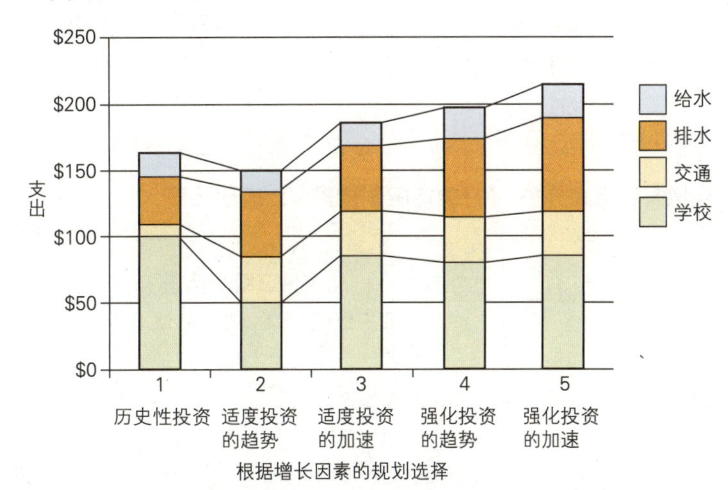

图9-2 马里兰州昆安妮县基础设施投资情景
资料来源：Avin and Dembner，2001
经HNTB Consulting授权使用

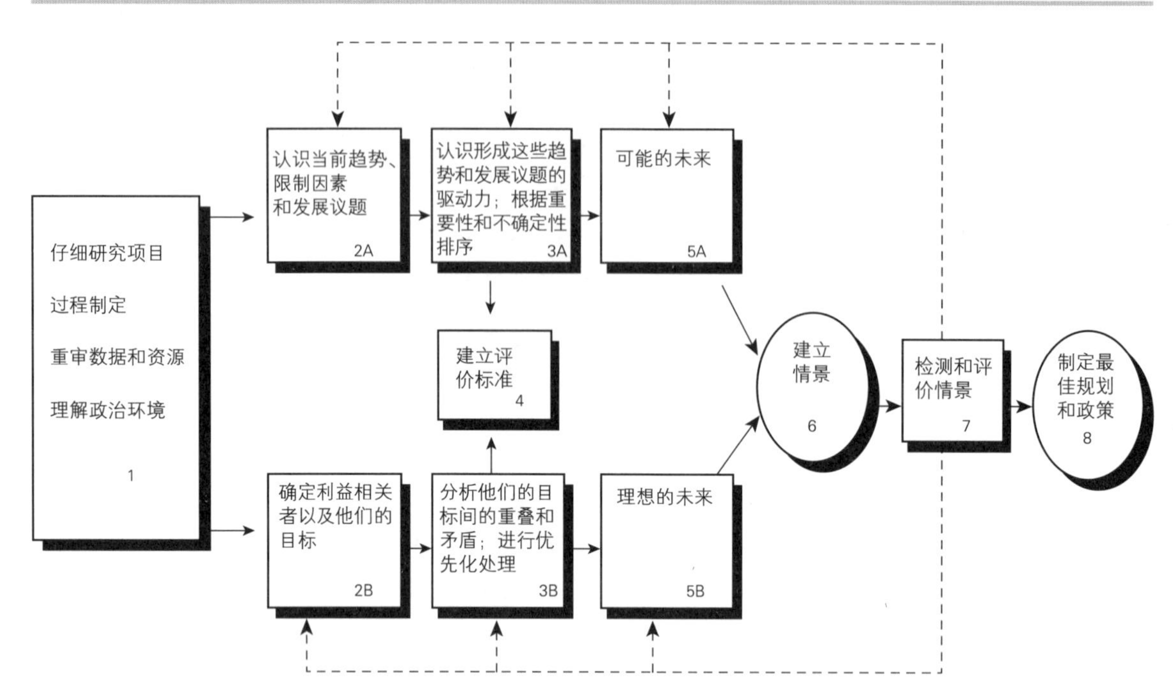

图 9–3　情景建构过程

资料来源：Avin and Dembner，2001

经 HNTB Consulting 授权使用

区划条例所确定的官方愿景进行比较（表 9–1）。在《丹佛蓝图》确立的战略下，居住和就业增长的空间分布发生了显著的变化，由于交通选择和土地混合使用开发的机会，增长从稳定的邻里（稳定地区）转移到了市中心和最能接纳开发与再开发的地区（变化地区）。需要特别注意的是，增长的总量并没有太大的变化，仅仅是空间分布发生了变化。在这个案例中，使用了替代性的情景来展示丹佛规划战略中的土地使用逻辑。

表 9–1

居住与就业增长的空间分布：《丹佛蓝图》情景 Vs. 区划情景

	《丹佛蓝图》情景		现有区划情景	
	住宅户数	就业岗位	住宅户数	就业岗位
中心区	21200	47000	21200	26200
劳里、斯塔普勒顿、盖特韦	16400	17500	14600	16400
剩余的变化地区	15200	29500	6700	26200
稳定地区	7900	15200	18200	40400
到 2020 年的增长总量	60700	109200	60700	109200

资料来源：City and County of Denver，2002

共识的建立

将规划过程向公众开放可能会给规划师带来很多挑战。第一个挑战是要设计一个既公平又高效的参与程序。第二个挑战是要将规划议程和方向的控制权与利益相关者分享。第三个挑战是规划师作为过程的管理者和公共利益的倡导者还需要发挥竞争性的作用。所幸的是，一些行之有效的技术手段可以帮助规划师应对这些挑战。我们这里会关注两种方法——情景测试和愿景构建，当然也还有其他的方法。对于公众参与而言，并没有通往成功的惟一必然之路（Connor 1986；Creighton 1992；Forester 1999）。规划师应当对地方独特的社会背景保持敏感，并创造性地设计出一些能够与利益相关者有效合作的参与程序。

在公众参与程序的设计中，规划师需要做出六项至关重要的选择（Brody，Godschalk，and Burby 2003，246）：

1. 管理——是否需要准备参与计划，以及如何为组织市民参与配备人员。
2. 目标——是否通过教育市民、寻找他们的偏好或者承认他们的影响等方式来实现权力的共享。[1]
3. 阶段——在规划过程当中，什么时候开始鼓励市民参与。
4. 目标——什么类型的利益相关者应当纳入参与过程。
5. 技术——采用什么类型的参与方法。
6. 信息——在公众参与活动中，可以使用什么类型的信息和传播途径。

我们建议准备一套公众参与的方案。我们相信参与式规划应当同时包含以下三个目标：市民教育、市民偏好和市民影响，但三者的侧重点根据规划阶段和规划层级的不同而各有不同。我们强烈建议公众参与能够及早介入并一直贯穿整个规划过程，直到规划实施，我们强调早期就开始市民教育，并发现他们的偏好，为在以后阶段发挥市民的影响力提供更多的机会。我们认为可以把目标人群放在不同人口构成、不同种族、不同议题导向的各种利益相关群体，这将有助于公众参与过程对城乡多样化利益诉求的全面覆盖。在人力和财力有限的情况下，如果可行的话，在技术方面我们更倾向于实地操作的公众参与方法（Moore 1995）。最后，我们建议对各种战略性信息，包括城乡经济、人口、环境、土地使用、交通和市政系统等，以从面对面的讨论会到网页和报告等多样化的途径进行传播。

协作规划

在启动某项公众参与方法之前，规划师应当设计一套全面的协作规划程序（Oregon Department of Land Conservation and Development1996）。如第2章所述，协作规划从根本上就是一个城乡共识建构的过程（Innes 1996；Innes 1998；Innes and Booher 1999；Susskind，McKearnan，and Thomas-Larner 1999）。共识建构有很

多代表性特征（Godschalk et al. 1994，20）：

- 包容性参与
- 共同目标和问题的定义
- 参与者的自我学习
- 多选项的测试
- 根据“共识”（而不是“投票”）决策
- 共同实施
- 公众知情

当永续土地使用规划看起来并不涉及冲突时，我们就应该追查是否所有的有关团体都被包含进来了，是否偏离正轨的争论增加了。因此，协作规划过程一般遵循三个阶段（图 9–4）。需要指出的是，在准备实际的规划选择之前将所有的利益相关者包含在其中是十分重要的。所以规划前的阶段是十分关键的。

在规划编制前阶段，我们就需要对参与程序进行设计。首先要对利益相关者（包括社区组织和不同利益群体的代表以及决策者）进行确认并打开沟通的渠道。在确认了利益相关者之后，就要建立起参与组织的框架或者对已有框架进行拓展。接着，对规划信息系统得出的各种战略性信息、核心议题和情景进行讨论和评判。根据参与者的知识和愿望对不同的发展情景进行测试。最后，就规划的目标形成

规划编制前阶段
•确定利益相关者
•开放沟通渠道
•建立组织框架
•就战略信息和议题展开讨论
•测试情景
•产生愿景

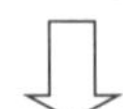

规划编制阶段
•会见参与者
•与公众进行大范围交流
•在规划目标上达成共识
•对土地使用计划的不同方案进行综合分析
•确定规划细节
•选择一个最佳规划
•对初步规划的要素进行评审
•最终的规划的成文和展示

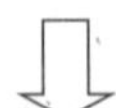

规划实施阶段
•依照永续发展标准对规划成效进行监测
•保持公众的知情和信息的流动
•通过听证会审查开发计划
•展开规划议题的补充研究
•根据新的信息和条件的变化进行规划修订

图 9–4 协作规划的程序
资料来源：Creighton，1992

共识并生成城市发展的未来愿景。

在规划编制阶段，参与者可以提出规划建议，对已有的规划建议提出自己的意见。规划师定期会见参与群体，通过各种输入、输出和交流方法来探索规划的可能性。可以通过网页、报告、讨论会和其他各种渠道拓展公众参与技术，以扩大公众覆盖面（Laurini 2001）。根据选定的目标和永续发展的标准，对备选的土地使用计划进行分析和讨论。工作小组研究规划细节，考察备选计划的影响。根据公众和规划工作者所达成的共识，选择一个最佳方案。参与者对阅读规划草案进行审查，并向规划师提出意见反馈。最后是撰写最终规划文件，提交给公众和民选官员。

在规划实施阶段，参与者要负责监督规划是否得以实施，以及在实施中不走样。规划监察小组的参与者按照永续发展的标准对规划实施成效进行监督。规划师应当定期发布规划信息报告和新闻，及时进行网页更新或通过其他媒体手段保持公众的知情权。在新的开发计划提出时，规划师和利益相关者应当通过听证会来审查这些开发计划将会对规划产生怎样的影响。我们还需要开展规划议题的补充研究对规划假设进行检测，扩充规划信息库。我们还有应当根据新的信息和具体条件的变化及时进行规划修订。

在协作规划的程序设计中，贯穿整个过程的设计模型可以说明各个要素之间的关系。图 9–5 对一些基本的问题进行了结构化梳理，这些问题包括：规划决策如何制订、公众参与需要达到什么目标、公众需要知道什么、规划师需要从公众那里知道什么、有哪些利益相关者、如何组织参与的过程、有哪些特殊的背景会影响到公众参与技术的选择，以及选择什么技术等。

规划审批的复杂程度将会影响公众参与策略的制定，以及决策者与参与者之间的权力分配模式。回答下列问题十分重要。规划决策程序是怎样的？决策过程中是否涉及多个政府单位，例如地方政府、州政府和联邦机构？市民群体在决策过程中扮演什么样的角色，是咨询对象还是权力分享者，或是其他？

公众参与和合作有很多可能的目标。第二套问题涉及公众将扮演什么角色，通过公众参与想要达到什么目标（Godschalk，Brody，and Burby 2003）。开展公众参与的主要目的是对一个行动建议达成共识吗，例如为城市增长设计一条边界？是对一系列备选战略进行评估，以就更想要的发展方式取得共识？还是要教育利益相关群体的代表，让他们了解城镇所面临的机遇和威胁，从而激发各方对未来规划编制的兴趣？

规划过程为集体学习和知识的创造提供了战略性机遇。一方面，这要求我们去了解公众需要知道哪些信息才能实现有效参与。另一方面，这也要求规划师知道要从公众那里学到什么。这要求我们思考采用什么方法，对规划信息的分析结论展开有效的交流，和听取公众意见。最后，我们要为信息和知识的双向交流创造机会。（Lowry，Adler，and Milner 1997；Smith and Hester 1982）。

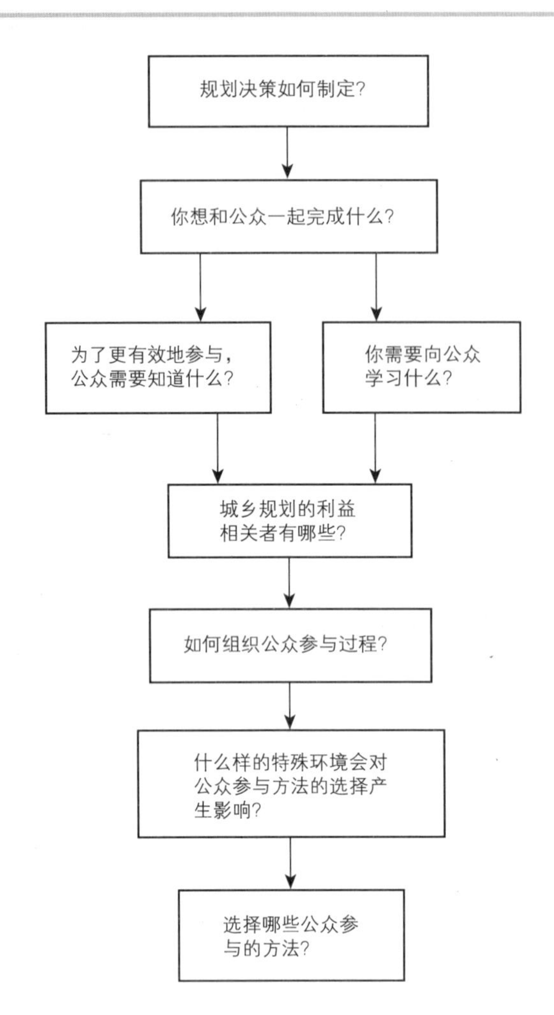

图 9–5 公众参与程序设计
资料来源：Creighton，1992

成功的公众参与程序是建立在对“谁将影响规划”、“谁将被规划影响”的评价基础上的。这需要明确有哪些城乡规划的利益相关者。我们需要找出哪些团体、组织和个人将有可能受到规划的影响，他们对规划编制的过程是否满意。相应的利益相关者信息包括：他们与规划议题相关的利益是什么、他们有哪些权力、他们的影响力有多大。进行利益相关者分析是非常必要的，它可以保证规划代表了多数人的利益，他们关心的问题都得到了充分的理解（参见专栏 9–1 利益相关者分析）。

公众参与的组织方法可以影响其成功的可能性。在规划编制和实施过程中，这意味着需要弄清利益相关者及其活动的组织脉络是什么样的。将公众参与过程以时间表的形式呈现是很有用的，如专栏 9–2 所示。规划过程中所有的参与者将对这样一个明确的、妥善安排的时间表表示赞赏，这样他们不仅仅能够知道什么时候可以得到关键的信息、什么时候会做出重要的决定，还能够清楚地了解自己

专栏 9-1

利益相关者分析

协作规划中的关键一步是对利益相关者群体的识别与分析（Bryson and Crosby 1992; Godschalk et al. 1994）。居民、邻里组织、利益群体、权力拥有者、决策者、行政官员、委员会、商务人士、非政府组织、教育机构、专家和选民都有可能受到政策和规划的影响，或者能够影响政策和规划的制定。利益相关群体的规模和组成根据所探讨的议题的不同而不同，他们在参与过程中的兴趣点也会随时间而不断变化，在决策过程的不同阶段会涉及不同的群体。一般说来，公众参与的结构与洋葱很相像。最核心的是最直接的决策者和主要利益相关者。外面一层是次要的利益相关者——活跃的社区组织领导者。最外面一层则是一般公众。

利益相关者分析是一个排查利益相关者的过程。利益相关者分析需要找出谁是利益相关者，他们与规划相关的利益是什么，他们的目的可能是什么，他们拥有什么样的地方资源和权力，以及他们能够对谁产生影响和作用。用矩阵或者表格来总结利益相关者分析的结果是一种有用的方法，可以把关键要素予以归类以便于查看和比较，正如下表所示。

利益相关者分析表

利益相关者	兴趣	目的和目标	资源和权利	影响与互动关系
塞拉俱乐[①]	环境保护	湿地修复	会员众多	依托城镇委员会
房屋建造者联盟	开发收益	相对明确的开发规则	游说预算	依托商会
邻里	保持稳定	保护财产价值	媒体关注	非政府组织的支持
乡村地产主	出售土地的自由	区划约束最小化	受到控诉的威胁	以农场主协会为代表

的参与时机。

每一个地方都有其特定的背景，并可能对公众参与程序成功构成影响。为了应对这些影响，我们要明确是什么样的特殊背景影响了地方公众参与方法的选择。潜在的背景可能是人力或者财力对开展公众参与的限制，或者是重要的地方经济、社会与政策环境因素，例如大的种族群体或者最近的就业岗位减少。在规划编制过程中，也可以由州政府来规定公众参与的要求，华盛顿州就是这样做的（Brody, Godschalk, and Burby 2003；Burby 2003）。

从专家研讨会（集中的参与设计会议）和讨论会到调查法和目标群体法，有大套的公众参与技术工具包可资规划师使用（Cogan 1992；Creighton 1992；

① 塞拉俱乐部（Sierra Club），美国的一个环境组织，由著名环保主义者约翰·缪尔（John Muir）于1892年5月28日在加州旧金山创办，缪尔为该俱乐部首任会长，其主旨是“探索、欣赏和保护这个星球”——译者注。

专栏 9–2
公众参与程序的时间表

公众参与程序时间表需要包含数据、任务、活动和成果。在制定时间表时应当咨询地方参与者的意见，注意要向咨询对象解释清楚程序设置的原理，以及它与更大的规划过程的关系。一旦程序推进时间表的结构获得各方认同，它就成为引导各种相互关联的过程活动的向导，也确定了城镇对公众参与结果的时间和属性的预期。它还对想要参加这一进程的其他群体、决策者和媒体代表起到提醒和告知的作用。我们需要在时间安排上预留一些灵活性以应对意料之外的事件，但是时间表一旦确定，整个程序就应该尽可能与之吻合。下图为一个 HNTB 规划咨询公司为威廉王子县开发质量特别组制定的一个时间表样本。

工作程序 · 开发质量特别工作

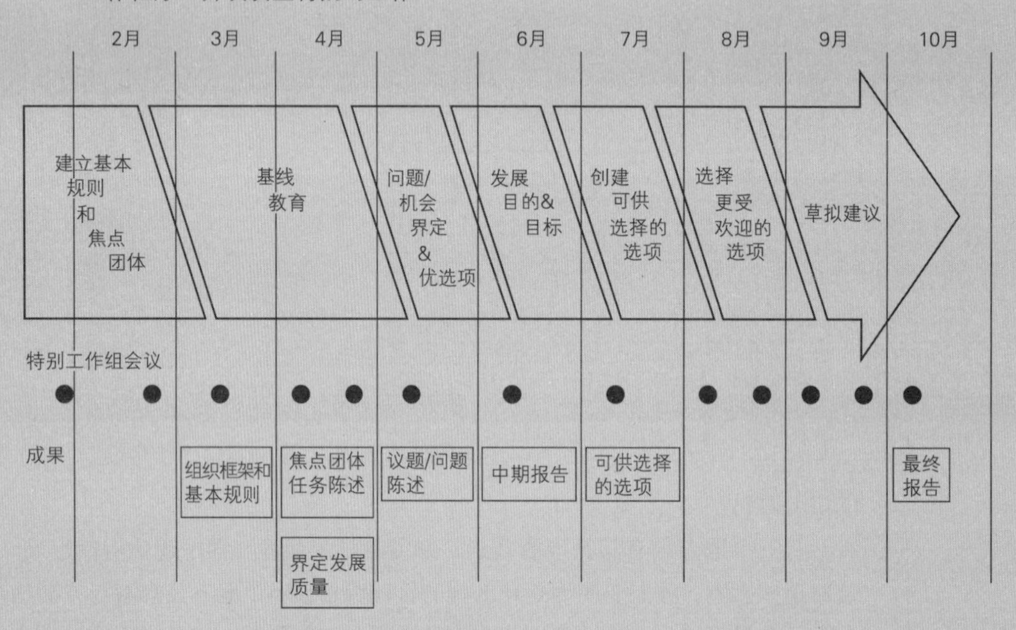

专栏图 9–2 公众参与时间表图解
资料来源：Prince William County Board of Supervisors，1994
经 HNTB Consulting 授权使用

Godschalk et al. 1994；Sanoff 2000）。分析哪些参与技术较为合适有助于选择出适应地方条件和需求的工具组合。对于参与者和利益相关者而言，工具的选择取决于人力和财力资源的可行性。举例来说，一个小城镇可以采用讨论会和规划委员会的简单组合，而大都市可能就需要一套复杂的程序，如邻里咨询、城乡调查、

专栏 9–3

公众参与方法和任务

任务：选择小部分参与者以面对面的形式参与，为规划议题和规划成效的确定提供支撑。

- **专家研讨会**（Segedy and Johnson 2004）：专家研讨会是把市民和设计专家组织到一起举行的设计讨论会，以解决问题、提出备选的解决方案。研讨会过程一般是 1~5 天规定时间内的高强度工作。这种方法的逻辑是：设定一个最终期限会刺激出更大的创造力；在检测备选方案的可行性时，专业人士与非专业人士的相互作用可以将抽象的想法转换为图纸。
- **名义群体法**（Cogan 1992；Delbecq，Van de Ven，and Gustafson 1975）：名义群体法对于少于 15 人的小团队在界定问题、需求和建议方面很有成效。团队成员首先被要求安静地细想并且写下想法；然后他们轮流展示想法（每轮每人一个想法）直到每个人的想法都被加入清单。接下来，他们作为一个团队进行讨论，分享意见，提升理解，进行修正，合并清单。最后，他们通过投票来确定最主要的想法。名义团体法的目的是避免过于自信的人对整个过程的支配，同时让那些发言较少的人能够直率而活跃地提出自己的想法。
- **头脑风暴**（Cogan 1992; Sanoff 2000）：头脑风暴试图从小团队中得到有创造性的想法。它鼓励参与者在想法被分析和评价之前尽情地想像。一种方法是把一叠写有提出的问题、需求和建议的纸片放在房间的中央。每个参与者拿到一张纸，加上自己的想法，然后把纸片还回去，接着拿起被另一个参与者交还的纸片，如此往复。参与者可以在白纸上写上自己的想法，一直到他们再也想不出来新的想法和建议了。 另一种方法是由一名团队推进者来主导这个过程，要求快速产生一些想法，这些想法被一名记录员记录在团队记录列表里。
- **焦点团体法**（Krueger 1988）：焦点团体法是有计划的讨论，在一个宽松自由的环境中获得对所关注的议题的回应。团队由 7~10 人组成，人员构成要能反映社会人口的横截面，或者是针对特定的人群。团队推进者提出各种想法来激发关于价值和选择的讨论，以评估人们对不同的形势、愿景和目标的支持度。团队讨论需要召集相似类型的参与者多次举行，以确定认知趋势和观点的格局。焦点团体法并不在于达成共识或者做出决定，而是旨在确定参与者如何思考规划的需求和需要。
- **雪牌法**（Bryson and Crosby 1992）：雪牌法可以很有效地将那些相对无组织的研究过程中产生的观点进行确认和整理排序。参与者要准备若干索引卡片，一张卡片上写有一个想法。他们将卡片贴到墙上，将相似的想法分组，给每一个分组贴上标签，选择自己喜欢的想法并给相应的卡片贴上圆点。任何人都可以改变标签，或者交换目录下的卡片，合并某些目录，或者在不讨论的情况下建立新的分组和标注。涵盖了综合内容的目录类型会相对稳定。通过投票我们也可以总结出大家的优先偏好。

任务：从大量远距离的参与者那里收集意见或者对规划议题的反馈。

- **调查**（Cohen 2000；Dillman 1999）：调查使规划师可以从网络、电话、邮件或者是参考群体中获得反馈，而不用开展群体互动。调查可以被看做公众意见的晴雨表，或者作为一个互动小组的参考点。它们的优点是可以从大量的回应者那里获得反馈，并且相对有效和低成本。得到的反馈也可以作大量的分析。通过网络和邮件调查，参与者可以自己选择时间进行反馈。

（续）

• **德尔斐法（Delbecq，Van de Ven，and Gustafson 1975）**：规划师向选择的一组对象询问一系列问题。第一份问卷旨在征集想法及其背后的原因。随后的问卷将整理这些想法和相关原理，或许增加一些信息，然后把问卷再反馈给小组，但是不标明想法和论断的作者，搭建对反馈进行再思考的平台。每一名小组成员会审视论断、意见和优先权背后的逻辑，并再次回答问卷。这个程序进行几轮，直到达成足够的共识。最终通过投票来决定优先考虑的事项。

多群体任务小组和专家研讨会等（Godschalk 1992）。规划师的任务是确保在规划过程中应用合适的公众参与技术。在专栏 9–3 中，对应特定的规划任务给出了一些常用的参与技术。

情景测试

建构情景并进行测试的过程可以与分析过程和公众参与过程联系起来。Avin and Dembner（2001）认为公众参与的过程是创造理想未来的途径。但是他们也指出，未经仔细分析的参与意愿和表面看来可靠的备选未来，会增加错误的期待，导致对目标和目的最勉强的共同认知，这其中就可能会隐藏着未来的冲突。

为了避免这种最勉强的共同认知，所建构的情景应该接受严格的检测，既要经过分析过程，又要接受公众评价。例如，在制定佛罗里达棕榈滩（Palm Beach）一个地段规划方案的过程中，焦点团体罗列出一系列的规划目标和目的，并提出了五个情景（Avin and Dembner 2001）。一个评审小组另外推荐了一个情景，合并了另外两个。最终用出行需求模型和经济评估方法对这些情景进行了测试。正如 Wachs 提到的"根据参与者的不同喜好和理解，协作规划可以检测他们不同的假设以及不同的模型参数，并从中获益。只要这些技术可以作为阐述竞争假设的工具，这一过程就可以从复杂的数据库和分析模型中提炼出有用的观点（371）。"

愿景塑造

创造城乡理想的未来发展景象的实践，通常称为愿景，它与目标的制定联系密切（Ames 1998；Meck 2002，7–73~7–77）。愿景塑造的过程包含了利益相关者，并将一般的目标与价值推向具体的结果和物质性规划。[2] 城乡愿景也和情景相关，后者比愿景更加详细和具有分析性。在实践中，结合很多参与技术，复合型的愿景塑造过程可以包含一种或者多种形式的公众参与。愿景塑造被广泛应用于公众参与，以确定更好的发展类型和增长形式。

《展望犹他州》规划（The Envision Utah planning）提供了一个很好的基于市民

的规划实例，它使用了很多公众参与技术（Calthorpe and Fulton 2001，126–38）。《展望犹他州》是从一项针对区域居民的价值标准框架的调查开始的。这调查确定了四条核心的价值标准：安全和放心的环境，个人和城镇的富裕，个人的时间和机遇，以及财务安全。这样，一系列实地操作的公众讨论会就被组织起来：

- 我们在哪里增长？ 在第一个讨论会中，提供给每个参与者一份地区地图，上面标明了已经开发的地区和环境资产。他们还收到一堆筹码，与地图尺寸相当，代表在现有区域的人口密度的基础上增加100万人所需的土地空间。他们的任务是将筹码放在他们认为合适的未来发展位置上。这个活动让参与者理解了通过内填式开发和再发展来增加密度的需要。
- 我们如何发展？在第二个讨论会中，参与者使用同一张地图，但是这次他们摆放的筹码代表开发的各种形式，包括从标准形式到新的混合使用、高密度方式。他们同时也在地图着色，来表示要保护的开放空间和农业空间。
- 城镇设计选项。最后一个讨论会调查参与者对不同类型建成环境的渴求度。参与者对一系列照片进行评价并填写一份问卷调查。结果也确认了基于地图的讨论会所设定的方向。

运用从讨论会和调查中得到的结果，规划者为该区域设定了四个发展情景，两个基于标准的郊区发展模式，两个基于更加紧凑、适宜步行的模式。这几种情景带来的影响差距是惊人的。为了容纳100万的人口增长，最低密度的发展情景需要409平方英里土地和376亿美元的基础设施投资，而最高密度的情景只需要增加85平方英里土地和230亿美元的基础设施投资。

最终，对每个情景的描述、影响和图示都被刊登在当地报纸上，并附上邮寄调查表。收回了大约18000份回复，大部分都倾向于两个高密度的方案。

在收到的公共参与回复的基础上，规划者建立了第五个情景——质量增长情景。其影响和成本都经过了分析并在图中表达。这个情景通过一系列图纸来表示区域规划的不同层面：（1）开放空间；（2）中心、分区和交通走廊，以及（3）内填式开发、再开发，和新的增长地区，每一项都有配套的实施策略和政策。这些层面叠加之后呈现了一个分散的带状都市区形态，绵延于山脉和湖泊之间的狭长地带上近100英里，这就为建设区域铁路交通系统提供了可能（图9–6）。这些层面都没有描述增长模式，而把这些工作留给了当地政府，但是它为政治性倡议提供了思路。

在区域情景构建过程后，邀请了参与者加入六个小范围研究地块的规划编制，这些地块都在地区典型特征方面具有代表性，包括村庄、城镇和城市。参与者被分为8~10个小组，并分发到一份基地地图和一套代表不同开发类型的薄片。最终我们得到的规划都比较注重地块的混合使用和邻里的步行适宜性。

图 9–6 盐湖城地区的综合图

资料来源：Calthorpe and Fulton，2001。Island 出版社授权使用

持续的参与

市民参与并不随着规划编制和采纳的完成而结束。在实际引导和塑造未来发展方面，规划具有实质性的推动力，公众对结果的持续关注和规划实施过程中的公众参与会让规划更有力量。规划编制过程中的组织和活动为长期共识的维持奠定了基础。规划后的公众参与的其核心是对开发结果和实施效果进行监测，以及定期对规划进行修订与更新。

规划监测和实施

规划监督、实施和修正对于确保规划适应情况发展、规划政策发挥预期作用是必要的。具体需要开展的工作将在本书的增长管理规划一章详细介绍。在这里我们简要讨论一下在从规划编制到监测、实施和修订的过程中持续开展公众参与的作用。

西雅图邻里规划项目是一个将规划信息与公众参与相结合的好案例（Seattle Planning Commission 2001）。1994年，为了建设一个永续的西雅图，该市制定了一个20年总体规划，规划的目标是：积极性和创造性地应对增长与变化的压力，保持邻里的最优品质。这个规划的增长管理政策是围绕着"都市聚落"战略制定的，即居住和就业增长导向区划规定和市政设施容量都能够接纳这种增长的"都市聚落"地区。

很多西雅图市民反对"都市聚落"战略，他们认为它将会削弱"单一家庭住房"（Single Family）的城市特征。作为回应，市政府做出了许诺，在邻里规划中，将会对"都市聚落"邻里做出定义，并详细说明地区增长管理将要达到什么目标。市政府通过了一项将邻里规划项目正式化的决议。其理念是：当邻里希望从城市获得支持和资源时，应当能够在总体规划确定的框架下明确自身的需求，并与城市的愿景、目标和政策保持一致。城市对此提供GIS数据库、地图、规划资金和技术支持。最终的邻里规划需要与总体规划保持一致，具有包容性和合法性，其编制过程应当与城市共同协作。该市还设立了邻里规划办公室对邻里发展进行引导，发挥促进和协调的作用。

在回顾邻里规划过程中的经验教训时，西雅图市政府的设计、建设与土地使用局认为（City of Seattle 2003）：

"参与邻里规划和规划管理的人为公众参与留下了宝贵的经验。我们研究的每一个都市聚落的居民都说（通常在被询问之前），由于三年前结束的邻里规划项目，今天公众参与和行动的气氛依然高涨。他们相信，这些行动会使他们的城镇变得更加美好（5）。"

规划修订中的公众参与

好的规划实践要求规划定期更新，以应对不断变化的条件并保持其前瞻性。在一些州，例如佛罗里达，规定所有的总体规划每五年必须进行一次分析和更新（Brody，Godschalk，Burby 2003）。如果城乡保持了活跃的公众参与组织和项目，那么这个规划修订过程就可以有众多一直保持知情的公众参与者加入进来。否则，在每一次对规划进行较大的修订时，都必须重新设计公众参与项目。

在规划修订中组织公众参与是规划管理委员会的职责，但它也可以指定一个任务小组或是为评估和修订规划而特设的工作组来负责。他们的审议可以由公众讨论会或者听证会作为补充。准备一份针对规划成败的技术分析和报告，介绍从规划通过以来，规划中的预测和假设在多大程度上被证明是符合实际的，这对公众参与的实施很有帮助。规划修订的过程提供了极好的机会，让公众和决策者了解和重新认识规划政策与建议的有效性。

小结

正如本章所述，信息分析过程和公众参与过程在规划过程中的很多环节都是相互关联的。它们应该被视为两个紧密联系和互相依赖的过程，而不是割裂的和不相干的工作。负责设计和运作这些工作的规划师必须对此具有整体性的认识。如果这些工作对公众来说是过程透明、目标明确的，那么公众参与和集体学习的成效就能得以增强。规划信息被公开和讨论得越多，规划编制过程的有效性就越强，得到的支持也越多。

本书的下一部分针对的是规划编制。城乡发展报告向规划编制过程输入的内容包括：城乡发展面临的重要问题、各种可行的未来城乡发展情景，以及未来城乡理想形态的愿景。这些内容是探讨城乡发展目标、目的和政策的出发点，为在永续发展的框架下构建一个指导未来增长与发展的规划网络做好了准备。

注释

1. Connor（1986）将公众参与目标与目标群体相联系。教育、信息反馈和咨询涉及一般大众。联合规划、仲裁和诉讼与领导者相关。矛盾的解决和预防与大众和领导者都相关。

2. 佛罗里达规划法规鼓励每一个当地政府都能够把对城乡未来形态的愿景描述作为地方总体规划的组成部分（Mech 2002，7-73~7-77）。这个愿景应当通过包含真正公众参与的协作规划过程产生，并且为辖区政府所通过。当一个愿景建立后，当地政府应当对总体规划、土地开发法规、城市改善项目等进行审查，以确保它们与该愿景方向相一致。

参考文献

Ames, Steven C., ed. 1998. *A guide to community visioning.* Chicago, Ill.: APA Planners Press.

Avin, Uri, and Jane Dembner. 2001. Getting scenario-building right. *Planning* 67 (11), 22-27.

Brody, Samuel D., David R. Godschalk, and Raymond J. Burby. 2003. Mandating citizen participation in plan making: Six strategic choices. *Journal of the American Planning Association* 69 (3): 245-64.

Bryson, John M., and Barbara C. Crosby. 1992. *Leadership for the common good: Tackling public problems in a shared-power world.* San Francisco: Jossey Bass.

Burby, Raymond J. 2003. Making plans that matter: Citizen involvement and government action. *Journal of the American Planning Association* 69 (1): 33-49.

Calthorpe, Peter, and William Fulton. 2001. *The regional city: Planning for the end of sprawl.* Washington, D.C.: Island Press.

City and County of Denver. 2000. *Denver comprehensive plan.* Retrieved from http://www.denvergov.org/CompPlan2000/start.pdf, accessed May 2, 2005.

City and County of Denver. 2002. *Blueprint Denver.* Retrieved from http://www.denvergov.org/blueprint_denver/, accessed May 2, 2005.

City of Seattle. 2003. *Monitoring our progress: Seattle's comprehensive plan.* Seattle, Wash.: Department of Design, Construction, and Land Use.

Cogan, Elaine. 1992. *Successful public meetings: A practical guide for managers in government.* San Francisco: Jossey-Bass.

Cohen, Jonathan. 2000. *Communication and design with the Internet: A guide for architects, planners, and building professionals.* New York: Norton.

Connor, D. M. 1986. A new ladder of citizen participation. *Constructive Citizen Participation* 14 (2): 3-5.

Creighton, J. L. 1992. *Involving citizens in community decision making: A guidebook.* Washington, D.C.: Program for Community Problem Solving.

Delbecq, A., A. H. Van de Ven, and D. H. Gustafson. 1975. *Group techniques for program planning: A guide to nominal group and delphi processes.* Glen View, Ill.: Scott Foresman.

Dillman, Don. 1999. *Mail and Internet surveys: The tailored design method,* 2nd ed. New York: John Wiley.

Forester, John. 1999. *The deliberative practitioner: Encouraging participatory practices.* Cambridge, Mass.: MIT Press.

Godschalk, David R., David W. Parham, Douglas R. Porter, William R. Potapchuck, and Steven W. Schukraft. 1994. *Pulling together: A planning and development consensus-building manual.* Washington, D.C.: Urban Land Institute.

Godschalk, David R. 1992. Negotiating intergovernmental development policy conflicts: Practice-based guidelines. *Journal of the American Planning Association* 58 (3), 368-78.

Godschalk, David R., Samuel D. Brody, and Raymond J. Burby. 2003. Public participation in natural hazard policy formation: Challenges for comprehensive planning. *Environmental Planning and Management* 46 (5), 733-54.

Hanna, K.S. 2000. The paradox of participation and the hidden role of information. *Journal of the American Planning Association* 66 (4): 398-410.

Innes, Judith E. 1996. Planning through consensus building: A new view of the comprehensive planning ideal. *Journal of the American Planning Association* 62 (4): 460-72.

Innes, Judith E. 1998. Information in communicative planning. *Journal of the American Planning Association* 64 (1): 52-63.

Innes, Judith E., and David Booher. 1999. Consensus building and complex adaptive systems. *Journal of the American Planning Association* 65 (4): 412-23.

Kaufman, Sanda, and Janet Smith. 1999. Framing and reframing in land use conflicts. *Journal of Architectural and Planning Research* 16 (2): 164-80.

Krueger, Richard A. 1988. *Focus groups: A practical guide for applied research.* Newbury Park, Calif.: Sage.

Laurini, Robert. 2001. *Information systems for urban planning: A hypermedia cooperative approach.* London: Taylor and Francis.

Lowry, Kim, Peter Adler, and N. Milner. 1997. Participating the public: Group processes, publics, and planning. *Journal of Planning Education and Research* 16 (3): 177-87.

Meck, Stuart, ed. 2002. *Growing Smart legislative guidebook: Model statutes for planning and the management of change.* Chicago, Ill.: American Planning Association.

Moore, C.N. 1995. *Participation tools for better land-use planning: Techniques and case studies.* Sacramento, Calif.: Local Government Commission.

Myers, Dowell. 2001. Demographic futures as a guide to planning. *Journal of the American Planning Association* 67 (4): 383-97.

Oregon Department of Land Conservation and Development. 1996. *Collaborative approaches to decision making and conflict resolution for natural resource and land use issues.* Salem, Oreg.: Author.

Prince William County Board of Supervisors. 1994. *Recommendations of the Prince William County citizens development task force.* Prince William County, Virginia: Author.

Sanoff, Henry. 2000. *Community participation methods in design and planning.* New York: John Wiley and Sons.

Seattle Department of Design, Construction, and Land Use. 2003. *Urban village case studies.* Seattle, Wash.: Author

Seattle Planning Commission. 2001. *Seattle's neighborhood planning program, 1995-1999: Documenting the process.* Seattle, Wash.: Author. Retrieved from http://www.cityofseattle.net/planningcommission/docs/finalreport.pdf, accessed May 2, 2005.

Segedy, James A., and Bradley E. Johnson. 2004. *The neighborhood charrette handbook.* Louisville, Ky.: University of Louisville. Retrieved from www.louisville.edu/org/sun/planning/char.html, accessed May 2, 2005.

Smith, Frank J., and Randolph T. Hester, Jr. 1982. *Community goal setting.* Stroudsburg, Pa.: Hutchinson Ross.

Susskind, Lawrence, Sarah McKearnan, and Jennifer Thomas-Larmer, eds. 1999. *The consensus building handbook.* Thousand Oaks, Calif.: Sage.

Wachs, Martin. 2001. Forecasting versus envisioning. *Journal of the American Planning Association* 67 (4): 367-72.

第三部分

土地使用规划编制的概述

在本书的第一部分中，我们描述了土地使用规划的概念性框架，强调把土地使用博奕的概念作为规划所处的外部环境，提出了用以代表城乡和利益相关者价值取向的永续棱锥，还谈到了什么是“好的”规划程序和“好的”规划成果。如同我们在第1章所述，规划编制程序对城镇有四大作用：一是帮助城乡建立能够提供智能信息的交互性的规划支持系统；二是帮助建立用于表达城乡针对未来期望所形成的共识以及如何实现这些愿景的规划网络；三是为实施规划而帮助城乡制订各种条例和经费等开发管理程序；四是对规划实施成效和城镇状况进行监测，从而对信息系统保持更新，对规划网络和开发管理程序及时做出调整。

在第二部分中，我们展示了规划师如何建立和操作规划支持系统，以便理解导致城市变化的物质、社会与经济系统。作为结论，我们提出建立战略性信息以反映不断涌现的问题和未来可能的情景，以及建立基于共识的城镇愿景。其成果包含了议题、情景和愿景的城乡发展报告。

到了这里，规划师和城乡应该已经准备好了开始规划的编制工作，整合并精炼城乡发展报告中所提出的议题、情景和愿景，并且将它们组织在一套物质设计和实施程序的网络中，以引导未来的城乡开发与再开发。这类规划成果的格式是怎样的呢？它们如何彼此关联并整合形成有效的规划网络？编制这些规划有哪些过程和技

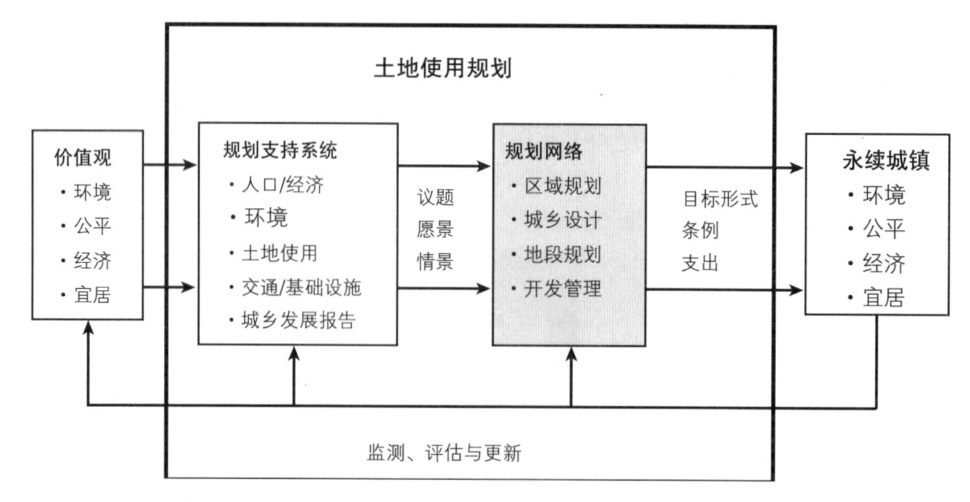

图 III–1 土地使用规划的规划网络

术？这些都是本书第三部分各章节所阐述的话题。图 III–1 指出了土地使用规划成果与土地使用规划程序的关系。

优秀的规划方案代表了城乡对其未来激辩与协商的成果，并以具有明确空间和行动目标的陈述为表达形式。也就是说，在土地使用规划体系中，规划编制的作用是构建一个与空间直接相关的各种设计的网络，以服务于未来城市形态的永续性目标，并由一系列特定行动组成的开发管理程序所强化和补充，以推动规划的最终实现。这些规划成果将引导开发管理、资本改善计划中的公共投资以及城乡更新的决策。一个好的规划网络和实施程序还应当为规划师、民选官员和委任官员，房地产业、土地使用博弈中不同的城镇利益相关者，以及普通市民提供重要的依据，以评价各种公共和私人开发计划是否与城乡的目标和政策相一致。

没有一套单一的规划组合能够适用于所有城乡，没有"一刀切"的方法。一些城乡可能使用以下章节所讨论的规划类型中的一种或两种。其他城乡或许会将几种不同规划类型的各部分整合为一个涉及多领域的单一复合型规划。针对各种不同情况，必须根据土地使用博弈状况的不同、永续性与其他价值取向之间的平衡关系，以及城乡所遇到的特殊问题和未来情景设定等不同因素，为城乡建构与之相适应的规划网络。例如，丹佛的规划网络（参见第 2、3 章）与西雅图的规划组合（参见第 2、13、15 章）或加利福尼亚州戴维斯市的规划组合（参见第 3、14 章）就截然不同。但是，以下的章节将提出若干规划类型，这些规划类型被证实能涵盖从一般综合到特殊，从区域尺度到街区尺度，从愿景设计到实用的行动路线等的各种情况。这些规划类型包含了丰富的规划选择，规划师能从中做出适应其城乡自身状况的组合。

第三部分简介

接下来的六个章节继续介绍规划编制的原则、过程和技术，并在四种不同类型规划的编制中加以应用：区域土地政策规划，城乡土地使用设计、地段规划、开发管理规划。我们建议读者在阅读以下的章节前，先回顾第 3 章中对于这些规划类型的讨论。

第 10 章“规划编制过程”简要地描述了在各自不同方法论指引下的每种类型规划的编制过程。主要内容包括：如何为规划编制过程建立恰当的基础、如何理解对制定与空间关联的规划至关重要的五项任务，以及如何在不同规划类型之间和各种待规划的用地（包括交通）之间做出恰当的抉择。

第 11 章“区域土地政策规划”概述了在建议的规划范围内进行政策区划定的过程，即确定哪些地区将作为乡村 – 城市转型区并被鼓励增长，哪些地区将被鼓励进行再开发或大规模的内填式开发，又有哪些地区将作为自然保护区不应当更不鼓励开发活动。区域土地政策规划也可以指定主要的公共中心、给水排水和交通设施的位置。区域土地政策规划不但进行政策区划定，而且会对每个政策区将采取的实施政策做出安排。这种类型的规划可以作为一个区域、县、大都市区，甚至是一个城镇或城市好的起始规划。

第 12、13 章论述了城乡土地使用设计。这种城镇层级的规划可以以上层次的区域土地政策规划为基础，但是在土地使用和城市形态方面设计更为深入，其格式和方法论也更加复杂。

第 12 章“城乡土地使用设计: 就业与商业中心”描述了不同类型的就业中心、商业中心和城市公共中心，如何对这些中心的规模、混合使用、选址、各种中心之间及其与交通系统之间的关系进行设计的过程。这一章还谈到了如何在各中心之间进行就业岗位、零售空间、文化和市政设施分配的任务。

第 13 章“城乡土地使用设计：住区的人居环境”讨论了永续、精明和宜居的人类住区愿景，这一人类住区不仅包括住宅，还包括所有支持家庭日常生活的用途和功能，如：地方性商业和服务，当地的就业，学校和日托所，社区中心，开放空间与休闲空间，小汽车、自行车、步行和公共交通的流通网络，以及区域性商业、就业、文化活动的通达情况等。本章概括了如何进行“居住区”体系设计并将其与城乡范围的公共中心和开放空间设计过程相整合。为了解释各自涉及的方法论不同，我们将城乡土地使用设计分成两个章节进行讨论，但规划师和城乡必须知道两者其实是从属于一项土地使用设计任务。

第 14 章“地段规划”从区域规划和城乡规划的整体和大尺度转而聚焦于规划地区内具有战略意义的特定地理区段。这种类型的规划包括邻里规划、商业区规划、交通廊道规划、再开发区规划等。本章描述了地段规划的特性及其对于城乡规划网络的意义，随后介绍了适合这类规划的参与式过程。这类规划通常会有更为活跃的公共－私人的联合参与，并且在形体设计和实施方面一般都比城乡规划和区域规划更为详细。

第15章“开发管理”讨论了开发管理中的最佳实践，不仅包括实施工具的选择，还包括成果监测及其与规划建议的比较。本章回顾了在地方层面有效的开发管理规划和程序所需的任务和工具，概括了如何将公共参与和技术分析纳入开发管理程序的设计和实施过程中。

总体而言，以下章节介绍了适用于不同情况的一系列规划类型，并阐述了规划师编制这些规划所需的过程和技术。

第 10 章

规划编制过程

在确定土地使用规划编制的特定方法之前，你必须建立一个框架体系来协调规划制定过程中的众多任务。这个框架应当对城乡发展做出以下指导：1）建立规划制定的基础（确立组织机构，划定规划范围，并与其他规划以及有关部门相协调）；2）概括规划成果的组成部分；3）确定土地使用选址任务的顺序，并为土地使用做出空间安排；4）按照土地使用的类型确定空间布局中的一系列关注点。那么，你该如何制定这样一个框架呢？

前期规划决策（advance plan making）服务于多项目标。其中之一是设定一个规划制定的过程，使不同的利益相关者群体、市民、政府官员都能参与制定并讨论城乡长远发展的有关设想。根据第 2 章中谈到的永续棱锥模型，这个过程就是为达到棱锥设定的核心目标而制定的平衡多重目标的规划。第二个目标是教育、鼓励和说服利益相关者，让他们确信所创造的城镇形态是大家共同期望的。第三个目标则是将技术和一般城镇常识转化为能够实现愿景的行动方案。

在讨论具体规划方法之前，为了便于理解，本章首先对规划编制的四个方面进行了综述。第一，讨论了为规划制定过程建立恰当基础的必要性。第二，描述了在一个地方规划的程序中有用的规划类型以及城镇应做的选择。这部分包括如何在规划的不同阶段考虑不同的规划类型，规划师在规划各阶段推进过程中如何转换重心，以及规划师如何在不同规划类型中进行选择并将它们合成为一个复合型规划。第三，描述了一个非刚性的、由五项任务组成的序列，并将其应用于详细的土地使用空间规划设计的过程中。这些任务适用于各个规划类型，尽管为了完成不同的任务，需要依据规划类型甚至是不同的土地使用类型分别采用不同的规划技术。第四，建议在规划的制定过程中，对不同的土地使用类型安排合理的关注次序。由于很难在同一时间处理所有的土地使用活动，将任务分解成较大的几类依次处理，或许有助于控制决策过程，令决策更加有效。

规划编制前的准备

一个强有力的规划编制基础包括建立相应的组织机构，确定规划范围，建立与其他地方规划和项目的联系，并开展政府间的协作（Anderson 1995；APA 2002，ch.7；Hopkins 2001；and Kelly and Becker 2000）。

建立规划编制工作的组织机构和参与程序

在开始规划编制的准备工作之前，地方法律机构与规划师必须为规划编制制定相应的组织与参与程序。为准备城乡发展报告（详见第 9 章）而设置的机构可以延续到规划制定过程中。许多地方已经建立了规划委员会，作为长期机构为规划事项提供建议，进行方案优选，协调事务发展，并充当与公众的联系人。该委员会与规划师一起，对规划制定过程承担主要指导责任。此外，许多城镇还组建了由各利益相关团体代表组成的“规划编制团队（plan-making task force）”，以便在规划编制准备过程中对规划委员会作相应补充。该团队代表了更大范围的利益，极具专业性，并负责组织城镇的多方参与和准备规划编制的细节。同时，地方政府还需要能承担本书提到的规划制定过程中技术部分的专业人士。城镇可以考虑从州政府、地方政府和相关咨询机构中招募专家来协助处理这些技术工作。

规划的组织框架中需要制定参与性程序，确保规划编制过程中基层市民与利益相关者参与其中。城乡建设正在走向越来越广泛的群众参与，共识建构、规划和实施过程涉及越来越多的相关政府官员、公众利益相关者团体和感兴趣的市民。通过规划阶段广泛的公众参与，规划方案可以获得更大的支持，规划实施也能得到更大的保障。早期的规划参与过程包括了对议题、愿景、目标及政策的界定（详见第 9 章）。后来的参与过程则包含了对规划草案的公众审查与评价。参与方式通常是多种方法的结合：调查、研讨会、计划与方案的广泛宣传、公众听证会、文字评论以及顾问团（advisory task force）的参与。

确定规划范围

土地使用规划的前期任务之一是确定规划的地理范围，即规划区的划定。对县域而言，规划范围一般应包括整个县辖区，即便规划主要集中在发展走廊或土地开发问题比较紧迫的地区。对于正在扩张的都市区，规划范围应明显地超出其现有的行政边界和区域。如果考虑所有可行性，规划范围应包含在未来20~30年内规划或经济发展可能涉及的区域，因为这些区域需要考虑城市服务设施的供应或辖区外管辖权的扩张等问题。在规划过程中，规划区应在人口、经济、环境等信息的基础上尽早确定，并与相邻地方政府相互协调。规划区划定时范围宁可偏大，这样规划的参与过程和信息基础至少容纳了城市未来发展可能覆盖的区域。规划基础信息应超出规划范围，以便对各个地方辖区赖以共存的更大区域内经济、环境及市场体系进行分析。

与其他地方规划和项目的联系

土地使用规划需要有一个综合的视角，并对城乡其他规划与项目中提到的问题，如给水排水规划、交通规划及资本改善项目都有所考虑。其中也可能还包括相关的经济发展、开放空间、住房及防减灾规划。制定土地使用规划时均需考虑到这些规划，反之亦然。规划的相互协调是必需的，但最终，重要的是确保其他规划和土地使用规划上更为综合的思考之间的一致性。

连贯性与协调性体现在许多方面。首先，土地使用规划的信息来源和假定条件应当与给水排水及交通规划保持一致。在可能的情况下，各类规划需采用相同的经济与人口预测，以及服务区边界和服务标准。而交通规划中的交通需求分析和水处理中的给水排水设施位置的设置也需建立在土地使用规划建议的未来发展模式的基础上。同时，对给水排水设施和交通规划的考虑，如住房和就业密度等问题也应在土地使用规划中进行计算。

政府间合作

在大多数情况下，当整个规划区在未来20年可能会面临一定的发展需求时，规划需考虑到政府部门之间的合作，以确保一致性。例如，政府间合作可使基础设施与城市服务设施取得规模效益，并且有助于区域就业模式与开放空间网络的塑造。多个行政区域可以共享自然资源（如一个水源地），也可能影响到同一个脆弱的环境体系（如河口）。他们可以就这些资源的共享进行政策调整。一个市和县的政府在制定土地使用规划时需与辖区外地区的土地管理规定协调。两个及以上的市县则需要对接壤区域的规划进行相互合作。跨行政区的合作还应扩展到州及联邦的土地使用政策制定中，包括生态敏感区域、联邦防御设施（Federal defense installation）、国家公园等的划定。因此，土地使用规划的信息基础应当包括对规划区附近正在开展的项目、将要进行的项目以及州和区域层面上的规划项目进行评估。合作还意味着来自各机构与其他政府部门的代表能够加入到规划制定过程中的公众参与程序中来。

规划编制各阶段的构成

规划制定过程包含对规划基本组成部分的确定。如表 10–1 所示，该过程由四个阶段组织而成：1）准备一份城乡发展报告及对未来愿景的陈述；2）确立包含目标（goals）、任务（objectives）与政策（policies）的方向性框架；3）选择一种规划或几种规划的结合；4）制定对规划的指导或评价意见。各个阶段的排序以及每个阶段产生的成果均是由较为宏观设想向专项规划和实施措施的转化，由较大的区域尺度向较小的或邻里单元的尺度转化。这个排序并不是僵化的，有时不同阶段的措施会同时实施，并且互相之间常有反馈。

阶段 1：城乡发展报告

阶段 1 为构筑土地使用规划后续阶段中的各部分提供了初步信息。该阶段的主要成果是城乡发展报告，有时也称为议题与愿景陈述（APA 2002）。该报告很大程度上是非空间的叙述，并且较为笼统，可以附加在规划愿景的最终版本后面。第 9 章展示了由收集与分析信息到形成以人口普查为基础的城乡发展报告的全部程序。

城乡发展报告应当建立在对城乡现状和未来项目的规划人口、经济、土地使用、交通及基础设施和自然环境的描述和分析的基础上。该报告一般包含以下主要要素：

表 10–1
规划制定过程中各阶段成果的组成

阶段 1：城乡发展报告
现状条件与发展趋势
地方条例综述
威胁、机遇与相关问题
情景与愿景陈述
阶段 2：方向性框架
目标和任务
政策
阶段 3：规划（或各项规划）
区域土地政策规划
城乡土地使用规划
地段（或特定意图区）规划
开发管理规划
阶段 4：监测与评估计划

1. 议题、现状条件及对未来规划阶段有影响的发展趋势的描述；

2. 目前地方发展管理条例的完备性评价；

3. 未来发展的不同可能；

4. 充分反映了城乡价值观和城镇自身发展理念的理想愿景。

由于发展规划的未来导向性，我们可以制定不同的方案来比较可能发生的结果，以及城镇群体希望产生的结果。愿景陈述可以将人们想要的和欣赏的景象作为基础。这样的话，规划师也可以选择在城乡发展报告中包含多种人们欣赏和向往的图景，以及体现城乡价值观和整体设想的愿景陈述。

城乡发展报告还应将技术性手段与参与性手段相结合（见第9章）。技术预测的方法要求规划师对规划的支持系统（第4~8章）中的各种情况与关系进行考察和解释。此时，规划师是一个独立分析师，要对现状以及将要发生的情况进行确认、分类和定量。充当这个角色的规划师同时还是科学预测者，他关注目前的状况、趋势及未来的发展条件。通过让参与者了解到有关现状、未来发展条件和它们的潜在关联。这些分析对界定问题、情景建构、提出愿景以及设定更为具体的方向提供了必要条件。

在参与性方法中，规划师的技术分析集中在参与议题的界定、情景建构、愿景设定和方向设定上。规划信息系统可用来对参与者提出相关议题和建议进行清晰条理化，并进行定量分析。因而，在这里，技术信息与公众参与的关系掉转了过来：由参与者确立技术分析的范围和重点。这两种途径不是相互排斥的，而是可以相互补充。

总体而言，城乡发展报告对规划有多方面影响。首先，对现状与需求的清楚描绘有利于确定目标以及它们之间的相对重要性。其次，对于现状、趋势及相关原因的扎实分析有助于制定有效的政策措施。第三，基于地方议题和解决方案的基础分析有助于规划在未来的实施中经得起法律和政治层面的挑战。

阶段 2：方向性框架

确立方向的目的在于为规划的制定（阶段3）和规划的监测与评估（阶段4）提供明确的基础。城镇能够对规划议程进行控制，并确保长远的公众利益优先于短期利益和私人发展。政府官员、规划师与市民能够摆脱常规，从更多的规划决策中脱离出来。

更具体地说，方向性框架用来帮助规划师、政府官员（包括选举出来的和任命的）和城镇确立想要追求的目标，确立阶段任务来衡量目标的达成程度，并制定政策，指导未来的规划和日常发展管理。规划师需要将这三大要素整合进区域土地使用设计、地段规划和开发管理规划中。同时这些要素需要具备一定的法律和政治地位，从而对发展许可政策、投资、区划调整、未来规划的制定和其他地方政府决策起到引导作用。最后，规划师需要同时实施阶段1和阶段2中提出的各项任务。对现在与未来发展的调查为未来方向的确定提供了信息。同时，对城乡关注的问题、价值观和优先性的确立也有助于确定哪些问题和信息是相关的。

目标与任务（Goal sand Objectives） 城乡发展报告的结果可作为目标确立的基本出发点。目标是指城镇希望实现的理想状态。目标的价值在于目标自身，而不是达成其他事务的手段。目标常常通过形容词和名词加以定性描述。目标的确立是对规划制定的引导。例如，目标可以是在美学上令人赏心悦目的中心区、高水准的环境质量、可负担的住房的充分供给等。

城镇对规划目标的认同对规划方案选取的评价和建立共识十分重要。然而同样重要的是，确保目标的确立过程建立在及时、准确并充分理解规划信息的基础上。公众在目标确立前就参与到议题的确立和愿景描绘中，可以将城镇对规划的理解提升到一种良好的工作状态。目标的确立本来就是一个公众参与的过程，致力于在规划制定过程中代表与体现城乡价值和利益（Smith and Hester 1982）。目标决定了城乡发展的未来特征。目标的确立并不是规划过程的一个单独的组成部分，而是一个长期进行的社会认知过程。由于目标对于规划过程的引导十分重要，目标设定程序已经历了长期的发展。最新的版本称之为基准设定（bench marking）或愿景设定（visioning）。然而基准（bench marks）其实更适用于任务（Objectives，专门的并可被量化的）而非目标（Goals，长远打算）。而远景构想虽然和目标相关，但在典型意义上是一个独立的过程，旨在对理想的未来进行整体的设想。

任务是指有形的、可以量化的达到目标的手段。任务可以以特定时间为基准，成为实现目标的中间步骤。任务也可以是一个更大目标的一个方面。例如，“在2020年前使水质达到EPA标准”就可以是“改善环境质量”这一目标下的一个任务。而要达到这个目标需要许多步骤，如需要在2010年前设立建立严格环境保护区的发展条例，并在2015年前购买2英里的滨河敏感廊道开发权等。

规划师需要处理多种类型的目标。这些目标可按其来源归类如下：

1. 继承性目标（Legacy goals）或是“现有目标（existing goals）”，来自先前已采纳和目前正被政府实施的政策；这些目标是规划制定过程的良好开始。

2. 执行性目标（Mandated goals）或者说“强制性目标（musts goals），”来自政府和联邦政策，以及对法律权力和宪法权利的司法解释。

3. 一般性目标（Generic goals）或者说“必要性目标（oughts goals）”，来自规划对良好的城市形态、土地使用管理和管制过程的追求。

4. 需求性目标（Needs goals）或者说“供给性目标（accommodation goals）”，来自对未来必须容纳的人口和经济变化的预测。

5. 愿望性目标（Aspiration goals）或者说“城乡需求（community wants）”，来自公众在参与目标设定过程中所体现出的城乡价值观。

目标可以有三种表达。第一，目标可以视为对地方问题的缓解，如较差的水质，社区环境破败以及严重的交通堵塞。第二，目标可以设为通过对这些问题的解答而表达出的愿望：我们想要一个怎样的未来？第三，目标可以设为对现存政策、基本要求、一般标准和计划需求的反映与执行。

设定目标所需的主要输入信息是参与者在整个过程中对知识、技能、能力和经验的积累。虽然目标设定是一个不断反复反馈的过程，但是仍然可以将其分为三个发展阶段。第一阶段为目标寻找，侧重于想法的产生。第二阶段为目标综合，侧重于寻找类型和主题以及加强理解。第三阶段为目标选择，即为目标设定先后顺序。

政策（Policies） 方向性框架的第二个组成部分是规划政策。政策是为完成规划目标和任务而进行的必要的行动或要求陈述。政策产生于目标和任务，但更关注于政府能做什么来实现目标。政策常通过动词进行描述，并常常使用像应该（shall）、需要（require）和必须（must）这样的命令性动词，或者像希望（might）、考虑（consider）和可能（may）这样的建议性动词。比如，对于“建立一个赏心悦目的中央商务区”的目标，可能会形成这样一个政策，要求在主干道上进行新的发展建设，根据道路通行权为道路提供步行设施和能遮荫的行道树等。政策并不指定行动的具体措施。比如，它不会确切规定主干道需要何种行道树。政策不会使用专门的法规语言，也不会确定哪些地块会受影响。比如，某项政策可能是只在使用费和税收可以超过建设费的地区增建供水管与下水管。政策也可表达为专项标准。例如，一项政策标准可能会指定橡树作为主干道两旁的行道树，以便和现有树种取得一致。

在政策的制定中，规划师需要对地方政策制定工作进行引导，帮助参与者对现状和建议的政策进行评估，增加新政策，并将结果整合为一份与目标和任务相关的政策说明。政策说明需明确政策与所要实现的目标及任务间的联系。为了建立这样的联系，可以采用与目标框架一致的组织结构（例如，物质的、经济的、环境的），以一一对应的方式对政策进行分别描述，也可采用其他方式清晰表明政策如何推进了目标的实现。通过这样的方式，决策者和政策使用者在随后就能看到政策与目标、任务之间的关系。专栏 10-1 展示了一个目标、任务和政策之间关联的方向性框架。

公众参与对确定规划方向的阶段显得尤为重要。其结果的合理性、有效性和效率都取决于规划过程面向地方规划项目和未来土地使用形态影响下的个人和群体的开放程度。因此，规划师的作用只是中间协调人，整个过程不仅包括了获选和被提名的政府官员，还包括了代表地方环境、经济发展、公正性和宜居性的个人与利益群体。那些与土地使用与发展决策相关的利益群体必须能够参与到该过程中，充分认识其利益所在，并有足够的能力保证结果的平衡。

阶段 3：规划

规划制定过程的第三阶段，是在城乡发展报告、愿景建构以及设置方向性框架的目标、任务和一般政策的基础上，制定更为详细的规划。这包含了对合适的规划类型的选择，从一般性空间规划（区域土地政策或城乡土地使用设计）到地段规划，最后是针对实施的开发管理规划（表 10–1）。

一般情况下，首先进行的是区域土地政策规划，覆盖了包含城市开发、城市保护和乡村开放空间等问题在内的广泛领域。随后在区域规划中划定的城市分区范围内，进行城乡土地规划设计，包括对土地使用、城镇公共设施和基础设施的专项安排。该规划过程的结果可能是形成两个规划，也可能将土地政策分区和土地设计要素结合在一起形成一个综合规划。

一个地方可以选择侧重这两类空间规划其中之一，也可同时考虑。一个区域性机构或县可以只考虑进行区域土地政策规划而不进行土地使用设计。在区域规划中被指定为城市用途的地区将成为同地域或县域政府的土地使用设计的对象。或者，一个地方可以选择直接进行土地使用设计而不预先进行区域土地政策规划，或依赖区域或县域规划作为大范围的地理背景参考。一个地方还可将两种空间政策规划的组成部分进行混合。

专栏 10–1
展示目标、任务与政策关联的方向性框架

目标 1：为加强城市宜居性而保持紧凑连续型城市景观

任务 1. 1：到 2030 年，达到每英亩 10 户人的平均密度。

政策 1. 1. 1：改善开发条例，为所有新建大尺度细分地块提议设立最低密度要求。

任务 1. 2：到 2030 年，在 50% 新开发提案中实现居住与办公的功能混合。

政策 1. 2. 1：改善开发条例，鼓励所有大尺度的新开发地块项目考虑居住与办公的混合。

任务 1. 3：到 2030 年，使通勤方式中步行和自行车的比例从目前的 5% 提高到 10%。

政策 1. 3. 1：划定和建设连接所有居住地与工作地的安全连续的自行车与步行网络。

政策 1. 3. 2：设立交通管理项目，鼓励更多采用步行和自行车交通的方式。

目标 2：有效服务于新开发项目的公共设施与服务

任务 2. 1：到 2030 年，将新增用户的公共设施消费开支降到区域平均水平。

政策 2. 1. 1：在开发条例和资本改善规划中确立"充足设施"的要求，协调公共与私人的开发。

政策 2. 1. 2：在开发条例中设立激励机制以推动紧凑式发展，以提高服务设施效率。

政策 2. 1. 3：建立反映提供服务的真实成本可变性的开发影响费用浮动计算系统（sliding-scale development-impact fee system）。

资料来源：Kaiser et al. 1998

地段规划则关注于城镇的专门地段。这些规划是区域规划和城乡规划的补充，更侧重于战略性地段，如中央商务区、邻里单元、开放空间网络以及交通廊道。地段规划对于空间组织、物质形态设计和实施手段的安排更为具体。

开发管理规划则将重点转移在实施上。这类规划常常是对区域规划政策、土地使用设计和地段规划的补充或整合。开发管理规划关注短期的行动议程，可能是5年，通过设置开发条例、资本改善等面向地方政府的服务，使土地使用变更符合相关规划。开发管理规划可能更关注城镇化进程的实际时间控制，以及私人开发和公共基础设施开发之间的平衡。它可能还要考虑设计质量、开发成本分配以及政府对城镇化进程干预的程序公正性等方面的问题。

阶段 4：项目监测与评估

项目监测与评估要确定城镇如何对规划满足需求、处理问题并达到目标的成效进行跟踪。它包括三项活动：城镇实施规划政策和开发管理项目的情况如何；开发及土地使用变更与规划的契合度如何；如何完成任务（目标的数字指标）。在对情况变化进行监控的结果的基础上，规划的有效性可以获得持续的评估和阶段性的更新。

结果报告可能产生于两个层面。第一个层面是每年或每两年的进度评估，也可称之为对政策和行动项目的调整。第二个层面是包含更多全面的回顾或重新规划，评估的时间间隔较长，一般为5~7年。

土地使用空间布局的设计

不论是区域土地政策规划、城乡土地使用设计规划或者地段规划的设计程序都可总结为依次展开的五项任务。这些任务适用于各个土地政策区域，也适用于土地使用规划设计及更小尺度的地段规划中详细的土地使用类型。规划中的每项土地类型都需要经过这样一个分析设计序列，因而规划师会多次经历这样的过程。例如，这些任务适用于区域土地政策规划中的城市开发区和环境保护区，在土地使用设计规划中的就业区、居住区和开放空间，以及地段规划中的小尺度设计诸如建筑设计、活动中心与街景设计。[1]

任务 1　为土地政策分区、土地使用的各项组成、土地使用的专项活动、城镇设施制定选址原则、优先选择权、详细说明和要求　需为以下内容建立原则和标准（a）开发区域、土地使用或混合使用、交通和其他城镇设施的选址；（b）这些土地使用与设施的空间关系。这些原则和标准以方向性框架中的愿景、目标、任务和政策为基础，以环境要素、家庭、公司和其他土地使用者的选址意愿为基础，以特定城镇设施与活动中心的选址需求为基础。

任务 2 用图示方式表示土地政策区域、土地使用的各项组成、土地使用的专项活动、城镇设施的土地适应性变量 采用任务 1 中确立的设计原则和标准，将土地适应性变量用图示方式表示，为特定的土地政策区、土地使用的各项组成、土地使用的专项活动、城镇设施进行选址。适应性变量的特定空间形态取决于地区环境要素的空间形态（如坡地、土质、排水特征等），现有或规划中的对整体目标存在影响的土地使用形态，以及由任务 1 的原则和标准确定的交通及其他基础设施系统。

任务 3 估算土地政策区域、土地使用的各项组成、土地使用的专项活动和城镇设施的空间需求 估算特定的土地政策区（如“过渡”区）或设计组成部分（如中央商务区、办公园区、混合使用邻里单元等）用于容纳未来活动的土地需求量。这项估算是以人口和经济的计划预测或未来开发密度的相关政策为基础的。

任务 4 分析初步的区域土地政策图或土地使用设计图中暂定位置的适宜土地供应的容量（Holding Capacity） 确定指定区域能够容纳土地政策分区或土地使用设计中各组成部分的面积。容量可以用住房数、户数、就业人数或不同适用土地的面积数来表达。土地政策区域和土地使用设计组成部分的容量必须与交通和其他城镇设施的容量相匹配，以保证公共投资的支持。

任务 5 为区域土地政策区或土地使用设计各组成部分的空间组织与规模进行多方案设计 为未来发展和新开发区、公共中心、土地使用专项部分、交通及其他城镇基础设施和开放空间等设定空间组织和规模的备选方案。这是一项综合性步骤，也是五项任务中最具创造性的一步。图 10–1 运用图示说明了这五项任务之间的关系。这个图示同时强调了规划师在土地使用规划中需注意的三项整体性平衡关系。一个是供需平衡。如果将图表分为上下两部分，上半部分的两大任务注重对土地政策分区或土地使用设计组成部分能否在合适的位置提供足够的空间进行需求分析。表的下半部分分析了土地供应与基础设施容量能否容纳现有及未来的需求。表的中部则是一项设计或者综合性任务，统筹考虑供需两方面的平衡。

第二项需要考虑的平衡是为容纳未来的土地使用在寻找合适的场地与足够的空间。表的左边为选址分析（包括供需），表的右边则对空间数量进行了分析（同样包括供需），中间仍然是备选方案中对于选址和空间数量的综合或者平衡。

第三种平衡其实已经在前两种平衡中有所体现，即表中四个角部的分析性任务与中间的综合性任务之间的平衡。具有操作性的设计是建立在良好分析的基础上的。然而光有分析是不够的，必须有创造性的设计作为后续。

总的来说，笔者推荐设计过程从左上角的任务出发，从上至下，由左及右，

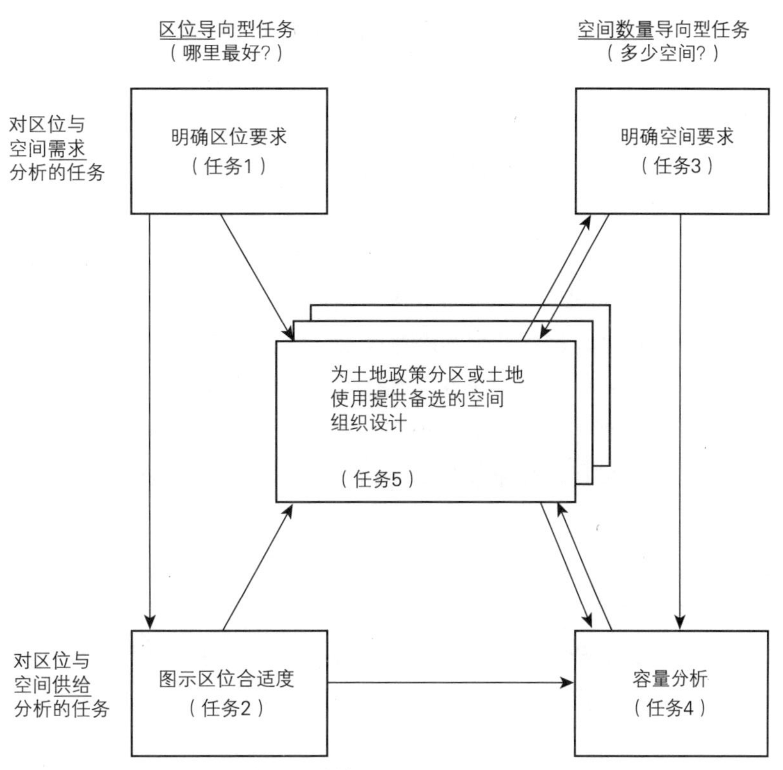

图 10–1 土地分类和土地使用设计的五大任务
资料来源：Kaiser et al. 1998
经伊利诺大学出版社授权使用

备选方案设计（任务 5）穿插其中。也即是说，笔者建议需求分析优先于供给分析（从上至下），选址考虑先于对空间数量的考虑（由左及右），工作方法是由分析到综合，最后回到对备选方案的分析。

以下详细地分析这五项任务。

任务 1：确定选址原则

选址要求或导则基于这样的原则，为了促进永续发展，应当将用地功能安排在具有良好用地条件，并与基础设施和其他用地相互协调的土地上。选址原则有多种依据。首先，在规划制定的前期阶段有各种愿景、议题、目标、任务及政策。在市场导向与社会需求导向下针对不同土地使用又会有不同的优先选择。选址依据还来源于居民、公司和相关机构能够方便使用特定设施、服务和活动的需求，还包括附近区域使用的相对兼容性。最后，还有需要考虑到自然灾害如洪水产生的风险，以及在坡地或不适宜土壤上进行建设带来的经济风险。

在美国，不同地方的选址原则常常是相似的，因为各地一般都具有相似的文化、技术、公众参与程度，甚至相似的城乡规划目标和任务。因此，我们可以在接下来的章节就这些选址原则进行讨论，希望它们可以被美国各地的规划机构广泛接受。而对于具有不同文化、技术、政府结构的地方，在运用时这些原则需进行较大调整。

同时，美国的各个城镇在愿景、财政状况和文化多样性也存在相当的差异，这要求每个城镇制订一套属于自己的原则。例如，某城镇可能觉得零售服务中心需设置在居民的10分钟步行范围内，而另一个城镇则可以接受20分钟。城镇对目标和政策制定的参与程度越高，其目标和政策的专属性就越强，并且相关的选址原则也就越独特。因此，规划师不应过快地要求城镇接受某一普遍性原则，而应考虑这些原则的潜在成本，以及与该特定城镇的关系。

一般性的选址原则适用于区域土地政策规划、城乡土地使用规划设计、地段规划甚至开发管理规划。例如，对于区域土地政策规划，规划师可以根据城镇化转型区（鼓励发展的地区）、环境保护区和农业生产区的边界确定选址原则。而对于城乡土地使用设计规划，规划师可以设立专门的选址原则，主要针对就业区、商业/娱乐/文化设施中心、居住社区、农业与林业活动及环境保护区，甚至包括更加特定的用地，如多户居住用地和办公园区，以及用来支持未来用地拓展的交通和污水收集处理等专项设施。最后，对于开发管理规划，规划师需要确定哪些地段有必要设置专门的土地使用控制，并制定相应的边界划分原则，例如，接受开发权转移的地段、水源保护条例或洪涝区开发规划的适用范围。

区域土地政策规划的示意性选址原则 区域土地政策规划中的一般性选址原则必须对开发、保护、再开发及稳定地区的界线概括出明确并经得住推敲的导则。

- 自然保护区需设立在：拥有自然的、休憩的、丰饶的或观赏性资源的地方；对城镇化进程和特定农林业开发活动的反应比较脆弱的地方；对城市开发存有潜在的灾害威胁的地方。举例来讲，这些区域可能包括水源保护地及其周边的缓冲区，流入这些水体的溪流，以及其流域的核心部分。
- 建成区可以设定为稳定区域或再开发区域。这些区域可能会有保护区穿过，如河流廊道，这些被打断的区域可用作城镇的开放空间进行“不开发”或“再开发”，例如，滨水区或分洪河道。
- 城镇化转型区是从乡村边缘向城市用地转变的区域，需要布置在城市设施如给水排水设施能够便利达到的区域、道路或其他交通设施现存良好或容易到达的区域，以及地形不是过于恶劣的区域。这些区域需远离自然灾害、农业用地、脆弱的自然系统所在地以及现在和将来水库的泄洪区。
- 农村/农业/林业地区需设立在农林生产或矿业可能高产的土地上。农村非农业用地可能在近期不易连通城市基础设施，但同时，它们对农业生产并不是必需的，不会遭受环境灾害，其环境特征和过程也不易受城镇化的影响。这些用地可以长期地为城市提供土地。
- 土地政策区的范围应当包括规划的给水排水服务区、交通设施改善区及其他大型资本投资规划项目，如洪水控制项目、供水扩建项目、机场、区域性公园等。

城乡土地使用规划设计的示意性选址原则 不论城市扩张区、稳定区和开放空间保护区的地理边界如何设置，都需要充分关注这些区域内各功能组成部分之间的协调。土地使用设计的一般原则需考虑用地的各类组成，如就业区、生活区、购物区、交通及城镇设施系统以及自然系统等。

- 就业区是主要用于制造业、批发、贸易、办公及服务产业的用地。这些用地需布置在交通便利和方便到达的位置。它们需要与其他就业区、区域性公路和公共交通系统有方便的连接。这些用地需远离脆弱的环境系统，并尽量减少空气污染的聚集。它们在规模上应当有足够的场地，在经济上要同时适合公共和私人开发，除了重工业外，其场地的布置还要具有吸引力。
- 生活区包括住宅区和具有大规模住房的混合街区。生活区应能够方便地到达就业区、购物区、休闲活动区、公共交通和主干道、开放空间以及城镇设施。它们需要与诸如重工业和不相容的交通繁忙地块等隔开。它们应当包含小尺度到中等尺度的休闲、购物、办公、教育以及其他城镇服务设施，应为消费者提供住房密度、类型和位置的多样选择。它们的选址应使开发和服务活动经济合理。
- 购物、娱乐与文化活动区包含主要的购物娱乐区和主要的教育、文化和休闲设施如学院、博物馆、音乐厅、图书馆、大型体育馆和大型活动公园。这些功能区应设置在生活区的中心，并有公共交通和区域性干道方便到达。其规模要能容纳足够的活动，与各种商品与服务联系便利，能够服务多个贸易区。
- 交通系统应当设计成为一个支持多种交通方式的区域性道路和轨道系统，能够与土地使用设计中规划用地和活动中心相整合。交通系统应当体现居住区和活动中心内的步行活动要求，联系居住区与就业区，以及购物、娱乐和文化中心。街道设置需满足不同土地使用类型或混合使用体系的需求，如居住区、市中心商业区、商业中心和工业区，并同时考虑到步行、自行车线路和机动车、过境交通。为未来交通设施预留的通廊应作为土地使用规划的一部分进行划定和保护。
- 城镇设施（如医疗服务设施、警察局和消防站，机场以及火车站等）需要有合适的用地类型的支持。城镇设施的选址应靠近特定用户群体，工程建设经济可行，并有足够规模以供未来的发展。建议的选址需标注出来并进行控制。
- 基础设施规划应与建议中的土地使用和活动中心相协调。公共投资的时序应当与规划的土地使用开发保持同步。未来的供水设施和固体垃圾处理设施的位置需在图中标出并予以控制。

- 主要的公园和大型开放空间的选址应便于利用和保护有价值和脆弱的自然、环境和不寻常的自然特色，并能够提供多种多样的休憩活动。林区和其他开发空间的位置也应当为周边区域提供空间界定，并调节气候、噪声、光线以及污染；它们还应当为开放空间提供通道。
- 绝大部分开发应远离环境灾害区，如滞洪区、地震带、泥石流区、沉降区和不稳定土壤带等。土质不适合建设的区域和最适合城市建设的区域应禁止采用就地污水处理（on-site sewage treatment）的低密度开发。

选址标准 vs. 原则 正如之前的讨论（Porter 1996），“标准”比原则更为具体并具有更多含义。例如，“预防自然灾害”的原则在标准中的表达可能是：禁止在专项图纸上明示的50年一遇的滞洪区进行建设。“可达性”可以通过英尺、英里或交通时间加以度量；例如，一个具有半英里服务范围的街区公园。“机动性”可以通过机动车的交通时间或人均延迟时间、人均里程数表达。“足够的规模”原则可以通过一个特定的最小面积加以表达；例如，城镇公园或学校的最小规模为15英亩，或者每千人拥有1.5英亩的公园用地。“公共排水设施的经济性”可能会在专业地图上绘制出其排水分水岭的脊线。标准的优势在于它们可以更准确地描绘在地图上，因而可以为随后的适宜性分析与设计任务提供一个更清晰的基础。

某些标准会被制定为法律。这些标准通常采用最低或最高标准的形式，在保证公共健康、安全和福利方面必不可少，是法律和强制执行力的组成部分。然而对于规划编制来说，我们采用被称为“期望”的标准，而不是最低标准。一个期望标准的数值略微超过最低值——容易实现，但仍能够逐步达到目标和任务中表达的愿望。

任务 2：绘制选址适宜性分析图

在这项任务中，我们以任务1的标准和原则所引用的期望或不期望要素的空间形态为基础，将任务1中确立的选址原则和标准图示化。也就是说，在综合考虑了土质、坡度、滞洪区、现有或规划就业、购物和娱乐设施的可达性、给水排水管道、道路和其他交通设施的可达性，以及其他信息的基础上，我们将确定并绘制出一张详细反映土地使用类型的选址相对适宜性的图纸。最终成果图反映了规划辖区内各类用地、政策区及土地使用规划中确定的交通和城镇设施的选址相对适宜性关系。绘制土地使用适宜性分析图的方法参见第6章。

适宜性分析图还不是土地使用设计。它只是一项用以分析城乡选址原则能够提供怎样的土地使用设计可能性的分析图。它表达了全部可以被图示化的原则（包括可以被图示化的用于现状条件、假设条件和未来设想的原则）。适宜性分析图不能反映土地使用设计中未来用地之间或土地使用与交通及城镇设施之间的关系。而且，规划师可能只需要从适宜性地图中的大量选址里选出小部分进行设计。

然而，也许某些地块会同时适用于多种土地用途，这就需要规划师针对特定地块确定哪些功能更加合适，以及哪些功能需要排除。

任务 3：空间需求估算

任务 1 和任务 2 重点讨论了选址，现在我们重点估算未来需要多少用地来容纳土地使用设计中预测的人口、经济与环境过程。空间需求的基础是对人口与就业的预测，对当前与未来的开发密度，以及未来开发相关政策与预期的研究（如居住类型与密度的混合）。

空间需求通常可分为数个阶段。对于土地政策规划阶段和土地使用设计的早期阶段，我们只关注最常见用地类型所需要的大致用地数量（如城镇化转型区，或普通的居住区开发等）。然后，在为土地使用设计的土地使用专项部分做出空间需求估算时，这些初步的估算需进行重新审核和精确化，以反映理想开发的具体特征、用户偏好以及各种不同混合度和密度条件下的场地适宜性。例如，位于中央商务区附近的工业或居住用地就可能比处在城市边缘区的具有同样功能的用地拥有更高的密度。

在土地使用设计阶段，估算空间需求的技术都包含了如下四个基本步骤，以求更仔细地反映相关设想与政策：

1. 审查各类用地现有的密度特征，以及随着开发周期、开发类型及中心和边缘区位的不同形成的密度多样性。

2. 决定土地使用设计中居住与就业区可容纳的未来人口和就业水平。相应地，区域商业活动中心、规划贸易区人口、规划零售业、以及特定经济部门的就业人数通常都是空间需求的基础信息。这些指标通常也适用于城镇设施（如，人口是未来游憩设施需求的基础）。

3. 确定未来空间标准。考虑现状密度和对它的相对满意度，结合人们偏好的趋势，以及土地使用设计所鼓励的开发实践、目标、政策和目标导向的原则。空间标准可以通过如下方式表达，如：每位员工的人均工业用地面积、每千人需要的娱乐设施或学校用地面积、贸易区每位消费者的零售空间平方英尺数等。另外，确定公共设施如学校、购物中心、工业园、办公园区等的最低规模标准。

土地使用 / 交通设计中的站点和其他公共交通设施的建设情况将在多方面影响未来空间标准。它将减少主要公共中心的停车场数，允许更多紧凑和步行导向的开发模式。它还使站点附近的商业和居住开发形成更加高度混合的节点。

4. 任务 3 中确立的空间标准乘以未来人口与就业需求量，求得空间需求的估算值。例如，如果工业用地的空间需求是 25 名员工 / 英亩，而可能的员工数为 1000，则所需场地为 400 英亩。如果预想的住房密度为 25 幢 / 英亩，而规划计划安置 1000 户，则规划中需预留 40 英亩地用作居住用地。

任务 4：容量分析

可用的土地供应量包括非城市建成区（如农业用地）、空地以及用于恢复和再开发的用地（developed lands lated for redevelopment or substantial rehabilitation）。将规划辖区根据适宜性分析或初步土地使用设计方案进行划分。这样总用地面积是各个不同适宜性水平的用地面积的总和。适宜性的层次划分与适合该地块的特定土地使用活动相关。如果在进行适宜性分析时使用了 GIS，那么容量的计算就采用适宜性分析得来的适宜性多边形。以任务 3 中获得的空间消费水平为基础，“合适的”用地面积可以转化为等值的住房、人口及就业人口。例如，如果工业指标的空间标准是 25 名员工 / 英亩，而一块场地有 100 英亩的用地，那就是说这块地的容纳能力是 2500 名员工。或者，这样的转化可以到任务 5 的阶段再进行，那时容量与空间需求是平衡的。任务 4 的成果是地图和表格，显示了每块有潜在不同功能的规划用地（如适宜性多边形，或在先前的土地使用设计中确定的组成地块）的容量。这些信息可以对整个规划区或其中的次区域（如东向、西向、南向和北向部分）进行归纳总结。

任务 5：设计未来城市形态

先前四项任务均是分析性的。第五项任务要求设计出符合要求并可供选用的土地使用、交通和城镇设施类型，以容纳未来可能新增人口与就业，同时满足选址原则、适宜性分析图的推断、空间需求及容量要求。一般来说，规划师需要完成多项设计方案和情景分析。定量和定性要素能够达到平衡，土地使用、交通、给水和排水规划能够相互协调，实现永续棱锥所体现的宜居、高效、环境友好以及公平价值。

在土地使用 / 交通系统的情景设计方案中，将适宜地段用地所需的面积和这些场地的容量进行比较可以对设计理念进行检验。一个场地一旦被赋予了功能，该地块就需从总体容量中扣除，因为一块地不可能做两种以上的用途（除非用于混合用途）。工作图表中的这些核算工作一直使用一种空间计算系统来进行。这将在接下来的章节里详细讨论。如果土地供应不足，一些先前确定了性质但后来有更适合性质的土地需要放弃最初功能而改为新的功能。原先的功能则另谋用地。土地供应短缺需要规划师放松适宜性的标准，提高未来土地密度，扩大规划区或减少需容纳的未来人口与就业数量。然而一般来说，由于规划研究范围一般都足够大，所以平衡过程中较常见的是土地供应量过多而不是短缺。这种过量是可以预期的，并不需要为此减少规划面积，除非这超出了规划局的数据管理能力或地方政府的行政控制力。

我们再次注意到，这里的土地使用设计融合了相应的交通系统设计，将其作为整个城市空间结构的一部分。因此，土地使用设计实际上是将交通纳入未来都市形态的用地 / 交通设计。用地设计被用来解决交通需求，而交通设计又反过来支持了城市土地使用设计的相关专项。当获得针对城市形态进行用地和交通的设计委托后，随之开展的是结合交通规划与工程所包含的多模式交通网络，对出行产生、出行分布、方式分担和出行分配进行更加系统化的分析。事实上，这四个步骤类似于任务 3、4、5 的结合：通过未来人口和示意性设计来预测需求，并且在估计容量的限度内将需求分配到示意性设计中。读者可以参考第 8 章关于用地规划与交通规划整合的讨论。

设计过程中用地关注重点的推进

为避免同时处理所有土地类型或土地使用带来的复杂性，我们建议规划师将土地使用分为几个大类。最基本的两分法是在区域设计（areawide design）中将开放空间与城市用地区分开来。开放空间包括农业、森林和区域性活动场地，需要加以保护。其次在“城市用地”类别中，城乡土地使用设计（communitywide land use design）侧重于区分区域公共中心（各种就业、零售活动及大型的城镇服务设施），以及包括住宅和居住区级服务设施在内的居住区用地。区域规划将开放空间与城市用地区分开来，是因为区域规划的基本土地政策关注更为确切的城乡土地使用设计层面的活动中心和居住单元形态。规划师在这个规划过程中必须对整个设计全盘考虑。随着规划的深入，规划师需要进一步划分这些大类。例如，针对不同区位和空间需求，就业中心与零售中心可能有多种类型。

开放空间，或者说“非城市区域”的定位，是土地使用设计过程的第一步。该类别应当包含环境区（如起到空气净化和洪水缓解的湿地）、自然灾害区（如泄洪区、地震断裂带）、资源生产区（如初级农业用地或砂砾区）、文化资源区（如历史中心）、区域室外娱乐场所及其他具有美学功能的区域（如确定邻里边界或城市天际线基础的区域）。

以开放空间作为土地使用规划设计的开端有很多原因。首先，不少开放空间需求可以在已绘制出的规划信息系统中表达其物理特征。相比之下，人居活动的选址要求则高度依赖并且部分地由规划过程中所要确立的未来就业、商业及居住区域的位置决定。其次，自然活动的选址要求比大部分城市用地的灵活性更小；自然活动只能发生在条件允许的区域。第三，就技术来说，环境问题和自然灾害的事后处理将付出高昂代价且效率低下。通过土地使用设计预测和避免这类问题是较为明智的。最后，市场导向的城市开发过程并不会出于对自然环境和休憩的考虑而在合适的位置提供足够的开放空间。因此，在市场导向型城市开发过程中，以及以人的价值观为准则和以经济为导向的规划过程中，开放空间，尤其用于自然活动的开放空间显得尤为脆弱。

在为开放空间的用地形态制定试验性设计后，规划师通常转向下一个任务，即勾画出需要鼓励城市开发的新地段。对于区域土地规划，即是划定“城市”区，包括“建成区（developed urban）”和“城市转型区（urban transition）”（未来开发），也可能包括附近的农村居民点。

下一个层面是在城乡土地使用设计中进行用地类型的划分。规划师首先需将注意力转移到确立区域性或城镇公共中心和设施的空间结构上，如工业与办公就业中心；区域性商业活动中心，主要包括零售业和为大众服务的办公活动；区域性设施，如机场、废物存储与处理设施、大学、医疗中心等。

在设计了区域和城镇公共中心与设施的多种可能情景后，我们建议规划师指定居住社区以及混合居住区的位置。作为住房这个主要用地类型的补充，这一步还包含地方商业与娱乐活动设施、小学和其他地方居住服务设施、交通、小尺度的开发空间，以及小规模的办公和其他就业点。当然，某些居住用地也会被安排进入商业活动中心。

土地使用规划的制定过程并不是一个简单的线性过程，需要在主要的土地使用活动类型内部及其相互之间不断进行反馈和调整。这是一个反复进行的过程。所有的用地设计分配最初都是试验性的，需要根据反对意见和设计过程中可能出现的更多机遇随时调整。表 10–2 总结了规划制定过程中常用的主要用地类型的考虑顺序。

表 10–2

规划制定过程中土地使用分类的建议考虑顺序

I. 开放空间

重点是保护必要的环境过程，预防自然灾害，保护经济性自然资源（如农业用地和森林），提供区域性户外活动场所，以及实现美学价值。

II. 城市用地

重点是划定政策鼓励的新开发和再开发地段，以及未来的 10 ~ 20 年主要的基础设施投资地段。

III. 区域公共中心与设施（"城市"用地内）

A. 就业中心与就业区

1. 制造业及相关活动
2. 批发业和相关活动
3. 办公就业中心
4. 其他区域特殊行业（如科技园或度假区开发）

B. 区域经济中心（以零售业和服务业为主）

1. 中央商务区
2. 副中心——原有商业中心、新兴区域性购物中心及多功能中心
3. 高速公路导向型中心
4. 其他区域特殊行业（如城市观光旅游业）

C. 区域性娱乐、教育及文化设施

D. 区域性交通设施（过境交通线、高速公路、机场、火车站、联合运输枢纽等）

（续）

Ⅳ. 居住区（"城市"用地内）
A. 住房
B. 地方性大众服务活动及设施
1. 学校
2. 地方商店
3. 公园及邻里开放空间
C. 交通（中转站、停车场、道路、自行车道与通路、人行道、联合运输枢纽等）

V. 以上原则同样适用于详细规划、专区规划和地段规划。

小结

不论是区域土地政策规划还是城乡土地使用设计都需要一系列相似的步骤。这包括为制订规划及规划目标与范畴确立合适的基础；确定规划形式；在土地使用分析与设计任务之间制定均衡的时序；最终形成一项设计，平衡城乡中许多的需求与愿望。

基础的确立包括了与城镇合作以明确规划目标，建立规划制定的组织机构与程序，并确立项目委托（commitment），以对规划进行批准、执行、监测并及时更新。这其中还包含确定规划的范畴和核心内容，并划定规划的地理范围，以适应未来的长期发展。

确定规划形式包括了规划类型的选择及混合。该过程同时还包括确定规划组成部分及其组织机构，确保该机构能为城乡未来发展提供综合的、建设性的和有用的指导。

实际的规划编制过程使用的是一套多少有些复杂的方法，包括了分析和设计两方面的任务——确定选址原则，绘制土地适宜性分析图，分析土地未来空间需求，分析适用土地的容量和可行的规划备选方案，平衡各种考虑并指定各项空间安排。分析任务阐述了选址要求，在适宜性分析中将这些要求用图示表达出来，估算未来空间需求，并计算适应土地的容量和试验性设计用地的容量。设计任务要求规划师对分析任务的结果进行综合，并提出空间组织上的解决方案。这个综合的过程是土地使用设计的核心；前面的分析为方案的设计和决策提供了辅助信息。

为便于该过程的开展，用地被划分为多个类型：开放空间、城市用地、区域性公共中心，以及居住区。设计过程按以下顺序进行——首先考虑公共空间，其次是城市用地，而后是区域性活动中心及区域性交通设施，最后是城市用地内的居住区以及地段规划（包括交通）。当然，在整个推进过程中必须有一定程度的反馈和调整；这不是一个线性的过程，而是在综合制定整个空间规划之前将用地进行类型划分，逐一分析，使规划制定过程更加容易把握。

接下来的章节将讨论这套分析和综合方法在三种土地使用规划中的运用：区

域土地政策规划（第 11 章），城乡土地使用设计（第 12 和第 13 章）以及地段规划（第 14 章）。

注释

1. Anderson（2000）深刻地解释了预测各类用地和城镇设施的空间需求和供给的原则、标准和方法。

参考文献

Anderson, Larz. 1995. *Guidelines for preparing urban plans.* Chicago: APA Planners Press.

Anderson, Larz. 2000. *Planning for the built environment.* Chicago: APA Planners Press.

American Planning Association. 2002. *Growing Smart legislative guidelines.* Chicago: Planners Press.

Hopkins, Lewis. 2001. *Urban development: The logic of making plans.* Washington, D.C.: Island Press.

Kaiser, Edward J., David R. Godschalk, Richard E. Klosterman, and Ann-Margaret Esnard. 1998. *Hypothetical city workbook: Exercises, spreadsheets, and GIS data.* Champaign: University of Illinois Press.

Kelly, Eric Damian, and Barbara Becker. 2000. *Community planning: An introduction to the comprehensive plan.* Washington, D.C.: Island Press.

Porter, Douglas, ed. 1996. *Performance standards for growth management.* Planning Advisory Service Report No. 461. Chicago: American Planning Association.

Smith, Frank J., and Randolph T. Hester, Jr. 1982. *Community goal setting.* Stroudsburg, Pa.: Hutchinson Ross.

第 11 章

区域土地政策规划

在城乡发展报告提出的议题、情景和愿景，以及方向性框架的目标与政策的基础上，你现在被要求为区域规划机构编制一份区域土地政策规划。这个规划应当具有明确的空间指向性，必须要有一张土地使用政策分区图，标明哪些地方应该进行城市开发或再开发，哪些地方应当执行环境资源保护和农田保护政策。

这个规划应当指出每个地区必须执行的相应公共政策，同时还要与给水排水规划、区域交通规划和土地市场变动等各方面相协调。这个规划应当在恰当的位置提供充足空间，以容纳城乡发展报告中所确定的各种人口、经济和环境因素。

规划编制的第一阶段工作是由规划机构提出城乡发展报告和愿景陈述报告；第二阶段工作如第 10 章所述，是建立目标与整体政策的方向性框架。如果这两步工作都已经完成，那么，第三阶段工作的任务就是建立一套规划网络，对前两个阶段提出的议题、愿景、目标、引导政策和推荐的情景进一步细化。规划必须对城乡土地市场、土地开发竞赛和众多利益相关者等有充分的认识，延续第 9 章所强调的协作规划过程，遵循城乡发展报告所提出的推荐情景。

本章讨论的地域层面的土地政策规划是规划网络中各种类型规划的第一类，第 12 章和第 13 章讨论的城市和城镇层面的土地使用设计，则是土地使用总体规划的第二种类型。在实践中，有些地区同时使用这两种类型的规划，在县域或区域层面编制区域土地政策规划，针对区域规划中所确定的城市地区编制城市或城镇层面的土地使用设计规划，还有一些地区把这两类规划进行综合，编制一套复合型规划。在总体政策规划编制完成后，各地方往往会在规划网络中补充地段层面的规划（见第14章），以解决规划范围内特定地区的特定问题，有时候这种地段规划是纳入总体规划之中的。最后，还需要有一项开发管理规划（第15章）来规定具体的行动路线，以实现区域土地政策规划、城乡土地使用设计和地段规划中所构建的未来图景。开发管理程序通常都会纳入土地使用设计和地段规划中。

本章首先将阐述区域土地政策规划的基本特征，以及它如何服务于未来永续发展的愿景。在第二节，我们将介绍此类规划编制的过程设计，总体上是应用了第10章所介绍的五项任务法。第三和第四节针对开放空间和城镇化转型地区，我们在五项任务法的基础上提出了一些具体的方法，这些方法可以帮助我们细化土地政策分类，还可以在城市或城镇层面的土地使用设计规划中用于初始分析，这些将在后续章节具体介绍。第五节将介绍为各种政策分区制定实施政策的方法。第六节阐述如何将这些整合为一个区域总体土地使用政策规划。结尾部分将对本章进行总结并对后续章节进行展望。

城乡规划编制的过程涉及到众多相关人员的参与。在本章中，我们强调把规划专家的各项技术任务放到一个更广泛的协作规划进程当中。尽管规划师只是这一进程中一个部分，但是他们必须有充分的能力来完成这些任务，并将其应用到城乡规划的有效实践中。

区域土地政策规划的概念和目标

区域土地政策规划是城镇对该地区土地开发和环境保护政策在空间上的明确表达。规划能够指出一个区域、县、城乡转型中的城市及其近郊中的哪些地区应当进行开发以容纳增长，哪些地区应当进行再开发或是重要的内填式开发以容纳变化；还应当指出哪里不应当进行开发，比如特殊的野生动物栖息地，水质保护问题特别敏感的流域，以及洪水、暴雨或地质侵蚀易于对开发造成威胁的地区。有时候，规划还会标明主要公共中心的选址，还可能包括主要的供水、污水和交通基础设施的选址，尽管在实践中土地政策规划常常忽略这些因素。就根本而言，这类规划应当清楚地界定哪些地区在未来需要进行开发和重建，哪些地区不应当进行开发。

和区划一样，区域土地政策规划把规划地区划分为若干个分区，但是这种分区没有区划的分区那么具体。在这类规划中，分区的面积更大，并且界线也较为宽泛。这种界线是根据自然特性和基础设施服务区域来划定的，而不是根据区划的需要来划定。此外，该规划旨在为每一个政策分区制定实施政策或策略，而区划则是制定具体的标准和监管程序。因此，区域土地政策规划只是一份政策意图的声明，并不是一份条例。

区域土地政策规划可以使市镇或区域实现对交通和给水排水基础设施等的高效利用，将其集中安排在预先规定的鼓励开发地区。这些地区应当具有能够容纳预期增长的适宜规模，并留有必要的扩展余地以应对城市增长速度的变化。该类规划还应当将环境敏感地区和重要农业、林业区指定为保护区和农业生产区，并通过配套政策缓解这些地区的开发压力，如限制公共设施和基础设施供给，或是其他的限制性政策。

土地政策区的分类并不是一个新的概念。Ian McHarg 的土地规划方法算得上是早期的一个较有影响的例子，尽管这种做法是否可以称作区域土地政策规划还缺乏认同。他建议把规划区域的土地分为三类：自然用地、农业生产用地和城市用地。自然用地具有最高优先权，排除包括农业在内的一切用地属性。农业生产用地包括农业、林业和渔业用地，其优先权仅次于自然用地，也就是说，农业生产用地是用于利用自然资源生产食品、纤维和木材的，它排斥工业用途。上述两项优先度较高的用地分配完成后，剩下的土地才可以用于城市建设，包括工业区等，因此，城市地区应当使用不适合作为自然或者食物、纤维等生产用途的土地。在实践中，这种规划方法还是会在三种类别的用地之间进行相互调配，以建构更具效率的城市格局，而不是把城市用地限制在自然和农作物生产适宜性最差的地区。

同样在 20 世纪 60 年代，夏威夷将土地政策分区图纳入其州土地使用管理计划中（Bosselman and Call ies 1972；DeGrove 1989）。夏威夷把它的土地分为四类：保护区、农业区、乡村地区和城市建设区。在该案例中，每一类土地的政策都有禁止某项土地使用或开发行为的州法规作为支撑。因此，夏威夷的土地政策分区超越了政策规划的范畴而成为土地规制的明确依据。

区域土地政策规划模式的第三个早期案例是明尼苏达州的双子城大都市区委员会提出的“发展框架”。该框架形成于 20 世纪 70 年代，它将一个由 7 个城市构成的区域分为大都市服务区、独立增长中心和乡村服务区。大都市服务区又被进一步划分为完全建成区（明尼阿波利斯、圣保罗和 20 个郊区构成的内环地区）和规划的城镇化发展地区（其他的郊区和规划发展轴上的用地）。

第 3 章的图 3–1 指出，北卡罗来纳州的温斯顿 – 塞勒姆（Winston Salem）和福塞斯县（Forsyth）把土地政策分区图作为指引市县增长的一个重要元素。该章的图 3–2 和图 3–3 所示的马里兰州霍华德县制定的包含土地使用设计内容的复合型规划中，也运用了土地政策分区方法的要素。

土地政策规划特别适用于解决永续棱锥的环境和经济效率维度的问题。在对区域环境和农业永续性特别敏感的地区，通过规划可以有效地保护环境进程和资源。在保护地方资源的同时，通过恰当的区位预留合适的经济活动空间，规划同样可以促进区域经济的发展。通过城镇化转型区的合理布局，以及与高效的公共基础设施投资之间建立协调关系，它可以在给水排水及其他市政设施配置等方面提升经济效率。虽然不是那么直接，但土地政策在促进永续棱锥的公平和宜居两个维度方面也能起到一定作用，它可以控制蔓延，帮助构建更为公平的土地使用布局。密度问题（特别是在建成区和开发中的地区）和再开发问题，尤其是再开发问题与宜居性有着密切的联系。宜居区域的愿景也突出了城乡对建立和强化基础设施、交通设施和绿廊之间联系的渴求度。因此，永续发展的各方面价值、利益相关者的各方面需求都需要在规划编制过程中予以体现。

区域土地政策规划编制的整体过程

我们建议将区域土地政策规划的编制过程分为五个步骤：

1. 总体方向设定，不仅包括目标和总体政策，还包括城乡发展报告中提出的议题、情景和愿景。这些工作应该在规划编制的第一、二阶段已经完成（见第9章和第10章），如果没有的话就需要在这里完成。
2. 建立一套将在规划中使用的土地政策分类体系。
3. 将这些土地使用分类绘制成政策分区图。
4. 为每一个土地政策区指定相应的实施政策。
5. 采纳并实施规划。

总体方向设定

如果总体方向设定已经完成，区域土地政策规划的起点应当是分析现有的和产生中的条件和议题、各种可能的和期望的情景、愿景陈述、目的和目标，以及在第9章、第10章以及本章描述的总体政策。如果没有预先完成总体方向设定的工作，区域土地政策规划应当按照本书第9章所介绍的包容性协作规划进程，先完成这些任务。

建立土地政策分类体系

接下来需要做的是建立一套土地政策分类体系，以便在规划中进行政策分区。在后面的工作中还可以对分类进行调整，以更好地反映对规划中相关问题与议题的理解。

当前大部分规划中的政策分区都可以分为三种基本类型。在区域土地政策规划中用于定义城市增长区域的名称很多，如：人居地区（settlement areas）、城市地区（urban areas）、城镇化转型区（urban-transition areas）、发展区（development areas）或规划发展区（planned development areas）等。因为环境原因而需要限制发展的地区可以称为保护区（conservation areas）、开放空间（open space）或者环境敏感区（areas of critical environmental concern）等。还有一些环境敏感性没有那么强，在规划中又不作为人居用地的地区，一般称为乡村地区，这些地区用以发展农业和林业活动。有些乡村地区可能被永久性地确定为城市发展的“禁区”；

另一些乡村地区可能仅在一段时期内限制城市开发活动，直到新一轮的规划中城镇化发展需要更多的土地为止。

作者在对大量规划进行研究的基础上绘制了一张分析图，以解析土地政策分类的一般层次关系（见图 11–1）。根据具体情况，在实际情况中可能存在很多术语上的不同和相应的补充。

保护区包括：进行土地开发将危及重要的、稀缺的、不可替代的自然、休闲、风景与历史价值地区，基本农田和林地，以及必须进行长期保护、一旦进行开发就可能引发危及生命与财产的自然灾害的地区。保护区包括陆地、湿地和海岸线，这些地区的开发活动应予以禁止或在十分严格的控制下谨慎开展。保护区可以分为三种类型（见图 11–1 的左侧）：第一类是“环境敏感区”（或者生态敏感区），如湿地、河网、海岸线、珍稀野生动物栖息地以及原始水源地，在这些地区，公众利益是显而易见的，对城市型活动和高强度的农业活动进行严格的管制显得合情合理；第二类是重要的资源型土地，如高产的农田或林地；第三类地区包括次敏感区和次环境敏感区，比如水源地，这些地区在保护自然环境的标准允许范围内可以存在有限的和适宜的开发活动。

城市地区（见图 11–1 右侧）是规划引导作为城市增长的主要地区，通常分为建成区和乡村向城市的城镇化转型地区。建成区包括城镇希望保留的稳定街区、适宜进行内填式开发的空地，以及鼓励进行再开发以形成不同功能与密度混合的居住和商业区，这些类别的地区可以作为建成区的次级分类，针对每种类别都需要提出不同的政策组合。城镇化转型区受环境限制相对较少，并且该地区要么已经具备城市公共设施，要么给水排水、交通及其他城市设施可以经济有效地拓展。城镇化转型区也可以分为近期开发地区和远期开发区域：在近期开发地区，通常公共服务设施和市政设施已经覆盖或是可以很快覆盖；而远期开发地区的公共服务设施和市政设施则要稍后才能得到建设。举例来说，转型区按照公共服务提供的时序可以分为 5 年期、5 ~ 10 年期以及 10 ~ 20 年期。有些规划在乡村地区的特定区位安排了第三种类型的城镇——卫星城，卫星城代表了建设新城或是土地混合使用的大型规划城镇的发展模式，在这里可以提供城市级别的各类服务。

乡村地区（见图 11–1 中间）是一些开发压力相对较弱的地区，这些地区对城市服务设施的需求不大或是难以实施，可以作为不是特别重要的生产性的农业、林业以及采矿业用途，可以进行适量的低密度的就业和居住开发。这些地区的自然资源应该不会敏感到被乡村和低密度的城市活动所威胁，否则就应当作为保护区。乡村地区应该包括被分成小片的不适宜进行商业化运营的农田和林区，还包括一些乡村“保持区”（holding zone），这些地区的某些部分可能随着城镇化的发展被重新归类。只要分类还没有进行调整，这里不会建设城市服务设施，也不鼓励由服务设施带来的城市密度增长。规划有时会在乡村地区指定一些乡村居民点

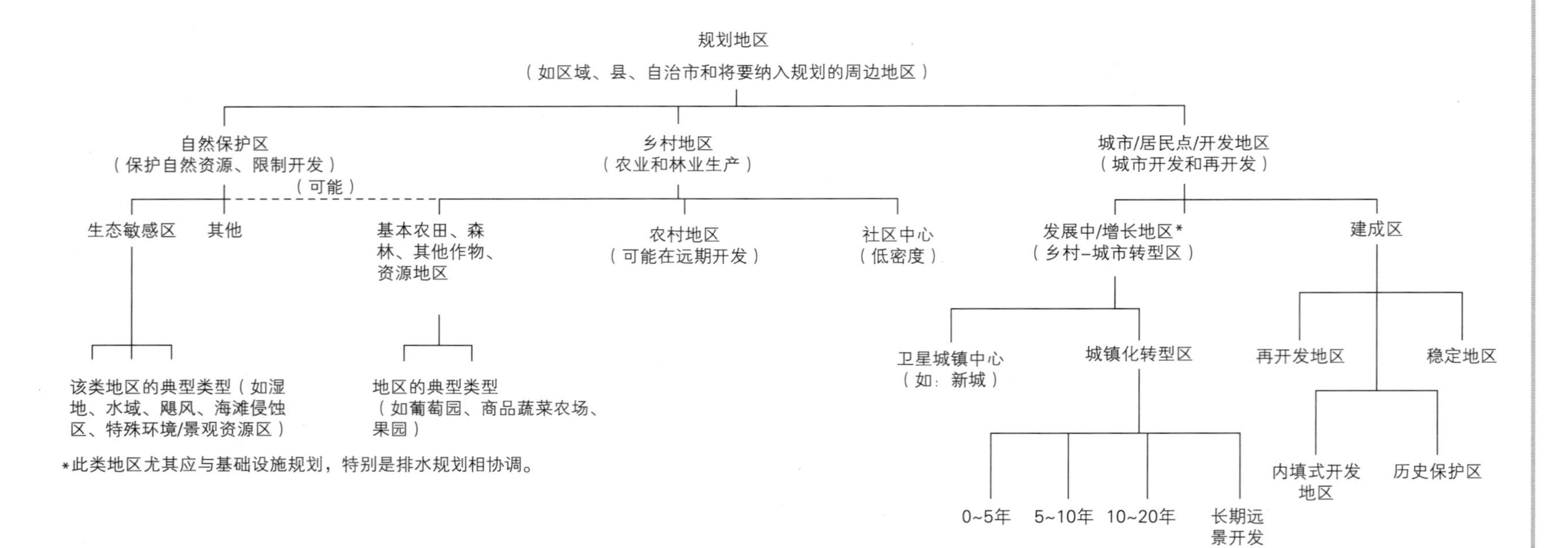

图 11–1 土地政策分类的层级

和乡村工商业节点。在这些地方，可以允许低密度住宅和工商业开发在没有城市公共服务和基础设施的情况下聚集。

不管选择哪种特定的土地政策分类，在规划中都应该有一张类似表 11–1 的表格，通过表格陈述土地政策的类型和每种类别的意图，以及该地区土地类型的特点、基础设施、土地使用密度以及采用的公共政策。表格可以作为土地政策分区图的补充和注释。

绘制土地政策分区图

在土地政策分类确定后，规划团队需要将它们绘制到图纸上。规划师必须在地图上划出分区，并与分类系统中的各种政策区相对应。从本质上看，这也是一个设计过程，需要遵循本书第 10 章和表 10–1 所指出的五项任务顺序。这一过程包括：为每种土地政策类别制定选址原则、为每种土地政策类别绘制适宜性的变化图，预测其空间需求，评估适用土地的容量，初步划定土地政策分区，最后绘制土地政策分区图。这一过程所面临的挑战是如何在具有高效公共服务的区位提供足够的土地用于开发，如何在尊重土地开发市场的同时又能保护对开发敏感的自然与农业资源。这个过程会在本章后面划定保护区和城市增长区的部分进行详细介绍。

表 11–1

土地政策分类系统的示意性总结

土地分类	目的	特性	居住人口密度	总政策
建成区 – 保护区和内填开发	提供内填式开发和保护稳定居住区	稳定，已得到恰当开发、有完善的基础设施和城镇服务设施	当前为中等密度到高密度	保护性条例，对公共空间的维护
建成区 – 再开发	在当前欠合理开发的商业区和居住区提供再开发用地	现有土地开发对城市来说效率低下，有一定的城市服务设施	当前为中等密度到高密度	升级基础设施和条例，公共 / 私人联合开发
转型区 – 总体	提供将来城市密集开发用地，这些土地非常适用并可逐步配套各类必要的公共设施和服务	已经作为城市发展而开发却尚无常规的城市服务设施，能够容纳未来 10 年的人口增长，可以容易地建设城市常规服务设施，开发不会受到严重的自然约束	中等密度到高密度	提供城市基础设施和服务，制订支持性的开发条例
转型区 – 近期开发		指定土地为近期开发，通常临近“已开发”用地，拥有部分或者大部分开发需要的基础设施，不在生态敏感区或环境灾害区	中等密度到高密度	提供城市基础设施和服务；制订支持性法规；土地合并；与城乡发展项目相协调

（续）

土地分类	目的	特性	居住人口密度	总政策
转型区－中期开发		指定土地为中期开发。开发者参与到基础设施开发中，通常临近“已开发”或者“近期开发”用地，缺少一些基础设施，不在生态敏感区或环境灾害区	中等密度到高密度	在地段规划以及城市基础设施建设中允许开发与公众－私人合作项目相同步
乡村	提供农业、林业管理、采矿业以及其他大范围场地内低密度用途的用地，也包括不需要城市服务设施且自然资源不会被严重破坏的居民点，鼓励保护景观资源，禁止对不可再生的、有限的或重要的自然、景观、历史或其他尚未分类的资源进行不成熟的或者不合理的改造	确定土地为自然资源管理和联合使用的合理区位，有高度商业潜力的农田，林地和矿井，有一个或以上限制条件可能使开发带来巨大的灾害，土地内含有未列入自然保护区的不可再生的、有限的、重要的自然、娱乐或景观资源	由当地条件和规划标准决定的低密度单家庭居民点、低密度商业和工业开发	制订相应条例，应涵盖化粪池设置、乡村级别服务（如急救班、志愿消防部门）的居民点
自然保护区	不被人类活动所干扰，提供有效的长期的土地管理，包括有限的、不可再生的自然、娱乐、景观资源	含有大型湿地、未开发的适合野生动物栖息的滨水地区、公共的有供水作用的分水岭、蓄水层、大型未开发的原始森林以及拥有重要自然、景观和娱乐资源的土地，禁止建设服务设施	严格禁止开发	严格的开发控制：禁止基础设施建设和获得土地和开发权

制定每个土地政策分区的实施政策

结合土地政策分类系统的设计和绘制，规划师还需要为土地政策分区图上的每一地区制定相应的实施政策以促进合理的土地使用，这些政策包括承诺在鼓励城市开发的地区投资建设道路、公共交通、给水排水、学校和其他需要政府投资的服务和基础设施，而在不适合开发的地区，则拒绝提供这些设施或是实质性地提高其使用价格，并增加开发限制。政策同时会对法规和标准的制定提出建议，要求在自然保护区和其他不适合开发的地区，以及开发可能造成负面影响必须严格控制的地区等实行禁止开发、降低密度、要求提出详细规划措施等规定。

最后，政策还可以建立各种激励机制以鼓励或禁止开发，比如减免税、奖励、提供优惠服务等措施。每个政策类别的地区都有其自身的实施政策包，这些政策将会在日后的融资、规范和奖励机制中得到体现。

将结论整合为可供出版、采纳和实施的规划文件

上述各步骤的结果应当整合为一个整体，并以能够促进公众辩论、评估和空间开发政策选择的方式进行表达。在规划被采纳后，区域土地政策规划应当出版，其行文方式应当让民选与委任官员、市民、开发商和土地开发行业其他人员觉得表述清晰、易于使用。

到这里，我们认为规划师和城镇已经完成了方向设定的任务，也决定了在总体空间政策规划中使用区域土地政策规划的格式作为衔接步骤。在本章的剩余部分，我们把重点放在两种政策分区划定的议题和过程上，即：开放空间 / 自然保护区和城市地区。开放空间是一个更具包容性的术语，在区域土地政策规划和下一章讨论的土地使用设计中都能适用。

土地政策图中开放空间保护区的划定

在区域土地政策规划或土地使用设计中将一个地区指定为环境敏感地区或保护区的目的如下：

- 提醒土地所有者、开发商、民选官员以及其他人，一些特定土地上的自然进程和自然特征对某些人类活动很敏感，因此需要进行开发控制或是征用；还有一些特定的地区未来将要作为公共休闲、文化和风景用途。
- 为开放空间保护计划所涉及的规制、征用，以及诸如禁止排污和其他城市服务设施进入等公共行动提供法律和政治基础。
- 在适合作为开放空间的土地中建立优先权，将注意力和资源集中到那些现存或潜在问题，或机遇特别显著的地区。
- 在该类地区阻止公共补贴或其他对开发的鼓励机制，如减少融资过程中的贷款或者担保以便保护未开发的沙洲岛。

前一章的表 10–1 中所列出的五步土地使用规划过程在开放空间划定的案例中需要做轻微的调整。首先，在开始这五个步骤之前，规划师必须决定每种类别开放空间的设置意图，它往往没有其他土地用途的设置目的那么明显。

其次，针对城市地区的空间需求和容量分析（任务 3 和 4）并不同等适用于开放空间。因此，在区域土地政策规划中划定保护区类别的地区，或是在城乡土地使用设计中划定开放空间的任务次序如下：

- 设计前任务：决定开放空间的用途，确定哪些人类活动类型能够与规划的保护区或开放空间兼容。
- 任务 1：针对每种开放空间的用途，建立相应的选址原则和标准，包括确

定与开放空间用途相一致的人类活动类型。

- 任务 2：分析土地供给，并考虑到与任务 1 中制定的原则和标准相符合的特点，对每种开放空间的用途划定合适的区域范围。
- 任务 3：如果一个特定的开放空间类别有最小规模要求，为这一最小规模制定标准（估计所需的空间总量，然而，这并不适用于大多数开放空间用途）。
- 任务 4：分析适宜土地的容量，根据规模、形状和其他满足开放空间用途的特征，尝试进行开放空间的划定。
- 任务 5：试验性分配作为开放空间的土地，也就是开放空间系统设计。

每种开放空间类别都必须完成这些步骤，一次一种类别，但是要留心那些可能具有多种目的的开放空间用地。这些结果应该被视作“试验性”分配，因为规划师可能在规划编制过程中重新分配，将其中一部分土地转换为城市用地。

设计前任务：决定开放空间保护区用途的分类

开放空间不是一种单一的土地用途，而是一类广泛的土地用途。作为规划编制的第一步，根据其在具体区位的主要用途进行开放空间分类是非常必要的。例如，一个保护区主要用于保护生命和财产不受洪水威胁，而另一个地区由于是水源地而需要保护水质。

不同用途的开放空间有不同的自然条件和区位要求，也有不同的实施政策。因此，开放空间分类规划的第一步就是基于开放空间的用途决定其在规划中的主要类别。

在阅读了大量的开放空间的报告和规划后，我们总结了以下的开放空间用途。这些分类是建议性的而不是全面的，在每个特定的地区可能都需要做相应修改。此外，一些规划的分类也可能有多种用途，比如一个漫滩也可以同时作为休闲景点或者野生动物栖息地等用途。

- **保护生命和财产不受自然环境灾害威胁。**这些地区会受到来自洪水、山体滑坡、雪崩、地震、浪潮、飓风、海岸迁移、火山爆发以及其他自然灾害的影响。在这些地区应该禁止开发或严格控制开发，以避免造成生命财产损失、扰乱经济和社会结构，以及因保护开发而产生的成本投入。
- **保护自然资源和环境过程。**这些地区的自然过程对建设活动、农业、林业或者矿产开发等非常敏感。这些自然过程对自然和人类都非常有益，比如水的储存和净化、大气污染疏散、洪水控制、侵蚀控制、地表土的累积、野生动物的繁衍，以及野生动植物的栖息。更为具体的用途应该包括河口的维护、淡水湿地、森林、海岸、特殊的流域以及地下水涵养区。这类保护区的用途和第一类恰恰相反，其目的是保护自然环境不受人类影响，而不是保护人类免受自然灾害影响。

- **以经济生产为目的的自然资源保护和管理。**这些地区包括基本农田、基本林场、矿产地（包括城市区附近的建筑采砂场和采石场）、商业性或休闲性的鱼类和贝类养殖场，以及公共供水的水源地和含水层的地下水补给区。这类保护有别于第二类,因为它关注的是经济生产而不是环境要素。尽管农田和林地在大部分规划中是归为乡村用地的，但是重要的农田和森林必须是一个需要保护的特殊类别。
- **保护和改善自然与文化景观。**这些地区包括特殊的地貌区如悬崖、峭壁以及其他的地质形式；洁净的溪流、湍流、瀑布以及重要的岸线。甚至有些美丽的小景如桥梁、墓园、教堂、田园或林地景观，作为这些景点的前景和观景点的地区也应当包括在内，尽管这些功能往往在土地使用设计中强调得更多（见后文章节）。用以保护和改善自然与文化景观的开放空间不同于上述三类，这类空间需要向公众开放，并需要良好的基础设施来发掘这些开放空间的全部价值。
- **保护或提供户外休闲、教育或文化设施。**这些地区都适合作为户外休闲地，如：围猎区、露营地、游乐场、动物园、高尔夫球场、户外音乐会广场等设施。因此开放空间不仅具有环境意义，同时也具有社会意义。
- **塑造城市形态。**这些地区可能是城市绿带、绿楔或者绿廊、缓冲区、广场、建筑退界线，以及其他体现城镇形象的开放空间。这一目标与提供自然景观一样，往往在城市设计中考虑较多。这一目标在从都市区形态到地段乃至规划单元开发的各种城市尺度上都能适用。

前三项用途与区域土地政策规划的关系最为密切，第四、五、六项用途则在后续的土地使用设计和地段规划中运用较多。最重要的保护区——高产湿地、濒危动物栖息地或海滩侵蚀区有时被指定为“环境敏感区”或“环境关注区”，并在后续发展管理程序中得到特别和直接的指引。一些城市性或乡村性的土地用途在某些保护区是被禁止的，这可能是为了保护自然过程免受城镇化的影响，也可能是为了保护生命和财产安全免受自然灾害威胁。在另一些情况下，如果场地开发标准或农业、林业管理的最佳实践能够保护好环境，开发活动不需要被完全禁止。

因此，在一个规划中可能有多种保护政策分区。例如，一项规划可能包括水源地、漫洪区和湿地、基本农田或森林，以及海滩保护区。每个政策分区都会有一系列不同的实施政策，其中的一些还可能兼具多种开放空间的功能（如海滩保护区可以是休闲区，同时还可能是风暴防护区）。

任务 1：制定选址原则

每个地方都应该根据自己的愿景、目标以及特定的开放空间的重点用途，来制定自己的设计原则。不过，本书第 10 章中已经对区域政策规划中选址原则的一般类型进行了讨论，随后还针对具体土地政策分区介绍了更为具体的原则。这些叙述已经阐明了设计原则的基本概念，也为规划师的工作提供了一个出发点。这些设计原则大部分是用以指导土地政策分类和城市土地使用设计的，但是有一些，特别是最后的那些，也适用于开发管理体系的制定。

开放空间设计的示意性原则（不考虑开放空间用途）

保护区应当包括：主要的湿地；尚未开发且由于其独特性、脆弱性或危险性而不宜开发滨水岸线；重要的野生动物栖息地（如，对某种濒危或独特的物种的生存有重要意义或包含大量物种的动物栖息地）；公共供水的水库及其水源涵养地；国家、州和其他政府管理的公园和森林；国家或州立机构确定的“生态环境敏感区”、泄洪区、陡峭山坡、泥石流地区，以及其他含有重要的自然、风景或休闲资源的地区。

- 相容性原则：开放空间的建议用途必须：（a）适合区域的自然特点；（b）互相兼容，一项用途不会破坏该空间在其他方面的使用价值。
- 联系性或连续性原则：如果一处开放空间有助于提高多功能开放空间网络体系的连续性，那么该空间的价值应当提升。
- 可达性原则：根据开放空间的预设功能决定是否应当对公众开放十分重要。举例而言，休闲地区需要对公众开放，而濒危动物的栖息地则不宜对公众开放。
- 城市压力原则：如果一个重要地区的城市开发迫在眉睫，那么其优先级应当提高。

保护生命和财产免受自然灾害威胁的示意性原则

- 在规划中，不应在行洪通道及其边缘布置城市开发，并且应当在条例中严格禁止侵占水体和行洪区。百年一遇的防洪标准作为联邦防洪管理方针所建议的标准是最为常用的，但是也有些城镇选用了五十年一遇的防洪标准。
- 允许的用途不得降低行洪能力，不得采用易燃易爆或有毒建筑材料进行建设开发。
- 任何建筑物的最底层必须至少高出百年一遇防洪标准（有时是五十年一遇防洪标准）1英尺以上。

保护和管理有价值的自然资源与环境进程的示意性原则

- 确定可以作为基本规划单元的生态系统单元。一种方法是在分水岭概念的基础上确定生态单元。分水岭是指像暴雨排水或者水源供给这样的自然地理界线。分水岭相对容易界定，它和动植物群落以及其他自然资源和过程的边界相关联，它还是城市开发中给水排水服务所必须考虑的基本的自然系统。另外，地理上的单元可能是基于其他的环境特征（如，土壤、地质或者野生动物的生境）。本书第6章讨论了生态系统单元和野生动物生境以及与之相关的原则。

- 保护和管理植被，尤其是用于保持自然渗透和径流过程的陡坡上和河流边的植被；防止对水体产生不必要的侵蚀，淤积和有机污染；稳固河岸；为野生生物提供生境；为鱼类控制水温。陡坡地的标准从10%到25%都有。有的时候，规划会将开放空间的百分比和坡度联系起来，也就是说，坡度越大，对开放空间的需求就越大，而规划所分配的和条例所允许的开发密度也就越低。
- 在规划中将湿地和与其直接相邻的地区划为开放空间保护区。在开发管理程序中，对这些地区采用特别的控制手段。
- 尽可能保护几个大规模保护区，而不是大量的小型保护区。保护的面积应当足够大，有足够能力支撑起野生动物生存的需要和相关的自然过程。
- 野生动物保护区应当具有适当的面积和形状，并且应当集群设置且有廊道连接（见：Dramstad，Olson，and Forman 1996；Noos and Cooper rider 1994；and chapter 6）。

用开放空间来保护和管理以经济生产为目的自然资源的示意性原则

- 在水源地和主要的地下水补给区仅可进行适当用途和低密度的开发，通过法规限制土地使用的性质、密度和不透水地面的面积。例如，将包括诸如商店、加油站、化工生产和储存、干洗，以及实验室等工商业用地列为高危用地类型；将办公建筑、低密度住区和牧场等列为危险性较低的用地类型。
- 应当通过开发管理措施来划定和保护未来的供水流域，以确保可允许的土地使用不会产生重大污染。比如，对化粪池和垃圾堆场等应当给予特别严格的限制。

使用开放空间来保护、提供和增强自然景观的示意性原则

- 优先考虑景观最好的地区。所谓的景观宜人性可能是指森林覆盖率（占区域的百分比），坡度（20%以上坡度地区占整个区域的百分比），栖息地类型，湿地和溪流（比如水质，河流等级和比降，平均漫滩宽度，平均山谷高度和宽度，河流宽度、深度和流速，以及河床的材质等）。
- 提供对自然景观的充分直接接触和视觉感受。

使用开放空间来提供和加强户外休闲、教育以及文化活动机会的示意性原则

（以下大部分适用于土地使用设计而不是区域土地政策规划）

- 区分用户导向型的和资源依赖型的城市休闲区。用户导向型地区可以提供各种活动，如网球、高尔夫、游泳、野餐和户外游戏等，它应当离使用者很近，从而在周末和工作日的时候都能够被使用。这类地区的面积从1到100英亩不等。尽管资源依赖型休闲区不宜距离使用者太远，但是这类地区应优先选在山水景致最好的地方。可以开展的活动包括野餐、远足、打猎、钓鱼、野营和独木舟等。这些地区往往是周末活动或郊游的最佳去处。这类地区的面积从一百到几千英亩不等，比如州或县立公园和森林保护区。

（注：资源依赖型休闲区，教育性和文化性的地区应当在规划过程中优先考虑，因为它们对所在地区资源的自然特征十分依赖。区域层面的、用户导向型休闲区的实验性选址可能在区域土地政策规划阶段就完成了，并在土地使用规划阶段随着未来人口分布的清晰而进一步落实。市镇和邻里级别的休闲区配置可以等到土地使用设计的后期，并作为本书13章要阐述的居住区域的一部分来表达；这些往往已经不属于区域土地政策规划了）。

用开放空间来形成城市形态的示意性原则（与土地使用设计的联系强于和区域土地政策规划阶段的联系）

- 有可能的情况下使用以上列出的各种其他用途的开放空间。
- 开放空间可以建立清晰的边界以便描述城市或城镇、邻里、地段和其他城市形态的要素。
- 使用制高点、海岬、瞭望点和其他的突出位置来提供瞭望视野。

任务2：为每种开放空间用途绘制土地适宜性评价图

在这项任务中，规划师根据任务1中确定的选址原则，使用地理信息系统来为各种开放空间绘制土地适宜性评价图。规划中用到的每种开放空间类别都应配以独立的适宜性评价图。绘图的过程需要对与选址原则匹配的多个变量赋权重，这些变量会影响一块土地作为某项开放空间用途的适宜性。土地适宜性评价图将规划范围内土地作为某种开放空间用途的各种变量适宜性评价结果整合为一张图。例如，在指定开放空间过程中，一张为旨在避免自然灾害侵袭的适宜性评价图可能会通过行洪区、行洪边缘区、飓风洪水区、地震沉陷区和地基液化区以及其他灾害区来显示造成财产损失的危险程度。同时，也会有综合性的图显示某些地区同时适用于多项开放空间的用途，这意味着这些区域更应当予以保护。本书第6章详细地描述了分析、测定和绘制土地适宜性评价图的方法。基于开放空间用途而做的土地适宜性分析常常还要考虑到环境适宜性以外的因素。例如，开放空间分类可以按照：（a）已经被保护；（b）重要但尚未被保护；（c）未被保护但是尚未受到城镇市化的压力（这类土地将会继续起到开放空间的作用，并且短期内不需要政府的干预。）

波特兰大都市区政府（1992）混合了三类不同的标准来评估自然土地的适宜

性，以进一步采取购买和保护行动。这三种标准分别为：生物标准、基于用户角度的人类标准，以及土地保护标准，比如该土地是否有土地信托保护等。这三种类别的具体标准为：

生物标准

- 生态系统的稀有性
- 与其他栖息地的联系
- 生态多样性
- 地块规模
- 湿地和水道
- 生物修复的可能性

人的标准

- 公众可达性
- 景色和远景
- 地方公众支持
- 历史或文化意义
- 与其他受保护的或拟保护地区的联系
- 区位 / 分布

土地保护标准

- 是否在城市增长边界范围内
- 开发制约因素
- 区划
- 现有的其他保护方式（如土地信托）

这个空间数据库的一些数据来自一个辖区范围的总体规划支持系统。另一些详细的数据来自对 157 名志愿者的在线调查结果，这一结果也被加入了空间数据库并由专家进行分析。这些数据被用于确定绿廊、步行道、自行车道、公园、野生动物栖息地以及整个保护区的选址。

任务 3：估算空间规模需求

空间规模的标准一般与开放空间在保护生态环境、预防自然灾害或塑造城市形态等方面的作用无关。基于以上保护目的的开放空间规模首先取决于空间要素的形式（如，多少土地是漫洪区等），其次是取决于所应用的标准（如采用百年一遇的防洪标准涉及的漫洪区面积就比五十年一遇标准下的漫洪区面积大）。

但是，对于休闲用途而言，有三种空间需求是适用的：

- 每千人拥有的单项休闲地的数量
- 此类休闲地的最小尺度
- 每千人拥有的休闲用地面积总量

这些标准应当与每一个城镇的休闲活动文化及其财政能力想适应。此外，在确定土地需求量的时候，场地对休闲用途的空间适宜性因素影响较大。比如，如果休闲场所位于山地的话，那么对土地的需求量就比较大。

生态原则也对维持野生动物群落和植物群落有着最小规模需求。对有些湿地栖息地而言，这个最小面积可能在 10 ~ 15 英亩之间。参见本书第 6 章对景观和野生动物栖息地的讨论和图 6–14。Drarnstad，Olson 和 Forman（1996）对此也有研究。

任务 4：容量分析

和空间需求一样，除休闲用地和某种野生动物栖息地外，这项任务和开放空间分配的关系并不大。对休闲空间而言，规划师会把适宜地区的面积与最小面积标准进行比较。对于其他用途的休闲空间，土地适宜性评价图在某种意义上同时界定了空间的需求和供给。

任务 5：开放空间保护区土地试配

在前面分析的基础上，规划师现在可以开始为不同用途和地区的开放空间分配土地。在理想情况下，规划师会尝试提出若干个比较方案以供规划团队、决策者和利益相关者进行讨论。在每一个比较方案中，规划师都会划定开放空间的边界，计算包含的土地面积，并生成一张一览表。表 11–2 表达了一种对开放空间分配结果进行总结的方法。随表格需要有一张配图来表达在整个规划中不同类别开放空间的区位和边界，也许还需要对开放空间的具体用途和总体设计中开放空间的相对优先权进行注释。在表 12 和后文中的一些表格中所使用的 ×× 仅用来表示在实际案例中的英亩数。这些数据在不同的案例中会有所不同，因此在本文的表格中采用 ×× 来表示。

表 11–2

开放空间试配表示意

开放空间类别 / 设计组成[1]	开放空间优先类别			
	高	中	低	合计
自然资源保护	××[2]	××	××	××××
基本农田保护	××	××	××	××××
水源流域	××	××	××	××××
区域公园	××	××	××	××××

1. 本类别是示意性的且不同规划中的类别不尽相同。

2. ×× 代表实际案例中的英亩数。

在其他用地类别纳入规划之前，这个开放空间的划分依然是尝试性设计。有些在这个阶段看起来应当划分为开放空间的土地在以后的规划过程中可能会被认定更适合开发成城市用地。换而言之，开放空间带来的好处最终必须和其他类型用地的需求进行平衡。开放空间的划定还必须在地方政府的规制权力、财政因素以及将要纳入开发管理程序的实施策略等背景下经受政治认同度的考验。政府辖区在多大程度上打算规制土地用于保护，又准备花多大代价收购保护用地的财产权？如果保护区是通过法律途径建立的，那么土地的拥有者在规制下能否将土地用于经济性用途？或者说，很可能是法庭挑战下的“拿走”？地方政府是收购保护区的地权还是仅给那些法规并不适用的地区一定的补助？有没有非盈利性的管委会或者土地信托来保护这样的土地？这些问题的答案能帮助规划师决定哪块土地以及多少土地应当被划为开放空间保护区。

城市增长与城市再开发政策区的划定

在开放空间分配完成后，地区土地政策规划的下一步工作是划定城市增长和城市再开发区域，例如：城市地区、城镇化转型地区，以及乡村居民点地区，或是这些类别的各种变异名字。这一步工作包括确定城市增长的总量，并将其分配到若干个行政区范围内。

为容纳城市增长和再开发的用途划定土地政策区，同样涉及第10章提出的土地使用设计的五项基本任务。

- 任务1：为每个将要接纳显著城市增长的政策区确立选址原则，尤其是针对建成区,城镇化“转型”（或者乡村向城市转型）地区以及“乡村居民点”地区，或是等价的政策区和次级政策区。例如，建成区或其等价地区可以被分成“再开发地区”和“有部分内填式开发的稳定地区”两种次级政策区。
- 任务2：给每个此类政策区绘制适宜性评价图。
- 任务3：确定规划中将要接纳的城市增长（在人口和就业方面）规模，并在这些类型的地区间进行分配，同时将这些增长转化成每一类型地区的空间规模需求。如果在一个类别有若干个子分区，例如若干个卫星城增长中心或若干地段，或是城市转型的不同时间阶段，还要对每个此类地区、地段或者时间阶段之间进行增长分配并转化为相应的空间需求。与区位、密度偏好以及土地供给相关的市场力量敏感度也要在这个过程中予以考虑。
- 任务4：在每一分区和子分区中的适宜性评价图上分析适宜土地供给的容量。
- 任务5：在空间需求、适用土地格局及其能够接纳增长容量的分析基础上

（例如通过土地供给来平衡空间需求），设计政策区的边界和规模以满足城市增长需要。

任务 1：制定选址原则

各类将面临大范围的新增长或者再开发的政策分区都应制定选址原则。请读者首先参阅本书第 10 章中介绍的针对区域土地政策规划的选址原则，我们把这作为一个起点。针对三种政策分区类别，即城市建成区、城镇化转型区以及乡村居民点地区的选址原则将列举如下。这些原则都是示意性的，既不是综合性的，也不一定对每个规划都合适。一个城镇必须从其本身的愿景、目标、总体政策、独特的土地特征以及规划中所采用的土地政策分类系统出发，来确定其选址原则。

建成区的选址原则和标准示意

城市建成区将被分为再开发地区与内填式开发地区。在城市建成区中既会进行重建性的开发，也会进行内填式的开发。我们还需要反映街区保护和稳定地区的需要，也就是说，某些地区将受到保护并免于内填式开发和再开发的压力。规划可以根据这些不同的意图划定子分区，每个子分区都是基于其自身的适宜性评价图在建成区范围内单独划定，分配有自己的增长和开发的比例，有一套自身的实施政策作为支撑。建成区中内填式开发的一般选址原则包括以下几条：

- 基础设施完善，并有足够的容量吸收新增的城市开发；
- 可提供空余的可建设土地；
- 具有足够的其他城镇服务设施以支持新增开发；
- 不在危险区域范围内。

建成区中规划作为再开发地区的一般选址原则将包括：

- 正处于衰退中，新的开发不宜与现有用地类型进行混合的地区；
- 对期望的未来增长类型具有区位优势的地区；
- 具有适合的基础设施或具有再开发可行性的地区；
- 不在危险不可建设的范围内的地区。

城镇化转型区的选址原则示意

建立城镇化转型政策区的目的是为了在建成区以外，为乡村向城市转型提供足够的用地。

- 不应位于自然灾害威胁范围内，例如应避免水灾淹没地区；
- 应当避开环境敏感地区，例如野生栖息地以及湿地；
- 应当具备或即将具备公共给水排水系统和交通系统，基础设施的进一步扩展是经济的；
- 就业岗位和购物场所具有良好可达性的地区更加适合；
- 规划将进行交通设施投资的土地更加适合城市增长；
- 土地区位不应当与土地市场的发展趋势有明显的矛盾；

- 应当避免使用特别适合商业化经营的农业和林业用地。

乡村居民点地区的选址原则

建立乡村居民点政策区是为了在乡村地区内给低密度土地使用的区域提供住房、购物、就业以及公共服务。它们的规模和密度并不足以支持给水和污水管道等市政服务设施。

- 位于区域公路网络中或相对邻近的地区比远离高速公路网络的地区更加适合；
- 应当避免主要的农业和林业区，尤其是规模适合进行商业化经营的农业和林业区；
- 应优先选择土壤条件适合建设化粪池系统的地区；
- 应当优先考虑在现有乡村居民点中心的基础上强化和拓展，而不是建立新的。

任务2：绘制建成区、城镇化转型区和乡村居民点地区的用地适宜性分析图

根据前文指出的选址原则和这些要素变量的空间分布，规划师可以为城市增长将涉及的每个主要地区绘制土地适宜性评价图，如：建成区、再开发地区、城镇化转型区，以及乡村居民点地区。例如，针对城镇化转型区的第一轮用地适宜性评价图会划出位于现有污水处理厂的重力管网系统范围内的土地，包括位于泵站合理服务范围内的土地，但排除五十年一遇洪水淹没区内的土地、高产的农业用地或者其他已经划为重要环境保护区的土地。

任务3：评估每类城镇化地区的空间规模需求

这部分工作任务包括几个方面的子任务：

a. 确定未来的人口水平以及相关的常住和暂住人口数据；

b. 将增长量分配到不同类别的城镇化地区；

c. 利用预期的城市人口估算出每一类型地区的土地面积，以容纳分配的居住、商业、工业和城镇设施；

d. 增加土地安全边际以应对不确定性因素，同时避免通过制造可开发土地的短缺来提升土地价格。

空间需求不仅取决于人口水平预测，同时也取决于每个政策区假定的未来总体开发密度。例如，分配给乡村居民点地区的增长密度将远少于建成区和城镇化转型地区。

子任务3a：确定容纳未来人口所必需的住宅需求

人口预测确定未来所需住宅数量的基础，也是城乡发展报告中的人口统计、经济分析和情景拟定的一部分。人口预测一般会按照预计平均户数规模分成不同

人口水平，最后被转化成等价的住户数。住户数则反映了对住宅的需求。由于任何时候都有一定比例的住房空置，应当对这种需求略微进行上调。例如，考虑 5% 的住房空置率，规划师应将未来需求住房总量除以 0.95，以得到用于容纳未来人口的预估的住房市场规模（入住的住房加上空置住房）。

子任务 3b：在不同政策区之间分配未来住宅数量

规划师在容纳城市增长的各个土地政策区之间进行住宅需求量的分配，该项工作针对增长地区，主要是建成区以及城镇化转型区，但是一些也针对乡村居民点以及整个乡村范围。大多数保护区都假定完全没有增长。例如，分配给建成区 30%，城镇化转型区 60%，乡村居民点和乡村地区 10%，而保护区则是 0。图 11-2 描绘了这样一种分配情景。 接下来，可以把分配给城镇化转型区的 60% 住宅量中的 500 套给北区，500 套给西区，800 套给南区。在各分区、部门和子分区之间的分配是以对各种类型地区的适宜性评价分析、未来城市形态所需的土地使用政策以及期望的开发市场趋势分析为基础的。这些分配也可以在后面的过程中做出相应的调整，以反映这种分配方式向空间需求任务（3c）转化的结果和容量分析（任务 4）。

子任务 3c：为未来城市发展估算空间需求

到了这个阶段，规划师已经完成住宅数量的分配工作。现在，需要把这些住宅换算为直接的土地需求量，其中包括与人口和住房相关的工商业设施、城镇设施、交通和城市开放空间等用途所需要的土地。要做到这一点，规划师首先要确定开发的平均城市毛密度（city-scale gross density）。城市毛密度的计算不仅包括住宅，还包括各种支持性用途的开发。在不同的城乡之间，同一城乡的不同政策区之间，城市毛密度都各有不同。通常情况下，规划师会计算城镇化地区的现状密度，也许还会对城区的各个部分进行计算以比较其差异化程度，并假定类似的密度也会对未来生效。要计算这些密度，规划师可以简单地把现有住房数量除以所有已开发用地总量（包括交通、工业、商业、政府，甚至城市开放空间，可能还包括垃圾场）。在估算乡村地区的毛密度时，规划师在计算中将会包括街道和一些可能的邻里设施，但不包括其他城市用地。对未来密度进行预测一般要根据邻近地区的现状密度、发展趋势与推测，以及目标与政策隐含的提高或降低密度的意图。

为了估算各种类型和可能的子类型地区的土地需求量，规划师可以用该地区所分配的住宅量除以假定的毛密度，以得到每一特定类别用地的大致需求量。例如，如果已经有 500 户住宅被分配给转型地区的 A 地段（如图表 11-2 所示），假定毛密度是每英亩两户住宅，那么规划就应当在 A 地段至少提供 250 英亩土地。至于其他附加因素，如偶然性和市场供给的原因，将在后面进行讨论。

子任务 3d：调整估算以提供安全边际并避免炒高土地价格

完成上述三项子任务我们得出了最小空间需求的预计值。然而，我们必须把这一预计值向上调整，这是出于两方面的原因：一是在住宅的区位和类型方面为消费者提供足够多的选择，二是为了避免因对可开发土地供应量的过分严格限制而造成的土地和住宅价格上涨。限额通常以两种方式得出。一种是在3c步骤计算中，以增加百分比的形式抬高预估的空间需求；这意味着，基于规划师对所需要限额的判断，空间需求提高20%到100%。第二种方式是，在3a、3b和3c步骤预测所需土地供应量的任务中，在20年的规划期基础上提高5年或10年的增长水平。除了在乡村地区，应当在所有政策区，一般来说也包括子分区，应用这样的调高预测或超量供应土地的方法。如图11–2所示，为满足转型地区类别的A地段所需的250英亩土地预测值应当提高50 ~ 250英亩（即增加20% ~ 100%），最终达到300 ~ 500英亩土地供应量。

实现任务3的其他方法：估算空间规模需求

显然，用来预测空间需求的方式不止一种。例如，规划师可以不将非居住类土地需求合并到城市毛居住密度的计算中，而是用其他方式来估算非居住用地规模。另一种方式是估算当前开发中每1000人口的非居住土地规模，或者是计算非居住土地与居住土地用量的比值。通过这些比率，我们可以借助居住开发土地量预测（基于人口估算）来计算非居住土地需求量。

一种更为复杂的方法是分别计算居住和就业的空间需求。分别基于不同的方法来进行人口和就业预测，并对应各自的开发毛密度（考虑到交通和直接相关的

任务3a → 估算住宅	任务3b → 将增长分配到不同类型	任务3c → 转化为空间需求*（英亩）	任务3d → 加入安全边际	新住宅空间需求（英亩）	加入现有开发	总用地需求
人口预测 ↓ 转化为家庭数量 ↓ 加入供给不足 ↓ 需要的住宅（3000套） 30%	开发类型 部门A 600 DUs 部门B 300 DUs	÷2.0=300a.** ÷3.0=100a.	×1.2 ×1.2	=360a. =120a. 480a.	600a. 600a. 1200a.	960a. 720a. ~1700a.
60%	转型类型 1800 DUs → 部门A 500 DUs 部门B 500 DUs 部门C 800 DUs	÷2.0=250a. ÷2.0=250a. ÷1.5=550a.	×2.0 ×2.0 ×2.0	=500a. =500a. =1100a. 2100a.	60a. 50a. 105a. 215a.	560a. 550a. 1205a. ~2300a.
10%	乡村类型 300 DUs → 300 DUs	÷1.0=300	×1.0	=300a.	n.a.	n.a.

* 这个表格的密度假定是每英亩的住宅数，即城市毛密度。例如，现有城市毛密度的计算方法为住宅总数和开发面积的值。这个值将修正空间需求以包括非居住用地，如交通用地。

** DUs代表住宅数
a代表英亩数

图11–2 估算未来增长的空间需求的步骤

基础设施的影响)。这种方式允许规划师对就业中心和居住地区使用不同的分配政策。例如，当区域土地政策规划把就业中心作为独立的政策区时，这种方法的效果就更好。

另一种虽略显粗糙但非常简单的预测空间需求的方法是用当前城市土地使用面积增加的倍数来代表就业（制造、批发和商业用地）与人口增长（包括交通在内的所有土地)。例如，如果预测人口增长 50%，建成区和转型政策区两类地区的面积将比当前扩大 50%，考虑到增长速度的不确定性、区位选择和避免土地价格上涨的要求等，需要加上 20% ~ 100% 的调整上浮空间。用于预测空间需求的方法可能增加目前用于城市建设的全部土地用量，虽然这种方法不允许规划师考虑密度和家庭规模的变化，但是在计算结果上却与前面介绍的复杂方法计算的结果基本相似，特别是在规划师并不预期过去和当前开发趋势将发生显著变化的情况下。

任务 4：容量分析

在这项任务中，规划师将结合使得城市地区富有吸引力和适宜开发的那些特征来预测土地使用量。这项评估要建立在每类地区永续的用地适宜性分析图基础之上，应当针对相对较小的区域，例如：规划分区和利用 GIS 叠合生成的多边形区域。评估的结果通过永续适宜性分析图上的注释或者图表，或是两者相结合的方式表达。这项土地供给分析可以帮助我们确定政策区的合理规模，避免在该地区分配超过土地供应能力的地区开发。

任务 5：城市政策分区图设计

在这项综合性的任务中，规划团队带来四项预备任务的结果，进行多方案比选的政策分区图设计，阐明哪些地区最适合哪些城市开发类型，如建成区、再开发地区、转型区和乡村居民点地区。在这一过程中形成的每个比选方案设计都应当在空间需求与适宜土地供应之间、良好区位与充足空间的需求之间、城市发展和资源保护两者之间寻求平衡。

通常，其中一个设计应当体现城市平稳发展趋势的情景。这样的趋势，或者说是以没有政策变化的方案提供了一种未来的基准，可以用作其他的政策导向型方案的参照。

结合考虑污水处理规划

绘制城镇化转型区的过程应包含详细的供水和排水分析。对污水规划的思考特别要与选址原则、适宜性分析图绘制、空间需求分析和潜在城市增长地区的容量分析等联系起来。在一些情况下，如果不在增长的区位，供水能力不足可能会对地区容量造成根本性的限制。在第 8 章我们讨论了土地使用规划必须与供水和排水规划方面的考虑相结合。反过来，水厂和污水处理厂、收集系统和服务范围的设置也应当体现区域土地政策规划的更广泛目标。这些目标包括环境保护、减灾、农业生产力和城市形态的效率等。供水规划的协调，特别是有关水源地（例如，水库汇水区域和地下储水层）的保护也是非常重要的。例如，供水保护区可以成为土地政策规划中的一种保护地区类型。

出于区域范围内土地政策规划的目的，规划师需要检查给水排水设施的区位和空间规模的潜在影响。从区位角度来看，在划定城镇化转型区时需要与污水排水服务范围的延伸相协调，这取决于现有污水处理厂的处理能力和区位、扩大处理能力的潜力估算，以及规划的或未来可能建设的污水处理厂的位置。其根据建立在基础效用上，也就是说，污水处理厂的选址、服务范围边界应当反映优良的工程实践，这关系到建设的可行性、成本和提供公共排污服务的效率。这些问题需要与精明增长的其他方面考虑取得平衡，例如环境保护、减灾、交通网络配置，特别是为商业和产业中心提供最佳区位。

从空间规模的角度来看，分析必须覆盖以下两方面的评估：

1. 在需求方，对备选的城镇化转型区和备选的供水 / 排水服务区在饱和开发情况下的人口和就业容量进行评估；然后将这一饱和开发情况下的人口容量转译为污水收集处理和净水供应的最终需求量，给排水设施的可能空间分布格局，以及服务于这一饱和水平所需要的设备能力。

2. 在供给方，针对每个特定的供水厂和污水处理厂的位置及其服务范围，评估其污水收集处理和净水供应分配的现有能力与规划容量（与上述土地政策分区情景下需求导向的空间格局相比较）。

在第一项评估中——评估供水和排水服务在潜在需求下的空间格局。规划师需要分几步进行测算。第一，他们需要按照政策分区、子分区和服务区对实际可建设的土地数量进行测算。在计算的时候需要减去那些位于水下、湿地或洪水泛滥区、陡坡、诸如国家森林或是大型公园等属于政府所有的土地，以及因为其他各种原因不适合开发的地区。剩下的就是对适合发展的土地的估算。

第二，针对在城镇化转型区和建成区中潜在的不同服务区，规划师需要建立针对未来开发的平均城市毛密度假设。城市毛密度的计算除了住宅开发以外，还要包括工商业开发和混合开发，以及与城市开发相关联的城市开放空间和城镇公共设施。

第三，将每一潜在城市政策分区和排水服务区内的可开发土地数量乘以毛密度，得到该地区在一个合理饱和水平下的预期住宅数量。

第四，规划师随后将住宅数量转换为对污水收集处理能力的需求，以及对净水处理和输配能力的需求。考虑到住房市场永远都存在一定比例的空置率，需要将一个地区饱和情况下的住宅数量乘以一个小数。例如，如果假定有 5% 的空置率，那么就要将住宅饱和量乘以 0.95，从而计算出需要提供服务的家庭数量。在每一服务区，家庭数量需要乘以一个预计的户均人口规模，从而计算出每一服务区的饱和人口规模。最后，将估算的人口规模乘以每人每天的用水量，以及每个人连同相关工商业、工业和政府活动预计产生的废水量。因此，如果预测有 10000 人居住在某服务区，连同关联的工商业和公共服务活动，那么预计每人每天产生 125 加仑废水。当然这个废水产量还受到产业类型的影响。由此，在城镇化的潜在饱和水平下，该服务区的污水设施处理能力必须达到每天 125 万加仑。

第二项评估针对的是现有和规划的供水设施和污水处理设施的服务能力。规划服务能力随着时间发展逐渐实现。这些设施服务能力应当与前面测算的需求发展时间相对照。如果测算表明供需存在不平衡，规划师就需要对区域土地政策规划或是中长期污水处理规划进行调整，以期在每个城镇化转型区、子分区和服务区内部，在每 5 年或者 10 年的时间段内达到平衡。

一个关于污水的简单例子可以说明这样的估算包含了哪些考虑。假定一个小镇具有每天处理 100 万加仑污水的能力，在其 600 英亩的服务区内生活了 3800 名居民。考虑到处理设施和重力式集污管网等状况，潜在的污水处理范围为 1600 英亩。大概有 300 英亩土地是湖泊、洪水泛滥区、沟坡、政府拥有的环境保护区和其他不可开发的土地，剩余 1300 英亩适宜建设土地。如果假设这些地区未来的城市毛密度达到现状的 2.8 个住宅 / 英亩，连同这些住宅所关联的商业、工业、公共设施和开放空间，我们可以估算出污水处理范围内在饱和情况下将容纳 3640 个住宅。如果我们允许 5% 的空置率，则该地区的家庭数量为 3460 户。按照国家平均情况户均人口 2.6 人计算，则在该地区将有 9000 名居民生活。预计每人每天产生 125 加仑的污水收集处理需求，则该地区污水系统需要达到每天处理 112.5 万加仑污水的能力。现有处理能力仅仅为 100 万加仑。如果条件允许，该处理设施还要考虑 10% 的远期扩张能力。如果不行，则规划必须减少城镇化转型区和服务区的面积以适应处理设施的能力。二者必选其一，如果现有设施相对过时，则可以建议在稍微较远的下游建设新的大型处理设施服务其他更大的地区。

各政策区的实施政策形成

在以上过程中形成的土地政策分区图必须要有一套实施政策作为支撑。一般来说，每种类型的分区应当有各自不同的政策包。也就是说，每种类别的政策区都有专门的政策组合来支持。以下是一份用于城镇化转型区的政策样本，它表达了如下意图：

- 应当禁止在新开发的城镇化转型区使用化粪池（以此减少低密度开发篡夺规划中作为城市密度开发的区位，以防止其取代就地污水处理设施与公共下水道）。
- 应建立资本改善计划，及时扩建城镇化转型区的基础设施和公共设施。

- 土地使用控制要求在新开发完成时即应具备充足的公共设施。可能需要通过公共设施配套法令或“同步性要求”达到这些目标（详见第1章的马里兰州精明增长计划的“优先拨款地区”有关政策）。
- 区划应该允许、鼓励甚至要求必须以最小城市密度开发。

其他地区的实施政策可参见表11-1。

整合形成综合性的区域土地政策规划

本章阐释的过程和方法构成了在城乡协作规划进程中规划师最具技术性角色的一面。当不同参与者的各种价值观交织在一起的时候，在参与式的规划进程中，规划师通过其妥善的工作可以帮助城镇构建一个既在技术上有效，又能反映地方价值的规划。

最终的地区土地政策规划应包含如下方面：

1. 规划主要特点的综述；
2. 对议题、现状条件和潜在趋势的陈述；
3. 对现有开发管理法令和实践的充分回顾；
4. 未来开发的备选情景和推荐情景；
5. 对愿景的陈述，以目标与任务、总体开发和环境政策战略为补充；

这些要素对规划网络中的每种规划都是普遍存在的。此外，区域土地政策规划需要特别包含：

6. 土地政策分区图；
7. 图中每种政策分区的实施政策。

肯塔基州的列克星敦－费耶特县规划为区域土地政策规划提供了一个案例。规划范围覆盖了列克星敦市和费耶特县，并被分为两类地区：城市服务区（urban service area）和乡村服务区（rural service area）。城市服务区的规划是通过总体规划（Lexington-Fayette Urban County Government 1996）来阐述的，而乡村地区的规划则是由稍晚编制的乡村服务区土地管理规划（Lexington-Fayette Urban County Government 1999）来阐述的。城市服务区界定了它的地理边界，在此边界范围内政府需要提供排水、供水、警察、消防、学校、街道照明、垃圾收集、图书馆和运输等服务。城市服务区又包含了大量专门性政策子区域，包括城市中心、就业中心、城市公共中心、商业走廊、现有开发邻里和城市增长（城镇化转型）区。乡村服务区域也包含了子分类，其中最大的一类是占到90%土地的核心农业和乡村土地分区，包括作为地方农业经济基础的牧场和主要农业用地。另一种重要子分区是用于环境保护的自然区域，占据地区面积的7%。其他的政策分区包括：乡村公共中心、现有乡村居民点，以及位于乡村与城市政策区之间的缓冲区。每一政策分区都制定有相应的开发和环境保护政策。例如，推荐的核心农业和乡村

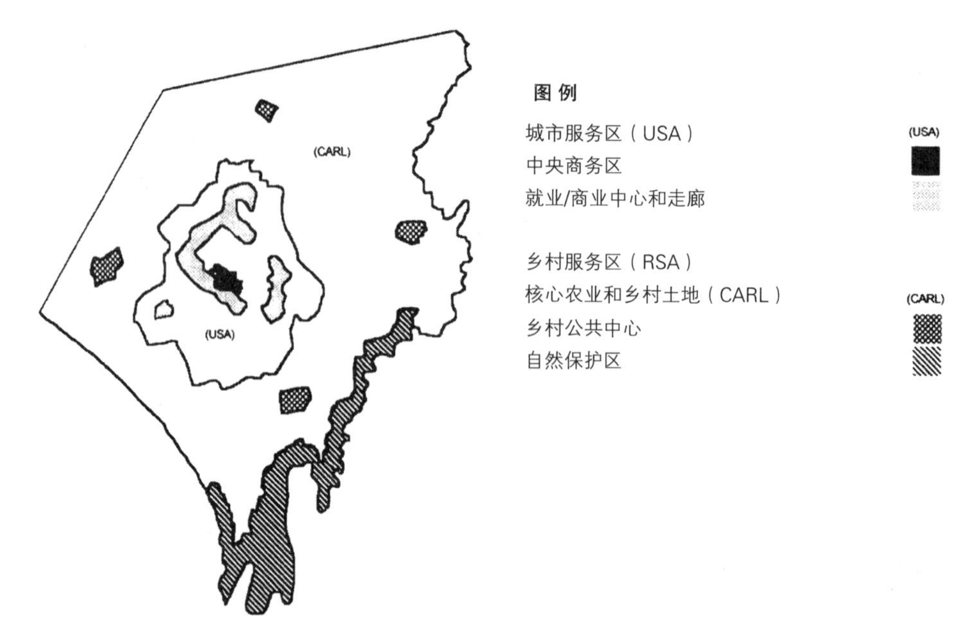

图 11-3 列克星敦－费耶特市县规划的示意图
资料来源：Lexington-Fayette Urban County Government，1996 and 1999

土地分区政策包括：新的地块不小于 40 英亩；鼓励合并未开发的小块土地；指定作为开发权交易优先地区；指定作为开发权转让的出让地区；对绿廊、历史古迹和景观道路等政策与农业用途进行整合。这个规划还包含了特殊的规划要素，例如交通与乡村道路、历史地段、排污系统扩展，以及实施和行动的部分。图 11-3 为列克星敦－费耶特市县土地政策规划简图。

城市服务区还制定了土地使用设计规划以细化城市用地布局。本书的后面两章将专门讨论这种类型规划的方法。在土地使用设计规划编制后还可以跟着制定开发管理规划，以明确特别区划和其他开发控制手段，这些将在本书的第 15 章详细介绍。城乡土地使用设计规划还可以在城镇化转型区内明确开发的时间和空间次序，并通过资本改善计划、限时开发条例、修订服务区政策等行动实施。

小结

制定区域土地政策规划常常是为增长中的区域、大都市区或者县构建空间明晰的规划网络的第一步。它可以用于平衡自然系统、人类活动系统和市场系统的利益相关者等不同价值取向之间的关系。它寻求达成永续棱锥的几个面之间的平衡，特别是环境与经济、公平与宜居。它寻求在生态脆弱的和生产性的自然资源地区对城市和农业用途进行禁止或者精心控制，以实现对这些地区的保护。它还力求避免在有害区域，而鼓励在适宜地区进行开发。它提供了重要的机会让公众利益群体和决策者共同参与到探讨如何利用土地资源、制定土地使用政策的过程中，参与到为土地混合使用、交通和城市设计提供更加细致选择的过程中。

土地政策规划为城镇公共设施和基础设施决策以及开发法规制定提供了基本原理。在下面的两章中探讨的土地使用设计规划建立在区域土地政策规划基础上，强调城市政策区内的人类系统和社会价值。规划师可以将土地政策规划看作宽松的睡衣，而城市土地使用设计则是剪裁合体的套装，更注重细节。对这些细节的特别关注在地段规划表现得更为明显。

参考文献

Bosselman, Fred, and David Callies. 1972. *The quiet revolution in land use control.* Washington, D.C.: U.S. Government Printing Office.

DeGrove, John M. 1989. Growth management and governance. In *Understanding growth management: Critical issues and a research agenda,* David J. Brower, David R. Godschalk, and Douglas R. Porter, eds., 22-42. Washington, D.C.: Urban Land Institute.

Dramstad, Wenche E., James D. Olson, and Richard T. T. Forman. 1996. *Landscape ecology principles in landscape architecture and land-use planning.* Washington, D.C.: Island Press.

Lexington-Fayette Urban County Government. 1996. *1996 comprehensive plan: Growth planning system.* Lexington, Ky.: Author.

Lexington-Fayette Urban County Government. 1999. *Rural service area land management plan.* Lexington, Ky.: Author.

McHarg, Ian. 1969. *Design with nature.* Garden City, N.Y.: Natural History Press.

Noos, Reed, and Allen Cooperrider. 1994. *Saving nature's legacy: Protecting and restoring biodiversity.* Washington, D.C.: Island Press.

Portland Metropolitan Regional Government. 1992. *Metropolitan greenspaces master plan: A cooperative regional system of natural areas, open-space, trails and greenways for wildlife and people.* Portland, Oreg.: Author.

Reichert, Peggy A. 1976. *Growth management in the twin cities metropolitan area: The development framework planning process.* St. Paul, Minn.: Metropolitan Council of the Twin Cities Area.

第 12 章

城乡土地使用设计：就业与商业中心

为了向规划网络中加入空间形态导向的目标与政策，你所在的部门希望你带领城镇制定一份土地使用设计。部门负责人特别感兴趣的是就业中心和商业中心的空间格局规划的制定，并要求与一个平行的交通规划过程保持协调。你可以为这些将要在区域性开发计划中实施的主要公共中心提出哪些设计原则和选址原则？怎样为现有中心的扩张与再开发以及新中心的选址绘制适宜性分析图？怎么更好地为各类潜在的选址和公共中心进行空间需求预测？如何计算规划各中心的空间供给能力（或容量）呢？最终，如何创造出备选的概念性设计，并实现其设计供给能力与预测的空间需求相平衡呢？

在市、镇以及区域和县的城镇化地区，其空间政策通常需要比上一章中所述的土地政策规划形式更加明确。尤其是，这些城镇需要对城市地区的空间政策、开放空间的总体框架以及区域土地政策规划下的城市形态制定具体的规定。土地使用设计使得城乡可以将其总体规划深入到下一个层面进行更为具体的安排。

土地使用设计使得城乡能够在宜居性和经济效率维度，尤其是公正性维度上发展永续棱锥。区域土地规划政策规划的优势是将开发过程与给水排水设施的资本改善计划相协调，从而提升环境质量和增长模式的整体效率。土地使用设计则更聚焦于人类使用价值与环境、经济价值的平衡。在区域土地政策规划提出的简单城市形态框架下，土地使用设计专注于公共中心、住区、城镇设施、交通系统和开放空间系统的空间布局，以创造一个宜居、公平和高效的物质环境。因此，土地使用设计仍是一个城乡尺度的总体政策规划，而特定地区的详细设计则留在强调宜居性的地段规划中制定。

城乡土地使用设计的过程，就是在城乡尺度上为主要和次要的公共中心、居住邻里、交通系统、城镇设施和基础设施等之间建立一个无缝的空间结构。出于教学和简化对这一复杂过程的解释任务的目的，我们将此过程分成三部分展开，分别是：开放空间（见于第11章），就业、商业和市民公共中心（见于本章），住区（见于第13章）。然而在实践中，这三部分的工作和方法在推进过程中并不像本书的撰写结构那样是线性推进，有时是同步的，有时则由于执行过程中的反馈和调整而具有很大的随机性。

本章有两个主要部分。第一部分讨论了城市内部的公共中心类型、容纳这些中心的土地使用类型，以及设计任务的本质问题。第二部分解释了规划编制过程。其中包括开展预备性研究，确立选址原则，绘制不同类型用地和公共中心的适宜性分析图，计算各类中心的空间需求，并确定其在合适选址上的容量。在这些分析的基础上，设计过程开始就业和商业公共中心的概念性设计，然后将空间需求分配给特定区位上的特定中心，使设计方案更加充实。本章结尾部分对本章所涉及的要点进行了总结，并过渡到将住区整合到土地使用设计所面临的挑战。

土地使用与公共中心的类型

在土地使用设计中，对城市公共中心的整体布局规划需要了解土地使用可容纳的活动类型，以及与这些土地使用完美结合的中心的类型。土地使用设计还需要理解区域性交通系统、其如何与公共中心所包含的活动相互作用，以及如何构建各个中心间的区域性联系。

公共中心的主导性用地类型

城镇主要公共中心的大部分用地为五种用地类型所占据：（1）基本经济活动及其相关服务；（2）零售与消费者服务；（3）人口服务型城镇设施；（4）办公空间；（5）交通，包括停车。商业中心的其他土地使用类型，如住宅与开放空间同样也很重要，但在城市尺度的长期土地使用设计过程中，与上述五种土地使用类型相比仍然相对比较次要，这些用地将在其他章节讨论（如：第13章的住区规划和第14章的地段规划）。

基本经济活动及其相关服务包括：

- **制造业**——冶炼、建造、装配、加工与生产相关产业中的原材料仓储；
- **批发与配送**——商业批发、制造商的零售分支机构、批发代理、经纪、代销商以及批发装配；大部分批发活动涉及仓库和储存，一些涉及货运码头，另一些只涉及办公和展示空间；

- **公司总部、研发机构和后台办公活动**——涉及制造业、批发、金融保险、信息和技术、政府和其他基础经济产业；
- **高等教育**——服务于超出当地的市场，如学院和大学；
- **其他**——如国家级机场枢纽或主要旅游景点。

见第5章对基本经济活动的讨论及其未来预测。

这些基本经济活动在基础设施与区域交通的可达性、场地条件等方面有着相对严格的要求，例如要求有大片的平整土地，有时作为商业目的还要求用地有良好的可视性。另一方面，与零售商店和消费者服务业相比，它们并不需要与本地消费者有便利的联系。

人口服务型的商业活动包括：

- **零售活动**：商店和百货公司、折扣商店，等等；
- **个人服务**：如医疗服务和私人律师（一些服务性活动需要办公空间，其他的如餐馆和美容美发可与零售开发相混合）；
- **娱乐**：如剧院和酒吧。

相比于前述那些更为独立的基本经济活动，对这些以地方消费者为导向的活动来说，当地市场的可达性比其他所有的区位因素都重要。有些商业服务，如汽车零售与维修场所、建材超市，以及其他具有准工业性质的重型商业活动，往往集中在独立的公路主导的中心或走廊地区，但仍需对当地消费者具有可达性。

市民设施、公共和半公共设施，以及城镇设施，是与零售和消费者服务密切相关的类别。它包括了直接服务于本地和非本地人群的设施与活动，因此往往与零售和服务活动一起设在消费者导向的公共中心。此类设施的例子包括会议中心、博物馆、运动场馆、城镇中心以及诸如法院和市政厅等提供一对一政府服务的设施。室外公共活动空间亦是公共中心的重要因素。

办公空间，由于办公室职业的增加和平均每平方英尺上班族人数的略微增长，在基本经济部类和非基本经济部类的就业类型中办公空间的比例都有所增加。办公建筑通常坐落于中央商务区、办公与商务园区、主要的郊区办公节点或是其他沿交通线的办公集群和走廊。大都市区中大约一半的办公空间集中在中央商务区或甲级建筑内（最高质量的建筑物）（Gause 1998，3–15；332–33）。

交通设施与活动，包括高速公路和街道、公共交通线路和车站、停车设施、自行车道路与车道、人行道路与人行道。公共中心的交通服务与设施的选址和设计，以及各中心之间的交通联系，无论是对土地使用的整体性来说还是对区域尺度和公共中心内部的交通设计来说都是至关重要的。此外，道路交通、车站，尤其是停车设施，都需要在公共中心或其周边占据大量的空间，这部分常常占地面总面积的25% ~ 50%。停车空间的需求及其供给对公共中心的形式和密度有着重要影响，尤其是在那些公共交通系统不完善的城市。相比于地面停车和停车成本而言，停车构筑物中停车空间的比例在很大程度上依赖于公共交通系统与“道路－公路－高速公路”系统的混合。这些选择应是城乡“土地使用与交通协调设计”这一概念的一部分。

除了以上五类活动，每个公共中心都应当容纳住宅与开放空间，这两种活动类型都是公共中心非常适合加入的功能。公共中心内可能还会有公共广场、公园或滨水开放空间、整合到公共中心内部或边缘地带的住宅，特别是在二层以上的楼层。

公共中心的组成

公共中心是相对较大规模集中开发的场所，其组成内容十分广泛，以各种土地使用活动的高度混合为特色，尤其是在高密度地区。中央商务区的用地通常混合程度最高，服务范围也最大，并作为商业、零售、金融、政府和市民活动的传统核心。在大都市区范围内，郊区商业公共中心也具有相同的多重土地使用。机构性综合体的活动类型范围较窄，例如大学校园以及与之相邻的商业中心或医疗中心。能在步行环境内提供餐饮、娱乐、零售等服务的城市娱乐中心则是另一种更新的公共中心类型。

但是，大部分公共中心可以被粗略划分成主要的就业区和主要的商业和市民活动区。基本经济部门的活动趋向于在就业区选址，尽管金融和一些批发活动集中在主要的商业中心，包括中央商务区；为消费者服务的活动趋向于在商业区选址，尽管一些消费和商业服务也许位于混合用途的就业中心区。

主要作为就业区的中心　主要用于容纳就业的用地，包括工业区、工业园区、办公园区、商务园区、交通枢纽周边的办公走廊和办公集群、规划的就业中心，以及混合的其他类别用地（Beyard 1988；Lochmoeller et al. 1975；O’Mara 1982；Urban Land Institute 2001）。从 20 世纪到 21 世纪，伴随着经济驱动力由单一制造业向服务、信息、金融和技术的转变，就业区的形态与功能也一直在发生变化，但所有上述的形态在大多数都市区中仍然存在。许多就业区都会对自身的功能定期进行更新以保持竞争力，而退化为工业贫民窟的地区则需要运用土地使用策略来实施再开发。

工业区或工业走廊，有时也被称作制造业区，常常由归入工业区划类别的用地组成。老工业区一般邻近港口和铁路线，且具有较高的建筑密度，建筑物也多为多层。它们常常表现出结构陈旧和不兼容用地的互相混杂（如居住掺杂其中），需要把再开发作为其土地使用策略的一部分。较新的工业区通常由生产车间、研究与开发实验室、批发办公与仓库，以及一些办公建筑的混合组成。

商务园区也可以被称作工业园区、商务中心、商务校园，如果它们面向实验研究和类似的科技活动，则可称为研究园、研发园或科技园。近年来，商务园区不再强调土地使用活动中的工业类型，而涵盖更广泛的轻型制造业、仓储 / 配送、陈列和孵化空间，以及可能设立在多用途办公楼中的与办公相关的商业活动。

工业园区或商务园区与工业区的区别在于，此类园区是为工业活动或办公以及相关服务而作为一个统一的环境来规划和开发的。园区常常需要满足街道、基础设施系统、建筑退界、建筑密度、建筑材质、街外停车、景观、标识和总体外观等的设计标准。一处工业园区或商业中心常常处于单独管理之下，需要设计审查，强调活动限制，并必须满足环境标准（Lochmoeller et al. 1975；Urban Land Institute 2001）。

根据建立时所要求的标准可以把工业园区可分为三类（Conway et al. 1979，37–39）。受到限制最小的一类工业园区是重工业产业区，其特征是大尺度开发、与铁路和区域性公路相连接，可能还与港口有便捷的联系。第二类工业园区类似于配送中心或整合的工业 – 办公或配送 – 办公中心，该类工业园区对噪声、烟尘与其他排放物、退界与景观缓冲、街外停车、卡车装载、户外仓储管制等有严格的规定。第三类工业园区具有最高的场地规划标准，主要包括办公、研究与开发实验室以及轻工业，它对景观、建筑、公用设施、装载与储存区更侧重于美学上的要求，以形成一个校园般的格局。

办公园区由大量办公建筑、辅助性用途、开放空间和停车空间组成，被作为一个整体进行统一规划和管理。办公园区的设置模仿了工业园区或商业园区，但仅限于办公建筑而禁止工业建筑。办公楼可以是独占式的，也可以是投资型多家共用式结构；其租户范围从公司总部到后台办公服务中心，直至博士的专业办公室；其建筑形式从高层到低层花园办公直至别墅式办公不同。其主要特点为：位于主干道或高速公路视野范围内，有着声誉良好的区位，在一个受控的环境中为用户提供必要的设施。办公园区的容积率一般在 0.25 ~ 0.4 之间，但在城市混合用途的中心区（见下文）和中央商务区中,容积率可达到 1.0 以上。郊区办公开发也有向城市开发特征靠拢的趋势，有时将办公与混合用途的开发相结合。一般来说，办公园区内每 1000 平方英尺的可出租办公空间需要配套 4 个停车位，当有便捷的公共交通时，这个指标可以低一些，当有办公类型有高流量的访客时，如医疗办公这个指标就需要加大（Gause 1998）。

规划的商务中心或就业中心开发都被规划为多种用途。因为这些中心包含各种活动类型与建筑类型的混合,包括: 仓储 / 配送、生产和装配、柔性 / 高科技企业、办公、陈列和培训，诸如电信、酒店和会议中心等服务行业，便利店和供员工使用的娱乐设施。所有这些都相对受控但又有灵活的安排，以便园区的形态和功能适应市场上的变化（Urban Land Institute 2001，3–6）。规划的商务园区一般自给自足，为中心内各种活动之间的互动提供便利，实现停车与其他设施以及材料处理等服务的共享。它们通常比工业园区或办公园区要大，一般选址在市场或交通站点的附近，通过设计最小化中心内部的汽车使用，有时也会由公共与个人联合投资。规划的商务中心和其他各类中心一样，包含了商务服务、为雇员提供的消费服务，甚至包括可以步行上班的住处。商务中心还可能包括相互关联的工业活动的综合体，如研究与科技园区、航空货运产业综合体、石油化工综合体等，后者还包括通过管道交换产品的化学处理厂。这类园区也包括将废物处理、资源再利用和能源利用与工业活动相结合的生态开发综合体。

住宅、办公和工业活动在"同一屋檐下"混合的弹性工作空间需求，使得"自由空间"建筑在新的工业园区、办公园区和商务园区中应运而生（Urban Land Institute 2001,3）。这种就业中心的出现加大了公司在同一区位增长和扩大的机会。在一个商务园区内有多个不同类型、大小和价格的建筑可供选择，所以新兴公司可以从一个小规模的孵化器空间起步，最终成长为一个负有盛名的总部，而无需改变它们的地址。

工业园区、工业 / 商务园区以及规划的就业中心应容纳各种类型的制造业、仓储、办公及分销活动。近年来，办公在各种类型的就业中心出现得越来越多，不仅在办公园区，而且在办公－生产、办公－分配、办公－陈列和"柔性技术"组合园区内。此外，为员工和访客提供的服务，包括酒店和旅馆、餐厅、美发厅、药店、保健中心和娱乐等，也逐渐成为就业中心的重要组成部分。

工业园区的平均大小在 300 英亩（约 120 公顷）到 350 英亩（约 140 公顷）之间（Lochmoeller et al. 1975，29–3I）。然而，其中 1/3 的园区面积小于 100 英亩（约 40 公顷），面积超过 500 英亩（约 200 公顷）的园区也比较普遍。商务园区的规模似乎更大。城市土地研究院（Urban Land Institute）进行的案例研究表明，中等规模的商务园区的大小远远超过了 800 英亩（根据 Urban Land Institute 2001，175–288 的案例研究计算）。但是大型园区只允许建在特殊的位置，例如在主要都市地区、靠近主要交通设施如大型机场的地区，或是地形起伏地区的大片平整地块。通常情况下，如果土地使用设计将不同大小、区位和类型的就业中心大范围分散布局，可以扩大选择余地、减少工作的交通距离，并避免大量集中的工业和通勤交通，公众利益也能得到更好的保证。这些中心的混合可以包含棕地上和其他待更新地块上的城市再开发项目。无论在什么位置，园区的规模大小都应根据市场对特定园区类型、扩张资助和土地的可用性的需求来确定。表 12–1 提供了工业园和办公园的大小、密度和停车需求等统计信息。

土地使用设计中应当反映就业中心对选址和空间的要求，包括：

- 与附近高速公路系统或机场有便捷的联系，有些工业则要求连接铁路和港口。办公园区应当能够使用教育与技术培训设施、休闲娱乐设施和零售服务设施。从高速公路、主干道和公共交通上的高可见性也是一项优势。
- 合适的场地条件。地块内要求最少量的岩壁岩、泥炭和湿地，没有有毒废物的污染。工业区一般需要平坦的用地，但办公开发偏好于富有变化的地形和植被，基地的水体要素也可加以使用。

- 足够的公用设施，包括供水、污水处理、煤气、电力和通信系统（Beyard 1988，82–100）。

表 12–1

工业园区与办公园区的典型特征

特征	工业园区	办公园区
平均大小	300 英亩	40 英亩
建议的最小规模	35 英亩	无建议
容积率	0.1 ~ 0.5	CBD 平均 5.7，其他 0.25 ~ 0.4
就业密度	10 ~ 30 人 / 英亩	无数据
每个员工的停车位	0.8 ~ 1.0	CBD 平均 1.6，其他 4.1

资料来源：工业区数据引自：Lynch and Hack 1984；办公区数据由 O’Mara 1982 和 Dewberry and Matusik 1996 的 12 项案例研究计算得到

主要的人口服务和商业中心 这类公共中心以人口服务为导向，同时也是就业中心。它们是零售贸易、消费服务、金融和政府活动以及文化娱乐和市民活动的集中地。它们也包含多种公共交流和聚集场所。这些中心表现出最集中的建筑和人群、最高的土地价值和最高关联性的土地用途。这样的中心需要方便消费者从该中心所服务的邻里到达中心，同时也要与其他中心、当地和区域的运输系统有便捷的联系。规划范围内商业中心的合适数量与类型取决于服务区内的人口数量及土地使用设计的概念。对大都市区、区域和更大的城市来说，人口服务型的商业中心通常包含以下形式：

A. 中央商务区，混合了以消费为导向的用途（如百货商店和律师事务所）、商业办公和市民活动；

B. 卫星商业中心：

1. 城市中心和老郊区的老商业区，有时呈现以带状商业开发或商业走廊的形式；
2. 购物中心，有时是单一业主所有的，有与中心大小和场所类型密切相关的地面停车场，根据它们的规模和交易范围的大小又可划分为数种类型：
   a. 邻里购物区和购物中心，包括便利购物中心
   b. 城镇级购物中心、折扣购物中心
   c. 区域级购物中心
   d. 跨区域的多功能购物中心、超级购物中心

e. 位于 CBD 内的混合用途开发（mixed-use development，MXD），将办公服务、其他就业、娱乐、住宿，甚至居住和公共 / 市民服务等活动与购物活动相结合；

C. 公路导向的地区，一般在城市边缘，包括：

1. 公路服务区（为旅客服务）；
2. 公路导向的特定意图区（如汽车或家具零售中心、大型折扣店）。

D. 其他：便利店、带状商业、时装中心、工业购物中心（与零售、批发和及商业服务等活动相混合，或许也包括照明与管道供应、建材、机械、目录式仓储服务，或汽车专业服务）和独立的消费品及服务业务。

相对于其他类型的中心，中央商务区为最大的贸易区服务，通常超出了规划范围。在大多数情况下，CBD 都已经存在了，规划需要解决的是未来的开发与再开发问题。规划意图是通过将办公、停车、公共交通与小街区的沿街商业整合起来，以保证其紧凑性。

卫星式中心具有更小的商业服务范围，除非是区域性的和超区域性的购物中心，它们的服务范围超过了那些小型中央商务区，还包含购物以外的一系列活动，如文化娱乐设施、社会和政府服务、办公楼就业，甚至市民活动。据称，新的购物中心的增长速度在 20 世纪 90 年代已经放缓，主要的增长在于购物中心的翻新与扩建（Beyard and O’Mara 1999，33，354）。购物中心越来越多地与娱乐和餐饮活动结合到了一起（Beyard and O’Mara 1999，343–47），有些还采用了一种“主要大街与镇中心”的模式（Bohl 2002，17）。卫星式中心也寻求低价位的地块，远离拥挤的市中心地区，选择在更接近郊区零售市场的位置。

邻里中心，不仅包括便利购物区，还包括必要的服务，如干洗店、理发店、杂货店、熟食店和其他餐饮场所。它们与周围邻里之间应该有汽车、行人和自行车的友好联系。邻里中心包含零售、办公甚至居住的纵向和横向混合使用；建筑沿街道对齐；后侧提供停车；提供到公交站点的人行通道；可能的情况下应与城镇娱乐设施，如公园和礼拜场所相结合。

混合用途的开发一般位于中央商务区以内或其附近，并且具有较高的密度（容积率平均为 5.0），有更多的高层建筑物和更多的垂直混合，注重行人间的联系。表 12–2 显示了主要购物中心的特征，包括典型的可出租面积、场地大小、服务人口、市场服务半径和主要客源。

公路导向的商业区与卫星中心相比“规划”较少，也没有那么集中。有一种为旅客和汽车内的其他人提供商品和服务。这些土地用途包括快餐和其他餐馆、服务站和汽车旅馆。另一种公路导向的商业区包含了需要较大展示面积以向客户提供购物比较的零售业集群，如汽车零售和服务区、家具店、建材供应中心和大规模零售商。由于它们需要大面积的零售区，所以无法像那些小空间的店铺（如服饰店）一样负担起中央商务区、购物中心以及其他副中心高昂的租金。在这些以公路为导向的商业区域同样可以找到大型零售店，如折扣店和免下车商业，以及银行、餐馆和药房等。

表 12-2

购物中心的类型与特征

中心类型	可供租用面积（平方英尺）一般	可供租用面积（平方英尺）典型	基地面积（英亩）	服务人口	市场服务半径 开车时间（分钟）	市场服务半径 距离（英里）	主要租客	店铺数量	常用停车空间（每1000平方英尺可租用面积）
便利中心		<30000					小商店、个人服务		
邻里级	30000 ~ 100000	50000	3 ~ 10	3000 ~ 40000；平均 10000	5 ~ 10	1.5	超级市场或药店	5 ~ 20	4 ~ 5
城镇级	100000 ~ 450000	150000	10 ~ 30	30000 ~ 100000；平均 50000	10 ~ 20	3 ~ 5	零售商店或大型杂货店	15 ~ 40	4
区域级	300000 ~ 900000	450000	10 ~ 60，通常为 50 以上	150000 +	20 ~ 30	8+	1个或更多的百货商场	40 ~ 80	4.0 ~ 4.5
超大区域级	500000 ~ 2000000	800000	15 ~ 100+	300000 +	30+	12+	3个或更多的百货商场	100+	5.0 ~ 5.5
混合用途中心（MXD）	500000 ~ 2000000	1000000，其中 100000 ~ 200000 为零售	7~50，平均 15	——	多数以项目为准并邻近，部分为旅游和区域性的	——	办公、1个或更多的百货商场、酒店	——	CBD 地区 1.0 ~ 2.5；其他地区 3.0 ~ 5.0

注：在包含剧院和餐饮服务的小中心，停车空间应有所增加，在城镇中心区可有所减少。

资料来源：改编自：Beyard and O' Mara 1999；Dewberry and Matusik 1996；Edwards 1999；Goldsteen，et al. 1984；Livingston 1979；Lynch and Hack 1984；Schwanke 1987；and Witherspoon et al. 1976

土地使用与公共中心形式的匹配

土地使用设计应当促进各种不同大小和类型的公共中心所组成的网络的发展，并对各类活动与设施进行适当的混合，以形成就业、零售活动、办公、市民设施和交通设施的市域、大都市区和县域空间结构，在这些用地中可能混合一些居住用途。这种将不同的土地用途与公共中心进行混合与配对的方式已经影响到了出行需求和交通系统，以及土地使用和交通设计的永续性。土地使用组合需要与公共中心形式相匹配的概念可以用办公空间的情形来诠释。不同于几乎完全位于就业中心的生产与批发业，也不同于几乎完全位于商业中心的零售业，办公空间在各种类型的中心中都有所分布。

办公空间可分为五个宽泛的类别（O’Mara 1982，39 and 214）：

- 专业性机构和主要机构往往在中心的黄金地段寻求办公空间，它们通常选择位于可视性、声誉和交通条件都较为优越的中央商务区。这类机构包括许多银行和其他金融机构、公关及广告公司、法律和会计事务所、全国和全球性公司的总部。
- 一般用途的商业办公空间，虽然不特别看重首要区位，但仍然力求与交通和市场之间具有良好的可达性。郊区的办公园区和其他邻近高速公路的地块也比较合适，充足的停车空间很重要。
- 医疗办公空间（包括牙科），通常在医院附近选址，要么在医药办公园区，要么是个体经营，足够的停车位也很重要。
- 准工业性质的办公空间，往往坐落在工业园区或规划的就业中心，其选址标准与重工业不相兼容。此类办公空间可由临近的工业企业来使用，其中可能包括仓库、配送设施和相关的轻型制造业的混合，充足的停车空间依然很重要。
- 纯工业办公空间，由大型工业企业兴建，往往建在工业区或工业园区内其所拥有的地产上。

这些分类描述了两大方向的办公空间。一类是为企业服务的后台办公空间，与一般公众之间不需要太多的交流，因而更适合在就业中心而非公共服务的商业中心。另一类的办公空间为当地消费者与商业服务（许多法律和会计事务所属于这一类），为了接近它们的消费市场，更倾向于选址在商业中心。土地使用规划需要提供一系列的公共中心类型与选址，以及零售业用地、工业与批发业用地和城镇设施来满足各种办公需求。

规划城乡就业与商业公共中心的空间结构

商业与就业中心的规划面临三方面的挑战：（1）预测未来土地使用活动的类型与数量；（2）以适当的混合来容纳这些土地使用的公共中心类型；（3）公共中心的选址及其与交通系统的关系。所以，规划师首先需要估测未来就业与商业土地使用活动的区位和空间需求（例如，未来经济发展所需要的各类制造业、批发、办公和零售活动预测），以及公共中心系统中其他活动的区位和空间需求（例如市民活动、娱乐等）。其次，规划师必须在恰当的公共中心类型（与这些土地使用相宜的中央商务区、办公园区、工业园区、购物中心和邻里中心）之间对土地用途和空间需求进行分配。再次，规划师需要将这些公共中心落实到合适的土地上，并处理好各个中心之间以及每个中心与区域交通体系、劳工市场和消费市场的关系。图 12–1 的三角形说明对于大型公共中心来说，其远期土地使用规划的核心目标在于处理好三重协调关系。其任务在于在合适的区位设计一种合适的结构和城市中心类型的网络，并通过多元化的交通系统联系在一起。这项任务不仅仅是在城市范围内为不同的工业、商业和相关土地使用行为分配充足的空间。空间结构的设计不仅要反映私有市场的偏好，还要反应公共利益的动态变化，例如交通投资和商业与就业中心之间的协调。这为房地产业进行开发决策提供了开发可能性的架构。

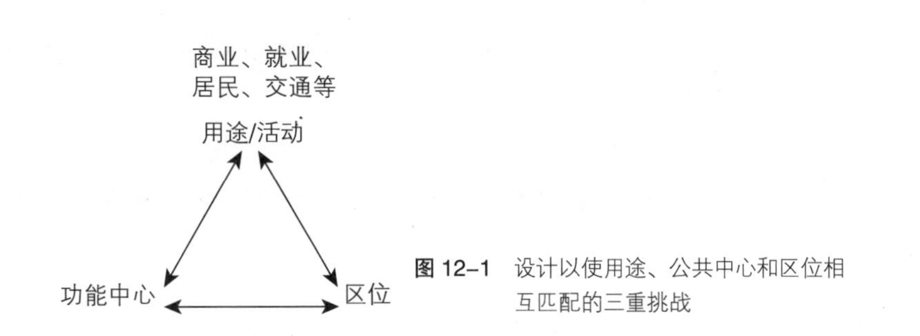

图 12–1 设计以使用途、公共中心和区位相互匹配的三重挑战

为了使这些公共中心形成一个和谐平衡的系统，我们需要城乡经济的利益相关者积极参与到这一进程中来。他们包括基本经济部门的代表、非基本经济部门的商人（主要是零售）、商业性开发的代表、商会等商务机构、致力于经济发展的公共和私营部门参与者，以及劳工倡议者和邻近区域的邻里倡议者。形成和谐平衡的公共中心系统还需要与经济发展规划、交通规划、其他城镇设施与基础设施规划相协调。

公共中心的空间结构建立在城镇和区域尺度上。虽然邻里零售业、更小的私有或者公有设施也是土地使用规划的一部分，但是我们把它们列入下一章节关于住区的部分，以及更后面的地段规划相关章节内容中去。我们在这里是要建议一种一般性方法，规划师需对这种方法论进行改编以适应特定的城市地段，要符合当地的相对尺度、自身传承的大型中心及其当地政府未来的经济发展战略。

就业和商业中心空间布局的设计程序可以由第10章中介绍的一般设计程序改编而来。主要任务包括：前期分析，建立就业与商业中心的选址原则，绘制可供这些中心建设的用地适宜性分析图，设计这些中心的概念性空间结构、根据经济推测和经济发展规划计算建设这些中心的土地需求，评估拟定中心的容量，最后对概念性设计进行调整以实现分配的空间需求与容量之间的平衡。最终的设计成果是通过一系列就业和商业中心的合理安排来满足未来经济发展的空间需求，中心位置应分布合理，并通过交通体系实现每个中心、中心与劳工市场和消费市场之间的有效连接。

开展前期研究

规划师与城乡规划小组的工作常常从回顾城市经济研究、土地使用研究以及交通研究（第5、7、8章介绍）、相关议题和情景（第9章）、愿景、目标和总体政策（第9、10章），以及区域土地政策规划（如果已经编制完成的话）开始。同时我们还要回顾城镇的经济增长情况和资本改善计划，以及各种为商业区所做的地段规划。基本就业预测和经济结构变化、人口预测及其对零售和消费者服务的影响、经济增长战略，以及对交通和基础设施的相关议题和规划的分析等具有特别重要的意义。

在需求方，规划师常常针对新老就业和商业中心中的新老工业、零售业和办公用地进行更为聚焦的土地使用和经济分析。对于基础就业部门，这些研究可以分析经济结构的变动情况、生产过程、商业组织以及其他因素，这些因素会影响到未来经济形态的空间分布和空间需求。新兴产业、经济发展战略，以及不断变化的生产与配送技术和组织也许能创造出一种与现有产业不同的空间分布和需求模式。例如1993年的马里兰州蒙哥马利县，其不再把规划作为过去发展趋势的延伸，而是将其建立在该县所鼓励的产业类型基础之上，用于促进与鼓励公司总部、知识密集型产业、生物技术研究机构、公有/私人的协会、联邦研究所和管理机构、小企业和孵化器行业等的发展。（Maryland–National Capital Park and Planning Commission 1993，55）

在土地供给方，规划师需要分析土地的物质和经济特征、现有就业和商业中心的发展趋势，以及它们将如何满足城乡未来经济发展的需求和生活方式的需要。对于就业区而言，这些研究涉及：地区边界的划定和向邻近地区拓展的可能性分析、现有空间利用情况和空闲用地情况分析、就业中心的占地趋势情况分析、空间储备和基础设施的充足情况评估、就业中间之间联系的评估，以及就业中心与现状和规划的交通设施、其他服务设施、劳动力之间的可达性。通过这些研究，规划师可以建构一幅从现有和未来的混合视角来展示就业和商业中心所面临问题和机遇的全景照片。

对商业（人口服务型）活动和商业中心来说也需要开展类似的研究。规划师需要研究现有商业中心的零售和消费者服务情况，以及现有各级商业中心的现状、趋势和潜力等。相比于就业地区，对商业中心的研究需要把更多的精力放在交通（包括交通流量、停车、换乘和步行流量）和中心与消费者（贸易）市场之间的联系情况。最后我们需要把就业导向的中心与商业导向的中心结合起来进行统一总结，探讨未来土地供给与需求的预测情景和期望情景，深化对所涉及议题的理解。

图12-2是马里兰州蒙哥马利县的商业中心规划分析简图。这张图如果包含了就业中心的内容，再加上对各中心现状条件和未来发展变化潜力进行分析的文

字和表格，就构成了对就业和商业中心的空间和功能结构的完整分析。在此基础上进行扩展还可以创建未来空间结构调整与变化的情景。

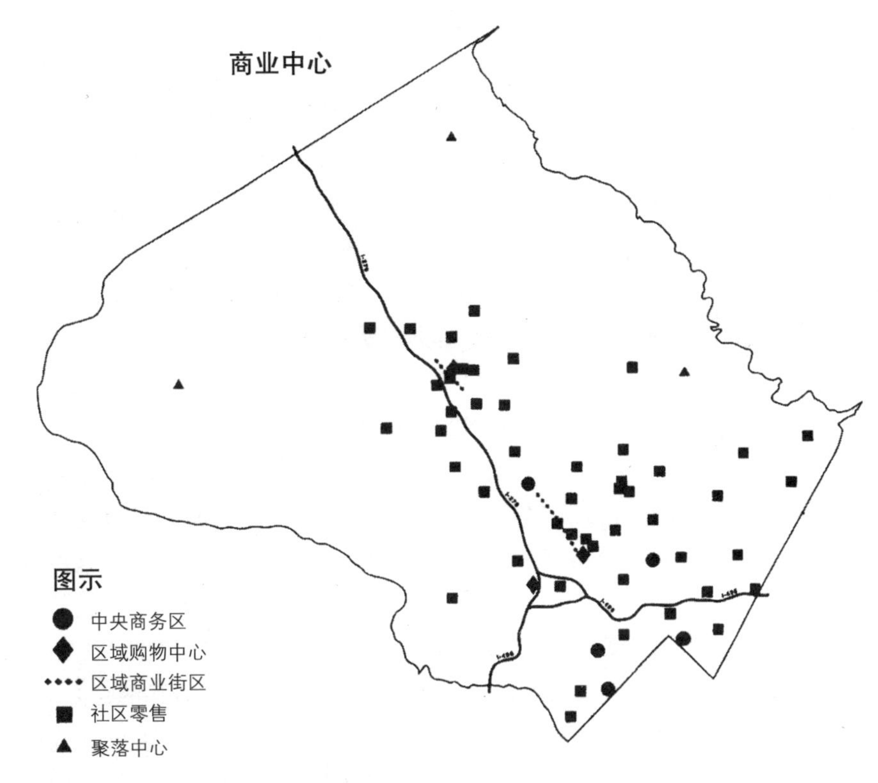

图 12-2 商业中心空间结构示意图
资料来源：Montgomery County Planning Board，1993

任务 1：建立选址原则

结合那些前提研究，规划小组必须阐述选址基本原则和标准，从而在土地使用规划中落实就业和商业中心的分布。选址原则反映了城乡发展目标和总体发展战略以及从前期研究中获得的商业发展的偏好和趋势。选址原则既可以详实反映某个城镇的情况，也可以反映大多数美国城镇的共同想法。所以，城乡土地使用规划的选址原则，不论是第 10 章所叙述的还是以下的文字所描述的，都很可能适用于大多数城镇。虽然这些实例适用于大多数就业中心和商业中心，但是为特定的中心类型和特定的城镇量身订制选址原则和标准，还是非常合适的。例如马里兰州的蒙哥马利县采用选址原则 / 政策，将高密度就业集中在城市环线（靠近哥伦比亚区）和 1-270 廊道上，尤其是在某些特定的换乘交通点周围（马里兰国家资产园区和规划委员会，1993，55）。规划师甚至可以特别规定土地使用设计中的就业区和商业中心的大致混合类型以及各种类型的选址数量，将适宜性和容量研究的结果放到之后界定合理区位选址的潜在供给的过程中再考虑。

就业地区的选址原则 规划师需要重视以下这些选址原则，并往往需要对这些原则进行调整以适应城乡发展的目标和重点、当地经济发展的特征和自然地理条件。

- 寻找合适的地形条件。就业地区应有合理的高程条件，不受洪水威胁，有良好的排水条件，且坡度不超过5%。在少数情况下，如果地块在其他方面有特殊的优势，陡峭的地块也能得到经济的开发。例如，地形起伏，并有植被、溪流和优美风景的地区就适用于办公园区或低密度研发区。
- 提供一系列的区位选择和各种类型的中心。大量中等规模的就业地块在空间内广泛分布，比少数非常大的地块，能为雇主和开发商提供更多的选择余地，为就业人口提供更好的可达性。
- 使不同类型的地块和就业中心相互匹配。每种不同类型的就业中心都有其特定的选址要求。所以，这就必须要有地块能容纳污染型工业，如垃圾回收、建筑器材和原料行业、燃料储存和发电站等，也要有地块用于建设工业园区、办公园区和有更高设计要求的混合用途的商业中心。
- 选址应有充足的用地空间。就业中心必须有足够的面积去容纳大型的单层建筑和配套的仓储、装载和停车区域，就业地区的面积范围应有50 ~ 500英亩，甚至更多。有些还需要与原有的就业地区相结合。
- 实现与交通网络的连接。理想的交通模式和对联系的精确定义(与换乘站、高速公路出入口、火车站、港口和飞机场的距离)对于每种就业中心和就业导向的土地使用都是不同的。例如对用于做仓储和物流的地块而言，与货运进出线路和铁路相联系的距离非常重要，沿路场地需要沿公路或铁路有800 ~ 2000英尺甚至更多的地块纵深，必要情况下应有安全的人行道和自行车道方便使用，选址时还要反映出规划的交通改善措施。
- 实现与就业人口的联系。规划师需要仔细研究可达性所考虑的居住人口特征。有些经济部门需要蓝领工人，而有些需要办公职员和专业人员。从公平的角度出发，需要对低收入人群和弱势人群的可达性予以特别的关注。而从可达性角度而言,规划的交通系统对于位置的选择是非常重要的。
- 为公众提供可视性。某些用途和类型的就业中心，例如公司总部和办公园区，出于公关的目的需要一些沿高速公路的引人注目的地块。
- 保证基础设施的可用性。除了给水排水、电、煤气，规划师可能还需要详细考虑某些特殊产业或工业区对基础设施要求的特殊性。例如，某些单位自身配备有水井和给水排水处理设施，并不需要公共设施。而有些单位则是耗电大户，可以从很远的地块接入线路。
- 确保与周边用地的相互兼容。这条标准适用于那些可能会在生产过程中产生噪声、强光、异味、烟雾、大量交通、放射性的产业或是大量用水的产业。对轻工业、仓储物流业、办公或者高绩效的工业园区而言，这不是太大的问题。此外，就业中心产生的运输流不应当穿越居民区。

- 提倡与自然环境的协调。工业选址需要避开环境敏感地区和面临洪灾等自然灾害威胁的地区。

商业中心的选址原则 虽然有下面这些特殊标准，但是对规划师而言，必须使这些标准符合每一个城镇的自身情况，这要和它的规划愿景、目标、零售和服务中心的发展规模相匹配。

- 具有市场范围的可达性要求和便利的交通：可达性对于商业中心而言具有绝对的重要性，虽然不同类型的中心的具体要求各自不同。例如：
  — 中央商务区需要邻近汽车、公共交通和人行交通流量大的地区，零售、专业服务、金融以及相关的服务业在这些地区能提供便捷的服务，与公共交通、停车、区域性公路也有着便捷的联系。因为在大多数情况下，CBD 已经存在，这条标准一般适用于适合 CBD 的扩张。
  — 卫星型商务中心要求邻近公共交通设施、主干道和高速公路，从而为与该中心级别相对应的贸易区人口（40000 ~ 300000 人）提供服务。
  — 公路导向型的商务中心一般坐落在邻近交通干道的外围地区，应当易于到达，并与区域性公路网络有充分的联系。
  — 对低收入人群和少数种族人群的可达性给予特别的关注。
- 合适的地形条件：地块必须有合适的高程、良好的排水条件，并不受洪水威胁（CBD 和其他现有的中心可能无法完全满足这条标准，但是其扩张方向的选择必须考虑地形条件，同时也要考虑接近具有良好景观的地区，如与水体或其他城市设计特征要素具有视觉或步行空间上的联系的地区）。
- 应有足够的空间：地块必须有足够的面积容纳中心运作所需的零售、办公和其他商业行为，还要为停车场、车站和与交通网络的其他联系通道提供空间。一般来说，城镇级购物中心需要 10 英亩土地，区域级购物中心需要 50 英亩土地，超大区域级购物中心需要 150 英亩的土地。（详见表 12–2）
- 基础设施的可用性：给水排水设备尤其重要。这条标准尤其适用于还没有给水排水设施的城市外围新用地。

任务 2：绘制选址的适宜性分析图

这一步工作是在先前确定的选址原则和地块规模原则基础上（比如，在任务 1 部分和本章第一节中所讨论的原则），对土地的供给进行分析。每种类型的公共中心都可以在综合了选址原则所提出的标准基础上绘出其自身的适宜性分析图。适宜性地图可显示出满足一系列综合性选址原则的地块，例如：邻近高速公路、立交桥和铁路；现状已有或是容易提供给水排水设施；有合适的地形条件；有充足的交通流量（对商业公共中心而言）。适宜性分析图还可以包括对交通路网设计变动的影响分析、给水排水设施扩张的影响分析、未来人口分布的设计对策分析等；适宜性分析图的绘制方法可参见第6章。然而在这种情况下，绘制适宜性分析图的方法应较为全面地应用以上提及的标准，而不能局限在环境领域。

第一次访问任务5：制定土地使用的概念性设计

此刻我们已经对选址原则和适宜性分析图进行了研究，在计算就业和商业中心的空间需求之前，我们可以就公共中心体系的功能结构与空间结构提出几个概念性设计方案。进行设计的目的在于为每个潜在的中心寻找合理的选址，使各中心之间，以及它们与未来的劳工和消费市场之间、与现有的和未来的交通体系之间建立起有效的联系。因此，概念性设计必须考虑到与居住区、交通系统、城镇设施等的可能布局的结合，这些系统将在随后几章讨论。

概念性设计任务的成果是一份设计示意图，用抽象的符号来表现各类中心格局，显示出每个中心的位置（但不是实际的大小和形态）和类型（比如，是就业还是零售，是办公园区还是工业，是区域级购物中心还是城镇级购物中心）。这张图是计算规划地块的空间需求和容量的框架，也是进行住区、交通体系和城镇设施设计的基础。如果规划师在设计中对各类中心的数量、位置、类型和规模有清楚认识的话，设计可能达到的效果就更好。但是如果规划师对住区的变化、未来的交通或城镇设施建设有了更好的想法，就必须要对就业和商业的空间结构设计进行再思考、调整和完善，形成一个多次反复的过程。

图12–3举例说明了北卡罗来纳州夏洛特市以公共交通/土地使用示意图的形式所做的公共中心与交通体系空间结构的概念性设计。

任务3：计算空间需求

就业地区的未来空间需求估算与商业中心的估算有些不同。

就业地区在土地使用设计中，就业地区的土地需求量一般来说都是根据期望容纳的就业人数计算的。这可通过以下几项子任务来完成：

- 子任务3.1：确定不同类型和位置的中心所期望容纳的就业人数。
- 子任务3.2：制订规划中心的未来就业密度标准，即就业中心每英亩土地的就业人数。
- 子任务3.3：用未来就业人数除以就业密度标准，得到特定位置上某种类型的中心所需土地面积。
- 子任务3.4：增加安全边际以应对超预期的经济增长或就业密度低于预期等情况，为重要中心在超出规划年限以后的就业增长预留用地空间。

下文将对任务3的这些子任务进行详细解释。

子任务3.1：确定土地使用规划中要容纳的未来就业人数 土地使用规划中

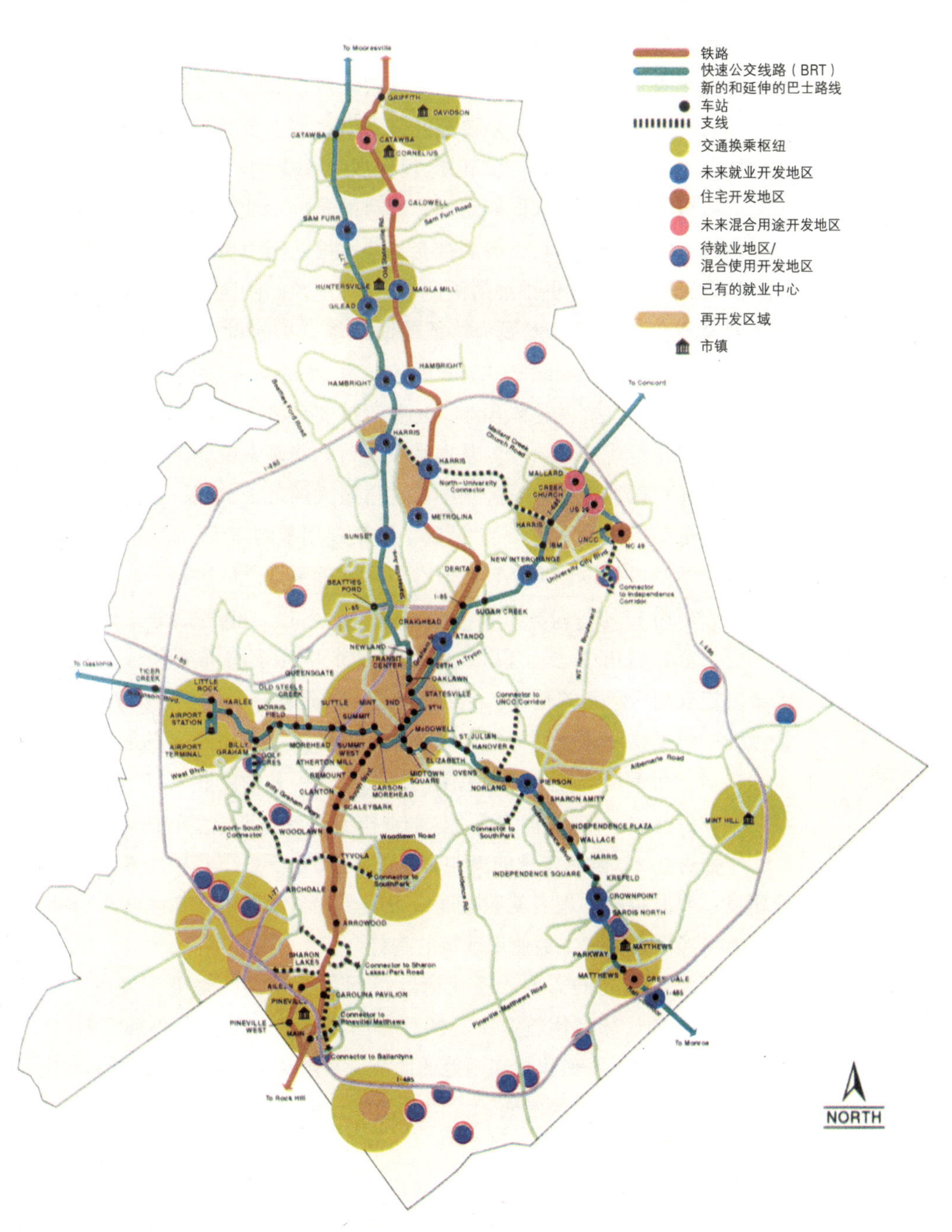

图 12-3 北卡罗来纳州夏洛特市就业、商业中心和区域交通体系的概念性设计
资料来源：City of Charlotte，1998

未来就业人数是基于就业预测和经济增长政策而确定的。传统上，土地使用规划师几乎完全依赖于经济预测来估算就业性质的土地需求。然而在过去的20年中，许多规划师开始使用一种较含糊的方法计算就业人数，即把有意识的政策选择与根据趋势的推测相结合。这就是说，未来的就业水平、就业在不同部门的分布、选址要求和空间需求等不仅需要反映经济发展趋势，而且要反映城乡的经济增长政策。这种方法认为必须要把经济发展规划人员和商界领导人纳入土地使用规划团队。例如，《芝加哥大都市区规划2020》中的经济政策（Johnson 2001）是由公共机构与私人机构共同制定的，其目的是推动地区的高科技就业增长，将私人经营和公共控制相结合，解决社会不公平性，吸引更多的环境友好型项目开发（参见本书第1章对此更详细的阐述）。在马里兰州的蒙哥马利县，其规划旨在引导该县从以集中的工业发展为特征的旧经济结构向世界级商业和科技中心转型（Maryland–National Capital Park and Planning Commission 1993，55）。

就业预测不仅要做整体预测，还要对重要经济部门进行单独的预测。最根本的分类方法是把就业人口分为基本就业人口和非基本就业人口。除此之外，进行就业分析还可以抽出在地方经济中占比重最大的若干部门，或是经济发展政策重点扶持的部门（详见第5章）。最后，如果规划范围很大，例如是一个大都市区，可以通过预测或是设计将未来就业在不同地理区域之间进行分配。例如，可以把就业放射状分布到各扇区（如，东、南、西、北），也可以分布到同心圆的不同圈层区（如，城市中心、郊区、城乡结合带），或者分布到区域土地政策规划或经济发展规划所定义的政策区。表12–3所示的是在一个虚拟城市的概念性设计中，按就业中心类别和分布划分的未来就业人口数量。表格的重点是基本经济部门的就业人口，而不是直接为规划范围内居民提供服务的就业人口（如人口服务型的零售和办公就业），这些将会在下文商业中心部分做进一步的探讨。

子任务3.2：确定未来的就业密度 规划师基于以下几项因素来预测未来的就业密度：研究范围的现有就业密度、各类产业和就业中心在区域与国家的发展态势、城乡经济发展和土地使用政策的趋势。

为了满足规划的需要，就业密度指标一般采用的是毛密度而不是净密度。就业毛密度的计算是用就业中心的总体面积作为分母，而净密度则只计算建筑场地、户外仓储、停车和装卸用地的面积，不包括未开发地区、内部和边界道路、铁路支线和零碎小地块的面积，但用于扩建的极少量用地面积可以计算在净密度内。

尽管有一些比较常用的快捷方法可以确定现状就业密度，但开展实际调查仍然是最理想的途径。简单的做法是，用现有的土地使用面积（各类经济部门的用地面积或基底面积）和现有就业人数两者相除。在可能的情况下应通过以下数据对现状就业密度数据构成补充：不同产业和位置上的土地空间占用不足或过量情况；当前硬件设施应对未来经济活动（加工业、组装业、仓储业等）能力的充足性；

表 12-3

按就业类型和就业中心进行未来基本经济部门就业人口分配示意

就业类型	土地使用设计中拟定的各类基本经济部门就业中心									
	CBD	工业区		工业园区		办公园区	混合使用中心	其他		总计
		A	B…	A	B…	A…	A…	A	B…	
制造业	0	700	300	500	300	0	100	0	100	2000
批发业	100	100	300	200	0	100	200	100	0	1100
办公（总部/后台办公）	500	0	100	200	0	300	200	100	0	1400
其他（如政府）	0	0	0	0	0	0	100	100	0	200
总计	600	800	700	900	300	400	600	300	100	4700

注：表格内的数据代表了就业人数，仅作示意。

企业外迁、扩张或缩减规模现象发生的概率；停车、交通和其他公有或私人服务设施的供给量。理解区域内当前的产业密度、充足性，以及国家和区域发展的趋势，这也是我们需要将经济发展规划人员和商业领导人纳入土地使用规划团队的原因之一。

在可能的情况下，应对每个重要的经济部门内分别进行就业密度测算。在这些经济部门中，就业密度可以根据就业中心的类型进行分类（如工业区、工业园区、混合使用就业中心），也可以根据区位进行划分（如内城、城郊、边缘地区）。这样，规划师可以得出总体平均密度、各种类型中心的就业密度，以及不同位置中心间的密度差别，也许还可以把各种产业区分为低密度产业和高密度产业。

完成了现状就业密度分析之后，规划师现在可以开始建立一套未来的就业密度标准。对现有产业而言，主要工作是根据产业的发展趋势和最新案例对当前就业密度进行调整。例如，批发部门的仓储自动化发展趋势将会增加每个职工所对应的土地需求，也就是意味着就业密度的降低；而即时运输产业的发展能减低仓储用地的规模。对于新的产业而言，就业密度的预测要基于现状已有该类型产业城市的经验和该产业未来发展趋势的研究。

就业密度分级的数量和类型选择根据当地经济成分（不管是大型办公区还是大型制造业地区）、就业中心的类型和土地使用概念性设计所拟定的位置来确定，但在人口少于 100000 人的地区，根据经济部门或就业中心的类型和位置进行详细分类是不切实际的，应该是对土地使用设计所确定的为数不多的几个就业中心进行具体的密度估算。对于更大范围的地区，规划师从制定 2~5 种密度级别开始。

如果用 2 级密度体系，这些地区可以被分为集中（高密度）就业区和扩散（低密度）就业区（或者根据就业中心的类型有所差别）。

城市土地研究院（Urban Land Institute）所制定的密度标准是建立在 20 世纪 70 年代的趋势基础之上的，所规定的密度范围从低密度区（如批发业）的每英亩 8 人，到中密度区（如木材加工或化工业）的每英亩 10 人，再到高密度区（电子产业或仪器制造产业）的每英亩 24 人（Lochmoeller 1975，166–68）（参见表 12–1）。

另外，由于就业密度的区域差异很大，密度标准指标的确定需要结合当地的实际情况，并与地方自己版本的表 12–3 所使用的产业、就业中心和一般性位置相一致。当然，这并非指表中任一项都有不同的密度，比如不同类型和位置的就业中心可能具有相同的就业密度。延续了上文表 12–3 按就业中心进行就业分配的分类方法，表 12–4 罗列了不同类型就业中心的人口密度标准。

子任务 3.3：空间需求预测 这项任务是用未来就业人口除以方案设计中提出的每个就业中心的各级密度标准（即表 12–3、表 12–4 中指出的对应数值），得到的结果是土地使用设计中容纳基础经济导向的就业人数所需的土地毛面积。

获得未来就业人口总数最简单的一个方法是，将从当前经济中保留下来的就业人口加上预计目标年份新增的每一类就业人口。规划师必须根据未来的就业形势预测现有就业中心土地需求的增加量（或减少量），并在这些就业中心内为未来的就业增长预留相应面积的土地，其原因是因为我们无法期望所有的现有工厂和其他设施都能在规划期内按未来的密度标准重建。实质上，这种方式是引入一个安全系数以防超预期增长。另一种方法是假设现有的就业人口会继续使用现有

表 12–4

按就业类型和就业中心划分的人口密度标准示意

就业类型	土地使用设计中拟定的各类基本经济部门就业中心								
	CBD	工业区		工业园区		办公园区	混合使用中心	其他	
		A	B…	A	B…	A…	A…	A	B…
制造业	NA	20	15	12	10	NA	15	10	10
批发行业	10	10	10	8	8	15	15	10	10
办公（总部/后台办公）	50	25	25	25	20	40	40	20	20
其他（如政府部门）	30	10	10	10	10	10	10	10	10

注：表格内的数据代表就业密度，此表仅作示意。

的设施，保持现有的密度，从而只对新增人口采用未来的密度标准。第三种方法更复杂，是用两个新指标取代现有的人口密度，其中第一项可以反映现有地块的建筑或设施的扩张、迁移和更替情况，另一项是新建筑中的就业量。

针对表 12–3 假定的就业分布情况和表 12–4 的密度标准，表 12–5 阐明了空间的需求状况。

子任务 3.4：增加安全系数 增加安全系数可以应对就业的超预期变化，或是在低密度情况下为未来产业发展预留空间。安全系数对较小尺度的地市地段而言尤为重要，因为一旦有一两个大开发商进入，经济预测就会失灵。另外，有一种很明智的做法是，保留部分一流的用地来满足土地使用设计中后 20 到 30 年的设想，尤其是在那些产业用地稀缺的地方。例如，在多山地区，大片适用于经济发展的土地是很稀缺的，所以这些用地的保护从长远来看非常重要，但是，能促进经济增长的稀缺用地在短期内有被占用的风险，这样土地更好使用的长远利益就遭到了破坏。产业用地的存留取决于当地人的判断，没有一个标准的做法。

空间需求的总安全系数可以通过一种或几种方式加入：其一，可以增加到就业中心的详细分类表中，比如就在类似表 12–5 的下部新添一行以作补充之用。其二，可以在概念性设计被充实并计算了这些选址上的容量之后，再对每个中心和区位进行详细说明。对后一种方式而言，安全系数面积先可增加到图纸上，然后转移到总表中（后续讨论），或者作为表 12–5 中的新增条目。

表 12–5

土地使用设计中各就业中心的空间需求估算示意（单位：英亩）

就业类型	土地使用设计拟定中的各类基本经济部门就业中心									总数
	CBD	工业区		工业园区		办公园区	混合使用中心	其他		
		A	B…	A	B…	A…	A…	A	B…	
制造业	0	35	20	42	30	0	7	0	10	144a.
批发行业	10	10	30	25	0	7	14	10	0	106a.
办公（总部/后台办公）	10	0	4	8	0	8	5	5	0	40a.
其他（如政府部门）	0	0	0	0	0	0	10	10	0	20a.
预期总额	20	45	54	75	30	15	36	25	10	310a.
安全边际	4	9	10	15	6	5	7	5	3	64a.
规划总数额	24	54	64	90	36	20	43	30	13	374a.

注：表格内的数据代表为在表 12–4 所确定的就业密度下，未来容纳表 12–3 所分配的就业人口所需的土地数量。

上述样本表格只能作为示意，在很多规划中并没有这么多的内容，特别是对一些小地方而言，较少的栏和行以及不同区位和中心类型的组合可能就够了。

商业中心的空间用地需求 对于土地使用设计的预测性而言，粗略的做法是充分预计商业用地需求。这方面进一步的研究对土地使用设计的细化和商业区的地段规划是十分有用的。在需求方，空间需求的预测要综合考虑销售业、服务业、办公行业、批发业的状况和市场行情和购买力等市场行为的研究。在供给方，要有对单个中心建筑面积的分析（包括对基地面积和建筑面积的分析），另外对整个对象区域也要做类似分析。另外可能还需要补充进行特定商业中心的建筑结构、停车、交通路线以及城市设计的研究。然而，对于远期土地使用规划而言，规划师可能需要区分四类商业中心空间——销售、办公、选定的基本就业（金融、政府部门）和公共设施（市民中心或市民广场、开放空间、教育和文化设施、交通设施等等）。

商业中心销售和办公用地需求的预测方法与就业中心的预测方法有所不同。与就业规划的基础人口预测不同，商业中心的人口预测是基于中心的预期商业面积和办公行业的经济预测做出的。这其中的道理在于销售和办公用地（除了公司总部人员和后台职员这些已做过预测的当地经济基础部门）集中了大量的人口。假设商业中心用途所需的建筑面积的增加与相关贸易业人口的增长成正比关系。用最简单的方法来计算，如果商业服务范围内的人口总量预期来年将增长 35% 的话，那么零售和办公用地面积预期也应增长 35%。如果对医疗、法律、金融保险、房地产以及其他相关行业的就业能够做到可靠的预测，这些人口分析结论则更偏向于预测办公空间的基本需求。当然对那些将旅游业作为支柱产业的地区来说，倾向于用流动人口数来估算交通路网的空间需求。其他需要考虑的乘数包括购买力（人口、家庭收入和消费模式的混合指标），对商业机构数量的增长推测，以及对 CBD 和其他主要中心日间人口的推测。

表 12–6 展示的是未来销售业总建筑面积需求计算的流程，及其在示意性土地使用设计中预见的不同商业和就业中心的分配。步骤 1 利用人口增长作为其增长乘数对整个研究区域的销售和办公整体需求面积进行估算。继而步骤 2 将总量分配到示意性土地使用设计中提出的多个中心。各中心的空间比例分配是根据一系列因素而定的，包括现状人口分布情况（可见步骤 2 的第一部分的比例计算）、示意性土地使用设计、城乡发展目标和总体政策、经济发展规划，对当地及所在地区和国家的消费习惯和产品营销情况、交通规划、邻里社区购物与服务的便捷程度标准的判断。与本章的其他表格一样，表 12–6 的数据是对一个假设地区的模拟数据，类似的方法还应用在办公场所的空间需求分析（表 12–7）。

对商业中心未来销售和办公建筑用地需求进行面积分配时，还需要考虑停车、装卸和景观的空间。另外，某些规划的建筑面积在地面层以上，不占用土地使用设计中的基底面积。表 12–8 展示的是如何把未来预期的销售和办公建筑面积（根据表 12–6 和表 12–7 的数据）折算成基地面积，包括相关的其他空间需求面积。最后，基地面积（平方英尺）转换成用地的英亩数。表 12–8 图解了对 CBD 面积的分析预测过程，另外在土地使用设计中也会单独对每个中心做测算。步骤 1（销售）和步骤 2（办公）是将总建筑面积折算成所需的基地面积。步骤 3~5，根据建筑面积与停车空间之间的期望比率，为销售和办公建筑面积提供足够的停车空间（需要对地上和地下的停车空间做调整）。步骤 4，用于装卸和服务，景观、户外公共空间的基地面积被算在零售和办公的基底面积中。步骤 5 补充了一个可能

表 12–6

商业和就业中心的零售业需求建筑面积分配示意

步骤 1 远景目标年的总体空间需求预测

1. 起始年规划范围内的零售业总体建筑面积……………………910000 平方英尺
2. 增长乘数（1 加上人口增长或其他要素）…………………… 取值 1.9
3. 远景目标年的零售业建筑面积总计……………………………1730000 平方英尺

步骤 2 将总需求分配到土地使用概念性设计所拟定的各中心

现有中心的统计信息（开始计算的是面积，以平方英尺为单位，然后转化成比例，为规划中心预期零售行为的空间分布提供基础数据）

	比例	平方英尺
CBD	0.67	610000
卫星型中心 A	0.22	200000
公路服务区（作为一类）	0.06	50000
邻里购物中心（作为一类）	0.04	40000
其他	0.01	10000
总计	1.00	910000

目标年规划中心间的零售业面积分配方案（首先按比例分配，再折算为面积）

	比例	平方英尺
CBD	0.55	951000
卫星型中心 A	0.12	208000
卫星型中心 B	0.10	173000
混合使用中心 A	0.15	260000
办公园区 A	0.0	0
公路服务区	0.02	34000
邻里购物中心	0.05	84000
其他	0.01	17000
总计	1.00	1730000

的因素，需要为销售、办公、停车、物流和景观的空间需求判断提供预留保障措施。最后在步骤 6，前期各步骤的结果得到汇总，并折算成目标年的商业和办公基地面积（含停车）。此外还要为道路增加额外的面积，这对于新中心而言尤为重要。把各类中心预期的空间需求总量减去现有 CBD 地区的销售、办公和停车空间，从而得到满足设计示意图发展要求的净增长土地空间面积。需再次强调的是，表 12-8 所显示的只是模拟数据。

表 12–7

商业和就业中心的人口服务型办公需求建筑面积分配示意

步骤 1： 远景目标年的总体空间需求预测

1. 起始年规划范围内的总体办公建筑面积……………………300000 平方英尺
2. 增长乘数（1 加上人口增长或其他要素）…………………取值 1.9
3. 远景年的办公建筑面积………………………………………总计 570000 平方英尺

步骤 2：将总体空间需求分配到土地使用概念性设计所拟定的各中心

现有中心的统计信息（开始计算的是面积，以平方英尺为单位，然后转化成比例，为规划中心预期办公行为的空间分布提供基础数据）

	比例	平方英尺
CBD	0.8	240000
卫星型中心 A	0.2	60000
公路服务区（作为一类）	0.0	0
邻里购物中心（作为一类）	0.0	0
其他	0.0	0
总计	1.00	300000

目标年份中心间的人口服务型办公建筑面积分配方案

（首先按比例分配，再折算为面积）

	比例	平方英尺
CBD	0.6	342000
卫星型中心 A	0.11	63000
卫星型中心 B	0.09	51000
混合使用中心 A	0.09	51000
办公区 A	0.05	28500
公路服务区	0	0
邻里购物中心	0.05	28500
其他	0.01	6000
总计	1.00	570000

表 12-8

CBD 和土地使用设计中拟定的其他商业中心所需的基地面积计算

步骤 1：零售业的基地面积需求	
零售业的建筑面积预期值（表 12-6 的等效值）	951000 平方英尺
除以假定的未来零售业建筑的平均层数（如 1.1）	1.1
零售业基地需求面积（如“覆盖区”）	865000 平方英尺
步骤 2：办公场所的基地面积需求	
办公场所的建筑面积（表 12-7 的等效值）	342000 平方英尺
乘以占办公建筑的假设比例	0.4
得出办公建筑物内的办公空间	137000 平方英尺
除以假定的未来办公建筑的平均层数	2.8
得出办公建筑的基地需求面积	49000 平方英尺
步骤 3：针对办公和零售业的地面停车空间	
期望零售业的停车比例（用以与零售业的总体建筑面积相乘）	0.75
零售业的停车场面积	713000 平方英尺
期望办公场所的停车比例	0.70
办公场所的停车场面积	239000 平方英尺
办公和零售的停车场面积总计	952000 平方英尺
减去地下和楼上的停车空间面积	200000 平方英尺
得出停车场的基地面积	752000 平方英尺
步骤 4：与零售和办公行业的装卸、景观、户外公共活动场直接相关的附加面积	
假设零售和办公行业基地面积系数比例（可能是对这些相关功能的现有空间占用量的修正）	0.25
推导出附加面积	229000 平方英尺
步骤 5：为“浪费 / 空置”空间、错误推测和假设提供额外保障空间	
步骤 1-4 的结果的相关系数（如 20%）	0.20
导出对意外因素的保障面积	379000 平方英尺
步骤 6：整合零售和办公发展所需的基地总体面积	
零售用基地面积（步骤 1）	865000 平方英尺
办公用基地面积（步骤 2）	49000 平方英尺
停车面积（步骤 3）	752000 平方英尺
物流装载、景观空间（步骤 4）	229000 平方英尺
对意外因素的保障面积（步骤 5）	379000 平方英尺
零售和办公的总需求面积	2274000 平方英尺
等效面积（处于 43560 平方英尺 / 英亩）	52 英亩
街道、交通等附加面积（25%）	13 英亩
零售和办公在中心内的总面积	65 英亩

1. 这些计算结果不占用新的开放空间、市民和城镇服务设施、居民区、基本经济部门就业和其他中心容纳的用途所需的空间。
2. 在土地使用规划中，每个中心都将有类似的表格。
3. 表格中的数据只是用来做简单的演示。对每片区域或区域内的中心而言，这些数据都不一样，因为它们源自对各个中心和城镇的细致分析。

规划拟定的其他商业中心的基地空间需求可以用类似的方式估算，但是对不同的中心或不同的城镇而言，建筑面积比、停车比例以及装卸物流、景观绿化和备用空间这些指标各不相同，例如，区域级购物中心的停车空间比例通常为1 ∶ 1~2 ∶ 1之间，这比CBD地区高很多，尤其在后者还有替代性公共交通设施的情况下。再如，公路导向型中心的空间需求计算更多地依赖于区域内或区域间的交通流量和贸易区的人口情况，这甚至可能会超过规划编制的行政辖区范围。由于这类中心往往需要更多的人均用地规模，因此常常单独进行预测。

在CBD和其他商业中心（除零售和办公用地之外）还包括其他各种行为活动，因此，对公共服务设施、运动场所、居住区、批发行业和产业、交通以及开放空间的需求也必须做出估算，并补充到整体空间需求之中。此外，一些主要的就业中心中也可以容纳零售和人口服务型办公，例如，计算混合使用园区的空间需求就必须要考虑商业和办公活动的空间需求。估算如商业中心的居住功能这类其他用途的空间所需要的技术将会在其他章节中讨论，我们可以对表12–8做出修改以加入这些空间需求。对每个中心而言，所有这些需求的总和就是该商业中心和就业中心的空间需求。

任务4：容量分析

回到供给方的分析，规划师按照设计图（具体可见任务5的初始调查）对每个就业或商业中心内的适用土地进行测算（任务2）。对于现有的中心，这类分析可利用上文所讨论过的以往的研究资料。分析研究应当集中关注：各中心内闲置的和未利用土地、具有商业或就业发展潜力的周边地区、可能带来未来土地供给的产权变更或搬迁意向等特殊情况（例如未充分利用的仓储空间可能会成为未来的办公、零售或居住空间）。同时，虽然可能会减少潜在的新的增长空间，为了缓解拥挤的城市环境，我们可能需要为就业或商业中心预留出额外的空间。商业中心的膨胀问题包括规划用地对周边的空间入侵、住房储备量的减少、土地使用类型变更三方面，在估算住房和其他土地用途的空间需求时，需要对这些地段的空地进行整理和统计。对现状商业中心的最终分析包括空间赤字和空间盈余的平衡、现有各个中心的发展机遇，并对附加的办公、零售和其他相关用地进行容量分析。

对于规划的新中心而言，需要对概念性设计所拟定的位置上的适用土地面积进行测度。图中应绘出各中心所在位置，并详细说明诸如公共设施和交通的可达性等特殊条件。每个选址上的适宜土地数量及其之所以适宜作为就业和商业中心的特征也将反映在表中。

回到任务5：在概念性土地使用设计中对空间需求进行试分配

在最后的工作任务阶段，规划师要使概念性设计中的就业区和商业区的适宜用地供给与规划在这些地段所建议的基本经济部类就业、零售、办公和社会服务设施、交通设施、开放空间和其他用地形式的空间需求量相匹配，或者说，概念性设计中各个地段的空间需求应与其容量相平衡。此项任务一是可以实现适宜性空间与各种期望的用途的匹配（正如概念性设计和容量分析所揭示的），并将一些用途转移到有剩余容量的中心（同时要与设计理念相吻合）；二是能通过调整规划边界或增加预期开发密度，来调整容量和用地适宜性；三是能增加交通和基础设施的服务；四是调整设计概念以增加或减少中心。

当现有的商业和就业中心开始扩张时，必须仔细考量其对邻里社区造成何种冲击影响。在建成区内，CBD和其他中心的扩张也许会和邻里社区的保守作风发生冲突，这就需要土地使用设计来解决。如有可能，应对商业或就业中心进行高强度开发以防止其对居民区的空间扩散，或者是将商业、就业和城镇设施整合到邻里设计中。

空间需求的实验性分配结果可以用表12–9的形式表达。除了基本经济就业、零售和办公的空间，表12–9还在某种程度上反映了概念性设计中所拟定的城镇设施、市民活动、开放空间和居民使用可能的分布情况。

对于外围地区，需要做的是商业与就业中心的总体布局，而不是精确的地块设计，只需用符号将规划的公共中心标在规划图纸上即可，比如说可以用适度大小的圆圈来代表一个中心，这些中心的空间需求要根据其所处的规划区域来计算。至于准确的地块选址，可以留待未来进一步的规划去解决，也可以在城市发展过程中由开发商在其具体项目的开发计划中进行研究。

小结

在城乡土地使用设计层面，就业、商业和其他多目的公共中心的设计，既包含了协调各种类型的未来就业、商业和市政土地使用行为，也包含了公共中心空间系统中其他的城镇设施与活动。

为了完成设计任务，规划师必须首先了解现有的、新兴的和期望的经济结构情景以及与之相关的土地用途，以及现有的、新兴的与期望的就业和商业中心的空间结构；其次必须了解各种类型的公共中心的层级关系，以及与各中心的类型相联系的各类土地使用活动和设施的类型。在此基础上，规划小组需要设计出一个合适的方案并包含以下三个方面的内容：（a）土地使用活动与设施的类型与数量；（b）公共中心的类型；（c）它们的空间位置。所有土地使用的活动和设施必须在合适的公共中心找到安居之所，每个中心必须包含这些土地使用活动与设施的恰当组合和数量，而且，每个中心应与该地区的其他中心、交通系统和住区有合适的毗邻关系。

土地使用设计团队应包括如下人士：来自基本经济部门和非基本经济部门的

表 12-9

商业与就业中心空间分配总结的工作表

中心和用途类型	分配：英亩数	分配：就业	分配：基底面积：零售和办公
就业中心			
工业区 A			
工业用途	XX	XXX	
其他	XX	XXX	
总计	XX	XXX	
工业园 B			
生产	XX	XXX	
批发	XX	XXX	
总计	XX	XXX	
工业园 C			
生产	XX	XXX	
批发	XX	XXX	
办公	XX	XXX	
总计	XX	XXX	
计划就业中心			
生产	XX	XXX	
批发	XX	XXX	
办公	XX	XXX	
零售	XX	XXX	XXX
总计	XX	XXX	XXX
商业中心			
CBD			
零售	XX	XXX	XXX
办公	XX	XXX	XXX
批发	XX	XXX	
市政	XX	XXX	
交通	XX	XXX	
开放空间	XX	XXX	
其他	XX	XXX	
总计	XX	XXX	
副中心 A			
零售	XX	XXX	XXX
办公	XX	XXX	XXX
其他	XX	XXX	
总计	XX	XXX	
副中心 B			
零售等	XX	XXX	XXX
公路导向的组团 A			
零售等	XX	XXX	XXX
其他（分散显示在配套图上）			
生产	XX	XXX	
批发	XX	XXX	
办公	XX	XXX	XXX
零售	XX	XXX	XXX
市政	XX	XXX	
交通终点站	XX	XXX	

注：面积数据为总英亩数，它们包括了街道、道路、停车、装卸、景观以及与这些用途相联系的浪费面积，也包含了在估算未来零售、工业、批发和办公空间时可能存在的偶然误差。

代表经济发展政策规划人员；企业、劳工和公共中心的倡导者，以及土地使用规划师。本章所建议的设计过程可以帮助规划团队通过平衡多方面因素来系统地推进规划过程，包括系统地考量如何在合适的位置上取得空间需求与供给之间的平衡。规划任务的次序与示意性表格应根据城乡自身特定需求进行调整。在规划师的工作过程中，这些任务和表格可以对设计假设保持跟踪与记录。表格还适合做电脑运算，从而可以迅速跟踪密度与空间分布的假设发生改变时对空间需求和承载能力产生的影响。同样，土地使用过程中的适宜性分析和对相应选址的容量分析结果应与GIS的计算结果一致。GIS叠加技术能帮助我们划出适宜用地的范围，并自动计算出这些用地的面积（也包括它们的容量），这种方法有利于对多个不同因素进行加权，以确定受影响用地的空间格局和数量。

由此产生的城乡土地使用设计在适宜交通和其他基础设施的支持下，可以在恰当的位置安排恰当类型的公共中心并提供数量、规模恰当的用地，从而为基础经济部类与非基础经济部类的发展提供了机遇。在公共投资支持下，私营部门实际上会做出大量的决定和投资，随着时间推移不断对设计加以充实和调整。土地使用设计提供了各种各样的发展机会，并防止了有限的土地资源被不当的开发项目所占据。

在完成了对就业、商业和多用途中心的空间结构设计之后，其余的空置土地和可更新用地就需要评估其作为住区与城镇设施用地的可行性与适宜性了，这也构成了下一章的任务。土地供应可以用图纸和表格的形式来说明。另外，也需要对现有住宅在向就业和商业空间转变过程中损失的数量及减少的土地面积、空间模式进行总结，这些损失在住区规划中应行增加和置换。当然，本章中所讨论的公共中心的空间结构并不是最终的，在考虑了下一章住区的设计之后，可能还需要加以修正，而地段规划也可能会对具体的公共中心布局做出额外的调整。

在转到下一章关于住区的讨论之前，我们还是先对土地使用规划的推进过程再做一次回顾。以上讨论的设计过程意味着规划师在考虑居住区设计以前，通过完成公共中心空间结构设计的五项任务来实现整个设计过程。也就是说，以上讨论意味着规划师应首先完成对土地需求和容量的分析（任务4和任务5），然后在转向居住用地的设计之前，以这些分析来充实原本概念性的空间结构设计。然而，还有一种同样有效的方法——规划师也许只需完成公共中心空间结构设计的前三项任务：制定设计原则、绘制土地适宜性分析图、制定概念性设计（还没有仔细分析与平衡空间需求和容量间的关系），规划师在分析空间需求和容量以前就转向居住部分的土地使用设计。通过这种方法，规划师可专注于公共中心、居住区和开放空间设计的选址维度，然后更仔细地对空间需求和容量进行计算，充实整个土地使用设计。也就是说，在为所有的土地使用类别完成了选址导向的概念性设计之后，才会考虑选址因素与空间因素的平衡、空间供给与需求之间的平衡。

最后，本章讨论了城镇尺度上的土地使用设计，包括对就业、商业和市民中心体系的整体设计。而中心内部场所营造的重要任务，对建筑、街道、步行道、交通与停车系统、公共集会场所以及所有这些之间的联系进行设计，则留给了地段规划及由公共和私人开发者提出的开发项目。

参考文献

Beyard, Michael D. 1988. *Business and industrial park development handbook.* Washington, D.C.: Urban Land Institute.

Beyard, Michael D., and W. Paul O'Mara, eds. 1999. *Shopping center development handbook,* 3rd ed. Washington, D.C.: The Urban Land Institute.

Bohl, Charles C. 2002. *Place making: Developing town centers, main streets, and urban villages.* Washington, D.C.: Urban Land Institute.

City of Charlotte, 1998. *2025 integrated transit/land-use plan for Charlotte-Mecklenburg County.* Charlotte, N.C.: Department of Transportation.

Conway, H. M., L. L. Liston and R. J. Saul. 1979. *Industrial park growth: An environmental success story.* Atlanta, Ga.: Conway Publications.

Dewberry, Sidney O., and John S. Matusik, eds. 1996. *Land development handbook: Planning, engineering, and surveying.* New York: McGraw-Hill.

Edwards, John D., Jr., ed. 1999. *Transportation planning handbook,* 2nd ed. Washington, D.C.: Institute of Transportation Engineers.

Gause, Jo Allen. 1998. *Office development handbook,* 2nd ed. ULI Development Handbook Series. Washington, D.C.: Urban Land Institute.

Goldsteen, Joel, et al. 1984. *Development standards for retail and mixed use centers.* Arlington, Tx.: Institute for Urban Studies, University of Texas at Arlington.

Johnson, Elmer W. 2001. *Chicago metropolis 2020: The Chicago plan for the twenty-first century.* Chicago: University of Chicago Press.

Livingston, Lawrence, Jr. 1979. Business and industrial development. In *The practice of local government planning,* Frank So, Israel Stollman, Frank Beal, and David Arnold, eds., 246-72. Washington, D.C.: International City Management Association.

Lochmoeller, Donald C., Dorothy A. Muncy, Oakleigh J. Thorne, and Mark A. Viets, with the Industrial Council of the Urban Land Institute. 1975. *Industrial development handbook,* Community Builders Handbook Series. Washington, D.C.: Urban Land Institute.

Lynch, Kevin, and Gary Hack. 1984. *Site planning,* 2nd ed. Cambridge, Mass.: MIT Press.

Maryland–National Capital Park and Planning Commission. 1993. *General plan refinement of the goals and objectives for Montgomery County,* 135. Author.

Montgomery County Planning Board. 1993. *General plan refinement: Goals and objectives, then and now, supplemental fact sheets.* Montgomery County, Md.: Montgomery County Planning Department.

O'Mara, W. Paul. 1982. *Office development handbook.* Washington, D.C.: Urban Land Institute.

Schwanke, Dean, for the Urban Development/Mixed-Use Council of the Urban Land Institute. 1987. *Mixed-use development handbook,* Community Builders Handbook Series. Washington, D.C.: Urban Land Institute.

Urban Land Institute. 2001. *Business park and industrial development handbook,* 2nd ed. ULI Development Handbook Series. Washington, D.C.: Urban Land Institute.

Witherspoon, Robert E., Jon P. Abbett, and Robert M. Gladstone. 1976. *Mixed-use developments: New ways of land use.* Washington, D.C.: Urban Land Institute.

第 13 章

城乡土地使用设计：住区的人居环境

在城乡土地使用设计工作中，你已完成了开放空间和公共中心的概念性设计（以选址为导向）。接下来，你将如何继续添加居住部分？住区要实现什么功能？住区有哪些组成部分？土地使用设计所依据的设计理念模型和设计原则可能是什么？在绘制潜在住区选址和范围的适宜性分析图、预计未来人口所需的住房数量、在不同住区之间进行住房总量分配，以及为住区建设配套地方性服务设施时，适用的程序是什么？

前两章讨论了在城乡土地使用设计的两个重要因素——区域开放空间系统和就业/商业/市民公共中心。本章讨论的是住区邻里单位以及这些住区邻里单位之间的组织结构的设计，并将其纳入城乡土地使用设计。正是在这些住区中上演了最真实的一幕幕生活。对于很多人来说，城市是由邻里组成的，而居民对他们所生活邻里与城市的身份认同几乎不相上下（San Francisco Planning and Research Association 2002，12）。对于今天的许多城市居民来说，现代城市中心似乎不是一些中心商务区，而是他们自己的居民邻里。家庭的每个成员，包括青年和老人，正是在这个中心出发点与众多目的地之间，在步行、骑自行车、开车，或是公共交通所及的范围内，创造了自己的城市。

好的住区环境其设计应当在多个尺度上展开。首先从区域层面开始，我们需要就住区邻里单位、住区邻里单位之间及其与更大规模居住区的就业/商业/开放空间之间的关系提出一套一般特征。由于永续棱锥的宜居性维度在很大程度上取决于人们对空间和尺度的感知，我们还需要通过更小规模的地段规划对一些重要的细节做出更具体的描述。为此，本章所讨论的城乡土地使用设计应该在较高一级的层面上提出一套样板，而在更小规模的地段规划（将在下一章讨论）中提出下一层面的样板。在这些样板的指导下，建筑师、景观建筑师、开发商、建筑商和公共事务官员与居民、当地公司和机构，可以通过场地规划和建筑设计共同创造出神形兼备的住区环境。一个成功的住区将最终取决于在好的地段规划中的城市设计维度、好的场地规划和建筑设计。因此，本章所讨论的城乡土地使用设计，虽然对创造整体住区环境很重要，但这仅仅是第1、2、3章和第10章中所设想的"规划网络"的一部分。

这一章有两个主要部分。第一部分讨论人们对什么是构成永续、美观、宜居的人居环境的愿景。这些愿景包括对城乡所服务的功能与目标的陈述，对土地使用和其他住区构成元素的具体描绘，最后是设计原则以及如何将这些元素整合成高度宜居、公平、环境敏感和经济高效的城镇形态模型。像这样提出一个或几个强有力的观点往往是土地使用设计过程的开端。

本章的第二部分描述了一个建立在前述愿景基础上的城乡协作规划过程。该过程以制定一个概念性的设计为开端，包括设计出若干种住区模式，并对住区之间、住区与商业中心、就业区、开放空间和交通系统等城乡区域设计要素之间的相互关系进行空间上的安排。接下来，通过实施第10章中阐述的五项一般性土地使用设计任务，将概念性设计进一步具体化。这些任务包括：制定原则、绘制适宜性分析图、根据规划地区的地理环境对住区模式进行调整、测算空间需求、计算容量、在概念性设计中提出邻里之间对未来的住宅需求进行分配。最终的设计应当平衡所有这些考虑因素，并将住区整合到商业中心、就业中心、开放空间、交通和城镇设施的设计中。

住区未来愿景的确定

住区愿景的确定需要考虑并决定住区设计的三方面内容：

1. 住区要实现的功能；
2. 构成住区的合适要素；
3. 确定将要采用的一个或若干个形态模型以及相关的设计原则。

换句话说，规划团队和城镇需要寻找三个问题的答案。住区应该实现什么目标？实现这些目标需要哪些住区构成要素？住区的形态概念模型是什么，与这些模型相关的设计原则是什么？

住区的功能

住区应当满足居民的宜居需求，同时促进永续棱锥中城乡层面其他目标的实现，如环境保护、经济效率和社会公平。设计团队往往通过探索住区想要实现的功能来开始住区愿景的制定过程。住区功能强调宜居性，但也包括永续棱锥的其他各维度。需要考虑的功能如下（Brower 1996；Grant，Manuel，and Joudrey 1996；Marans 1975；Nelessen 1994；and Richman 1979，450–52）：

- **住房**——提供令人满意的可负担的住房，应与居民生活方式和经济承受能力相一致，包括提供给水排水等基本服务，以及燃气、供电和电信等基础设施。
- **安全**——提供一个安全的环境，远离交通事故、暴力、犯罪行为和其他危害。
- **健康**——提供一个能够增进个人和集体健康与福利的环境。
- **社会互动与融合**——通过邻里、社会网络、组织机构、教育系统和环境设施为人际交往提供机会。
- **户外活动场地**——在邻里中提供户外活动场地，并与邻里以外的场所具有多种交通方式的联系，以促进居民参与游憩、休闲、社交、就业和购物等活动，为各种不同生活方式和年龄段居民提供服务。
- **身份认同**——赋予居民以场所感、归属感、自豪感和满足感。
- **其他可能的功能**——私密性、体验自然的机会、远离紧张的城市环境的场所、社会化等。

除了这些宜居导向性目标外，住区还可以服务于永续棱锥在经济效益维度的目标。

- **资产保值**——保护业主所拥有的房产价值。
- **公共服务和基础设施的高效性**——将公共成本最小化，包括给水和排水系统的建设维护、垃圾收集、消防和治安、教育、休闲和交通系统等。

此外，住区可以服务于环境保护目标：

- **维持生态过程**——通过将对生态的影响最小化来维持生态过程和功能。
- **保护自然资源**——保护自然资源和高产农用地。

最后，住区同样还可以促进公平：

- **对多样性的包容**——包容居民构成、生活方式、文化和收入水平等方面的多样性。

住区：不同尺度与组成

住区在尺度上存在着一个等级排序。在最小尺度上可以是住宅（dwelling）或一组住宅，例如公寓项目。稍大规模的，有步行尺度的社区，通常称作邻里（neighborhood），由住宅以及下文将要讨论的其他功能组成。邻里的集聚形成了第三种规模的住区，可以是由邻里组成的都市聚落（urban village），甚至也可以是城镇（town）。更高层级的住区是由城镇和城市组成的区域网络。住区在所有这些尺度层面上应当都能运作良好，土地使用设计要涉及所有的尺度层面，但通常更加重视邻里、聚落（village）、城镇和城市层面。

最基本的尺度是住宅单体和住宅组群。这是建筑和场地设计的领域，对住户来说也是最基本的尺度。住户首先追求的是在可承受的价格下，得到一处能满足他们居住和空间需求的住所，而这与街道和地区的公共领域息息相关。城乡土地使用设计很少直接涉及这种尺度的住区。地段规划（第 14 章）中的住区设计导则陈述与此尺度更为接近。开发管理程序（第 15 章）也对住宅和住宅项目的高质量设计与建设有所促进。

下一尺度的住区，是住所以外的步行化环境。除住宅组群以外，还包括三种要素：

1. 地方性公共设施，如商店、饭店、银行、法律服务设施，以及学校、社区中心、日托托儿所等。

2. 交通系统，即多元化的交通网络系统，包括人行道、自行车道、街道以及换乘站或公交车站。

3. 以公园、绿地、广场、林荫道、小路、街景、墓地和水体等形式出现的公共空间。

换句话说，这一尺度的住区是一处“满足生活所需的社区”，其所包含的内容远不止住宅的组合。它的构成要素是商店、日托托儿所、公园和其他公共空间、教堂和俱乐部、街道和街景以及其他支撑居民日常生活的要素。在这一尺度上，住区可以说是扩大了的住宅单元，包括用以满足居住需求的住宅和住宅之外与住宅相关的服务设施（Brower 1996，21ff）。

住宅和住宅组群仍是这一邻里尺度住区的基本构成要素，在住区内部和住区之间会有类型、规模和成本的各种差异，但其他三种要素同样很关键（Nelessen 1994）。住区设计也会考虑到与住区构成要素相关的其他概念。举例来说，它会考虑某种公共空间要素以及这种要素与私密空间要素之间的关系。它会考虑物质环境的特征和现状，比如建筑物和街道。此外，土地使用活动构成也是住区设计需要考虑的内容。

在第三个层级的城乡土地使用设计中，住区本身就成为构成元素，并通过不同住区之间的关系、住区与公共中心的关系、住区与公共空间系统的关系以及与区域交通系统的关系而组织起来。举例来说，邻里组群可能被组织成“聚落”，聚落又接着被组织为城镇或城市，城镇或城市在区域规模上被组织成大都市区。另一方面，设计方案也可能根本不会涉及这种中间规模，而仅仅是把步行尺度规模的住区直接组织成城镇或城市。

如同自然生态群落一样，住宅、邻里和聚落的组群不需要完全相同。应该有大量不同的住宅类型、住宅组群（场地设计）类型、邻里尺度与类型，甚至聚落类型。住区设计没有“放之四海而皆准”的方法。人类居住地应当在形式上多种多样，就像植物、地形、兽穴 / 鸟巢 / 巢穴、自然生态系统的多种多样一样。

在邻里及其以上尺度中，一个“满足生活所需的社区”必须要包括一个多元化交通网络体系，包括邻里或聚落内部的人行道和自行车道，以及连接到更大范围的住区、区域、国家，乃至全世界的汽车和公共交通网。因此，居住环境只能在有限程度上自给自足，或者说它们部可能自给自足。为了形成城市规模的居住区，住区必须在空间上相互关联，与就业地和商业中心相互关联，与区域性公共空间系统相互关联，并与一个多元化交通系统相互关联。

邻里住区的设计概念

人们已经提出过很多物质设计理念，来完善住区的功能结构、组织住区的构成要素。对作为土地使用设计模型和住区设施需求分析来说，这些概念是很有用的。其中有些概念的影响已长达近一个世纪，而另一些则是最近才出现的。这些概念包括：

- 郊区整体规划社区模式（suburban master-planned community model）；
- 邻里单位模式（neighborhood unit model）；
- 新城市主义模式（New Urbanism），包括新传统主义邻里（neotraditional neighborhood，TND）和公交导向开发（transit-oriented development，TOD）；
- 其他模式，如社会学模式或者西雅图聚落类型学。

郊区整体规划社区模式 这一模式可能是美国最早的有规划的居住区模式（Garvin 2002）。奥姆斯特德（Olmsted）和沃克斯（Vaux）在1868年为伊利诺伊州的Riverside提出的设计原则，成为后来100年中上百座城市发展的指导方针，这一模式至今仍然有效。这种模式的特征是有着曲线型的街道并在交叉口形成三角形的园林休憩空间，街道网络系统和相邻的宅前草坪构成了开放空间体系的组成部分。无论是步行、骑马，还是乘坐马车，居民都可以在林荫道中行进，这些街道由于树木成行，使得道路在连续转弯时使人产生了新的心理期许，同时，虽隶属私人但按规定养护良好且没有栅栏的宅前草坪让居民在视觉上获得一种开放空间的观感。Des plaines河两岸被改造成一座公园。奥姆斯特德公司以及奥姆斯特德的学生在此基础上做了进一步的发展，创造出一种艺术形式，包括：曲线法则、树木成行的道路及其两侧充满当地园艺特色的前院草坪。这些社区有些会有一个由商店和列车换乘站构成的小型商业中心，有些则以景观林荫大道为特色，有时林荫大道中间会通行电车（Garvin 2002）。

第二次世界大战后期的郊区开发部分地沿承了奥姆斯特德模式，并继续吸引着客户。其变化之处包括：以独户独立式住宅为主的低密度同质住区、草坪、曲线型街道以及尽端式道路（cul-de-sac）；学校、办公楼区、商业中心、休闲场所位于便捷的驾车范围之内，上下班也可乘坐小汽车。通过机动车的便捷使用，同时结合私家车道、车库等街外停车，并在购物中心、就业中心、学校和其他目的地设置了宽敞的停车场地，这种模式提升了机动性和可达性。这一新模式或多或少地预设了其服务对象是拥有孩子和若干辆小汽车的中产家庭，同时也因造成对机动车的依赖，孤立了儿童、老人和其他无法开车或买不起车的人，而遭到指责。

邻里单位模式 这一模式由克拉伦斯・佩里（Clarence Perry，1929）最先提出，其影响力在美国土地使用规划中持续超过 70 年。邻里单位有明确的边界，通过步行网络系统将住区与小学、休闲设施和少量的社区商业等相互联系，并形成一个开放空间网络体系，而所有这些都在步行范围内。邻里单位的规模为1000~5000人。图 13–1 诠释了佩里和斯坦因版本的邻里单位概念。

克拉伦斯・斯坦因（Clarence Stein）和亨利・莱特（Henry Wright）为新泽西州的雷德邦（Radburn）所做的设计是在邻里单位理念指导下的实践形式。在雷德邦，住宅的前门都朝向开放空间 / 人行道路系统，而后门都朝向停车场地和街道。这样就形成了一套人车分流的道路系统，边界道路和停车场与人行道相分离，下穿的人行道使居民能够步行到商店、学校和游戏场地，避免了人车混行可能带来的危险，尽端式道路还可以作为活动场地使用。斯坦因和莱特的主要意图是使雷德邦成为一个超级街区的集合体，每个街区都有一套景观化的开放空间和人行交通骨架，以此来避免人车冲突。主要道路沿邻里外围绕行而非穿越通过。居民开车到达一处尽端式道路或停车院落，停车，然后进家门。当他们走到另一边，就进入了“花园庭院”或“绿色乡村”的日常生活环境，还可由此去往小学、休闲设施，甚至社区商店。早期的奥姆斯特德模式将林荫道作为开放空间和交通系统的一部分以及社区互动的场所，斯坦因则提出建立一个内部的开放空间系统，作为交流与活动的场所和人行的空间。道路系统被组织为一个由服务院落或者尽端路、邻里支路、邻里主路，以及主要用于车行并连接购物和就业区的公路等组成的分级体系。图 13–2 是雷德邦的平面图。

对邻里单位概念的批评意见认为，邻里单位抑制了传统城市邻里中互动的社会生活，在传统的城市邻里中，人行道上的活动创造出一种充满活力的街道生活，同时邻里单位还暗指了理想的住区是由围绕在儿童学校周围的同质人口家庭组成的。此外，除了中心城区的内填式开发和城市更新项目，在大多数新近发展的较低人口密度地区，邻里都没有足够数量的儿童来支撑一所在规模上达到教育界要求的学校。因此，只有增加居住区人口密度、建立较小规模的学校或者将学校安置在能够服务若干个住区的地方，才能够增加这种以学校的步行可达性为中心的住区设计的可行性。

新城市主义模式 新城市主义运动提供了若干种模式，包括新传统邻里模式和公交导向开发模式。

与佩里和斯坦因的邻里单位理念类似，新传统邻里模式提出了一种人性尺度的、行人友好的、带有公共空间和公共设施的物质环境，以鼓励社会交往和社区感的形成。但新传统邻里模式理念主张重新回到 19 世纪的传统小镇、城市和郊区的布局形态。其主要设计特征是：相对自给自足的步行环境，围绕着核心城镇设

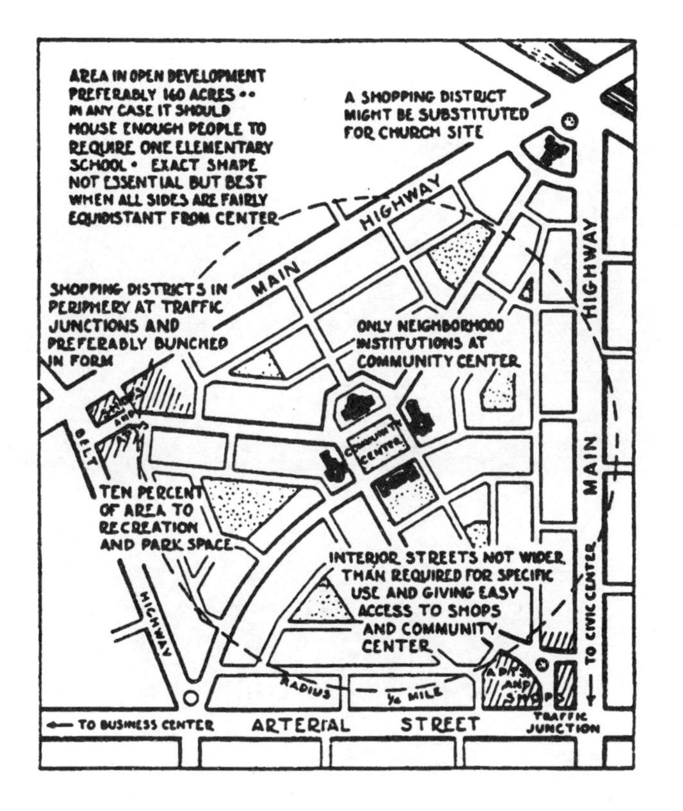

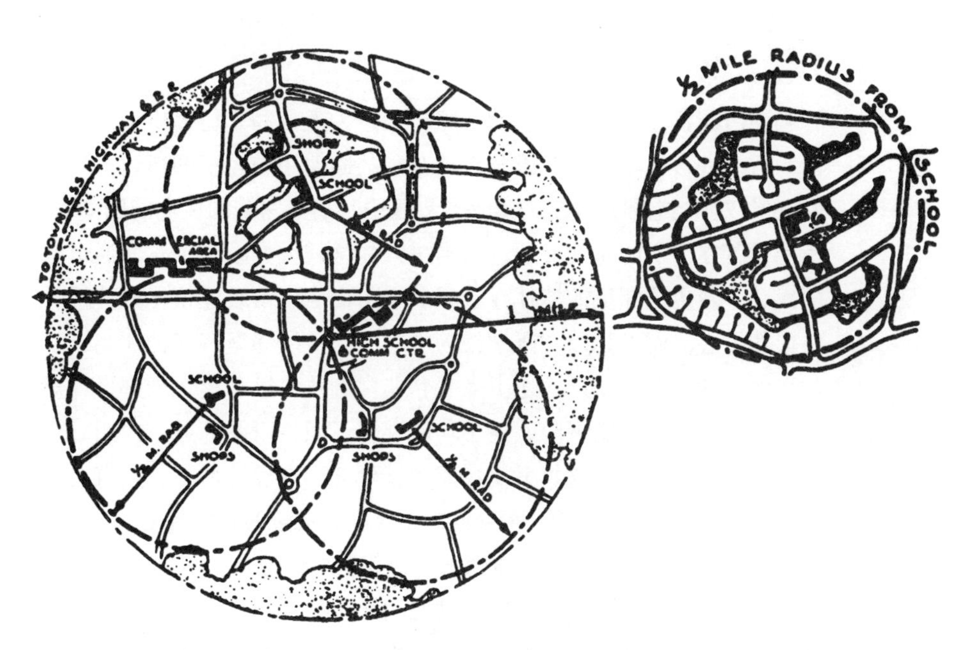

图 13–1 两种版本的邻里单位概念。经 Arthur B. Gallion and Simon Eisner, The urban pattern: City planning and design. 5th ed.（New York: Van Nostrand Reinhold Company）许可使用。Van Nostrand Reinhold 公司 1986 年版权所有

图 13–2 新泽西州雷德邦规划，来自 Regional Survey Vol. VII 1929，由 Regional Plan Association 授权使用

施和商店布置住宅；栅格状的道路格局，为人行和车行提供最多可选择路线；设计为行人、自行车、游戏以及机动车等共同使用的较窄的街道；为了围合街道空间以形成公共空间，建筑的道路退界很少，街道两侧的住宅前廊离人行道也很近。车库设置在住宅的背面并通过后街进入，这就大大减少了车库通道缘石打断街道的次数。新传统邻里的特征在于以一个由商店、市政建筑、办公楼、绿地或广场组成的核心，而不是以一所学校为中心。新传统邻里有多种住宅类型和相对较高的居住密度。最后，设计还引入一套非常细致、近乎建筑细部设计标准的开发准则，来控制最低密度下限、最小功能混合下限，以及商业、民用、就业功能的最小用地，这样，新传统邻里模式概念就延伸到了设计形式、建筑之间的关系，以及建筑与街道之间的关系。图 13–3 展现了 Andres Duany 和 Elizabeth Plater–Zyberk 是如何通过加入新传统主义原则来重塑邻里单位的。

有证据表明，新传统邻里鼓励使用人行道出行。街道格局、人行道，以及临近住宅以外的其他用地等都鼓励了步行去往与工作无关的目的地，比如商店。最近的研究表明，新传统邻里住区居民的步行和骑车出行量是传统郊区住区居民的两倍（Rodriguez et al. 2006），其中的部分出行量替代了原本使用私家车的出行量。

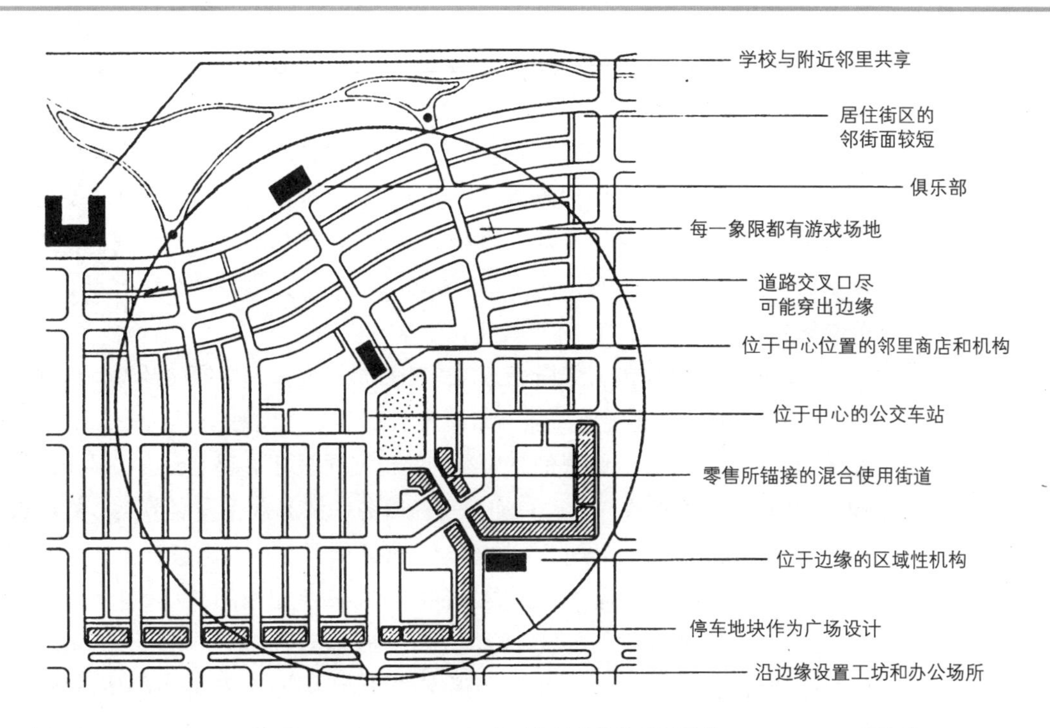

图 13–3 Andres Duany 和 Elizabeth Plater–Zyberk 对邻里单位的重新思考。Barnett 2003 授权使用

在所有出行中，多达 20% 发生在新传统邻里住区之内，而在郊区住区中，只有 5%（Rodriguez et al. 2006）。

靠近佛罗里达州奥兰多市的沃尔特·迪斯尼公司庆典村（Celebration Village）是按照新传统邻里模式建立的一个住区。该住区的特色包括：曲线栅格式的狭窄街道系统，不时有作为视觉焦点和社交中心的公园楔入；以小径通往达车库；以几条宽阔优美的林荫大道联系其他住区、城镇中心和地区高速公路系统；邻里被组织为若干个聚落，实际上任何一个聚落里所有的住宅都可以沿着街道网络或绿廊步行系统在 10 分钟以内步行到达城镇中心；城镇中心拥有一个紧凑的、步行导向的环境，多层级的市民、零售和消费者服务设施相互混合，建筑上部有一些公寓，建筑背后为停车场；住宅类型很多，包括公寓、套房和独立式住宅；其《城镇布局和景观导则》对住宅和其他建筑如何与街道、邻里以及彼此之间取得关联提供了指导。其《建筑型制导则》则提供了大量的可选建筑形式图解，包括门窗的比例和样式、六种不同建筑形式的门廊和立面处理方式（Gause 2002，50–59）。

公交导向开发（TOD）是新城市主义的另一概念（Kelbaugh 1989；Calthorpe and Associates 1990；Calthorpe and Fulton 2001）。公交导向开发有时也被称作“步行口袋”（pedestrian pocket），在大运量公共交通站点 1/4 英里的范围内组织住宅、零售与办公空间，以及开放空间的布局。一个典型的公交导向开发住区规模从 50 到 100 英亩不等，其构成包括：1000~2000 户以公寓和联排为主的不同类型住宅；

有750000平方英尺左右办公空间的就业中心；60000平方英尺左右的社区商业空间；一到两个日托托儿所，以及市政厅和议会、警察局、邮局、学校和教堂等城镇设施；几英亩大小的公园和游憩场所。住区的核心位置是公共交通站点。其重点在于将现有郊区环境中彼此孤立的用地整合为可以通过步行到达公交站点的步行尺度开发模式。这种模式可以包容不同收入群体和不同类型家庭，包括年轻的单身族、已婚夫妇、有孩子的家庭、空巢家庭和老人等。第1章的图1-7诠释了公交导向开发的概念，第14章也将讨论这一模式。

在欧洲的一些城市，如斯德哥尔摩和哥本哈根，公交导向开发是区域性发展战略获得成功的关键所在，强调紧凑增长、开放空间和永续性（Cervero 1998）。在作为公交导向开发的触媒的高质量的轨道交通服务基础上，这些城市的战略与埃比尼泽·霍华德的“通过一连串交通服务串联起众多发展节点”的模式是一致的。而在美国，公交导向开发主要建于轻轨周围，并主要基于公交换乘服务。

聚落模式（The Village Model）是Randall Arendt提出来的，他在《十字路口、乡村、聚落与城镇——传统街坊的设计特征》（Crossroads，Hamlet，Village，Town）（2004）一书中详细阐述了这种小尺度邻里形态的设计原则，这种邻里的住户数量太少，因而难以支撑新传统邻里住区或公交导向开发模式所设想的很多非居住功能。尽管新城市主义强调更紧凑的发展模式和城市化的街道景观，Arendt更加重视景观特色，并用它来指引城市形态的塑造、环境特色的保护、相对较小的绿色开放空间的精心布置，以及步行环境的创造。

其他模式 还有其他一些邻里的概念对土地使用规划师来说也是适用的。例如，Brower基于住区的社会学研究提出了几种模式。他认为邻里单位和新传统邻里模型都假定所有人都向往诗意地栖居在小型城镇中，但却没有最佳的解决方案（1996，xii）。他总结出若干不同的模式以适应不同的生活方式和生命周期的不同阶段，由此他认为，一个好的规划和一座好的城市应有多种住区类型。但他同时也认为，有三种品质对所有类型的住区来说都是非常重要的：氛围、参与度、选择性。氛围从属于恰当的用地组合、组合的结果，以及物质环境的空间安排，这些因素构成了一个地区形象和感知的源泉。参与度是指邻里的物质和社会特征促进诸如购物等交互活动的方式。选择性是指居民在多大程度上能够选择他们的居住地、居住方式，以及与谁住在一起，他们能够选择的住区类型有多少。

Brower（1996，121-30）定义了四种截然不同的邻里类型。第一种邻里很有生气，有很多东西可看可做，有很多不同的人，有很多不同的地方可以购物，还有众多吸引城市其他地区甚至更远地方参观者的文化和娱乐场所。这类地方应该有丰富的饭店、商铺、文化和娱乐设施以供选择，远远超过了基本需求。这种邻里还应该具有高度联系的交通系统；街道上车水马龙，在夜晚也亮着灯；有集会广场和公园；居民能在家附近享受丰富的社会生活，结识新朋友。Brower（1996）称这种类型的住区为核心邻里（center neighborhoods）。此类邻里更能吸引年轻的单身族、夫妇以及其他没有学龄儿童的家庭。第二种类型的邻里有小镇(small town)的感觉，人们彼此熟悉，有一个由地方机构、集会和购物场所等组成明确的中心区。新传统邻里可以说是这样一个地方。那些寻求一定程度上的永久性住所以及归属感和参与感的有孩子的家庭和年长的夫妇，常常为这种类型的住区所吸引。第三类邻里则更加安静并充分居住化，其居民重视居住环境和有利于子女成长的周边环境；这种邻里与城市其他地区之间的联系不甚密切；虽然在区内可能有私人的游憩设施，但大多数时候居民开车去城市其他地区购物、娱乐、工作；此类邻里吸引的是寻求同质化邻里的住户。Brower 称之为“居住伙伴”(residential partnership)，一个好的郊区邻里或大的公寓项目可以归入此种类型。第四类居住区实际上是隐士型的居住（residential retreat)，居民在此类住区中具有安全感，可以在令人愉悦的环境中放松身心，远离其他人群及其活动。在这种类型的住区中隐私非常重要，人们相互独立、各行其路。乡村俱乐部型社区、远郊区的低密度开发项目，乡村聚落开发可能属于这一模式。

Brower（1996）还定义了一种复合邻里（compound neighborhood)，比如，由各具自身识别性又共享各类设施的若干核心邻里组成的住区，或是位于城市中心的核心邻里附近的小镇邻里住区，它对小镇中心区的设施需求较少，而更多依赖于市中心；亦或是一个相对封闭的居住领地，如一处公寓套房邻里或是公寓楼邻里，此类邻里可能与核心邻里结合在一起，居民可以有他们自己的休闲俱乐部，但在其他设施方面则依赖于核心邻里；还或是若干个邻里住区，虽然各自有小型休闲设施，但共享诸如乡村俱乐部和小型零售中心等大型社区设施。

一种更为中心主导和城市导向的途径是西雅图总体规划（1994，2002 年修订）提出的“都市聚落”(urban villages) 的概念。都市聚落建立在城市现有都市特征成功方面的基础之上，通过延续集中式的、行人友好的、不同强度住区混合使用的开发模式，来适应生长和变化。该规划提出若干都市聚落的类型，从较密集、用途较混合、包含零售和就业，到密度较低、非居住土地使用较少：

- 都市中心聚落（urban-center village)（密度较高，用途较混合）；
- 核心型都市聚落（hub-urban village)；
- 居住型都市聚落（residential-urban village)；
- 邻里锚点聚落（neighborhood-anchor village)（密度较低，几乎全部为居住）。

都市中心聚落是就业和住宅的集合体，它通常位于一处支持并能直接通向区域性大容量运输系统的地方；其区域面积不超过 1.5 平方英里，有明确的边界；区划最少允许 15000 个就业岗位，就业密度至少每英亩 50 个就业岗位，居住净密度不少于每英亩 50 户。在西雅图规划中，提出了大约 12 个这样的都市中心聚落。

核心型都市聚落是规模较小、密度较低的就业和住宅集合体，通常位于交通网络的战略区位，拥有一个商业服务和就业的中心区，其住宅密度应当能够支持步行和大容量交通方式。它同时还可以作为周边邻里的换乘核心，有足够的空地或未利用的土地以提供再开发的机遇，至少有 1/3 的土地可以用来容纳就业和混合使用开发；并与临近的公共开放空间有直接的联系。核心地区的净密度为每英亩 15 ~ 20 个住宅单位、25 ~ 50 个就业岗位，核心区外的居住密度为每英亩 8 ~ 12 个住宅单位。

*居住型都市聚落*的主要功能是作为一个紧凑的邻里住区，有各种类型的住宅，总体上净密度为每英亩 8 ~ 15 个住宅单位，以形成足够的密度来支持公共交通的使用；有自行车道和人行道通向公共开放空间、服务于居住人口的一个或多个混合使用核心，以及附近的邻里，它应当与某个都市中心聚落或核心型都市聚落有着良好的联系。在不与总体居住功能和乡村特征发生冲突的情况下，就业活动是被允许的。同时，它也处在城市的主动脉网络上。

*邻里锚点聚落*包括若干个向周围地区提供服务的带状商业街区，以及由规模更大但密度更低居住区所包围的、混合了居住和商业活动的节点；有公共交通通往最近的核心型都市聚落或都市中心聚落，可以通过自行车或步行交通系统联系附近的邻里。

图 13–4 示意的是这些邻里类型中的两类：居住型都市聚落和邻里锚点聚落。

邻里住区设计概念的差异性和相似性 所有这些模式都以关注公共开放空间领域为特色，将其视为开发一个成功住区的基础框架。对奥姆斯特德来说，公共空间结构包括了由茂密深远的前院所限定的曲线式林荫道和公园系统，可能还包括一个火车站和小型零售中心。对斯坦因来说，公共领域是由通常为周边居民所使用的开放空间和步行系统，以及一个分离的多级道路系统所建构的。对新传统邻里来说，公共领域是有着人行道的街道网络，可以通过步行和车行交通去往混合使用的商业核心、市民绿地或广场。所有这些模式都强调，居住、商店等私有空间应与公共空间，与草坪、门廊或橱窗等半私有空间之间具有建设性的联系。

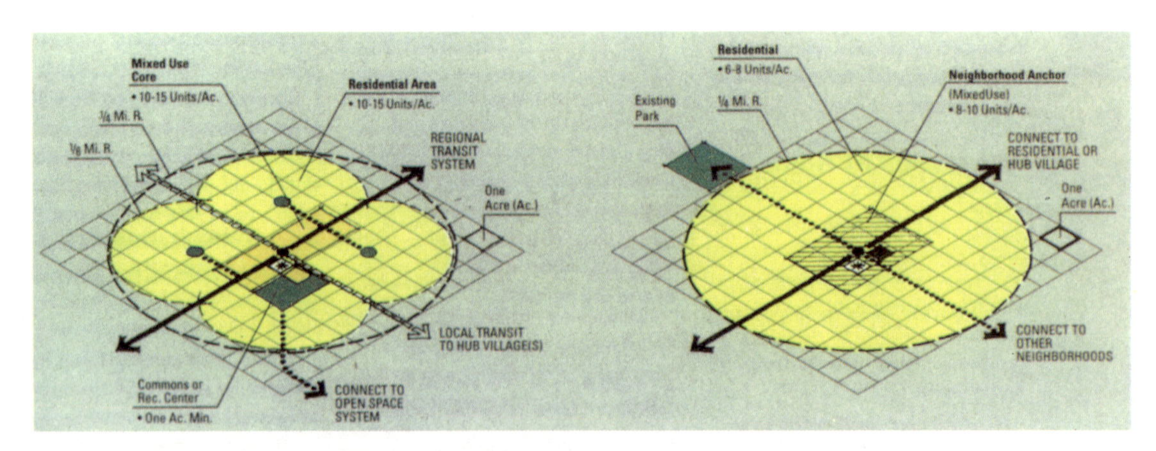

图 13–4 西雅图的聚落概念：居住型都市聚落与邻里聚落

资料来源：City of Seattle 1994。2002 年修订

相对传统郊区开发模式而言，上述所有模式都呈现出密度更高、住宅类型和土地使用混合程度更高的特点。举例来说，新泽西州雷德邦的总体毛居住密度为每英亩 4.5 个住宅单位，净密度为每英亩 7.9 个住宅单位；华盛顿地区北部一处新都市主义开发，肯特兰（Kentlands）也具有类似的居住密度，大约每英亩 4.5 个住宅单位，净密度为每英亩 7.7 个住宅单位；雷德邦的小地块独立式住宅比例较高；肯特兰居民步行至学校的距离略短，而到社区商店的距离略长；肯特兰的步行系统车行系统的联系性更好，但也导致潜在的人车冲突较多（比较基于：Lee and Ahn 2003）。

为便于比较，表 13–1 列出了几种邻里住区模式的特征。

表 13–1

一些邻里住区模式的特征

各类邻里住区案例	规模（英亩）	住宅套数	总人口	毛密度
邻里单位概念		<500	1000 ~ 5000	4.5
雷德邦	139	674	2900	4.5
肯特兰	356	1600	5000	4.5
步行口袋	50 ~ 100	1000 ~ 2000	3000 ~ 5000	20

资料来源：Lee and Ahn 2003；Nelessen 1994，and Vander Ryn and Calthorpe，1991

城镇整体人居环境：组织可步行邻里的体系

居住功能可以超越周边的可步行邻里，延伸到其他邻里和公共中心。城乡土地使用设计应当能够勾勒出这一更大空间的框架，包括各种邻里尺度住区模块的位置、总体界线和它们之间的联系。这个大空间框架不仅包括各种邻里类型组合，还包括多元化的交通系统、多用途的开放空间系统，以及商业中心、市民中心和就业中心系统，实际上就是整个城市社区。

马里兰州哥伦比亚新镇的等级结构模式，是将邻里尺度住区组织成为城镇整体人居环境的一个案例（见图 13–5）。在这一计划中，最小的组成部分是几户相邻住宅构成的“组团”，通常围绕一个尽端路或是一个环形道路来组织（见图 13–5a）。尺度较高一级的住区是若干不同类型住宅组团围绕着一个开放空间或娱乐设施（如游乐场地或游泳池），一个诸如学校或者城镇中心的公共设施，并连接到城乡范围的交通系统（如支路或主路，以及公共交通线路），共同形成一个“邻里”。“邻里”的尺度大约是直径半英里到一英里（见图 13–5b、图 13–5e）。若干邻里组织在一起形成“聚落”（village），聚落拥有商业中心（设有药店、杂货店和其他商店等）、更多的公共设施（如中学、天主教堂、犹太教堂等）、开放空间（如大的活动场地、绿化、湖面），聚落的中心及其周边地块同样有住宅，但密度比其他地块更高。步行或者自行车系统连接起各个邻里、开放空间和聚落中心。聚落中心是街道空间和公共交通系统的节点（见图 13–5c、图 13–5d、图 13–5f）。聚落组织在一起形成了城镇，城镇包含城镇中心和若干个聚落，有着更高级别的零售业、办公和公共服务设施。步行、自行车、机动车和公共交通系统，以及绿色通道和开放空间网络，将镇区的各个部分联系在一起（图 13–5d）（Hoppenfield，1967）。

公交导向开发（TODs）也可以被看做是区域尺度上的新城市主义街区（Calthorpe 等，1990；Calthorpe，Fulton，2001）。第 1 章的图 1–8 显示了公交导向开发的概念，大都市区交通系统就像项链串起一颗颗珠子一样连接起各个公交导向开发社区。

还有一种方法，西雅图围绕着交通系统把各类都市聚落组织成全市的整体住区，并与城市的就业和商业区紧密联系（图 13–6）。

另一种将各类不同邻里住区组织在一起的方法是"横断面法"（transect approach）（见 Duany and Talen，2002；也可参见本书第 7 章）。城市地区的政策横断面法建议针对从城市核心到城乡结合带的不同人类住区建立一套层级式的政策区。土地使用设计面临的挑战是为不同政策区设计适宜的住区。例如，高密度混合使用的"核心邻里"模式（Brower 1996）适合横断面上的"城市中心政策区"（见第 7 章图 7–3），而低密度组群化设计的"聚落"模式（Randall Arendt，2004）则更适合于"郊区政策区"或"乡村政策区"。为"小镇邻里"（按照 Brower 的分类）所做的新传统邻里设计最适合于横断面上的"一般城市政策区"，即城市中心与郊区之间的区域。因此，横断面的概念认为各种邻里类型适合于不同的政策区，住地及其选址应与城乡空间结构相一致。但是，步行尺度的原则、人行导向的氛围、住宅和居民服务的多样混合、友好并具有功能性的公共领域，适用于所有的邻里类型。

Duany 和 Talen 认为，住区设计中的横断设计导则类似于自然生态原则（Van der Ryn and Cowan，1996）。首先，不同的地方生态系统都只会产生于整体生态系统中的特定地点。第二，每个生态群落都有支持特定有机生命体的恰当物质元素组合。第三，每个群落必须具有一定程度的内部多样性和复杂性，以应对环境的变化。第四，人类生态学原则在邻里内部尺度、城乡乃至区域尺度都具有普遍适用性。例如，无论是邻里还是较大的都市，都需要一个或者多个核心（活动节点）、多元化的交通系统和多用途的开放空间系统，都有公共领域和私有领域。也就是说，住区设计方法应当在各种不同类型的邻里尺度、在较大的城市或城镇尺度，直至区域尺度上都能有效。

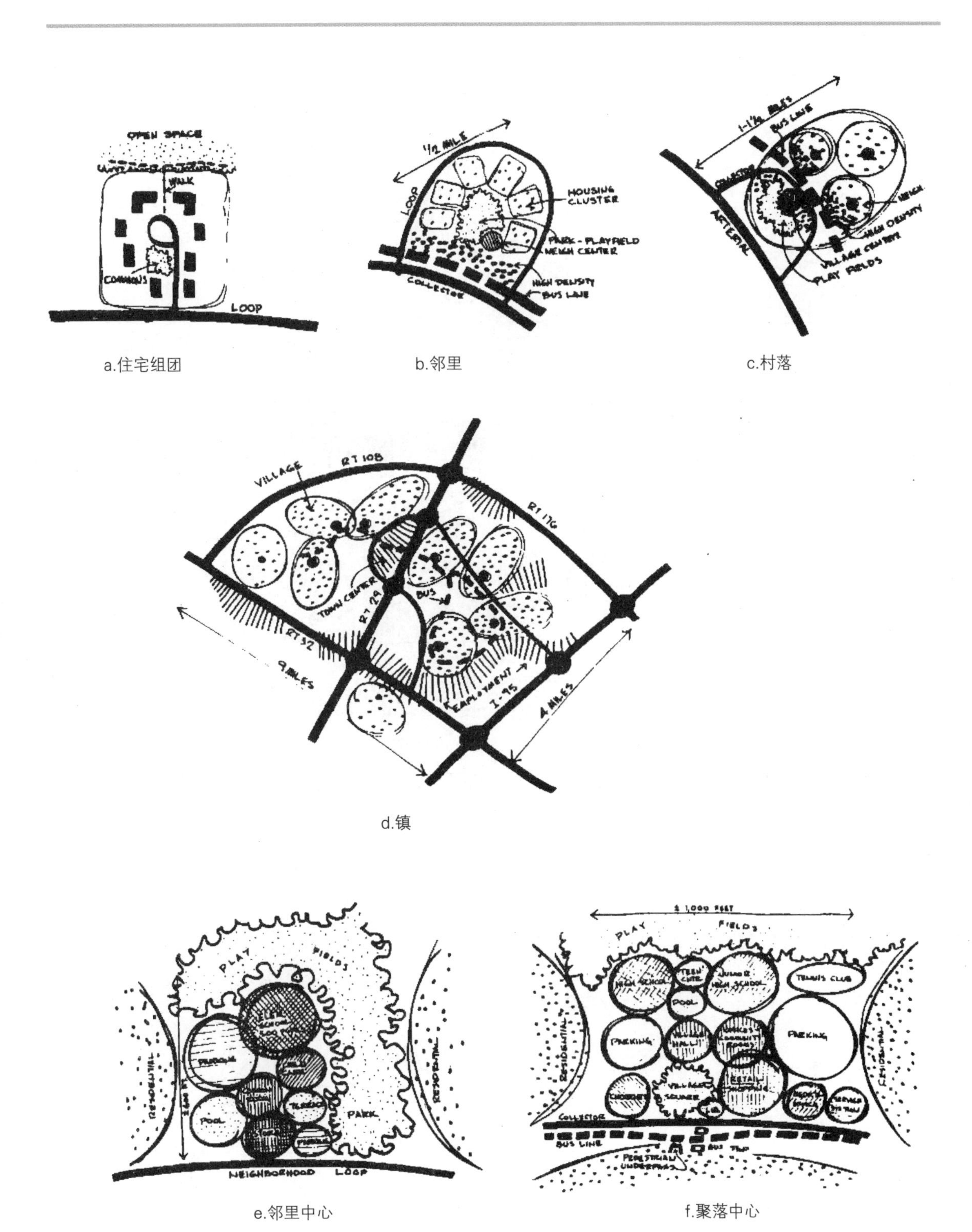

a.住宅组团　b.邻里　c.村落

d.镇

e.邻里中心　f.聚落中心

图 13–5　哥伦比亚，马里兰州，城镇人居环境等级网络系统

资料来源：Hoppenfield，1967，美国规划协会授权使用

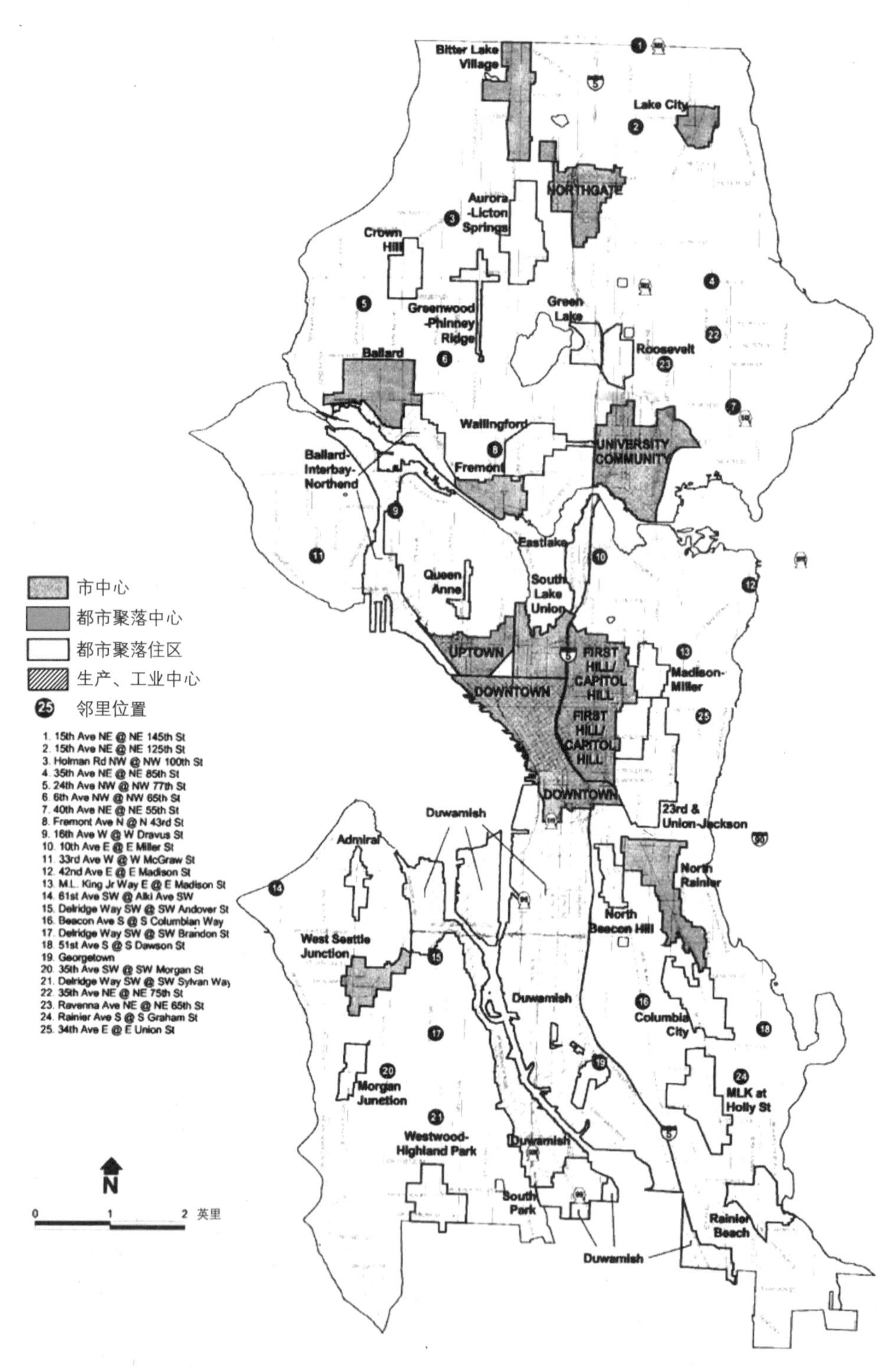

图 13-6 西雅图的聚落集群

资料来源：City of Seattle，1994。2002 年修订

住区规划的过程

第10章所介绍的土地使用设计程序的五项任务，在用于住区设计时需要稍加修改，就像在用于设计公共空间和公共中心时需要修改一样。修改过的程序主要包括五项任务，分为三个阶段，但是顺序有所不同。

第一阶段是提出一个无比例的设计草图，示意城乡对未来住区的规划预想。这个设计建立在前面讨论过的一些概念以及规划团队所提出的定位和设计原则基础上（对应一般设计程序中的任务1）。这部分工作包括制定城市或城镇的概念性规划，以及城市或城镇规划拟定的内部几种邻里类型布局的概念性设计。这一起始阶段可以结合考虑第10章提出的一般设计程序中的任务5，我们将要三次访问任务5，这里是第一次；这一阶段还要确定设计理念和选址原则（一般设计程序中的任务1；见图10–1）。

在第二阶段，规划师要根据规划范围内的特定情况对这一概念性设计进行调整。其中包含先后两项任务。首先，规划师根据前一阶段提出的设计和选址原则，标出可以用于各种邻里类型使用的土地（对应一般设计程序中的任务2）；接着，再次对城市形态进行设计（一般设计程序中的任务5）。这样，规划师就将概念性设计与规划地区的具体地理条件、实验性的交通系统设计方案、给水排水系统、各种公共中心、土地政策中的各种增长边界等的具体情况进行了结合。这一阶段的设计成果包括邻里的位置、它们的暂定边界、它们与城乡整体交通系统和开放空间系统的联系等，此时还没有涉及对未来人口空间需求的平衡和计算。

第三阶段是评估未来住房和服务设施的空间需求量（一般设计程序中的任务3），评估任务2所确定的各种邻里的容量（任务4），将空间需求分配到概念性设计所拟定的各类邻里住区（再次回到任务5）。这个阶段对城乡概念性设计进行调整优化以使其更加可行，确保有足够适宜的空间来容纳预期的人口、经济活动、城镇设施和基础设施。

最后的土地使用设计为未来住区的公共和私营开发提供了指导。规划需要注意两点：第一，它应当是城乡规划团队集体努力的结果，规划师在团队中不是惟一的角色，团队中还应该包括开发商、邻里利益倡导者以及其他群体的代表；第二，它不是为了确定某个邻里的设计，而是为了确定邻里类型的框架及其在城乡居住体系、公共设施体系和交通系统中的位置。规划成果不仅服务于公共部门，为投资城镇设施和基础设施建设、制定地段规划和开发管理计划提供指导；更重要的是服务于私营部门，使规划指引适应市场偏好。

阶段1：提出住区愿景的概念模式

第一步是按照城乡未来的住区愿景提出一个没有比例的示意图。这个设计建立在规划团队通过参与式过程所提出的功能、城镇组成，以及上述模型和一些设计原则（后面会涉及）的基础之上。设计应该包括两个尺度：城市或城镇尺度的概念性设计，以及设计所提出的不同邻里类型的内部平面布局，同时，这些邻里内部的设计也可以看作未来将会继续深化的地段规划过程的第一步。

提出城镇整体人居环境的设计和原则。我们在城镇整体土地使用设计中需要将邻里组成为一种格局或体系，以容纳超越单个邻里的居住功能。本章第一节中的居住概念可以为规划团队提供一个初始理念，当然，也可以参阅相关文献获得更多想法。此外，第10章中所讨论的一般原则以及下面将要提到的许多原则，都为城乡整体设计提供了各类实用的指引。最后，每个城乡规划过程的参与者也需要提出自己的设计原则，他们可以考虑从以下要点作为开始：

- 城镇应该包括多样的邻里类型，以满足居住需求和所有各种家庭的居住偏好，和居住地点的选择的要求。
- 城乡地域尺度的设计应当是一个框架性的成果，提出选址、大致边界、各邻里住区之间的联系等。
- 设计应当通过内填式开发、现有邻里的保护、功能不足邻里的复兴、非居住空间的转型，以及加入新的邻里模块等来适应现状建成环境。
- 对现状邻里的改变应该反映城镇整体层面对住宅类型、商业服务、公共设施的需求，并对邻里居民的价值观、生活方式、行为模式以及现有物质环境的特征等保持敏感。
- 邻里住区体系应该与多元化的交通系统相整合，不仅要关注机动车的便捷与可达要求，还要尊重居民使用步行、自行车和公共交通工具等交通方式的意愿，满足他们的出行便利性要求。
- 城镇公共设施的布局应能保证合理的服务范围，有些设施是服务于大都市区的，有些是服务于城市或城镇范围的，有些则是邻里级的，并确保现状邻里和规划的新邻里都具有合理的公共设施可达性。
- 居民和居住地应该位于城镇公共设施和基础设施完善的地区，以及能够通过有效新建或者扩建现有设施实现这些设施的高效服务的地区。
- 城镇公共设施应该满足城乡未来的需求，保证所有邻里都能够公平地享有宜人的环境、服务、购物和就业机会，并且都能够达到达到城镇目标所确定的服务和配置水平。
- 邻里住区体系应与开放空间网络相结合，这些开放空间可以作为邻里和地域景观的边界，作为连接休憩场所的通道，其设置应避开危险的地区，并避免割裂生态系统。
- 应该将不同邻里组织成为一个等级化或网格化的空间系统。例如，邻里可以成组或者成串布置构成聚落（village），而聚落又进一步组织称为城镇。邻里之间呈等级关系或者并列关系，并与城市中心和公共中心保持合适的位置与距离。
- 邻里应该位于适宜建设的土地上，并注意保护开放空间，减小对环境的负面影响，保护自然资源。

- 设计应该考虑到公共服务设施为邻里所共享的可能性，以使这些设施即使位于相对独立的位置，也能与大部分的邻里方便地进行联系。例如，几个核心邻里可以围绕一个商业核心成组布置，或者几个城镇邻里也可以围绕一个聚落中心布置形成组群。
- 应使居民能够便捷地去往自然地带、公园和开放空间。

提出邻里住区内部的设计原则 在地段规划和开发管理项目中，邻里内部设计的指导原则尤为重要。当然，这些原则在城乡土地使用设计中同样有着重要的意义。这些原则涉及邻里规模、土地使用，包括哪些公共服务设施、形态特征，以及与绿化空间及交通系统的关系。下面所列出的原则与第10章所提出的一般设计原则一样，对设计邻里都很有帮助。这些原则是在之前讨论过的邻里设计相关著作和模式的基础上提出来的，当然，具体的规划参与者还应该提出他们自己的原则。一个邻里应该符合以下这些原则：

- 由住宅、生活服务设施（商店、饭店、银行、托儿所等）、城镇公共服务设施（学校、操场等）、多元化的交通系统、小型开放空间（公园、城镇绿地等）等部分组成，这样，邻里就可以满足大量的居民日常活动，如娱乐休闲、社会交往、购物消费、教育乃至就业等。
- 包含多种住宅类型、多种户型、多种产权方式，以适应不同阶段和不同收入的家庭需要。
- 按照人性尺度进行设计。这要求我们设计出有利于步行的和空间尺度适宜的交通系统。步行道应该是联系良好的连续网络，可以连接住户、学校、零售店、城镇中心、工作地、休闲场所、开放空间以及公交站点，并提供愉快的步行氛围；有自行车道作为步行系统的补充；公共空间网络设计应该关注人的尺度、安全感、步行环境、交往的机会；人性尺度要求在多个层面统筹考虑步行空间的范围，每个步行空间范围的设置都要依据多数居民的步行距离来确定；对小型邻里来说，步行范围应控制在5～10分钟到达邻里中心或者通勤交通点的距离，5分钟步行的距离大约是从邻里中心到边缘距离1500英尺（约450米），面积大约160英亩（约64.7万平方米）；稍大一点的步行空间，则是再加上穿越城镇中心所需要的1000英尺（约300米），这是假设人们愿意在安全愉快的商业中心区再多走1000英尺（约300米），两部分面积加在一起大约是230英亩（930平方米）；更大的步行范围取决于儿童可以步行上学的距离，大约半英里，安全步行约10分钟，这样，面积大约是500英亩。下面列出的是标准步行距离（Nelessen 1994，156）：

城镇中心	一端到另一端 1000 英尺（300 米）
邻里中心到边缘	1500 英尺（450 米）
家到公交站点	1300 ~ 1500 英尺（400 ~ 450 米）
家到城镇设施，学校，娱乐设施	1500 ~ 2000 英尺（450 ~ 600 米）

在一些情况下，这些标准距离可以适当伸缩，例如，邻里边缘到中心的距离可以增加 400 ~ 5000 英尺（120 ~ 1500 米），前提是使用自行车或者汽车。但是，80% ~ 90% 的住宅应该位于距中心 1500 英尺（450 米）的范围内（Nelessen，1994），另外，提供公共交通服务也能增加步行距离。

- 与城镇交通系统联系顺畅，但要避免穿越性交通进入邻里。
- 应详细设计包括道路和其他小径、广场、绿地等在内的公共空间系统，注重公共空间与私密空间的关系（规模/尺度、尊重街道和其他公共空间），创造地标、对景、视廊、远景、边缘、肌理等视觉与形象要素，并注意各要素之间的联系。
- 提供可方便到达开放空间的途径，这些开放空间包括：私有的开放空间（庭院、花园）；邻里专属公共空间，如游园、城镇绿地、城市广场、绿色通道、停车场、街道空间等；作为生态系统、城乡边界、缓冲区和景观资源的周边开放空间。
- 街道是公共环境的核心，为人车提供了多用途的公共空间。街道包括机动车道、路边停车带、人行道、自行车道，提供了建筑前景、交往与游戏场所等社会活动空间。因此，街道可视作公共开放空间的一部分，车行道、人行道和自行车道应该紧密联系、形成网络。
- 设计原则与标准应与邻里类型及其居民的要求相匹配。因此，邻里的理想规模、公共设施的用途与组合都应根据具体情况而有所不同。例如，核心邻里就不需要特意强调与学校的便捷联系，而城市边缘的低密度邻里需要优先考虑到达公共交通站点的距离。
- 应该对具体条件和居民随时间的变化具有适应能力。
- 应该具有强烈的领域感。这意味着邻里应该有一个核心或者其他社区聚焦点，这个核心应位于中心位置以便与邻里的所有部分保持良好的联系。邻里应有商业、市政、社交和居住彼此平衡的土地使用，应有绿地、广场等开放空间，还可能有公共交通站点。

Anderson（2000）；De Chiara 和 Koppelman（1982），以及 De Chiara，Panero 和 Zelnik（1995）提供了邻里设计的一系列标准，包括密度、可达性和交通等。

阶段 2：根据规划地区的具体条件调整概念性设计

这里包括两项任务，首先进行用地适宜性分析（设计程序任务 2），然后提出一项“概念性应用设计”（applied schematic design）（跳跃到任务 5）。也就是说，规划师要在第一阶段提出的住区愿景中加入现有规划地区的特定地理特征，包括未来交通系统的初步设想、给水排水规划、公共中心的布局构想，以及区域土地政策规划中所规定的生长边界等。事实上，阶段1和阶段2可以同步进行，可以在用地适宜性分析和设计原则基础上提出设计方案，而不一定要在阶段2之前，在阶段1仅仅提出一个抽象的概念性设计。不管哪种情况，阶段2的成果都是城镇的邻里布局，包括邻里的类型、位置、大致边界、与城乡及交通系统和开放空间的联系等内容。尽管这已经是针对特定地区所做的设计，但它仍然只是初步的构想，因为在这个阶段还没有考虑到邻里容量与空间需求的平衡。

居住区的用地适宜性分析 与在进行商业和就业中心设计时一样，规划师需要对建成区的空地和待改造地区、拟开发地区和计划开发的新区进行用地适宜性分析。适宜用地的空间格局取决于前一阶段提出的设计原则所确定的各种因素的空间格局。根据设计原则，适宜性因子可能包括：可达性、避免灾害、与公共服务和城镇设施的临近程度、延伸这些服务的成本、剩余的基础设施服务能力、可用空间多少等。适宜性分析应当评估规划范围内的地块对不同类型与规模的邻里的适宜性，应考虑到对现有邻里进行调整、完成已部分开发的邻里、在都市边缘或者现状无住宅的地区增加新的邻里的适宜性。同时，还应当把规划拟定的公共中心位置、城镇设施、交通系统、开放空间系统，以及基础设施的有效延伸和环境保护等纳入用地适宜性分析。

制定概念性土地使用应用设计 有了设计原则、各种将要采用的邻里模式的清单，以及针对每种邻里的用地适宜性分析，规划师现在需要根据规划地区的特征、设计的公共中心系统、交通系统、城镇设施系统和开放空间系统等对概念性设计进行调整深化。我们可能需要提出多个备选方案，每个方案都应提出邻里类型的空间组合、解释将要容纳的家庭类型、已建成或部分建成邻里的条件、支撑性服务设施的现状与问题，以及与交通系统、商业及就业中心、开放空间等之间的关系。设计还应该提出住宅类型的范围、位置、邻里类型，并为预期人口提供充足的土地（下面的阶段3还将会考虑这个问题）。

阶段3：调整初步设计使其更加可行

阶段3评估未来住宅和相应服务设施的空间需求，测算初步设计中各类邻里的容量，并将空间需求分配到初步设计所拟定的未来各类邻里中（一般土地设计程序中的任务3、任务4、任务5）。这个步骤是为了确保有充足与适宜的空间用于容纳预期的未来人口、经济活动和基础设施。

估算未来人口所需的住宅数量 空间需求分析（任务3）计算的是住宅的套数和类型组合，以容纳土地使用规划所确定的未来人口，以及商店、学校、公园等支撑设施。这些空间需求是对初步设计提出的邻里进行空间分配的基础，也是平衡每个邻里的空间供给与实验性分配的空间需求的基础。Anderson（2000）提出了估算各种用途土地和设施空间需求的标准和方法。

估算未来住宅需求的第一步是计算按户数计的未来居住人口，这是分析住宅需求的基础。一户简单地说就是共同居住在一个住宅单元里的一群人，常常是一个家庭（两个以上有血缘关系、婚姻或伴侣关系，或者收养关系的人居住在一起组成），一户也可能只有一个人，也可能是没有血缘关系的几个人住在一起，还可能是一个家庭加上没有血缘关系的其他人（如寄宿者、雇佣者、领养的孩子等）。通常，未来户数的估算是通过对预测的人口进行换算得出来的。换算的关键指标是户均人口规模，这一指标主要是基于地方、区域乃至国家的趋势确定，但也要反映对未来生活方式（如婚姻状况、群居状况）和家庭规模的预测。用未来人口除以户均人口就得到了未来所需的住宅数量，这一数字构成了未经调整的目标年份住宅需求（见表 13–2，第 1~3 行）。

规划师还要根据对空置住房的需求对预测进行上浮调整，以满足房地产市场的流动性要求。空置调整就是用预测的户数除以一个系数，这个系数是用 1.0 减去预期的空置率得出的。例如，如果估计空置率是 4%，该系数就是 1.0 减去 0.04，即 0.96。如果预计的户数是 7470 户（表 13–2，第 3 行），调整后的住宅需求就是 7407 除以 0.96 等于 7716，也就是说 7407 户居民需要有 7716 套住宅（见表 13–2，第 4~5 行）。

下一步，规划师要估算当前住房市场的住宅存量。由于火灾或其他灾害、住宅废弃、邻里更新或是公共改善计划、将住宅改为办公等其他用途、或是住宅合并等原因，现有住宅存量会随时间变化而减少。规划师要根据使用趋势、土地使用设计对商业及就业中心拓展的预期、其他的再开发计划和经验判断，来估算未来可能的住宅存量减少。用现有存量减去减少的量就得到“现有住宅保有量”。如果现有住宅存量是 3700 套，规划师估计减少量是 350 套，那么现有住宅保有量是 3350 套（见表 13–2，第 6~8 行），再用住宅需求总量 7716 套减去保有量 3350 套得到的结果为 4366 套，这就是说在规划年限中需要提供 4350 套新住宅。而土地使用设计在规划年限内需要安排的总住宅套数可以近似取 7700 套（见表 13–2，第 10 行的例子）。

如果规划信息系统能够提供足够的未来人口信息，规划师就可以把未来的住宅总量根据不同消费者进行分类。例如，可以估计出不同规模和不同类型家庭的人口比例，据此可以根据家庭类型对住宅进行分类（如独立住宅、联排住宅、公寓），或是根据密度进行分类，还可以根据与家庭类型相适应的邻里类型进行分类。

邻里容量分析　计算设计方案中每个邻里的可用土地供应量（一般设计过程中的任务 4），然后根据土地供应量来计算未来可容纳的人口量，再根据预测的密度和可用土地量等来测算邻里容量，即可容纳的住宅和人口总量上限。

住宅需求　在这一任务中，规划师要将未来所需的住宅数量分解到概念性土地使用在概念性土地使用设计的住区提案中分解设计中确定的不同邻里，每一邻里

表 13-2

新增住宅单位需求总量的计算，20XX 年

步骤程序		示意数字
1. 预测 20XX 年的人口		20000 人
2. 除以未来的户均人口		2.7 人 / 户
3. 结果：规划年限末的预计户数		7407 户
4. 除以空置调整系数（1- 空置率，如：1-0.04=0.96）		空置调整系数 0.96
5. 结果：经调整的规划年限末住宅预计存量		共计 7716 套住宅，20XX 年
6. 现有住宅存量		现有 3700 套住宅
7. 规划年限中住宅减少量		减少 350 套
火灾	100	
邻里更新	50	
转为非住宅用途	125	
废弃	50	
其他	25	
8. 结果：20XX 年的现有住宅保有量		3350 套
9. 结果：20XX 年调整的住宅增加量		20XX 年新增住宅 4366 套，取 4350 套
10. 结果：土地使用规划中的未来住宅总套数		7716 套住宅，取 7700 套

所分配的住宅需求不能超过邻里的可能容量。规划师需要估算住宅、公共设施、其他用途所需的土地数量。在分配时应当反映：已开发地区的内填式开发和其他建筑转化为住宅、正在开发过程中的邻里的建设、在尚未都市化的地区建立新的邻里，同时还要考虑到现有住宅保有量。

规划师可以用类似于表 13-3 的表格来完成这项任务。这个表格的功能一是将住宅需求分配到各个邻里，二是确保每个邻里都有足够的土地供应以安排住宅。第 1 列列出土地使用初步设计所确定的各个住区或邻里。住区可以划分为若干类，表格中列出了其中的两类：（1）规划位于已完全开发的住区中的邻里，包括计划进行再开发的地区，设计将保留大多数现状住宅并新增住宅，可能还会新增一些邻里设施；（2）新邻里。需要注意的是，表格这一列中所使用的住区编号应与土地使用设计图纸中的邻里编号保持一致，以便于规划师将表格中每一行的数据与土地使用设计图纸相对照。

第 2 列列出了规划师在土地使用设计中将要保留的现有住宅分布情况。实际上所有这些住宅几乎都是第一类邻里。这可以反映出表 13-2 测算的住宅减少量的地理分布，该栏中，很少涉及或是完全不涉及规划的新住区。在第 3 列中，规划师应列出初步设计中现有住区和新增住区内的新建住宅分配。第 4 列记载的是每个邻里的住宅总量，是新建住宅和保留住宅数量之和。在第 2、3、4 列的底部

表 13-3

新增住宅总量及其用地分配，20XX 年

	住宅数量（套）			20XX 年各类住宅新增数量（套）			需求的新居住用地面积（英亩）						
(1) 居住地	(2) 保留	(3) 新建	(4) 小计	(5) 公寓	(6) 联排式住宅	(7) 独立式住宅	(8) 转换用地	(9) 公寓用地	(10) 联排式住宅用地	(11) 独立式住宅用地	(12) 保留住宅用地面积	(13) 土地总需求	(14) 土地使用规划可用面积
已开发和正在开发住区的邻里													
中心邻里	200	100	300	60	10	0	3	2	2	0	20	27	25
东邻里	1000	200	1200	100	60	20	5	15	9	5	145	179	200
西南邻里	700	500	1200	100	50	350		10	10	100	140	260	280
西北邻里	500	200	700	40	60	100		5	10	30	160	205	220
北邻里	900	100	1000	25	25	50		5	5	20	220	250	260
小计	3300	1100	4400	325	205	520	8	37	36	155	685	921	985
新住区													
A. 步行邻里（公交导向开发，混合使用开发）	40	600	640									70	70
B. 新传统邻里	10	1400	1410									320	350
C. 郊区邻里	0	650	650									150	175
D. 郊区邻里	0	600	600									200	220
小计	50	3250	3300									740	815
合计	3350	4350	7700									1661a	1800a
控制总量	3350	4350	7700										

注：表中 a 代表有 100 个位于商业和办公空间上层的住宅单位。

记录的是已分配保留住宅合计、新建住宅合计，以及全部住宅总量合计。这个合计值应该与下一行的控制总量相一致，控制总量的数字是来自表 13-2。

接下来的两大栏帮助规划师做两件事（示意表格中的 5-13 列）。第一栏显示不同类型住宅的数量，第二栏显示为这些住宅分配的土地面积。对于新建的居住地，还有一部分用地被安排用于服务设施和交通设施。对于不同类型的住宅而言，都需要一个平均密度将住宅户数转化为所需用地的数量。这两大栏中的列数反映了规划师对市场中住宅类型划分的细致程度。

这两大栏中的第一栏的住宅数量可以通过估计的密度转换为用地需求，在土地使用设计中，这个密度因住宅类型不同而不同，因邻里不同而不同。也就是说，同一类型的住宅用地（如独立式住宅）也可能具有不同的密度，这取决于它们所处邻里的类型和区位。表格中的一些单元格使用的是净密度，另一些则是毛密度，对于已开发地区（表格的上半部分），适合用净密度，即每英亩实际住宅用地中的住宅套数，不包括道路用地和服务设施用地，因为在这些地区街道和配套设施已经建成了。毛密度中的用地包括住宅用地、道路用地、宅间路、便道，以及其他没有使用的土地，毛密度对于尚未开发地区来说比较合适。因此，规划的新住区（表中下半部分）采用的是毛密度，街道、社区商店、学校、小游园、步行道、停车场地以及或多或少具有一定永久性的开放空间等都参与住宅密度的计算。对新住区而言，规划师针对每个计划的住区，都可以使用一个单一的“住区型”的邻里密度，然后将其用于该住区的住宅总量分配（见表 13–1 上部）。换言之，规划师需要针对不同类型的住区合理使用相应的密度概念。

不同的密度概念具有不同的含义，净密度一般比毛密度高 20%。以联排住宅为例，净密度可能是每英亩 20 户，毛密度是每英亩 16 ~ 17 户，邻里毛密度是每英亩 13 户。这个邻里毛密度还不包括就业中心、非本地商业、区域服务设施、开放空间和区域性交通设施，这些在地区规划中是计入城市密度的。表 13–4 列举了城市地区的几种典型密度，但是，规划师仍然需要针对特定地段选择适合的密度，例如，通常小城镇和城市边缘区的密度会比表格中的略低，规划师需要调查当地、区域，甚至国家的密度和住宅类型情况。表 13–3 的第 13 列可以记录前几栏的分配情况所带来的总用地需求。

规划师将根据住宅分配算出的总面积与土地使用设计划定的住区可提供的土地面积相比较。土地使用设计中可提供用地面积记录在表 13–3 右边的第 14 列中，是根据用地设计初步方案测算出来的。这些用地应当不包括试分配给开放空间、

表 13–4
典型住宅密度

住宅类型或邻里类型	不同的密度概念（户 / 英亩）		
	净密度	毛密度	邻里密度
独立住宅	<8	<6	<5
零红线独立式住宅	8 ~ 10	6 ~ 8	6
双拼式住宅	10 ~ 12	8 ~ 10	7
行列式住宅	15 ~ 24	12 ~ 20	12
联排式住宅	25 ~ 40	20 ~ 30	18
低层公寓	40 ~ 45	30 ~ 40	20
6 层公寓	65 ~ 75	50 ~ 60	30
高层公寓（13 层）	85 ~ 95	70 ~ 80	40
混合使用邻里（如肯特兰和雷德邦）			4.5
高密度的公交导向邻里（TOD）			20.0

资料来源：根据 Calthorpe and Associates1990；Lee and Ahn2003；Lynch and Hack1984 改编；并根据各种混合使用邻里的规划综合

基本就业、商业中心和城镇设施的用地，这些用地将不能用于住宅和邻里设施建设。而所需要的土地面积（第 13 栏）应该近似等于,最好是小于可提供的土地（第 14 栏）。如果需要的土地远少于或者远大于可提供的土地，那么规划师就需要对住宅类型的分配、住宅的混合方式、估计的密度进行调整，增加或减少规划的住区规模，或是同时使用多种方式对设计或者住宅分配进行调整。

增加地方配套设施以创造社区 如上所述，土地使用设计需要为地方商店和银行、私人看护、娱乐场所、学校、操场、城镇中心、警察局、消防站等城镇服务设施，天主教堂、犹太教堂、清真寺、俱乐部等机构，以及休闲、环境保护类公共设施留出空间和位置。对规划的新邻里来说，使用邻里密度可以为这些设施留出充足的空间，但是，如果规划师已经为现有邻里和已部分开发的邻里的填充式开发使用了住宅净密度和毛密度，那么就需要增加用于服务设施的用地。在邻里类型的概念性设计和具体邻里的地段规划中需要对此提出明确的建议。规划师需要检查城市中每一个邻里和地区对这些设施的需求，并为它们安排适宜的位置和足够的空间。

地方性商业 规划师需要根据邻里和城乡商业中心的现有格局、居民对现有购物条件的满意度，以及先前制定的商业空间结构规划，对地方性商业的空间需求进行评估。表 13–5 给出了商业空间需求的一些标准。针对每种住区模式（邻里、聚落、或者其他居住设计的单元），规划师都要对地方性商业的空间需求进行预测，并安排合适的位置。在计算空间需求时，应首先用已分配的住宅户数乘以户均人口得到居住人口。地方性商业用地在土地使用设计图中可以用圆圈或者其他图形标出，表示其大概的而不是具体的位置。对于完全新建的居住区，地方性商业用地的具体位置可以延后到地段规划或者开发计划中确定。

学校 尽管并非所有的住区概念都把学校放在核心地位，但它还是需要重点考虑的对象，尤其是那些为有孩子家庭设计的住区。学校的类型和位置取决于教育政策和土地使用原则，其中教育政策是主要决定因素，例如，教育政策规定了一所学校应包含的年级范围（例如，从幼儿园到六年级，七年级到八年级，九年级到十二年级）、各类学校的最佳招生规模和设施配备要求，以及学校用地可以承担的活动类型，包括学校里能不能容纳学校以外的娱乐活动、市民聚会，能不能兼作成人教育场所等。每所学校的占地面积由招生规模、设施配备、学校系统标准决定，这些信息可以从教育委员会了解到。但是，学校最低面积标准则至少部分是由土地使用因素决定的，包括学龄儿童的密度、住宅密度、土地使用规划对教育设施的可达性标准的传统要求。校车和教育委员会使用的其他标准也是需要考虑的因素，这些因素可能扩大学校选址的自由度。因此，学校设施规划过程应该包含现有学校调查、招生规模预测、建立选址和空间需求标准、咨询教育委员会的意见。在平衡了所有这些考虑之后，土地规划师应开始强调最具可达性的区位、步行空间与自行车空间的可能、户外游戏空间的综合利用以及市民聚会场所设施，并兼顾用地的最小规模。

表 13-5

地方性商业的空间需求

住区中给定邻里的人口规模	不同停车比例*下的城镇综合购物用地千人指标（英亩）		
	1:1	2:1	3:1
5000	0.5	0.7	0.9
2500	0.6	0.8	1.0
1000	0.9	1.1	1.5

* 此处停车比例的定义为停车空间面积与建筑面积的比值，采用自 DeChiara，et al. 1995。

在教育委员会和州政策的指导下，当地规划团队需要根据当地住宅密度和不同类型住宅的户均学龄儿童数，建立一套土地使用指引，其内容包括：招生规模、用地规模、服务半径和学校数量等。对于学校的设置有一些像表 13-6 这样的一般性标准，这些标准可以作为制定地方自身标准的一个起点。规划师在进行学校布局时还可以参考 Engelhardt（1970，图 13-1）提供的标准、国际教育规划师委员标准（International Council of Educational Facility Planners，1991）、州教育部门的标准。关于学校招生数预测及其对学校设施规划的影响的深入讨论可参见第 8 章。

娱乐和开放空间 娱乐用地包括多种服务设施，每种都有自己的位置和空间要求。对住区规划尤为重要的是各种服务范围较小的休闲娱乐设施，例如儿童活动场、游戏场地、地方性公园、娱乐中心等。但服务于更大范围城镇或者区域的休闲娱乐设施，对于土地使用设计和补充地方性休闲娱乐设施来说也很重要。例如，球场、体育馆、体育场、观众厅等用于体育和文化会展活动的观演设施，很多都需要与交通设施和高速道路有直接和便捷的联系。有些区域性的休闲设施，如高尔夫球场、露天游乐场、植物园、动物园、森林保护区和郊野公园等，除了需要方便到达之外，还要有很好的物质环境作为支撑。这些设施需要很大的用地和资金投入，可供个人、家庭和团体开展野餐、远足、步行、划船、非正式体育项目及其他户外运动。

地方政府最广泛采用的是美国国家休闲与公园协会（NRPA）制定的标准（Lancaster 1983；Mertes 1995）。NRPA 给出了一套休闲服务设施的纵向体系，包括迷你公园、邻里公园、城镇公园、区域公园等，有些开放空间类型可能同时是地方性的或是区域性的，如带状公园、保护地、特别用途公园（如高尔夫场、码头或者历史遗迹）。对于纵向体系的每个组成部分，都给出了最大可能服务半径、最小用地规模、每千人最小需求指标、场地要求。系统中的每个场地都可以作为多种类型使用。

NRPA 建议，一般情况下，一个城镇每千人最少应设置 6.25 ~ 10.5 英亩的开放空间用地，在区域层面需要另加上每千人 15~20 英亩的区域性休闲与开放空间

表 13-6

学校设置的建议性标准

	托儿所	小学	初级中学	高级中学
人口特征	60 个适龄儿童 / 千人（275 ~ 300 户）	75 个适龄儿童 / 千人（275 ~ 300 户）	75 个适龄儿童 / 千人（275 ~ 300 户）	75 个适龄儿童 / 千人（275 ~ 300 户）
学校规模				
最少	4 班（60 人）	250 人	800 人	1000 人
平均	6 班（90 人）	800 人	1200 人	1800 人
最大	8 班（120 人）	1200 人	1600 人	2600 人
服务人口				
最少	4 班，服务 1000 人（275 ~ 300 户）	1500 人	10000 人（2750 ~ 3000 户）	14000 人（3800 ~ 4000 户）
平均	6 班，服务 1500 人（425 ~ 450 户）	5000 人	16000 人（4500 ~ 5000 户）	24000 人（6800 ~ 7000 户）
最多	8 班，服务 2000 人（550 ~ 600 户）	7000 人	20000 人（5800 ~ 6000 户）	34000 人（9800 ~ 10000 户）
所需面积				
最小	4 班， 4000 平方英尺	7 ~ 8 英亩	18 ~ 20 英亩	32 ~ 34 英亩
平均	6 班， 6000 平方英尺	12 ~ 14 英亩	24 ~ 26 英亩	40 ~ 42 英亩
最大	8 班， 8000 平方英尺	16 ~ 18 英亩	30 ~ 32 英亩	48 ~ 50 英亩
服务半径				
最佳	1 ~ 2 街坊	1/4 英里	1/2 英里	3/4 英里
最大	1/3 英里	1/2 英里	3/4 英里	1 英里
一般位置	靠近小学或者城镇中心	临近住区中心，临近或紧邻其他公共设施	靠近居住区中心，离开主要机动车道路	便于到达的中心位置，靠近其他城镇公共设施，紧邻公园

注：这些标准可以作为制定地方自身标准的一个起点，地方还应根据当地教育政策、住宅密度、当地每户学龄儿童数量对此进行调整。摘编自：DeChiara，and Koppelman 1982，374–75，and DeChiara，Panero，and Zelnik 1995，208–14。

用地，NRPA 的标准可参见见表 13–7。

NRPA 强调，尽管他们的推荐指标体系被称为“标准”，但实际上更应当被称为“导则”。这一标准没有提到非结构性公园空间的需求。在制定地方性标准时，应该反映该城镇居民的需要和价值观，并应能为民选官员、任命官员和公众所接受。NRPA 建议对居民的娱乐设施及娱乐机会的需求进行评估，并强调将评估结果应用于规划过程（Lancaster 1983，Mertes 1995）。另外，Kelsey 和 Gray（1986）提出了对特定娱乐概念和项目进行评估的建议，而 Richman（1979）则提出了社会绩效标准的方法。

在确定了各类设施的数量与类型、最小规模和选址要求等地方性标准之后，土地使用规划应绘出休闲设施与开放空间的现状和规划图纸。在适宜性分析中，应注意将公共土地、欠税拍卖土地（tax–title land）、废弃学校用地作为潜在可用地。我们还需要注意把休闲与开放空间需求整合到开发控制过程中。在图纸上应用符号把休闲设施的类型与位置标记出来，特别是针对未来全新开发的地区。

表 13–7

美国国家休闲与公园协会（NRPA）建议的休闲与开放空间设置标准

组成部分	用途	服务面积	最佳规模	千人指标	场地最佳特征
地方性的或离家较近的空间					
迷你公园	服务于集中或有限的人口或特定群体的专门设施	半径小于1/4英里	1英亩或以下	0.25 ~ 0.5英亩	在邻里内部并靠近公寓、联排住宅或老人住宅
邻里公园/游乐园	用于集中的娱乐活动，如场地游戏、球类活动、滑冰、野餐等，还包括涉水池和运动器械区	半径1/4 ~ 1/2英里，不超过5000人（邻里）	15英亩以上	1.0 ~ 2.0英亩	适宜集中开发；与邻里居民有便捷联系；宜位于地理中心并有着安全的步行和自行车交通环境，可兼作为学校设施
城镇公园	多元化环境质量的区域；可以是集中的娱乐设施，如综合运动场和大型游泳池；也可以是自然品质的户外游憩场所，可进行散步、眺望、静坐、野餐等活动；也可以是以上的综合，取决于场地的适应性和社区的需求	半径1 ~ 2英里，几个邻里	25英亩以上	5.0 ~ 8.0英亩	可包含水体等自然要素；适宜集中开发的地区；应与所服务的邻里有便捷的联系
离家较近的休闲与开放空间总量指标为6.25 ~ 10.5英亩／千人					
区域性空间					
区域公园或大都市区公园	自然的或具有观赏品质的户外休闲区域，可进行野餐、划船、垂钓、游泳、露营、骑车等活动；可以设置游戏场地	若干城镇共用，驱车1小时的范围	200英亩以上	5.0 ~ 10.0英亩	邻近或通向自然资源
区域公园保护地	具备自然品质、供自然导向型户外休闲活动的区域，可开展自然景观和野生动植物栖居地的观赏与研究、自然保护、游泳、野餐、骑马、垂钓、划船、露营、骑车等活动；可以设置活动场地；80%的用地应作为自然资源保护与管理之用，用作休闲娱乐的用地不超过20%	若干城乡共用，驱车1小时的范围	1000英亩以上，应为自然资源的保护与管理提供足够的面积	不确定	多样化的或独特的自然资源，如湖泊、溪流、草场、植物、动物、地貌
区域性开放空间总量指标为15英亩／千人					
可能是地方性的也可能是区域性的，具有城镇特色的休闲与开放空间					
带状公园	可供一种或多种形式休闲旅游的区域，可进行远足、骑车、雪橇、骑马、穿越滑雪、独木舟和驾驶等活动；也可以包括活动场地	无相关标准	应满足保护资源和提供最大化利用的要求	不确定	建立在自然廊道上，如基础设施走廊、松软地带、绿化带和道路；这些廊道可以联系其他公共设施的休闲娱乐部分，如学校、图书馆、商业区或其他公园
特殊用途	特定或单一用途的休闲活动区域，如高尔夫球场、自然中心、码头、动物园、保护地、植物园、花园、舞台、室外剧场、射击场、滑雪场、重要的古代建筑或遗址；也可以是临近商业中心、林荫道和公园道路的广场	无相关标准	取决于想要的规模	不确定	在城镇内部
保护地	用于自然资源和文化环境的保护与管理，娱乐作为次要用途	无标准	足够保护资源	不确定	不确定，取决于需要保护的资源

注：尽管称为“标准”，NRPA强调这些指标实际上更应被视为“导则”，供城镇建立自己的标准。

资料来源：NRPA–Suggested classification system（Lancaster 1983，56–57）

其他地方服务设施 诸如城镇中心、城镇图书馆、警察局和消防站等公共安全设施，教堂、俱乐部等私人机构，对于营造宜居城镇来说也非常重要，这些设施的空间布局应该纳入住区人居环境进行统一设计，这些居住配套设施的需求则应该纳入开发管理程序。

城乡土地使用初步设计之后

以上的分析和设计深度只是适用于土地使用总体规划，而进一步的研究以及更小的地段规划还要用到更精确的评估和预测技术，这通常需要人们在住宅分析和城镇设施规划方面受过训练并具有经验，例如：进一步规划需要透彻的市场分析，需要评估住宅市场现状，确定邻里尤其是旧邻里在设施方面存在的问题，还要研究分析确定可供更新和再开发的地区；娱乐需求研究则需要将用户调查和公共参与这两种方法进行结合；对于学校，规划师需要了解更详细的学龄儿童数量，进一步详细分析现有学校；对于地方性商业，需要详细调查现有商业建筑面积，并研究未来购买力。

小结

城乡土地设计程序进行到这里，在先前确定的开放空间系统、商业与就业公共中心的空间结构基础上，我们已经试着增加了住区设计的内容。可选择的住区设计既包括邻里的内部组织，又包括邻里之间、邻里与更大规模城乡交通系统、邻里与开放空间系统、邻里与商业和就业中心之间的结构关系。在邻里内部，这种设计包括分配住宅类型以及安排包括公共与私人基础设施在内的配套设施，如学校、休闲娱乐设施、交通、商业和就业。整个设计的目标是，在一个永续的建成环境中吸引私人和公共投资，平衡公平、环境和经济等各方面的价值，以形成一个宜居的城镇。

土地使用设计在描述中似乎非常专业，但最终的表达不能过于专业，因为土地使用设计并不是由采纳规划的地方政府直接实施的。地段规划和进一步的设计可能会对规划确定的公共中心和邻里进行调整。条例、激励措施、资本改善计划和政府计划都会使得规划在执行中发生变化。更重要的是，城市开发行业会随着时间的推进不断对市场做出回应，对规划进行表达，并根据土地市场规律来决定建什么，以及建在哪里。因此，城乡尺度的土地使用设计和开发管理规划有必要提出一个框架，但这个框架不应过细，而应引导政策制定和公共投资、推动市场进程，并引导市民、公共和私营的利益相关者持续参与到这一进程中。

到目前为止，我们已经介绍了城乡规划网络中的两种土地使用总体政策规划——区域土地政策规划和城乡土地使用设计。下面两章将介绍另外两种规划类型——地段规划和开发管理规划。

参考文献

Anderson, Larz. 2000. *Planning the built environment.* Chicago, Ill.: Planners Press.

Arendt, Randall. 2004. *Crossroads, hamlet, village, town: Design characteristics of traditiona neighborhoods old and new,* rev. ed. PAS Report Number 523/524. Chicago, Ill.: American Planning Association.

Barnett, Jonathan. 1982. *An introduction to urban design.* New York: Harper and Rowe.

Barnett, Jonathan. 2003. *Redesigning cities: Principles, practice, implementation.* Chicago Ill.: Planners Press, American Planning Association.

Brower, Sidney N. 1996. *Good neighborhoods: A study of in-town and suburban residentia environments.* Westport, Conn.: Praeger.

Calthorpe, Peter, and Associates. 1990. *Transit-oriented design guidelines.* Final public review draft, September 1990. Sacramento, Calif.: Sacramento County Planning anc Community Development Department.

Calthorpe, Peter, and William Fulton. 2001. *The regional city.* Washington, D.C.: Islanc Press.

City of Seattle. 1994, amended through December 2002. *Seattle's comprehensive plan: Toward a sustainable Seattle: A plan for managing growth 1994-2013.* Seattle, Wash.: Department of Design, Construction and Land Use.

Cervero, Robert B. 1998. *The transit metropolis: A global inquiry.* Washington D.C.: Islanc Press.

Council of Education Facility Planners, International. 1991. *Guide for planning educationa facilities.* Columbus, Ohio: Author.

DeChiara, Joseph, and Lee Koppelman. 1982. *Urban planning and design criteria,* 3rd ed New York: Van Nostrand Reinhold.

DeChiara, Joseph, Julius Panero, and Martin Zelnik. 1995. *Time saver standards for housin; and residential development,* 2nd ed. New York: McGraw-Hill.

Duany, Andres, and Emily Talen. 2002. Transect planning. *Journal of the American Planning Association* 68 (3): 245-66.

Eisner, Simon, Arthur Gallion, and Stanley Eisner. 1993. *The urban pattern: City plannin; and design,* 6th ed. New York: Van Nostrand Reinhold.

Engelhardt, Nickolaus L. 1970. *Complete guide for planning new schools.* West Nyack, NY: Parker.

Garvin, Alexander. 2002. The art of creating communities. In *Great planned communities,* Jo Allen Gause, ed., 14-29. Washington, D.C.: Urban Land Institute.

Gause, Jo Allen, ed. 2002. *Great planned communities.* Washington, D.C.: Urban Land Institute.

Grant, Jill, Patricia Manuel, and Darrell Joudrey. 1996. A framework for planning sustainable residential landscapes. *Journal of the American Planning Association* 62 (3): 331-44.

Hoppenfeld, Morton. 1967. A sketch of the planning-building process for Columbia, Maryland. *Journal of the American Institute of Planners* 33 (6): 398-409.

Kelbaugh, Doug, ed. 1989. *The pedestrian pocket book: A new suburban design strategy.* Princeton, N.J.: Princeton Architectural Press.

Kelsey, Craig, and Howard Gray. 1986. *The feasibility study process for parks and recreation.* Reston, Va.: American Alliance for Health, Physical Education, Recreation and Dance.

Lancaster, Roger A., ed. 1983. *Recreation, park and open space standards and guidelines.* Alexandria, Va.: National Recreation and Park Association.

Lee, Chang-Moo, and Kun-Hyuck Ahn. 2003. Is Kentlands better than Radburn? The American garden city and new urbanist paradigms. *Journal of the American Planning Association* 69 (1): 50-71.

Lynch, Kevin, and Gary Hack. 1984. *Site planning,* 2nd ed. Cambridge, Mass.: MIT Press.

Marans, Rober W. 1975. *Basic human needs and the housing environment.* Ann Arbor: Institute of Social Research, University of Michigan.

Mertes, James D., and James R. Hall. 1995. *Park, recreation, open space, and greenway guidelines.* Arlington, Va.: National Recreation and Park Association.

Nelessen, Anton Clarence. 1994. *Visions for a new American dream.* Chicago: Planners Press.

Perry, Clarence. 1929. *Neighborhood and community planning: The neighborhood unit.* New York: Regional Plan of New York and Its Environs.

Richman, Alan. 1979. Planning residential environments: The social performance standard. *Journal of the American Planning Association* 45 (4): 448-57.

Rodriguez, D., A. Khattak, and K. Evenson. 2006. Can neighborhood design encourage physical activity? Physical activity in a new urbanist and a conventional suburban community. *Journal of the American Planning Association* 72 (1).

San Francisco Planning and Research Association. 2002. *Vision of a place: A guide to the San Francisco general plan.* San Francisco, Calif.: Author.

Van der Ryn, Sim, and Peter Calthorpe. 1991. *Sustainable communities: A new design synthesis for cities, suburbs, and towns.* San Francisco: Sierra Club Books.

Van der Ryn, Sim, and Stuart Cowan. 1996. *Ecological design.* Washington, D.C.: Island Press.

第 14 章

地段规划

规划负责人希望你提出一个地段规划程序，对具有重要战略意义的地理区段所面临的问题和机遇，超越更加综合也更为笼统的城乡总体规则，进行更为深刻具体的研究和安排。这一规划程序应当明确地段规划的目的、要包括的地段类型或者特定区段，还应说明规划方案应该是怎样的，并指出其基本组成部分以及它们与城乡“规划网络”中其他规划的关系。它还应当对规划过程有清晰陈述，使相关地段内的市民及其他利益相关者参与其中，同时把严谨的分析和公众的关注与规划原则相结合。

地段规划将一般性的尺度较大的城乡规划的范围缩小，重点集中于规划管辖权范围内具有重要战略意义的地理区段。在一个城乡的“规划网络”中，地段规划既可以通过将城乡规划所制定的政策转变成具体详细的物质形态设计并付诸实施，同时还可以提出一些议题，这些议题可能涉及面更为广泛，对于小型地段及地方利益相关者至关重要或更有针对性。

地段规划还有一些其他称谓，例如：详细规划（Specific Plans）（Barnett and Hack 2000；California Government Code，65450–65457 节）、次级规划（Subplans）（Meck 2002，7–175）、专区规划（District Plans）（Sedway 1988），以及地理区段规划（geographic areas plans）（Kelly and Becker 2000）等。地段规划还可以根据其规划的侧重点来具体命名，比如邻里规划、廊道规划、公交站点地区规划以及自然资源地规划等。这些地段规划的具体类型稍后将在本章中予以介绍。

本章的目的在于讨论地段规划的本质及其在城乡规划网络中的作用，并阐述制定地段规划的作用。第一节将定义地段规划及其目的，并阐述它如何融入规划的整体网络中。第二节介绍各种不同类型的地段规划，从邻里规划到自然资源地规划，从较大尺度的专区规划到较小尺度的邻里规划设计。第三节将以邻里规划和公共交通站点地区规划为例指出一个成功的地段规划应包含的内容。最后一节将阐述地段规划的制定过程，包括为规划设立适当的前提基础、描述“地段现状”、完善规划指导框架，并为该地段制订物质性规划设计和实施计划。

地段规划的本质和目的

地段规划的本质特征与城镇范围的规划有许多相似之处，两者之间最大的差异在于前者能更好地为规划网络服务。

在规划网络中为地段规划留一席之地

理想状态下，地段规划在规划网络的框架指导下进行，一个城镇应首先采纳一个或城镇总体规划或一系列城镇范围的规划，并结合规划委员会和地方立法机关对地段规划审批，然后将地段规划视为总体规划的补充完善部分予以采纳。例如，精明增长立法方针（Meck 2002）指出，所谓的次级规划应当以审批通过的地方总体规划为基础，并成为其补充完善部分。地段规划还应当与规划网络中的其他规划相联系，例如经济发展规划、资本改善规划、城镇设施规划以及交通规划等。

从另一个角度看，城乡规划在很多方面是地段规划的先导。例如，城乡规划可能包括地段规划示意性模式的“原型”，又或者它会确定关键性的战略地段，地段规划将在其后进行更具针对性且详细而深入的下一级规划工作。有些城市会在城乡总体规划之外再制定一个特殊的城市建设范围内的邻里规划，以此作为单个邻里规划的指导框架。这类规划将每个地段的独有特征和它们各自的价值视为整个城市图景中的一部分，并描绘这些地段之间及其与区域范围内的公共中心、交通网络和公共空间体系是如何相互联系的。城市层面的规划也应当提出地段规划的制定程序及其内容。此外，这种伞状的规划方式使得在执行具体地段的邻里规划之前无需进行问题和需求分析。反之，当具体地段的邻里规划完成之后，它又能对城市范围内的邻里规划加以完善。纳什维尔、田纳西、波特兰、俄勒冈、戴维斯、加利福尼亚都采取了这一做法。

Jones（1990，4–5）提出了这种城市范围内的邻里规划所包含的内容：

- 定义每一个邻里及其边界；
- 以其所需的保护规划类型为基础，对每个邻里进行分类（例如再开发、复原、保护）；
- 针对每个邻里地区确定什么需要被保护、增加、迁移或者排除在外；
- 成立城市 – 邻里规划联合组织，制定并实施规划。

有些城市的规划网络等级清晰，其中为地段规划留有特定位置。例如纳什维尔、田纳西，除了区域范围和城市层面的规划之外，它们还制定了14个次区域规划，覆盖了都市区管辖范围，此外还有众多较小尺度地段的廊道规划、邻里规划设计以及商业地区规划。城市层面的规划和专区规划常常会确定一些需要进行次级规划的较小尺度地段（比如邻里），在规划过程中起到一定的促进作用（Neshville 2004）。加利福尼亚州戴维斯市制定了三个层次的规划——区域层面的土地政策规划、城市层面的土地使用规划以及核心区的详细规划（City of Davis 2001），（参见第3章、图3-5、图3-6和图3-7）。俄勒冈州波特兰大都市区则属于另外一种情况。在其规划网络等级结构中，除了大都市区区域规划和波特兰城市总体规划之外，还包括城市中的专区、城镇和廊道等10项规划，在上述地区邻里协会将制定相应的邻里规划（Kaiser and Godschalk 2000，163-167）。

并非城乡规划或者区域层面的政策规划所涉及的地理区段的每一部分都需要进行地段规划。它们也无须立即制定，根据各自的议题和机遇，以及城乡规划或区域规划中建议予以优先考虑的方面，一个城镇可以花费几年时间制定和实施此类地段规划。最后，虽然地段规划最好在总体规划的框架指导下执行，但是因为地段规划可以很好地回应紧急需求或发展机遇，所以也可以与规划网络中的其他部分紧密配合，而不是完全遵照城市总体规划。

地段规划的目的

在大都市区、县或者城市规划程序中，地段规划可以服务于多重目标。

- 地段规划成为指定地段在规划权限内理解并实施城乡规划的有效途径，同时它揭示出地段的特有议题、机遇和优势，而这些在城乡规划中没有明确涉及。
- 地段规划拓展了关注范围，其中有些议题在传统的总体规划没有予以考虑。市民参与者对地段所需关注的问题进行选择，大大减少应当纳入或排除考虑范围的特定议题，诸如城乡发展、经济发展或者社会问题能够得到关注，城镇公共设施的详细区位和可达性也将被提出进行研究。
- 地段规划为宜居性和永续维度的“场所创造”提供了有利条件，针对商业区、历史街区、邻里和公交站点地区的地段规划尤其如此。
- 地段规划，尤其是邻里规划，使得市民能够参与到地方规划的制定和执行过程中，而这些规划与其居住的邻里息息相关。较小的地段面积意味着它会直接影响居民的日常生活，同时居民对于这种地段也有良好认知。
- 地段规划为市民支持地方政府实施其提案奠定了坚实基础，在投资改善和开发调控方面尤其如此。
- 地段规划相比城市总体规划能提出更为详细具体的建议意见。例如物质环境的改善建议和方法更为详尽。这是由于前者更加关注于地方问题。地段规划在项目实施方面往往也更为具体，因为其执行更为直接、简洁和迅速。

地段规划的类型

地段规划能够应对一系列不同的情况，因此也就具有多种不同形式。其中一些集中关注规划区范围内建成区的再开发问题。另一些则主要适用于城市边缘的新城地区及郊区开发。还有一些不是为促进开发而编制的，它们旨在建设开发过程中保护自然资源。有些由相似的地段规划组成一个完整体系中的一部分，在规划手法上多多少少涉及系统模式，在内容和实施过程中遵循统一的指导方针。而另外一些则多多少少采用机会主义模式，针对某些具体地段所存在的问题进行规划。较为普遍的规划类型包括以下这些：

- **专区或专项规划。**这一类型的地段规划，其规模介于城乡规划和邻里尺度的规划之间。实际上，较小尺度的邻里规划有时也包含在专区尺度的规划之中。
- **交通廊道规划。**这种类型的规划与专区或专项规划，或者较小尺度的商业活动中心规划的规模相当。
- **邻里规划。**它或许是地段规划中最为普遍的一种类型，它通常针对居住区编制，但有些时候也为地方导向的商业中心而设计。
- **商业中心复兴规划。**这一类型的规划为市区、卫星型商业区，购物中心或其他一些混合用途的商务区，甚至一条干道的复兴而编制。参看 Bohl（2002）对于城镇中心、干道以及都市聚落（urban village）所做定义。
- **再开发地区规划。**这一类型的规划适用于在零售业、办公及相关居住活动和投资日益萧条的商务区；具有显著衰败特征的居住邻里；或者设施闲置废弃，或厂址周边环境遭受污染的工业区，也就是所谓的棕地（brownfield）。参看专栏 14-1 中关于科罗拉多州丹佛前斯塔普勒顿（Stapleton）机场区

专栏 14-1
科罗拉多州丹佛前斯塔普勒顿机场区再开发规划

下图展示的是科罗拉多州丹佛前斯塔普勒顿机场区再开发规划的两项成果。其中一个是针对整个斯塔普勒顿地区所做的专区尺度的规划，而另一个则是为该地段中的某一部分所编制的邻里规划。第一幅图所示的专区规划面积达 4700 英亩，它综合考虑了住房、就业及休闲娱乐等多方面问题，在土地使用规划中对开放空间体系进行了设计，适宜步行的邻里、混合功能的城镇中心、区域零售功能以及就业中心之间通过一系列开放空间相互联系。其设计能容纳 12000 套住房以及 1000 万平方英尺的商业区开发。在这一较大尺度的规划之下，还包含一系列较小规模的规划，其中一个如第二幅图所示。这一特殊的规划涉及三个邻里（更多信息可参看：City and County of Denver,2000）。

（续）

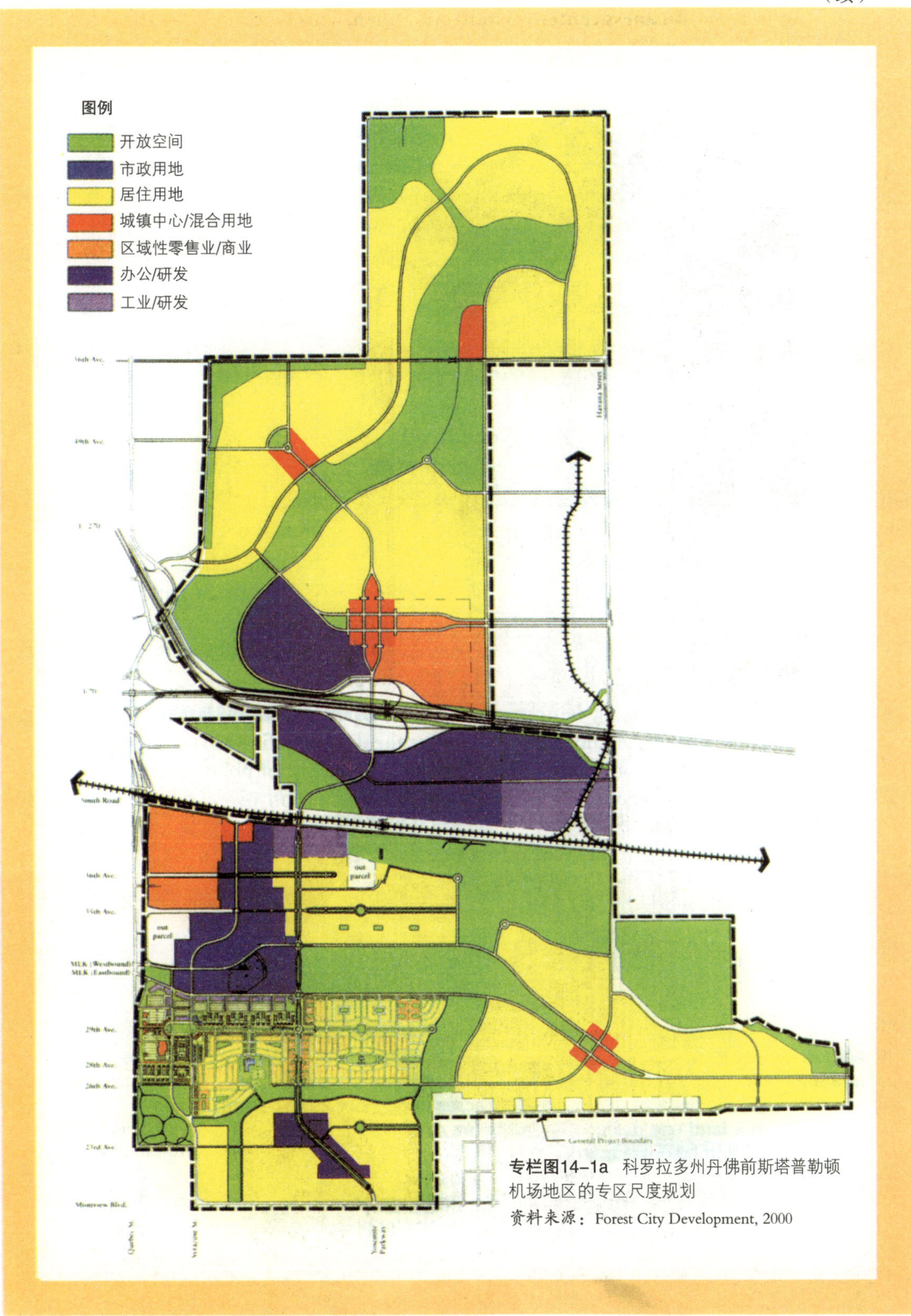

专栏图14–1a 科罗拉多州丹佛前斯塔普勒顿机场地区的专区尺度规划

资料来源： Forest City Development, 2000

（续）

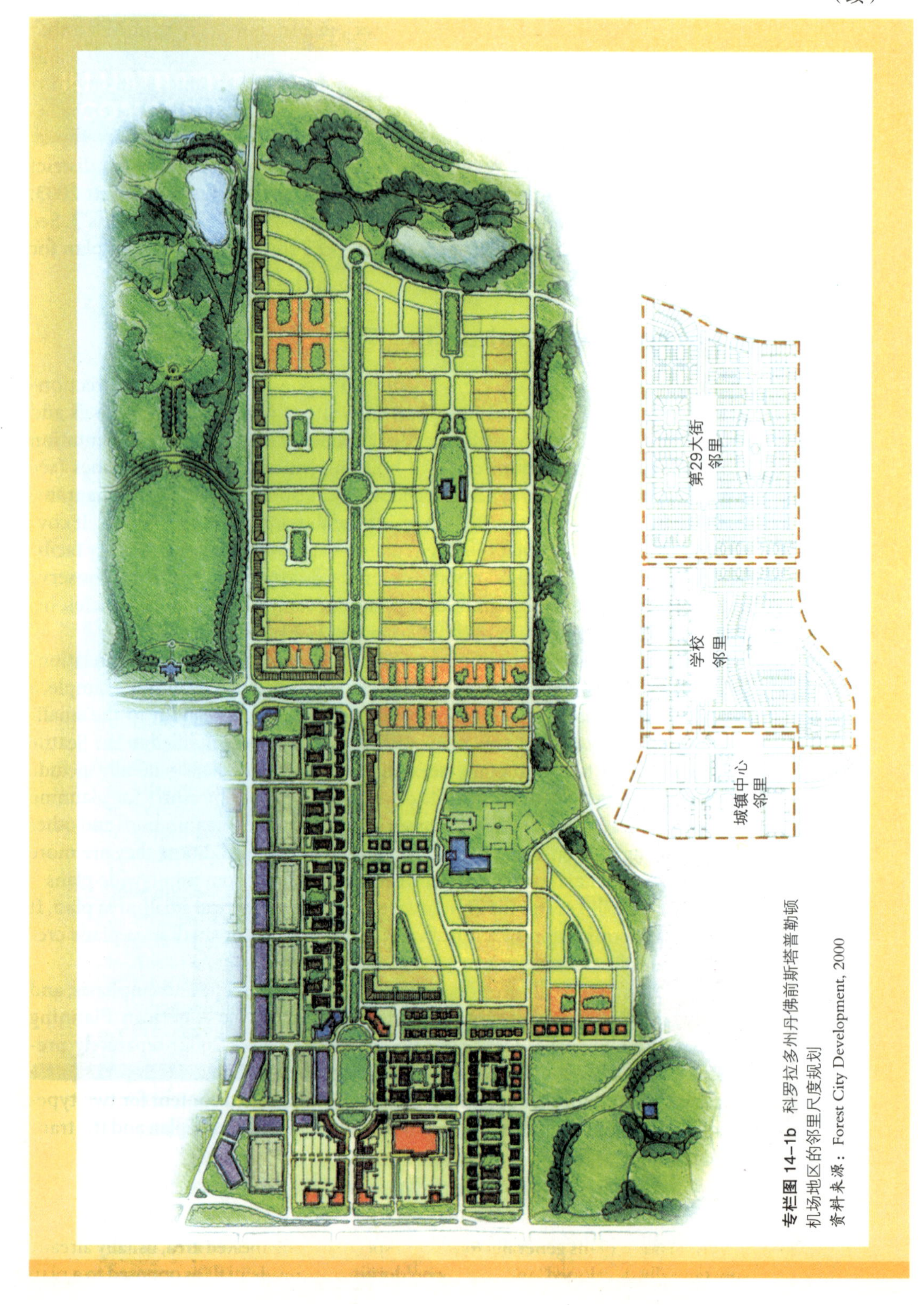

专栏图 14-1b 科罗拉多州丹佛前斯塔普勒顿机场地区的邻里尺度规划

资料来源：Forest City Development, 2000

再开发规划的两个案例。

- **公交车站地区规划。**这一类型的规划针对已有或规划中的公交站点的邻近地段进行编制，这一地段以车站为核心，半径为0.25英里左右。
- **历史风貌区规划。**这一规划主要针对具有历史或建筑价值的邻里或商业区编制。
- **设施综合区规划。**机场邻近区和政府中心区规划都属于此类范畴。
- **自然资源区规划。**这一类型的规划所涉及的地段包括饮用水源地、野生动物栖息地、或者其他环境方面特别重要的地区，以及受保护的高产农田；这些地段往往面积并不是很小，但在地段规划中它们属于一种特殊类型。
- **特定发展规划。**这一类型的规划主要用于所涉及地段内的开发条例制定。它属于条例性质，而不是政策或设计意图的描述。它需要提出一套实施措施计划，除开发条例之外还包括公共项目计划和投资来源。从这一角度来讲，它在本质上是一个针对地段的开发管理计划和条例。在这一规划中会做出环境影响评估，开发商如果了解到环境影响分析所得出的必要条件和要求，遵循特定发展规划各项规则的个体开发商无需自己再进行环境评价，这正是其优势所在（Barnett 2003；California Government Code，65450–457节关于“特定规划”）。参看第3章图3–8，加利福尼亚州戴维斯市中心区的特定发展规划方案。

地段规划的形式

地段规划包含一个好的用地规划的所有部分：分析问题、陈述目标的部分，形态规划的部分，以及一套用于监控规划执行和规划效果的程序（参见第3章规划的评价标准）。它利用文字和图表来描绘地段空间和物质维度上的处境和解决方案。其内容涵盖土地使用、开放空间、交通和内部循环、城镇和市政基础设施、指导开发利用自然资源的标准和尺度、控制程序、重要的投资、政策、奖励和惩罚，以及其他有利于规划执行的行动。

尽管此类规划将注意力集中在一个特定的地段，但规划需要解释其与大尺度的城乡规划以及其他相关规划之间的关系，例如一个整体的开发规划或是一个商业开发规划与地段甚至地段中更小尺度邻里之间的关系。典型的例子像西雅图邻里规划项目（参见第2章），与城乡尺度的规划相比，地段规划通常将注意力更多集中在计划和实施上，涉及更多的非盈利组织和其他地区组织，这些组织往往是规划编制的主导力量。此外，地段规划对于空间规划和实施方法更加直接明确。

特定的地段规划会有不同的研究对象和重点，甚至规划成果也不尽相同。例如，美国规划协会的精明增长立法方针（Meck 2002）分别描述了邻里规划、公交主导开发规划和再开发规划。我们这里将描述两种不同类型的地段规划作为例子——邻里规划和公交站点地段规划。

邻里规划

邻里规划通常聚焦在一个特定的区域，一般已经有较大规模的开发、拥有大量居民（和商业区地区、市中心规划不同）。这类规划通常会是一个邻里居民广泛参与的规划，这点有别于城乡尺度的、综合的、政策引导性的规划。由于编制

专栏 14-2
地段规划内容的示意（根据实际规划成果摘编组合而成）

1. 内容提要
   a. 目的、背景、愿景
   b. 规划重点
   c. 实施 - 管理体系
   d. 前期行动项目
2. 概述
   a. 规划目标与范围
   b. 规划编制程序——参与者、顾问团队、市民咨询委员会
   c. 城镇的历史
   d. 城镇区位——位置、周边地区、市场范围、交通
   e. 规划如何使用
   f. 和总体规划等相关规划的关系
3. 议题与愿景
   a. 主要问题与议题
   b. 愿景：未来的景象及其主要特征（机动性、连接性、服务水平等）
   c. 目标与任务
   d. 指导原则——社会平等、环境适度、经济机遇、宜居、物质性的设计、实施
4. 现状和当前发展条件分析：威胁与机会、优势与劣势
   a. 自然环境
   b. 人口与社会条件
   c. 当地经济基础
   d. 土地使用和结构
   e. 不动产权属
   f. 流通情况
   g. 基础设施
   h. 城镇设施和服务
   i. 城市设计特征和资源
   j. 形势分析和议题确定
5. 发展规划
   a. 物质结构元素——土地使用、城市设计与街道景观、开放空间和公园、交通和流通、城镇设施与服务
   b. 社会和经济发展计划——工作与就业，安全
   c. 开发管理——规制与市场机制再开发管理体系、阶段性战略、先期行动内容；责任、时间节点、监控规则、评估与更新

程序的特点、相对较小的尺度以及该地段已有较大程度的开发，邻里规划一般集中解决一些较为明显的问题，提出一些具体的物质设计建议。它的重点在于一些近期的行动，一些在两三年内需要实施的内容，这些内容可以由非政府组织或政府部门实施。事实上，这类规划有时候也被称之为邻里授权规划。

更具体地说，邻里规划一般包括：

- 对此规划的程序和法律效应的解释，包括：任务陈述、需求评定、居民参与程序、规划实施的邻里组织结构、边界确定、被当地立法机构采纳的申明。
- 规划的支撑性研究，包括：人口、就业、土地使用、住房状况及其空间分布、非居住设施和公共基础设施的状况及分布、零售和消费服务市场条件、地产价值、具有建筑或历史意义的建筑物、环境事务、对于邻里服务和设施的评价、交通服务、通行系统（汽车、步行、自行车）、停车情况、生活质量，以及对于自然灾害的应对能力等。
- 目标、任务、政策和行动方针，涉及土地使用、通道系统和交通、住房、公共基础设施、城镇设施以及可能的邻里经济发展、安全和犯罪预防、人力资源服务和教育等方面。
- 物质形态的规划、邻里的边界、规划的土地使用、现有和规划的城镇设施、现有和规划的交通设施及通道计划，以及其他和邻里发展有重要影响的事务（比如绿色通道等），这些可以用图形的形式表达在地图上；通常是设计特征的表达和描绘。
- 实施计划，其着重在近期的行动上，可能包括以邻里为基础的组织与政府或非政府组织的合作行动。实施措施可能包括设施改善、邻里服务、开发条例调整和其他行动。

另见 Gregory（1998）对于邻里规划一般要素和基本特征的描述。

公交主导开发规划（TOD）

TOD 规划集中在一个现状或规划的公共交通站点或是沿着一条公交通勤长廊来进行开发布局，这不仅会支撑起公共交通的发展，同时公交的发展也支撑起城市的发展。公交主导的发展规划原则包括：紧凑型发展、舒适与安全的步行环境、良好的内部通道与公共交通相联系、混合的土地使用、多样化的住宅类型。这类规划适合于那些城市外围新规划公交站点的地段以及那些已有公交节点地段的重建。它适用于市郊和城市中心。

TOD 规划的支撑研究包括：现状用地类型和结构研究、城镇和公共基础设施研究（包括街道和公园设施）、对于将来用地类型的愿景、上一层次规划中的城镇和市政设施的情况；根据其与公交服务的适宜度对开发条例进行评价；对地段中的通行者、居民、职工和经商者进行意愿及 OD（起点 / 终点）调查；各种开发类型的市场调查；对现状及所需的机动车交通、停车设施、行人和自行车交通及其与交通运输设施的联系进行分析；对物业所有权以及土地集中与再开发的机遇进行分析（针对已经开发的区域）。

TOD 规划成果内容的特征可能包括（参看 Meck 2002，7–183 ~ 7–188）：

- 以图纸、图表以及文字形式阐述目标、政策和行动导则，说明下列问题：土地开发强度以及与交通和行人活动相适应的混合功能、环境的物质和美学质量、行人交通流以及交通模式的换乘能力等。
- 规划图上应标明：地段边界，公交车站及相关交通、停车设施和步行可达性所做的详细规划，未来土地使用类型及开发强度，城镇设施（尤其那些有益于公交出行者的设施）。
- 有具体的实施计划，包括：有利于公交友好型开发模式的开发条例、资本改善计划（尤其是有益于交通联系的设施）；在公众和非盈利性机构间分配执行规划的任务；财政计划，包括可能施行增额税收融资、特别估价以及征收开发影响费（及其在某些开发类型中的减免）；土地收购；对主要道路及其他交通规划的修改建议；交通设施规划陈述（包括设定的时间表和路线）。

加利福尼亚州在其政府标准中有专门部分涉及此类“公交社区发展规划”（California Government Code，65460 节，“1994 年公交社区发展规划法案”）。规划确定在距离交通车站 0.25 英里半径范围内的一个公交社区开发地段。设计概念强调交通的便捷性，车站附近不同住房类型、零售商业和民用设施（如托儿所和图书馆）的混合，步行和自行车的车站可达性，促进联合运输服务的交通设计及运作。它同时关注于疏解交通阻塞等其他方面的公众利益，增加交通方面的税收，加强福利住宅建设和为具有交通需求的人群提供更多的生活 – 通勤模式选择；进行再开发与充分开发；建立安全、有吸引力、行人友好型的环境，并通过在交通车站及其周边地段提供商品售卖和其他服务来减少额外交通的需求。

Barnett 和 Hack（2000，328）写道，“每个公交车站地段都需要编制针对该地段的城市设计，确定较高开发密度地区、车站出入口位置、车站与公共交通换乘点的位置。这一规划还需包括停车换乘设施设计。” 俄勒冈州波特兰 Goose Hollow 车站地段规划就是以城市设计为导向的车站地段规划的典型案例。参看第 3 章关于该规划的描述以及图 3–5 中的物质形态设计图纸。

Fruitvale 公交站点地段规划（加利福尼亚州奥克兰）此类规划的另一案例。来自地方、州和联邦的选民，他们看似不可能联合，但规划师却将他们集合在了一起。该规划将内城公交车站周边地段的再开发计划与永续发展视角中的公平和环境要素完美融合。规划试图通过减少机动车污染排放来提高空气质量（推行轻轨交通），为公交社区提供一种社会服务设施、福利住房以及商业、零售业并存的土地混合使用模式，借此刺激投资并增加就业机会。参看专栏 14–3。

专栏 14-3

加利福尼亚州奥克兰市 Fruitvale 公交社区

愿景：指导原则

规划愿景是借由公共交通刺激社区发展以及低收入、少数民族社区环境质量的提升。总体规划及设计过程的指导原则包括：

1. **高效合作。**项目规划师将那些原本不可能联合的组织、机构团结在一起，其中包括内城拉丁裔居民团体（联盟委员会）、区域大运量交通和空气污染防治机构、城市商业协会、地方福利住宅机构以及被授权在萧条的内城中设立行政部门的城市和联邦机构。
2. **自下而上的邻里管制。**社区组织作为项目的领导者和开发者来确保城镇项目愿景的实现，而非典型的自上而下的城市管理部门和私人开发商管制。
3. **以邻里资产作为社区建设的工具。**用大运量交通投资刺激地方经济的发展、推动社区社会服务设施建设，并提升空气质量。

综合性城市设计与环境公平性概念

奥克兰的 Fruitvale 社区拥有 53000 人口，其中大部分是少数民族或低收入人群。建设项目兴起于 1999 年，用以应对由区域运输管理部门提出的多层停车场的建设提案。

项目的总体规划具有新城市主义以及环境公平性原则的综合特征。项目设计旨在吸引投资、为地方居民提供住房以及减少社区中的交通量和污染，这些可以通过使居民能够从公交车站方便地步行到达各种服务设施而得以实现。

公交社区设计将步行的舒适度、安全性以及地方商业区的可达性最大化。它的一个中心特征是用一个树木围成的步行广场连接了车站以及一个街区外的第十二街商业区。广场配有餐馆和商店，成为该邻里举办节日庆典和音乐会的场所。周边地区包括一些混合的新功能，例如零售商业、228 套福利住宅单元以及社会服务设施——卫生保健所、儿童保育设施、邻里图书馆和高级活动中心。

重新进行区划并改变传统街道

为了维持步行导向特征，作为对其区划条例的补充，奥克兰市在此地段内禁止新增任何停车空间。此外，该市还同意缩窄街道并放弃此项目周边地段的路权。

资料来源：Vrity Council,1999

一般而言，交通车站地段规划的开发密度高于城乡平均居住密度。其密度范围在每英亩 9 个住宅单元（如圣地亚哥和圣何塞轻轨交通系统下的公交导向开发）至 30 个住宅单元之间（如华盛顿、迈阿密、亚特兰大和旧金山的重轨或快速轨道交通体系）。紧邻交通站点地段的密度最高。在华盛顿的地铁系统中，老站附近的密度一般在每英亩 40 个住宅单元左右，其中有一个地块的密度达到每英亩 162 个住宅单元。旧金山海湾地区快速运输系统中，邻近站点地段的密度一般为每英亩 30 个住宅单元（Knack 1995）。

公交站点地段规划的挑战在于，它必须融合邻里尺度的零售功能以及地段尺度的办公和商业功能，同时为通勤者提供舒适的交通及停车设施。弗吉尼亚州阿灵顿为交通导向型开发设立了 CO 区的概念（商务办公建筑、旅馆和集合住宅区）。俄勒冈州波特兰在所覆盖的地段范围内设立开发标准。弗吉尼亚州费尔法克斯镇在审核详细规划的过程中制定了停车标准、设计导则以及一些其他标准（Knack 1995）。

地段规划的编制过程

这里所提出的编制过程适用于一般性的地段规划。但为了使其更加具体化，下面会就邻里规划进行详细说明和图解。

地段规划最好在城乡规划的指导下进行，但它绝不仅仅是城乡规划过程的简单缩小。也就是说，地段规划应当在城乡规划所提供的背景下制订，与其在交通、开放空间、土地使用、公共中心以及自然环境方面相互联系。规划委员会和地方立法机构在审查、批准并最终采纳地段规划时，最好能与土地使用总体规划相结合，作为其补充与完善。

同时，地段规划也具有其自身的要求。例如，它与城镇特定地段中的居民及其他利益相关者有更为密切的联系。因而，一般性的土地使用规划过程需作调整，以适应此类小型地段的情况。

地段规划分五步进行：

1. 为规划编制奠定基础
2. 地段现状描述
3. 修正并完善指导框架
4. 制订规划
5. 采纳并实施规划

这些步骤解释如下，并在专栏 14-4“地段规划的编制步骤”中进行了综述。还可以参看第 2 章图 2-5，它解释了理性的规划手段、共识机制以及城市设计手法是如何在西雅图一个四阶段的邻里规划过程中得以运用的。

步骤 1：为规划编制奠定基础

对规划编制进行适当的基础设定囊括了众多任务和问题。

- **为规划编制建立一个合适的组织。**这一任务包括指定或建立一个包括居民、社区组织、基础设施（如运输）管理机构的公共官员、将对该地段进行投资的城市和联邦机构（如住房处）、开发商，还可能包括学校、商业团体以及社会机构（Jones 1990，5–12）等在内的规划编制组织。扎根地方的组织往往是规划以及随后的公私投资决策的共同领导者，同时还将参与到开发管理的过程中（Jones 1990）。

专栏 14-4
地段规划的编制步骤

1. 为规划编制奠定基础
   - 为规划编制建立一个合适的组织
   - 建立合适的参与程序
   - 理解规划目标
   - 明确规划的范围和重点内容
   - 确定合适的规划地段
   - 界定其与其他规划和项目的关系
   - 制订规划过程流程图或工作计划
   - 确立最初的工作愿景和构想说明
2. 地段现状描述
   - 地段的历史
   - 人口
   - 经济
   - 自然环境特征
   - 土地使用
   - 城镇设施和基础设施
   - 交通运输 / 流通 / 步行可达性
   - 城市设计的特征、资源和问题
   - 现有规划和政策条例评价
3. 修正并完善指导框架
4. 制订规划
   - 制定概念规划
   - 制定概念结构规划
     — 土地使用要素——活动中心、居住区、特殊地区、开放空间
     — 交通要素
     — 绿道和开放空间网络
     — 城市设计要素
   - 制定实施计划
5. 采纳并贯彻实施规划

一些城镇从制度上为地段规划建立了支持体系。例如田纳西州的纳什维尔拥有一个“邻居规划邻里”团体,为邻里组织提供培训和支持服务,以制订和实施各种自发规划与实施项目。他们与邻里资源中心、市长的邻里办公室以及大都市区发展和住房管理局协同合作，一起推动这一计划（Nashville 2004）。

- **建立合适的参与程序。**地段规划对于规划地段中的市民而言，较城乡规划更具直接利益，因此更需要公众参予。设计过程中考虑上述规划队伍外的一

些人以及制订规划的开发时间表至关重要。第2章篇末专栏中对于西雅图的规划过程的描述就是共享协作的很好案例。还可以参看第2章图2-5,"西雅图的邻里规划过程：综合模型"，它图示了西雅图市如何将参予技术与共识建构和城市设计相结合的。也可以参看第9章的"城乡发展报告"，尤其是其中关于依据规划信息系统进行数据分析的共识机制、城乡共识的建立、协同规划、利益群体格局及其利益分析、情景测试、目标设定、愿景设定以及规划修订方面的章节。参看Jones（1990，第2章"民主的邻里规划"）。

- 理解规划目标。民选或任命的政府官员、地段规划组织的成员以及规划人员共同确定规划的目标。这一任务需要在规划的准备工作开始之前完成。例如，这一规划在该地段的公共政策确定中发挥多大作用？该规划作为促使邻里中的利益相关者参与规划和实施过程的手段，这种参与应当控制在什么程度？地段规划为政策制定和政府资源投入建立一个合理的政治法律框架，以确保规划提案尤其是设施改建项目的顺利实施，在这个方面此规划又应起到多大的作用？该规划在辅助公共官员进行未来的基础设施建设及开发许可决策过程中应当发挥多大的影响？地段规划为决策者与公众之间搭建城镇政策及其基本框架的沟通渠道，它在这一方面又能发挥多大的作用？地段规划是否通过提供更为详细的物质形态设计和实施计划而成为解读并运用城乡土地使用规划的主要工具？又或者它是否更深入挖掘了特定地段的问题、机遇和优势，而这些在城乡规划中未作详述？
- 明确规划的范围和重点内容。规划的范围和重点内容在一定程度上取决于地段的类型（如商业区和居住邻里）及其特定问题，但一般来说规划的编制过程应当包括土地使用、城镇设施、交通规划和城市设计。至于规划内容则应当包括全书所论述的一般组成部分：对规划过程及其任务的解释说明，愿景和问题陈述，目的和目标、政策及行动方针阐述；条件和发展趋势的支撑研究；物质形态设计的规划图纸以及实施计划。
- 确定合适的规划地段。如果地段的边界没有在城市层面的保护规划或区域层面规划中涉及，邻里规划组织则必须通过后期调整确定其边界。通常而言，这既不复杂也不具争议性；许多邻里都有铁路线、公路、河流或大公园等自然界线，但有时就某一具体地块是否属于一个地段范围或者如何明确地划定边界很难达成共识。规划组织必须收集该地段活动模式的相关资料，如居民如何使用这一地段，他们会在哪里散步和购物，他们使用什么城镇设施以及这些居民自己如何描述他们的邻里。
- 界定其与其他规划项目的关系。和地段的边界相类似，地段规划与相关规划和项目的关系也会在城市总体规划、区域层面规划或者城市邻里保护规划中做出详细说明。如果没有，邻里规划组织则必须在规划编制工作开始之初界定这些关联性，包括在一系列的支撑研究中对该地段相关内容的评述。相关规划包括交通规划、开放空间和林荫道路规划、福利住房计划、城镇设施规划以及城镇改建计划等。

- 制订规划过程流程图或工作计划（Jones 1990，13）。这是一个有关规划过程的图表，其中附有文字说明谁什么时候该干什么事以及每个部门的作用，每个步骤都与整个过程直接相关。这类图表在表的顶端有一个时间轴，任务则列在下边，对应的每一栏中注明该任务执行的时间；又或者图表中有一系列标明任务内容的表格栏，它们通过箭头相互连接来说明之间的关联性和发生的顺序，而所有这些都与顶端的时间轴对应。该图表还附有任务列表，注明具体负责的部门、开始和截止日期，并阐述具体需要做什么以及完成后的效果。可参照专栏 9-2 中的图表。

明确相关问题，确立工作愿景。在编制规划的过程早期和设定规划目标的同时，规划团队就应当对这一地段及队伍本身的重要问题有初步了解。同时还应当为规划团队地段和本身确立工作愿景。规划团队必须理解这些陈述是规划过程的准备阶段而且对于以后的规划修订工作至关重要。这样做的目的在于为团队及其工作人员设定一个起点，引导他们对现存条件及随后产生的问题进行分析，同时推动公众参与者发掘该区域的问题及其价值所在。

步骤 2：地段现状描述

这是一个数据收集和分析的过程，它主要由规划编制人员负责执行，但需要地段规划组织中的众多参与者了解其信息。它强调通过文字、表格、图像和地图描述并理解现状情况。邻里规划师有时通过 SWOT 分析（优势、劣势、机遇、挑战）来描述小型地段自身内部及外部的状况。现状描述与分析的要求与城乡规划过程中的类似，但此处特别针对该地段。它需包括：

- **地段的历史**。邻里及其他专区规划中通常包含对地段历史的描述，借此为居民和决策者建立认同感和地区归属感。
- **人口**。它按照年龄、种族、特殊人群、家庭规模、职业、收入进行分类；对人口居住场所类型进行社会分析；同时还可能包括生活质量评价——满足感和不满足感、福利设施的可用性、社区归属感，等等。
- **经济**。这对于小型商业区尤其重要，它包括商业现状、发展趋势和潜力研究，商业设施前的人流和机动车流分析以及交易区人口和购物模式分析。
- **自然环境特征**。即使是在小地段尺度，其环境特征和现状对界定邻里特征（在优势方面投资或者克服问题与弱势）至关重要。自然环境特征包括土地形态（山川、河流、地形）、危险（受洪水威胁的平原、空气质量、危险材料及其他污染）、景观（树木、公园）以及野生生物。
- **土地使用**。包括绘制土地使用现状图并分析其结构及状况，尤其需要根据类型、密度和现状进行住房普查，还需明确需求和发展机遇，进行土地开发、再开发或保护潜力分析，并发掘文化及历史资源。

- 交通运输 / 流通 / 步行可达性。对该地段的设施以及地段周边、内部、外部和进出该地段的物资流通模式进行详细研究。此项研究涉及所有的交通方式，包括步行、自行车、机动车和公共交通。同时还对该地段的设施类型、容量和现状进行调研，并分析其运转流通的问题模式。
- 城市设计的特征、资源和问题。这项研究列举并评价邻里特征，这些特征使之具有可识别性。此调查确定地段的地标、路径和流通网络、活动节点、边界、地段中的地块、出入口空间的尺度和结构、色彩与材质、对当地居民具有历史意义或在当前为其提供活动空间的特征性场所，以及使物质环境具有意象性、吸引力和功能的其他方方面面（参见：Hall and Porterfield 2001，11–21；72–76；Lynch 1960；Naser 1990）。本研究还应对居民进行调查，以发现那些对于居民至关重要却被规划师所忽略的地段特征，其目的在于发掘地段的资源和发展机遇（吸引力所在）以及有待解决的问题（劣势所在）。
- 现有规划和政策条例评价。除了表面上和人们观念中已有的问题，信息库还需包含对相关方针、政府政策以及该区域详细规划的调查分析，它们是地段变化演进的主导力量。具体包括区划和专区条例、住房标准，还包括城镇设施改建项目、维护和服务政策，以及关于城镇设施、交通网络、基础设施和区域风貌的各项规划。我们需要对其进行利弊分析，因为对于该地段而言，它们往往既是问题，但同时也是解决问题的手段的一部分。

除了收集和解释地段中的各种信息并对其详尽陈述之外，“地段报告”中还必须涉及那些由利益相关者根据获取的信息及相关解释所提出的交叉性问题。

步骤 3：修正并完善指导框架

规划过程中的这一步骤包括对基础设定和地段报告中所提出的问题、愿景陈述、目标、任务和基本政策进行完善。指导框架可以依照地段报告中的问题概要进行搭建，也可以采取横向交叉的方式。例如 Jones（1990，81）提出的 PARK 方法：

- Preserve：保留（有利的部分需被保留并加强）
- Add：添加（我们所不具备但需要或者希望具有的）
- Remove：移除（消灭现有的不利因素）
- Keep out：排除（规避威胁）

步骤 4：提出建议方案并将其纳入规划

同城乡规划一样，地段规划也应当包含物质形态设计及行动计划这两方面内容。这一过程包括制订备选的设计方案及行动计划，并对它们进行综合评价和完善，最终提交一份物质形态设计和实施计划得到城乡和决策者共同支持的强有力的综合方案。

规划中的物质形态设计环节往往起始于设计研讨会。通过研讨产生概念规划，并对其进行完善后形成概念结构规划。后者通常包括图表和图纸，图纸上应标明：（a）土地使用要素，其中包括居住区、活动中心、特殊地区、地标以及开放空间；（b）城市设计要素，如节点、路径、边界、区域、地标、开放空间以及结构特征；（c）交通要素，其中包括行人、自行车、机动车以及公共交通的线路和设施；（d）开放空间和林荫道路要素，包括场所、空间和网络。这四大要素中的每一项都在图中由政策分区代表，类似于区域土地政策规划中的政策区。地段规划中的每个政策分区都有一套独立的推荐政策和开发管理计划建议。概念结构法适用于任何尺度的地段规划，包括较大尺度的专区规划、较小尺度的如邻里或商业区规划。图 14-1 图示了 Buena Vista 地区的概念结构规划，该地段包括若干小型邻里以及田纳西州纳什维尔市的一个聚落中心。注意它是如何纳入

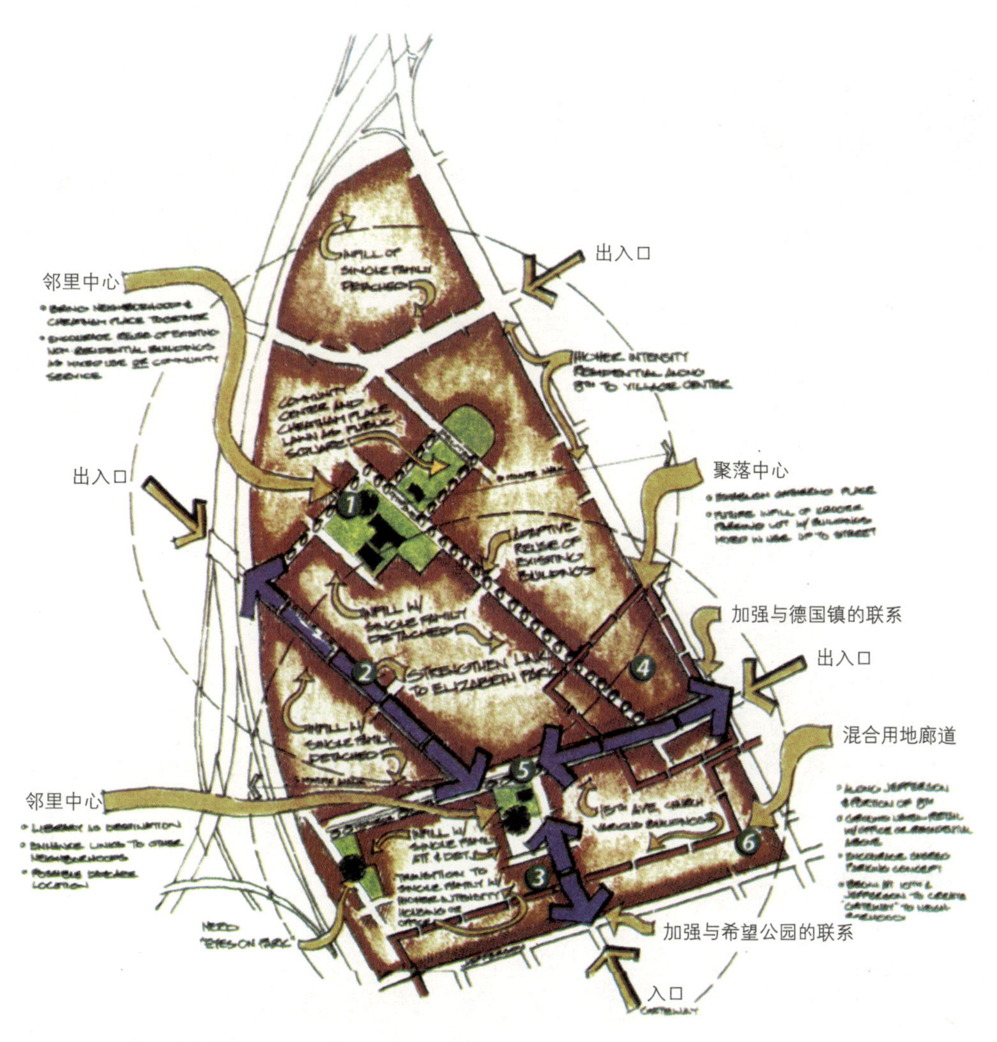

图 14-1 田纳西州纳什维尔 Buena Vista 地区概念性结构规划

资料来源：Nashville，Tennessee，2004

土地使用、城市设计、交通以及开放空间和绿廊要素的。

对于专区层面的规划，概念结构规划之后还应当编制更为详细的地区结构规划。其主要内容与概念规划相同，包括土地使用政策分区、城市设计要素、交通和绿道规划的图纸。但土地使用政策分区比概念规划中政策区所包含的要素类型更加详细具体。例如，开放空间要素被细分为自然保护区、其他开放空间（可能成为保护区）、农田和未来的公园。居住区沿主要大街的混合使用廊道可被划分为低密度邻里政策区和高密度邻里政策区。公共中心可以被划分为商业性混合使用中心和邻里中心。特殊区段可以被分为办公区、零售区和工业区。结构规划还需指定特殊城市设计地区（城镇中的邻里和商业区）。

交通要素指明了支路、地方街道、干道和它们的重新组织排列以及公共交通线（如轨道交通或公共汽车）。绿道和小径也在图中标明。下面的专栏列出了田纳西州纳什维尔市 Bordeaux-Whites Creek 地区结构规划的图例，用以阐明地区结构规划的

专栏 14-5
田纳西州纳什维尔市地区尺度结构规划的图例

土地使用政策区类型

NSO	自然保护
OS	开放空间
RLM	中低密度居住
RM	中等密度居住
RH	高密度居住
MI	主要机构
NC	邻里中心
CC	城镇中心
RAC	区域性公共中心
CMC	商业混合中心
RCC	零售商业集中的社区
IN	工业
PP	未来的公园
PS	未来的学校

特殊区域——大运量交通密度

交通规划

干道——现状、计划的和备选计划的

支路——现状和计划的

步行街道——人行道和混行道

自行车道及路线

其他交通方式

未来的邻里（方圆 0.25 英里范围）

绿道的相关特征

- 绿道
- 绿道小径——现状与计划的
- 沿小径的规划轨道线
- 绿廊

资料来源：Nashville, Tennessee，2004

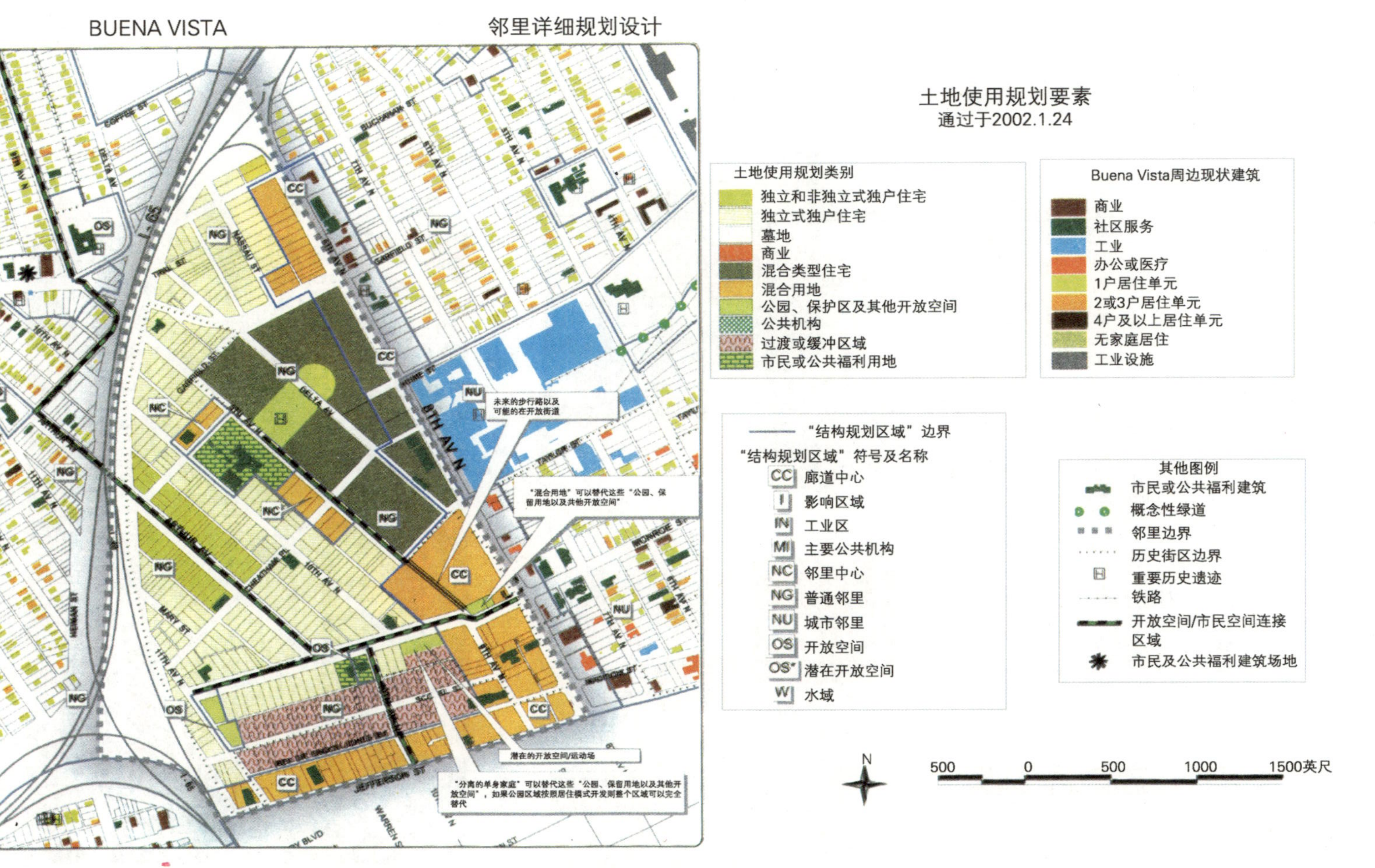

图 14–2　田纳西州纳什维尔 Buena Vista 地区概念性结构规划中的土地使用设计要素

资料来源：Nashville，Tennessee，2004

内容。注意其中包括了交通系统和绿道以及土地使用政策区。

图 14-2 所示为 Buena Vista 地区结构规划中的土地使用要素，图 14-1 则为其概念规划，前者的编制以后者为基础。注意，图中不仅包括未来土地使用性质还标明了发展政策区，如“廊道中心”（此处适用于概念规划中的聚落中心），它规定了合适的土地使用性质以及设计导则，其中包含建筑类型、退界距离、步行通道、该中心区地面铺装的处理方法。同时还规定了有交通要素，可能是绿道和人行道结构规划，以此作为土地使用要素的辅助和补充。

在邻里尺度上，物质性规划设计所包含的要素应以地区结构规划为基础。同时它们还强调交通要素的内部循环和人行通道。邻里规划设计通常在考虑土地使用、交通和绿道要素之外，特别注重城市设计。图 14-3 展现了邻里设计的

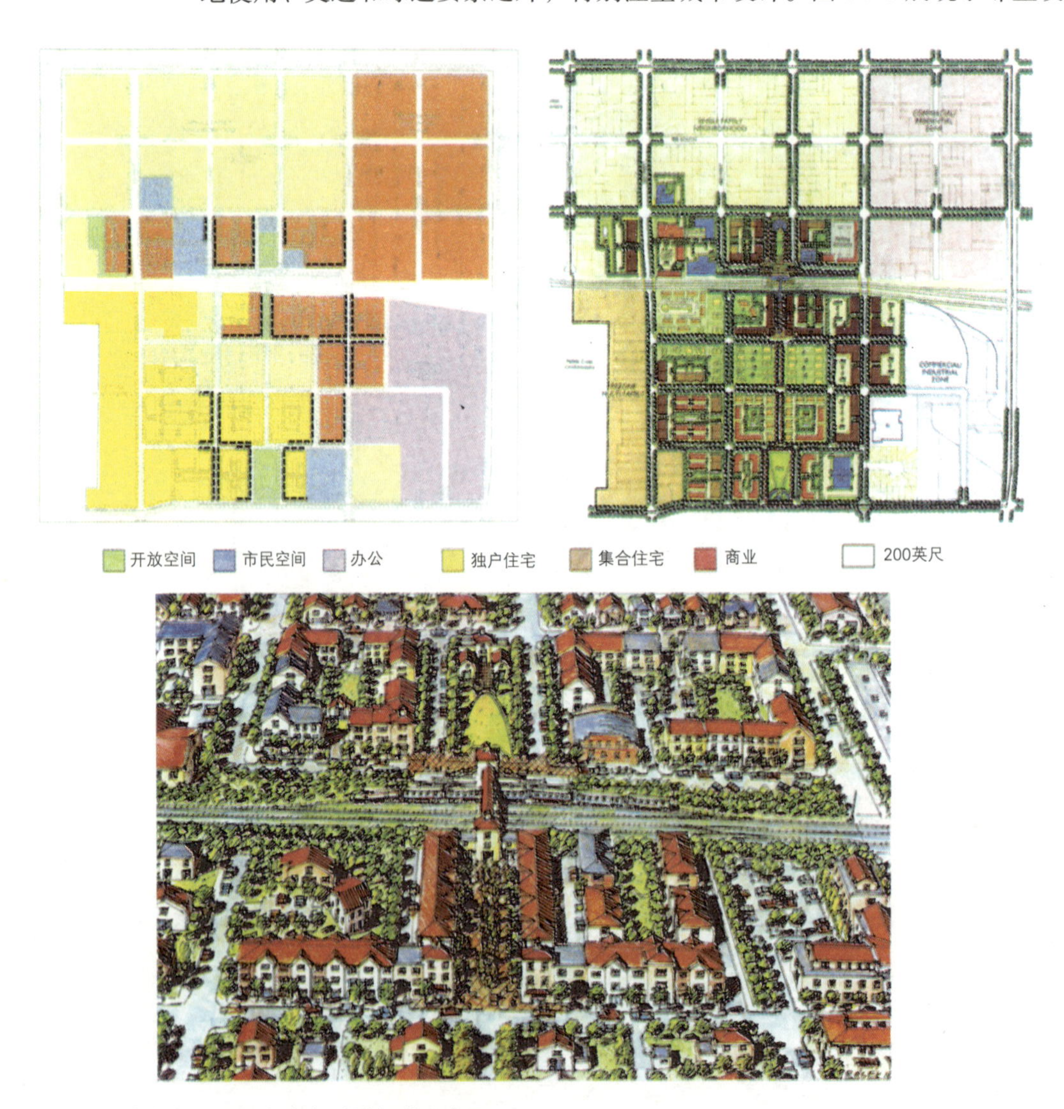

图 14-3 犹他州 Provo 公交站地区规划三维示意图

摘自：Peter Calthorpe 和 William Fulton 的《区域城市》，版权于 2001 年归作者所有，华盛顿特区 Island 出版社授权使用

更多三维信息，便于与利益相关者与政策制定者展开图纸交流。图中的规划案例针对的是犹他州 Provo 的一个公交站周边的再开发地段。其中有高密度的住宅、公共步行广场以及邻近火车站的商业建筑。紧靠该地段北侧为独户型住宅区，现有社区需要维持其稳定性，而较高密度的开发则有利于实现土地使用与交通之间的相互适应与平衡，因此需要公平地处理再开发过程中上述两者的关系问题。

邻里规划设计中伴随着居民参与的过程，在工作人员完善规划方案之前，居民会对所提供的备选方案进行讨论评估并做出他们的选择。实施计划也采取了相同的参与模式，邻里规划组织会对备选计划进行讨论评估，随后才由规划人员进行完善深化。监测、评估和不断的修正、更新计划是实施计划中的一部分。

编制概念结构规划的过程，尤其针对土地使用要素，也同样包括第 10 章所阐述的五项任务（参看图 10–1），且特别关注于问题列表，对于指导框架及地段研究的步骤 2 和步骤 3 中所提出的优势、劣势、机遇和挑战予以重视。这一过程包含有以下任务：

- 设计导则的深化（第 10 章一般性的土地使用规划中的任务 1）；
- 适宜性 / 关注点 / 问题 / 优势 / 机遇图解——即通过图纸方式描述这些原则的适宜性（任务 2）；
- 进行概念结构图设计，并完善为概念性设计（任务 5 的初始阶段）；
- 分析不同空间类型的需求，空间类型由目标、机遇、特定背景及概念设计所界定（任务 3）；
- 分析该地段的容量，尤其是针对概念性结构规划中的设想（任务 4）；
- 完善结构设计图（回归任务 5）。

与城乡规划一样，物质形态设计需要与开发 / 再开发 / 保护管理计划相结合。开发管理规划将在第 15 章中进行讨论。

地段规划并不止步于规划成果的完成。有些地方实行是一套综合性程序，在专区规划和城乡规划中包含有地段规划内容，在这些地方每年都会向规划委员会或市政委员会递交发展报告，以此作为监控和评价过程的一部分。规划人员继续协助城镇实施开发管理计划。地段规划同时辅助规划委员会及立法机构进行决策，这些决策涉及土地报批、标准审核及设施改建支出等方面。当城乡规划和专区规划修订之后，也需要对地段规划进行检查。因此，地段规划是地段开发和再开发的起点。为了保证它的有效性，邻里、商业团体、开发商和地方政府代表必须互相协调、长期坚持实施。

小结

按照本章所述的指导方针，规划师所做的不仅仅是一个地段规划方案，而是一个融入城乡规划网络和开发管理计划的地段规划的完整程序。这样的规划将有效地强调重要地理区段具有针对性的问题，并深化城乡土地使用及开发政策。规划网络中的地段规划有多种不同类型，例如，专区尺度与邻里尺度的规划兼而有之，城市开发地区与环境资源区的规划兼而有之。城市规划应当包含土地使用、交通和绿道要素，功能设计和城市设计要素，物质形态设计和开发管理计划。

从本书开始至本章结束，我们着重讨论了城市土地使用规划中的物质形态设计以及它们如何实现永续性，永续性包括了公平性、环境可承受性、经济可行性和高度宜居性几个方面的含义。这些规划旨在描绘城镇未来的物质形态愿景。然而，要想在具有前瞻性的同时更具实效性，规划中需要加入强有力的实施要素，也就是开发管理计划，这将是下一章的主题。

参考文献

Barnett, Jonathan. 2003. *Redesigning cities: Principles, practice, implementation.* Chicago, Ill.: Planners Press, American Planning Association.

Barnett, Jonathan, and Gary Hack. 2000. Urban design. In *The practice of local government planning,* 3rd ed. Charles Hoch, Linda Dalton, and Frank So, eds., 307-40. Washington, D.C.: International City/County Management Association.

Bohl, Charles C. 2002. *Place making: Developing town centers, main streets, and urban villages.* Washington, D.C.: Urban Land Institute.

California Government Code, section 65450-65457. n.d. Specific plans. Retrieved from http://www.leginfo.ca.gov/cgi-bin/, accessed March 2004.

California Government Code, section 65460-65460.10. 1994. Transit village development planning act of 1994. Retrieved from http://www.leginfo.ca.gov/cgi-bin/, accessed March, 2004.

Calthorpe, Peter, and William Fulton. 2001. *The regional city.* Washington, D.C.: Island Press.

City of Davis, California. 200l. *City of Davis general plan.* Davis, Calif.: Author.

City and County of Denver. 2000. *Stapleton design book.* Denver, Colo.: Author.

Federal Highway Administration. The Fruitvale BART transit village, Oakland, California. Retrieved from fhwa.dot.gov/environment/ejustice/case/case6.htm, accessed July 2004.

Forest City Development. 2000. *Stapleton Design Book.* Denver, Colo.: Forest City Stapleton, Inc.

Gregory, Michelle. 1998. Anatomy of a neighborhood plan: An analysis of current practice. In *The Growing Smart working papers,* vol. 2. PAS Report 480/481. Chicago, Ill.: American Planning Association.

Hall, Kenneth B., and Gerald A. Porterfield. 2001. *Community by design: New Urbanism for suburbs and small communities.* New York: McGraw-Hill.

Jones, Bernie. 1990. *Neighborhood planning: A guide for citizens and planners.* Chicago, Ill.: Planners Press, American Planning Association.

Kaiser, Edward, and David Godschalk. 2000. Development planning. In *The practice of local government planning,* 3rd ed. Charles Hoch, Linda Dalton, and Frank So, eds., 141-69. Washington, D.C.: International City/County Management Association.

Kelly, Eric D., and Barbara Becker. 2000. Planning for particular geographic areas. In *Community planning: An introduction to the comprehensive plan*, 323-38. Washington, D.C.: Island Press.

Knack, Ruth E. 1995. BART's village vision. *Planning Magazine* 61 (1):18-21.

Lynch, Kevin. 1960. *The image of the city.* Cambridge, Mass.: M.I.T. Press.

Meck, Stuart. 2002. *Growing Smart legislative guidebook: model statutes for planning and the management of change.* Chicago, Ill.: American Planning Association. (See Subplans, 7-176-7-195; and A note on neighborhood plans, pp. 7-267-7-279).

Naser, Jack L. 1990. The evaluative image of the city. *Journal of the American Planning Association* 56 (1): 41-53.

Nashville, Tennessee. 2004. Retrieved from http://www.nashville.gov/mpc/design_plans.htm, accessed July 2004.

Sedway, Paul H. 1988. District planning. In *The practice of local government planning*, 2nd ed., Frank So and Judith Getzels, eds., 95-116. Washington, D.C.: International City Management Association.

Unity Council. 1999. The Fruitvale BART transit village community development initiative. The Unity Council Website. Retrieved from http://www.unitycouncil.org/html/ftv.html, accessed July 2004.

第 15 章

开发管理

为了制定城乡规划系统的实施策略，你需要对开发管理规划及相关实施计划的编制进行引导。其具体内容包括：编制规划成果中的开发管理部分，制定促进规划实施的条例与激励计划，对规划实施成效进行持续监测，对规划内容进行评价，对规划成果的相应部分及时进行更新。你会发现规划的有效实施依赖于许多组织和个人经年累月的行动与决策。因此，在制定开发管理策略和选择开发管理工具时，必须引入公众参与。那么，你会提出什么参与活动和技术活动呢？

公众需要参与到开发管理中，以确保其意图真正得到执行而不只是“走过场”。因此，开发管理不仅是一个技术过程，也是一个政治过程。在技术方面，开发管理包括预测未来的发展趋势并确定合理的开发方式，为实现预期的城镇发展目标而进行政策、计划、激励和调控手段的选择。在政治方面，“开发管理需要有一个战略与政策框架来引导各种政治决策，否则这些政治决策就会是渐进做出的，缺乏协调”（Porter 1996，6）。

开发管理具有动态性和主动性（proactive），通过对土地使用博弈中地方与区域的竞争性利益进行协调与平衡，实现城乡永续发展。正如图Ⅲ-1 所示，开发管理和公共支出是与规划体系和未来永续城乡相联系的两项成果。实际上，除这两项之外，还包括大量的开发管理政策、激励制度和计划。

在本章中，我们将讨论开发管理中的最佳实践，并对编制和实施地方层面开发管理规划与计划过程中所涉及的各种任务与工具进行评价。

开发管理的概念

开发管理，有时也被称作增长管理，是一套有计划的政府行为，通过对私人和公共开发的规模、类型、设计、速度和成本进行干预，以实现公共利益（Godschalk，2000a）[1]。进行开发管理的目的在于根据城乡愿景和规划目标积极地引导增长。例如，凯里镇增长管理规划（2000）针对增长的速度、时序、区位、规模、强度、成本和质量等提出了引导原则，并为实现这些原则与任务制定了一系列实施策略。

增长引导策略的表现形式可以是开发管理规划或土地使用规划（区域范围的土地政策规划和土地使用设计）的组成部分，也可以是聚焦于相对较短年限（相对规划年限而言）的独立的开发管理计划。为了达到理想的协调效果，开发管理规划应当与土地使用规划同期编制，并作为后者的组成部分。例如，戴维斯市总体规划（2001）包括土地使用和增长管理的专门章节，将永续城市的愿景与配套的增长管理目标和政策联系起来（见专栏 15-1 的戴维斯规划节选）。然而，一个

专栏 15-1
戴维斯城市总体规划节选

总体规划愿景：为城市所有居民创造一个安全的、永续的、健康的、多元的、令人振奋的环境（City of Davis 2001，41）。

增长管理目标 LU 1：保持戴维斯市作为一个小型的、大学导向的城市，外围为农田、绿带、自然生境和保护区所环绕（City of Davis 2001，87）。

政策 LU 1.4：确立一个永久性的城市边界，这一边界由开敞空间、灌篱、树篱、相似的景观元素、被动的游憩空间、包括过渡性农业用途的缓冲带以及其他类似要素所确定（City of Davis 2001，91）。

行动：要求邻近农业用地的项目对农用地的影响最小化，防止这些农用地转换为其他的土地使用性质（City of Davis 2001，91）。

增长管理目标 LU 2：明确内填式开发的类型、选址、速度和强度，确保其与邻里、农用地和开敞空间保护等政策相协调。（City of Davis 2001，93）。

Policy LU 2.1：在总体规划被采纳后，即刻制定并实施内填式开发导则和综合性的小汽车管理策略，导则与策略在制定前不进行任何重大内填式开发项目的审批（City of Davis 2001，93）。

行动：进行区划修订，对公共设施和服务设施（如公交站点）附近的居住项目进行开发强度奖励（City of Davis 2001，94）。

戴维斯市总体规划（City of Davis 2001，41 and 7）将愿景定义为宏观的哲学陈述，旨在描述理想的终极状态；将目的定义为某一特定问题的终极状态；将政策定义为价值陈述或引导，以保证决策和资源配置的一致性；将行动定义为实现政策的特定任务。在典型的规划目的（goals）、目标（objectives）与政策（policies）语汇里，戴维斯的一项愿景和目的相当于一个典型的目标（goals）；戴维斯的一项政策就相当于一个典型的任务（objectives）；戴维斯的一项行动则相当于一项典型的政策（policies）。

城镇也可以制定独立于土地使用规划的开发管理规划，对规划策略进行扩展或修正以应对经济或是增长面临的新问题，或是采用新的管理工具。不论哪种情况，开发管理规划中提出的调节、支出以及其他工具都必须根据每年度更新的行政管理计划进行协调。

开发管理的最佳实践都寻求引导未来的地方开发遵循精明增长原则和宜居性标准，以实现长期的永续性。这种关系可以被概念性地看做一种分级体系，在概括性陈述的开发管理规划目标（goals）层面，长期永续性构成了其基础。这些永续性目标的实现有赖于更为具体的中期任务（objectives），这些任务应当以精明增长原则和宜居性标准为基础，应当是行动导向的和可测度的，并应当被整合到地方法令中（Tracy，2003）。这些任务在日常管理工作中成为现行管理政策和行动计划所设定的目标（target）（图 15–1）。

图 15–1 开发管理目的、目标和政策

开发管理规划和程序设计

开发管理规划文件的内容应当包括图、表格以及文本，阐述增长策略与工具的各个重要方面：

- 受规划影响的土地使用类型、混合性、强度（如：每英亩建设 10 ~ 20 套联排住宅的内填式开发项目；中等高度、纵向混合、容积率在 4 ~ 6 之间的商业办公建筑等）。
- 能够影响土地使用的空间区位（如：地区边界、公共投资区位等）。
- 开发时序（如：支撑性公共设施与开发的同步性、增长速度的规定等）。
- 公共设施建设成本和融资渠道（如：道路、学校、公园、市政设施等）。
- 设计标准与审查程序（如：土地使用与交通的整合，设计审查委员会等）。
- 管理工具和条例（如：区划、土地细分条例、资金改善计划（CIP）、同步性法令、交通改善计划（TIP）等）。
- 实施责任（如：规划中建议的行动执行机构、实施行动的时间框架等）。

因此，开发管理规划不仅是对一般政策的讨论，更是对如何应用工具的阐述。开发管理规划是真正的规划。

开发管理规划和程序设计的产品包括：规划图（a plan）、规划实施策略和配套的管理工具包，这些产品必须与地方情况相适应并得到当地的支持。一个好的开发管理规划和计划应当清晰地表明，其提出的策略和工具如何能够实现永续发展的最终目标，如何能够达成精明增长和宜居性目标。因此，规划应当确定未来哪些地区将鼓励开发，并得到基础设施和控制标准的支持，又有哪些地区将会被用于自然保护，公共开放空间将会被征用，允许进行开发权转移，从而实现人与自然和谐，保护自然环境。例如第 1 章述及的马里兰州蒙哥马利县，通过划定“优先资助区”，在该类地区集中进行公共投资以支持开发，而乡村地区的自然体系则得到保护（Godschalk 2000b）。

开发管理策略的主要特征一般都会在城乡规划中得到阐述，而实施工具的内容和细节则一般见诸条例、政策陈述、资本改善计划等其他文件中（Kelly and Becker 2000）。例如，蒙哥马利县的开发管理工具包括：总体规划、区划、公共设施保障规定、年度增长政策以及开发权转移程序。其土地供应监测工具包括：管线工程计算机文件，已批准的土地细分、建筑许可、地块及开发权转移（TDRs）等（Godschalk 2000b）。

为了增加有效性，开发管理规划必须能够对开发者的行为和开发项目本身产生影响。从行为角度来看，这意味着鼓励私人开发商在与土地使用规划一致的前提下，在特定区位获得土地并实施开发；此外，还意味着鼓励公共部门的参与者在进行基础设施和其他公共投资决策时遵循规划政策。从开发项目角度来看，规划不仅要管理宏观层面的开发特征（开发量、类型、区位、速度 / 时序），还要管理微观层面的开发特征（城市设计、公共空间、通道、中心、街道和路径等），这些都要借助管理工具（规划方案、激励政策、公共投资）的运用。流行的说法是,这些管理工具同时依赖“胡萝卜”（鼓励自愿遵守行为）和“大棒”（强制执行）（Godschalk 2000b）。

为了达到管理开发的目的，城乡可以选择基于土地用途的区划准则和基于形态的设计准则，或者将两种类型的准则相结合。历史上，标准的选择是采取传统的欧几里得区划法[2]和土地细分条例，有时集成在一部开发条例之中。另一种新近出现的选择是“形态准则”，有时也被称为“精明准则”（smart code），设计准则，传统邻里开发准则（Congress for the New Urbanism 2004；Rouse，Zobl，and Cavicchia 2001）。第三种选择是采用复合型条例，这种条例综合了区划和形态准则的特征，有时也被称为“并行准则”或“现代联合开发准则”（modern unified development code）。

这些开发控制手段差异很大（图 15–2）。最大的差异在于区划准则控制土地使用是“限制性的”，通过禁止与区划条例抵触的开发类型说明哪些土地使用是不被允许的（尽管在设计方面有较大的灵活性）（Meck 2002，第 8 章）。形态准则则不同，这种类型的区划是控制建筑的类型、设计和公共领域的空间要素，本质上，形态准则是“规范性的”，要求开发按照既定设计标准执行，其表述方式是设计应当如何进行（尽管在土地使用方面具有较大的灵活性）（Sitkowski，2004）。并行准则增加了特殊的“基于设计的地区”，其对象可以是浮动区划地区，也可以是图则地区，在这些特殊地区，使用控制和形态控制同时发生作用。

传统的基于土地用途的区划法令，连同土地细分条例，旨在控制开发的宏观特征：开发量、类型和区位。为了管理开发的速度和时序，城市增长边界、公用设施配套条例、开发许可限制和同步性要求可以作为区划和土地细分条例的辅助。然而，波特兰和其他城镇的经验证明，宏观层面的增长边界不足以支撑微观层面的宜居城镇设计（Song and Knaap 2004，211）。控制建成环境的微观设计要素也非常重要。

形态准则融合了微观层面的设计、开发要求与标准。在“新城市主义”[3]、“新传统主义”开发或“传统邻里开发”（TND）的旗帜下，基于形态的设计准则被大量私人社区所采纳，这其中包括其原型——佛罗里达州的滨海城项目（Seaside）。很多现有的城市也采纳了形态准则的控制方式，如得克萨斯州的奥斯丁、俄亥俄州首府哥伦布以及北卡罗来纳州的 Huntersville（Sitkowski，2004）。这一不断变长的名单可以在新城市主义大会的网站上查询（www.cnu.org）。

传统的区划准则	形态准则	并行准则
控制使用	控制建筑和公共领域的设计	控制使用和设计
限制性的（防止危害；不确定结果）	规范性的（特定形态；要求的结果）	限制性和规范性的结合
法律文本的形式	设计导向的图示形式	文字与图示
禁止使用方面具有刚性；设计方面具有弹性	设计标准具有刚性	根据适用准则而定
并不总是与土地使用规划挂钩	与控制性规划挂钩	与土地使用规划和控制性规划挂钩
基于土地使用分区	基于城市断面分区	基于土地使用分区和城市断面分区
民选机构负责区划变更和项目审批（可以公开听证）	城市建筑师负责审批（行政的）	根据适用准则而定
渐进式调整	一旦采纳，很难调整	前两种类型的混合

图 15–2 区划准则、形态准则和并行准则的比较

形态准则可以涵盖各种规划和元素（Duany and Plater–Zyberk 1991；Lennertz 1991，95–103）。比如，控制性规划确定了街道类型、公共土地（public tracts）及私人土地和建筑类型。城市方面的规定控制了私人建筑构成公共空间元素的部分。建筑方面的规定控制了建筑的材料、外形和建筑技术。街道类型方面的规定描述了行人和小汽车公共空间的特征。景观方面的规定明晰了街道、广场和公园的植物种植等。

形态准则试图通过一部单一的条例来管理开发。例如：“精明准则”（Smart Code）试图实现城乡（包括村庄和城镇）的精明增长模式（集群开发、传统邻里开发和公交导向的开发），将规划所关注的尺度从某一专项和城镇扩展到建筑单体[4]。其摘要部分指出，精明准则将环境保护、开发权转移和建筑与景观标准整

合在一套准则之中。鼓励采用行政审批而不是公开听证，鼓励通过激励手段而不是禁止的方式来寻求理想的结果。精明准则被视为一份能够提供替代性控制框架的规划文件（Sitkowski 2004）。

形态准则对开发管理提出了挑战，特别是在那些基于土地使用区划发展起来的现有城镇。许多控制元素，特别是允许开发的用地类型，很难用图形的方式表示。设计准则刻板地和规范性地确定了建筑形态和建筑元素，但在土地使用方面具有灵活性。另一个问题是，形态准则规定了理想建成环境的一般性图景，并且这种图景是在规划批准阶段形成的（声称是“永恒的”），形态准则的这一特性在未来价值观和建筑偏好发生变化时将会变得无所适从。最后的问题是，形态准则将对未来开发的决策权让渡给城镇建筑师，许多形态准则的动机在于建立一套相对于公开听证更有效率、更少引起争议的行政程序，以便获得遵守形态准则的开发商的支持。一些开发商喜欢形态准则带来的确定性——遵守准则的设计标准项目就会获得许可，一些城镇也会倾向于形态准则带来的未来开发环境的确定性；但是，还有一些城镇则不愿意放弃在项目审查时以听证会的形式进行公众参与和官员决策程序。

开发管理的最佳实践在方法和技术两方面都有着巨大的差异，究竟哪种方法和技术更为适宜取决于当地的外部环境因素。在本章中，我们将集中介绍这些方法的主要类型（参与、分析、策略 / 工具设计，实施），在每种类型中分别讨论一些选出的最佳实践。我们将依次介绍这些方法，但在规划的整个过程中都可能会用到。与编制综合规划相似，开发管理规划的编制应当包括以下步骤（图 15–3）:

- 参与过程，利用讨论会以及其他技术将城镇和利益相关者纳入编制过程。
- 技术分析，评价城镇开发管理需求和可行技术，包括对现行政策进行精明增长审查，对未来行动进行“逆向绘图”（backward mapping）分析以鼓励开发商遵守规划。
- 对替代策略和工具进行设计、讨论和评价，以便选出最适宜的策略和工具包。
- 实施与监测计划，保证开发管理规划能够得到持续的执行。

参与过程

有效的开发管理有赖于城乡的理解和支持，有赖于通过有计划的参与过程实现规划师和利益相关者之间的相互沟通。首要的任务包括：通过特别工作组、讨论会、网络、调查等方式就关键性的增长问题展开对话；通过情景预测、专家研讨会（charrettes）、愿景设计、电子投票等途径对可能出现的结果进行预测。这些任务之间往往是相互关联的。例如在佛罗里达州科利尔（Collier）县的城镇特色风貌规划（2001）编制过程中，一个由不同利益相关者组成的“遴选委员会”（Select

Committee）与规划人员和咨询机构一同工作。举办设计专家研讨会以吸引公众参与，"城镇形象调查"中的幻灯片调查吸引了300余人参与，推动了对设计细节的甄别讨论。

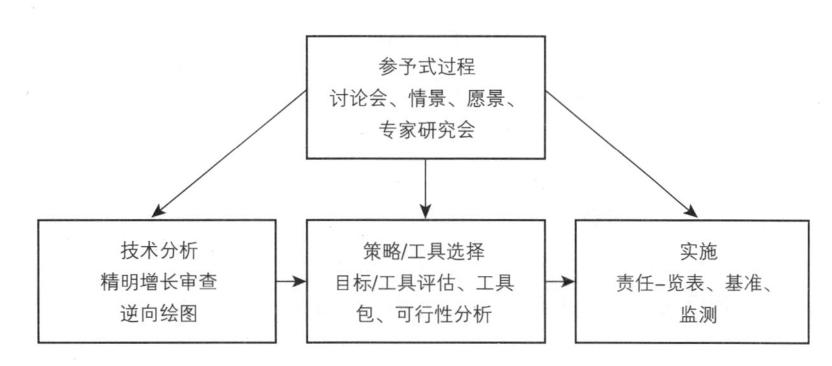

图15–3 开发管理规划中的任务

研讨的目的是对城镇开发管理方法的现状进行交流与讨论。其目标在于通过技术分析提取出有效议题和智能信息，接受城乡反馈意见并作出回应。这一过程中应用的标准技术是举办城镇社区研讨会，对主要发现进行解释，参与者可以就这些发现进行讨论并得到回应。例如，人口与经济分析得出的增长率和变化速度可能比实际情况要高。现行的开发管理程序，如传统区划法，可能无法充分应对此类变化。同时，促进利益相关者理解这些研究发现及其影响，赢得他们对新管理策略的支持至关重要。诸如在线调查等网络工具可以作为面对面讨论的补充和提升。

除了通过现行方法展开讨论，鼓励公众思考替代性的开发管理方法以更好地解决未来的需求也是非常必要的。运用情景模式来分析不同的未来情况更是如此。例如，1996年北卡罗来纳州凯里市的土地使用规划采用"现有发展模式情景"、"紧凑发展模式情景"和"修正紧凑发展模式情景"三种情景来计算在饱和开发（buildant）情况下的未来土地需求和人口规模（Town of Cary 1996，36–43）。另一个例子来自Freilich（1999），南华苏县（Southern Washoe）提出了四个可选择概念：现状趋势、重要地区、资本驱动和生活质量。这些概念的特征被综合为一个优化方案：分层增长。

在愿景研讨会上，主办者向参与者展示经由现行的和潜在的开发管理模式生成的城市开发形象（一般而言是："常规模式"，如区划Vs.潜在的"设计导向模式"或"精明增长导向模式"），并征求其意见。参与者的倾向被整理编辑后反馈给参与者，并通过讨论和投票对这些倾向进行提炼与排序（Nelessen 1994）。投票可以在讨论会期间以电子计票的形式进行，也可以以在线反馈的形式进行。第三种技术包括在专家研讨会中引入参与机制，公众与职业规划师共同梳理关于城市未来的理念。专家研讨会是新城市主义规划师青睐的一种工具（Lennertz 1991）。

在许多案例中，增长管理规划依赖标准参与技术，如：城镇议会扮演提供背景条件与需求并寻求共识目标的非正式决策者角色，市民咨询委员会与规划师共同工作以编制规划方案。无论采用哪种参与形式，其成功都有赖于规划官员和咨询人员提供扎实的技术信息和分析。

技术分析

扎实的技术分析是编制有效的开发管理规划或计划的基础。其主要任务包括：对现行的或实际的开发管理决策体系进行评价；探索新的方法，以影响在开发过程中主要参与者的行为与理想的方向趋于一致；定制可行的开发管理策略"工具箱"；对替代性策略的潜在影响进行评测。

现行系统评估（de facto system assessment）

每个城镇都有能够影响发展与开发的政策、规划、条例和程序。将这些不同的元素称为体系未免言过其实，因为大多数情况下它们仅仅是各自独立的一系列行动的结果，并没有系统地架构而形成相互协调的"整体"。然而，从效果来看，它们的确决定了增长的路径。

为了评判政府规划的"基因密码"是助长了蔓延还是促进了精明增长，一套最佳实践的方法是采用精明增长审查，评价各种因素的累积效果，诊断现行开发管理体系中的问题地区（Weitz and Waldner，2003）。审查内容包括：对现行增长政策、规划、计划、条例和程序进行整理与分析，对增长管理决策中的重要参与者进行访谈。审查结果将反馈给规划人员及其他相关人士，并接受他们的检查，以确保结果的可靠性。例如，在北卡罗来纳州的夏洛特梅克伦堡（Charlotte Mecklenburg），审查人员首先基于精明增长原则确定了评价标准，接下来，他们访问了关键的利益相关者，最后，根据从前确定的四项标准对现行的增长管理政策、规划和实践进行了整理与分析（Avin and Holden 2000，29）。这四项标准是：

- 概念的完善性：理念陈述应当准确、详细；理念在各种规划成果与文件中应当交叉引用并得到充实；实现理念的目的与目标应当是可测度的和明确的。
- 分析的准确性：提出充足的数据以界定议题或难题的范围；数据应当是最新的；分析过程应当考虑实际环境，并能够与其他议题形成联系。
- 实施的层面：各种控制要素和实施要点应当被整合到准则、条例或其他管理工具中；应有充分的证据反映目标与策略的实现情况；对于场地有持续性的监测、反馈和修正系统。
- 制度准备：明确目标实施与监测任务的责任机构（义务和责任清晰）；具

备机构间协作机制；应有充分的证据反映政治支持度与推进的意愿。

夏洛特梅克伦堡的审查者在审查中既发现了优点也发现了缺点。优点包括：区域规划和协作力量薄弱、缺乏规划数据库与跟踪制度（没有对地段层面的预测）、过多的低密度居住分区、缺少土地保护或资源流失监测机制、开放空间不足、资金有限、缺少对内填式开发的奖励机制、缺少中等或高强度居住分区以及混合使用的居住分区、强调交通的机动性而非可达性、被动地提供基础设施服务而不是主动规划（无差异的开发速度与扩张政策）、基础设施建设时序与土地使用变化缺乏协调、没有使用者友好型的准则（需要强化城市－县区划与规划）、区划没有公交友好型开发方面的要求和鼓励机制。这些缺陷在现代大都市开发管理计划中并非个案。

为了改善夏洛特梅克伦堡的精明增长运作，审查者建议（LDR International et al. 1999，2）：

1. 简化并改善开发准则与审查。
2. 建立主动机制（控制最小密度和资金）以实施规划愿景。
3. 进行饱开发量的规划。
4. 建立 GIS 数据库，并开发跟踪系统（与地段人口和经济预测相联系）。
5. 对现行规划和政策的成效实施财务分析。
6. 建立公园、开放空间和环境的一体化策略与资金保障。

关键参与者行为分析

为了保证开发管理规划能够得到实施，规划师应当分析关键参与者的决策过程，正是这些参与者决定了开发以怎样的方式进行。关键参与者的类型及其典型开发行为包括：

- 未开发或开发不充分土地的主人——其行为将决定诸如农田等土地是维持现状，还是出售给开发商。
- 私人开发商——他们的行为包括购买土地、申请区划调整，以及提出开发申请。
- 民选官员——负责采纳规划与政策，对控制条件变更和开发项目申请进行审批。
- 市政官员——负责新建基础设施的设计与布局，在开发申请审批中提出设计导则。
- 交通规划师——设计未来的道路网络、公交体系、停车系统以及行人与自行车设施。
- 教育委员会官员——预测未来对教育设施的各种需求，并决定未来教育设施的位置、类型和规模。
- 环境机构的规划师——编制并执行环境质量标准与条例。

- 规划与设计从业者——编制规划与项目建议，并提交给地方政府。
- 邻里组织——他们将对城乡增长和开发申请提出支持或是反对的意见。

“逆向绘图法”（backwaxd mapping）是确定上述关键参与者，描绘影响其未来行为（向预设目标发展）的一项工具。在运用逆向绘图时，规划师首先确定规划目标，如内填式居住开发，然后再回溯实现这一目标所需要的行为。接下来，他们需要思考制定什么样的开发条例或激励措施才能够促进这些行为发生。逆向绘图法包括询问各种关键参与者如何进行决策，然后寻找适宜的激励机制以促使其行为与开发管理规划保持一致。例如，为了使开发商申请开发内填式项目，规划师需要确保能够克服此类项目低利润和审批难的两大传统劣势。因此，如果规划师希望城市内填式居住项目能够按照总体规划的设想发生，那么他们需要提供开发强度奖励并保证快速审查程序。或者，为了保护农田，可以授权农民通过开发权出让计划出售其开发权，以激励其维持农业生产。除了了解如何通过政府行为来实施规划，逆向绘图还需要研究在规划中什么样的信息和规定能够适应私人开发商、土地主人以及其他战略性参与者的需要，促使其对规划的整体战略表示支持。

在肯塔基州列克星顿（Lexington）的 1973 年排水战略中，充分展现了逆向分析法在制定开发管理政策中的应用（Hopkins，2001）。莱克星顿希望将紧凑开发作为其未来的城市发展形态。为了实现这一理想形态，需要对公用设施官员的基础设施拓展和私人开发的区位选择进行引导。在此背景下，规划师制定了一套城市排水服务战略，以对负责污水设施的官员在进行设施拓展决策时实现逐步引导。这一战略还对在污水设施服务范围内进行开发的私人开发商进行奖励以影响其选址决定。这一战略旨在建设重力排水系统和规模高效的污水处理厂，同时推进的开发可以充分利用设施容量。在服务范围以内，排水系统应当进行衔接；在服务范围以外，只有面积大于 10 英亩的地块才可以设置化粪池。1958 年最初的服务范围面积为 6.6 平方英里并配备有污水处理厂，服务范围是城市汇水的上半部分。1973 年，经过 15 年的干预，新的压力干管和截流管延伸至外围地区。尽管设计发生了一些变化，但是规划的内部逻辑并没有改变，紧凑发展的战略依然得以执行，开发被引导到市政设施服务覆盖地区，而规划也被有效地用作区划调整的决策基础（图 15–4b）。

工具选择

在设计开发管理战略和选择实施这些战略的工具时，不但需要了解城乡需求和能力，还需要了解单项工具和增长管理“工具包”[5]的有效性。在这一部分，我们将讨论并阐明工具选择在大小城镇的应用。我们首先将回顾相关文献，了解开发管理对减轻蔓延消极影响的效果。

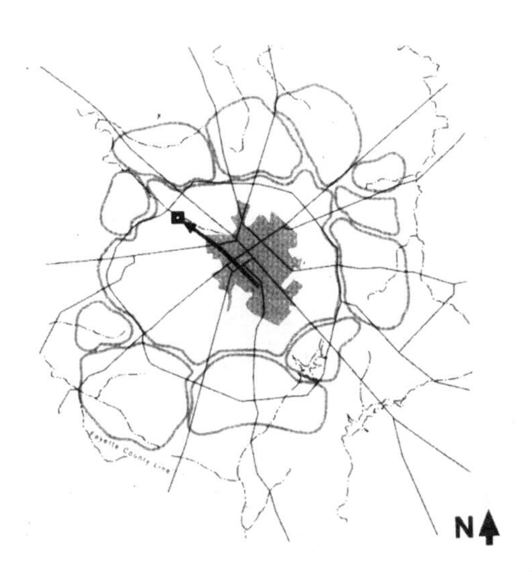

图 15-4a　1958 年列克星顿服务战略
资料来源：Lewis D.Hopkins 的《城市开发》。2001 年作者版权所有。华盛顿特区 Island 出版社授权使用

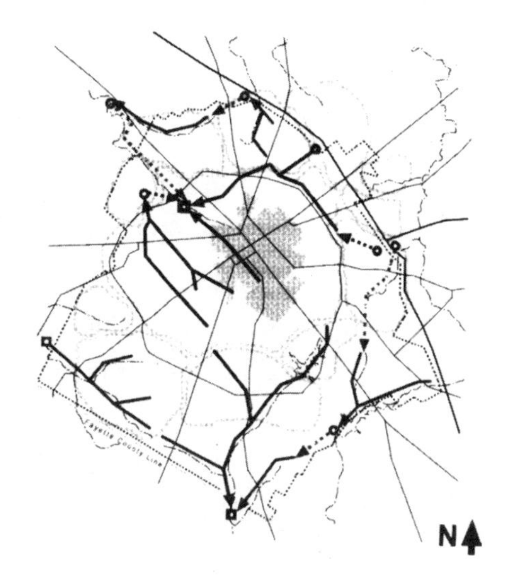

图 15-4b　1973 年列克星顿建成体系
资料来源：Lewis D.Hopkins 的《城市开发》。2001 年作者版权所有。华盛顿特区 Island 出版社授权使用

减少蔓延

减少蔓延带来的消极影响是一个经常在开发管理规划中提及的目标（如：Calthorpe and Fulton 2001）。正如第 1 章所述，低密度蔓延发展模式与一系列负面的影响相挂钩，从过度消耗农田到大量的汽车交通，再到高昂的公共设施成本，乃至公众健康，如肥胖，不一而足。

然而，蔓延却是一个极具争议的话题，有反对者，但也不乏支持者。支持者将蔓延仅仅视为低密度的土地使用模式，是自由市场经济的产物。他们将蔓延看做是市场活力的积极表现，提供较大的地块、较低的房价，消费者拥有更多选择，以及更少的政府干预（Gordon and Richardson 1997）。反对者将蔓延视为不受控制的市场的消极表现。他们认为蔓延导致了高昂的基础设施成本，消耗了更多的土地，造成了更多的机动车出行里程（Ewing 1997），同时还是造成不健康社区的元凶之一（Frumkin，Frank， and Jackson 2004）。

在回顾了相关文献的基础上，Burchell 等人（1998，113-32）总结道，尽管蔓延有一些积极的影响，但是公众不愿意再为蔓延所倚赖的基础设施支付成本。因此，如果地方政府考虑到基础设施的高昂成本，就可能采取减少蔓延的战略，并选择开发管理工具以推行这项战略。Burchell 等（1998，124）认为，蔓延是城市发展的一种形式，包含了以下的大多数元素，而这些元素构成了美国现状土地使用和发展模式的典型特征：

- 低居住密度。
- 新开发无限制地外向扩张。
- 区划条例造成的不同土地使用类型之间的空间分离。
- “蛙跳式”发展。
- 没有集中的土地所有权和开发规划。
- 以私人汽车为主的交通方式。
- 许多地方政府内部存在用地管理权限“碎片化”现象。
- 地方政府财政能力差别巨大，其财政收入与财产税和境内发生的经济活动相挂钩。
- 广泛存在沿公路干线的带形商业发展。
- 依靠漏斗效应与“涓滴”过程向低收入家庭提供住房。

Ewing、Pendall 和 Chen（2002）曾研究了大都市层面的蔓延指标，他们分析了 83 个都市地区的蔓延。三人将 22 个变量与蔓延指数相联系，蔓延指数基于四方面要素，分别是：密度、住房的邻里混合、工作与服务、活动中心与中心区的实力、街道网络的可达性。他们发现居住在蔓延度较高地区的人们需要驱车更远的距离，拥有更多的小汽车，呼吸更多的污染空气，面对更多的交通事故风险，步行机会更少，使用公共交通的概率更低。

在地段层面，Song 和 Knaap（2004）考察了华盛顿县和波特兰都市地区的邻里是如何随时间变化的。他们发现，越是新近形成的邻里越拥有更多的内部街道联系，与公园、商业区和公交站点具有更便捷的步行可达性，有更高的密度，但是较低的外部联系。他们认为与外部联系的降低可能是由于内部街道与公路干线之间的联系受到限制的原因。

大多数城乡规划都不会要求进行严格的研究设计，以确认是否存在或预计将要出现蔓延地区，也不会考虑蔓延是否已经给城镇带来了新问题。然而，在分析现状和未来土地使用模式、讨论开发管理策略与工具时，了解蔓延的研究状况还是有一定意义的。

策略和工具评估

一旦明晰了现行开发管理体系的优势和劣势，描绘了关键参与者的预期行为，就可以选择开发管理工具并对其进行打包。每一个工具包都应当包含一些重要工具的混合，包括：

- 条例（如：区划、土地细分条例、形态准则、公共设施配套条例、增长速度条例、增长边界等）。
- 激励机制（如：密度奖励、快速项目审查、开发权转移、集聚开发等）。
- 地段规划（如：历史地区、邻里、中心区、商务公园、滨水空间、公交走廊等）。
- 设施融资（如：专款、影响费、重税、税收增额融资以及税收等）。

- 行政程序（如：法令调整、项目审批、设计评价、邻里咨询、争端解决等）。

在选择工具时可以是基于管理工具与重要的规划目标之间的联系。例如，实践证明，很多保护设计工具能够有效地影响特定自然和文化特色风貌区周边的增长（Arendt 1999）。Nelson 和 Duncan 等（1995，149-50）设计了一个表格，将开发管理技术与土地资源保护、城市边界、公用设施使用效率和市场需求满意度相联系。Kelly（1993，220-23）设计了一个评价清单，将开发管理的工具与公共服务、城市形态、城镇特征、环境和住房相联系。Kelly 的清单和 Nelson 与 Duncan 的表格可以作为工具选择标准的一般性描述和起点，但都不够深入，无法对工具组合情况进行评价，而这对增长管理规划的制定来说必不可少。

在选择工具时也可以是基于管理工具和开发规模之间的联系。在宏观层面，用于管理新开发的数量、类型和区位的工具包括区划和土地细分条例、形态准则、城市增长边界，以及开发权转移（TDR）；而用于管理开发速度和时序的工具则包括公共设施配套法令、开发许可限制，以及基础设施和道路建设与开发时序的同步性要求。微观层面的开发特征，如城市设计与建筑设计、场地细部和结构外观等则可以通过地段规划、设计准则和设计引导等工具进行管理。

工具的选择还可以基于城乡空间扩展模式的选择，是在外围空地进行郊区开发，还是在城区进行内填式开发和城市更新。丹佛的案例表明，在一个已经高度开发的城市，其增长问题是围绕管理方式的变化展开的。丹佛把重点放在内填式开发和再开发、交通走廊和区域联系等重要特征上。《丹佛蓝图》中阐述了城市的开发管理战略，将城市划分为稳定地区和变化地区。稳定地区以保持现状特色为核心；在变化地区，对新建筑的投资与替代性的交通模式可以结合起来（图15-5）。这样，丹佛地区的城市增长被重新分配，促使开发活动离开稳定地区，而转移到重要交通走廊沿线、邻近城市中心的邻里，以及轻轨站点周边等变化地区。规划推荐混合开发；鼓励多种交通方式的街道，使传统街道类型与邻近地区的土地使用类型相匹配；并建立新的设计标准。其优先行动包括，重新组织区划准则，协调公共基础设施投资与土地使用、经济发展和地段规划之间的关系。

现有文献对开发管理工具的有效性各有看法（Landis，Deng and Reilly，2002）。政治学家将开发管理工具的采用看做对快速增长的一种回应。经济学家则把它看做追求房地产价值最大化的一种努力。一些人认为，开发管理提升了房价；而另一些人则认为，为了居住在更具吸引力、管理更好的社区，人们愿意支付更高的房价。一些人认为，开发管理导致开发从管制严格的地区流向管制松散的地区；另一些人则认为，某些类型的开发管理，如公用设施配套条例和开发费，不会赶走增长，反而会促进紧凑式开发。事实上，情况非常复杂，实证研究常常无法避免决策偶然性造成的影响。

开发管理工具真的具有排斥性吗？在一项针对样本地区进行的研究中，这些样本来自全美最大的25个都市区，Pendall（2000）发现，低密度分区（每英亩少于 8 户）的出租房较少，这无疑是对黑人和西班牙裔居民的一种排斥。然而，城市增长边界、公用设施配套法令和延期偿付机制对住房类型与族裔分布的影响是有限的。

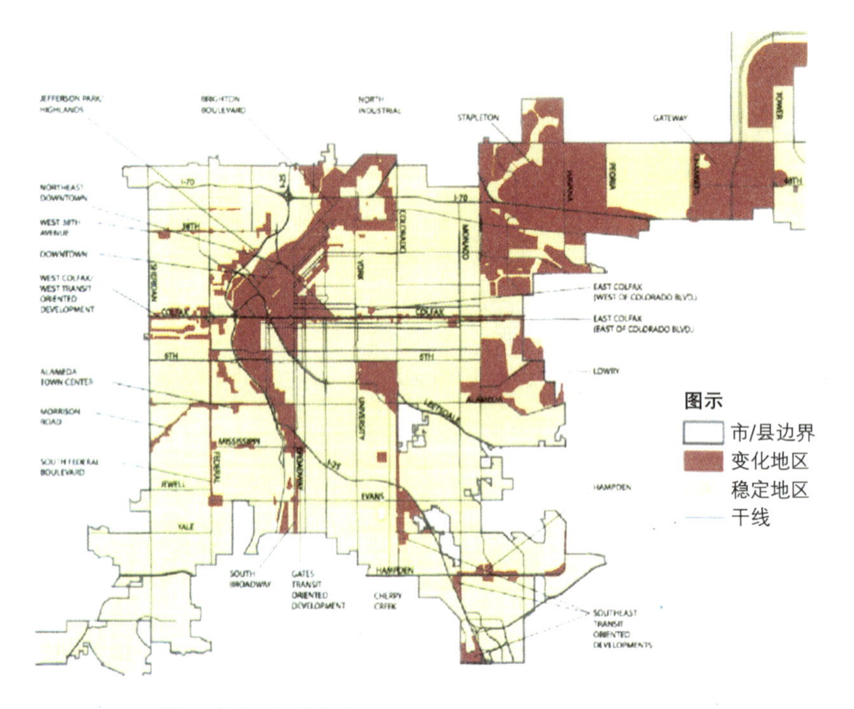

图 15-5 丹佛的变化地区和稳定地区

资料来源：City and County of Denver, 2002

Landis，Deng 和 Reilly（2002）对策略和工具进行了一系列分析：对开发量、速度、选址的影响，对房价的影响，实现预期目标的能力，以及对邻近地区的溢出效应。因此，他们更关注的是宏观层面的增长特征而不是微观层面的设计特征。尽管研究焦点是加利福尼亚州，该州的增长大多数由地方政府控制，他们也回顾了其他州对开发管理的相关研究。结果发现，在加利福尼亚州：

- 年度住房开发上限——最严格的增长控制方式，试图将人口增长限制在自由市场水平以下。
- 居住区公用设施配套法令的主要目的并不是限制增长数量，而是在增长的同时保证城市的安全。
- 城市增长边界在引导增长从城市边缘向内部地区转移方面是成功的。
- 对兼并的限制降低了人口和住房增加的速度。
- 在投票中获得绝对多数同意才能通过审批的要求降低了增长和开发的速度。

可行性分析

综合规划从本质而言具有一般性和建议性的特点，而开发管理策略则不同，其设计意图是对开发进行特定的引导，并以条例和公共支出作为支撑。因此，确保提出的工具在法律和管理角度具有可行性就显得至关重要。例如，如果州立法不允许开发权转移（TDR），那么它在法律上就不是一项可行的技术。或者，如果政府没有足够的人力资源实施开发权转移计划，那么从管理角度来讲它就不是一项可行的技术。

对增长管理工具进行可行性评价的一种方法是进行法律和管理可行性分析。这些分析可以是针对规模较小的行政辖区的相对简单的标准化工具，也可以是针对规模较大的行政辖区的相对复杂的具有创新特征的工具。分析的目标在于评价其合法性，预计其对空间、经济、环境和财政的影响。例如，城市增长边界就是一项被广为提及的增长管理控制工具。然而在一些州，该技术却是违法的，或者，在特定背景下由于制度的制约而难以操作。在不同的地区，如中心城市、郊区和城市区域，适用的工具是不同的；增长地区和衰退地区适用的工具也是不同的。

一旦分析结果认为这些策略是可行的，接下来就需要对其影响进行分析。城乡必须清楚某项策略会给其发展带来怎样的影响。根据策略的复杂程度和创新程度不同，分析范围可能涉及在社会、环境和财政等方面的影响。大多数影响可以通过非正式的方式评估。然而，进行正式的财政影响分析（Burchell et al.1994）在实践中非常有价值，这主要体现在以下两方面：一是论证该策略可能在财政方面造成的影响，以便采取必要的调整措施；二是告知城镇该策略的潜在影响，便于城镇在不同策略之间进行比较。例如，如果提出征收教育设施增容费的策略，那么财政对学校建设预算的影响就与不同增长管理策略有密切关联。城乡也可以使用影响分析程序来评估不同开发管理策略与工具，如第 7 章提到的 INDEX 软件。

实施

开发管理的目标是保证规划得以实施，将规划转化为一系列在规划期限内完成的行动。开发管理规划应当包含建议的实施行动，并通过行政计划予以执行。Meck（2002，7-151 ~ 7-153）建议，实施计划应当包括：

- 既定行动的时间框架。
- 在政府机构和其他组织之间进行行动责任的分配。
- 资本改善推进计划。
- 基准，如空地、可建设用地转化为改良用地的速度、新的开发活动使用再利用土地（相对于空地而言）的比例、新居住项目达到许可开发密度的比例、受保护的环境敏感地区的新增开发土地面积等。

- 对将要采纳的土地开发条例或激励政策的说明。
- 对其他程序的说明，这些程序可能应用于监测和评价规划的实施，如监测可建设用地的供应、价格和需求。

规划实施是一个长期的过程，它伴随着公共和私人开发决策的制定，基础设施的建设，开发项目的审查与批准。实施计划可以确保实施行动的责任主体明确，实施基准确定，开发成效受控。

责任分配

土地使用规划的实施依赖大量的政府和非政府机构。制定新条例和法令的任务主要由规划机构和市县律政部门共同负责。如果要实施形态准则，那么城市建筑师负有执行该准则的任务。新增基础设施的规划建设一般由工程部门负责。资本改善计划一般由金融和预算部门或者市县经理负责。开放空间征用和自然地区保护一般由某个政府或非政府组织负责，如保护基金会。

增长管理规划的实施需要将其分解为一系列有明确任务和需求的计划，并有明确的责任主体和日程安排。科利尔县的城镇特色风貌规划（2001）的实施章节指出，开发商、环境保护主义者、市民积极分子和政治领袖之间的合作对规划实施来说至关重要，但是，县政府是愿景的主导者（enabler）、催化者（catalyst）和维护者（Keeper）。该章节指导县负责人向县委员会报告哪一个部门适于实施哪一项具体任务。该章建议，规划实施的顾问委员会应当至少维系两年以帮助实施的顺利进行。该章还建议拨付额外的资金，用于实施增长管理规划提出的改进措施和编制土地开发准则。为了促进实施程序的组织，该章收录了所有各种规划提出的建议，并按行动类型对其进行分组，还列出了原始页码的索引。

北卡罗来纳州凯里增长管理规划设计了一份一览表，建立任务与实施原则和策略之间的联系，并对每一项任务发生的时间起讫点进行了计划。有了这样一个共同认可的时间表，开发管理规划的管理者可以依实施计划行事，适时采取必要的行动以保证计划按预定方向推进（专栏图 15-2）。

基准

综合性开发中管理要素的失败常常是因为缺少保证规划提出的建议能够被采纳和实施的手段。“如果方法得当，监测和评价程序将有助于规划师回答诸如规划实践的适宜性和效果等一些令人尴尬的问题：我们的规划和项目的绩效如何？发生了什么和为什么会发生？我们应该如何改善政策和计划？”（Seasons 2003，437）。这些都要求设定开发的基准或指标。指标可以从土地使用设计或增长管理规划所设定的目标中导出。在一些情况下，如果目标是直接的、可量化的并且相对简短，那么一个目标就可以是一项指标。对于长远和复杂的目标，就需要使用较多的指标以保证能够真实反映目标的内涵。

专栏 15-2
北卡罗来纳州凯里增长管理规划

凯里增长管理规划批准于 2000 年 1 月，是该市综合规划的组成部分。规划明确了引导原则，这些原则来自城市议会的相关表述，基于增长的五种属性：速度与时序、区位、开发量与密度、成本、质量。规划是城市议会、居民、规划师、咨询机构合作的结晶。规划为实现规划所确定的原则制定了实施策略，又制定一系列的任务来执行这些策略。

例如，关于增长速度和时序的引导原则旨在保证充足的基础设施和服务可以与开发同步推进。第一条实施策略就是对增长设定临时性的限制，以保证新开发不会突破城市供水能力。任务实施的第二条实施策略是建立永久性的政策和条例，以保证未来的开发速度不会超过城市基础设施服务水平的扩张速度。行动任务包括：制定道路公用设施配套法令；与县教育系统合作共同保证教育设施的充足；明确永续的、远期的增长速度，制定开发实施机制，以保证开发不会加重城市基础设施和公共服务的负担。

规划任务和优先行动一览表对增长管理规划的实施责任进行了分配。增长的五种属性构成了表格的重要部分。每一项都包括了相关引导原则、实施策略和行动任务。对于每一项任务，表格都能够显示项目的当前状态、启动实施的优先年份、责任部门，以及预计完成时间的节点。以下为表格中关于增长数量和强度的部分。

名称	描述	现状	优先年份	责任主体	预计完成时间
任务 L2.2.E	制定可转移强度绩点系统，允许敏感土地的所有者将其开发权转移至适宜区位	在本规划中提出	2001	开发局	取决于相关法的授权
增长的数量和密度					
引导原则 A1	增加指定增长地区的允许强度，以促进理想的开发形态				
实施策略 A1.1	检讨与修改城镇政策与条例，以保证在指定增长地区可以有较高的开发强度				
任务 L1.1.A	修订联合开发条例（UDO），保证在指定增长地区拥有较高的开发强度下限	进行中，预计在 2001 年初批准	A1999	开发局（PZ）	2001 一季度
引导原则 A2	保证凯里的总体开发量与城镇的发展保持一致				
实施策略 A2.1	建立并监测不同开发类型的适宜开发量确定系统				
任务 A2.1.A	新的规划、政策和条例出台后，监测 Cary 的最终增长人口，以保证城镇的最终规模与其增长管理的目标保持一致	最初的指标为 1996 年土地使用规划制定；本轮规划将对其进行更新	2000	开发局（PZ）	进行中
任务 A2.1.B	根据税基要求，制定监测体系以监测住宅开发与非住宅开发的最佳平衡	本轮规划提出	2000	预算部门	每年

专栏图 15-2 北卡罗来纳州凯里镇增长管理表格摘录

资料来源：Town of Cary，1996

指标为评价开发过程是否与规划目的和目标相一致提供了基础。软件程序可以为地方指标的设计提供一个起点，如加拿大环境部（www.ec.gc.ca）开发的城乡永续指标软件（Sustainable Community Indicators Program）（Phillips 2003，39）。它们提供了一些定量的和定性的测度方法，其中就包括了对城乡永续性的评价方法。

Maclaren（1996，186）指出，城市永续性指标之所以引人注目，是因为它们是综合性的（包括环境的、社会的、经济的维度）、前瞻性的（趋势,目标）、分配性的（在某一人群内或跨区域）和参与性的（渗透了众多城乡利益相关者的意见）。

为了满足编制周期性实施报告的要求，一个好的规划应当提出一套能够被监测的开发管理基准或指标。通过出版基准执行状态报告，规划的有效性可以被持续监测，并可以根据出现的问题对规划及时进行调整。从1994年开始，加利福尼亚州的圣莫尼卡（Santa Monica）就开始监测城市的永续性指标和开发进程与规划目标的一致性。城市已经在多个领域成功地实现了其目标，包括让城市中使用清洁燃油的汽车增加了75%。圣莫尼卡永续城市规划建立了一份目标/指标一览表，将规划的8个目标地区和一套综合性指标联系起来（Philips 2003，28–31）。

监测

在城市建成区和对外围未开发地区,监测的方式可能有所不同。《永续的西雅图》项目从1990年以来就开始对开发进程的永续性指标进行监测，城市居民积极参与了该项目（Philips 2003，8–9）。西雅图的规划监测计划追踪了城市核心价值实现程度的趋势,以分析城市是否正在以综合规划所确定的方式增长(专栏15–3）。在这里，最为重要的因素是城市居民和邻里对规划各项目标的回应和遵循规划的实际行动。

专栏 15–3
华盛顿州西雅图的规划监测

根据华盛顿增长管理法的要求，在综合规划更新筹备期间，西雅图开展了两项研究。《监测我们的发展：西雅图综合规划》（Seattle，2003a）采用了社区、经济机遇以及安全、社会公平和环境管理等指标对1994年规划批准以来所发生的变化进行追踪。《都市聚落案例研究》（Seattle，2003b）选择了西雅图38个都市聚落中的5个，对其增长和变化的效果进行了分析，这38个都市聚落在规划战略中是作为城市增长地区和资本与基础设施重点投入地区存在的。

通过调研、人口普查数据和政府记录，监测报告将注意力集中在城市是否以规划预期的方式增长上。例如，公交乘客有所上升，但是没有达到规划目标。犯罪率有所下降，居民安全感增强，但是拥有自己的住房的家庭更少了。能源使用有所降低，而废物再利用率也在下降。都市聚落战略在引导人口与就业向城市中心和划定的都市聚落集中的方面是成功的。尽管2000 ~ 2001年间就业岗位有所减少，但城市在1995 ~ 2001年的6年期间实现了20年就业增长计划的一半。

《都市聚落案例研究》追问都市聚落的增长引导战略是否有效，是否实现了既定目标，实施的进度如何。这5个都市聚落的选择是因为它们在不同的区位、规模与类型、土地使用，以及增长程度等方面具有代表性。结果显示这些都市聚落实现了规划中将其作为西雅图首要增长区位的定位。在1990 ~ 2000年间，38个都市聚落的总人口增加了19%，而都市聚落以外地区同期的人口增长率仅为5%。但是，这5个都市聚落之间的增长率差别较大，最高为106%，最低为14%。都市聚落内的增长正在强化其社区和商业地区，将居民增长集中于服务设施和公共交通较为成熟的地区。尽管积极的邻里规划过程已经于1999年结束，公民参与的热情依然高涨。

指标监测结果以清晰的、可读性强的表格形式公布，以箭头的形式显示1994年以来的趋势是正向的、负向的、微小的或是没有变化的。

（续）

指标	1994 年以来的趋势
社区指标	
志愿活动	→
开放空间	→
邻里安全感	↗
犯罪率	↗
自有住房比例	↘
有小孩的家庭数量	↘
经济机会和安全指标	
家庭收入	↗
人口的受教育水平	↗
高中生辍学率	→
青少年生育率	↗
低收入住房单元	↗
社会公平指标	
住房成本	↘
收入分配	→
人口的种族分布	↗
贫困线以下的人口	↗
健康保险覆盖的人群	→
环境管理指标	
水质量	→
空气质量	→
树木覆盖率	↗
能源消耗	→
水资源利用	→
回收率	↘
工作通勤量	↗
公交载客量	↗
交通设施的可选择性	↗

↗ 正向变化趋势　→ 无变化或微小变化　↘ 负向变化趋势

专栏图 15-3　西雅图指标趋势

资料来源：Ctiy of Seattle，2003a

对于城市增长边界以内的地区，需要监测可建设土地的供应情况，以确保这些地区在规划期限内能够提供充足的土地。Meck（2002，1-91~7-99）曾经指出，地方规划和开发决策往往很少考虑土地供给和需求信息。为了实现土地市场的供需平衡，政府应对土地市场进行监测，以便能够准确预测城市空间和设施需求。例如：俄勒冈州要求地方政府盘点城市增长地区内可建设土地的供应量，以便判断是否有充足的居住用地来满足远期的住房需求。华盛顿州要求各县，每隔5年要将规划目标与实际开发情况进行一次比较，以检查市县城市增长地区内是否达到了既定的城市密度（见华盛顿增长管理监测计划—大都市区研究与服务中心网站：www.mrsc.org/Subjects/Planning/gmal/GMmonitoring.aspx.）

潜在的障碍

制定与实施有效的开发管理规划和政策既不简单也不轻松。这一过程可能会面临重重障碍（Seasons 2003）。在此，我们无意对所有潜在的障碍做完整的分析，仅选择其中的几条，分别是：资源缺乏，立法权威缺失，政治意愿缺位，区域层面实施协调的无力，以及对法律诉讼的恐惧。

资源缺乏是一个普遍问题，因为规划预算一般并不能为技术分析和共识建构提供必要的资金支持，而这对编制一部有效的开发管理规划并加以实施来说构成了重要支撑。除非有地方上的拥护者，否则实施一项新的开发管理技术将很难得到支持。另外，缺少城乡工作人员也可能阻碍新技术的推行，因为越复杂的管理技术也要求越高级别的人力资源。

在大多数州，综合规划实施面临立法权威的缺位。佛罗里达州立法要求每一个地方政府都必须编制、采纳和实施综合规划。与该州不同，其他大多数州仅仅是允许本州的城市和县制定规划与协调开发，并不要求地方政府真正实施规划。佛罗里达州的城市和县必须在其通过的规划中纳入资金改善计划（CIP），并且这些计划必须指出实施规划所必须的成本支出与资金筹措手段。然而，在美国其他多数地方，无论在法律上还是在惯常实践中，综合规划和管理增长的立法行动之间都没有必然的联系。

缺少政治意愿是另一个经常被提及的阻碍开发管理有效实施的因素。事实上，许多政治家都反对强制执行规划，而倾向于保持规划决策中的灵活空间。许多公务员也都不愿意采纳新的技术，因为这无疑会给他们带来负担。因此，在实施任务缺失的情况下，行政惰性阻碍了开发管理的创新。

无力在区域层面协调和规划对于开发管理来说是一个严重的障碍。即使是在大都市地区，比如丹佛，有着积极的规划和增长管理意愿，并且经费也相对充裕，但还是很难在各地方政府之间达成共识。尽管覆盖丹佛都市区总人口80%的城市和县都签署了旨在为都市区建立城市增长边界的“一英里高度紧凑计划”（Mile High Compact），但增长最快的三个县因为担心该协议会影响私人产权而拒绝签署。同时，科罗拉多州的立法机构也拒绝授权丹佛都市区负责区域开发管理。

对开发商和土地所有人提起诉讼的担心经常“窒息”了开发管理的创新。许多地方由于害怕被以违宪侵权的名义起诉，而不愿对开发过程实施积极干预。因此，它们倾向于减少争议、较为传统的咨询方案以及被动的开发控制，如传统的区划法和土地细分条例。这种怯懦的立场往往受到市县律政部门的支持，他们可能对开发管理法规不甚了解，因而采取保守姿态。

小结

要成为最佳实践的典范，开发管理规划应当符合永续发展的目标和精明增长的原则。它们应当选择开发管理工具以应对宏观和微观的开发特征。它们的策略应当聚焦于影响参与者的决策，因为这些参与者将有可能影响未来的增长，具体措施包括令人信服的公众参与和方案形成过程中可靠的技术分析。

为了保证有效性，开发管理规划必须既具有整体性又有充分的细节，宏伟而可行。成功的关键是如何将各种工具打包成为一个综合协调的整体，并且能够被地方政府实施（Porter 1997，13）。在这种意义上，规划师的工作就是帮助地方政府制定开发管理策略，并制定出能够满足地方未来开发需求与愿望的规划。

回到第一部分讨论过的永续棱锥，开发管理规划将城乡价值取向和规划与永续发展模式联系起来。作为规划的最后阶段，开发管理集合了为实现公平、生态和宜居等之间的平衡所必须采取的战略、决策和行动。开发管理规划只有成功地化解这些价值取向之间的冲突，城乡才有可能追求永续的未来。

那些试图对开发管理规划进行评价的人们应当首先思考：这个规划适合这个地方吗？它具有强大的公众支持与理解基础吗？这个规划能够被成功实施吗？它包含了评价目标实现程度的指标吗？它能够将开发导向永续发展的模式吗？它采用了最佳实践吗？如果答案是肯定的，那么意味着这将是一套有效的开发管理方法。

注释

1. 相对于增长管理（growth management），我们更倾向于使用“开发管理”（development management）一词，因为土地使用规划师使用工具的目的在于影响土地开发，而不是广义的城市增长。然而，在实践上，两词是可以互换的。

2. 欧几里德区划的名称来源于著名的1926年最高法院受理的欧几里德村诉讼Ambler Realty公司一案，法院判定基于功能分离的土地使用有助于保护公共健康、安全和社会福利，因此是合法的。

3. 新城市主义宪章（CNU 2000）提倡重塑公共政策和开发操作以实现以下目标：在土地使用和人口方面呈现多元化的邻里；为行人、公共交通和私人小汽车设计的社区；公共空间和城镇设施空间界定清晰、具有普遍可达性的城镇；城市场所的建筑和景观设计能够彰显地方的历史、气候、生态和建造实践。

4. 城市或县采用精明准则需要向城市准则公司（Municipal Code Corporation）支付1万美元的许可费。

5. 由明尼苏达州规划部门制定的规范增长管理法令（model growth management ordinances）内容包括了：城市增长边界、农田与林地保护地区、保护细分、开发权购买与转移、有序合并协议以及一般细分标准等，参见《从政策到现实：永续发展的规范法令》（www.mnplan.mn.us）。

参考文献

Arendt, Randall. 1999. *Growing greener: Putting conservation into local plans and ordinances.* Washington, D.C.: Island Press.

Avin, Uri, and David Holden. 2000. Does your growth smart? *Planning* 66 (1): 26-29.

Burchell, Robert, et al. 1998. *Costs of sprawl—Revisited.* Washington, D.C.: National Academy Press.

Burchell, Robert, et al. 1994. *Development impact assessment handbook.* Washington, D.C.: Urban Land Institute.

Calthorpe, Peter, and William Fulton. 2001. *The regional city: Planning for the end of sprawl.* Washington, DC: Island Press.

City and County of Denver. 2002. *Blueprint Denver: An integrated land use and transportation plan.* Retrieved from www.Denvergov.org.

City of Davis. 2001. *General plan.* Davis, Calif.: Planning and Building Department.

Collier County. 2001. *Toward better places: The community character plan for Collier County, Florida.* Naples, Fla.: Dover Kohl.

Congress for the New Urbanism. 2000. What's New About the New Urbanism? In *The charter of the New Urbanism,* 5-10, New York: McGraw Hill.

Congress for the New Urbanism. 2004. *Codifying new urbanism: How to reform municipal land development regulations.* PAS Report 526. Chicago: American Planning Association.

Duany, Andres, and Elizabeth Plater-Zyberk. 1991. *Towns and town making principles.* New York: Rizzoli.

Ewing, Reid. 1997. Is Los Angeles-style sprawl desirable? *Journal of the American Planning Association* 63 (1): 107-26.

Ewing, Reid, Rolf Pendall, and Don Chen. 2002. *Measuring sprawl and its impact.* Washington, D.C.: Smart Growth America.

Freilich, Robert H. 1999. *From sprawl to Smart Growth: Successful legal, planning and environmental systems.* Chicago: American Bar Association.

Frumkin, Howard, Lawrence Frank, and Richard Jackson. 2004. Urban sprawl and public health: Designing, planning, and building for healthy communities. Washington, D.C.: Island Press.

Godschalk, David. 2000a. State smart growth efforts around the nation. *Popular Government* 66 (1): 12-20.

Godschalk, David. 2000b. Montgomery County, Maryland: A pioneer in land supply monitoring. In *Monitoring land supply with geographic information systems,* Anne Vernez Moudon and Michael Hubner, eds., 97-121. New York: Wiley.

Gordon, Peter, and Harry Richardson. 1997. Are compact cities a desirable planning goal? *Journal of the American Planning Association* 63 (1): 95-106.

Hill, David. 2003. Denver: High and mighty. *Planning* 69 (1): 4-9.

Hopkins, Lewis D. 2001. *Urban development: The logic of making plans.* Washington, D.C.: Island Press.

Kelly, Eric D. 1993. *Managing community growth: Policies, techniques, and impacts.* Westport, CT: Praeger.

Kelly, Eric D., and Barbara Becker. 2000. *Community planning: An introduction to the comprehensive plan.* Washington, D.C.: Island Press.

Landis, John, Lan Deng, and Michael Reilly. 2002. Growth management revisited: A reassessment of its efficacy, price effects and impacts on metropolitan growth patterns. Working Paper 2002-02, 5-20. University of California, Institute of Urban and Regional Development.

LDR International, and Freilich, Leitner and Carlisle. 1999. *A smart growth audit for Charlotte-Mecklenburg County.* Charlotte, N.C.: Charlotte-Mecklenburg Planning Commission.

Lennertz, William. 1991. Town-making fundamentals. In *Towns and town making principles*, Andres Duany and Elizabeth Plater-Zyberk, eds., 21-24. New York: Rizzoli.

Maclaren, Virginia W. 1996. Urban sustainability reporting. *Journal of the American Planning Association* 62 (2): 184-202.

Meck, Stuart., ed. 2002. *Growing Smart legislative guidebook: Model statutes for planning and the management of change.* Chicago, IL: American Planning Association.

Nelessen, Anton C. 1994. *Visions for a new American dream: Process, principles, and an ordinance to plan and design small communities,* 2nd ed. Chicago: APA Planners Press.

Nelson, Arthur C., and James B. Duncan et al. 1995. *Growth management principles and practices.* Chicago: Planners Press.

Pendall, Rolf. 2000. Local land use regulation and the chain of exclusion. *Journal of the American Planning Association* 66 (2): 125-42.

Phillips, Rhonda. 2003. *Community indicators.* PAS Report 517. Chicago, Ill.: American Planning Association.

Porter, Douglas R. 1996. *Profiles in growth management: An assessment of current programs and guidelines for effective management.* Washington, D.C.: Urban Land Institute.

Porter, Douglas R. 1997. *Managing growth in America's communities.* Washington, D.C.: Island Press.

Rouse, David C., Nancy L. Zobl, and Graciela P. Cavicchia. 2001. Beyond Euclid: Integrating zoning and physical design. *Zoning News* (October): 1-4.

Seasons, Mark. 2003. Monitoring and evaluation in municipal planning practice. *Journal of the American Planning Association* 69 (4): 430-40.

Seattle, City of. 2003a. Monitoring our progress: Seattle's comprehensive plan. Seattle, Wash.: Department of Design, Construction, and Land Use.

Seattle, City of. 2003b. Urban village case studies. Seattle, Wash.: Department of Design, Construction, and Land Use.

Song, Yang, and Gerrit-Jan Knaap. 2004. Measuring urban form: Is Portland winning the war on sprawl? *Journal of the American Planning Association* 70 (2): 210-25.

Sitkowski, Robert J. 2004. New Urbanism: Legal considerations. Paper delivered at American Planning Association Annual Conference, Washington, D.C., April 25.

Town of Cary. 1996. *Town of Cary land use plan.* Cary, N.C.: Department of Development Services.

Town of Cary. 2000. *Growth management plan,* vol. 4 of the *Town of Cary comprehensive plan.* Cary, N.C.: Department of Development Services.

Tracy, Steve. 2003. *Smart Growth zoning codes: A resource guide.* Sacramento, Calif.: Local Government Commission.

Weitz, Jerry, and Leora Waldner. 2003. *Smart Growth audits.* Planning Advisory Service 512. Chicago: American Planning Association.

词汇辨析

1.Land Use Planning（**土地使用规划**）：目前国内多使用“土地利用规划”一词，根据李德华先生意见，我们在规划中对土地应当是“使用”而非“利用”，本书赞同此种意见，故采用“土地使用规划”。

2.Sustainable development（**永续发展**）：之前多译“可持续发展”，从字面意义来看，“可持续”更侧重强调“持续发展”的能力，而“永续”更强调将“持续发展”作为目标，是一个不断推进的过程。十七大报告中明确指出，“要让人们在良好生态环境中生产生活，实现经济社会永续发展”，由此引发了一场关于“永续发展”理念的讨论。本译本统一译为“永续发展”。

3.Community：在美国 Community 的概念比较广泛，有时候表示居住社区，有时候则是与公民活动相关联的地域，也就是基层地方政府的辖区。在本书中所涉及的 community 通常是具有地方规划编制职能的一个行政区域，如大城市的某一个区，或是一个小的城市或城镇。而在中国，社区的概念已经与与街道、居住区等相关联在一起，为避免误解，本书将 community 译作“城乡”，在具体的语境中则相应地译作“城市”或“城镇”。此外，在大多数情况下，本书中所述之城镇是对“城市”（city）和“城镇”（town）的一个统称。

4.Areawide land policy plan（**区域土地政策规划**）：区域级别的土地使用规划，类似于中国的“市域规划”和“县域规划”。

5.District plan（**专区规划**）：在美国，district 多指为特定意图而建立起来的一个地区，通常由一个特别建立的政府机构负责管理，在概念上属于地方政府的范畴，拥有行政和财政的自主权。其边界与地方行政辖区并不重合，其服务范围可以小到针对一个城镇，也可以大到跨越几个州。如：掌管教育的学区、国家公园、负责区域性交通事务的纽约和新泽西州港务局辖区等。因此，本书将 district plan 译作“专区规划”。

6.Communitywide land use design（**城乡土地使用设计**）：是与前文所述 community 相对应的范围较为具体的土地使用规划，其范围与行政辖区相关联，包含城市建设区和周边的乡村地区和开放空间，要超出我国的“城市规划区”概念。根据具体语境，本书一般译为“城乡土地使用设计”或“城镇土地使用设计”。

7.Small area plan （**地段规划**）：针对重要地区制定的较为详细的规划，如一个或数个重要的街区、沿某个重要的廊道的地区、历史文化保护区等。

8.Activity center（**公共中心**）：指的是容纳各类公共功能的中心区，包括购物中心区、就业中心、商务中心、办公中心等。

9.Community facility（**城镇设施**）：包括为公众服务的各种公共服务设施和基础设施，但该词并非一个非常严格的用词，有时候也单指公共服务设施。

10.Urban village（**都市聚落**）：之前国内多译作“都市村庄”。urban village 首先应该是一种都市特征的人类住区的构成单位，而“村庄”一词具有很强烈的乡村含义，将其译作“都市村庄”并不恰当。根据维基百科的解释，urban village 具有以下特征：中等密度的开发、土地混合使用的区划、高质量的公共交通，以及强调城市设计，尤其是重视步行化的环境和公共空间的设计质量。本书将其译作“都市聚落”。

11.Intelligence（**智能信息**）：原意为“智力、情报”，文中指原始信息经过智能化处理后的信息，即作为决策支撑的战略性信息，因此译为“智能信息”或“战略性信息”。

12.Urban-Transition Area（**城镇化转型区**）：指在城镇化过程中由乡村向城市转型的地区。

译后记

首先，我要感谢导师李德华先生在 1982 年我读研究生期间借我，并向我推荐了这本国际城市规划界的“圣经”，数十年来使我跟随着世界城市规划的发展不断思考城市规划的核心问题。在我们的《城市规划原理》即将出版第四版的今天，谨将此书献给以李先生为代表的探索中国城市规划之路的前辈们。

特别感谢本书的译制组成员干靓、刘朝晖、于泓、姬凌云、王建军、杨迎旭、王伟、宋雯珺、李世庆、杨婷、曾悦、申硕璞、叶钟楠、仇勇懿、陈浩、邓雪湲、张林军，以及参加校对工作的田莉博士和史舸博士。经过了无数次的开会讨论，无数个日夜的奋战，我们终于完成了本书中文版在大陆地区发行的历史性突破，在此深表谢意！

我要在此感谢吴良镛先生、周干峙先生和邹德慈先生在过去的工作中对我的指导，老前辈们在重大问题上，始终站在中国规划界的立场上给我鼓励、鞭策，也给我力量和榜样。

在翻译过程中，我与张庭伟先生就一些关键词汇的翻法，如何尽可能地让中国读者读到原著的原味作过反复深入的讨论，在此我感谢这位在美规划教育界工作了这么多年而心始终在中国的大师兄。

最后，感谢中国建筑工业出版社以及徐纺女士、率琦先生、杨选先生为本书中文版的出版所付出的辛勤工作！

吴志强

作者简介

菲利普·伯克（PHILIP R.BERKE）。北卡罗来纳大学教堂山分校城市与区域规划系教授，卡罗来纳环境项目的环境研究课题负责人。在教学和研究中，他致力于探索土地使用决策的背后因素，探索决策对环境可能造成的影响及其随之而来的人居环境后果。他的最终目标是为城乡永续发展这一复杂命题寻求解决方案。伯克教授是新西兰全球变化国际研究所的合作研究学者，目前还担任了美国国家灾害和环境危机研究委员会常委会委员，同时也是林肯土地政策研究所的成员。他是1993年新西兰华卡多大学的富布赖特资深学者，在土地使用和环境规划领域已发表或合作发表了50篇期刊论文，出版了7本专著。伯克教授1974年在纽约州帝国州立大学取得经济学与环境科学学士学位，1977年在佛蒙特大学获得自然资源规划硕士学位，1981年获得得克萨斯农工大学规划博士学位。

戴维·戈德沙克（DAVID R. GODSCHALK）。美国注册规划师，北卡罗来纳大学教堂山分校城市与区域规划系Stephen Baxter名誉教授和Kenan-Flagler商学院的客座教授。他曾经担任过北卡罗来纳大学教堂山分校城市与区域规划系主任、《美国规划协会期刊》（JAPA）编委，教堂山市政委员，佛罗里达州盖恩斯维尔的规划局长，以及Tampa规划咨询公司的副总裁。他的研究和著作主要涵盖三个领域：1）增长管理和土地使用规划；2）自然灾害减灾系统与海岸管理；3）纠纷化解与公众参与。他也是本书第四版的作者之一，同时还著有《自然灾害减灾系统：重塑灾害政策和规划》（Isalnd出版社，1999）和《齐心协力：规划和开发中的共识建构指南》（城市土地研究所，1994）。美国规划院校联合会2002年授予他杰出教育家奖。他也是美国规划师协会服务奖章的获得者，以及美国规划协会卡罗来纳分会优秀领导奖和杰出职业贡献奖获得者。他是美国规划协会、美国规划院校联合会、美国规划官员协会的董事会委员。戈德沙克教授是佛罗里达州的注册建筑师，他在佛罗里达大学获得建筑学学士学位，在北卡罗来纳大学获得规划硕士和博士学位。

爱德华·凯泽（EDWARD J. KAISER）。美国注册规划师，北卡罗来纳大学教堂山分校城市与区域规划系名誉教授，他在该校教授了30多年的土地使用规划和计量方法。他曾经担任过北卡罗来纳大学教堂山分校城市与区域规划系主任，《美国规划协会期刊》（JAPA）编委，美国规划学院联合会副主席，并曾在美国规划师协会北卡罗来纳分会中主持过多个部门的工作。凯泽教授发表或联合发表了100多篇关于土地使用规划、环境规划和减灾的文章和著作。他是本书第三版、第四版的作者之一，也是本书辅助读本《假设城市手册》第一、二、三版的作者之一。凯泽教授在伊利诺伊理工大学获得建筑学学士学位，在北卡罗来纳大学获得规划博士学位。

丹尼尔·罗德里格斯（DANIEL A. RODRIGUEZ）。博士，北卡罗来纳大学教堂山分校城市与区域规划系助理教授，在该校教授城市空间结构、交通政策和运输规划的研究生课程。他的研究和著作主要涉及交通与土地使用规划的衔接。他验证了目的地可达性与交通行为之间、轨道交通投资和土地开发之间，以及土地使用规划和出行结果之间的关系。他是2000年交通研究委员会Burggrff奖和1998年Eno基金会基金的获得者，目前还担任美国国家科学院交通研究委员会的常委会委员。